LES ANNÉE... E

Robert Sabatier e... *son*
enfance se déroul... *s la*
célèbre saga des A... *e ou*
dans Boulevard, *e...* d au
sang *ou* Dessin su... *Orphelin de bonne heure, Robert Sabatier écrit depuis sa plus tendre enfance. A vingt ans, il entre dans la Résistance au maquis de Saugues, le village heureux de ses* Noisettes sauvages. *Il exerce divers métiers en province, fonde une revue publiant les meilleurs poètes, Eluard par exemple. A Paris, il se consacre à l'édition (Presses Universitaires puis Albin Michel) et se partage entre le journalisme littéraire et la littérature, préparant sa monumentale* Histoire de la poésie française. *Tout d'abord remarqué comme poète (Prix Guillaume Apollinaire pour* Les Fêtes solaires, *Grand Prix de poésie de l'Académie française), ses romans le font connaître d'un large public. Ils sont souvent portés à l'écran et sont traduits dans une quinzaine de langues. Vivant une partie de l'année en Provence, c'est là qu'il a écrit* Les Enfants de l'été, *puis* Les Fillettes chantantes, *sans oublier de nouveaux livres de poésie.*
Membre de l'Académie Goncourt, il se consacre à l'histoire littéraire, au roman et à la poésie, participant activement à la vie littéraire.

Après la série des *Allumettes suédoises,* Robert Sabatier nous invite à vivre l'extraordinaire aventure d'un homme de notre temps, Emmanuel Gaspard Oth, dit « Ego ». Ce parcours d'une existence est aussi celui de notre planète, d'Europe en Extrême-Orient et autres lieux.
Rencontres incessantes, péripéties, passions et blessures sont le lot du narrateur. Et, au cœur de ce récit foisonnant, l'éclair d'une tragédie contemporaine, vision réaliste dont la passion sera sans cesse vécue, page d'histoire tracée en lettres de feu comme jamais elle ne fut ainsi écrite. Enfin, l'intrusion du plus effroyable mystère : le dédoublement de l'être et son propre rejet.
Unissant à la magnificence des paysages terrestres ou marins le merveilleux intérieur, le nouveau Sabatier est une grande œuvre où les interrogations humaines sont cernées : recherche d'une voie salvatrice, miroir du siècle, cri d'indignation devant les misères du monde, louange de ses beautés, appel à l'union. C'est le roman longuement mûri de l'errance, de l'histoire, de l'amour et du destin, au fil d'une écriture conduite à la hauteur du sujet, de l'aquarelle à la fresque, du chant solitaire à l'instrumentation symphonique. C'est le livre de l'homme de notre temps, un grand et vrai chef-d'œuvre.

Paru dans Le Livre de Poche :

ROBERT SABATIER
de l'Académie Goncourt

Les Années secrètes de la vie d'un homme

ROMAN

ALBIN MICHEL

Un

JE vais narrer pour vous cette aventure prodigieuse, petits condamnés à mort aux lèvres douces, gentils forçats aux chaînes invisibles, mais lourdes, si lourdes ! — infirmes de l'avenir qui, de prothèse en prothèse, deviendrez robots rêvant de chairs anciennes à jamais amputées, garçons qui vous déhanchez et qui n'aurez plus de hanches, filles qui chantez en nouant vos nattes et caresserez votre calvitie, je vais narrer... et ces printemps d'ailes roses et bleues, jasmin et lilas, seront verdâtres à jamais, glauques d'effrois marécageux ; et ces étés de plages éblouies porteront au loin les senteurs âcres de la décomposition sans que nul ne soit présent pour les respirer ; et ces automnes d'ors et de rouilles exquis, ces automnes seront gris, gris à mourir, pustuleux et cadavériques ; et ces hivers enchantés des longues veillées seront noirs de la neige putride — terres décimées, eaux corrompues, cités exsangues, baves et biles, suints et venins, ô montagnes glaireuses !

Apocalypses d'antan, m'arracherai-je aux mirages qui précèdent la révélation ? J'entends, je vois vos tonnerres, vos nuées déchirées, vos tempêtes, vos dragons rouges à sept têtes et dix cornes, et l'Ange, les Chevaux, les Trompettes ! Et vous, raz de marée, vessies éclatées submergeant d'urine les ports, avalanches aux blancheurs écroulées, laveuses de l'univers, fossoyeuses d'humus, déluge où les animaux complémentaires copulent dans l'Arche pour le renouveau, rugissements, incendies, inondations, génocides, cris, colères, ordures, vous n'interdisez pas l'espérance, et l'on attend l'arc-en-ciel ou l'aurore boréale, la Croix du Sud ou le feu Saint-Elme.

Je vais narrer pour vous cette aventure (prodigieuse?), à la fois la mienne, celle d'un autre et celle de tous. Après le roulement de tambour, solennel, pour me présenter à vous, je lève ce miroir et je vois ce visage, le mien, le vôtre: cette bouche, blessure ouverte sur la voix, ces yeux qui ont tant vu de ciels changeants qu'ils croient survivre à la chute des mondes, ces mains hier porteuses d'armes, aujourd'hui de baumes, et le front, la tempe, la joue, l'oreille, seuls témoins désormais de mon voyage. Vos yeux à vous se posent sur mes mots à moi pour les boire tandis que se lève déjà l'interrogation: au seuil des légendes, ne décrit-on pas les valeureux? Si je descends à ma personne, quel portrait plus précis puis-je tenter? Fort classique, je dis: de mon père j'ai les cheveux bruns, serrés et drus; de ma mère des yeux gris traversés d'un éclat vert; de la nature sans doute un nez droit et long, un peu écrasé au bout, avec une fine ride oblique lui donnant un aspect asymétrique, un front haut, des sourcils fournis qui se rejoignent et forment une barre au-dessus des paupières, des joues creuses, des pommettes saillantes, un de ces mentons qu'on dit volontaires sans que rien jamais ne m'assure qu'il corresponde à un trait de mon caractère; de la solitude un air d'infinie méditation et de rêverie douloureuse. Enfin, de taille moyenne, je parais plus grand que je ne le suis réellement: dès l'enfance, j'ai appris à me tenir droit.

Je dresse un second miroir et j'y lis mon nom: Emmanuel Gaspard Oth, pour abréger E.G.O., ego comme l'âme humaine conçue depuis Immanuel Kant comme une entité, E.G.O. comme une marque de carburant ou un sigle, celui des États

Généraux Ouvriers, des Exempts de Généreux Optimisme ou tout autre à votre convenance. Si aujourd'hui, après l'avoir partagé, j'habite entièrement mon nom, il se peut que l'on désire, et c'est fort naturel, les signes d'une identification plus précise, ainsi qu'il sied aux narrations romancées ou aux demandes d'emploi. Tout arrivera en son temps, je le promets. J'ai longuement hésité avant d'écrire la première phrase de ma confession. Ne voulais-je pas, à partir d'incipits célèbres, composer une antienne ? Ainsi : « *Déesse, chante-nous la colère d'Achille, de ce fils de Pélée — colère détestable, qui valut aux Argiens d'innombrables malheurs et jeta dans l'Hadès tant d'âmes de héros, livrant leur corps en proie aux oiseaux comme aux chiens : ainsi s'accomplissait la volonté de Zeus.* » Ou bien, par un autre choix : « *Or, sachez, Monsieur, avant toute chose, que mon nom est Lazare de Tormes, fils de Thomas Gonzalez et de Toinon Pérez, naturels de Téjarès, village voisin de Salamanque. Je naquis dans la rivière de Tormes, à raison de quoi me fut imposé mon surnom.* » Au seuil d'un autre livre (pourquoi pas ?) : « *Mon père avait un petit bien dans le comté de Nottingham. J'étais le troisième de ses cinq fils. Il m'envoya à l'âge de quatorze ans au collège Emmanuel à Cambridge, où je restai trois années durant lesquelles je m'adonnai à l'étude avec une grande application. Mais la charge de mon entretien (je ne recevais pourtant de ma famille qu'une très maigre pension) était trop lourde pour des gens de fortune modique ; on me mit en apprentissage à Londres, auprès de Mr. James Bates, chirurgien éminent chez qui je demeurai quatre ans.* » Je ne suis ni Achille, ni Lazarillo de Tormes, ni Gulliver, et si j'emprunte cette musique d'ouverture au génial aveugle de Chio, à l'inventeur du roman picaresque et à mon très cher Jonathan Swift, c'est pour dire qu'il s'agit ici de voyages : sur les flots, dans les îles, à Brobdingnag, chez les Houyhnhnms, autour de ma chambre ou au diable vauvert, qu'importe ! Et rien ne m'interdit, le temps d'un sourire, de m'identifier à de très illustres personnages, Achille et Ulysse, Aladin et Sindbâb, Raskolnikov ou Bézoukhov, Del Dongo ou Valjean, l'Aaron de *Titus Andronicus* ou l'Adolphe de Benjamin Constant, mais il se trouve que je ne suis que moi, mon piètre moi, Emmanuel Gaspard Oth qui se voulut voyageur fabuleux et ne cessa d'être en fuite, aventurier, et qui ne décida de lui-même qu'au terme de l'aventure, vagabond planétaire, contemplateur de ses vertiges, spectateur et parfois acteur des épouvantes et des adorations.

Mon portrait ? Le traçant trop bien, ne risquerais-je pas de dévoiler celui d'un autre ? Je laisse quelques imprécisions à dessein : à mon lecteur de découvrir les signes épars, les habitudes, les manies, le caractère, les fantasmes, les inhibitions, peut-être un penchant au crime ou au bienfait, tout cela que l'on croit incorporé à la personne et qui fermente. Décrire, dessiner, définir, je le tenterai, mais attendez plus de vous que de moi. Le temps presse. Déjà la Terreur d'Organt fait s'effriter la roche, les oiseaux savent qu'ils mourront en vol faute de lieu où se poser, la plante qu'elle disparaîtra dévorée par le vent pestilentiel. Tu meurs si vite, ô mon couchant funèbre ! et je voudrais boire encore à ta source rougie mon feu d'espoir. Devant moi, une pierre posée sur des cahiers vierges scintille encore et je lui parle, j'en appelle à des forces limpides, à des clartés séculaires, à la nuit, au silence...

Lorsque je vécus les premiers événements de ce récit, j'avais vingt-six ans, j'en ai dépassé le double. J'ai aussi l'âge de qui me lit ou l'âge de la planète ; des ans, n'en aurais-je pas cent et mille selon des mathématiques insoupçonnées ! Ouvrons la porte à ce qui chante et à ce qui blesse. Et toi, visiteur, si tu le peux, lis lentement, ne saute pas la ligne où se trouve le secret et, je t'en supplie, n'entre pas sans désirs !

★

La Deuxième Guerre mondiale venait de donner un répit au monde, perdue comme toutes les guerres par toutes les parties et gagnée peut-être par les progrès foudroyants des sciences et des techniques. Les idéaux des triomphes trahis par les triomphes eux-mêmes dépérissaient déjà et nous sentions sur nos épaules le fer rouge des flétrissures indélébiles. De grandes œuvres, certes, se dessinaient, des inventions, des découvertes, des conquêtes sur l'inconnu, mais je savais mon peu de goût d'y participer, mon irrésolution, mon doute, ma faiblesse. De ma tante Adélie Poirier qui m'avait élevé et venait de s'éteindre, je reçus un héritage de biens lentement, patiemment l'un à l'autre cimentés par une famille d'honnête bourgeoisie, héritage parfaitement immérité comme le sont tous les héritages, et, malgré ma répugnance à accepter un argent que je n'avais pas gagné par une quelconque tâche, après bien des hésitations je finis par céder à moi-même, bien résolu cependant à le dilapider avec hâte, ce qui me paraissait d'une morale presque satisfaisante. Les biens immobiliers furent offerts à des œuvres ; l'argent liquide me permit de donner libre cours à quelques désirs matériels ou sexuels sans les épuiser pour autant ; enfin, après un temps de voyages dans l'Europe blessée, ce qui restait de monnaie, je le convertis en dollars dans le but de tenter un projet d'évasion ou de fuite. Mais où aller ? Au sommet d'une montagne inaccessible ou dans quelque forêt vierge ? En haut d'une colonne, serais-je un nouveau stylite ou me mettrais-je à tourner indéfiniment comme un derviche ? En France, il ne me restait plus aucune attache : je n'eus donc pas à me détacher, sinon de moi-même, ce qui demande une longue étude et reste la plus inextricable des difficultés. Je dois pour m'expliquer mieux, et bien qu'il me coûte de faire revivre certains événements, effectuer un retour en arrière.

Avant de narrer ce qui peut sembler relever de l'extraordinaire et qui n'est que trop vrai, je dois confier le plus difficile parce que le plus douloureux. Comprenez-moi bien : je suis un assassin, j'ai tué un homme, moi, j'ai tué un homme, j'ai coupé le fil d'une vie, j'ai décidé d'un destin. Il s'agit de la guerre et je me garderai bien d'y trouver quelque excuse, même si toute guerre est la multiplication du crime parfait, du crime innocenté par la société. Je le sais, tout conflit laisse apparaître qu'il s'agit, autant que de vaincre, de détruire en l'autre et en soi quelque chose de secret, d'enfoui en l'âme humaine, d'atteindre en son ennemi par le fer ou le feu ce que l'on ne peut rejoindre en soi-même, vérité ou harmonie. L'esprit de sacrifice en procède et il existait en moi puisque j'avais choisi librement, après mûre réflexion et aussi par instinct, de participer aux forces de libération de mon pays parce qu'elles étaient aussi des formes de libération de l'être. J'avais seulement oublié que le sacrifice de soi s'accompagne presque toujours de celui d'autrui. Qu'on se rassure : je ne raconterai pas « ma » guerre, je ne me délecterai pas de souvenirs. Simplement, j'appartenais à un maquis alpin. J'ignorais alors que ce mot « maquis » vient de l'italien *macchia* désignant une tache ou un fourré et que la Corse en fut le véhicule linguistique ; pour moi, il venait de « maquiller » dont l'origine est proche, maquillage des bois, des montagnes, des reliefs du terrain pour y dissimuler nos corps sans carapace, les forces de la nature nous apportant leur secours, nous faisant buissons, taillis, roches, cavernes, pierres —, et ces alliés naturels, par leur présence amie, n'étaient pas loin de figurer pour moi les armes pacifiques de la liberté pour laquelle mes compagnons luttaient depuis des semaines lorsque je les rejoignis. Je n'ai connu qu'un engagement, comme on dit en termes militaires, celui qui fut fatal à l'autre et me fut d'une autre manière fatal à moi-même. On me montra dans la vallée la carcasse d'un camion militaire allemand détruit au moyen d'un bazooka. Selon certains, un rescapé avait réussi à s'enfuir et à se dissimuler sans qu'on parvînt à le retrouver.

Je portais toujours dans ma poche une édition minuscule publiée à Lyon des *Lettres de la religieuse portugaise*, cette lecture représentant pour moi ce qui existe de beau dans le monde et l'opposé de notre condition. Ce matin-là, désireux de m'isoler le temps d'une lecture, je m'éloignai de l'anfractuosité de rocher nous abritant pour dévaler la colline et marcher dans la forêt silencieuse. Sans cesse les quelques secondes de l'événement s'immobilisent dans ma pensée et dans mes cauchemars comme un film s'arrêtant brusquement sur une image fixe. J'entends le bruit des feuilles froissées, des rameaux souples giflant l'air, et je pense avec ravissement à l'apparition d'un faon égaré, avec quelque frayeur à un sanglier qui me chargerait, et je mesure la hauteur de l'arbre où je pourrais me réfugier. J'oublie la guerre, j'oublie les hommes de la guerre. Tu le savais, Emmanuel Gaspard Oth, tu le savais, que le chant d'Orphée n'apaise plus les rages, et tu croyais absurdement qu'une heureuse étoile t'amènerait à voir l'ennemi se rendre à toi sans le crépitement des armes. Combien ainsi, dans la fureur, ont chassé de leur esprit la réalité tragique des choses pour s'en remettre à quelque providence ? Je ne le voulais pas, qu'un sang impur (quel sang serait impur ?) abreuve nos sillons, je souhaitais que le corps et ses veines fussent en d'autres lieux, que les présences contraignantes revinssent à leur territoire. Et pourtant, je portais une arme, je portais un livre et une arme, un lourd revolver appelé « 92 Saint-Étienne », un chiffre puis un nom de ville, un nom de saint ; quelle absurdité me confiait que je ne m'en servirais que pour intimider ? Pour l'essayer, j'avais tiré sur le tronc d'un chêne et le chêne n'était pas mort, à peine blessé, la chair est plus fragile que le bois. Aucune terreur ne m'assiégeait, les doux vallonnements me protégeaient, ma confiance aussi. Si j'imaginais l'ennemi, je me croyais capable de convaincre ou de fasciner par la parole et le geste, d'inventer le signe de la paix. J'écoute les arbres, je respire un parfum humide de mousses, de champignons, je guette l'envol d'un oiseau, d'un insecte, quiétude, abandon heureux, et soudain l'être en fuite, ni faon ni sanglier, et cependant aussi faon et sanglier, levé comme un gibier par le chien courant, se dresse à quelques mètres de moi, soldat perdu, soldat défait, la vareuse ouverte, le pantalon déchiré et brûlé, boitant, livide, à bout de forces. Je lis de la haine dans son effroi, de la sauvagerie dans sa détresse. Par précaution, j'extrais mon revolver de son étui, mes gestes sont lents et maladroits : nul ne m'a appris à me battre. Il a porté rapidement sa main à sa ceinture pour s'armer d'une large baïonnette. Il a bondi vers moi en jetant un cri. J'ai ressenti une brûlure au bras gauche dont je me protégeai, là où se dessine aujourd'hui une blanche cicatrice. J'ai entendu un coup de tonnerre et aussitôt des nappes d'ombre se sont superposées pour me jeter à la nuit : ce doit être ainsi qu'on meurt.

Quelle épaisseur de mots faudrait-il pour exprimer une épaisseur de ténèbres ? Lorsque je revins à la lumière, j'étais seul. Ma douleur au bras seule me convainquit de la réalité. Elle avait perdu l'éclair et la fulgurance ; froide, elle faisait déjà partie de moi, se familiarisait avec mon corps. Sur mon blouson s'étalait une tache noirâtre et humide. Je ne sais combien de temps s'écoula avant que la frayeur ne m'envahît. Je me plaçai sur le côté droit et je sentis contre ma cuisse un objet dur que je pris pour une pierre. Je reconnus mon arme. Elle me parut chaude parce que ma main était glacée. Je l'examinai comme un corps étranger, tirai machinalement le poussoir de l'extracteur, fis glisser le barillet sur le côté : il n'y restait que cinq balles, une avait été tirée. Je me levai péniblement. L'engourdissement gagnait mon épaule. Je me dévêtis du blouson et relevai la manche ensanglantée de ma chemise. Les lèvres de la plaie semblaient sourire. En arrachant avec mes dents un pan de la chemise, je fis un pansement de fortune. D'un pas mal assuré, j'entrepris de revenir au refuge. Au pied d'un genêt, je trouvai la baïonnette abandonnée ; avec étonnement je la saisis. Je vis alors les traces d'un sang qui n'était pas le mien sur une pierre, puis parmi les aiguilles de pin, et je me mis à en suivre les traces. Ai-je pensé à ce moment-là à quelque Petit Poucet de la guerre ayant remplacé ses cailloux blancs par des caillots rouges ? Dans la coagulation de la mémoire reste le sang vif de ce souvenir. Et je le vis, je vis mon ennemi couché sous un sapin aux branches basses parmi lesquelles il avait tenté de se dissimuler. Ses deux mains sanglantes serraient son ventre pour retenir le fleuve de vie s'écoulant. Tout son corps tressauta, trouva la force d'un mouvement de recul, la peur traversa son regard fixe. J'eus un haut-le-cœur et laissai tomber la baïonnette et le revolver. Je tendis la main pour un geste d'apaisement et je ressentis physiquement la peur s'éloignant de lui. Je sus qu'il allait mourir. Je ne savais que faire, que dire, je ne connaissais pas alors les gestes du secourisme, seul mon regard fut secourable. Absurdement, je posai ma main sur ma poitrine et me nommai par deux fois : « Emmanuel, moi Emmanuel » et il fit un effort pour murmurer « Günther » qui amena un filet de sang à sa bouche. Je fis «chut! chut!» comme si j'apaisais un enfant et je vis qu'il pleurait. Peut-être ai-je pleuré aussi. Je passai un mouchoir sur la sueur de son front et les larmes de ses joues. C'est alors que, d'un geste maladroit, je lui fermai un œil qui ne se rouvrit pas. Ainsi Günther, qui aurait pu m'égorger durant mon évanouissement et ne l'avait pas fait, mourut loin de chez lui dans une terre étrangère, son œil ouvert semblant regarder le ciel commun. Mes doigts fermèrent l'autre paupière. Il me sembla qu'il souriait.

Je le regardai. Sur ses traits, dans ses mains rouges, je le lus: celui-là ne s'apparentait pas à quelque race de seigneurs, sa condition avait dû être celle d'un paysan ou d'un ouvrier des mains, peut-être d'un artisan arraché à son établi par la guerre, un travailleur à la puissante poigne, avec en lui un aspect ramassé et rude, celui de l'homme soumis aux lents travaux. Sous l'uniforme ravagé et souillé, je voyais l'être ordinaire, la chair pantelante des armes, et non plus l'envahisseur, le barbare ou le nazi. Ce destin qui avait voulu qu'il survécût au véhicule détruit, qu'il échappât une fois à la mort, l'avais-je contrarié ou avais-je été, après une rémission, son instrument? Ou bien, me substituant à lui, n'avais-je pas commis une usurpation divine? J'avais tiré vers le bas ce qui devait être tiré vers le haut. Que nul ne m'oppose les raisons de la guerre, je tremble. Rien ne peut m'innocenter et qui me jugerait atteint d'une trop grande sensibilité, je l'accuserais de n'en avoir aucune. A la responsabilité universelle que je porte, que nous portons tous, s'ajoute mon mort. Il habite en moi. Il vit dans ma conscience. L'œil resté quelques instants ouvert n'est pas celui d'Abel, il ne m'a pas maudit, je portais déjà la malédiction. Là-bas, dans la forêt des Alpes, il repose et je ne saurais retrouver sa tombe. Depuis, dans la durée, un soldat voyage, étonné de savoir que l'on peut vivre dans l'espace et retomber tel un oiseau surpris sur un miroir épuisé de soleil. Il le sait bien qu'à travers toutes formes il restera tel que le dieu ou le gamète l'a créé. Il ne vogue pas dans la mort, il regarde son frêle azur, et, pour l'éterniser, ma main passe encore un linge sur son visage. Et je lui parle, je lui dis : « Protège-moi, toi qui n'as plus d'ivresse, toi que dévora une guerre, une rage, car je vis au sein de la plus redoutable clarté. » S'en va le temps, l'appel de vivre écarte les rumeurs guerrières. Il est parti, Günther, la terre sur son ventre, il a rejoint des mondes au-delà du crime et du pardon. Sur lui s'exprime un tel frisson que les végétaux ont reverdi. Contemple-t-il l'infinité des astres ? Se baigne-t-il dans l'immensité ? D'une tour obscure ou d'un froid cachot est-il le prisonnier ? Dans ma vie et mes actes, je porte son image enfouie et j'ignore si elle est cette lumière ou si elle est cette nuit.

Engagé sur une voie tragique, je veux, je dois poursuivre mon récit, parler de deux années de chute, de vacuité, d'errance dans une Europe en friche parmi les nations cimetières, dans un monde découvrant l'horreur, pansant ses blessures et tentant de se reconstruire. J'appris qu'il existait chez les vainqueurs des hommes de la race maudite de ceux qu'ils avaient vaincus. Chacun se voulait justicier, l'âme noire et l'arme blanche à la main. Où j'attendais un peuple de justes, je distinguai d'autres bourreaux. Se levaient de je ne sais quelle fange des purificateurs impurs. La colère mal éteinte pesait sur la balance des jugements rapides et s'exerçait en désordre sur le criminel et le bouc émissaire tandis que les plus violents et les plus habiles échappaient aux foudres pour poursuivre leurs méfaits sur d'autres continents. Et cette guerre gagnée que l'on n'avait pas su vaincre, ces cendres de la xénophobie et du racisme encore chaudes sur lesquelles on soufflerait non pour les éteindre mais pour les ranimer, ce mal tenace que nul ne savait soigner ! Les amants de la droiture qui la tuaient en eux-mêmes, leurs poings ne désarmaient jamais, ils ne pouvaient vivre sans avilir, le point de rencontre des êtres leur restait invisible. Beaucoup fondaient leur carrière sur leurs actes pour les récompenser, tandis que d'autres, ayant accompli leur devoir, retournaient dans l'ombre à leurs humbles travaux. Dans les Nuremberg, des tribunaux bavards jugeaient les responsables des abominations et le fonctionnement judiciaire les amenait à oublier de juger la plus grande criminelle, la guerre elle-même. Régnait l'art du camouflage et de l'esbroufe donnant aux criminels l'occasion des victoires verbales de la métaphysique teutonne sur le cartésianisme et la faiblesse intellectuelle. J'entendis au cours des débats les éclats d'un rire unanime où le juge et l'assassin mêlaient un humour sinistre de tribunaux comiques. Dans ce jugement d'une poignée de bourreaux, je ne voyais qu'un symbole, l'ensemble de la horde ayant échappé. J'ignorais alors que d'obscures cohésions, d'horribles complicités permettraient aux libérateurs d'utiliser les noires ressources des officiants du génocide sous d'autres climats, mais je pressentais le complot derrière la mascarade. J'avais visité les cités détruites par les bombardiers du ciel et les canonniers de la terre, je connaissais les témoins de l'âge barbare, les Oradour et les Châteaubriant, les champs de repos et leurs théories de croix blanches, les mausolées, les cénotaphes, les monuments du souvenir. Se mêlaient dans une même désolation les Londres, les Dresde, les Berlin, les Brême, et les camps de la mort, les charniers de la terre, ardente chapelle du plus immense des champs de bataille où l'homme en armes ne s'attaque plus seulement à l'homme en armes, mais à tous ceux-là, civils aux mains nues, innocents promis au massacre sans qu'aucune voix s'élève contre le scandale et la fatalité.

Ô barbarie, seconde patrie de la bête humaine, toi que l'on crut durant quelques années l'exclusivité d'une nation soumise à un parti totalitaire, je te pressentais, je te savais universelle, je te distinguais dans tout pouvoir politique, dans toute union industrielle et militaire, je te lisais chez mes proches et je te trouvais jusque dans mon miroir! Tu venais de loin, du fond des temps, ton avenir assuré t'épargnait aux époques de calme de montrer ta sauvagerie, tu te parais alors de vertu et tu mimais la civilisation, tu revêtais ton manteau candide, tu te faisais eau dormante, mais je le savais, que tu étais napalm prêt à s'embraser d'une étincelle d'intérêt ou de haine. Les guerres suivant les guerres portaient l'hypocrisie de ne plus se dire mondiales, et l'on ne cessait d'exterminer pour ensuite maudire l'extermination et la pleurer comme si elle était toujours le fait des autres, la troupe des justes se croyant à l'abri des flammes alors que la simple circonstance les ferait courir sur nos savanes sèches. Puanteur des charniers et des dépôts d'armes, corps de l'ennemi mort qui sent toujours bon, nul ne restait innocent derrière ses simulacres. Et la bonne conscience creusait ses tombes, la quotidienneté assurait sa morale béate quand, de l'autre côté de la cloison, retentissaient pour des oreilles bouchées les cris des torturés. Ô barbarie, en deçà et au-delà, ici, là, ailleurs, partout, orgasme fétide et toujours prêt à jaillir, éjaculation de mort, sperme chargé de monstres, je te haïssais parce que je te savais aussi en ma demeure.

Durant ces années, il ne régna que tempêtes en mon cerveau. J'étais l'enfant d'une génération trompée, trahie, bafouée, muette. La paix sans ailes se traînait au ras d'un sol parsemé de lèpres, fleuves de sang, montagnes d'os, champs de moisissures, prairies de décomposition, et toi l'homme, indigne de tes plaies! Je connus la peur de tout, des lieux publics, des êtres et de leur regard, de leurs mains, de leur force. Coupable de toutes les culpabilités, auteur de tous les crimes, je me traînais dans un monde de tigres et j'étais un de ces fauves, ma souffrance n'en finissant jamais de me le répéter. Je ne pouvais vaincre car je ne savais convaincre. En silence, je subissais les agressions de l'actualité. Chacun de mes gestes, chacune de mes indignations devenait artifice, abandon à la quiétude immonde, mécanisme absurde et sans exorcisme. Toujours je voyais ce soldat mourant et je cultivais mes ressassements comme de vieux champignons vénéneux. Crucifié à mon squelette par ma chair vive, j'entendais des râles et des cris, ceux d'un prisonnier dans ma prison appelant à l'aide sans que rien ne le délivre et me délivre. Déchiré comme les nations, soumis à mon Yalta intérieur, mon temps devenu flèche, poignard, bâillon, je n'attendais rien de lui, je n'espérais rien de moi.

Cette image du soldat mort se multipliait et je voyais un défilé lamentable, de longs cortèges de loques sanglantes, de visages décharnés, guerriers de toutes armes et civils de toutes races antagonistes mêlés dans une sorte de résurrection des morts. Je ne voyais plus un soldat de la Wehrmacht agonisant sous un arbre mais un frère humain, et je l'imaginais, celui-là que j'aurais dû haïr, bon et compatissant, délivré du mal puisque je m'étais chargé de ses impuretés. Quelle folie me le faisait envisager tel qu'un autre, une étoile jaune sur le cœur ou une croix de Jésus sur la poitrine, et moi recouvert des insignes de la mort, crânes ricanants, tibias croisés, svastika, éclair double de la lettre S, médailles dérisoires sur un uniforme sale? D'épaisses fumées s'échappaient des fours crématoires et je humais ces puanteurs dont, appartenant à la race humaine, j'étais le responsable. Dans le miroir cruel, je fixais mes yeux pour y trouver un reste de candeur enfantine et mon regard me fuyait, mon visage devenait de cire. Aucun désir d'action ne m'animait. Tout projet me paraissait vain. Dans l'espoir d'une lueur, je poursuivais une quête atroce. Les anthropophages d'hier me furent plus humains que les êtres d'aujourd'hui. *Ecce homo*, me disais-je, et je lisais effaré d'atroces photographies de squelettes survivants, de morts insultés. Des chiens, des porcs dévoraient des êtres encore vifs. Des bourreaux en uniforme plaçaient une cigarette entre les lèvres d'un cadavre. Des enfants étaient arrachés à la chair maternelle. Les corps décapités faisaient naître le rire des assassins posant pour la postérité. Voici l'homme et j'étais un de ceux-là.

Je fus habité par une soif de départ, de fuite hors de moi, hors de mon continent Europe. Les traités de paix signés, le partage du monde étant fait sans que le monde fût consulté, ayant cru à la mort de la guerre et ne constatant que son repos, ma décision fut prise : je quitterais le théâtre abominable. J'embarquai à Marseille sur un cargo hollandais à destination du Japon avec pour itinéraire Port-Saïd, Ceylan, la Malaisie, Hong Kong et Manille, j'embarquai comme le firent jadis Crusoé et Gulliver. Encore qu'il fut marqué par des incidents de parcours, je ne décrirai pas le voyage. Je dirai comme Fontenelle : « Avant que d'entrer dans le détail des conversations que j'ai eues avec la marquise, je serais en droit de vous décrire le château où elle était allée passer l'automne. On a décrit des châteaux pour de moindres occasions, mais je vous ferai grâce sur cela. » Je fis donc la connaissance de la mer ou, du moins, je le crus : je sais maintenant qu'on ne peut la tenir pour ennemie ou alliée, ou les deux ensemble, qu'en se mesurant avec elle, qu'en étant navigateur et non « navigué ». Plutôt que de cuire dans la chaleur moite d'une cabine où je me trouvais en surnombre, je passais mes nuits sur le pont, dans le creux d'un énorme rouleau de cordages comme dans les anneaux d'un serpent tutélaire. Il fut le lieu de mes méditations. J'abandonnais l'Occident au regard de juge, la raison plus haute que les larmes, l'Occident où la contrainte prenait le masque de la vertu, l'Occident dressé derrière son mur de logiques implacables, avec ses ministères fripons, tous les pièges du bon droit, du bon goût et du bon sens, insensible aux leçons du désastre et pataugeant dans les flaques de la pire boue: la boue propre. Mais ne le retrouverais-je pas dans son lieu antithétique, du Couchant au Levant, dans le même ensanglantement, prêt pour préparer ses menottes, ses chaînes, ses boulets ? Je n'étais plus révolte, je me voulais silence, non pas silence de mort mais silence de vie bruissant autour de moi, voix, rumeurs, clameurs, tumultes et cris, mécanique énorme, toujours recommencée, mais bruit au-dehors pour préserver le silence du dedans. En France, en Europe, j'aurais, certes, pu me perdre, mais en quittant à jamais l'espoir de me retrouver. En ce temps-là, j'enviais le pèlerin ou le vagabond, le moine ou le stylite, et je rêvais de conduire ma vie à ses limites extrêmes, à son élévation ou à sa destruction en passant par toutes les errances dans une Quête sans Graal, un Roman sans la Rose. En moi vivait Isaac Laquedem ou Ahasvérus, en moi le Juif errant par lui-même condamné, en moi un Ego errant sans être juif, exilé jusque dans ses racines, marqué par les plaies du passé et toutes celles du présent, du futur abominablement pressenti — car ils se trouvaient là, ils m'étaient visibles, tous les signes de la vulnérabilité, de la précarité, dans ces secrets arrachés à l'Univers par les apprentis sorciers: proton positif et neutron constituant le noyau, électron négatif tournant comme ma pauvre planète. Je coupais un millimètre de mon ongle et fixais ce déchet de mon corps comme l'instrument d'une effrayante mesure: dans son espace, je lisais des millions d'atomes, la puissance d'énergie pouvant être libérée en équivalence T.N.T. ou en kilotonnes et j'entendais la déflagration. Loin, si loin, l'enfant, l'adolescent de naguère qui voulait ponctuer sa vie de miracles! car l'homme Ego ne pouvait alors imaginer que le plus inhumain, le pire miracle l'attendait. Dans mon rouleau de cordages comme dans le ventre d'une mère, je méditais sans aller jamais jusqu'au bout d'une méditation sans cesse reprise et s'arrêtant au bord de ses abîmes. Croyant sans croire, étant sans être, butant contre les limites de ma pensée bientôt diluée, rejetée vers son point de départ, les philosophies apprises et comprises ne m'apportaient aucun secours car nul n'avait sérieusement envisagé les nouvelles apocalypses.

Ainsi, passager d'un voyage que j'aurais voulu éternel, ne quittant pas le cargo aux escales, je me retrouvai dans un Japon amputé de villes comme de membres et déchiré dans tout son corps, Japon d'un suicide rituel manqué, Japon exsangue et de survivance laborieuse, reformant ses globules détruits, se repensant, se réinventant, se réédifiant par sa faculté intacte de métamorphoses qui sont sauvegarde, par ces avatars habituels à une civilisation apparemment traditionnelle, et, en fait, la mieux prédisposée à d'incessants changements. Car, pour cette nation, la blessure n'était pas fait nouveau. Avant les bombardements des villes, avant la bombe A d'Hiroshima et de Nagasaki, alors que le jeune Hiro-Hito dans les vingt-trois ans du siècle fêtait ses vingt-trois ans, les forces de la nature avaient déjà détruit Tokyo (à l'exception d'un hôtel dont l'architecte devint fou) et Yokohama. Autre cataclysme, la vague anticoréenne et antisocialiste avait creusé des milliers de tombes. Blessé moi-même, sans espoir de cicatrisation d'une plaie morale, je trouvai un pays à ma semblance, harassé de guerre et préoccupé de résoudre le problème impossible:

retour à la vie civile de millions de soldats, industries à reconstruire, difficultés de ravitaillement, montagnes de tâches. Des condamnations à mort, des suicides, des emprisonnements, des agitations et des répressions avaient, comme partout, suivi la fin du conflit, mais déjà s'amorçait un renouveau, l'Empereur proclamait qu'il n'était pas d'essence divine, un Code civil et une Diète renaissaient plus vifs de leurs cendres, progressivement les activités prenaient leur vol. Pensais-je trouver ma place dans un Japon n'ayant que faire de ma personne? Ne représentait-il qu'une escale? Désireux d'y longuement séjourner, tout concourait à me démontrer l'absurdité d'un tel projet. Ignorant la langue, écoutant des sons nouveaux que ma bouche restait malhabile à traduire, quel vieux vocable en moi endormi pouvait de son énergie préparer ma résurrection? Pour répondre aux interrogatoires des autorités portuaires, militaires ou civiles, j'eus recours à un anglais à ce point approximatif qu'il alimentait le soupçon. Au début, en résidence surveillée, mon seul secours était de ne point manquer d'argent pour vivre, mais j'ignorais l'art de soudoyer, je ne savais pas me faire passer pour un original visitant le monde, Barnabooth ou Raymond Roussel, Blaise Cendrars ou Don Pedro d'Alfaroubeira dont je ne possédais pas les quatre dromadaires.

Ainsi le début de mon séjour fut éprouvant: prisonnier de rets et de bureaucraties, dans ce sable mouvant, plus je me débattais plus je m'enfonçais. Pour effacer la grisaille de mon horizon, entre démarches et interrogatoires, je découvrais une nation moins surprenante dès l'abord que je ne l'eusse cru, en fait ménageant ses surprises et distillant lentement ses étonnements. J'essayais de me conformer à autrui par mimétisme. En dépit de mes lectures passées, cette Asie me restait étrangère, mes souvenirs de Claudel ou de Segalen ne m'apportant pas de réponses. Je me fis feuille morte et me composai une neuve insouciance, goûtant et appréciant chaque instant, me nourrissant de vie quotidienne et d'observation, copiant des manières d'être, des attitudes et me soumettant aux coutumes comme un acteur étudiant un nouveau rôle. J'aurais voulu que ma peau changeât de teinte et que mes yeux fussent bridés. Mes origines m'encombraient et cependant, me jugeant différent, je devais penser qu'en Europe aussi, je me savais autre. Que fais-je au Japon ? me demandais-je, et bientôt : que fais-je en ce monde ?

Durant une année, à Lyon, j'avais étudié l'ethnologie et possédais les rudiments d'une méthode. Un fonds rusé fit que je m'en prévalusse et ce fut là une excellente clef : on décida de me confronter à un jeune professeur à l'ancienne université impériale devenue université de Tokyo. Ce bon connaisseur de la littérature française était, de plus, un spécialiste des légendes celtes et du folklore breton. Il fut enchanté de trouver un interlocuteur ayant, à défaut d'une grande culture, le mérite de maîtriser la langue française. Ses démarches pour se porter garant de moi furent aussi discrètes que nombreuses. Il s'offrit à me loger. Je séjournerais trois mois à Tokyo dans son appartement étroit mais fort agréable situé dans un quartier épargné par les bombes. Atteint d'une maladie de poitrine à laquelle, grâce à de nouveaux médicaments, il survivrait, sa faiblesse physique l'avait fait exempter du recrutement militaire. Il fréquentait assidûment un groupe de jeunes écrivains et poètes cachant qu'ils étaient marqués par la reddition pour se réfugier, le plus souvent, dans une sorte de romantisme désinvolte et sarcastique, la mort étant, m'apprit mon hôte, toujours présente, comme en filigrane, dans leurs préoccupations, ce qui les rendait graves, mais non point tristes pour autant : certains avaient recours à l'alcool et chantaient; d'autres affichaient des tenues vestimentaires effarantes hésitant entre le goût de la bohème et celui du dandysme, cela par provocation; j'en connus qui se réclamaient d'un américanisme voyant et fréquentaient des boîtes de nuit interlopes; ceux qui observaient le mutisme m'étaient les plus proches puisque j'étais dans l'incapacité d'être autre chose qu'un spectateur. Cependant, lentement commença mon initiation à la langue et à l'écriture nippones. Mon hôte, dont je me dois bien de saluer le nom, le professeur Yamamoto Kosuke, m'aida avec une infinie patience. Je garde le souvenir de longues conversations au cours desquelles je lui parlais de la France tandis qu'il m'enseignait en toutes matières, et notamment sur mon propre pays, en me donnant, avec une parfaite politesse, l'impression de beaucoup lui apprendre.

Durant ces trois mois, je ne quittai guère le fauteuil d'un coin de bibliothèque où se trouvaient réunis de nombreux ouvrages d'auteurs français contemporains dont je fis ainsi la connaissance. Je n'éprouvais aucun désir de me promener dans la ville : j'avais quitté des lieux portant les marques d'un incendie et je me retrouvais au cœur d'un brasier éteint. A l'autre bout du monde, les dévastations européennes avaient leur correspondant. Ceux qui ont hanté le Japon de l'après-guerre connaissent l'état lamentable de sa capitale. Je croyais alors que rien ne la pourrait guérir. Je passe ici sur les décombres, la population sans abri se réfugiant dans les parcs où le froid d'hiver répandait la mort, l'insuffisance alimentaire, le rationnement, le coût effarant des denrées, les trafics des marchés parallèles, la misère, l'humiliation de devoir recourir à l'armée d'occupation, la prostitution, tout le cortège du dénuement. La rue ne m'offrait que d'abominables spectacles: civils aux visages émaciés, hommes découragés, enfants malingres, familles troquant des bibelots pour quelques légumes, et aussi filles au visage trop fardé, trafiquants au coin des rues, milliers de soldats de l'armée impériale, loqueteux, infirmes, beaucoup pratiquant la mendicité et faisant fuir les passants qui ne voulaient plus rien voir leur rappelant la guerre, et chacun portant sur lui sa part d'enfer. Mon voyage ne me proposerait-il pas d'autre choix que celui des maux de la planète ?

Chez mon ami, je m'efforçais de tenir le moins de place possible, de participer du mieux que je pouvais à notre nécessaire. Je me sentais d'autant plus encombrant qu'il recevait parfois un jeune garçon et je voyais bien que je gênais. Je fis part au professeur de mon désir de visiter le sud du pays. Grâce à sa diligence et à ses hautes relations, toutes facilités me furent accordées. Par le train, je rejoignis une des grandes îles formant le territoire japonais, la province de Kyûshû placée sous administration américaine. Dès mon arrivée à Kagoshima, désireux d'en finir au plus vite avec les formalités, muni d'une recommandation du professeur Kosuke auprès d'un de ses collègues, de mon passeport français et du plus précieux sésame : un ordre de mission signé de la main du général MacArthur lui-même, je rendis visite au haut commandement U.S. où je fus cordialement accueilli, fêté, un repas étant offert en mon honneur par des officiers supérieurs. La signature du grand général était alors un fait extraordinaire. Je n'eus d'autre obligation que de faire connaître mon adresse selon mes déplacements et de me présenter une fois par mois au quartier général. Un Ego mystificateur, ethnologue d'occasion, venait de naître. Après quelques pérégrinations, il choisit un lieu de résidence peu éloigné de la ville dans le but d'étudier les us et coutumes des pêcheurs.

Ainsi, je me retrouvai au bord de l'océan l'hôte d'un hameau de pêcheurs-agriculteurs comme il n'en existe plus guère que dans les pays que nous disons par euphémisme en voie de développement, groupe d'habitations trop modeste pour porter un nom et figurer sur les cartes, situé en face du cap Sata, à peu de distance d'Ibusuki, ville connue pour ses bains d'eau parfumée et de sable chaud, et du mont Kaimon, le frère le plus proche du Fuji-Yama. Ce campement au bord d'une plage de sable blanc cernée de rochers se composait de maisons basses habilement construites en bois ou en bambou, des pierres noires soutenant les murs et la toiture. Dans une demeure plus spacieuse destinée aux réunions, vivaient de façon permanente les jeunes hommes célibataires auprès d'un ancêtre, le chef de pêche, fort respecté.

Par un après-midi humide d'hiver, accompagné d'un interprète, j'apportai toutes les marques de courtoisie, de bon vouloir et de gratitude au chef Yasunato qui accepta de bonne grâce, et aussi avec amusement et curiosité, de me donner l'hospitalité. Il m'accompagna chez une dame de sa parenté, doyenne de la communauté, qui, silencieusement (je m'aperçus bientôt qu'elle était muette), me conduisit vers une alcôve séparée de la pièce où elle vivait par une cloison de papier huilé. Je l'aidai à la libérer de caisses, de planches et d'outils qui l'encombraient. Un tapis de paille de riz, un oreiller de bois, deux couvertures, une cruche et un baquet me furent confiés. Par comparaison, la cellule d'un moine eût paru luxueusement décorée. Je décidai que ce simple nécessaire était somptuosité, je baptisai palais mon réduit. J'étais donc voué au bonheur spartiate et telle serait mon alimentation à base de poissons, de mollusques et d'algues, avec l'agrément parfois de riz, de nouilles de sarrasin, d'agrumes et de fruits rouges lorsque les paysans de l'intérieur consentiraient à quelque troc.

Mon bagage, un simple sac de marine, contenait toute ma fortune: quelques vêtements, des objets de toilette, un portefeuille gonflé de mes dollars et de mes papiers d'identité, des rations K offertes généreusement par les Américains, paquets rectangulaires où l'on trouvait sous forme réduite la nourriture nécessaire à une journée, du chewing-gum antiscorbutique et des cigarettes que nous fumâmes, dès le premier soir, les villageois et moi, sur la grève autour d'un feu de bois où cuisaient des bonites. Par la suite, je reconnus des poissons de toutes sortes, éperlans, soles, daurades, mulets, maquereaux, et ce fut un jeu pour moi de les nommer en français et d'apprendre leur équivalent japonais, inscrivant la traduction sur un carnet. Au hasard des pêches, je découvrirais surtout le *ayu* et d'autres variétés que je ne saurais nommer autrement que *kisu, buri, bora* ou *tai*, appellations qui me furent vite familières. Je me trouvais au cœur d'une antique civilisation de la pêche. Si je ne rédigeai pas un mémoire sur mes découvertes, je pris au sérieux une recherche ethnologique qui n'avait été qu'un prétexte. Chaque jour, je consignais quelque découverte, décrivais un outil ou un ustensile, une préparation culinaire, une manière de se comporter, un vêtement ou une coutume.

Passé le premier mouvement de curiosité — encore qu'il se fût manifesté avec discrétion —, mes compagnons surent se soucier peu de moi, occupés qu'ils étaient à leurs incessants travaux, car ces hommes et ces femmes, de taille médiocre, le tronc long et les jambes courtes, maigres et vigoureux, manifestaient une incessante activité, nettoyant leur demeure ou lavant les barques déjà propres comme s'il fallait faire tout deux fois, à moins que, avec une application exemplaire, ils ne se livrassent à la chasse d'innombrables mouches attirées par le poisson. Je ne veux pas dire qu'ils m'évitèrent ou m'ignorèrent, bien au contraire leur réserve nous rapprochait plus qu'elle ne nous éloignait, elle convenait à mon caractère. J'aimais cet air de cérémonie sans cesse pratiquée et s'étendant aux moindres tâches, par exemple lorsque nous vidions le ventre des poissons ou découpions leur chair en petits cubes réguliers. Par une sorte de sacralisation de chaque geste, le travail me semblait honoré par celui-là même qui l'accomplissait. Le cérémonial ne célébrait pas le seul célébrant, comme c'est souvent le cas, ne célébrait pas le travailleur mais l'acte de ses mains. Ces mains — mains d'hommes, de femmes, d'enfants —, je ne me lassais pas de les regarder danser, voler, éviter les obstacles avec une précision d'hirondelles. Les miennes, alors, me paraissaient malhabiles et lourdes. J'étais comme le spectateur d'un ballet qui voudrait imiter la chorégraphie et ne le pourrait qu'en pensée, mais, peu à peu, mes mains envieuses connurent l'apprentissage des gestes, s'assouplirent ; mes doigts, aidés de mon regard, trouvaient le chas de l'aiguille plus rapidement, faufilaient les mailles avec adresse. Si les changements de mon esprit me restaient peu perceptibles, je voyais mon corps d'homme se métamorphoser, s'extraire de son cocon, s'adapter au travail pour lequel il semblait avoir été conçu.

Aux activités de l'océan, travaux collectifs de remaillage des filets, de traitement du poisson, expéditions maritimes souvent nocturnes et décidées selon de mystérieuses lois dictées par la prescience d'Oshima Yasunato, notre chef de pêche, s'ajoutaient l'entretien des salines et une modeste agriculture dans d'étroites bandes de terre où prospéraient des choux, des navets géants nommés *daïkons*, des pois et des melons. Les premières semaines, je tentai de me rendre utile et participai au jardinage ou bien aidai les femmes et les jeunes à confectionner ou réparer les filets fixes ou tournants, à grosses mailles pour les prises remarquables ou à petites pour les sardines et les bonites. Mes compagnons refrénaient sans doute leur agacement devant mes maladresses (parfois un geste saccadé et brutal mais de courte durée m'en avisait), ils ne me les faisaient jamais remarquer, simplement Junichiro ou Takuji se plaçait près de moi et effectuait un travail de même nature pour qu'un exemple me fût donné sans que je pusse me trouver choqué par une critique. Portant individuellement qualités et défauts, dans leur ensemble, ces êtres, je les jugeais supérieurs à moi. Intellectuellement, ils ne cessaient de me surprendre, étant tous parfaitement alphabétisés — et d'un alphabet combien plus riche que le mien ! Si je pénétrais dans la salle de réunion, je savais, par l'abondance des flacons d'encre et des pinceaux en poil de cerf, des cahiers et des livres, qu'on y pratiquait l'écriture, ce dessin, et la lecture, cette musique. Pour les enfants, aux heures tournantes, les travaux manuels devenaient prétexte à une pédagogie souriante et d'une infinie patience. La jeune Yuko particulièrement, la seule qui portât des lunettes comme un emblème (j'ai soupçonné qu'elle n'en avait nullement besoin), s'attachait à réunir les écoliers autour d'elle pour leur parler d'une fleur, d'un coquillage, d'une pierre ou de la robe d'un poisson.

Ces compagnons, puis-je dire qu'ils étaient mes amis ? Il faudrait, pour définir nos rapports, trouver un terme qui n'existe pas dans la langue française et qui aurait pu s'appliquer aussi bien aux relations internes à la communauté qu'à celles qu'elle entretenait avec moi. Je me croyais « l'honorable étranger », je sus que je représentais plus que cela. Dès mon arrivée, j'avais pressenti la maladresse que j'eusse commise en abdiquant ma manière d'être, mes habitudes et ma personnalité, bref en me nipponisant. Je connaissais un exemple dont le professeur Kosuke m'avait entretenu :

celui de Lafcadio Hearn, au début du siècle, qui, après avoir été accueilli et fêté tant qu'il restait étranger, fut oublié et dédaigné dès qu'il eut acquis la nationalité japonaise. Paradoxalement, je me trouvais au plus près d'être l'un des leurs dans la mesure où je ne cherchais pas à être « un des leurs ». La vie commune me rapprochait des plus jeunes, Yoshimi, Konosuke, Shojiro ou Seigo, comme de Yasunato l'ancêtre (que je nommais en ajoutant le mot *san* de même que pour tous j'étais Ego-san, M. Ego) et de l'ensemble de sa tribu — j'allais écrire « sa famille » tant il faisait figure de patriarche. L'usure de mes vêtements me fit adopter un lourd pantalon, large et bouffant, serré aux jambes et retenu à la taille par une écharpe, dans lequel je glissai le bas d'un kimono assez délabré. A cette tenue s'ajoutèrent des demi-bottes en caoutchouc jaune séparant curieusement le gros orteil des autres doigts du pied, et, pour me protéger du soleil, un large chapeau de jonc. De loin, on aurait aisément pu me prendre pour un de ces pêcheurs (n'en étais-je pas un ?), mais ma barbe, parmi ces visages soigneusement rasés et lisses, apportait la distinction, cachant mes traits et non point mon nez occidental ou le gris-vert de ces yeux que la nature n'a point façonnés en amandes.

Le village recevait des visiteurs, touristes venus d'Ibusuki, placiers en marchandises, paysans toujours un peu dédaigneux, voisins d'autres tribus de pêche, soldats américains ou marins de la flotte du Pacifique. Mes amis, sans doute guidés par des perceptions secrètes, manifestaient tantôt de franche sympathie ou de cordialité, tantôt d'indifférence ou de politesse distante, parfois de vive répulsion. Le chef Yasunato n'acceptait jamais un cadeau, bonbons ou chocolats, cigarettes, sans offrir en échange des poissons séchés. Quant à moi, je rabattais mon chapeau sur mes yeux, me penchais sur mes filets ou me réfugiais dans ma demeure. Je ne tenais nullement à me faire remarquer et à répondre à d'oiseuses questions. Il m'arriva cependant de forcer ma nature le jour où une jeune Américaine en uniforme seyant éveilla en moi une ardeur que je voulais oublier non par vertu mais parce que je situais mes préoccupations et ma vie ailleurs.

Bien que pluvieux, l'hiver fut sans rigueur. J'accueillis cependant avec plaisir la saison chaude. Dans l'arrière-pays, les magnolias s'allumèrent comme des lampes, les seringas et les glycines embaumèrent, et je découvris les camélias arborescents, les hibiscus, les fougères, je regardai comme on écoute de la musique les pins rouges, les mélèzes, les cèdres, les palmiers-dattiers, les orangers, les bouquets de bambous tels des tuyaux d'orgue. Tout, et encore les halliers, les sous-bois riches en lichens et en mousses, les feuillages brillants, combla mon goût de la luxuriante beauté. Un chant de liesse m'habita. Aux plus beaux jours, j'imitai les pêcheurs en cela que je me dévêtis, ne gardant au rivage qu'un cache-sexe, simple bandeau de tissu retenu à la taille par une ceinture. Je participai aux bains en commun dans de larges baquets de bois que les femmes emplissaient d'une eau incroyablement chaude et sans cesse renouvelée. Sur la plage, femmes, hommes et enfants mêlaient leurs nudités, jouant de la brosse et du gant de crin, frictionnant, frottant leur corps ou celui du voisin avec une furieuse ardeur. Chaque espace de la peau était soigneusement lavé et nous rougissions comme des homards. Les plus jeunes nus au grain de peau brun-jaune appelant la caresse plus que l'étrille me troublaient. Tel un jeune prêtre tourmenté par le démon ordinaire, je faisais taire des désirs charnels risquant de devenir scandaleusement visibles en courant vers l'océan pour en apaiser la brûlure.

Faut-il définir les états de mon esprit durant mes premières saisons japonaises ? Au vrai, je me posais le moins possible de questions quant à ma personne tant les gestes du travail requéraient une constante application, tant la fatigue m'offrait un bon sommeil. Les contacts les plus étroits que j'entretenais étaient les plus silencieux. Il en fut ainsi avec mon hôtesse par la force des choses puisque, muette, elle s'exprimait par mimiques. Je me contentais de la saluer en m'inclinant pour la remercier d'attentions qui me confondaient de gratitude, mon sourire et mes gestes devenant ma voix. A la nuit tombante, je me rendais sur un promontoire où subsistaient des fils de fer barbelés et des rideaux de bambou du temps de la guerre. Là, dominant l'océan, assis sur une pierre noire, je suivais le mouvement des vagues. Parfois, dans le lointain, je voyais les bâtiments armés de l'escadre, escorteurs, destroyers ou croiseurs, ou bien quelque barque attardée courant sur l'eau. Deux jeunes pêcheurs, Konosuke le souriant et Yoshimi le timide, avaient pris l'habitude de me rejoindre. Les jambes repliées, ils s'asseyaient sur leurs talons dans cette position pour eux si commode et que je ne pouvais adopter longtemps sans peine. Nous nous abandonnions au plaisir du repos dans un silence total. Je me souvenais : enfant, ma première rencontre avec la mer, en compagnie de mes parents et d'un groupe d'amis, avait eu lieu sur la plage de Cayeux ; les adultes avaient gâché mon émerveillement en ne cessant de proclamer le leur, de le définir par des épithètes aussi amenuisantes que superlatives, usant de mots comme Beauté, Infini, Immensité, en ajoutant des citations de poètes du XIXe siècle dont je n'avais que faire. Konosuke, Yoshimi, bons enfants de la nature marine qui, peut-être, alors que trente ans plus tard j'écris ces lignes, êtes devenus des techniciens de l'océan, utilisant des appareillages compliqués et non plus la ligne et le filet, comme je me sentais en communion avec vous! Votre immobilité, votre silence, votre ferveur, comme ils répondaient à notre union! Nous parcourions du regard les eaux jusqu'au point où elles s'unissent au ciel. J'ignorais le cheminement de vos pensées et si elles étaient les sœurs des miennes; seule importait pour moi notre commune contemplation, notre salutation; et je savais que le véritable lien entre les êtres, c'était ceci: regarder ensemble. Nous célébrions notre présence dans le calme en mêlant aux fêtes du couchant cette harmonie intense du corps tranquille et de l'esprit méditant d'où peut naître la fête fraternelle. Spectateurs, nous appartenions au spectacle, nous étions des hôtes de l'univers infiniment respectueux. Un doigt se posait sur les lèvres du jour pour retenir les mots du doute et de l'absence. Le temps abandonnait sa course et nous recueillions en nous sa musique comme des mages méditant. Tout s'apaisait: le mouvement des vagues, le sang lourd, impétueux, le battement du cœur et la mêlée énorme et copulante de la vie. Parfois dans la rumeur je distinguais un murmure. Qui me parlait? les jours passés? les continents de mon lointain avenir? A mon oreille, une bouche invisible disait que viendrait le temps d'oublier le jour et de marcher sur des terrains dangereux. Mais je repoussais tout ce qui ne procédait pas du doux et frêle instant. J'étais si las des souvenirs qui me harcelaient, des mots impuissants à les traduire, que je rêvais d'une langue inconnue, hors de toutes les Babel, pour me parler d'un « ailleurs », d'un « peut-être » où n'entreraient pas mes pressentiments. J'avais tourné la page d'un livre et j'avais trouvé l'Océan, je pouvais lire le monde à travers d'autres lunettes, connaître un savoir né de végétaux ou de poissons point imaginaires et espérer des enthousiasmes tels qu'ils seraient bouche et baiser de la bouche.

Konosuke se dressait sur la pointe des pieds et sautillait sur place tel un athlète s'échauffant les muscles avant la course. Yoshimi et moi, nous nous levions à notre tour et tous les trois nous parcourions cette plage que nous ne voulions pas quitter, volant encore quelques minutes au sommeil avant de gagner notre couche. Nos corps peu à peu devenaient ombres. Le mien me disait : je suis la vérité, je sais fermer les portes de la nuit et par le jour doublement me construire. Je me sentais ivre, non pas de la fatigue des travaux, mais de m'être baigné dans la diversité des choses et dans l'air du grand large. Jamais je n'avais été à ce point rassemblé en moi-même, je me sentais vivant jusqu'aux confins de mon souffle. Nous marchions. Il disparaissait si vite, mon soleil, et je voulais le garder encore avant d'entendre le cri d'amour que jetterait quelque oiseau nocturne. L'aube était au bout du chemin, l'aube dont tout en moi augurait les offrandes.

★

Du village côtier, je ne m'éloignais guère sinon pour des promenades fort courtes dans les terres ou des glissements sur les flots dont je savais désormais braver les pièges dans une barque fendant la vague de son fuseau et dont la poupe carrée assurait la stabilité. Une godille bien tenue en main la propulsait, à moins que les avirons fixes ou la voile dont je ne connaissais pas toute la science ne prissent le relais. Ma maladresse me quittait. Je manifestais dans mes manœuvres de sensibles progrès ponctués par les grognements d'approbation ou de satisfaction de Junichiro ou de Takuji, mes maîtres de navigation. La plus longue randonnée terrienne que je fis s'étendit sur deux journées dont je garde un souvenir délicieux. Je visitai de fertiles vallées, des rizières en gradins s'étageant sur les collines. J'assistai au labourage, au sarclage ou à la fumure selon l'avancée des travaux ou encore au nettoyage des canaux d'irrigation. Bien que nombre d'hommes fussent employés à la reconstruction d'Hiroshima, la campagne était à ce point peuplée, que les champs recevaient les soins d'importantes foules. Je voyais des vagues de vastes chapeaux de paille, arrimés au menton et au cou des femmes par des courroies de cuir et recouvrant les épaules, bouger dans la houle d'un mouvement collectif. Une promenade me conduisit sur les rives du lac Ikeda ceint d'une ronde forêt aux essences variées. Poursuivant ma marche, je reconnus chênes verts et bouleaux nains, bananiers et cultures de thé, mais que de plantes et d'herbes inconnues de moi ! De vaporeux paysages s'offraient si semblables à d'admirables peintures les représentant qu'on ne savait si l'art avait copié la nature ou le contraire. Des émerveillements végétaux, je passai aux splendeurs minérales : roches métamorphiques constituées de cristaux de mica et de quartz disposés en lits parallèles, schistes cristallins et granits, et, nés des volcans, les roches plutoniques, les laves et les cendres, les alluvions, les minerais, des roches qui paraissaient sculptées de la main de l'homme. Je vis des montagnes curieusement construites comme si la création avait voulu sans cesse varier les formes : aiguës, rondes ou tronquées, riches d'accidents comme pour inspirer et décourager tour à tour le pinceau de l'artiste, volcans éteints qui me rappelaient l'Auvergne avec leurs sources thermales fraîches ou chaudes, parfois bouillonnantes et soufflant la vapeur de leurs naseaux. J'assistai au mariage des formations rocheuses et des eaux, passai des gués de pierre à pierre ou sur des planches. En ces lieux de terre frémissante, l'activité sismique provoquait des effondrements et des exhaussements du relief et souvent j'avais éprouvé des frissons effrayants. Le Japon dans son entier ne m'apparaissait plus selon la silhouette chère aux poètes de deux libellules dans leurs amours : il devenait non plus une terre mais le dos émergeant d'un animal fabuleux, d'un dragon endormi dans l'océan, gigantesque et squameux, écaillé, hérissé, qui bougeait, frémissait, matière monstrueuse, vivante et redoutable.

J'interrompais brusquement une longue randonnée : la présence de l'océan me manquait. Aussi revenais-je à « mon » village. Là je retrouvais amis et paysages connus et découvrais toujours quelque nouvelle coutume du travail que je notais sur mon carnet pour enrichir les chapitres du mémoire dont j'avais fait mon alibi et que je ne rédigerais jamais. Tandis que les femmes et les enfants triaient et faisaient sécher le poisson et les algues, cueillaient les coquillages sur les rochers, entretenaient les filets et les barques, seuls les hommes mûrs partaient en mer. Je découvris cependant une exception. Par ciel clair, sur l'ordre débonnaire du chef de pêche Yasunato, de jeunes femmes, choisies parmi les plus habiles, embarquaient avec nous pour se livrer à la pêche sous-marine, ce dont elles gardaient par tradition l'exclusivité. Passé un récif corallien, elles examinaient les fonds à travers un cerceau de bois. Les poissons repérés, sur un signe nous arrêtions la barque ; elles plongeaient alors, toutes nues, à l'exception de l'habituel cache-sexe et d'un ruban serrant leurs cheveux. Un couteau long et large aux dents, un filet en main, évoquant pour moi quelque gladiateur, je les voyais toujours disparaître dans les eaux avec inquiétude. Comment pouvaient-elles y rester si longtemps ? Les hommes me rassuraient d'un sourire, puis une algue brune montait à la surface : la chevelure de la plongeuse, de la sirène tirant dans son filet une manne scintillante que nous halions à bord. Certaines jetaient leur pêche directement dans le bateau et le jeu des chairs, têtes, épaules, seins, bras, de ces naïades ruisselantes offrait un spectacle délicieux. Elles paraissaient naître l'une après l'autre de l'océan et toutes, régénérées, s'animaient d'une ardeur sauvage, rayonnaient d'une étrange et nouvelle beauté. Si discrètes au rivage, elles saluaient alors bruyamment leurs propres exploits, se défiaient en des éclats sonores et barbares découvrant des dentures d'ogresses, brandissaient des couteaux sanglants. Nous répondions à ces reines par des exclamations admiratives tandis que les poissons se tordaient contre nos jambes nues. Quelle était la source de cette tradition ? Je ne le sus jamais. Le souvenir que je garde est celui d'un paganisme océanique, d'une fête sacrificatoire grandiose, d'un règne de déesses dont nous devenions les servants. Au retour, mes amis se montraient étonnamment volubiles, commentant les péripéties et les conquêtes, évaluant les plus belles prises et honorant les plongeuses qui, parfois, se disputaient avec brutalité tel ou tel poisson plus volumineux que les autres, oubliant pour un temps leur démarche courtoise. Devant tant de dons, ceux du spectacle et de la participation que j'y prenais, je ressentais une étrange ivresse, je me surprenais à applaudir, à jeter des cris de joie. Au prix d'un effort dont la marque se lisait sur les visages, elles conquéraient, mes belles guerrières, la place la plus proche du soleil. Suivait une ripaille joyeuse, carrés de volaille grillés, poisson en brochettes, riz relevé de raifort, le tout arrosé de tiède saké, mais aucun alcool ne me griserait aussi bien que la vue de ces corps à la mer.

Parmi ces plongeuses, l'une d'elles, particulièrement, me troublait. Tandis que la plupart de ces femmes, sur terre, paraissaient moins belles que parmi les ondes, celle-là gardait jusque dans le calme la trace de l'ardeur du combat. Secrètement, je la nommais la Reine. D'elle, je ne pouvais qu'avec peine détacher mon regard et je me surpris à murmurer son nom : Hayano. Toujours, je faisais en sorte de me trouver au plus près d'elle, je tentais de retenir son attention sans y parvenir. Sa coiffure était dessinée, nous dirions : « à la Jeanne d'Arc ». Sa petite bouche aux lèvres de soie, sertie de perles, s'ornait sur le côté gauche d'une fine cicatrice donnant à ses traits quelque chose de perpétuellement railleur. Je revois encore les lignes de ce visage gravé en moi, la lèvre supérieure légèrement proéminente, le nez minuscule aux narines ouvragées avec un grain de beauté sur l'ailette, l'ourlet des oreilles minces et longues, et ce regard couleur de café avec sa lumière filtrante parfois d'une cruelle dureté sous des sourcils hauts dessinant un air d'interrogation et d'étonnement. Sa peau brune, chaude, lisse comme si elle était privée de pores, appelait mes caresses, mais en imagination seulement. Je ne pouvais regarder ses seins durs sans trembler, ses épaules sans désirer y poser ma bouche alors qu'elle, lointaine et mystérieuse sphinge, regardait dans le lointain à travers mon corps pour elle transparent ou invisible.

Entre mes compagnons et moi, le temps affermissait des liens. Sur le promontoire cher à notre trio, Konosuke, Yoshimi et moi, la jeunesse du village prit l'habitude de se réunir, mais notre silence, comme s'il était contagieux, fut respecté par tous, à l'exception de Shunichi le manchot qui sifflotait entre ses dents. A l'extrême bord des soirs, après la fatigue des journées, nous étions disposés à la muette contemplation et notre lassitude se dissolvait comme le sel dans l'eau. Sur ce balcon tout au bout de la grande île, et pour moi au bout du monde, nous semblions unis comme des survivants. Je connaissais ce que je pourrais appeler bonheur si je ne me défiais de ce mot, loin des rives d'Europe et d'un passé flétri par la guerre, d'un passé qui se nommait naguère et point encore jadis, et cela, par paradoxe, en me trouvant si proche d'odieux théâtres, Nagasaki, et, de l'autre côté de la mer intérieure, Hiroshima, villes mortes, quatre et quatre syllabes éclatées, comptines pour monstres, am-stram-gram du désastre humain. Loin, loin, mon enfance lyonnaise à odeur de cire, de suif et d'œillets fanés! Loin, loin, la poudreuse école et la lisse université! Loin, loin, ce jeune homme défait du temps d'une imparfaite victoire! Et près, si près, les villes martyrisées de la planète où s'élèveraient arches et monuments du souvenir! Quelle force invisible m'avait poussé là? Devais-je monter une garde? Mon plus parfait éden se trouvait dans le voisinage de l'abomination, de la terreur absolue, de l'Etna provoqué par le mauvais génie humain, par l'œuvre de savants honorés, fiertés de la race humaine, parés pour l'immortalité des marbres. Les idées, les ferments, les terreaux, les promesses du jardin futur, qui les avaient enterrés? Et cette cicatrice à mon bras fermée comme une paupière sur un œil, cette cicatrice bouche cousue, saurait-elle me parler encore? Je réunissais mes forces, ma jeunesse intacte. Mes muscles répondaient à mes ordres. Je connaissais la vieille et neuve naissance de l'émoi amoureux. Hayano la plongeuse, Hayano la musicienne, Hayano qui vit hors de moi et en moi se fraie un chemin qui me ravit et m'épouvante à la fois; ne serais-je pas destiné à l'errance? Comme Lao-tseu, le philosophe allant sur son bœuf noir vers les lieux occidentaux que j'avais fuis et qu'il ne sut atteindre, j'avais brisé le sceau des nobles certitudes et de mon doute érigé les méandres. Je vous entendais, mes amis japonais, je vous entendais, et vos gestes, vos usages, vos mots transformaient ma peur en espérance. Mon corps revenu à ses premières eaux épousait la cause du devenir. Les présents de l'océan et de la terre m'alimentaient; les absorbant je défiais les limites, je rejoignais les deux mondes en contemplant l'infinité des astres et tout bonheur me venait de l'instant.

Mon premier tressaillement de joie ne va pas tarder à paraître. Je n'avais pas atteint ma trentième année et ce fut par le plus fleuri des printemps, au temps du cerisier en fleur, dans cette saison qui correspondait à ma saison intérieure, que, sur notre balcon de l'océan, Hayano, un soir, vint rejoindre notre groupe de veilleurs. Pour apporter un présent, alors que sa présence figurait la plus belle offrande, elle avait revêtu un kimono de coton qui lui arrivait à mi-cuisse, ses socques de bois claquaient sur le rocher ; visage poudré de blanc, lèvres teintes d'un rouge violacé, par-delà son dénuement, elle avait tenté un cérémonial. Elle portait un shamisen, sorte de guitare dont j'avais surpris déjà les accords au seuil de sa demeure où la nuit je rêvais souvent. Elle s'inclina en souriant et s'assit en retrait, sur le plus haut du promontoire. N'osant me retourner et ressentant sa présence, je fixai l'horizon sans le voir, je m'échappai de moi et m'approchai des vagues engloutissantes. Je me sentais sans rives, je n'avais jamais connu d'autre lieu, d'autre abordage, d'autre port. La mer me parlait : « Délivre-moi du rêve à mon rivage, cours vers le réel comme l'écume à la roche et ne garde rien en toi d'inapaisé ! » Le passé gris en joyau resplendissant se déguisait, les souvenirs n'affleuraient plus, seul un nom se détachait sur le ciel mauve en lettres lumineuses, fulgurantes, un nom, un seul nom, Hayano, et toute ma ferveur le murmurait, toute ma capacité d'aimer se réunissait sur un seul être.

Comme si l'entier Japon parlait à mon oreille, j'entendis une musique que je voulais pour moi seul, des notes lentement délivrées par une lamelle d'ivoire caressant une corde sur une peau tendue, et comme il ne fallait pas que cette musique d'âme fût orpheline, le chant de la femme s'éleva dans une brise légère, murmure aux lèvres d'une fée, prolongé, monotone, légers sanglots bientôt soulevés par des accords brusques, telle la vague venant se briser sur le roc après un long voyage, et les sons bondirent de cime en cime, ruisselèrent comme une eau cherchant en vain le fleuve. Je sentis son flot liquide s'unir à mon sang, irriguer mon cerveau, jetant tour à tour le chaud et le froid au long de ma colonne vertébrale, et ce fut comme une mystérieuse mélopée, une fête étrange où je ne savais plus qui chantait, de la bouche, de l'oreille ou du soir.

Le flot s'apaise, les jours sont maîtrisés, les murailles entrouvertes, la clarté bleuit, l'étoile se renverse, je vois l'obscur, je sais pourquoi je vis. Elle chante, un océan nocturne mange le ciel, l'horizon dévore la lumière qui se dissout devant tant de pouvoirs, et marche l'armée ascendante des secondes vers un espoir insensé. Je n'attends plus l'oiseau des nuits, ni le poisson blanc, ni la clairière, car un langage est déjà mon frisson. Elle chante, elle dérobe ma vie ; je ne connais plus la solitude ; vague et vent, soleil et longues pluies m'accompagnent dans une marche imprécise aux bords joyeux de nouvelles saisons. Sans avant, sans après, la musique et le chant unis célèbrent mon mystère, et me voici, jaillissant de mon onde, si nu que je viens de naître, épris, grisé par la neuve présence au rendez-vous d'une autre vie et de ma vie.

J'avais émigré si longtemps de moi-même, j'avais tant et tant marché sur la route des autres sans les rejoindre. Tout n'était qu'apparences, désert ou bruit, formes ou silence, paroles vaines dans un espace noir où nul ne m'attendait. Hayano mon amour, par toi je me rejoins, je reviens à ma vie rêvée, mon corps vit et me parle un langage inconnu, j'espère et je désespère, je parle et je me tais, je bouge et je suis immobile, je suis fiévreux et glacé, je chante dans le chant, ma peur me rassure, je ne vis plus sans l'autre. Je connais enfin, je connais la raison des océans traversés. Je n'ai pas fui, j'ai rejoint. Tu m'attendais, Hayano, et si tu ne me vois pas, c'est que tu attends encore sans savoir que je suis venu, et j'entends ta musique, ta voix qui m'appellent, j'écoute ce qui vient de ton corps, de ton âme et n'ose me retourner pour recevoir ton visage.

De ces instants, de ces heures du promontoire, de l'océan et du chant, je ne sais plus mesurer la durée, la musique continue de m'envahir si longtemps après la musique. Les temps passés, ce que je vois, ce que je revois : des corps ayant retrouvé leur ombre et devenus ombres à leur tour qui marchent dans la nuit, qui parcourent des chemins connus, qui vont par petits groupes, et moi, loin derrière eux, infiniment charmé, habité d'un autre être, des ombres qui se séparent au seuil des demeures tandis que l'une d'elles, la mienne, s'immobilise pour regarder la maison où Hayano vient de pénétrer. Il restera là, veilleur extasié, veilleur comme un arbre, jusqu'à l'extinction de tous les feux, emportant dans sa couche la seule flamme restante, celle qui brûle en lui.

★

Comme si le temps s'était immobilisé dans mon sablier, tel un philosophe antique, un sage de légende, je laissais passer mes jours sans les compter, poursuivant opiniâtre mes apprentissages. Si notre hameau, notre *mura-hachibu*, était voué à la pêche, à l'extraction des biens de l'océan comme des pierres précieuses de la mine à ciel ouvert, cette activité s'accompagnait d'une infinité de travaux touchant à de nombreux artisanats, menuiserie, corderie, tissage, broderie, ferronnerie, peinture. Chaque jour m'enseignait quelque tour de main et tout cela qui, aujourd'hui, me sert dans ma vie nouvelle. Loin d'être isolés, nous recevions les curieux dont j'ai parlé et qui ne s'attardaient guère, et aussi des marchands ambulants poussant de vieilles voiturettes, des tricycles et des chariots où, parmi quincaillerie, bimbeloterie, colifichets, pacotilles, quelque objet apportait sa tentation. Je connus maints personnages pittoresques, des colporteurs me rappelant leur correspondant occidental tant il est vrai que, par-delà les caractères locaux, le métier façonne l'homme à sa semblance et à ses nécessités : les travailleurs de la mer en tous ports se ressemblent, les marchands pratiquent aux quatre points cardinaux, avec les mêmes gestes patients, la même faconde, l'art de la persuasion. Un gnome joyeux, rond comme une barrique, que l'abus du saké ou du violent *shoshu* rendait abusivement loquace, devint mon camarade. Il poussait une cuisine roulante, toujours fumante, où se mêlaient à l'odeur âcre du charbon de bois des senteurs apéritives. Il se signalait en criant son nom : Kojiro ! Kojiro ! Kojiro ! et les enfants accouraient. Il ajoutait alors d'étranges clameurs, des onomatopées, des slogans que je ne comprenais pas. Ma vue le réjouissait particulièrement ; me supposant américain, il m'appelait Joe et me manifestait tous les signes d'une sympathie tapageuse. Il proposait des agréments à nos menus, plus appréciés par mes compagnons que par moi : pâtes de riz et de soja, petits gâteaux gluants, produits séchés pour les soupes, et il contait avec force mimiques des histoires, rapportait des ragots, récitait des proverbes. Si mon incompréhension me faisait étranger, je subissais la contagion des rires. Un autre visiteur habituel était cet officier américain qui conduisait lui-même sa jeep et parlait parfaitement la langue japonaise. Il s'offrit à témoigner de ma résidence auprès des autorités, ce qui m'évita de me déplacer.

Je n'entendis plus Hayano chanter en s'accompagnant du shamisen. Pourquoi cette unique soirée, pourquoi cette île sonore jusqu'alors inconnue dans l'archipel s'enfonça-t-elle dans les eaux ? Je retins mes questions : une interrogation mal formulée pouvait trahir mon secret amoureux. Quant à Hayano, Hayano qui vivait dans ma vie et ne me recevait pas dans la sienne, elle continuait de m'ignorer et moi de me donner l'illusion qu'elle n'avait joué et chanté que pour celui qui l'aimait. Je n'avais jamais subi un tourment de cette nature, je traversais des périodes de mélancolie qui m'éloignaient de mes amis, je préparais des stratégies que je ne savais mener à bien, je subissais des jalousies absurdes dès qu'un homme, et même une femme, avait le privilège de retenir son attention. Je connaissais une douloureuse solitude alors que jamais je n'avais été à ce point habité par un être.

Toutes mes journées n'étaient pas aussi calmes que ma narration pourrait le laisser supposer. Nous étions en pays dangereux, je connus de longs tremblements du sol, je subis des typhons, je participai à d'effroyables épopées qui me permirent de mesurer en moi un calme intérieur, une soumission au destin, un abandon à la fatalité dont je m'étonnai, sans doute parce que ma décision d'errance prise, je laissais au hasard ou à sa sœur la providence le soin de tenir le gouvernail de ma vie. Parfait vagabond, j'avais quitté jusqu'aux chemins tracés, laissant à mes pas le soin d'en inventer de nouveaux, je ne foulais que terres vierges. Durant une nuit épouvantable où les violences du ciel et de l'océan conjugués dispersèrent les éléments de notre flottille pacifique, nous fûmes soumis à une lutte inégale, nos moyens restant hors de proportion avec la puissance, la résolution meurtrière des éléments à nous détruire. Des paquets de mer violents, furieux, traversés de lueurs d'assassinat s'élevèrent comme des monstres, nous jetant à la cime de leurs montagnes liquides pour nous précipiter dans des creux encore plus redoutables, cela durant un temps d'enfer et d'abomination au cours duquel nous fûmes, Yoshimi, le vieux pêcheur Akinari et moi, les soldats d'un combat interminable dans lequel nous déployâmes une énergie désespérée. La bête énorme, convulsée, écumante, ramassant des tempêtes venant à la fois du fond des eaux et des hauteurs illimitées du ciel noir, la bête de proie, la bête, nous savions bien qu'une seule seconde d'inattention ou de renoncement de notre part aurait suffi pour qu'elle nous dévorât. Les mains sanglantes, aveuglés par le sel, transis, douloureux, recevant des agressions toujours renouvelées, nous serrions le bois des avirons, entre deux cinglements, nous nous efforcions de garder à la barque gémissante un équilibre précaire, nous nous cognions, nous nous brisions contre le bois devenu notre seule sauvegarde, nous nous engloutissions pour émerger surpris et dans l'attente du naufrage. Tandis que nous puisions dans nos corps meurtris la force d'incessantes luttes, je me sentais uni à ces pêcheurs japonais par, plus puissants que les liens de la race et du sang, ceux d'une communion des forces et d'une solidarité. A l'habileté manœuvrière de mes compagnons, répondait ce que me dictait un instinct vital : gestes assurés, réflexes rapides, brusques initiatives, un sens nouveau du corps à corps avec le corps océanique qui voulait détruire nos fragiles insectes. Dans cette multiplicité de gestes, sans doute chacun de nous fut-il le sauveteur d'un autre, mais n'étions-nous pas qu'un seul corps ? Qui n'a pas connu ces fureurs, ces rages, ces gifles et ces coups ne peut rien savoir du prix de la vie humaine et de l'étendue de ses ressources, de cette folle exaltation, de ces sursauts désespérés, de cette force arrachée aux profondeurs de soi.

Je ne puis décrire toutes les opérations de cette guerre, la soudaineté et la traîtrise de l'attaque, car je ne connais pas de mots de soufre ou de poison, de termes indiquant tant de noirceur quand la nuit elle-même recouvre la nuit, quand les larmes de l'océan répandent en vous une épaisse cécité. Le barbare et l'obscur, les rumeurs d'une multitude jaillie du fond des siècles et des eaux, l'enveloppement du corps vivant dans le suaire marin, le hurlement de mort en soi retenu, le vide, le vacillement de tout l'être dans le cataclysme... ô pauvreté des mots !

Et ce fut au lever du jour l'apaisement soudain, comme si nous avions dompté le fauve, comme si nous étions les vainqueurs de l'océan et du ciel, et nous nous sentîmes les maîtres de l'éclaircie, les démiurges de la nature et des vents. Harassé, tassé contre une caisse, je croyais avoir changé de mer et me trouver dans un ailleurs marin sans ressentiment contre nos personnes. Nous ne triomphâmes pas, car nous portions l'inquiétude des autres barques, nous tentions de percer l'étendue avec nos yeux brûlés. Comme on donne des noms aux typhons, j'avais trouvé le nom de l'aube et je l'avais murmuré durant le temps de la lutte, l'aube blanche, l'aube de lumière, l'aube Hayano.

Deux barques nous avaient précédés au rivage. A ma surprise, aucune ne fut naufragée. Sur la plage, nous étions attendus. Épouses, mères, enfants, je revois vos yeux, j'entends vos silences et vos exclamations, je devine vos prières, je sais la réserve des étreintes et ce rien cérémonieux éclairant les visages délivrés d'angoisse, et un rire jaillit d'une barque, une femme brandit une poignée de seiches pour nous dire que la pêche n'a pas été tout à fait vaine. Hayano est présente : vers elle, je voudrais me précipiter comme un époux, et je n'en peux rien faire. Tous sont là, et aussi ma vieille logeuse muette. Je passe devant Hayano qui ne me voit pas. Tout ce que je voudrais exprimer, je le dédie à la doyenne et m'incline sur sa main, j'en fais une mère inquiète et je suis le fils qui la rassure.

Des fureurs au calme, derrière moi la mer oublieuse et digne, la mer tantôt adorée jusqu'à la prosternation, tantôt haïe pour ses lois de requin-tigre, d'ogresse à l'affût de la chair, la mer avec ses rages et son hypocrisie. Je me sentais en droit de l'insulter, de lui jeter des mots de pierre, de la dire vieille matrone en oripeaux de cour enfantant l'homme afin de s'en repaître et nous jetant ses clichés grandioses à la face comme des crachats sur le visage du jour. La mer, je me contentais de lui adresser une éternelle interrogation, d'imaginer encore des vaisseaux noirs portant de fabuleuses cargaisons de fauves d'or arrachés aux abysses, des dieux marins, toute une mythologie proposant ses hymnes. Ses mouvements inattendus, ses humeurs antithétiques la faisaient pour moi reine, hôtesse de psychologies complexes, féminines, comme chez nos vieux romanciers de caractère ne cessant de se tromper en voulant trop bien définir. Je n'étais pas éloigné, moi aussi, en contemplant la nappe à laquelle je me sentais lié comme un marin, de confondre mer et femme, mirage du Pacifique et mystère de Hayano, espérant quelque mouvement magique de la naïade musicienne, et alors son énigme pouvait me proposer de soudaines métamorphoses comme un avatar faisant descendre le ciel sur la terre.

Par abus, par déception, je voyais parfois du dédain là où il n'était qu'indifférence : dédaigner suppose au moins un regard. Ou bien, revenant à la raison, je dessinais une Hayano nouvelle, d'un naturel effacé, j'accusais mes pensées de me perdre dans les brumes, puis des riens indéfinissables, un mélange d'espérance et de doute, faisaient surgir de nouvelles impressions sans doute aussi fausses que celles qui les avaient précédées. Je me heurtais à une inconnue, à toute une caractérologie ethnique dont je ne possédais pas la clef. J'aurais préféré de la part de celle que j'aimais un rejet violent, une antipathie féroce, voire une haine plutôt qu'une incuriosité totale à mon endroit et dans laquelle je voyais sécheresse de cœur, apathie et insensibilité. Je l'accusais de ne pas lire en moi ce que justement je lui cachais. En état d'interrogation permanente, j'observais ses rapports aux autres; si j'y distinguais une même réserve, cela m'était un baume.

La pêche avait été fructueuse: ce jour-là, nous nous étions vengés de la tempête. Je me souviens: durant ce calme après-midi, les femmes triaient le poisson, Konosuke lavait des pierres pour en ceindre un étroit parterre, Yasunato fumait la pipe, je m'étais allongé à l'écart, nu sur le sable chaud. Dans un demi-sommeil, je voyais se succéder de mouvantes imageries. Après la caresse de la vague salée, mon corps recevait les bienfaits du soleil. Je me croyais ville ou planète, le monde coulait en moi telle une cire dans un moule. Tantôt ce corps bruni et musclé se couturait de tragédies, tantôt il recevait les délices du vivre, et je respirais puissamment l'arôme du grand pourquoi auquel mon engourdissement semblait répondre. Je sentais vivre les végétaux enfermés en moi, discrets dans leur tâche secrète au fond de la nuit de ma peau. Apaisé, je rêvais, j'inventais présent l'amour si lointain, je me voulais accueil. Plus tard, l'esprit voguant de l'intérieur vers l'extérieur, j'entendis des bruits autour de moi, je perçus la présence des jeunes venus me rejoindre, je feignis le sommeil et, à force de le feindre, je m'endormis vraiment.

Un chatouillement sur mes pieds et mes jambes m'éveilla. A plusieurs reprises, je fis des mouvements pour chasser quelque insecte quand je surpris des chuchotements, des rires étouffés. Le jeu dura encore. Je me dressai appuyé sur les coudes et, avant qu'une joie m'envahît, ce que je vis provoqua mon étonnement. Le groupe habituel des garçons et des filles m'entourait, et, ô surprise! Hayano en faisait partie, et même, ô ravissement! c'était elle, agenouillée, qui jouait à faire couler une pluie de sable sur ma peau. Je ne sais pas si ce fut la stupeur ou la conclusion du jeu qui le provoqua: ils partirent tous du même rire complice, et Hayano autant que les autres, comme s'ils participaient à la chose la plus drôle au monde, chacun donnant à sa joie une intonation propre sans se séparer du concert. Cette attention à ma personne me troubla. Je répondis par un sourire de père indulgent devant une farce de ses enfants, puis par un petit rire moi aussi, s'adressant à chacun sauf à celle qui habitait ma pensée. Depuis la tempête en mer, mes amis déjà si proches m'étaient plus proches encore. D'autres jeux les appelèrent. Seule resta Hayano enveloppée dans son kimono bleu. J'avais du soleil plein la peau. Je vis qu'elle jouait encore à faire couler le sable entre ses doigts, composant d'une main à l'autre une sorte de sablier. Je songeai que cette poussière dorée, longuement façonnée par l'océan, s'accordait à la mesure du temps, de ce temps dont j'aurais voulu qu'il s'immobilisât. Le casque de jais de la chevelure aimée brillait. Penchée, détachée, songeuse, je ne voyais rien du visage et restais immobile comme pour apprivoiser un oiseau, silencieux et attendant avec ravissement et crainte le moment où elle lèverait la tête. Je la contemplais avec une ferveur tendre et douloureuse: je me savais voué à ne plus aimer d'autre spectacle, j'ignorais tout, l'heure et le lieu, le reste du monde avait cessé d'exister. Lentement, elle leva la tête, la pencha de côté le temps d'une hésitation, mordit sa lèvre inférieure, et, pour la première fois, vraiment pour la première fois, nos yeux se parlèrent, des ondes chaleureuses et graves nous unirent, il n'y eut plus que notre réciproque habitation. Chacun de nous devant le livre ouvert de l'autre, nous nous lûmes intensément. Je murmurai: «Hayano» et elle répondit : «Ego-sensei», puis je repris: «Hayano!» et j'entendis: «Ego!» Les secondes s'éternisèrent. Tout mon être se tendait vers elle, je lui offrais ma vie. Elle se leva, fit quelques pas en direction des demeures, se retourna une seule fois et m'offrit un regard dans lequel je découvris le reflet de ma surprise devant ce qui nous arrivait. Moi, resté seul et n'étant plus seul, tendant les bras vers la manne céleste, j'éprouvais l'envie de chanter, de crier ma joie, de remercier les dieux, de danser comme un faune ivre, et je courus, je courus vers l'océan réconcilié pour y nager longtemps ou pour lui chuchoter ma confidence.

★

Le plancher dur et l'oreiller de bois meurtrissant mon corps, j'avais confectionné un matelas de fortune avec de la paille retenue par des filets usagés. Je devais améliorer mon œuvre par l'emploi de sacs et d'étoffes offerts par ma logeuse bien que mes dispositions lui parussent fort inusitées. Comment aurais-je pu supposer que ma barque du sommeil deviendrait celle d'une tout autre navigation ?

Le soir qui suivit le miracle, tandis que, allongé, avec pour éclairage un rayon de lune, les yeux fermés avant le repos, je voyais encore Hayano, tandis que la joie délivrante et oppressante à la fois bondissait comme une biche dans ma poitrine, que j'imaginais mille choses vagues et voluptueuses, idées d'offrandes de fleurs, de baisers et d'anneaux, tandis que j'éprouvais la soudaine crainte d'avoir trop bien rêvé et que mes instants de bonheur ne se renouvelleraient pas, je vis apparaître, tel un spectre que mon désir aurait matérialisé, cette forme adorée, elle, elle Hayano, derrière ma cloison de papier huilé, silhouette qui glissait, s'immobilisait, puis pénétrait dans mon espace. Je retins mon souffle. Rêvais-je encore? J'entendis le glissement du kimono sur sa peau, je sentis sa chaleur, elle s'allongea près de moi comme si elle refaisait un geste habituel et se tint sur le dos, les mains croisées sur sa poitrine. Je reculai pour ne pas l'effleurer et restai ébloui, incrédule, tentant de maîtriser un émoi mêlé de crainte. Ses yeux, ses lèvres brillaient, je respirais le parfum de son corps, je me sentais tendu comme un arc, dressé comme une flèche. Nos visages se tournèrent l'un vers l'autre et nous entendîmes battre notre cœur. Avant l'union de nos lèvres et de nos corps, elle posa un doigt sur ma bouche, puis sur la sienne: ainsi naquit le secret.

Mes mains, après tant d'années, la caressent encore. Je connais ses paysages marins, ses grottes et ses salines, ses marées et ses tempêtes, les vols de ses doigts, ses glissements d'étrave fendant les flots. Je la respire dans les jardins, je la vois couler dans les sources, elle vit dans le feu. Nos mouvements se communiquent des rythmes toujours nouveaux et nous sommes les maîtres du temps soumis à notre fantaisie. Nuit, nuits d'amour où rien n'apaise notre soif, notre faim de l'autre, navigation extrême de passion insensée, d'eau et de feu intarissables où sans cesse naît, meurt et renaît notre phénix.

Elle est ma danse, elle est l'eau de ma danse et de ma vie. Dans cette rivière et dans ce foyer, éblouis de peurs qui nous rassurent, nous inventons nos chemins et nos issues, lieux obscurs, salles souterraines, prisons qui nous délivrent, montagnes gravies, courses jusqu'aux étoiles, océans où nous nageons sans fin vers les fonds sous-marins, algues et coraux vivants pour éveiller les cités mortes, abîmes d'où l'on émerge, baisers volant comme plumes, nuit déchirée par l'éclair, et nous en un seul être devenu démiurge du feu, des torrents et des astres, nos pensées mêlées comme des breuvages, nocturne composé d'une seule lumière.

Elle est mon chant, elle est la flamme de mon chant et de ma vie. Elle glisse en moi. Le jardin bleu reçoit la source fraîche et la rosée du désir devient la seule patrie. L'amour nous enroule et la houle nous aime. Rayonnante, elle n'aime que la nuit pour s'y cacher, l'obscurité la farde, la lune suffit à l'oindre, nos mains sont des étoiles filantes. Puis elle se fait blanche, blanche comme le temps des amants éperdus, elle renaît duvet, le nuage glisse pour recueillir sa chevelure et des léopards se serrent contre moi, sa langue trace des sentes sur ma peau et nos corps les suivent pour se perdre dans une flânerie savante. Je parle sans ma voix, je rêve sans images, je brûle le feu, je nage la mer, pour elle je meurs quand nous mourons ensemble, pour elle je revis quand elle appelle une autre danse.

En nous le chant du monde s'harmonisait, les liens d'Éros incarnaient l'âme errante, le chant des corps dispersait les misères, les exilés retrouvaient leur patrie, nous délivrions les prisonniers, nous remontions à la source du temps. Dans cet amour cosmique, tout s'extasiait. Ô joie au bout de l'univers, en cette plage que caresse le flot, et sur nos langues mêlées naissait une phrase nouvelle en vocables de sève, en saisons de salive, un langage éperdu d'avenir qui grise l'aube et lave tout destin. Jours maîtrisés, murailles entrouvertes, lunes rêveuses, présents fabuleux dans un palais de longue vie, d'imaginaire dans le réel se fondant en baisers interminables.

Chaque soir nous dénudait pour la cérémonie brûlant l'encens, brûlant la nuit, la cité vive des sexes au gré des vertiges. Ce visage qui se penchait sur le mien mirait tous les visages de mes années perdues : l'enfant triste, l'adolescent blessé, l'homme détruit, le vagabond courant vers l'horizon qui flambe, courant, dansant, volant, ailes aux chevilles, ailes sur le corps et l'âme. Il coulait un siècle, un autre entre mes doigts pour séparer ma vie présente des jours blafards, et reparaissait dans chaque eau le clair visage comme le reflet d'un ange blessé du ciel qui venait mourir en moi. Je portais ma bouche à la hauteur des ondes, je buvais mon amour et toute la planète à ce baiser s'enivrait. Je guettais le moindre son de sa voix, le plus léger soupir, l'imperceptible souffle et ils coulaient dans mon délice comme dans une veine ouverte, ils étaient là et je n'éprouvais plus aucune peur, dès qu'ils chantaient la mer devenait verte, ils existaient pour habiter ma vie. Me penchant sur Hayano entière offerte, je m'approchais de la Voie lactée et la planète devenait visible à mes yeux, délivrait la chaleur et le chant de l'espace, l'arbre céleste célébrait la joie de ses ramilles, la musique s'échappait de toutes les feuilles. Amour, amour jusqu'aux étoiles, nul n'a connu de si haut amour.

Chaque journée fut un château de longue attente. Je fus patient et attentif à préserver le secret, composant sur mes traits le masque d'aujourd'hui à la semblance du naturel d'hier. Hayano feignait elle aussi de m'ignorer; nous fûmes de bons comédiens. J'en souffrais cependant. Lors des réunions, je ne pouvais saisir son regard et lui offrir le mien. Absente, je ne pensais qu'à elle et désormais son spectacle se substituait à celui de la nature et de l'horizon. Cette maladresse dans l'emploi de mots étrangers que je ne parvenais pas à unir en phrases cohérentes, ces confidences que je lui chuchotais à l'oreille dans ma langue, et qui devenaient musique caressante, tout contribuait à ce qu'aucune décision commune à observer face aux autres ne fût prise. Instinctivement, je pressentais que proclamer notre amour le mènerait au point de se détruire. J'avais le souvenir du doigt de Hayano d'une bouche à l'autre bouche recommandant le silence. Seule ma logeuse ne pouvait ignorer notre liaison ; muette, elle se fit aveugle et sourde sans jamais un signe de réprobation.

Si j'élève un hymne à cet amour lointain, aujourd'hui, après tant et tant d'années, c'est que, unique, il s'étend tout au long de mon existence, qu'il a pris sa source à ma naissance et qu'il coulera jusqu'à ma mort. Par lui, les images du passé ne m'accablaient plus. Les souvenirs funestes se métamorphosaient comme des périodes hurlantes s'apaisant sous la plume d'un historien futur retenant les arts et la civilisation, oubliant les crimes. Le couvercle soulevé, je pouvais revoir mon passé d'un œil neutre. Après la mort de mes parents à Blois, la riante, l'héraldique Blois, je m'étais retrouvé à Lyon, capitale plus secrète, autre lieu renaissant, la lumière noire de Scève succédant à la clarté ronsardienne, dans l'appartement de ma tutrice, la tante Adélie Poirier, veuve d'un fonctionnaire colonial, au sein d'un décor fané où entre des panoplies de sagaies et des masques africains se trouvaient des autels figurant les haltes d'un chemin de croix, recouverts de napperons en dentelle du Puy et portant des objets de piété, bénitiers, ciboires, chapelets d'Ambert, évangéliaires, images religieuses, s'accompagnant d'agenouilloirs, de lutrins, de crucifix inclinés jetant leur ombre. Je crois qu'aucun prêtre n'a autant prié à la lueur des cierges que cette tante vivant dans une chapelle ardente dans une odeur d'encaustique, de suif et de fleurs séchées. Je regardais tour à tour les masques d'ébène et les christs d'ivoire pour me griser d'une antithèse effrayante, un de mes jeux consistant à empoigner un cierge allumé jusqu'à la coulée des larmes chaudes sur ma peau.

Par-delà les jours moroses de la tristesse étale, du deuil permanent, je dois à cette femme de dignité, de devoir et de haute tenue morale, de m'avoir apporté la contagion du silence, de m'en avoir donné le goût. J'ignore ce que je représentais pour elle, je la respecte et je ne lui dois aucun reproche. Instinctivement, lorsque je me promenais seul, je prenais les chemins par elle appris, un triangle dont les pointes étaient la primatiale Saint-Jean, l'église Saint-Georges et notre demeure en plein Lyon historique dans cet immeuble de trois étages à la porte massive, au gros heurtoir de bronze. Je montais les escaliers interminables conduisant à la basilique de Fourvières, ne m'arrêtant que pour voir la « ficelle » gravir la colline, ne supposant pas d'autre lieu pour but que celui d'une église. Parfois, je me dirigeais vers les quais de Saône pour regarder couler le fleuve. Dans ma chambre au lit de noyer massif, incroyablement haut et surmonté d'un édredon lie-de-vin, je lisais, je lisais et c'est à mes livres plus qu'à mes études que je devrais le plus durable de ma formation. Les ouvrages du fonctionnaire colonial qui avait résidé au Congo, en Haute-Volta et au Togo traitaient des ethnies africaines, et sans doute ai-je contracté là mon goût du voyage et découvert le lieu où je suis. S'ajoutaient des romans moraux que je lisais sans déplaisir, des traités d'histoire des religions, des manuels de folklore, des œuvres de philosophes de seconde main voisinant avec Kant, Schopenhauer et Leibniz que je déchiffrais ardemment. La tante désirait me placer chez les bons pères, mais elle admit mes arguments contraires avec assez de facilité : je lui dis que cela n'eût pas été dans le goût de mon père et elle portait à ce point le respect des morts que je fis mes études au lycée, puis à l'université de Lyon avant de participer à la résistance des étudiants et de rejoindre le maquis. Vivant parmi la religion austère de la tante

Poirier, je n'en eus pas la vocation. Les mots de la prière restaient pour moi vides de sens, ce qui ne m'empêchait pas de sacrifier aux devoirs religieux: les pompes et les mystères de l'Église m'attiraient, diffusaient en moi, à défaut de religion, un sentiment de religiosité, et, par indétermination, ce « presque rien » dont Bayle a traité et qui différencie le déiste de l'athée. Quelques idéals fraternels se fondant parmi un ordre moral de l'univers, l'espoir d'un dieu inconnu pour une stèle inhabitée, des élans vagues vers un mystère qui les dissolvait, voilà vers quoi étaient tournées mes pensées avant que la lecture d'un ouvrage de Henri de Lubac m'aidât à les éclairer.

Si je ne lisais pas, si je ne hantais pas sans foi les églises, je marchais dans Lyon, habillé en quelque sorte de cet oncle inconnu, car je finissais d'user un imperméable lui ayant appartenu, trop long, trop large et les poches déformées par des charges de livres. D'extrême sensibilité, je vivais dans la crainte d'autrui: la moindre parole plus haute, le moindre intérêt pris à ma personne devenait violence, à ce point que je ne connus aucune de ces liaisons, aucune de ces amitiés qui embellissent toute adolescence. Je ressentais les êtres humains comme dangereux en même temps que je me voulais leur proche. Un incident me bouleversa et me les montra cruels: j'avais seize ans lorsque, en vacances à Sainte-Foy-l'Argentière, je vis une paisible fermière arracher de la pointe du couteau l'œil d'un lapin blanc pour faire couler le sang noir dans un bol, vision qui me tourmenta durant des nuits entières.

Mes condisciples, dès le lycée, m'affublèrent de ce surnom d'Ego en l'assortissant des plaisanteries que l'on devine et auxquelles mon caractère, mon retrait m'exposaient naturellement. Je ne fus pas cependant leur victime, leur tête de Turc, car je portais en moi une violence qu'ils devinaient. Mes parents, en ornant le nom de famille de ces deux prénoms, avaient-ils songé au sobriquet qui en découlerait ? D'eux, je ne gardais qu'images floues, retenant moins les visages que les lieux ou les objets : une demeure de maître construite à la fin du XVIIIe siècle, un salon bleu avec une harpe et un piano à queue, car ma mère était musicienne, un parc où vaquait un jardinier qui possédait une montre à musique, un garage abritant une automobile blanche prolongée d'un spider. Les traits de mes parents, sans doute en aurais-je mieux gardé le souvenir si ma tante n'avait encadré une photographie sur laquelle je ne les reconnaissais pas. Mon père, Marcel Oth, avait exploité une industrie née de son invention d'une variété de frein à tambour bien oublié aujourd'hui qui portait son nom. Ma mère était issue de l'aristocratie angevine. Ma tante, sa sœur aînée, ne manquait jamais de se réclamer de cette naissance. A quelques jours d'intervalle, je fus doublement orphelin : ma mère mourut dans son bel âge alors qu'elle conduisait son automobile entre Blois et Chenonceaux. Mon père, dont j'ai dû hériter le caractère passionné et la folie d'amour, ne trouva pas la force de lui survivre. Pour mourir, il choisit la pendaison. Au moment du drame, je me trouvais en vacances chez la tante Poirier dans sa maison des champs de Sainte-Foy-l'Argentière. J'appris l'accident de ma mère et ses causes ; pour la fin de mon père, on parla pudiquement d'une embolie. Je vécus deux années obscures durant lesquelles je m'enfermai dans mon propre cachot, puis le temps fit tomber les murs : après cette amnésie, je devins un garçon semblable aux autres.

Comme si les vacances se prolongeaient indéfiniment, je vécus donc sous le toit de ma tante. De mes parents, elle ne parlait guère, sinon pour observer que je ressemblais à ma mère à laquelle elle-même ne ressemblait pas. Il lui arrivait de dire: « C'était une jeune femme moderne ! » en ajoutant : « Elle était fragile ! », cette seconde constatation découlant sans doute de la première, puis, pensive, elle reprenait : « Tu lui ressembles ! » en me laissant le soin de deviner si elle me jugeait « moderne » ou « fragile », certainement les deux. Quant à mon père, elle évitait de faire allusion à lui : il devait rôtir dans quelque cercle de l'enfer dévolu aux suicidés.

Sans doute réservait-elle la ferveur du souvenir à son défunt mari disparu depuis trente ans et dont le repos de l'âme me semblait assuré si j'en jugeais par le nombre de prières quotidiennes et le parcours des doigts sur le chapelet. Témoigner son affection n'appartenait pas à sa nature : j'y gagnai de ne pas être traité en enfant, de ne pas subir les bêtifications habituelles ; sans doute y perdis-je quelque chose, mais n'en ayant pas la connaissance, cela ne put me gêner. Les relations de ma tutrice, quelques retraités de l'administration et de l'armée, aussi austères qu'elle-même, m'ont laissé le souvenir de gens de bien, sans cesse attentifs à leur bonne tenue et diffusant un ennui dont ils ne se savaient pas détenteurs. Ils jouaient au jacquet, au loto, aux dominos, en humectant leurs lèvres sèches de madère ou de xérès en grignotant des confiseries appelées cocons. Je me tenais bien droit sur un fauteuil Louis XIII à la verdure fatiguée, je souriais poliment, je tendais les assiettes... mais j'abrégerai la narration de ces heures trop fertiles en conventions pour que je m'y attarde, et, pour résumer cette période, il suffit de rester sur l'image d'un garçon bien élevé qui regarde briller une liqueur ambrée dans les verres de cristal.

Comme tu as changé, mon corps, assoupli à l'océan, assoupli à la femme, mon corps de muscles, mon corps de courses, mon corps sculpté par la vague et l'effort ! Et toi, ma pensée, ne t'es-tu pas métamorphosée pour te vouer à l'unique amour ? Toi qui, naguère, entre Rhône et Saône, entre le masque africain et le visage du Christ, rêvais à d'autres espaces, à des visages de chair et non d'ébène ou d'ivoire, les ayant trouvés, ne vas-tu pas t'y perdre ? Chaque sommet de ma vie, en ce temps du Japon, m'en faisait conquérir un autre, mais le plus haut sommet atteint, que me resterait-il à ascendre et ne risquerais-je pas de sombrer dans l'abîme ?

Les barques rejoignent la plage. Les unes glisseront sur le sable, les autres seront amarrées aux rochers. Déjà, je tire les cordages, j'accueille les produits de la pêche, je reçois les humbles pêcheurs tels des héros antiques, je porte les charges vers les aires de triage, j'unis ma force à d'autres forces, distribuant mes gestes comme une navette qui coudrait les hommes entre eux. Je connais les avirons et la voile aussi bien que mes compagnons, je peux partir pour de longues navigations sans que nul ne s'inquiète, je suis fier de ma profession. Déjà, j'ai doublé le détroit d'Osumi où d'autres pêcheurs m'ont salué comme j'ai salué les îles Yaku et Tamega. Morts les vieux doutes et les vieilles peurs, défunts les regrets ! J'ai jeté mon ancre, j'ai trouvé mon port. Le lot d'amour dévolu à chaque être, je l'ai trouvé, après tant d'années froides, d'un coup. Il se trouvait là, loin de mes premières attaches, et la providence m'a attiré vers lui. J'ai envie de remercier le grand je-ne-sais-qui dans le ciel ou dans les eaux. Je ne me sens plus orphelin du monde.

★

L'amour de Hayano, le don de Hayano, tout ce qui me faisait rétrécir en moi pour grandir en elle avait détourné le cours de mes méditations. Le bonheur inscrit sur mes tablettes devait durer jusqu'à la fin des temps. Toutes choses me paraissaient compréhensibles dès lors qu'elles résistaient à l'explication. Ma folie ne portait pas de masque, seules s'en paraient la sagesse et la raison. J'avais cousu les vieilles hantises pour en faire un patchwork protecteur. Un étonnement nouveau devant tant de présents m'apportait un enseignement vital. Je n'étais plus ce penseur inventant des dédales dont l'issue s'ouvrait sur d'autres dédales interminablement. Une philosophie en forme de conte de fées avait trouvé en moi un délicieux et fervent adepte.

Pouvais-je imaginer qu'au plus haut du savoir, je déboucherais sur l'ignorance, que mon bel édifice, en s'élevant, devenait de plus en plus fragile ? Je dois parler ici de faits dont je n'ai pu percer l'énigme, de faits assez ordinaires pour que j'en ressentisse l'incongruité. Si je restais trois nuits successives sans Elle, passées les vacances du corps féminin, notre rythme nocturne reprenait avec toute la puissance des eaux retenues et se libérant torrentielles. Après quatre saisons de constante célébration, il arriva de plus en plus souvent que, durant le jour, Hayano me fît du regard ce signe négatif qui me désolait : elle ne me rejoindrait pas le soir. Était-ce pour préserver un tel bonheur ? en garder l'économie ? Inexpérimenté, puisque avant elle je n'avais pas connu l'amour, je me consolais en pensant que, les premiers feux éteints, les cités conquises, des instants calmes devaient succéder à ceux de la folle passion. Hélas ! je perçus d'autres signes : elle qui ne me quittait qu'au premier frémissement de l'aurore, s'échappait maintenant durant la nuit et, au matin, la place près de moi restait vide.

Toute mon attention fut requise à analyser son attitude. Craignait-elle la désapprobation des siens, le scandale ? La surveillait-on ? Quelque maladresse nous avait-elle trahis ? Mon interrogation constante à Hayano, avec ses alternatives de crainte qu'un sourire apaisait et d'espérance que le moindre oubli décevait, s'étendit à tous les habitants du village. Je scrutais les visages car je ne me savais pas aveugle. Ce que, hier encore, je tenais pour réserve et discrétion, m'apparaissait comme une mise en quarantaine. Avais-je lassé mes compagnons par l'excès même de l'amitié que je leur témoignais ? Ou bien, habitués à ma présence, toute curiosité à mon égard s'était-elle dissipée ? J'en vins à me persuader qu'il se tramait de mystérieuses intrigues à mon insu. Le soir, il m'arriva de me trouver seul au bord de l'océan. Une randonnée de pêche se fit sans qu'on me prévînt. Mes compagnons me parurent aussi cérémonieux qu'à mon arrivée parmi eux. J'interrogeai Hayano qui ne sut me répondre. Toutes ces impressions, condensées ici en quelques phrases, se composaient de signes peu perceptibles mais qui suffisaient à blesser ma sensibilité et à aviver mon inquiétude.

Notre chef de pêche, Yasunato, reçut la visite d'un couple guindé qu'il honora et avec qui il échangea d'interminables propos. La semaine suivante, accompagné de Hayano et de sa tante, il s'absenta une journée entière pour se rendre à Kagoshima. Nous n'eûmes plus, mon amour et moi, que de rares et rapides rencontres. Seul sur ma couche, dans une vaine attente, à l'affût du moindre bruit, la nuit me blessait de sa traîtrise. Lorsque la fatigue fermait mes yeux, je voyais une femme qui tournait dans une danse insensée. Je tremblais. Je me fabriquais une voix rassurante, je m'épuisais en pensées fiévreuses, en appels inutiles. Les passagers du cœur s'en allaient à la dérive et je sentais monter un cri pour accuser le ciel. Dès l'aube, méprisant toute prudence, je me précipitais vers Hayano, je tentais de lui prendre les mains, je lui parlais sans qu'elle m'écoutât, j'allais de supplication en indignation, et elle glissait comme une anguille entre les doigts, elle s'éloignait simplement sans même marquer d'impatience, sans paraître fuir, avec une tranquillité que je pourrais dire brutale. A peine m'étais-je livré à ces démonstrations que je les regrettais, que je préparais les arguments favorables au pardon, en espérant que, touchée, elle me rejoindrait le soir même, mais le supplice de l'attente recommençait.

Dois-je m'accuser de manque de maîtrise ou de folie suicidaire ? Il arriva le jour où je me fis barbare, où la douleur me fit barbare, où ce que je recelais de sauvage éclata comme un bourgeon. Ils savaient, les pêcheurs et leurs familles, ils n'ignoraient plus rien de ma dévotion, de mon amour, de ma passion. Comment, sans haine, purent-ils me blesser à ce point ? Comment leur délicatesse se concilia-t-elle avec une subtile cruauté ? Nul ne songea à me prévenir de ce que je ne voulais pas envisager. Le glissement vers l'abîme se fit sans heurts. Un banquet fut le lieu du scandale comme jadis quand le poète Agathon reçut sous son toit Phèdre, Pausanias, Diotime pour fêter le dieu Amour, avant qu'Alcibiade ne souhaitât la mort de Socrate, et là, je fus, dans leur joie et dans mon vacarme, l'objet du sacrifice. Sous un pâle soleil, je vis arriver, par le bord de mer, une foule de convives serrés comme pour un défilé. Le village entier les accueillit et tous se dirigèrent vers la salle commune. Certains visages ne m'étaient pas inconnus : des hommes que j'avais rencontrés au cours de nos pêches ; cette fois, les femmes les accompagnaient. Par discrétion ou par rejet, je restai dehors. Des oiseaux blancs se posèrent sur la plage. L'océan déroula plus vivement ses vagues. Le ciel se teintait de mauve. J'entendis paroles et rires, appels, toute une musique heureuse, et, plus tard, dans ce concert, résonna mon nom. J'entends encore : « Ego, Ego-san... » Yoshimi me fut envoyé pour m'inviter à me joindre à tous. Le sachant fiancé depuis peu à la jeune Kikou, je voulus trouver en lui un frère en amour, un ami compréhensif : ceux qui aiment appartiennent à une caste particulière. Il ignora ce que je lui offrais, il ne me rendit rien en échange. Sans aide, je le suivis. Yasunato me présenta. Je me soumis aux rites de la politesse. Sur une longue natte, un repas avait été préparé, une abondance de plats fumants et de coupes, du saké chauffant dans les flacons. L'odeur de la nourriture se mêlait aux parfums aromatiques. L'accueil qu'on me fit portait tant de chaleur que j'aurais pu croire la fête à mon intention. Nous nous installâmes accroupis sur les jarrets ou à genoux. A la place d'honneur se trouvait un garçon court et râblé, les cheveux rabattus sur le front lui donnant un air buté et rustre, mal à l'aise et ridicule dans un complet trois-pièces. Sa mâchoire forte, ses lèvres épaisses et grasses, la niaiserie diffusée sur son visage m'incommodèrent et naquit spontanément une forte antipathie. Antithèse de ce nabot, Hayano, sa voisine, vêtue d'un kimono luisant, une fleur blanche dans les cheveux, tenait les yeux obstinément baissés. Une lumière défavorable cachait ses traits. En moi et si loin de moi, quelles étaient ses pensées? Je crus capter un regard rapide, y distinguer de la gêne, mais peut-être s'agissait-il de celle que je ressentais.

Placé au bout de la natte entre deux inconnus, je tentais de m'abstraire. La plupart des femmes se tenaient debout, allaient et venaient, portant, renouvelant les plats, tendant des serviettes humides, prévenant des désirs. L'objet de cette réunion, je le connaissais et ne le voulais reconnaître tant j'en repoussais de tout mon être l'idée hors nature. Les visages rayonnaient, les bouches riaient, les regards se faisaient complices. Mes voisins ne cessaient de me présenter des plats, je me servais et le contenu restait dans mon assiette. Je tremblais. Les baguettes se refusaient à mes doigts. Alors, je buvais de longues rasades d'alcool qu'on renouvelait dès que ma tasse était vide, je buvais mes larmes futures. A plusieurs reprises, je surpris que mes compagnons me regardaient à la dérobée. Je fis en sorte de me composer un visage calme, serein, poli, celui de mes journées lyonnaises, celui de ma solitude, celui d'avant mon amour.

Je prenais sur moi, je me voulais sans pensées, imperméable, clos, inhabité. Or, le mal avait déjà pris possession de ma forteresse et j'en ressentais l'étouffement. Devenu baril de poudre, pour provoquer une explosion, il suffisait d'une étincelle : elle survint. Mes yeux se fixèrent fascinés, hallucinés et en même temps sceptiques sur une image se détachant en gros plan dans un surprenant relief parmi un ensemble flou : une main brune, courtaude et large posée sur la main si fine et longue et douce de celle que j'aimais, de celle qui m'appartenait et à qui je croyais encore appartenir et l'immobilité même de ce geste de profanation m'apparut monstrueuse. L'univers se brouilla. Je vis les convives dans un nuage noir. Le premier éclair allait traverser le ciel. Je fus cet éclair, je fus cet orage, je fus ce tonnerre. Mon corps, trouvant une vie indépendante de mon esprit, se précipita, je saisis le poignet de cet homme haï, je le serrai, le tordis avec force ; l'idée de meurtre m'habitait. Surpris, mon rival tenta de résister. La douleur qui crispa ses traits me fut douce, je le voulus détruire, cherchai une arme, déjà on le secourait. Je fus tiré en arrière, les hommes m'entourèrent, un mur de chair me cerna, je ressentis de vives douleurs dans mes bras immobilisés. Hayano courut vers la sortie, son visage dans ses mains. Je fus entraîné vers une barque à laquelle on m'attacha. Aucune autre violence ne fut commise. Me maîtrisant, on me protégeait. Plus tard, mes amis vinrent me délivrer. La tête vide, titubant, je marchai de leur marche, j'avais perdu tous les combats et le plus grand, le réel, sans oser me l'avouer, j'en avais subi la défaite depuis des semaines. Je fus couché sur ma paillasse où je me recroquevillai, le visage enfoui dans les mains, secoué de sanglots secs et douloureux, ivre de douleur plus que de saké. Quelques-uns restèrent pour me veiller ou me surveiller. J'entendis des chuchotements derrière la cloison, et, peu à peu, se développa un silence effrayant, un silence de mort, de mort de mon amour.

★

Suivirent de longs jours de prostration, de déchéance et de misère. La passion m'avait amené aux plus belles heures à ce que son objet, même présent, semblât me manquer encore. Aimer, c'est aimer l'autre qui s'aime en vous jusqu'à ne plus être l'autre, c'est métamorphoser des rapports connus en une inconnue redoutable et grandiose, et grandiose ce le fut, de l'ascension jusqu'à la chute. Hayano, en aveugle, je l'ai vénérée telle que je la croyais être. J'aimais sa capacité de recevoir le bonheur que je lui donnais. Plante banale et sans parfum, il ne me resterait que le souvenir d'avoir vécu près d'une rose. Je ne fus plus qu'un soleil éteint, une planète désertée. Ô douleur! La solitude cherchée est un baume, la solitude subie une agression, un abandon que rien ne meuble, une solitude sans solitude. En toi, Hayano, je voyageais, je voyais tous les paysages, j'entendais toutes les musiques. Au bout de mon silence, j'eus peur de ma propre voix. Ayant survécu à mon mal, je mesure aujourd'hui qu'il existe quelque chose d'indestructible en l'homme: ce qui a déjà été détruit. Mon malheur fut infiniment plus grand que mes larmes et je sais que je dus tolérer l'intolérable de ma condition.

Qui n'a pas conversé avec la souffrance de son corps ignore ce qu'est un dialogue, et ce corps gémissait, appelait, criait dans son désert. La blessure nouvelle était d'autant plus douloureuse qu'elle rouvrait les anciennes, que la cicatrice à mon bras saignait, que le meurtre d'antan sorti de la tombe m'assaillait de nouveau. Sur ma couche, je connus des soubresauts de révolte et de haine, de jalousie physique et morale, je fus violenté par ma propre violence qui me dépeçait de ses couteaux. Les vibrations de la corde brisée et résonnant encore me blessaient. Je pouvais haïr tous ceux que j'aimais la veille encore, car je les aimais, et leur conduite à mon égard ne méritait aucun reproche. Ils respectèrent mon retrait, ils m'offrirent leur silence. Ma logeuse tirait lentement la cloison, posait une théière ou une jatte près de moi et s'éloignait sans bruit. Yoshimi s'asseyait au bout de ma paillasse, la tête baissée il fumait, parlait du temps et non de mon mal, m'offrait sa présence et repartait. J'aurais voulu le consoler de mon propre état.

Lorsque, le corps affaibli, la tête vide, je sortis de mon engourdissement, j'eus la confirmation de ce que je pressentais : Hayano avait quitté le village. Qu'allais-je tenter désormais pour ma survivance ? Je connus des époques d'incertitude, de vie sans la vie, au cours desquelles je marchais interminablement sur les chemins de l'intérieur, j'errais jusqu'à la nuit, me couchant n'importe où, m'éveillant sans savoir où j'étais, le corps veuf, l'esprit pantelant, soumis aux visions et aux mirages et sachant bien que je resterais sans elle. Tel un migrateur, par quelque miracle, je retrouvais mon port. Dans ces randonnées, la nature tantôt m'était hostile, tantôt me consolait. Les arbres me blessaient de leur calme, puis ils comprenaient mon errance. Je parlais dans le vent, j'écoutais la nuit, mon corps s'armait de quelque vigueur, les larmes refluaient en moi comme une rivière qui reviendrait vers sa source.

Hayano, ma moitié terrienne, devenait ma moitié céleste. Elle mêlait peu à peu à son existence réelle une existence mythique, celle d'une vie antérieure, avant ma métamorphose d'arbre chargé de fruits en tronc funèbre. Le temps venu d'aimer plus que tout autre la plante mortelle et le rocher nu, je portais mon amour mort et moi, j'allais blême en pays de ciel bleu, et ce cadavre d'un oiseau, pour qu'il palpitât encore, je me forçais à vivre, j'écoutais battre l'aurore, je devenais un poing fermé sur ma douleur, un serpent lové sur la planète, une pierre noire du chemin, un cristal renfermant une goutte d'eau, une prison. Mon cœur avait cessé de suivre le soleil et se cachait en moi apeuré, j'habitais ma blessure et dormais dans ses lèvres. Jamais elle ne se refermerait.

Je ne guéris pas, je feignis la guérison. Moi, l'indécis, je pris la décision d'imiter mes gestes d'hier, mes paroles, mes actes, de revenir, par artifice, à mon naturel. Une idée, plus qu'une idée, une hantise, avait germé : pour oublier l'inoubliable, je poursuivrais ma route, une route que je n'imaginais plus autre que marine puisque c'était là mon apprentissage. Mon projet mûri, je visitai le chef Yasunato qui, le torse nu et les reins ceints d'un pagne, me reçut avec une amabilité souriante qui détourna la solennité que j'apportais à cette rencontre. Avant que je lui fisse part de ma décision, il l'avait déjà comprise. A l'aide du peu de mots japonais dont je disposais, en y mêlant de l'anglais, avec aussi de savantes mimiques, je lui exprimai l'idée de départ, l'idée de l'adieu, et, tout naturellement, je me retournai vers l'océan pour lui désigner mon vague itinéraire. Son visage rayonnant d'attention et de sagesse montra sa compréhension. Le village était le mien, je pouvais y demeurer si tel s'affirmait mon désir, mais je devais suivre mon destin : voilà ce qu'il exprimait, cet homme de droiture, ce vieux pêcheur connaissant aussi bien l'âme humaine que l'océan. D'avoir failli à mon contrôle, je me savais pardonné, l'amour étant la raison de mon inconvenante intempérance.

Il prépara lentement le thé noir. A plusieurs reprises, il oublia ma présence, parut s'extraire de notre dialogue comme si quelque souvenir affleurait à sa mémoire : peut-être revoyait-il le jeune homme qu'il avait été et songeait-il à d'anciennes amours. Je regardais ses mains, elles seules étaient vieilles, marquées par le travail et l'action. Son visage cuivré, son torse resté souple et musclé portaient encore de la jeunesse et la blancheur de ses cheveux m'apparut apaisante. De temps en temps, il poussait un grognement qui pouvait aussi bien signifier l'acquiescement que le refus de ses méditations. A sa manière de plisser le front et de serrer les lèvres, je devinai que, par-delà des pensées contradictoires, il cherchait le moyen de m'apporter son aide.

Plusieurs fois sa bouche s'entrouvrit sans qu'il en sortît aucune parole. Après un long silence, il secoua plusieurs fois la tête négativement en désignant de la main tendue l'immensité de l'océan. Je suivais sa pensée, je devinais les phrases retenues : qui pourrait partir seul sur d'aussi vastes étendues, dans le lieu du monde le plus exposé aux dangers, dans ce cercle de feu du Pacifique, sans se diriger vers sa propre fin ? Je lui dis que les typhons de septembre étaient loin, que j'avais des mois pour naviguer dans un calme relatif, que mes bras portaient la force, que je savais ramer et hisser la voile, enfin que je m'en remettais à la providence. Et lui me répondit qu'il n'existe pas de fuite possible quand on est pris dans les filets du ciel, puis, fataliste à son tour, il observa que, après tout, demain soufflerait le vent de demain. Il posa ses mains sur mes épaules, me regarda longuement dans les yeux comme l'aurait fait un père, et je sentis ses doigts se crisper sur ma chair. Il fit alors plusieurs signes d'assentiment, et d'un geste brusque et décisif m'invita à le suivre.

Sur la plage, les enfants formaient un cercle autour de Yuko leur enseignante. Debout, elle tournait rapidement sur elle-même pour interroger ses élèves assis et les jolies voix chantaient des réponses avec parfois le chœur des rires d'école. Près des demeures, les femmes lavaient le linge dans les baquets fumants. Shunichi le manchot, toujours sifflotant, ramassait les débris souillant le sable. Konosuke étendait un filet vert comme un gazon sur le rocher. Tokuji cousait une voile avec un fil de ligneul enduit de poix. Paysages familiers du travail quotidien, moments vrais que je ne pourrais oublier, quelle mélancolie vous ajoutiez à mon mal !

Chacun nous adressait un signe amical et Yasunato échangeait des propos joyeux avec ceux dont il était le guide. Nous nous dirigeâmes à grands pas vers l'alignement des barques colorées. Après réflexion, mon compagnon s'arrêta devant l'une d'elles, celle qu'il m'était arrivé de piloter lors de nos campagnes de pêche. Il en toucha le bois et l'examina sur toutes ses parties d'un œil critique. Cette embarcation de chêne, lourde sur terre et si légère sur l'eau, à l'étrave profilée et conquérante, solide à la poupe, sembla le satisfaire. Il la caressa, tapota sur ses flancs comme s'il s'agissait d'un animal vivant. Il réfléchit, puis la désigna avant de tendre son index vers ma poitrine et de faire basculer ses deux mains, paumes ouvertes, comme si elles portaient leur offrande. Sans me laisser le temps de lui répondre, il m'enjoignit de le suivre en direction d'une remise. Là se trouvaient réunis les instruments de pêche et les outils communs à la tribu. Il dégagea trois barils en bambou verni et emboîté, un filet de bonne dimension et deux lanternes avant de fouiller dans des boîtes pour en extraire des hameçons, des émerillons et des turluttes. Il me désigna des caissettes contenant des œufs de poisson salés pour servir d'appâts et tous les objets nécessaires, cordelettes, fils, sondes, harpons, engins et équipements divers, fit des choix et m'indiqua ce qui m'appartenait désormais.

Je m'interrogeai : avais-je besoin de tous ces dons pour me perdre dans l'océan ? Ma véritable cargaison, je la portais en moi : cet amour péri, cette foi en elle emportée par Hayano au loin, et, tout autour, la mort et l'océan, tous les cris d'oiseaux que contiennent les vents, les ports de chacun de mes âges et tous ces passagers du cœur qui, comme moi, seraient détruits. J'adressai à mon frère secourable, à mon père Yasunato, des signes de refus qu'il ne voulut pas voir, des paroles de dénégation qu'il écarta d'un mouvement de la main en ajoutant des signes de tête persuasifs. Plein de confusion et ne sachant m'expliquer, j'hésitai entre plusieurs options. Lui proposer l'achat de tout cela eût été la meilleure formule, mais le mot *money* s'arrêtait à mes lèvres tant il me paraissait trop direct et de matière mercantile quand tout était sentiment entre nous. Dégager les dollars enfermés dans mon sac depuis des saisons et lui en offrir pour règlement me faisait risquer une inconvenance et je sentais obscurément qu'il n'accepterait rien en échange de ses dons. Je pris le parti de demander à Yuko, qui connaissait l'anglais, de me servir d'interprète. Elle nous rejoignit et je lui adressai un long discours, lui expliquant que j'avais décidé de prendre la mer, que le chef Yasunato mettait à ma disposition une barque et toutes sortes d'engins, enfin que j'avais la possibilité de m'acquitter de cette dette, ce que je trouvais tout naturel. Elle traduisit mes propos en peu de mots et ce fut Yasunato qui prononça le mot anglais que je n'avais pas osé employer en disant fermement : *no money !* Tandis que Yuko rejoignait ses enfants, je me dispensai en une mimique marquant ma reconnaissance, de manière sans doute assez ridicule ; posant la main sur mon cœur, m'inclinant plusieurs fois, en prononçant malgré mon cœur brisé: *saijitsu* qui veut dire «jour de fête» et *dômo arigatô gozaimasu* pour exprimer mon remerciement. Yasunato se contenta de répondre par de petits *hai* (oui) jetés comme des grognements signifiant que tout cela n'était rien. Bien que ce ne fût pas d'usage, je lui serrai longuement ses mains que j'aurais voulu baiser.

Mes journées furent consacrées à des préparatifs, ces nouvelles occupations n'apaisant pas ma douleur et ne détournant pas le cours de ces sombres pensées toujours promptes à me rejoindre dès que je me retrouvais sur ma couche orpheline. Infirme d'une partie de moi-même, mon corps abandonné semblait agir de lui-même sans que ma pensée participât à mes actes. Vêtu de mes vêtements occidentaux, un pantalon de coutil, une chemisette blanche et des sandales, je me rendis à Ibusuki où je restai deux jours, prenant des bains d'eau thermale que parfumaient des cosses de badiane, des tranches d'agrumes, des sacs d'algues et des écorces, me promenant dans une serre tropicale parmi les lianes, les palmiers, les hibiscus et les bambous. En me rendant dans cette ville de villégiature, je m'étais trompé et ne trouvai pas ce que je cherchais. Je pris donc le train pour cette grande ville qu'est Kagoshima où se trouvaient mes relations américaines et l'interprète qui m'avait accompagné chez les pêcheurs. Cette cité historique, de haute civilisation, avait été le lieu où les samouraïs célébraient leurs fêtes guerrières et se livraient aux jeux amoureux. Au creux d'un cap et sous le regard d'un volcan toujours actif, cette Naples nippone portait toutes les traces de la guerre qui l'avait rudement éprouvée et des quartiers entiers dressaient leurs ruines tandis que fourmillaient les ouvriers des entreprises de reconstruction. Sur le port, protégé par des brise-lames, se dressaient de hauts navires aux masses impressionnantes et tout un peuple de grues. Peu enclin au tourisme, délaissant musées et sanctuaires, je me rendis tout d'abord sur les lieux du commerce, boutiques et hangars, marché où l'on vendait des étoffes, du riz, du thé, du camphre et des oranges. Là, je fis quelques provisions de bouche. Après une nuit que je passai pour la première fois depuis si longtemps dans le lit européen d'un hôtel, et durant laquelle je ne pus trouver le sommeil, je me rendis au quartier général américain. Là, je ne retrouvai pas les officiers que je connaissais, mais un sergent U.S. d'origine japonaise m'offrit son aide. Après nombre de vaines tentatives et de tractations, je finis par trouver, d'occasion, un moteur à hélice pouvant s'adapter à ma barque, des jumelles, une boussole marine, un habitacle en cuivre vitré contenant compas, compensateur, ainsi qu'un loch. Trouver de bonnes cartes fut plus difficile. Mon guide m'y aida : moyennant quelques pintes de bière, je les obtins d'un marin qui, sans doute, les chaparda. La meilleure couvrait la région du Pacifique s'étendant du Ryûkyû à l'arc formé par ses îles, à Formose et aux Philippines, tout un essaim d'îles et d'îlots jetés parmi l'océan comme des grains. Avec ma charge, je repris le train pour Ibusuki d'où une camionnette me conduisit au village.

Une surprise m'attendait : les hommes entouraient *ma* barque. Montée sur cales, durant mon absence, ils l'avaient entièrement rénovée et réarmée. Ils s'en écartèrent d'un seul mouvement et elle m'apparut méconnaissable, peinte en noir avec une simple ligne blanche à quelques centimètres du bord et le mot EGO peint au pochoir sur un côté. J'admirai l'étrave coupante comme un aileron de requin, l'audacieux mouvement de la quille et la carène plus haute que je ne l'eusse supposé. Les apparaux étaient remis à neuf. Jusqu'au gouvernail, aux avirons, au mât, à la voile de misaine qui resplendissaient. Je caressai du regard les flancs, les joues, le travers, les fesses de cette simple barque de pêche dont mes amis avaient fait un navire de gracieuse allure.

Tout le village fut bientôt présent, Yasunato, Konosuke, Yoshimi, Koki, ma logeuse, Yuko, Naotake, Koichi, compagnons qu'aujourd'hui j'ai plaisir à nommer, une trentaine d'autres encore, et les femmes, les enfants qui garderaient le souvenir du bateau noir de l'étranger. Je les voyais souriants, émerveillés de mon émerveillement et portant sur le visage le reflet atténué de ma confusion. J'aurais voulu les remercier tous et chacun. Or, je restais là, dansant d'un pied sur l'autre, foulant le sable élastique, et ne sachant que faire, que dire pour exprimer ce que je ressentais. Une foule de sentiments divers se bousculaient, me faisaient sans harmonie, incohérent. Une seule manquait dont le nom, Hayano, Hayano, tant de fois murmuré dans la fièvre des espérances et des jours passionnés, maintenant se taisait, se refusait, enterré en moi, et cela tous le savaient, tous connaissaient mes pensées. Je baissai la tête et sentis glisser une larme froide sur ma joue. Je me repris, je joignis les mains comme pour une prière et m'inclinai par trois fois vers les demeures et une quatrième vers l'océan. Me hissant comme je pus, je baisai la voile de misaine et, ne sachant comment exprimer ma gratitude, je soulevai une fillette et l'embrassai sur les deux joues.

Quatre jours plus tard, lorsque la peinture fut jugée sèche, nous dégageâmes la barque, l'*Ego* de ses cales et, au moyen de rondins de bois, unissant nos efforts, nous la confiâmes à l'océan. Par la suite, avec l'aide de l'habile Yasunato et du souple Yoshimi, nous fixâmes le moteur, ce qui nous obligea à quelques aménagements imprévus, et il se mit facilement en marche. Nous naviguâmes durant deux bonnes heures dans la baie, à l'aviron, à la voile et au moteur, satisfaits que la barque se rendît bien à notre manœuvre. J'attendis encore une semaine qu'un mur de brume tenace s'estompât. Une pluie fine, oblique, persistante lui succéda dont je décidai de ne pas tenir compte. Il fut procédé au chargement des engins, des instruments de pêche et des provisions : les barils d'eau douce, un tonnelet de poissons séchés, du riz et du thé, divers aliments se présentant sous forme réduite, des fruits secs, de petites oranges, des pommes, toutes sortes d'offrandes dues aux villageois. Tout fut solidement arrimé et recouvert de bâches qui pourraient me servir d'imperméables. S'ajoutèrent des bidons d'essence, deux sacs de couchage, des cordages et mes instruments de bord. Je pensai avec amertume à quelque barque des morts et aussi qu'il ne me manquait que l'obole pour Charon.

Toutes ces occupations, ces minutieux préparatifs (sans doute inutiles, car la tempête du ciel et l'abandon de mon corps suffiraient à les rendre vains) ne me firent pas oublier ma souffrance, mais ils la bercèrent, peut-être l'apaisèrent quelque peu. Quel était alors mon état ? Je crois me souvenir d'une bonne condition physique, les durs travaux m'ayant aguerri, et, cependant, je me sentais amenuisé, ma voix rendait parfois de curieux sons que je ne reconnaissais pas, mes mains ne répondaient pas aussi parfaitement aux ordres de mon cerveau qu'auparavant. Moi qui partais, premier navigateur d'une lignée terrienne, il me semblait que, m'éloignant du séjour des délices et des désespoirs, j'allais toucher à un but incertain, que tout allait se résoudre naturellement ; je ne m'abandonnais pas tout à fait à la mort, je lui laissais le soin de me prendre. Quelle terre, au loin, pouvait susciter mon désir ? Quelle serait ma ligne future ? Quels chemins aurais-je à parcourir ? Quelle heure serait la dernière vécue ? Mais je sentais autour de moi un peuple qui me devinait et m'accompagnait de ses vœux, je me délivrais en retenant le cri, et, avant le voyage, un éternel instant d'amitié m'aidait à gravir les ombres. Le voyage? Je ne voyagerais pas vraiment puisque je ne pouvais changer de voyageur, puisque l'aventure ne me possédait pas. Je me livrerais corps et biens à l'errance, tous les gestes préparatoires, les projets, les cartes consultées, les fonds mesurés n'étant qu'une obéissance aux us et coutumes, un mensonge que je me donnais et qui devenait ma seule vérité possible.

J'allais me mouvoir jusqu'au lieu le plus immobile, réduire ma ligne à n'être qu'un seul point, noyer avec moi l'arsenal des paroles détruites et réunir enfin les sables de mon désert. J'allais me livrer à l'océan comme à un bourreau pervers que je sentais en moi, je tenais à bout de bras le feu qui me brûlait, je m'inventais un pays hors des cartes, une ville du désespoir ouverte à mon destin. Le soleil revint pour saluer ma fuite ou ma chute. Le quatre avril de cette année lointaine, avec les gestes de l'adieu, relié par le regard au rivage, je partis du connu vers l'inconnu.

Deux

Je relis les pages de ce cahier et, reprenant mon souffle, je pense aux temps de l'aventure, aux temps lointains, lorsque voyage était synonyme d'expéditions guerrières et de conquêtes, à moins qu'il ne devînt imaginaire ou extraordinaire, portant l'alibi utopique et le désir de changer l'homme et le monde, en époque de terres australes, de Severambes ou de Calajara, d'îles fortunées ou d'îles flottantes, de Féliciens, d'insulaires de Dumocala et d'autres. Certes, je pense à vous, Ulysse et Télémaque, Gulliver et Crusoé, à vous, Melville et Conrad, et l'on pourrait croire que je me veux l'émule nouveau des héros de périples initiatiques ouverts sur le poème ou la haute prose. Non point. Mon voyage à moi, mon errance ne me dicte pas une épopée, une relation itinérante, un roman maritime : tout ce qui m'advint, si réel, si visible, si palpable, et que d'autres diront fantastique, se sépare des océans et des mers à un point donné de mon histoire, même si la navigation semble en avoir été l'appel et le but.

Je fus cependant, durant des jours et des nuits, cet homme du Pacifique courant sur les eaux, homme et pas seulement homme, mais barque et homme, homme-barque, car je ne me sentais plus seulement de chair, mais aussi de bois et de cordages, de toile et de vent. Ma vie désormais liée à la vie de l'*Ego*, de chacun de ses roulis, de ses tangages, se communiquant à mes muscles, ma vie émanait à la fois de mon corps et de ce qui le portait. Ma barque devenue l'autre partie de moi-même, comme l'avait été et le resterait à jamais dans ma pensée Hayano l'infidèle, nous vivions soudés, inséparables. Je la savais forte, bien déterminée à lutter contre l'adversité. D'elle dépendait mon existence, de moi dépendait la sienne, et ne voulant me sauver moi-même, je la voulus sauver. Tout se passa comme si cet avatar du chêne, jadis porteur de feuilles et d'oiseaux, le savait. Du bois de la barque et de la chair de mon corps, je me trouvais doublement pétri.

Yasunato m'avait conseillé de naviguer au plus près des îles, dans l'arc de cet archipel séparant de l'océan Pacifique la mer Jaune et la mer de Chine. Or, désirant me perdre en quittant la vue des terres, je traçai un itinéraire approximatif à l'extérieur et au plus large de ce chapelet aux grains innombrables, loin dans cet océan à l'étendue plus vaste que celle de tous les continents réunis, parmi ces eaux primitives, cimetières de volcans, champs d'amas géologiques engloutis, nécropole peut-être du pays légendaire de Mu, cette autre Atlantide. Selon mon gré, ma route maritime me conduirait en direction de Formose et je rejoindrais les Philippines ou la mer de Chine occidentale. En fait, obscurément, je ne prévoyais pas de me rendre en des lieux précis. Je n'imaginais pas que ma barque, si bien armée fût-elle, fétu perdu dans l'immensité, résistât aux embûches multiples, les moussons partagées entre l'été et l'hiver, les typhons assassins, l'écrasement de l'humidité chaude, l'épuisement des vivres ou la maladie. Je vis s'éloigner les arêtes montagneuses des côtes découpées avec tant d'art par les règnes géologiques successifs, ménageant des retraites ou préparant des pièges. Franchi le détroit d'Ôsumi, je naviguai au large de Tanegashima. Ayant mis le cap en direction du lointain tropique du Cancer, je rangeai les rames, hissai la voile qui frémit, claqua, se gonfla et, ainsi engrossée par une brise favorable, fit courir la barque sur un océan lisse telle une piste. Comme en un songe, l'étrave partageait les eaux, caressait l'ondulation d'une interminable chevelure, se soumettait au bondissement joyeux. J'avais quitté mes vêtements de pêcheur pour m'abandonner nu à l'entière nature. Ce fut comme si un moi oublié, jailli des eaux diluviennes, premier esquif sur la première mer, s'étonnait d'être sans nageoires et sans écailles. L'animal se rassurait, se destinait déjà à la durable randonnée. Mon idée de suicide, je la gardais secrète telle une passagère clandestine. La confiance au destin, elle me devint en partie propice. La barque lucide à qui je me confiais et qui se confiait à moi apaisait ma fièvre et ma folie. Les larmes corrosives taries, j'ignorais encore que j'effectuais un pèlerinage de l'homme à l'homme en passant par les lieux de sa lointaine naissance. Je fus cet amnésique plus soucieux de rassembler ses instants que de se remémorer son passé. Vint le temps où je ne vis plus aucune terre, aucun vaisseau, aucun oiseau marin, où je me soumis, dans une solitude entière, aux rites du balancement et du rythme. L'océan me parut affectueux, musical, après tant de vieilles colères d'un jeune apaisement. Le soleil ruisselait, je me sentais sec et chaud, durable comme un poisson salé. De temps en temps, je mordais l'écorce d'une orange verte et la mâchais jusqu'à sa dernière fibre. Sans préoccupation de la pêche ni de la nourriture, durant les premières journées, quelques gouttes d'eau me furent délice.

Bercé par les alizés, dans le glissement soyeux, je voyais s'évanouir le jour. J'attendais que le soleil ne fût plus qu'à quelques degrés au-dessus de l'horizon pour allumer une lanterne à la poupe.

De la surface des eaux montait une brume. Ensommeillé, l'océan soupirait. Cet œil rouge, prêt à sombrer dans la masse liquide tel un acier brûlant dans le baquet de la trempe me dédiait un ultime regard. L'océan moiré, après avoir reçu lumière et chaleur, devenait ténébreux et glacé. J'enfilais un caraco, tirais la bâche sur mes cuisses, tentais de percer du regard une obscurité encore teintée d'un reste de rougeoiement. Je percevais chaque onde, j'écoutais l'océan oratorio, j'habitais les airs. Je me savais dans une prison de larmes, et pourtant, je riais. Seul dans ma barque, seul sous le ciel, je riais d'un rire en pleurs. Les grands bûchers élevés par le jour s'éteignaient, la nuit se vêtait lentement d'étoiles, la lune répandait des clartés mystérieuses comme des ombres, l'océan lissait tout son velours. Malgré moi, mes yeux se fermaient. Je voyageais alors sous mes paupières. Amant blessé par la chute d'un astre, je parcourais mes sourdes racines, glissais au fond des mines, tout l'univers pesant sur mon corps. Celle que j'aimais apparaissait encore et je tentais en vain de la retenir. Je voyais mon amour comme un interminable baiser. Des sanglots me soulevaient. Ô tant de nuit pour bercer ma foi morte et ma vénération vive, tant de nuit et tant de jour dans ce cœur entrouvert pour que les dieux y sèment leurs symboles! Je me fuyais sans me quitter, je gravissais le temps en parcourant l'espace, je m'abandonnais en me serrant dans mes propres bras et je fondais dans le sommeil comme dans une paume.

A l'aube, les cheveux et la barbe mouillés de rosée et d'embruns, étonné de ma présence, les brumes de mon esprit dissipées, rénové par la nuit, j'envisageais l'aventure de la journée. Ma pensée neuve fendait le flot, filait avec l'étrave. Je n'inventais plus de songeries. Tout devenait réel, clair, bien tracé. Je vivais un conte marin que l'océan écrivait pour moi au fur et à mesure que je le vivais. Enfant découvrant un livre d'images, je le lisais heureux, heureux parce que mon malheur laissait place à un oubli passager, parce que je m'habituais à lui. Sachant qu'existe l'inconcevable, une neuve énergie me jetait au-devant de la barque, bondissait vers l'avenir. Avec une précision maniaque, j'effectuais mes tâches quotidiennes devenues devoirs. Je vérifiais les arrimages, le bon état des engins et la marche du moteur, la fermeture des caisses, la voile et les bois. Tel un vrai marin, je brossais les planches, je veillais à la propreté du lieu. J'inscrivais quelques mots sur un carnet de bord dont la lecture aujourd'hui, tout en témoignant de mon attention aux intempéries, ne m'apporte que quelques repères. Épargnant l'eau douce, je me lavais de mon mieux, surtout pour me délivrer du sel parcheminant ma peau.

Sans me prévaloir d'une parfaite maîtrise de la navigation, le solide apprentissage de mes compagnons les pêcheurs portait ses fruits. Tout autant qu'avec l'océan, mes relations s'établissaient avec le vent, et si étroites que je devinais ses caprices, mais on verra qu'il sut me jouer quelques tours. Enfin, je savais, aux jours les plus calmes, et ils furent au cours de ces semaines les plus nombreux, tirer le meilleur parti de ma solide voile, mettre à la cape ou déployer large, éviter que la barque prît de la gîte, la brise, petite sœur du vent, adonnant avec générosité. La difficulté fut de faire le point et je déplorai mon peu de génie mathématique. Ni Hegel, ni Feuerbach, ni même Thoreau ne m'avaient appris cela qui restait essentiel : savoir où je me trouvais. Penché longuement sur la carte, malhabile à manier les instruments, les astres refusant de me répondre, je me fiais surtout à la boussole, apportant de vagues rectifications à ma course. Des trois questions : qui es-tu ? d'où viens-tu ? où vas-tu ? je ne retenais que la dernière. Où allais-je? Il s'agissait moins de me sauver que de nous sauver, la barque et moi. En m'éloignant de celle qui m'avait jeté à l'aventure, j'éprouvais l'impression de m'en rapprocher dans une quête absurde. En moi, deux êtres croisaient le fer. L'un voulait oublier, l'autre tendait en vain à la rejoindre. Son ombre errait parmi ces jours séparés, ces espaces franchis et cette loi océanique si semblable à mon amour et si cruelle en ses arrachements. Était-ce le Graal ou la Rose qui fuyaient? J'imaginais, sous les masses liquides, le livre initial, au fond des nuits la clef perdue et l'or philosophal. En moi la peine, en moi l'outrage, en moi la fuite et ce palais de vie provisoire avec ses dédales où glissait un fantôme.

Soumis à la mouvance de la barque, l'immobilité relative de mon corps me contraignait. M'habitaient des désirs de longue marche, des tentations de terre ferme, le besoin d'éprouver une pesanteur refusée, de sentir mon corps peser sur mes jambes. Aussi m'arriva-t-il d'affaler la voile pour saisir les avirons et souquer durement en faisant porter mon effort sur mes cuisses et mes jarrets, sur mes bras et mon torse. Dès lors, développant ma musculature, ma respiration, mes halètements se mêlaient à l'haleine de cet océan que je percevais physiquement au plat de mes rames. Ainsi, mes instants s'inscrivant plus puissamment dans la durée, en possession entière de mon corps, les mêmes mouvements se succédant, le voyage prenant toute la place, parce que les éléments m'opposaient leurs contraintes, je m'affirmais en liberté. Soumis au rythme sans mensonge, je conversais avec des inconnus; sans amoindrir ma part d'obscurité, j'allais vers toujours plus de lumière. Aux quatre points cardinaux s'inscrivaient des mots en lettres lumineuses, espace, temps, amour ou destin. Je mettais le cap entre deux d'entre eux, puis le corrigeais parce que, entre-temps, ils avaient changé de sens. Ce fut une bien étrange navigation.

En plein midi, sous le soleil vertical, il m'advint de me sentir nauséeux et somnolent. Suivant le conseil de Konosuke, j'avalai alors une gorgée d'eau de mer et je m'allongeai à l'ombre de la voile, le temps d'un assoupissement. A l'exception d'une trousse pour les blessures, je ne possédais aucun médicament. Je compris ce tort d'avoir négligé mon alimentation. Aussi décidai-je de me préparer sur un réchaud un vrai repas composé d'aliments chauds, riz et poisson dessalé de mon mieux accompagnés de thé bouillant. Je me décidai à pêcher, ce qui, loin des côtes, s'avéra fort difficile. Après des tentatives infructueuses au moyen de la ligne et du harpon, je laissai traîner des attelles chargées d'hameçons avec pour appâts des poissons extraits de la saumure. Il s'écoula deux journées pleines avant l'obtention d'un résultat favorable : après une longue lutte, je pus extraire de l'océan un poisson noir et brillant au corps allongé et à courtes nageoires, de la famille des squales, d'environ un mètre de longueur. Mon triomphe s'accompagna d'une joie sauvage. Dépeçant ma prise, l'image me rejoignit de ma tante lyonnaise m'enseignant à détacher soigneusement les filets d'une sole dans une assiette de porcelaine, ce qui me fit éclater de rire. Je découpai des tranches que je mis à sécher, d'autres que je dévorai crues et des carrés destinés à la friture. Après ce festin, je me sentis en parfait état. L'océan, comme ces fers de lance des Anciens dont on disait qu'ils apportaient la guérison en même temps que la blessure, m'avait offert le plus simple et le meilleur des remèdes.

Perdu dans l'immensité, le moindre fait enrichissait mes journées. Une escadrille traversant le ciel me rappela le reste du monde. Un matin, à la jumelle, je vis se diriger vers l'ouest un pétrolier portant de hautes tourelles au centre et à la poupe, sans distinguer les couleurs de son pavillon. Parfois, des bois flottants m'amenaient à imaginer de vieux naufrages. J'eus cependant de nombreux compagnons ; des troupes de joyeux marsouins qui, par leurs sauts, imitaient en les amplifiant les mouvements de l'*Ego*, me donnant un spectacle animé et rassurant. Je les saluai tels des êtres humains, de grands ancêtres riant à la maladresse d'un nouveau-né. Ils disparaissaient aussi soudainement qu'ils étaient venus et je les imaginais rejoignant au fond des eaux, dans quelque palais de légende, des dieux marins pour leur narrer notre rencontre. Je rêvais que l'un d'eux figurait une représentation de ma personne venue pour m'encourager, pour m'arracher à ma solitude et anéantir de secrètes terreurs. La songerie me rejoignait ainsi dans un lieu entre veille et sommeil. Ce phénomène apparaissait au bord de la mémoire. Rien au début ne surgissait de ces terres dérisoires, puis je finissais par errer dans la nue tel un astronaute ou un homme volant, de planète en planète, voyant surgir parmi les troupes d'étoiles un enfant nu à qui je murmurais des paroles apaisantes puisées parmi les mots d'un langage berceur. Lui aussi s'éloignait tandis que je revenais à ma propre surface et c'était comme un trou, une chute accompagnée de cendres dont je m'arrachais en revenant à la surveillance et à la matérialité de ma navigation.

Parmi d'autres bienfaits, je nomme celui de la rosée matutinale bonne à lécher sur la voile ou l'espar, je nomme surtout le don de la pluie, de fines pluies serrées et longues se détachant d'un plafond brumeux et me fouettant le front et les paupières. J'étendais des bâches au long de la barque en ménageant des creux pour recueillir le plus d'eau possible. Dénudé, j'offrais mon corps à la chaude manne, à la pluie égarée hors de la saison des pluies. Tout le sel des embruns coulait de moi, me brûlant les yeux. Je pressais mes cheveux et ma barbe devenus éponges, je frottais mon corps offert dans un bonheur sensuel. Cette eau, je l'absorbais comme une musique, elle coulait sur moi, elle coulait en moi, je la recevais dans ma bouche ouverte avec une ferveur dionysiaque. Lorsque le ciel lavé dispensait une clarté adorable, je faisais couler l'eau recueillie dans les barils, dans les récipients dont je disposais, je me préparais des rations de thé, je lavais mes hardes, sans oublier de remercier le ciel. Si abondantes que fussent certaines précipitations, elles n'apportèrent aucun inconvénient. L'océan restait calme, indifférent aux signes célestes. J'ignorais que cette longue accalmie dont bénéficia mon voyage durant tant et tant de jours cachait une ruse, qu'elle n'était qu'un prélude à des périodes moins favorables. J'avais oublié l'existence de la fureur.

Je naviguais depuis deux jours pleins dans une brume où les frontières entre la clarté et l'obscurité devenaient de plus en plus imprécises quand d'épais nuages couleur de suie s'accumulèrent au-dessus de ma tête et suivirent ma route pour m'offrir leur funeste compagnie. Me sentant devenu cible, j'avais replié la voilure contre le mât et je ramais dans l'attente du grain. L'océan manifestait d'une nervosité dont je subissais la contagion, ses vibrations se communiquant à mes membres. Par deux fois, à bâbord, un requin tenta de happer mon aviron. Je fus pris par une mauvaise brise de travers qui m'obligea à dévier. La meilleure ruse consistait à m'y abandonner, mais il était écrit que les vents dominants me seraient défavorables. Je dus changer de cap à plusieurs reprises. Les nuages couraient, s'arrêtaient, se diluaient, se reformaient, encre mêlée de salive, sépia teintant la mer céleste. Ils s'engrossaient d'effroyables tumeurs, noircissaient de leurs ecchymoses, saignaient à vif et l'univers semblait composé de morve et de pus, d'horribles sécrétions. De l'orage peut naître la révélation ; de la tempête née de divines colères, n'attendais-je pas que souillures et mort ? Ces outrages, dans ma solitude, je les sus à moi seul destinés puisque l'océan, prêt à rivaliser en brutalité, s'alliait à l'ennemi. Bientôt, le gros temps m'assaillit et commença le travail de destruction, la guerre des airs et des eaux. Le tonnerre bouleversa l'espace de ses traits aigus, la foudre unit les eaux partagées, de gros rouleaux de vagues se bousculèrent à ma rencontre. Face à cette meute, je fus tenté de mettre le moteur, mais un paquet d'eau me rejeta contre le bois et je ressentis une vive douleur au côté droit. L'océan voulait tout balayer. Ma condition de poussière m'apparut. Je sentis le froid liquide m'ascendre sans que je pusse trouver la force de me protéger ou d'écoper, ce qui d'ailleurs eût été vain. Un baril se détacha et je le reçus de plein fouet dans les jambes comme une boule jetant au sol une quille. Accroupi, je parvins à le déplacer d'une main, l'autre étant liée au câble de chanvre, et à l'arrimer tant bien que mal.

La menace fut plus forte que le coup. Si le déchaînement des éléments n'atteignit pas en puissance et en durée ce que j'avais connu une nuit en compagnie de Yoshimi et d'Akinari, mes amis n'étaient plus présents pour me secourir. Mon habileté et ma résolution ne suffisaient plus à contenir cette rage ou à en détourner les effets. Ma barque *Ego*, mon abri, ma demeure, je ne pouvais plus rien pour toi. Encordé au mât, l'étreignant passionnément, le torse douloureux, les jambes mortes, les bras rompus, désespéré au pied de la croix, il n'en était que de me remettre au destin. Insulté par les vents et les vagues, j'attendais que le plus fort ou la plus haute m'engloutît à jamais. L'embarcation luttait seule, combattait pour deux. Telles des plaintes, de la proue à la poupe, de bâbord à tribord, j'entendais dans le vacarme les grincements du bois. Dans ce désastre, la terreur avait pris possession de moi. Des images se mêlaient, configurations de lieux, visages d'êtres, le soldat allemand ou la femme japonaise, pour se défaire, s'éloigner, m'abandonner, me laisser sans exorcisme. J'appelais en vain des phrases lumineuses et magiques propres à faire vibrer le ciel sous leurs coups de fouet, des incantations orphiques pour apaiser la sauvagerie animale. Sous l'effet d'un alcool ou d'une drogue nommés désespoir, je criais, je hurlais dans la tempête des imprécations et des injures. Je n'avais plus pour braver le danger que mes blasphèmes. Ma voix éteinte, je me dissoudrais dans le sel. La nuit, elle aussi, clamait sa démence. Ses hurlements me traversaient de feu, tant de chair s'allumant à tant d'ombre. Quelle main nocturne se posa sur mon visage pour me fermer les yeux comme ceux d'un mort ? M'affaissant le long de la mâture tel un paquet de chiffons dans une prison de cordes et de vergues, je m'évanouis dans une autre ténèbre.

Lorsque je repris conscience, mon premier soin fut de m'extraire de mes liens, l'un d'eux m'ayant à demi étranglé. Malhabile à défaire le nœud, sans force, cerné de lueurs rouges, il s'écoula beaucoup de temps avant que je fusse en mesure de m'apercevoir que le ciel s'était calmé. L'océan en retard sur cet événement continuait à être secoué de spasmes. Enfin délivré, je rampai vers une caisse, tirai à grand-peine la tringle de fermeture et trouvai une gourde de métal emplie d'un alcool rouge-brun, le cadeau d'un des pêcheurs. Je bus trois longues rasades et réchauffé par l'eau de feu, je songeai à reprendre le combat. Dénudé, je me massai longuement le corps avec de l'huile de vidange qui me teignit de noir. La cheville de ma jambe gauche avait gonflé, les cordes avaient imprimé leurs traces, mais les chocs m'avaient épargné. Après quelques hésitations, le moteur accepta de se mettre en marche. Je mis le cap sur la partie la plus claire du ciel sans me soucier de dévier de ma route. Jamais je ne dirai assez la bonne tenue de cette barque salvatrice qui bondissait sur les vagues en oubliant les outrages. J'écopai durant une partie de la journée. D'un sac inondé, je sortis le contenu de hardes pour les mettre à sécher sur une corde tendue du mât à la poupe. Imitant le cavalier à l'étape qui ne se restaure qu'après avoir apporté ses soins à sa monture, je ne revins à moi que lorsque la barque fut ordonnée, et, à défaut d'être sèche, sans plus aucune flaque de mer. Le capitaine se fit maître queux. Je préparai un mélange de riz, de soja et de haricots, je fis infuser un épais thé vert formant une vase et l'additionnai d'alcool. Toutes ces occupations ne m'empêchèrent pas de me sentir mécontent de moi, de m'accuser de n'avoir pas été digne des circonstances, d'avoir trop tôt abandonné la lutte. Ma culpabilité eut cet heureux effet d'accentuer ma détermination, de faire naître de nouvelles énergies. Je songeai à mon rachat et je n'étais pas loin d'adorer les abominations que je venais de vivre.

Patiemment, je fis le point : je me situais loin au sud, à proximité du tropique du Cancer, exilé de l'archipel, survivant. Le temps m'obligea à louvoyer encore jusqu'au lendemain avant que je ne partisse vent debout en direction du nord-ouest, mais heureusement la brise vira et se montra légère : je pus couper le moteur et déployer largement la voile. Retrouvant la faveur du ciel, que ne pouvais-je, à la manière des navigateurs d'antan, lui offrir en remerciement quelques versets de la Bible ! Boitillant, saccagé mais vif, je redevins le pilote fier de son bateau et presque de lui-même, pas éloigné de croire, par un retournement de peu de foi, que, face à la tempête, j'avais eu la meilleure attitude puisque nous étions à flot, l'*Ego* et moi.

★

Solitaire sur l'océan, je fus une île. Tout homme est une terre. Telle s'ouvre sur les serpents de lave du volcan, telle autre dédie une source, la plus aride offre son oasis, la plus isolée son refuge. Détenant à la fois toutes ces offrandes, je devins ma terre et mon propre géologue, mon continent perdu et mon ardent explorateur. L'aspect fatal du voyage était moins de me rejoindre que de mal me diriger. Quel auteur ancien a écrit que « jamais sur la mer les hommes n'ont le temps de voir blanchir leurs cheveux » ? Hors du temps, je songeais à l'arrêt de la course, ce qui signifiait pour moi une étape, un port, une terre, du repos. Et pourtant, après tant de parcours, le grand voyage restait à faire. Déjà je pressais les fruits mûris de la durée pour en extraire la liqueur de l'instant. Le vent me lavait de ces assemblages des mots appauvris de la pensée et m'apportait la révolte du charme contre la banalité du convenu. Les phrases détruites, je me nourrissais d'un langage inarticulé, de murmures, de claquements, d'interjections comme si j'étais vague, toile ou bois. Je touchais à la terre natale, je détruisais le mythe de la terre ronde, je savais les lieux de la centrale énergétique et du dynamisme ascensionnel. Parfois montait des profondeurs de l'être un sanglot poignant et doux destiné à mourir avant de s'exprimer : mes souvenirs tentaient de me rejoindre en parlant un langage dont je ne possédais pas la clef. J'étais ce chercheur d'or creusant interminablement et finissant par oublier le but de sa recherche. En chemin, je dessinais des paysages nouveaux, j'inventais des couleurs et des sons, je respirais des parfums inconnus, je m'offrais à l'infinité des sensations. En traversant les jours et les nuits dans une planète devenue inhabitée, je menais l'exercice extrême du voyage. Je croyais faire se lever le soleil.

Ce jour-là, le ciel était clair, à peine tissé de nuages blancs étirés comme de la laine peignée. Des vagues capricieuses caressaient les flancs de la barque. Ma chevelure ondoyait sous la brise. Le battement régulier assurait une vie puissante et sereine. L'océan ayant retrouvé son langage le plus aimé, la route marine dévidait son fil clair. Sur le cobalt s'étendaient des lignes argentées venant à ma rencontre sans le moindre heurt. Finis les bouillonnements et les halètements, le sulfure du ciel et l'architecture des flots se dressant et retombant en ruines ! La voile bien gonflée entraînait la barque dans une course légère et mesurée parmi l'écume. Le dos appuyé au mât, un morceau de poisson séché dans la bouche telle une chique, je m'abandonnais au rythme universel et je l'adorais. Que ressentais-je alors ? Cette impression tenace de ne pas être ceci ou cela, une chose ou une autre chose, une goutte d'eau, un grain de terre, mais bien le tout dans sa communauté, une parcelle de la totalité la représentant tout entière. Sur le versant des prodiges célestes, revenant à mes premiers vagissements, je naissais pour le prodigieux appareillage. Rassemblant mes intimes merveilles, j'unissais lumière et nuit. En moi le soleil, en moi la lune, en moi la Voie lactée, l'infinité des formes de l'espace, l'invisible en tant de visions. Feuillage, j'appelais la clarté pour diffuser l'ombre. Marin, je chantais de tout mon corps la manœuvre de l'esquif. Homme, mes épouvantes fuyaient devant la nature nue dont je figurais une représentation. De la multitude éparse, je pouvais tout recevoir en lui donnant tout et la mort ne me ferait plus frémir.

De la pêche, je n'attendais pas plaisir, mais nourriture. L'observation de mes réflexes, l'exercice de la lutte, le recours à la présence d'esprit et à l'agilité me distrayaient cependant. En plein midi, je vis filer la ligne. Un squale enferré me montra son dos noir. Il opéra un cercle autour de la barque comme pour l'emprisonner. Elle s'inclina à ce point que je me sentis la proie plutôt que le prédateur. J'amenai rapidement la voile et mis le moteur. Tour à tour, je donnais du fil et le retenais pour fatiguer le monstre. Après une heure harassante, je compris l'inégalité de la lutte contre un adversaire aussi lourd que l'*Ego*. Et cette abondance, qu'en aurais-je fait ? Refusant le combat, je m'en sentis maître. Détournant mon courage, je le mis dans mon renoncement. Après avoir récupéré le maximum de fil, je le sectionnai d'un coup de couteau, ce qui manqua de faire chavirer la barque. Puis je changeai les hameçons dans l'espoir de trouver un produit de l'océan à la mesure de mon simple appétit.

Naviguer suppose des occupations innombrables. Naguère, j'aurais préjugé qu'il s'agissait d'accomplir un parcours fastidieux et monotone. Sans le confort d'une cabine, la souplesse d'un hamac, clochard de l'océan, grâce à l'amitié des planches ou de la voile, soumis à la nécessité, je vivais sans solitude. Après avoir parcouru des milles et des milles, esquivé maints coups de tabac, voyagé de la terreur à l'extase, serais-je un jour en mesure de me passer de cette drogue ? Au départ, j'avais moins ressenti l'appel du large que le désir de fuir une terre inclémente à mes sentiments. Aucune idée de difficulté à vaincre ne m'effleurait. Je ne cherchais pas à me prouver quoi que ce fût. Ulysse sans Pénélope au bout de mon Odyssée, j'allais de rien à rien en passant par la vague. Si dans les méandres de mon subconscient subsistait la mélopée de ma perte, la destinée me refusait cette fin et je m'abandonnais à ses arrêts. Si subtile était la métamorphose que je n'en mesurais pas les étapes. A ce nouveau mode d'être, ma pensée et mon corps s'accordaient. Ne regardant jamais loin vers mon propre horizon, je goûtais le suc de chaque instant. Nul n'était plus que moi en liberté : sans radio, sans bouée, sans radeau, rien ne me reliait plus aux hommes et ma disparition ne mobiliserait aucun sauveteur, n'entraînerait ni regrets ni nécrologie. Si je survivais, nul n'applaudirait mon exploit.

La navigation m'avait pris à son piège. Je connaissais une soif d'aventure qui nappait de brume les sombres pensées et le regret des amours perdues. Ouvert aux événements menus des journées, j'en pressentais d'autres de plus de relief. Suscité par ma curiosité, cet appel me jetait vers un avenir ignoré. Mes biens n'existaient que par rapport à ma survie. Toute économie de nourriture et d'eau, tout poisson arraché à l'océan se comptaient en heures gagnées. Tant de jours de vivres signifiait tant de jours à vivre. La seule nostalgie que je connaîtrais ne serait pas celle d'une Ithaque, mais celle d'une Odyssée dans la géographie pathétique du plus grand océan. Circé la magicienne, Calypso la nymphe s'étaient substituées à l'amour de l'épouse. L'autre monde, l'au-delà dont rêvent tous les hommes, je me situais en son cœur, une obscure conscience me le dictait.

Aujourd'hui, si loin de tous ces jours, je prends plaisir à me les remémorer, à me représenter chacun sous une couleur particulière : jour des marsouins, jour des squales, jour de l'orque qui faillit bien me naufrager mais qui, sa curiosité satisfaite, eut le bon goût de s'éloigner, jour de la pêche infructueuse, jour du malaise ou jour de la soif. Et puis, un soir teinté de mauve, à la tombée du soleil, apparurent les messagers des rives, des oiseaux marins me signalant une terre que la déesse Athéna enveloppait de brume puisque je ne la voyais pas même à la jumelle. Cette nuit-là, je ne trouvai pas le sommeil, scrutant sans cesse l'horizon à la pâle clarté lunaire. A l'aube, je me crus l'objet d'un mirage, une sorte de nuage vert et jaune posé sur l'océan, mais bientôt une terre se précisa. Je rectifiai le cap pour voguer dans sa direction. Au bout d'une heure, je distinguai un îlot ayant la forme d'un chien allongé, son museau reposant sur ses pattes tendues. Je remis à plus tard de faire le point. Me trouvais-je en vue des lointaines Daito-Jima? Qu'importait le nom du lieu! Au bout de mes jambes, je pressentais la marche sur une terre stable et dure. Ils sont délicieux, ces moments où les reliefs se précisent, où le paysage s'affirme comme s'il venait de naître, où l'îlot prend sa dimension véritable. Les mains écartées, je le mesurai et déjà je cherchais des signes de vie humaine sans en trouver. Aucun bâtiment de mer ou de terre, aucune fumée, rien apparemment, mais je me promis d'y regarder de plus près: je ne croyais plus au mythe de l'île déserte. Hélas! Nausicaa ne m'attendrait pas sur la plage. Nulle prêtresse ne m'accueillerait, nulle sirène, nul héros fortuné tels que l'île inconnue, l'île des rêves au bout de l'horizon chimérique en suscite. J'ignorais encore que sous le plus chaud soleil je trouverais le plus grand froid.

Mon îlot splendide, ma pierre précieuse posée sur l'océan, je vous bus à longs traits. Des palmiers courbés vers moi tels des chambellans me saluèrent. Une frégate au plumage sombre, de lumineuses mouettes, un petit aigle de mer, des hirondelles grises m'adressèrent des signes de bienvenue. Un parfum vert mêlé d'odeurs d'épices et de vanille flatta mes narines. Le moteur ronronnait doucement. La barque se transformait en bateau de plaisance rejoignant son port. En dépit de l'émerveillement proposé, l'abordage par le sud-ouest se révéla difficile: derrière la parenthèse refermée d'un récif de corail, le cercle irisé d'un lagon veillé par des cocotiers n'offrait aucune passe. Plutôt qu'une plage de faible tirant d'eau, je désirais un abri. Longeant une masse volcanique abrupte où la vague jetait mollement ses écumes, je pris par le nord en me gardant des écueils. Dans l'eau claire et bleutée, des poissons évoluaient en grand nombre. Une mouette tournoya et se posa au sommet du mât. Bien que n'apparût aucune présence humaine (qui aurait vécu sur ce grain de sable ?), je n'étais plus seul. Au nord de ce site minuscule, je trouvai mon mouillage, un mouillage sain, à l'abri des vents et des humeurs marines, dans un étroit chenal resserré entre les récifs. Le moteur coupé, j'avançai à la rame sur un fond de sable argenté. Dans les arbres inclinés, j'entendis ce que j'avais oublié : le chant des oiseaux, la musique des rameaux et des palmes, la stridulation des insectes, un langage de terre si différent de celui des oiseaux marins. Ayant amarré à une souche, je restai quelques instants dans ma barque, me trouvant à la fois désireux de la quitter et retenu à elle par notre vieille alliance. J'enfilai des chaussettes, mon pantalon bouffant de pêcheur, une vareuse à même la peau et me chaussai des demi-bottes de caoutchouc. Dès que je fus sur la terre ferme, titubant, ébloui, je dus m'asseoir, puis m'allonger sur le dos. Dans l'immobilité, l'océan me berçait encore. J'attendis le calme pour me lever. Étonné d'être présent, je regardai les vagues. Lorsque cessa mon vertige, je commençai à gravir une pente, heureux soudain de retrouver la marche. Après avoir contourné un fouillis de plantes et de ronces, je fus parmi des arbres et des arbustes que je me plus à nommer : palmiers, camphriers, poivriers, fougères, lauriers, bambous. Des fruits n'avaient mûri que pour moi, limettes et oranges sauvages dont l'amertume me parut douce. Des oiseaux verts, jaunes, gris, des papillons fleuris égayaient ces lieux pleins de fraîcheur. Tant de palmes, de feuillages luisants, de mousses, de verdures pour mon seul plaisir! Parmi les chants, le plus délicat fut celui d'un ruisseau qui signifiait eau douce. Ce mince et abondant filet dévalait les étages d'une série de chutes en formant à chaque repos une surface accueillante. Écartant les herbes, à plat ventre sur la rive, je bus à longs traits, plongeai ma tête salée jusqu'à perte de souffle, m'aspergeai, m'ébattis, me promettant de baigner mon corps sitôt ma curiosité satisfaite. Au cours d'une calme ascension, je longeai la cascade, m'arrêtant pour boire et rincer ma bouche, humecter mon visage et l'offrir au soleil. J'abordai à la partie dominante de l'îlot. Sur la face sud, le rocher que j'avais contourné s'enfonçait dans les eaux. Je vis la terre dans son entier, des taches offrant une palette de toutes nuances, verts céladon, jade ou bronze, gris livides ou plombés, jaunes blonds, cuivrés ou fauves, parmi des pierres à l'éclat adamantin les ors et les argents du sable, les miroitements bleus, verts et orangés du lagon. A perte de vue, l'océan ne proposait aucune autre île et sa puissance m'effraya. Ni sur l'eau ni sur terre, je ne vis trace humaine. Une observation plus minutieuse me révéla cependant, au voisinage du lagon, un bloc pierreux et plat cerné de plantes et si régulier que je ne pus le croire œuvre de nature. Une île non pas vierge, mais assurément déserte, en ce siècle pullulant, cela pouvait-il exister encore? Je pensai naturellement à Alexander Selkirk, l'inspirateur de Daniel Defoe. Ne le retrouverais-je pas à l'ombre d'une hutte, avec son mousquet, sa Bible et ses outils près du feu clair d'un poivrier? Et si j'étais sa résurrection? Mais non, je reprendrais la mer puisque ma barque m'y conviait. Le tour de mon îlot sans nom connu, ignoré de la carte, ne me demanderait que peu de temps. Pour l'économiser, je remis au lendemain mon expédition. Déjà, je ressentais le besoin de revenir à mon mouillage, de retourner à mon havre, de retrouver ma barque fidèle. D'utiles travaux m'attendaient auxquels une journée ne suffirait pas.

★

J'entrepris de délester l'*Ego* de sa modeste cargaison. A l'exception de filets de poisson dans la saumure présentant de suspectes taches verdâtres, le caisson à vivres restait bien démuni ; les ressources de l'îlot et de l'océan y porteraient remède. Il ne restait qu'un demi-baril d'eau peu agréable au goût ; le ruisseau viendrait à mon secours. Dans la soute à cordages, je retrouvai le sac contenant une liasse de dollars dans un tel état d'humidité que je répartis ces billets sur les rochers, une pierre posée sur chacun d'eux, ce qui composa un parter re intempestif. L'examen minutieux de la barque fut mon souci. A part un aviron fendu sur tout le plat, des éclatements de bois à la coque, des planches disjointes et de la peinture écaillée, elle avait vaillamment résisté aux insultes. Je débarrassai les œuvres vives de lichens, d'algues et de coquillages. Je recousis des ourlets de voile et réparai les lignes. Au cours de ces travaux, la chute d'un bidon d'essence qui répandit une partie de son contenu m'arracha des jurons. A mon habileté à conduire la navigation succédait ma maladresse sur terre. Ces tâches et quelques autres occupèrent deux journées pleines au cours desquelles je m'alimentai du produit d'une fructueuse pêche au filet, d'oranges et de baies, de pulpe de coco, le tout arrosé d'eau fraîche.

Dans ma frénésie de nettoyage, de rénovation et de rangement, je n'oubliai pas un précieux instrument : mon corps. A défaut de miroir, j'astiquai et fis briller le plat de la hache pour y retrouver mon reflet, celui d'une tête hirsute disparaissant sous les cheveux et la barbe. Au moyen du ciseau de pêche, je taillai ce pelage au plus près de la peau avant de me raser soigneusement. Ces broussailles détruites, le visage révélé me sembla appartenir à un autre, un étranger gardant avec moi une lointaine ressemblance. Où se trouvait l'étudiant pâle des rues lyonnaises ? Je me découvris osseux et buriné, la peau tannée, les os saillants. Je ne reconnus pas le ton délavé de mes yeux enfoncés dans leurs orbites et cernés d'un réseau de rides. Ma bouche d'hier offrait-elle une ligne si mince? Mes muscles saillaient-ils ainsi à mes membres et à mon cou? Cette fermeté, cette dureté n'avaient jamais été miennes. L'océan m'avait remodelé. Ayant mieux à faire, je ne m'abandonnai pas trop longuement à ce narcissisme. La veille, j'avais dû renoncer à dormir sur la rive, des insectes, des moustiques me tourmentant. Abandonnant un douillet lit de feuillage, j'avais rejoint ma barque pour me reposer une dizaine d'heures à ma dure place habituelle, contre le mât, des sacs sous ma tête, une bâche pour couverture.

De bon matin, après m'être restauré d'un bouillon de poisson, muni du sac de marin contenant hache et couteau, jumelle et boussole, filet de pêche et cordes, je partis en expédition. Je gravis la pente bien connue jusqu'à son sommet. En bas, dans la crique, la barque me parut minuscule. Ses ombres ondoyantes donnaient à l'eau des reflets d'acier, m'adressaient des signes. Comme un ami, je saluai un nuage aux franges d'argent et repris mon chemin d'un pas allègre. Je descendis vers l'extrémité opposée de l'îlot parmi des champs semés de pierres noires, puis apparut une végétation tantôt étique, tantôt luxuriante où, auprès de fruits inconnus dont je redoutais la nocivité, des ananas me proposèrent leurs savoureux sucs. Au centre, sur un étroit plateau, je découvris les friches d'une terre portant les traces du travail humain, sillons et buttes, clôtures de pierres et piquets. Qui avait vécu là en des temps point trop anciens? En creusant, j'eus la chance d'extraire de durs navets que je glissai dans mon sac. Après une suite de roches plates et vitreuses où couraient des familles de lézards au jabot gonflé, où je vis ramper sans hâte un serpent vert, je descendis, parmi les fougères arborescentes et les épineux, une déclivité assez forte jalonnée d'à-pics où j'eus l'occasion d'exercer ma souplesse. Je m'arrêtais constamment, non pour le repos, mais pour contempler le site, m'émerveiller de la splendeur, suivre la chute d'un oiseau pêcheur ou l'envol d'oiseaux de terre s'élevant des buissons. Bientôt, je distinguai la masse que j'avais remarquée du haut de l'île. Il s'agissait d'une casemate de béton, trace de la guerre, visiblement abandonnée par ses occupants. En me retenant aux branches et aux rocs, je poursuivis ma descente. Une autre surprise m'attendait: dans le lagon, un canot brun à demi immergé. Je remarquai aussi une courte passe taillée dans le récif qui avait échappé à mon attention lors de ma vaine tentative de mouillage.

Ayant atteint la plage, je courus, contournai la casemate pour m'arrêter, surpris par la beauté, devant l'eau rutilante abritée par le récif. La jungle de corail imitait toutes les formes végétales en d'étranges ramifications. Je passerais là d'exquises heures à admirer ces dentelles, ces massifs, ces fûts, ces colonnes, ces épines, ces nageoires, ces ailes, ces nervures, palais parcourus par des poissons souples et soyeux agitant leurs voiles et faisant ruisseler leurs couleurs, les uns ajoutant de subtiles nuances au tableau, les autres le reflétant tels des miroirs. Je marchai, de l'eau à mi-jambe, sentant le sable et les concrétions s'écraser sous mes semelles, dérangeant des myriades de poissons nains et de crabes, puis je revins sur mes pas, jetai un regard distrait sur la casemate et poursuivis mon chemin au-delà du lagon, au long d'une plage en arc où les palmiers offraient de caressants ombrages. Cette fois, mon oreille fut sollicitée. A l'endroit où la terre herbeuse et le sable se mêlaient, j'entendis un petit chant de gorge, bref, saccadé, familier, venu de loin dans ma mémoire, qui retint mon attention: je reconnus un gloussement. Je vis alors sortir d'un fourré non pas un gallinacé sauvage, mais une poule jaune, une grosse poule de basse-cour qui grattait le sol, picorait, levait la tête par à-coups et ne redoutait pas ma présence. Sans manifester d'émotion, elle me fit la politesse d'un regard de côté. Comme si après avoir été longtemps séparé des hommes, je retrouvais le témoignage de leur existence, je ne sais quel mystère fit monter en mon être une bouffée de tendresse. Cette exilée, cette rescapée d'un élevage sans doute du temps de la guerre qui menait sa vie en un lieu où elle n'avait que faire, ce volatile familier, je lui parlai dans un langage de fermière et il me sembla qu'elle le comprenait. Une pensée carnivore lui donna un instant la forme d'un beau rôti. Je la rejetai aussitôt: cette poule devenait à ce point «mon semblable» que la tuant je me serais senti assassin. Je me promis au contraire d'aider à sa nourriture car il me restait quelques poignées de riz dans le bateau. Examinant l'océan, le récif, je fus tenté d'amener l'*Ego* à travers le chenal sur le rivage du lagon. Je décidai finalement de rester près du ruisseau: en une vingtaine de minutes de marche, je pouvais retrouver cette plage que je baptisais déjà «la plage de la poule».

Poursuivant ma randonnée, je vis bientôt, dans l'arc d'un bosquet de pins, un poteau de bois noir planté et, à son pied, un morceau de bois plus court. Une croix avait été dressée là jadis. S'agissait-il d'un de ces amers qu'érigeaient les anciens navigateurs pour signaler aux voyageurs futurs le passage de la chrétienté ou bien me trouvais-je devant une tombe? Dans ces lieux déserts, l'inconnu ne cessait de se signaler à mon attention. Je m'imaginai mort et enterré là. Allais-je prier sur ma propre tombe? Tant de silence, tant de beauté! Ignorant que la mort m'apparaîtrait bientôt sous son masque d'effroi, je me dis que j'aimerais m'arrêter là et mourir. Je me promis de fixer ces bois, de refaire une croix de ces poteaux, non par piété ou superstition, mais en remerciement à l'auteur de cette offrande et pour la prolonger à l'intention d'éventuels visiteurs. Mon exaltation grandit, un enthousiasme m'anima, je me crus explorateur: voilà que je nommais les lieux découverts, que, conquérant, je leur apportais ma marque personnelle. Quel orgueil! La croix de bois, la casemate de béton, la poule de chair, et moi les découvrant comme si je les inventais, cela suffit pour faire réapparaître au soleil d'anciennes méditations nocturnes. Sous mes yeux s'affirmaient l'irréversibilité du temps, l'espace océanique et la conquête impossible, le risque de mon corps et les cloisons de mon esprit. Dans le mouvant de mes sables abstraits, tout devenait fragile: l'indolente et capricieuse mémoire avec mille refus pour un seul don, l'absence insaisissable ou la présence furtive s'égarant dans l'instant qui la suit. Et les portraits de mes âges successifs, les destins jetés à contretemps. Qui tissait ainsi ma laine d'existence tout en me cimentant à l'autre dans sa cave lointaine? Je voyais le temps, le lieu, le ciel, l'irréel et l'irréalisable, et le voyage, ô le Voyage! Dans mon secret, quelle nostalgie de la durée tentait de se transformer en nostalgie de l'espace? Cherchais-je un voyage temporel me ramenant aux nuits où Hayano et moi étions soudés? Heureux Ulysse dont le départ supposait un retour et qui retrouva l'épouse au terme du périple ! Redoutant la blessure, je voulus me dépouiller des pensées et des linges, jeter à l'océan mon corps et ses miasmes, tout ce qui naissait d'un insondable Ailleurs. Bientôt, je nageai à puissantes brasses, loin, au loin, sans me soucier des requins et des lames, non pour me débarrasser de moi, mais pour me vêtir de toutes les eaux. Ainsi, lorsque je revins au rivage, réconforté, rénové, tel un jeune chiot, je me roulai dans le sable.

Le filet me permit la capture de poissons de roche. L'un d'eux, arrondi, doré et traversé de lignes noires et feu était digne de l'aquarium. Non sans songer à cette injustice qui privilégie la beauté, je le rejetai à l'eau. M'étant restauré, je fis une courte sieste avant de nager encore. Je gravis une dune derrière laquelle, sur le sable, courait une tortue de mer, le bec tendu, la carapace sertie de parasites, avançant vers l'océan en balayant les grains brillants de ses pattes-nageoires. Sa pondaison, un peu de réflexion en eût reconnu le miracle. J'aurais pu méditer sur la symbolique de l'œuf, m'extasier devant l'instinct de reproduction, définir le lien vital entre le sable et l'eau. Or, la tortue disparue, je remontai sa trace encore humide et, creusant, je recueillis ses œufs. Je m'apprêtais au retour vers l'*Ego* en envisageant un chemin détourné moins accidenté quand m'apparut, parmi les racines affleurantes d'un cocotier, une géante araignée de mer cuirassée, crénelée, griffue, velue, qui s'accrochait au bois. M'aidant de la hache et du couteau, je parvins à l'en arracher. Elle rejoignit dans mon sac navets et ananas tandis que je plaçais les œufs dans un nid d'herbes. Cela était-il possible ? Je vivais une de ces robinsonnades lues dans les récits émerveillants de mon enfance et ce souvenir de mes rares époques heureuses me satisfit. Je ne m'éloignais pas de me croire le dernier homme sur la dernière île ou bien Adam avant la naissance d'Ève, avant la pomme et le serpent.

Ce soir-là, j'allumai un feu de bois parmi les pierres. Je préparai un court-bouillon de plantes aromatiques, de laurier, additionné d'un peu d'eau de mer pour le sel où je mis à cuire l'araignée-crabe. Sans succès, je tentai de faire monter une mayonnaise avec un jaune d'œuf de tortue et un reste d'huile rance, puis je fis une omelette. Des tranches d'ananas parachevèrent le festin, ce qui m'amena à établir des analogies entre la carapace du fruit et celle du crustacé, à me réjouir de la diversité des formes et des réseaux de correspondance tissés entre elles par le grand architecte. Au cours de mes promenades, j'observais les phénomènes subtils du mimétisme, de l'insecte à la feuille, du lézard à la pierre, du serpent à la broussaille, source inépuisable de curiosité pour le regard et d'interrogations pour l'esprit. L'iris de mes yeux ne prenait-il pas les nuances de l'océan ? Lorsque je nageais, ne retrouvais-je pas mon lointain ancêtre surgi des eaux primitives ? Pour célébrer mes retrouvailles avec un moi réconcilié, peut-être avec une poule jaune, je terminai la fête en dégustant un reste d'alcool sans oublier de porter la santé à mon entourage imaginaire et réel. Sans doute le dîner copieux suscita-t-il le rêve qui, dans ma barque, me visita, à la fois songe et cauchemar, diffusant tour à tour le délice et l'horreur. Au fond du lagon, parmi les édifices du corail, sans avoir besoin de reprendre souffle, je nageais à la poursuite d'un gros poisson blanc aux nageoires argentées, à la fois guide et proie. Dans une salle sous-marine, une forme brune se glissait à ma rencontre. Un bonheur indescriptible m'envahissait : je reconnaissais Hayano la plongeuse, un trident à la main, un couteau entre les dents. Elle perçait le poisson de ses traits, l'eau devenait sang et nous marchions sur le fond rocheux parmi les volutes rouges. Je tombais sur une couche d'algues, tentais vainement de me lever et restais aimanté par le sol. Hayano, non plus nue, mais vêtue de voiles blancs, dégoulinante de sang, me fixait avec un sourire cruel. Dans un mouvement lent, elle me rejoignait, me présentant les globes de ses seins. Ma langue chaude ranimait sa peau glacée. Nous nous donnions l'un à l'autre dans une jouissance sans fin. Caressant son dos, je sentais des écailles, puis ses mains se transformaient en pinces pour me dépecer. Je poussais un cri et elle se dissolvait en une nuée de poissons mauves. Je me retrouvais seul dans une crique verte, regardant un requin noir qui fendait les eaux.

Dans les rayons horizontaux du soleil, les grincements des mouettes m'éveillèrent. Je tentai de retenir le songe. J'attendais que revînt la femme, l'ogresse marine, et le jour la dispersait. La lumière en moi s'infiltrait pour rejeter les zones d'ombre dans mes cavernes. L'eau miroitante du matin lavait mes prunelles. Désaltéré par l'aube, je vis grandir la réalité dans l'éclaboussement solaire. La barque, en exil du mouvement, tirait sur son amarre. Je décidai de poursuivre mon exploration de l'îlot. Ouvrier pressé par le temps, j'eus la sensation d'avoir à accomplir mille tâches pour lesquelles un patron m'aurait sollicité. Je me munis d'outils, de sacs de jute, de cordes, sans oublier le riz pour la poule. Je pris le chemin du lagon.

Mon premier travail fut de fixer le bois horizontal à la colonne dressée pour ressusciter l'ancienne croix. L'ayant placé un peu trop bas, l'ensemble figura le signe de l'addition et je dus recommencer. Je reculai pour regarder mon ouvrage en éprouvant un sentiment d'inachevé. A ce crucifix, il manquait un corps et j'imaginai le mien cloué comme le Christ absent et destiné à contempler l'océan à jamais. Je revis toutes les croix jalonnant mon enfance, dans les églises, aux croisées des chemins, au-dessus des autels dans l'appartement de ma tante. Au pied de celle que je venais de réédifier, je dressai un monticule de pierres. Cet amer planté sous le ciel, face à l'océan, unissait la voûte céleste et la terre, mêlait le temps et l'espace, devenait le médiateur universel. Dans la durée, une insulte s'effaçait. L'îlot n'était plus désert. Je laisserais ma trace. La nature retrouvait harmonie et clarté. J'en eus fierté.

A mon appel, la poule jaune sortit de sa retraite. Elle me parut vieille et malheureuse. Elle picora le riz à coups de bec rapides, levant parfois la tête, la penchant de côté pour écouter un message inconnu. Près d'elle, je me sentis bien. Je lui parlai en même temps qu'à moi-même, étonné de la couleur de ma voix. Des insectes portaient des semences de fleur en fleur, se nourrissant et fécondant à la fois. Les palmes se balançaient. L'océan caressait tendrement le sable. Entre le ciel et la terre se poursuivait un vieux dialogue. L'air était doux à mes poumons. Le lagon scintillait tel un bijou serti. Je percevais des parfums nouveaux. De minuscules tortues couraient sur la plage que le soleil brûlait si elle ne rejoignait pas assez rapidement l'eau. J'en sauvai quelques-unes.

La poupe du canot brun s'enfonçait dans le sable, le toraille et les formations madréporiques. Il portait à sa joue une inscription faite de chiffres et de lettres mêlés. Après l'avoir dégagé en partie, tel un naufrageur, je le visitai. Bien m'en prit. Je découvris un bidon d'huile à peine entamé, trois lourds jerricanes d'essence, une courte bêche et un pot de mastic séché. Quelle providence m'apportait son aide? Cette embarcation militaire se trouvait là pour moi, elle avait attendu ma visite. J'entreposerais ces trésors dans la casemate afin de les charger plus tard sur l'*Ego*. L'ouvrage fortifié disparaissait sous les ronciers et les plantes grimpantes qui masquaient ses ouvertures horizontales. Éclaté en maints endroits, le béton laissait apparaître sa nervure métallique. Pour dégager l'entrée, j'écartai un amas de terre, de sable et de lianes. Comme elle se trouvait sur le côté, je dus refaire ce travail. Enfin, je m'arrêtai devant le seuil obscur. A défaut d'une lampe, j'humectai d'un mélange d'huile et d'essence un bois flottant et y portai le feu. Muni de cette torche, je me glissai dans l'abri.

J'avais rendez-vous avec la terreur. Ce lieu que je croyais vide était la demeure d'hôtes inattendus. Dès mon entrée, sous les flammes de mon flambeau, ils s'animèrent. Ma main trembla. Des toiles d'araignée s'allumèrent. Le feu crépitant jeta un cri. Ils semblaient remuer encore, ces cadavres revêtus d'uniformes délavés, tachés de rouille, de vert et de moisissures noirâtres, certains à l'état de squelette, pantins désarticulés et brisés, éparpillés dans des poses grotesques. L'un d'eux, le dos appuyé à l'angle, gardait sur son crâne des chairs momifiées lui donnant une apparence humaine, mais de quelle horrible humanité! Ses orbites cernées de peau, ses longs doigts tendus et écartés, le rictus infernal de sa bouche laissant apparaître de petites dents pointues, les lambeaux cireux, le cuir des vertèbres du cou, sa position même de repos suscitaient une effroyable fascination. Il figurait l'ultime témoin d'une tragédie, le veilleur des squelettes jetés autour de lui dans un désordre de boîtes crâniennes, de maxillaires détachés, de cages thoraciques, de fémurs, de charpentes détruites, d'os épars, car lui seul restait dans son entier comme pour figurer le modèle achevé de l'affreux puzzle. Les flammes donnaient à ces restes sculptés par un artiste fou l'apparence d'un mouvement multipliant l'horreur. Ces dépouilles de soldats réduits à l'anonymat figuraient la fresque médiévale d'une danse macabre et portaient le même message. Répandu par le silence, le froid m'envahit. A l'intérieur d'un tombeau, je me sentis squelette, ma chair me parut fragile, mes muscles dérisoires. Dans la tiédeur, je frissonnai. La glace coulait sur mon échine.

Sans être un bien grand détective, j'imaginai le drame. Les traces calcinées sur le béton criblé m'y aidèrent. Je vis les soldats japonais se relayant au poste d'observation durant des jours, des semaines, des mois peut-être, une vie d'attente morne avec, pour garder le souvenir de la vie civile, quelques cultures, un élevage de poules, des jeux, puis le débarquement des *marines* américains, l'attaque brusquée, les armes automatiques crachant le feu, des grenades jetées par le commando dans les étroites ouvertures, la poursuite de fuyards dont les cadavres féconderaient les brousses et nourriraient les rapaces, l'abandon par les vainqueurs du point stratégique neutralisé, le silence soudain s'étendant sur des années, l'oubli, la casemate devenue sépulture... Un mélange de répugnance et d'angoisse me saisit. L'éden avait ménagé un recoin pour les enfers. Un soldat allemand était mort ainsi, de ma main. J'eus le désir de fuir, de m'arracher, en même temps qu'à ma paralysie, à ce mutisme et à ce silence profané, de quitter l'île. Aux morts, j'adressai ce regard d'adieu qu'ils ne pouvaient me rendre.

Bouleversé, je retrouvai la vie, la plage et le jour. Je fis tournoyer ma torche fumante pour la jeter au plus loin de l'océan. Je me recueillis avant de boucher les ouvertures du tombeau. Ainsi, fuyant la guerre et les ruines, je les avais retrouvées. Devant les os désertés, je situai ce drame parmi tant d'autres dans le temps même où l'on enterrait Günther, où quelques jours plus tard nous trouvions le corps torturé d'un des nôtres dans la cour d'une ferme pillée. La terre, une fois de plus, m'apparut comme une outre crevée déversant des fontaines de sang. La hantise me rejoignit de tout ce qui meurt durant le temps de la vie d'un homme, cet hôte de la destruction, ce réceptacle de paroles en haillons, de supplications et de colères. Sable, je me serais voulu sable parmi le sable.

Sur la plage, un os de seiche me fit penser à des oiseaux prisonniers. Je pétris les muscles de mes bras, je promenai mes mains sur mon corps. Où la mort trouverait-elle sa première résidence ? En ma tête, en ce torse, en ce ventre ? Mais je vivais, je célébrais l'artère, le sang rouge irriguant la chair. Allongé, je caressai ma peau, je touchai mon sexe en érection, je le serrai dans ma main jusqu'à l'éjaculation. Pour me prouver mon existence, je courus, je sautai, je fis les gestes de l'envol. Le garde-fou du suicide se nomma curiosité. De cette aventure, j'aurais pu hâter le dénouement. Le seul breuvage pouvant me rendre maître du destin s'appelait poison. Sans mon intervention, je voulais savoir ce qu'il en serait de mes jours. Lecteur impatient du prochain chapitre, je me parcourrais. Parce que le squelette m'épouvantait, je me mis à haïr la mort tant attendue quelques semaines auparavant, la mort vers laquelle je naviguais, la mort moins impitoyable que l'amour perdu, l'amour-silex, l'amour-torture me serrant entre ses crocs, m'enserrant de ses anneaux, contre mon poids de larmes ne m'offrant aucun présent. Courant ou nageant, je m'évadai en prononçant des mots, en nommant le concret de mon entourage, arbre, poisson, sable, en ânonnant les étapes du jour, aube, soleil et nuit. Dans l'eau ruisselante des mots, je baignai mon mal. Pour vivre, je renaquis océan, île dans les eaux, des poissons évoluant dans ma poitrine, des oiseaux volant dans mon cerveau, et des frégates, des crabes, des tortues dans la couleur et la neuve musique de mes profondeurs, tout un peuple traduit en mots jaillis de ma langue nue, écartant toute pensée qui blesse de trop d'éclat, édifiant un rêve de vocables dans la splendeur multiple de la réalité. Je léchai mon os de seiche et retrouvai la clef du monde. Et soudain, moi qui n'avais pas mesuré le temps durant mon errance, tout me fut horloge, océan, ciel et sable. Ouvrant la porte de ma prison, soulevant la pierre de mon tombeau, je pénétrai dans une saison neuve.

★

Délivré mais non pas déshabité, le soir dans ma barque, songeant à ma découverte macabre, je revis sans nul effroi l'image fixe des squelettes telle une très ancienne fossilisation ou le frontispice d'un seuil dantesque. Écartant de trop évidentes méditations, je ne me voulus que projets. J'avais à gagner ou à perdre une bataille, je devais rester sur le qui-vive et ruser, défendre ma place forte ou prendre mesure des fortifications, mener cent assauts inutiles et dresser mille protections absurdes quand je savais que la guerre elle-même, nul ne peut la gagner, nul ne peut entièrement la perdre. Dès lors, retarder ma défaite devint mon honneur et mon but, le neuf vouloir-vivre qui ne serait pas confié au lendemain. Mon foyer de vie, je le ranimerais chaque matin et, à mes périodes de cendres, je me tisonnerais moi-même. Jamais, plus jamais, je ne célébrerais la fête en songeant aux guirlandes fanées. Accompagnant ces résolutions, un sourire traversa mes années mortes, voltigea sur mes lèvres et m'envahit tout entier. N'éprouvant plus l'inquiétude du long chemin des années, ni celle du temps rétréci, je gagnai ma première victoire sur la fatalité. L'enthousiasme et l'énergie l'emportant sur les dangers et les angoisses du voyage, j'étais redevenu jeune.

Sous le ciel uniformément bleu, pensant aux trésors qui m'attendaient près de la casemate tragique, puis au sort des soldats japonais, imaginant leur veille et leur fin, je tentai de retrouver, tel un détective, la matière d'une observation fugitive que je n'avais pas menée à son terme. Cette pensée inachevée diffusait la sensation d'un nom qu'on ne peut extraire de la mémoire, d'un oubli inconnu. Je préparais du thé quand la lumière m'apparut: dans le fortin bétonné, aucune trace ne subsistait de ce qui assure aux hommes leur vie quotidienne. Si les assaillants avaient fait une razzia des armes et du matériel, les soldats devaient bien avoir une autre retraite, un lieu de séjour pour le vivre et le dormir. Et s'il restait quelque survivant ignorant la fin du conflit? J'écartai cette idée: il m'aurait observé et je ne serais certainement plus en vie. J'explorerais l'extrême pointe de l'îlot, le cap rocheux et tourmenté qui pouvait ménager des retraites.

J'établis un inventaire des tâches: vérifier le moteur, le graisser, au besoin le démonter, nettoyer les ailes de l'hélice, mastiquer les parois de l'*Ego*. Je réunirais des noix de coco, des agrumes, des fruits frais, je fumerais des poissons, je quêterais des nourritures de terre et de mer, je constituerais une importante réserve d'eau douce. Puis, je referais le point et m'orienterais en vue du départ. La curiosité étant la plus forte, je remis au lendemain et pris le commandement du navire pour appareiller dans l'eau saumâtre où s'étalait la flore de méduses gélatineuses. Après m'être dégagé à la rame, je mis le moteur et l'étrave trancha le pain tendre des vagues, glissant sur l'océan comme sur une pelouse. J'atteignis rapidement le récif corallien et m'engageai dans la passe en évitant les coupantes concrétions. La lumière du premier soleil exaltait les miroitements et les scintillements de l'eau bleue et verte.

Surpris, les poissons fuyaient par bonds saccadés. J'amarrai la barque près du canot abandonné. Après avoir chargé le bord des jerricanes d'essence et des autres dons providentiels, m'aidant d'une corde, j'entrepris l'ascension de rochers dressant leurs crêtes dans une suite de murailles hachées comme autant de remparts naturels. Dans un creux, la trouvaille d'ordures, boîtes de conserve éventrées, papiers et bouteilles m'indiqua une voie. Je descendis jusqu'à une grotte en bordure de mer où, sous la paroi spongieuse, parmi le guano boueux, le flot venait mourir. Marchant dans l'eau fétide, je contournai cette bouche ouverte pour découvrir un passage entre deux rochers. Je scrutais les formes fantastiques de la fantaisie minérale quand, à une centaine de mètres au-dessus de ma tête, je vis un orifice régulièrement découpé. L'atteindre se révéla difficultueux, d'autant que je n'avais aucune pratique de l'alpinisme. Armé de patience et d'opiniâtreté, j'y parvins après des efforts lassants. Dissimulé dans une anfractuosité et épousant parfaitement son espace, le béton de ce second ouvrage portait une chevelure verte et rouge de lianes fleuries. Au moyen du couteau, je dégageai son ouverture en séparant chaque brindille de son support comme si j'entreprenais un travail de restauration. Par là, je retardais le moment de ma découverte : ne rencontrerais-je pas une fois encore l'abomination ? Je me décidai à me glisser dans cette tanière que le soleil éclairait tel un projecteur. Je pénétrai dans une salle rectangulaire assez vaste, sept pas dans sa profondeur, treize dans sa longueur, et rappelant une chambrée militaire : au pied de quatre séries de châlits portant chacune trois couchettes se trouvaient des paquetages pliés au carré. Des tablettes fixées au mur portaient des objets utilitaires rendus gris par la poussière. Au centre, deux blocs de bois entourés de nattes avaient servi de table : des traces de liquide auréolaient leur surface. A des pitons pendaient des vareuses d'un kaki verdâtre. A droite de l'entrée, sur un entassement de cantines métalliques étaient posés un réchaud et des ustensiles de cuisine. Au plafond pendaient deux lampes tempête. Cet habitat donnait une impression de quiétude comme si ses locataires, momentanément absents, allaient y revenir pour s'affairer aux tâches de leur existence quotidienne. Je ressentis une gêne : je ne cessais de profaner. Et cependant, j'étais en proie à une vive curiosité comparable à celle d'un Ali Baba pénétrant dans la caverne des quarante voleurs. J'hésitais à déranger un ordre. Si je déplaçais quelque objet, je le remettais soigneusement à sa place. Mes gestes restaient lents, tels ceux d'un prêtre devant l'autel, lents et respectueux. Il m'arriva de me retourner brusquement vers l'issue : les propriétaires du lieu n'allaient-ils pas me surprendre ? Hélas ! ils n'étaient plus qu'os et poussière. Je m'assis sur un banc pour consulter une carte d'état-major. Un point noir sur le bleu figurant l'océan était entouré de rouge. Il me donnait la position de l'îlot, bien au sud du point que j'avais établi. Malgré ma répugnance j'entrepris de fouiller poches et havresacs, trouvant lettres, photographies, papiers militaires, souvenirs, pauvres traces des soldats perdus dont je découvrais les visages après en avoir vu l'ossature. Ces documents, les emporterais-je pour les remettre, si les vents me restaient favorables, à une autorité ? Il me parut plus sage de laisser tout en place. Je signalerais simplement ma découverte.

Des biens utilisables, j'eus la convoitise. Une des cantines contenait des provisions de bouche : blocs de nourriture séchée et de soupes solubles, biscuits de troupe, conserves de viande et de légumes, boîtes remplies de thé. Je plongeai la main dans un sac de riz d'où s'échappèrent des insectes. Je reconnus encore des bidons d'huile de table et toutes sortes de condiments. La deuxième cantine était celle du linge de corps et des uniformes de rechange ; il s'y trouvait une trousse de médecine d'urgence. Dans la troisième, je découvris armes et munitions ; j'en retins une baïonnette et plusieurs pots de graisse à fusil. Je fis miens quelques-uns de ces trésors avec, bien entendu, une préférence pour la nourriture. A l'immoralité du détroussage et du sac se substitua la morale du refuge où des denrées sont laissées à la disposition du prochain visiteur. Les biens périssables furent l'objet de mon choix.

En m'aidant du cordage, je fis plusieurs voyages jusqu'au lagon pour charger dans ma barque la quasi-totalité des comestibles, des sous-vêtements, trois couvertures et deux sacs de couchage, les lampes tempête, le réchaud, six pains de savon brun, le coffret pharmaceutique, des gants de cuir, des paquets de cigarettes et des outils. Je limitai ma rapine en laissant tous les objets personnels, à l'exception d'un rasoir mécanique et de deux paires de lunettes de soleil. Je laissai aussi les armes et tout ce qui relevait du militaire. Durant mes allées et venues du lieu de la vie à celui de la tombe, j'établis des rapports entre les squelettes et leurs anciennes possessions. Naquit un sentiment poignant de la vanité des choses. Je ne reviendrais plus dans cette partie de l'îlot, je ne verrais plus la casemate et le canot, je ne contemplerais plus le lagon et son récif. A l'intention de la poule jaune, je disperserais le long d'une bande de terre le contenu du sac de riz. Des mouettes, habituées à sa présence, lui tiendraient compagnie. L'idée me traversa de prendre cette orpheline pour passagère, mais j'y renonçai puisqu'elle paraissait s'accommoder de son sort. Je lui dédiai un dernier regard et revins à ma barque fidèle.

La nature me fournit en quantité des noix de coco, nourriture et boisson, des agrumes, des ananas et des baies. A la nuit, je dérobai dans un tronc les rayons de miel des abeilles sauvages. J'enfermai des crabes vivants dans une cantine. La pêche étant facile, j'emporterais, après l'avoir fumé, séché ou salé, du poisson. Les barils et tous les récipients disponibles furent emplis de l'eau du ruisseau. L'*Ego* n'avait jamais été aussi bien armé. Avant le départ, comme pour une cérémonie, je pris soin de ma personne, me savonnant et me rinçant à plusieurs reprises de la chevelure aux pieds, ne cessant de marier l'eau à ma peau, me couchant dans le ruisseau pour recevoir sa caresse vivifiante. Je gravis une dernière fois la pente pour la contemplation du panorama. Bien m'en prit car, arrivé au point le plus élevé, je vis un croiseur filant dans la direction qui serait la mienne.

Avec le sentiment mélancolique de quitter ma terre natale, je me résolus au départ, passant des avirons ruisselants au moteur pour faire le tour de l'îlot avant de mettre à la voile. Glissant sur l'océan, je me sentis clair comme le lagon, transparent comme la brise. Mon regard en quête d'avenir cherchait déjà le port d'un continent futur. Des domaines sans nom, des terres ignorées s'ouvraient à mon impatience. Un instant avait capté tous mes orages, me faisant musique pour évoluer dans un mystère né de ma propre fable. Les pensées funestes dissoutes, je voguais dans l'harmonie, me reconstruisais par un rythme enfin retrouvé. Les souvenirs douloureux s'estompaient, se terraient dans les creux de l'inconscient. Je connaissais l'oubli de moi-même et de mes peines. J'emportais l'immédiat, je convoyais l'îlot, je gardais le message des soldats morts, j'étais, sans effroi, leur trace et leur témoin, je les chérissais, je me faisais le gardien de leur solitude. L'océan, son écume et sa danse devenus fraternels, telle une hélice heureuse je me vissais au temps et à l'espace, prêt à adorer l'univers comme une île, à devenir le sable où se poseraient les premiers pas d'un homme nouveau. Assis sur le lit de palmes, serrant le gouvernail, sous le regard des dieux, je rejoignais la saison la plus chaude, je portais ailleurs mon corps maritime, ma tête vagabonde et tout émanait de mon vouloir, l'océan, le soleil, et la voile, et le vent.

★

Sur la terre ferme invulnérable Antée, dès que naviguant, je me trouvais de nouveau animal de fragilité. Après l'escale magnifique et terrible, cette partie du voyage commença en berceuse et s'acheva dans une précipitation symphonique. Je garde le souvenir d'une odyssée distribuée en deux parties antithétiques, l'une en bleu azur, l'autre en rouge incandescent. Ces époques, je les revois telles les composantes de mon être double, les préfigurations de réalités à ce point inconcevables que leur confident les tiendrait pour divagations, ce mot qui contient « vagues », ou constructions absurdes d'un esprit trop imaginatif, sinon dérangé. Or, cette main que je regarde, cette main déshabituée des avirons, mais soumise à d'autres rites, cette main qui danse au mouvement de la plume, même si mon corps tremble, si mon esprit s'émeut, ne tremble pas et trace ces lignes sans orages comme au temps des alizés favorables.

Je parle ici des instants lumineux. Parfois, les risées déhalaient la barque. Alors, j'améliorais le cap. Je fus un bon navigateur. Que n'ai-je conduit ainsi ma vie ! Je sus dans le même temps mener une infinité de gestes sans que leur précision en souffrît. Décrire mon commerce avec la barque nécessiterait une troupe de verbes souples se suivant, se chevauchant, se dépassant à un tel rythme qu'il faudrait en inventer d'autres les unissant. Assuré du corps, de la communication parfaite des rouages, solide roc, aérienne mouette, je fus en confiance. Le sec et l'humide, le chaud du jour et la fraîcheur nocturne composaient mes saisons. Courant plus vite que les nuages, l'*Ego* me portait sur son tapis volant. Qui remercier de ces dons? Promis à des salles d'étude, à des préaux d'école ou à quelque bureaucratie, je naviguais! je naviguais dans l'immense, étonné que la folie des hommes fît les océans déserts. L'inattendu m'avait reconstruit marin, chaque péripétie ajoutant à mon apprentissage. Lorsque la vie est en jeu, combien nous apprenons plus vite! Je m'appliquais à déjouer les pièges d'un courant obstiné à me dériver, je gagnais contre ses ruses et recevais pour récompense des tableaux changeants : certains matins, un ciel si bleu qu'il paraissait vide et me faisait attendre avec impatience la limpidité vivante des étoiles; le soir, lorsque la lumière se retirait de l'océan, l'eau gardait encore le souvenir de ses miroitements; parfois, des champs d'écume s'étalaient telle de la neige et dévidaient à mon passage des écheveaux et des lanières soudain verdies. Dans ce théâtre cristallin, sur cette scène inouïe, les métamorphoses constantes du décor tenaient lieu d'action et de personnages. Spectateur, je me croyais démiurge du spectacle, et ces compositions, ces fresques, ces prodiges se poursuivaient sous mes paupières fermées.

Le sel fut ma demeure. A l'aube, les embruns coulaient de mon front à mes joues, baisaient ma bouche, les vagues devenaient pleurs devant tant de beauté. Sel de l'océan et des brises, sel de ma sueur composaient ma vivante statue. La nuit, les yeux ouverts, la pénombre m'apaisant, tout ce noir qui s'infiltrait ne suffisait pas à dérober des restes de lumière dans ma tête. L'eau du matin buvant des particules solaires m'offrait une nouvelle fraîcheur. Le passage d'un oiseau, haut dans le ciel, délivrait le nocturne de ses obscurités. Par la grâce d'un poisson, je me trouvais prêt pour un nouveau voyage de l'aube au soir, inscrit dans le plus grand voyage comme le temps dans la durée. Offert à la vie, dédiant mon navire, j'écoutais naître le jour de la gésine céleste. Désormais, mon ombre serait ma compagnie, ma voile se gonflerait d'attente. J'avais appris à me taire pour mieux parler aux vagues, à entendre des mots non prononcés, à connaître la parure d'être sans vêtements, à goûter la saveur des fruits de l'avenir. Sans avant, sans après, célébrant mon mystère, recevant pour offrande la consumation des instants, je m'inventais éternel, j'imaginais un havre qui ne serait de paradis ou d'enfer, une terre porteuse de végétaux fraternels. Dans la quiétude, cet homme de sel se confiait à sa barque. Tout passait, tout changeait, j'épuisais sans lassitude les charmes offerts par cette aptitude d'adorer l'inconnu, de chérir la pratique de mes étonnements.

Il ne fut plus de jours sans rencontres. La compagnie de marsouins au dos rond, au bec effilé, de plus en plus nombreux, provoquait tour à tour ravissement et crainte. Capricieux et envahissants, si j'aimais voir leur fuselage bleu argent, suivre leurs jeux turbulents et leurs ébats funambulesques, leurs bonds fouettaient l'océan et ils giflaient ma barque de dangereux coups de queue qui me faisaient oublier d'admirer leur grâce et d'envier leur vélocité. J'aperçus des thons, des baleines. Un long requin m'accompagna toute une journée par tribord avant de disparaître dans la nuit. Quel archer de folie projetait les flèches de poissons volants par milliers ? Il fut des heures où je ne cessais de les ramasser à mon bord, ce dont je ne me plaignais pas, leur suicide assurant mes repas de filets délicieux arrosés de jus de lime. Ces exilés de leur élément avaient leurs prédateurs : des daurades les poursuivaient, des dauphins les attrapaient en vol, de rondes bonites les cueillaient hors de l'eau, des escadrilles de pétrels leur donnaient la chasse. Se poursuivait ainsi une tuerie voulue par la nature jusqu'à provoquer mon dégoût. J'assistais à des rites irraisonnés, puis, par enchantement, le calme revenait et j'étais de nouveau le seul hôte du Pacifique.

Je distribuais mon sommeil entre les heures de la nuit et le grand jour où, me confiant à l'*Ego* comme un croyant se confie à Dieu, je m'assoupissais pour de courtes siestes. Ayant oublié de remonter ma montre, j'en réglais les aiguilles sur une heure approximative copiée sur l'horloge solaire. Je comptais mentalement les jours et je perdais mes chiffres, qu'importait ! La température ne se mesurait qu'à ma peau et, sans baromètre, je ne prévoyais pas des intempéries auxquelles je n'aurais rien pu. Pour mesurer ma vitesse, je faisais courir un bois au bout d'une ficelle de l'étrave à la poupe pour me perdre ensuite dans des calculs inutiles et faux. Seule ma boussole m'était fidèle, non pas simple instrument, mais être vivant, présence tremblante et sûre, amie à ce point que, sais-je pourquoi ? je la baptisai du prénom d'Henriette. Quant au point, plus assuré des longitudes et des latitudes, mes écarts ne devaient varier que de peu de minutes, le correspondant de quelques milles. La carte marine de l'armée japonaise en main, j'imaginais plus que je ne me fixais un but des plus vagues, Formose, les îles Philippines ou plus loin. Enfin, un de mes jeux était de nouer une corde de toutes les manières possibles. Peut-être ai-je inventé un nœud.

Exercé à économiser l'eau douce, je puisais dans ma réserve ma ration journalière, le contenu d'un bidon d'environ trois quarts de litre. Je buvais à lentes gorgées et complétais cette modeste ration par le jus de poissons pressés.

Chaque matin, dans la paume de ma main, l'eau de l'océan m'apportait médecine. Je m'alimentais bien : aux mannes passagères de poissons volants, au produit de mes pêches s'ajoutaient des soupes épaisses composées avec le contenu des boîtes de conserve, des haricots, des pois, des concentrés de bouillon. Je mâchais l'écorce des agrumes ou la chair des noix de coco. Enfin, un thé âcre et brûlant m'apportait réconfort.

Certains tremblements du mât m'inquiétèrent, aussi entrepris-je de l'étayer au moyen de filins d'acier. La fixation du moteur laissait à désirer, le fameux système D me suggéra une solution. Mon journal de bord ne recevait que de minces détails laconiques et non des états d'âme. Au bord du sommeil, ma barque devenant berceau, je revis chaque soir mon ancienne navigation. De mon passé studieux, que restait-il ? Les enseignements de mes chers philosophes, de mes respectés théologiens, les belles pages de la littérature dissous, seules affleuraient à ma mémoire les phrases apprises par cœur, sinon par le cœur, dans ma petite enfance, des extraits de fables de La Fontaine que je recevais en les mélangeant, pour composer des récits où le loup, le corbeau, la cigale, le chien, la fourmi, le héron, le renard confondaient leurs aventures ou s'enrichissaient de compagnons tels que le dauphin, la mouette, le poisson volant ou la poule jaune. L'étude pour moi désormais, dans l'extase des journées, c'était le regard voyageur. La phrase perdait sa structure, ses mots s'envolaient et je ne cessais de lire en moi-même que pour composer un alphabet de silence. Quand ma pensée s'évadait, m'exilait, je posais mon front contre le mât. Des songes alors renaissaient de l'inconnu des eaux pour disparaître quand le métier de marin me sollicitait de nouveau.

Maître d'œuvre et père d'une somptueuse apparition, ma neuve liberté naissait de l'océan. Elle jaillissait moins de ma raison que de mes instincts de sauvegarde. Sans me sentir asservi, je vivais dans l'imprévisible. Après le désir de me détacher des choses dictées par la souffrance, j'avais choisi, sans être déterminé par aucune autre nécessité qu'elle-même, la survie. Toutes mes actions s'inscrivaient au présent, peut-être au futur, en tout cas ne dépendaient plus de celles du passé. Sans le choix de la lutte contre les éléments, les courants et les vents contraires, l'utilisation des forces favorables ou opposées de l'adversaire, je n'aurais pas conquis mon indépendance. Cette liberté ne m'était pas donnée. Je devais l'édifier sans cesse et la gouverner comme le cap et la voile. Sans cette constante mise à l'épreuve, je ne l'eusse aussi parfaitement ressentie. A mon bord, je restais le maître, non pas le maître après Dieu, mais le responsable d'une lutte contre les dieux des éléments, des vents et du destin, à ce point que je croyais par ma propre domination les façonner. Face aux pièges du hasard, la forteresse de ma conscience se dressait. Libre, oui, je me croyais libre, alors que, tant d'années après ce voyage inoubliable, je sais que tout était préparé de longue date et que rien, ni la direction décidée, ni la péripétie, ni les variations de ma fantaisie, ne pouvait s'affirmer moins hasardeux ou providentiel que cette pérégrination maritime qui, après tant de détours, d'errances, de vagabondages, me conduirait très exactement où je devais être conduit.

Qui pourrait compter tous les poissons de l'océan, tous les oiseaux, tous les remous, je le ferais l'intendant de mes émerveillements : tant de nuances mêlées auxquelles aucun nom dans aucune langue n'a été donné, tant de mouvements que le mot mouvement ne saurait définir à lui seul, tant de sensations si subtiles que les éprouver signifiait déjà les perdre, tant de travaux jugés monotones si l'on n'en éprouve pas le goût, la nécessité et la fatigue. En dépit de mon économie, je craignais l'épuisement de l'eau douce ; elle commençait à se corrompre et je devais la faire bouillir ce qui entraînait une perte. Sans cesse, je vérifiais le contenu des deux derniers barils sans me résoudre à y puiser. Ce dont je m'abreuvais serait le dégoût des palais les plus rudes : ces excrétions et ce sang des poissons, cette rosée léchée sur la toile. J'attirais la salive dans ma bouche pour la déglutir lentement. Ruminant, je buvais deux fois. Je mâchais n'importe quoi, un éclat de bois, une écorce, un noyau. Je gardais la bouche close pour éviter le dessèchement. Je devenais ladre par obligation.

Durant ces jours et ces nuits de constante solitude (dont j'avais pris à ce point l'habitude que je n'imaginais plus d'autre condition), je ne me querellais guère avec moi-même. Si, pour quelque choix, boire ou ne pas boire, pêcher ou dormir, rêver ou raisonner, deux adversaires en ma pensée se combattaient, naissait bientôt cette ambiguïté que, sans raison, l'un privilégiât l'autre. Je préférais la musique plus délicate de mes rêveries, le parfum des contemplations qui peuplaient plus agréablement mon désert. Dans mon face-à-face avec l'horizon, je me demandais si mes semblables existaient encore, si je ne restais pas l'unique survivant des catastrophes pressenties. Lorsque flottait quelque bois naufragé que je tentais de saisir me rejoignait le vieux mythe de la bouteille à la mer. Celle que j'aurais jetée alors eût sans doute contenu un feuillet vierge d'écriture, la bouteille étant en soi message comme les débris échoués sur les plages.

Dans l'écoulement des journées, surveillant les lignes et la voile, je pensais parfois à des capitaines d'aventure colonisant les espaces à défaut de pouvoir asservir le temps. L'océan possédait sur les terres cet avantage de ne pas garder de traces, de se refermer sitôt qu'ouvert sur un passage déjà oublié. Mon parcours figurait une phrase sans ponctuation où mes instants s'inscrivaient telles de courtes parenthèses vite effacées. L'homme immobile ne mesure la durée que par la durée. Me déplaçant sans cesse, ne voguant pas deux fois sur les mêmes eaux, si je tentais de jauger le temps à la mesure des espaces parcourus, mes heureuses erreurs me permettaient, ou du moins le croyais-je, d'échapper à son emprise. S'alliant à ce temps qui passe, le temps qu'il fait préparait un rappel à l'ordre ou quelque vengeance. Cronos et Éole unissant leur souffle devaient, au cours d'une confuse mêlée, me rappeler leur domination.

★

Pèlerins des routes, voyageurs égarés, navigateurs solitaires, enfants perdus, montagnards dans vos refuges, moines dans vos trappes, prisonniers dans vos geôles, grands blessés des guerres de notre âge, cœurs abandonnés, j'écris ces lignes pour vous, étonné de trouver tant de mots pour dessiner un homme nu. Imaginez que je prolonge mon prélude, que marquant une hésitation au seuil de l'inconnu et de l'incroyable, je fasse durer mon récit comme la lumière ou l'ombre se retirant sur le flot plus lentement que le lever ou la chute des soleils tropicaux ne le suggèrent. Je le sais : bientôt l'invisible dérobera mon nom d'homme, bientôt l'océan, après tant de mirages, me jetant sur les rochers des mouettes ou m'amenant au port des marins, ne restera que le porteur du destin qui se retire. Et viendra le jour d'offrir au grand astrologue ce qu'il a prédit.

Le plus sombre chapitre de mon voyage s'ouvrit deux journées après que me furent apparues à la jumelle deux îles sœurs et une flottille de pêche qui me rappela celle du bien-aimé Yasunato et, plus douloureusement, mon amour perdu. J'aurais dû redouter des grains de travers et des tornades moyennes ayant l'avantage de faire filer plus rapidement la barque. Aux intempéries du dehors s'ajoutèrent celles du dedans : la chaleur lourde gagna mon corps sous la forme d'une fièvre tenace s'amplifiant rapidement et qui prit sa source au creux de mon estomac devenu pierre. Des frissons parcoururent mon échine, mon pouls s'affola, mes yeux brûlèrent. Les rares médications en ma possession n'arrêtèrent pas un ennemi décidé à m'abattre. J'accusai le manque de sommeil, l'eau ou la nourriture. J'interrogeai mon corps sans qu'il daignât répondre. Ni l'eau de mer, ni les massages, ni la sudation, ni le recours à l'action, ni ma détermination à ignorer le mal ne parvinrent à l'apaiser. J'avais beau vouloir oublier, lui ne m'oubliait pas. Il m'arriva de me tordre et de pleurer de douleur. L'archet fou d'un vent violent, régulier et monotone joua sur mes nerfs. Si d'un bondissement l'*Ego* échappait aux lames meurtrières, je devais me livrer au travail épuisant d'écoper des paquets d'eau. Au vent dur et droit en succédèrent d'autres, tourbillonnants, qui hachèrent l'océan, le soulevèrent, le malaxèrent comme une pâte. Dans le ciel éructant sa colère, des formes sombres s'affolèrent, le vent tomba de haut, des nuages de plomb pesèrent sur ma tête. Je reconnus le bruit enflant, les heurts désordonnés, la fureur et le fracas. Retrouvant la menace et le coup, mon corps malade en reçut l'agression multipliée.

À une dizaine de milles devant moi, une barre noire, effrayante d'immobilité, me guettait. La barque avançait inclinée par bâbord de toute sa voile gonflée à une vitesse jamais encore atteinte en direction de cette hydre postée sur mon chemin. Diluerait-elle son sang empoisonné dans les eaux et dans les airs ou par elle serais-je dissous ? Était-ce là, du voyage, la fin écrite ? En dépit de ma faiblesse extrême, je lutterais jusqu'à mon extrême bord. Devant l'épreuve décisive, tout abandon serait fatal. Soumis à la plus épaisse épouvante, en prière j'appelai des alliances, faune et flore marines, oiseaux cachés, constellations disparues, j'implorai l'aide des squelettes figés dans leur casemate tombale dont j'étais le messager, je voulus secourable toute image du passé me rejoignant, une femme d'antan dans son appartement lyonnais, un professeur d'université oublié, des amis du temps de la Résistance, le soldat allemand qui me regarda sans haine, des pêcheurs japonais, Hayano nue et offerte. Quittant évanescences et nuées, de mon tréfonds je consultai les réserves, les forces inemployées au cours de mon existence, j'en appelai aux énergies intactes, je me giflai pour amener le sang à mes joues, je fis jouer mes muscles, je puiserais jusque dans ma fièvre une nouvelle ardeur.

Fallait-il amener la voile ou tenter de faire partir le moteur encapuchonné d'une toile ? Je ne savais plus. Tout art me quittait. Et l'*Ego* courait, sautait, gravissait, retombait, dérivait, poussé par le doigt gigantesque qui se jouait de lui vers l'immense lac noir sous un ciel de cuivre et de bronze, de soufre et de rouille, et cette voûte ne faisait plus qu'un avec l'océan quand le vent jetait sa plainte funèbre, ses feulements et ses hurlements à la mort comme s'il portait la voix des démons et des âmes torturées. Encadré dans cette lettre mortuaire par tout ce deuil, n'en étais-je pas le cadavre ? L'océan devenait volcan, la vague lave, jaillissement de feu liquide. Au bord du gouffre, de la chute, l'amas des peurs déchirait la raison. Je ne craignais plus pour mon équilibre mental : je me savais fou et me le répétais quand la démence des éléments rejoignait la mienne. Une horde de mots incohérents se pressait dans ma voix nue, tout un sang de paroles perdues qu'éructait ma gorge fiévreuse giclait sur mes murailles, la main nocturne serrait mon cou, j'étouffais dans ma prison. Tout se crevait. L'orbite de la guerre portait un caillot de cire, la mort logeait dans mon cerveau rouge. Mon désespoir portait cette cruauté de vouloir espérer encore. Sans la capacité de vaincre, je n'acceptais pas d'être vaincu. Dans un sursaut, pour ne pas défaillir, je mâchai du thé vert dont la bouillie coula sur mon menton. Chien de garde ou forçat attaché à mon banc par des cordages, ma survie ou ma fin accompagnerait, dans une épousaille tragique, le destin de ma barque.

Pourquoi cette étendue noire que j'envisageais tombale ne me fut-elle pas fatale ? Océan, ma patrie, mon royaume qui me trahissait en me retirant sa lumière et en me jetant ses tempêtes, océan déjà linceul et sépulcre, j'entendais tes canons, je humais ton haleine pestilentielle ; face à l'abîme je restais sans yeux pour le mesurer. Or, l'entrée dans ce néant s'opéra comme dans un port. Placé entre deux fauves, celui qui me poursuivait recula devant son adversaire pour prendre sa mesure. Dans mon engloutissement, un calme surprenant régna. Après tant de tortures, quel bourreau préparait un coup décisif ? Je nageais tel un moucheron dans une sauce noire. La bouche âcre de mousse verte, je m'épuisai brusquement en de longs vomissements. Les matières alimentaires, les mucus, la bile et le sang coulèrent sur mon menton, ma poitrine, mon ventre et mes cuisses en une rivière ignoble. Tentant d'écarter ces fanges, je les étalais. Ce qui restait de mon corps n'ayant pas fui par ma bouche s'écroula dans un creux inondé, ma tête dans le sel. Les soubresauts se poursuivirent accompagnant ceux de la barque. Après un temps que je ne saurais évaluer, je me relevai. Mes yeux s'habituaient-ils à l'obscurité ou perdait-elle de son épaisseur? Mon attention fut attirée par un claquement régulier: celui de la voile déchirée sur toute sa surface et laissant pendre ses lambeaux. Je rampai vers le moteur, mais ne pus le mettre en marche. Ne trouvant pas la force de manœuvrer deux rames de plomb, m'attachant à l'avant de la barque, en abandonnant une, je me servis de l'autre. Ma décision fut prise: je lutterais jusqu'au bout. Le corps glacé et tremblant, souillé de boue et de vomissures, je fis aller mes bras d'avant en arrière, lentement, dans un effort qui me rattachait à la vie. Plonger l'aviron, déplacer si peu de cette masse liquide, recommencer, je n'habitais plus que cet effort. A la place du rocher de mon estomac, je sentais un vide qui était aussi celui de ma tête. Ma fièvre, bien que présente, se fit oublier. Pour ne pas m'effondrer, je mordis mes lèvres et l'intérieur de mes joues jusqu'au sang. Combien d'heures ou combien de siècles cela dura-t-il? Sans doute jusqu'à ce moment où régna un silence donnant à l'expression «silence de mort» toute sa valeur.

Ce Léthé, telle une âme recevant son breuvage avant de retrouver son corps, je le bus sans qu'il m'ôtât la mémoire de ce que j'avais entrevu et éprouvé sur l'océan où se creusait mon tunnel: ce corps en loques comme la voile, cet esprit décimé et toujours en lutte, cet attachement à un mouvement brisant mes membres et mon torse parce que l'interrompre eût ouvert la voie aux abominations. Océan des morts, je vous ai connu et vous ne m'avez pas absorbé. Obscurément j'avais trouvé l'exorcisme, non pas un mot magique, mais un mouvement d'avant en arrière, et encore, et encore dans un ahanement sans fin. Mon âme ne se trouvait plus au lieu dont on pouvait l'extraire, mais dans cette action de survie. Je porterais témoignage aux vivants qui m'attendaient au rendez-vous de l'ailleurs et de demain des morts de l'îlot secourable.

Comme au vacarme avait succédé le silence, la noirceur laissa place à une ouate de brume parmi laquelle, peu à peu, la forme de la barque me fut visible. Je rangeai la rame. Je saisis un lourd baril et le soulevai pour boire, boire autant que je le pus. Oubliant toute économie, je fis couler de l'eau sur mon corps. Par cet acte absurde, je défiais le destin. Un pot de graisse d'armes me servit à enduire ma peau frileuse. Pour entendre ma voix ou me prouver mon existence, je jetai un cri de défi qui se transforma en hurlement sauvage. L'insensé se voulait vainqueur, l'épargné se croyait le maître de son sauvetage. Je vis la lune pleine qui bougeait, roulait, se déplaçait dans les mouvantes nuées. Si les sorcières du vent s'étaient tues, leurs balais continuaient de pousser les fleuves aériens derrière moi. Après celle diabolique de la tempête, l'obscurité naturelle de la nuit me parut claire. Le ciel consulté me montra une étoile pâle. J'avais traversé mes épreuves, accompli une initiation au désastre, retrouvé le monde vivant grâce au talisman de l'espérance. Je m'abattis à genoux pour esquisser une prière sans savoir à qui elle s'adressait, à Dieu, aux dieux ou aux substances, à l'étendue ou aux astres, peut-être à ma souffrance et à mes pauvres forces, ou encore à ma barque, et ce fut dans cette action de grâces que, telle une bête terrassée, je m'évanouis dans le sommeil.

★

Mes sens parlèrent les premiers. Ils me dirent la lumière, le giron de la barque, la fuite du cauchemar et des spectres, l'extraction des pierres précieuses de la vie dans le miroir de mes eaux dormantes, la survivance me permettant de ramener du fond à la surface cette énergie ardente à soulever les pierres. L'océan moutonnait à peine. La couleur du bleu me fut rappelée par le ciel, et le blanc, c'étaient ces nuages roulés en écheveaux sur eux-mêmes. Le monde recommençait. Je ne connaissais plus de douleur autre que celle naturelle des muscles trop sollicités. Mon estomac avait perdu sa dureté. Ma fièvre restait supportable. Écoper, laver le pont, débarrasser ma peau de ses souillures, je le fis sans hâte. Je fendis à la hache une de mes dernières noix de coco, bus son lait, mâchai sa pulpe. Je songeai alors à consulter Henriette ma boussole pour rectifier au jugé mon cap. Où me trouvais-je ? J'entrepris de détacher la voile inutilisable et de hisser une bâche pour tenter de la remplacer, ce qui me prit deux journées de travail pour un résultat peu satisfaisant. Je laissai courir sans grand espoir une ligne avec pour appât un poisson extrait de la saumure. Sans succès, je dus recommencer le lendemain. Cette fois, je tirai à bord un poisson inconnu au goût fade. Le briquet dont la pierre et l'amadou avaient séché me permit d'allumer le réchaud et de faire cuire mon repas.

J'avais ramené le moteur au centre de la barque où il répandait de l'huile et dégagé l'hélice des algues qui la bloquaient. La voile de fortune hésitait à prendre un vent trop léger. Parce que j'avais blessé l'impossible, je me sentais vivant. A certaines heures, je fus ce fou perdu en plein Pacifique qui se mit à chanter des refrains dérisoires, de la comptine à quelque *Marinella* entendue dans son enfance et pour la première fois sur ses lèvres. Je parle maintenant d'apaisement, presque de bonheur. Les difficultés que je connus ensuite ne purent se comparer à tout ce que j'avais éprouvé. La pluie voulut bien me fournir l'eau dont je manquais. S'ouvrirent des journées de repos. Je crus qu'ayant débandé les yeux de la Fortune, tous les biens viendraient à ma rencontre. J'attendais les surprises de la pêche. Parfois, je répétais des phrases d'antan en les extrayant de leur contexte. Ainsi, ce vers : « La tanche rebutée, il trouva du goujon » suffit à me distraire. Je ne m'avouais pas que la navigation était longue, longue, et que j'aspirais au port.

La première présence qui se manifesta fut celle d'un énorme cargo naviguant nord-nord-ouest, légèrement en oblique de ma direction. A défaut de savoir lire son pavillon, je déchiffrai son identité : *New Haven*. Je le vis grandir et, lorsqu'il fut proche, j'entendis le bref salut d'une sirène. Les matelots m'adressèrent des signes. Une longue-vue me détailla. Du bastingage, un officier portant une casquette blanche à lignes dorées s'adressa à moi au moyen d'un porte-voix. A défaut de les entendre, je devinai ses paroles. Pour répondre, j'agitai les bras en de larges mouvements. Afin de signaler que tout allait bien, je fis un signe du pouce dressé que j'unis ensuite à mon index pour former un cercle. J'entendis : « O.K. ? » et renouvelai mes signes affirmatifs. Des bras levés me souhaitèrent bon voyage et je répondis en envoyant des baisers. J'éprouvai l'envie de dire à ma barque : « Tu vois, l'*Ego*, ils existent encore, les hommes ! » Dès lors, en dépit de mon ignorance du but, je modifiai mon cap pour suivre le sillage du bâtiment, puis garder sa direction lorsque sa puissante machinerie le ferait disparaître.

Sur le vieux carnet de bord, je déchiffre : « Jour inconnu de l'été. Temps calme. Sept dauphins. Deux avions. » ; rien d'autre. Cela me suffit pour revivre le moindre événement, pour retrouver les pensées cachées dans ces quelques mots tracés au crayon-encre sur du papier jauni. La voile improvisée me jouait des tours. Sans cesse je devais me tenir au gouvernail et consulter la boussole. Je tentai la pêche sans grand résultat. Trop légère à mon gré, la brise me laissa encalminé durant une vingtaine d'heures impatientes. Les oiseaux marins se firent plus nombreux. Si calme, l'océan était un peu moins lui-même. Je dus ramer. A quelle terre aborderais-je ? Qu'elle fût philippine, chinoise ou japonaise ne m'importait guère. Du seul port m'habitait le désir, de nul pays je n'avais nostalgie. Exilé, par mon appartenance à l'univers entier, je me savais sans exil. Je ne désirais qu'une terre ferme pour y poser mes pas, m'y assurer de mon poids d'homme et reprendre souffle.

Dans mon farniente, le souvenir de lectures faisait naître au loin de délicieux rivages. Rejoindrais-je les hommes de six pouces à Lilliput ? Me cacherais-je parmi les tiges de blé de Brobdingnag ? Verrais-je la terre des Nacromants à Glubdubdrib ? Irais-je à l'île volante de Laputa, chez les Struldbrugs ou les Houyhnhnms ? A Ithaque, me déguiserais-je en mendiant ? Gravirais-je le Mont unissant la terre au ciel dans l'éclat de ses neiges ? Le phalanstère d'une cité idéale m'accueillerait-il ? Je rêvais du grand utopique, celui dont on se raille et qui fit sortir des brumes les premières villes. J'entrevis des édifices splendides, des châteaux légendaires, des palais aériens. Désormais, les présages m'étaient favorables. L'océan figurait l'ouverture d'une symphonie. Je n'imaginais plus le réel autrement que féerique. L'*Ego* devenu le frère de l'*Argo* à la conquête de la Toison d'or, après Lemnos, trouverais-je Samothrace pour m'initier aux mystères ? La maladie m'ayant quitté, je m'ouvrais à des divagations anachroniques. Ainsi, seul et démuni mais miraculé, je me croyais en mesure de modifier à ma guise le cours du passé et de m'inventer un avenir débarrassé de tout élément nocif.

Pour me rendre à une audience inconnue, je m'affairai à ma toilette, c'est-à-dire celle de mon corps et celle du corps de la barque. Elle m'apparut bien éprouvée, la peau à vif, mais vaillante et sèche. J'enveloppai le moteur inutilisable. Je nettoyai lampes tempête et lanternes, les bâches où les embruns laissaient des traces blanchâtres, le bois dur et même les rames. Je me savonnai avec une infime part d'eau douce, me rinçai à la vague, coupai ma barbe au plus près de la peau, lissai ma chevelure, curai mes ongles, frottai mes dents. Ma culotte de pêcheur, mon pantalon de coutil, mon caraco, mes sous-vêtements furent lavés, mes bottes décrassées. Je cousis et rangeai mes hardes, pliai les restes de la voile défunte, tout cela avec une rare satisfaction. Je me sentis net, propre, ouvert. La chaleur de mon front émanait-elle d'un reste de fièvre ou de l'accablement des souffles tropicaux? Je l'ignorais. Au long de mon torse amaigri, ma cage thoracique affleurait. Mes joues creuses faisaient saillir mes pommettes, mon ventre et mes membres portaient la dureté de muscles neufs, ma peau avait pris des teintes d'or brun. Malgré la maladie, les privations, les luttes, l'instrument restait en parfait état de fonctionnement.

Les nuages séparés les uns des autres, bien formés, me rassurèrent. La risée devint caressante et l'épaisse voile la reçut sans protester. L'océan murmurait à peine. Au ciel, les oiseaux jetaient des éclats d'argent. Scrutant l'horizon, j'attendais l'événement, je pressentais une époque de grand spectacle. Aussi serein que la dansante barque, après tant de sel et de sang, de vomissures et de larmes, j'avais retrouvé quiétude et confiance, j'écoutais chanter mon prélude. Comme mon existence vierge de projets, ma curiosité restait sans impatience. Je me surpris à siffloter.

Par une aube dorée, en pleine clarté m'apparut une ligne à l'horizon, de loin droite comme un trait, puis, au fur et à mesure de l'approche, dessinant un tourment de baies et de caps, de plages et de ports, toute une gamme de verts tropicaux, de gris bleutés, de jaunes, de tons de terre cuite très nets, semblables aux reliefs d'un peintre cubiste. Peu à peu, ces masses abstraites se concrétisèrent, devinrent représentations, avec, à l'avancée, un hérissement de grues, les masses de vaisseaux de guerre et de commerce, des remorqueurs, des sampans, des bricks, des voiliers, et plus loin des hangars, des docks, des demeures, des arbres, des fumées, et l'*Ego* glissait lentement vers ces merveilles tel un mouton égaré rejoignant le troupeau. Le gouvernail tenu par ma main droite, les jumelles par ma main gauche, j'éprouvai cette sensation tenace et absurde à la fois que l'on m'attendait et que j'allais, moi le solitaire, arracher cette terre à sa solitude. Fiévreux, je l'étais, mais d'enthousiasme, d'un orgueil inconnu où se mêlaient l'humilité et la louange, et aussi un regret poignant : mon chant de marin allait se taire. Chère barque, comme je l'aimais, comme je lui vouais reconnaissance, comme elle était le prolongement de mon corps et de mes pensées !

De cette terre, j'étais loin encore. Il suffisait de quitter les jumelles pour m'en apercevoir. J'espérais cependant la rejoindre dans le grand jour. Par bâbord, j'aperçus une flottille de pêche prenant la même direction que moi. Je me souvins de ces lectures anciennes où la vigie attentive à son poste crie « Terre ! » suscitant la joie des passagers et de l'équipage. « Terre ! » je n'avais personne à qui le proclamer et je le fis pourtant, les mains en porte-voix : « Terre ! Terre ! Terre ! » car les saluts se font par trois fois. « Terre ! » comme si je revenais des espaces intersidéraux. « Terre ! » pour un port, « Terre ! » pour la terre entière, « Terre ! Terre ! Terre ! » pour moi seul. Et pour ma barque.

Trois

AINSI, sur la page de ce cahier court ma plume. A filer tant de nœuds, ne vais-je point oublier quelque instant du spectacle? Je recrée ce qui m'échappe, je rattrape ce qui me fuit, je me dilue dans mon encre et je recule devant ma vie écrite. Mon mutisme d'hier et ma parole présente se rassemblent dans un commun vertige. Je reste le gardien de ma troupe verbale, je veux suivre le bon chemin, corriger le cap des mots. Il en fut ainsi à mon nouveau port lorsque, penché sur la carte, je tentai de styliser mon itinéraire, de retrouver mes traces, oubliant les écarts, les dérives, les vagabondages, supprimant tout angle, tout hérissement, pour tracer un cercle auquel il ne manquait que d'être refermé pour atteindre à la perfection. Je vous dirai l'allégresse du port, je nommerai le lieu, mais j'observe une pause. Je vois sur le bleu pâle de l'océan cet oméga qu'au crayon je viens d'arrondir et qui laisse ouverte une porte à mon destin. J'imagine les cycles célestes, les révolutions planétaires, le mouvement circulaire du ciel, les mutations terrestres, le zodiaque. Ce cercle, symbole de l'imagination, forme des sanctuaires nomades, j'en regarde son père le centre, je reviens à sa rive, et il me parle en séparant son espace du monde pour un jeu pur, un concept mystérieux, celui peut-être de l'homme courant après lui-même, de l'athlète sans relais, sans autre but que d'être, de se rejoindre parmi ses contraires. Cercle, il est prunelle, soleil, terre et lune, son territoire est tracé par les astres, je le célèbre, je le vénère.

Je sus bientôt, en effet, que j'avais accompli un périple, que je m'étais livré à la circumnavigation comme les marins d'antan, de Magellan à Dumont d'Urville, de Francis Drake à Bougainville et à James Cook, mais, à leur différence, sans découvrir aucune terre vierge ; nulle île sinon celle que je suis ne portera le nom d'Ego, le marin improvisé et de si petite fortune. Entre les deux extrémités des anneaux de mon oméga, la distance se réduisait à 426 milles marins séparant mon nouveau port de la plage du Kyûshû quittée plusieurs semaines auparavant. Si, de mes aventures, vous avez quelque curiosité, vous devinez la mienne lorsque j'abordai à ce mouillage, au flanc de cette longue île, alors sous administration américaine, si célèbre dans l'histoire de la guerre : au carrefour de la Chine, de Hong Kong, de Formose, de la Corée et des Philippines, un territoire de civilisation originale, fort différent du Japon de ma connaissance. Il s'agissait d'Okinawa. Mon port ne fut pas sa capitale, Naha, cité en partie détruite par les bombardements, point brûlant du martyrologe, mais un bourg de pêcheurs et de manufacturiers, Itoman, à l'ouest de l'île-serpent au dessin tourmenté.

Si habitué que je fusse à la splendeur des eaux coralliennes, jamais je n'avais admiré (et jamais plus je n'admirerais) une mer aussi séduisante, des cobalts et des émeraudes à ce point ardents sous un ciel azuré. A cette séduction répondait celle des paysages faits d'ardentes flammes, des massifs verts parsemés du rose ardent des azalées et du rouge des hibiscus. Aucun lieu de l'univers ne m'offrirait d'aussi riches couleurs, un tel rassemblement de splendeur et de magnificence qu'aucun peintre ne saurait traduire, tant les nuances en sont musique, tant les sites changeants rivalisent à constamment émerveiller. Ainsi, ce nom d'Okinawa, entendu ou lu dans les communiqués de guerre, et qui pour moi évoquait poudre, foudre et feu, désignait la scène d'un spectacle dont je serais à jamais habité, à ce point que je n'imaginerais plus la rive paradisiaque qu'à sa semblance exquise.

Une trentaine de bateaux de pêche à la voilure ample voguaient vers leur port. Tel un canard parmi les cygnes, l'*Ego* se laissa dépasser par ces embarcations du triple de son tonnage. Ce retour, sans doute d'une longue expédition, faisait l'objet d'une fête : des banderoles de tons vifs flottaient sur les mâts et les cordages tandis que, sur le quai, une foule agitait des drapeaux. Pour me faire plaisir, j'imaginai qu'une part de cette liesse m'était réservée. Déjà, les pêcheurs m'avaient adressé des signes amicaux auxquels j'avais répondu en imitant leurs gestes.

Ma voile improvisée, de surface réduite, peu apte à prendre le vent, ne me permit d'aborder que fort longtemps après eux. A mon arrivée, jouant alors de l'aviron, la plupart avaient quitté leur bord pour rejoindre familles et amis sur le quai pavé dans un concert d'exclamations et de paroles volubiles, et cela sans nulle cérémonie. D'autres se préparaient à décharger les poissons dans des caisses et des paniers de bambou noir et vernissé. A trois cents pas de là, auprès d'un yacht, un appontement semblait être fait pour l'*Ego*. M'y glissant, j'interrogeai du geste un jeune matelot et un gnome à cheveux gris accoudés au bastingage du navire tout blanc dont l'élégance tranchait sur la rudesse des autres embarcations. Dans le langage international du mime, avec beaucoup de courtoisie, non seulement ils me signifièrent que je pouvais prendre place, mais encore, la main sur le cœur et s'inclinant, ils m'en firent la prière. L'*Ego* amarré, mes remerciements étant faits, j'attendis le terme des festivités du port pour sauter sur le quai. Si le soleil haut m'accablait, si je ruisselais de sueur, je l'oubliai pour savourer mon plaisir : après les titubations du mal de terre, voir près de moi mon ombre courte, m'asseoir sur une caisse, sourire à un passant, faire quelques pas, toutes choses nouvelles pour le navigateur. Disponible à l'événement, je me sentis cependant quelque peu encombré de moi-même et indécis devant le choix. L'espace océanique me grisait encore. Envahi d'une douceur nouvelle, mon existence même me surprit.

Je regardai l'*Ego*, mon bel ouvrier meurtri, vainqueur de tant d'agressions, de tant de volumes d'eau frappant sa coque, de tant de coups de vent et d'embruns, ayant résisté à tout sans faillir, lui, promis à devenir mon cercueil et qui fut mon gardien au cours de ce périple d'un temps plus long que celui de l'horloge et du calendrier, mon frère déversant l'oubli sur mon mal amoureux en allumant dans mon corps un feu constant de volonté et d'action pour y brûler les pensées funestes. J'admirai près de lui le fuselage racé du yacht fleuri des couronnes blanches de ses bouées, son pont bien ordonné où les deux hommes aux pieds nus passaient en silence, ses hublots tels des yeux clairs, ses deux chaloupes, sa délicate passerelle de bambou le reliant au quai, les portes vernies de ses cabines où il devait faire si bon vivre et dormir. Auprès de cette gentilhommière de l'océan, ma barque figurait une chaumière dont je devenais le paysan pauvre. De l'autre côté de l'appontement, sur une longue distance, se côtoyaient des sampans, des voiliers, des barques, des canoës, des bateaux de plaisance ; des palans grinçants tiraient les produits de la flottille de pêche dans un fourmillement d'hommes et de femmes chargeant des mules et de courts chevaux trapus.

Après une sieste dans ma barque, je m'assis à la proue sur un baril pour jouir du spectacle de l'animation du port. Passaient des pousses silencieux, des bicyclettes, des side-cars colorés, des charrettes tirées par des bœufs, des limousines noires et des autobus verts, parfois des jeeps de l'armée américaine. Je voyais des fonctionnaires haut cravatés, des commis en blouse et toutes sortes de flâneurs, des femmes portant un enfant arrimé à leur dos et caressant l'air d'un éventail, des fillettes courant sur des socques à grelots, des garçonnets en short et chemisette, des grappes de jeunes filles en robe fleurie se tenant par le bras, des adolescents portant des raquettes curieusement ornées de portraits, des hommes en pantalon de treillis sur lequel flottait une chemise ample, des dames d'âge parées de leur dignité de gardiennes du passé, de plus jeunes en robe et dans toutes sortes de kimonos, de soie ou de flanelle, à rayures verticales ou fleuris comme des massifs. Des détails imperceptibles distinguaient ces insulaires des Japonais tels que je les connaissais : leur allure me parut plus lente et abandonnée, sans jamais aucune raideur, et les taches de couleur étaient plus vives. Les visages se dessinaient différemment : la matité de leur peau était plus unie, plus égale ; il m'apparut que leurs yeux, moins bridés, étaient ainsi conçus pour mieux contempler tant de beauté. Certes, je distinguais des aspects de retenue et de discrétion, mais moins affirmés, moins mystérieux que ceux connus avant mon voyage, plus volontiers tournés vers l'extérieur par une curiosité de l'autre qui me fit la cible de bien des regards rapides mais francs.

Spectateur, je me savais observé. Ainsi, je sentis une présence à bâbord, au-dessus de ma tête. La porte d'une des cabines du yacht ouverte, je vis, à n'en pas douter, le propriétaire du luxueux bâtiment, un dignitaire fort grand, le crâne chauve et lisse et qui portait une coquille noire sur une oreille. Cette présence, imposante par sa noblesse et son maintien, me parut singulière. Sur ce long corps immatériel, un kimono blanc resplendissait. S'il s'agissait, comme je le pensais, d'un Japonais, son visage évoquait un vague caractère occidental. Il me regarda longuement, pensivement, et cela m'intimida. Je le saluai maladroitement et il inclina légèrement la tête, me sourit amicalement, mais non sans quelque ambiguïté, ébaucha un geste et s'éloigna sur le pont.

Sur le quai passa une jeep très lentement, une patrouille de la police maritime américaine. Je jugeai bon d'adresser aux soldats un salut qui resta sans réponse. Je remis à plus tard de me présenter aux autorités. Je plaçai mes possessions dans une soute, ne me chargeant que de mon sac de marin contenant mes précieux instruments de bord, mes cartes, mon argent et mes papiers. J'avais enfilé le pantalon de coutil et un maillot de corps. Sautant sur la terre ferme, je marchai en chaloupant sur le pavé gris face à l'océan avec satisfaction. Je passai devant une guérite où se tenait un soldat américain qui mâchait nonchalamment du chewing-gum, puis longeai une suite de docks et d'entrepôts d'où s'échappaient de fortes senteurs de coprah et de poisson. Du hangar d'une conserverie, les dockers sortaient des caisses d'ananas pour les charger sur un bateau en bois de tek armé de fer forgé donnant l'impression d'une grande solidité. Je suivis vers le nord un passage étroit entre deux basses murailles pour déboucher sur un carrefour d'où partaient plusieurs rues bordées de maisons basses aux toits peu inclinés. Je pris une de ces voies, découvrant des demeures modestes et coquettes, de rares boutiques, quelques étalages de légumes et de fruits. Dans une cour, des cochons se pressaient autour d'une auge en grognant ; des poules me rappelèrent mon amie du lagon ; dormaient ensemble un chat privé de queue et un chien paisible. Au loin, une cimenterie déversait une fumée blanche peu décidée à se fondre dans le bleu du ciel.

Un marchand ambulant accompagna longtemps ma marche, poussant une voiturette en faisant entendre à intervalles réguliers un cri bref. Sur son étal, je vis des gâteaux découpés en forme de fleurs, des perles brillantes de riz nacré, des omelettes froides enveloppant du poisson, un sirop orangé dégoulinant sur des pâtes sculptées, des pois, du riz et des filets de chair jaune. Des femmes le hélèrent, des enfants le rejoignirent, je le laissai à son commerce. Bien que, depuis l'aube, je ne me fusse pas alimenté, ces aliments appréciés des mouches ne me tentaient pas. Je m'arrêtai à un enclos cerné de haies vertes où se dressait une maisonnette de bois à deux étages surmontée d'une cheminée à la fumée généreuse. Sous une tonnelle, trois longues tables parallèles décorées de guirlandes et de lampions colorés m'invitaient. Dans des cagettes, des sauterelles émettaient un son bref. De minuscules oiselets au chant modulé, proche de celui du rossignol, rejoignaient des colombes silencieuses posées sur le toit. Ne sachant s'il s'agissait d'une auberge ou d'un lieu privé, j'hésitai à ce seuil. Comment m'exprimerais-je ? Un peu partout, j'avais vainement tenté de déchiffrer des signes inscrits sur les pancartes et les panneaux : l'écriture n'était pas celle du Japon de ma connaissance. Je flânai encore un peu. Quand, décidé, je revins sur mes pas, je vis des hommes attablés à qui l'on servait des plats fumants dans un grand nombre de bols et de jattes. Un adolescent en blouse se précipita pour m'accueillir avec force *Welcome*, car il ne m'imaginait pas d'une nationalité autre qu'américaine. Je lui montrai une coupure de vingt dollars qui me servit de sésame : des gestes d'assentiment s'accompagnèrent d'un discours incompréhensible mais gentiment formulé. Je répliquai en anglais, avec force mimiques, la plus décisive consistant à faire pénétrer du bout des doigts une nourriture imaginaire dans une bouche avide, ce qui l'amusa. Après avoir salué les convives, je m'assis au bout de la table. Sur une carte, je désignai des noms de plats au hasard et attendis avec espoir. Je n'eus point trop à me plaindre : à l'exception d'une soupe au serpent qui me déplut, tout me fut régal, des filets de porc parfumés au sésame à la coupe de fruits frais, avec pour boisson de l'eau parfumée de menthe. Marin en bordée, je savourais les délices du port.

Comment exprimer ma satisfaction au serveur sinon en frottant mon ventre avec un air réjoui et sans doute fort ridicule ? Poursuivant mes mimiques, je joignis les mains et y couchai ma joue. Comprenant mon désir, le garçon me demanda de le suivre dans la demeure au seuil de laquelle je me déchaussai. Après quelques palabres, il me confia à une vieille femme rieuse qui me fit gravir un escalier conduisant à des pièces basses, ouvrit la porte d'une chambre tout en longueur où, près d'une commode en camphrier, trônait cette merveille : un divan-lit à l'européenne. Je proposai de l'argent. La femme repoussa ma main : cela pouvait attendre. Puis elle cacha sa bouche édentée le temps d'un rire malicieux de petite fille. Chacun de mes désirs, par magie, fut prévenu. Elle me chaussa de mules trop courtes pour mes pieds, désigna par la fenêtre des toilettes rudimentaires au fond de la cour, m'apporta des oreillers et des coussins, servit du thé clair. Suivirent, un peu plus tard, un baquet et des seaux d'eau chaude. La bonne hôtesse m'invita à me déshabiller, ce que je ne fis pas sans gêne. Nu, tel un enfant, je me laissai guider par elle. Sous ses encouragements assez rudes, je me soumis au bain brûlant. Elle me lava des pieds à la tête, sans négliger les parties les plus intimes de mon corps, frottant chaque centimètre de peau jusqu'à la cuisson, me récurant comme un ustensile de cuisine. Pour me rincer, elle se servit d'une énorme éponge de mer qu'elle pressa ensuite pour qu'elle fît office de m'essuyer. Elle alla jusqu'à tailler les ongles de mes mains et de mes pieds, à me coiffer, à régulariser la coupe de ma barbe, à peigner mes sourcils. Enfin, elle emporta mes vêtements, me laissant dans le plus simple appareil. Bien qu'enveloppé d'une douce somnolence, je ne désirais pas dormir, aussi évitai-je le lit pour m'asseoir en tailleur sur un coussin et me livrer à des activités d'attente: consulter ma montre en me promettant de la mettre à l'heure, manier la boussole, lisser mes cheveux, caresser ma peau devenue douce. Après deux heures d'attente, ma servante — je devrais dire: ma nourrice — revint avec mes vêtements lavés et repassés. Je me confondis en remerciements, accompagnant mes saluts de *Thank you* et de *Dômo arigatô gozaimasu*, ce qu'elle sembla apprécier.

Tout heureux de me sentir propre et net, je décidai de revenir à ma barque (qui me manquait déjà) pour prendre quelques objets oubliés. Je refis donc d'un pas allègre le chemin en sens inverse. Une vitre me renvoya mon image: en dépit de ma pauvre vêture, je ne me trouvai pas trop mal. A mon arrivée, je vis que le yacht blanc levait l'ancre sous le regard de son maître, l'homme étrange, vêtu cette fois d'un complet blanc de bonne coupe. Il inclina légèrement le front et m'offrit ce sourire à la fois cérémonieux et courtois dont je ne sus s'il nous rapprochait ou mettait entre nous de la distance. Je le saluai à mon tour en imitant malgré moi sa manière. Il regarda ma barque avec sympathie, se pencha pour déchiffrer le mot *Ego* et eut l'air surpris. Tandis que je nouais mes affaires dans un morceau de l'ancienne voile, le beau navire prit la mer laissant une trace huileuse près de ma barque.

Je restai encore une heure à mon bord pour assister au déclin du soleil et contempler le jeu des couleurs sur l'océan. Revenu à mon gîte, je me laissai tomber sur le matelas, fermai les yeux et m'abandonnai. Des bruits m'empêchèrent de sombrer. Par la fenêtre, je vis des hôtes autour des tables sous les lampions allumés. D'autres places avaient été installées dans la grande cour avec des sièges de fortune. Il régnait quelque chose de joyeux et de vif comme pour une fête villageoise, une gaieté de guinguette où l'on n'attendait qu'un air d'accordéon. S'il y avait là plus d'hommes que de femmes, je vis une famille endimanchée. Aux naturels de l'île s'ajoutèrent bientôt, un peu à l'écart, des soldats américains. Quatre d'entre eux entouraient une table de fer dans des poses abandonnées et regardaient les indigènes avec curiosité. Je descendis, bien décidé à lier connaissance. Se trouvaient là un sergent noir, véritable colosse, et trois soldats au crâne rasé qui sirotaient de la bière en fumant des cigarettes. Pour m'approcher d'eux, je pris un air enjoué et plein de sympathie, fis un petit *Hello!* auquel ils répondirent à peine et de façon maussade. Je leur demandai la permission de me joindre à eux et ils acceptèrent avec indifférence. Je tirai un rondin de bois à dosseret et fis renouveler la tournée de bière. J'entrepris alors de me faire admettre, ce qui ne fut guère facile. Je me lançai dans un discours de présentation, expliquant que j'étais français et ethnologue, que je venais de Kagoshima, pensant que ce nom leur serait familier et taisant mon long périple. Si l'atmosphère se détendit, je le dus à la bière plutôt qu'à mes propos. Ils m'offrirent une cigarette et me confirmèrent que je me trouvais bien dans le lieu repéré sur ma carte.

Combattants du corps des *marines*, ils affichaient un air d'athlétique santé, de candeur virile et de bonne tenue dans ces pantalons et ces chemises de coton café crème bien repassés, aux plis impeccables et portant des galons et des chevrons à la manche, le calot replié étant soigneusement glissé sous une épaulette. Leur ressemblant fort peu, mais, au contraire des autres hôtes, me trouvant proche d'eux par notre commune occidentalité, je nous découvrais tous les cinq tels des barbares blancs égarés dans un univers plus subtil que le leur. Désireux de compagnie, d'échanges, de paroles, avais-je un autre choix ? Ainsi j'appris par eux non pas le cours de ces combats redoutables, le nom d'Okinawa est pour cela célèbre, mais des indications sur la vie locale, les dangers de l'île venant de mines restées semées dans le sol et d'un long serpent venimeux appelé *habu* dont la morsure est mortelle. Ils me croyaient canadien. Quand je leur eus précisé ma nationalité, avec l'appui de quelques noms de villes, ils manifestèrent d'un étonnement profond à quoi s'ajouta une considération nouvelle. L'un d'eux me parla de ses origines irlandaises et de lointains cousins dublinois en me priant de les saluer à mon retour, ce qui réduisait cette bonne Europe à de justes proportions. Le sergent me parla de La Nouvelle-Orléans et je fis appel à ma courte érudition pour citer quelques noms de jazzmen. La conversation revint à ma troublante origine et s'ouvrit à des paroles attendues, le nom de feu le sculpteur Pigalle s'accompagnant de plaisanteries salaces, et puis, l'un d'eux trouva dans sa mémoire le nom de Maurice Chevalier, ce qui était d'exquise politesse. Suivirent les stéréotypes touchants, les photographies extraites des portefeuilles où les gentilles fiancées de l'Ohio ou du Missouri, de la Louisiane ou de Chicago me sourirent pour quêter mon approbation. A cela s'ajoutèrent les nostalgies vagues, les considérations sur ce fichu pays et d'autres que je ne compris pas. L'ingurgitation d'un alcool de canne proche du rhum donna du vague aux regards et les paroles dérivèrent sur les mérites érotiques comparés des femmes de diverses nationalités et de couleurs de peau différentes, une palme étant donnée aux prostituées de Naha, semblait-il fort expertes. Bientôt, je ne participai plus guère à la conversation au débit trop rapide pour ma perception et, dans un nuage rose, je ne fis qu'entendre une musique de voix discordantes aux accents fortement marqués ou se dissolvant dans des marécages.

Une diversion que je crus bienveillante et qui se montra fâcheuse fut apportée par l'arrivée d'une troupe de musiciens et de danseuses : trois hommes et quatre jeunes femmes. Acclamés par les consommateurs, les Américains ajoutèrent d'intempestifs coups de sifflet, puis le silence se fit. Nous entendîmes tout d'abord les accords tirés d'un *sanshin*, banjo à peau de serpent proche du shamisen, dont les inflexions plus hawaïennes que nippones s'accordaient aux tropiques, de même que les chemises bariolées des hommes. L'un d'eux marquait le rythme au moyen d'un claquoir de bois. Les danseuses, admirablement coiffées, avec toutes sortes de coques étagées et retenues par un peigne d'écaille, portaient une simple blouse blanche ample aux épaules et serrée à la taille par une écharpe. Alignées en arc de cercle, elles nous offrirent un spectacle combinant des chants dialogués à une danse savante où le corps bougeait à peine, où le geste discret, à peine esquissé, ne se répétait pas. Apparemment monotones, cette musique, ces chants et ces danses, pour un spectateur attentif, suivaient une ligne complexe et des techniques variées, le son descriptif des instruments s'exprimant en accord avec les voix et les corps. Mes compagnons, je le vis à leurs clins d'œil et à leurs regards gourmands, appréciaient plus volontiers les formes féminines que la chorégraphie. Seul leur sergent marquait le rythme de la tête. A ma surprise, comme si cette troupe avait officié pour son plaisir, aucune quête ne suivit ce spectacle. Je me levai pour mieux applaudir et fus récompensé par de ravissants sourires et d'exquises révérences.

Les danseuses feignirent d'ignorer les *Come in!* et les gestes d'invitation des *marines* qui les conviaient à notre table et elles se disséminèrent parmi celles occupées par leurs compatriotes. Les soldats protestèrent à grand bruit. Celui que les autres appelaient Jay, un roux au front bas, alla chercher une des belles et la tira par la main jusqu'à son siège étroit où ils s'assirent ensemble. Sans rancune, elle accepta un jus d'orange et une tentative de conversation s'engagea. Cependant, Jay se montra vite insupportable, promenant ses mains sur un corps qui se raidissait, avançant une lippe gourmande vers un visage se dérobant. Les yeux de la danseuse appelaient un secours impossible. Profitant du moment où son geôlier vidait son verre, elle se dégagea souplement, parut hésiter et choisit de se placer près de moi. Je reculai pour lui faire place, cela fort machinalement, car, à ce moment-là, sais-je pourquoi? je me revoyais ramant dans l'obscurité de l'océan parmi le battement des vagues. De cette rêverie, je fus éveillé par une tout autre tempête. Jay s'était levé en renversant son siège et son gauche atteignit ma mâchoire avec une telle violence que je me retrouvai au tapis et cherchant difficilement à me relever, ce que je n'aurais pas dû faire: à peine debout, d'autres coups, plus désordonnés, m'atteignirent. Plus que coléreux, je me sentis gêné, je regardai du côté des autres clients assez sages pour ignorer ces incongruités. Le tort de mon agresseur fut de me gifler. Pourquoi une gifle soulève-t-elle plus facilement la colère qu'un coup de poing? Ce soldat, on lui avait appris à se battre et il agissait selon ses habitudes, sa dérisoire chevalerie personnelle, se croyant justicier d'une offense que je n'avais pas commise. J'ignorais alors les arts martiaux. Je reculai, le considérai dans ses gestes d'apparence libres comme un prisonnier. J'aurais voulu me trouver ailleurs et ma fierté m'interdisait de fuir, d'autant que les autres me soupçonnaient de couardise (j'entendis *chicken !*). La colère aidant, je bousculai ce pugiliste plus petit que moi, lui donnai quelques coups et parvins à saisir ses poignets. Brusquement, je revins à ma navigation : je ne serrais pas des bras mais des avirons, je ne luttais pas contre un homme mais contre l'océan. Je dus lui broyer les poignets sans m'en apercevoir en répétant un mouvement inattendu d'avant en arrière, d'avant en arrière, et encore, et encore... comme si j'inventais une nouvelle forme de lutte. Les serveurs s'interposèrent, les soldats les écartèrent en les rudoyant : ils ne voulaient pas être privés d'un spectacle. Ce fut une mêlée générale. Mon adversaire grimaçant me donnait des coups de pied, je ne lâchais pas prise, son visage se crispait. Il tomba, ses jambes entourèrent les miennes et je chutai à mon tour. J'entendis un bruit de moteur, des coups de sifflet : la Military Police venue à la rescousse se chargeait de nous calmer au moyen de matraques habiles dont je reçus des coups sur les épaules et contre les reins.

Nous fûmes chargés dans deux jeeps. Je me retrouvai serré contre le sergent noir sous la garde de trois militaires. Nous roulâmes à petite allure en direction de l'ouest. Je jugeai bon de remettre à plus tard le soin de m'expliquer. Nous longeâmes un aéroport et un parc. Après la traversée d'un estuaire lumineux, les jeeps obliquèrent vers une ville qui devait être Naha. Derrière les docks du port, autour d'un hangar bétonné, se dressait un camp où flottait la bannière aux étoiles. Un officier, sur un ton insultant, nous fit de sévères réprimandes. Les militaires étant figés au garde-à-vous, je fus sommé d'en faire autant, ce à quoi j'obtempérai. Je compris que rien ne me distinguait des autres sinon que j'étais en civil. Mon adversaire, calmé, me regardait avec presque de la complicité. Moi, je m'amusais à singer ces *marines*. Nous partageâmes, le sergent et moi, la même cellule. Mon compagnon me donna de grandes claques dans le dos en riant de toutes ses dents. Il fit le geste de ramer ; il admirait ma façon de me battre. Allongés sur les lits de camp, je lui souhaitai une bonne nuit. Si je regrettais le lit de l'hôtel, cette couche, comparée au bois de ma barque, était moelleuse à souhait. Je m'endormis dans un sourire : ces aventures, banales pour les soldats, mais inédites pour moi, commençaient à me ravir.

★

Réveillé au petit matin par une trompette militaire, je pensais que nous serions bientôt libérés, ce en quoi je me trompais. La matinée s'écoula sans que personne d'autre ne se manifestât que le porteur d'un broc d'eau, d'un pot de café, de pain gris et d'une boîte de beurre d'arachide. Philosophe, mon compagnon (qui répondait au prénom de Hart) prit le parti de s'endormir. Dans l'après-midi, il fut extrait de la cellule et je restai seul. Le soir, j'appelai sans être entendu. Je me sentis atteint de claustrophobie, moi qui depuis des semaines vivais avec le monde entier pour habitacle. Je songeai que l'emprisonnement est la plus grande injure faite à l'homme et le supplice le plus éprouvant. Mes pensées elles-mêmes se désassemblaient. Seule une étroite lucarne fermée de barreaux apportait de l'air tiède. Jamais nul ne m'avait enfermé. Ma rage impuissante me martyrisa et je vis à quel point je me trouvais démuni devant la plus mince adversité. Je décidai de faire de ma geôle un ermitage et de parler seul, comme on prie, de réciter des kyrielles, d'unir des chaînes de mots telles les perles d'un collier. Je marmonnai, je chuchotai, je déclamai, ne trouvant aucune autre manière de m'affirmer libre. Cette seconde nuit, je dormis mal. J'écoutais encore la musique et revoyais les jolies danseuses auxquelles Hayano se substitua, jouant du shamisen au bord de l'océan. D'elle étais-je vraiment guéri ou seulement convalescent? Plutôt que de tenter de l'oublier, pour mesurer ma force d'âme, je remodelai en pensée le visage et le corps, la voix et les caresses. Une prison de nuit enserra ma prison. Je rêvai éveillé. J'errais parmi mes sourdes racines et l'univers pesait sur moi. La main d'une femme perdue devint ma terre évanouie. A mal vivre resterais-je condamné parce que la lumière de ses yeux avait quitté les miens? Reine de mes nuits, belle à en mourir, elle passait dans mon jardin des étoiles aux doigts. Oppressé, je portais en moi l'incendie d'une ville et, dans cette ville, une femme m'appelait que je ne pouvais rejoindre car mes chaînes pesaient. Dans un demi-sommeil, j'attendis que repasse le songe et le songe se dilua dans des eaux inconnues. L'aube enfin, l'aube saluée par la trompette, m'arracha à mes fantasmes. Je me sentis net, l'esprit lavé, empli sans raison de confiance parce que ma situation absurde ne pouvait indéfiniment se prolonger.

Je faisais des mouvements de gymnastique lorsque résonnèrent des pas. La porte s'ouvrit sur deux M.P. qui m'enjoignirent poliment de les suivre. Nous traversâmes le camp pour nous rendre au port militaire. Là, je fus invité à monter à bord d'un patrouilleur où, dans une grande cabine, derrière un bureau encombré de dossiers, un officier supérieur de la marine m'attendait. Il désigna un siège et m'offrit une cigarette. Sans attendre, je pris la parole, le priant, en y mettant quelque impertinence, d'excuser ma tenue. A ma surprise, il me répondit calmement en exprimant des regrets. J'appris que mon ami Hart le sergent m'avait dégagé de toute responsabilité dans cette querelle de soudards. Une erreur de transmission et le départ d'un officier pour Yamada, telles étaient les causes de la prolongation de mon emprisonnement. Durant ce temps n'avaient-ils pas plutôt procédé à une enquête? A mon tour, je racontai mon histoire, parlai de ma condition d'ethnologue à la pointe du Kiûshû, d'une navigation incertaine me faisant aborder à Okinawa. L'officier émit un petit sifflement admiratif qui me flatta, d'autant plus que j'avais omis, par prudence, de lui décrire un périple tellement plus long et dangereux. A ma surprise, il me dit être au courant de ma condition de chercheur et de la modestie de mon embarcation. Il me tendit mon passeport (ainsi une enquête avait bien été faite à l'auberge) et déplia respectueusement l'ordre de mission signé de la main du grand général et dont il me félicita. Sur son ordre, un jeune sous-officier qui parlait ma langue veilla à me faire servir un copieux breakfast et se déclara à la disposition de ma personne.

Sur l'océan, me souciant moins de ma toilette que de celle de l'*Ego*, je ne me sentais pas sale: parmi les embruns et les poissons mon odeur devait garder son naturel. Sur ce navire de guerre étincelant où, des officiers aux hommes d'équipage, la propreté régnait, je me sentis puant comme un bouc. Aussi une douche fut-elle la bienvenue, ainsi que les soins du coiffeur du bord qui me tailla les cheveux en dégageant un peu trop la nuque et me rasa soigneusement avant de m'asperger d'eau de toilette. Me furent offerts un pantalon de treillis et une chemisette bleue qui me parurent luxueux. Ayant retrouvé ma bonne mine, je fus plus à l'aise. Je passai la matinée à ces soins, à flâner sur le pont en conversant avec mon guide, à dénombrer les bâtiments de la flotte. Après avoir visité le patrouilleur, tel un hôte de marque je fus invité à déjeuner au carré des officiers. A table, je découvris, présences insolites, des couverts; habitué aux baguettes, leur forme me parut étrange. Je retrouvai les gestes de bonne éducation appris par ma tante. Dans mon anglais lent et malhabile, parfois en français, le sous-officier traduisant, je repris mon histoire, et cette fois, mis en confiance, j'avouai que ma randonnée maritime avait été plus itinérante que je ne l'avais dit en me donnant l'excuse d'un souci de brièveté. Je pus ainsi parler de mon escale dans l'îlot perdu et de ma découverte macabre, demandant que les Japonais fussent prévenus afin d'identifier les corps et leur donner sépulture. Pour cela, le déjeuner terminé, la table fut débarrassée et l'on déploya une carte fort précise. Je désignai un point perdu au loin parmi les espaces marins. Ayant indiqué approximativement mon périple, mon oméga, ces marins me regardèrent avec étonnement et me dirent qu'un tel voyage dans une simple barque de pêcheur relevait de l'exploit. Sans jouer au héros, je leur avouai que la barque et la voile, la providence et les vents en avaient décidé ainsi. J'appris cependant avoir enfreint une règle : une telle randonnée ne pouvait dans les circonstances présentes s'effectuer sans une autorisation préalable. Je fus sollicité de rédiger un rapport en mentionnant sur un croquis les emplacements dans l'îlot de la casemate et du repère des soldats japonais. Je fus assuré que nulle tracasserie administrative ne me serait faite. Ces officiers manifestèrent le désir de me rendre visite prochainement à bord de l'*Ego*. Après une dégustation d'alcool et un toast orné d'un court laïus, mes hôtes me proposèrent de me faire ramener à mon bord, offre que je déclinai poliment, étant désireux de parcourir Naha et de rentrer à pied. La recommandation me fut faite, une fois de plus, de rester sur les chemins tracés pour éviter les mines et les serpents. Je les quittai donc après des remerciements de ma part pour leur accueil et des excuses de la leur pour mon passage en prison au sujet duquel je parlai d'une expérience intéressante. Un sac de toile contenant mes hardes sur l'épaule, du quai, je les saluai de la main.

De la grande ville de Naha ne restait qu'un champ de ruines, non pas des ces ruines du temps qui font chanter la mémoire, mais de celles qui expriment la honte et l'horreur que vainqueurs et vaincus se dévouaient à effacer. Une file ininterrompue de camions libérait le sol des gravats, des machines faisaient s'écrouler des pans de mur dans la poussière blanche, de nombreux ouvriers charriaient des matériaux ou coulaient du ciment sous le regard des chefs d'équipes et des architectes des deux nationalités. Les loups avaient cessé de se dévorer, le monde tournait, un peuple obstinément rejetait les pierres mortes, effaçait les traces du chaos, construisait la vie sur les lieux des bombardements mortels. Alliés à leurs anciens adversaires, les Américains, autour de larges artères, reconstruisaient plus belle la cité. Ils parlaient essor, ils prenaient parti pour le vivre, le vrai combat de continuer le monde, et, dans la désolation, le mal épais s'éloignant, je me sentis réconcilié comme si la guerre devenait un vieux mot dans l'histoire endormi. Le commerce des hommes reprenait dans des baraquements provisoires, des étals de fortune. Sur le marché, des femmes proposaient des régimes de bananes, des ananas, des citrons, des patates douces, des choux ou des tronçons de canne à sucre. Fleurissait un artisanat de laques, céramiques, ébénisterie. Me trouvais-je en terre nippone ? Dans la diversité des types humains, je lisais Chine, Corée, Malaisie autant que Japon. En dépit des uniformes, les Américains se révélaient hommes de toutes origines et de toutes couleurs, ajoutant à leur particularité celle de leur arme : dandinement du G.I., le corps suivant le mouvement des mâchoires sur une gomme collée derrière le lobe de l'oreille quand la bouche s'en déprenait, démarche chaloupée des marins, dignité du porteur de chevrons, galons et décorations, et aussi restes d'une allure civile trahissant le bureaucrate, le travailleur de la terre ou l'ouvrier d'usine. Je déchiffrais les âges, j'imaginais les enfances et les destinées; né de l'océan, je découvrais des êtres ayant vécu sans moi dans un monde parallèle. Cette aïeule portant des fleurs, cet enfant jouant à la balle, ce jeune homme tirant un bœuf brun, cette jeune fille suivie d'un chien noir, je les accueillais comme les survivants des terres blêmes et chacun portait un peu de mon être, issu de la même aube et confondu dans un même dessein. Je me divisais en toutes solitudes pour me multiplier dans la tribu unanime. Mon torse devenait caverne protectrice, mes mains rempart contre l'infortune. Toute l'encre des mers, toutes les tablettes du temps, je les donnais pour ces nids que je voulais de pensée libre. Armateur de moi-même, dans ce lieu du vieux globe, je n'aurais plus jamais d'autre nef que celle qu'entraînent les marins aux avirons de leur existence. A tant de bouches, je souhaitais le silence, à tant d'oreilles le bruit des vagues, à tant de nez le parfum des fleurs, à tant d'yeux le plus parfait ravissement. Je me sentais d'offrande et de don, rocher, abri, demeure, muscle universel. S'éloignaient les charniers devant les porteurs de briques, les hommes de travaux dont je murmurais les noms et modulais les peines. Je marchais, je souriais; avec ma cargaison d'espoir, mon corps ayant hissé la voile pour délivrer l'océan, mon atoll contenant de l'eau pour toutes les soifs. Et le ciel se chargeait d'oiseaux.

Comme dans toutes les cités soumises au déluge des bombes, les vieux monuments avaient résisté telle la porte *Shurei-no-mon*, porte d'accueil et de courtoisie au seuil de la ville hospitalière, château, cimetière du nord, université, architectures propres à Okinawa. Je ne sais quelle fascination émanait de ce port industriel et commercial. Malgré l'horreur des ruines, je quittai Naha à regret, traversai l'estuaire en regardant s'envoler deux énormes avions-cargos, cormorans de métal. Je visitai le parc que j'avais entrevu de nuit l'avant-veille. Là, dans un mélange de dépouillement et d'extravagance, d'ordre et de dissymétrie, monuments, portiques, statues, bas-reliefs, dallages, toutes constructions de l'art, s'accordaient aux accidents du terrain, aux arbres, aux plantes, aux fleurs, aux étendues vertes ou aux allées sableuses, aux rochers, à une nature recomposée par l'homme pour être un prolongement de son âme. Tout portait à la méditation, sanctuaires shintô, temples bouddhistes ou animistes, lieux de culte de tant de religions cohabitant, rendez-vous de divinités et d'idoles pour moi inconnues dont je tentais de déchiffrer des légendes sculptées autres que celles des miens et pourtant les miennes puisque j'appartenais au monde. Respectueusement, je m'inclinais. J'avais mille ans quand elles me regardaient ; en les quittant, je me surprenais à naître.

Au fur et à mesure que je m'éloignais du centre de la ville, ma curiosité suivit un autre versant : usines de textiles, fours de céramique, conserveries de fruits et légumes, entrepôts de pêcherie, garages, ateliers artisanaux ou de mécanique. Je saluai les travailleurs sans me soucier d'une réponse, longeai l'océan turquoise en m'étonnant que le ciel de ces régions menacées restât si longtemps d'un bleu paraissant immuable. Deux fillettes en kimono marchaient devant moi, se retournaient de temps en temps pour me regarder. J'eus l'impression qu'elles me montraient le chemin. Ces coups d'œil furtifs, ces courts arrêts, ces départs précipités, je les reconnus tels les miens, naguère, dans les rues lyonnaises, quand une présence insolite retenait mon attention. Étais-je resté le même, avais-je préservé ces gestes, cette prudence devant tout, les êtres, le choix entre parole et silence, le mot jeté pouvant devenir pierre ou boomerang ? Les fillettes marchaient et naissait une danse, un rituel fleuri auquel je me sentis uni par un fil invisible. Être reconnu d'elles comme un ami, posséder les clefs de leur innocence, leur dire ma semblance, peut-être leur narrer mes aventures pour devenir le conteur, le baladin, le porteur de livres, oh ! comme je l'aurais voulu. Les rythmes de ma randonnée maritime ne me quittaient pas : par eux, je grandissais, je me voulais l'errance, j'étais dauphin, algue, risée, je me faisais la nuit, le jour, la vague et la splendeur, je prenais les couleurs du crépuscule rouge et de la rose aurore, je devenais le Tout et ne restais que moi-même cheminant derrière deux enfants accueillies par une mère au seuil d'une maison basse.

Une fontaine en fonte m'offrit une eau fraîche que je bus dans mes mains et dont je me mouillai le visage : bien que le ciel fût clair, une chaleur lourde, comparable à celle qui dans nos climats précède les orages, sévissait. La distance entre Naha et mon port étant moins longue que je ne le croyais, je me permis un détour par l'intérieur des terres et découvris une région de cultures et de vergers distribuant de vives couleurs. Des femmes jetaient des ananas dans un panier. L'une d'elles, fort courte et grasse, m'en offrit un que je mis dans mon sac. Nous engageâmes une conversation, elle prononçant le mot *Amerika* et moi répondant *Furansu* pour désigner mon pays ; la petite France se trouvant fort loin, je ne fus pas compris. Je remerciai alors et quittai cette amie de passage.

Sur les collines se découpaient des saillies de corail blanc, neige minérale parmi les verdoiements et les tons orangés et chauds dessinant un pays à ce point féerique, extraordinaire, qu'un instant je me crus, face à cette réalité, dans une transfiguration opérée par l'imaginaire sur l'aile d'un vertige onirique. Or, ce que je voyais appartenait bien au regard fasciné par cette profusion de formes et de couleurs qui sont plus volontiers le fait de paysages sous-marins. Cet univers minéral, par sa luxuriance, s'apparentait aux règnes végétal et animal. À force de le contempler, je le voyais luire tel le pelage frémissant d'un fauve ou des plantes soumises à la houle. Pour me persuader que je n'avais pas émigré dans un rêve, mes yeux glissèrent lentement de ces splendeurs naturelles aux terres cultivées. Le soleil, à ce moment-là déclinant, me sembla avoir été créé pour animer des nuances infinies propres à décourager le peintre et à exalter le musicien. Dominait la haute blancheur chantant dans l'été, me dédiant des paroles intraduisibles, me délivrant un message: celui de croire à l'incroyable même. Ceux de mon lointain pays le savaient-ils qu'il existe de telles merveilles, que l'imagination la plus fertile resterait défaite devant ces exploits de la création? Pour moi, jamais plus le nom d'Okinawa ne signifierait rudes batailles, faits de guerre, combats sur les plages et dans la jungle; je ne l'entendrais plus sans voir la neige brûlante de ce corail blanc, bijou enchâssé dans une île.

Comme si tant de luminescence devait les brûler, je fermai les yeux. Je crus que ce paysage allait disparaître. En soulevant mes paupières, je le retrouvai plus magnifique encore. Je mis longtemps à m'arracher à mon immobilité de contemplateur. Le spectacle m'ayant enivré de son alcool, je repartis d'une hésitante marche. Plus loin sur les hauteurs, le corail rosissait ou passait au jaune d'or: ce n'était qu'illusion. Peu à peu, le paysage immédiat changea, les demeures furent plus nombreuses et bientôt serrées les unes contre les autres. A mon port, je retrouvai ma barque qu'un pêcheur assis sur le quai semblait veiller, je revis ma vieille amie qui ne m'avait pas suivi dans mon aventure nouvelle. Je m'assis à son bord jusqu'au soleil mourant, voyant ses rayons jouer sur l'eau huilée, chaque bois, de la proue à la poupe, me rappelant un souvenir proche et déjà s'éloignant. Pour la première fois depuis mon arrivée, je me posai la question de savoir ce que je ferais de moi. Ne trouvant pas de réponse, j'eus la certitude qu'un événement extérieur me l'apporterait, ce en quoi je ne me trompais pas.

A l'auberge, je fus accueilli avec des transports de joie auxquels je ne m'attendais guère. La femme qui m'avait baigné se préparant à recommencer, je déclinai cette proposition. Quant aux jeunes serveurs, ils mimèrent les phases de ma misérable altercation en exagérant mes exploits, puis ils chahutèrent et se poursuivirent joyeusement. Avant l'arrivée du gros de la clientèle, je fis en leur compagnie un dîner composé de soupe sucrée, de raves crues et salées, de daurade et de patates douces. Je leur expliquai le bon accueil des Américains qu'ils persistèrent à tenir pour mes compatriotes. Après une nuit d'insomnie et une journée bien remplie, une douce somnolence me gagna. Je me déchaussai dans l'entrée, gagnai ma chambre pour me glisser avec délices entre deux draps et connaître, sans le souci des bruits de la cour, un sommeil immédiat et durable.

★

Si limitées que fussent mes connaissances mécaniques, un don de nature, sans doute hérité de mon père l'inventeur, me permit de démonter le moteur de l'*Ego*. Je remarquai le mauvais fonctionnement d'un culbuteur et l'usure d'un maneton. Si le graissage assura la marche du premier, le second restait inutilisable, ce qui me rendit soucieux. J'avais étendu une bâche sur le quai où se distribuaient les éléments séparés. Des curieux s'arrêtaient. Je leur montrai la pièce défectueuse dans l'espoir d'un secours, ce fut en vain. Les serveurs du restaurant, si rapides et actifs dans leur travail, dès qu'ils l'avaient quitté s'abandonnaient à la nonchalance tropicale. Assis au bord de l'eau, les jambes pendantes, ils jouaient au *hanafuda*, un jeu de cartes représentant des mois, des plantes et des animaux. Parfois, las de l'immobilité, en compagnie d'autres jeunes garçons, ils essayaient des prises savantes de *jodan-omoté*, art martial en faveur dans l'île. Dès qu'ils avaient quitté leur emploi, ils perdaient une raideur feinte et manifestaient une gouaille proche de celle des gones lyonnais. Je leur dus de me mettre en rapport avec un mécanicien qui devint un ami. Cet ajusteur de précision, en deux jours, fit un nouveau maneton. De plus, il m'aida à remonter le moteur et à le remettre en marche.

Il me dit son nom, Masahiko, fils d'un ébéniste japonais et d'une Coréenne. Je me nommai à mon tour: Ego, comme la barque dont nous fîmes l'essai ou plutôt celui du moteur mis à neuf. De petite taille, le corps arrondi et la tête sphérique (une petite boule posée sur une grosse), son visage rieur s'ornait d'une fière moustache relevée en direction des tempes. Ce gnome okinawaïen mit le cap nord-nord-est. Je retrouvai ce mouvement qui me manquait, cette senteur de marine, ces goutelettes salées sur ma peau, ce large, cette liberté. Par temps calme et océan étale, la barque ne dansait que pour son plaisir. Le moteur nous berçait d'un ronronnement de chat. Nous suivîmes une ligne de plages où se dressaient des tours. Sans me demander mon avis, le mécanicien dirigea l'*Ego* vers un cap où il l'amarra à un rocher. Il se dévêtit et me défia à la nage. Nous plongeâmes ensemble. Vainqueur de la course, arrivé à la plage, il n'eut pas le triomphe modeste. Allongé sur le sable, je contemplai ses grains: chacun avait la forme d'une étoile. Les baigneurs étaient rares. Sur l'eau couraient des voiles et des canots pneumatiques, ce qui donnait un air de vacances. Je me fis cette réflexion que la mer des loisirs et celle des voyages ne sont pas les mêmes.

Un marchand ambulant me vendit des boules d'algues farcies de riz, de soja et d'une prune aigre. Masahiko aima cela. Je fus plus réservé. Je dus retourner à la barque par la plage pour chercher de l'argent. Comment pouvait-on être amoureux d'un bateau ? Je revins, commandai une boisson synthétique mais rafraîchissante. Je fis couler le sable blanc dans mes mains, devenant ainsi maître et distributeur du temps. Durant cette saine occupation, Masahiko se livra à toutes sortes de gymnastiques acrobatiques que sa rondeur rendait comiques. Un vieil air de ragtime s'échappa de ma bouche et mon compagnon fredonna avec moi en marquant la cadence avec deux galets. Sans savoir pourquoi, je lui expliquai que j'étais né en France. Je dessinai sur le sable l'hexagone qu'il reconnut tout de suite. Il ne marqua pas le moindre étonnement. La rumeur publique aidant, mes nouveaux amis sauraient me situer.

Dans l'île, le coût de la vie, alors peu élevé, pouvait me permettre, si je le désirais, de subsister plusieurs mois, à condition de rester économe. Je me demandai si je n'allais pas reprendre mon travail ethnographique, Okinawa me fournissant une nouvelle matière. Je me vis entouré de fiches et de notes, ce qui écarta ma bonne résolution : à quoi bon trahir des secrets en les codifiant et détruire la poésie pour en faire de l'histoire ! Et puis, la beauté, la chaleur, la tranquillité incitaient au farniente, à la flânerie, à la douceur de ne rien faire. J'avais oublié que je me trouvais en terre de typhons et de précipitations, les ennemis de la torpeur heureuse.

Le lendemain, une auto amphibie s'arrêta sur le quai face à ma barque. Deux officiers de marine en sautèrent. Je reconnus Sam qui m'avait accueilli sur le patrouilleur et Philip mon voisin de table. Ils m'offrirent deux bouteilles de whisky et me proposèrent une promenade au nord de l'île jusqu'au cap de Kayauchibanta, avec un retour par l'ouest, c'est-à-dire le circuit d'Okinawa dont la longueur est de cent dix kilomètres et la largeur varie de cinq à vingt kilomètres. Nous nous installâmes dans le curieux véhicule. En attendant que l'île devienne un centre de vacances avec tout ce qu'il faut de fêtes folkloriques, de danses et même de courses de taureaux, je fis donc du tourisme. Quel tour pessimiste de mon esprit l'amena à ce que, par-delà les beautés naturelles et les œuvres monumentales, j'en retinsse des aspects tragiques que chacun voulait effacer et oublier ? Certes, je revois les monts et les rivages, les paysages changeants d'un Sud bien cultivé à un Nord accidenté et boisé, les demeures artisanales et les temples, les épaisses forêts et les déluges floraux, les avalanches de couleurs, les fermes et les ports, mais cette diversité, ces bains incessants pour le regard, ces tableaux animés, ces visages entrevus affirmant toute la diversité asiatique, et encore des grottes, des caves, malgré la sollicitude de mes hôtes, cette diversité ne parvint pas à chasser de ma pensée les traces funestes parsemant notre cheminement.

De ce voyage, je n'attendais que de la joie, or son antonyme m'ouvrit son registre noir : mes compagnons me désignèrent ces tours poétiquement nommées tour du Lys ou tour du Prunier blanc, noms souriants et parfumés de l'âme extrême-orientale, pour m'apprendre qu'ils représentaient le site du suicide collectif des étudiants du collège de Naha lors de l'arrivée des troupes américaines. Ils en parlaient comme d'un événement ancien, et moi je pensais que ces enfants du désastre n'auraient pas atteint l'âge d'homme au moment même où j'apprenais leur tragédie. Les yeux fermés, je les vis mourir comme le soldat allemand de mon assassinat, comme un maquisard supplicié, comme les soldats de la casemate. Mes compagnons me parlèrent de l'état-major japonais entier se détruisant devant la défaite, des cent dix mille morts de leur garnison contre « seulement » treize mille tués américains, en marquant bien la différence là où je ne voyais qu'une sinistre addition, des kamikazes, hommes-bombes, et ils narrèrent d'autres histoires guerrières en ne manifestant que peu d'émotion.

Or, ce que le temps écoulé métamorphosait en abstractions, je le vis, je le vis comme si tout se passait devant mes yeux, souffrance, sang versé, chairs déchirées, os rompus, corps martyrisés, membres arrachés, je le subis en parcourant un champ de bataille : je venais de faire un saut en arrière, je me trouvais en 1945, au temps d'une Pâque sans résurrection. Aucun document, aucune image, aucun film n'aurait mieux représenté ces atrocités dont je devins le visionnaire épouvanté. Et rien ne resterait des massacres, aucune leçon pour l'avenir, à peine un regret, et toujours une soumission aux lois de la guerre, aux arrêts du destin, et des galons, des décorations aux couleurs vives alors qu'elles auraient dû être teintées de deuil. Luttant contre l'océan, j'avais dispensé des énergies surhumaines et je savais bien que dès qu'il s'agissait des combats humains, je ne serais jamais aguerri. Ils ne s'aperçurent pas, mes guides, que l'horreur se dessinait sur mes traits : j'avais caché mon visage dans mes mains, je me trouvais au bord de la syncope, et ils crurent à un coup de chaleur, me demandant avec inquiétude : « O.K. ? » à quoi je répondis en me forçant à sourire : « Yes, yes, O.K... », me voulant ce combattant qui aurait été épargné.

Le ton apaisé de ces officiers de marine, certainement hommes d'honneur et de probité, diffusait une sorte d'énergie absurde, infaillible, dressée comme un mur épais d'incompréhension et d'ignorance. Si de tels hommes se soumettaient à l'irrémédiable, auprès de qui l'humanité menacée de mort porterait-elle plainte ? Et, dans ce temps de paix, ces lieux de réjouissance au bord de l'océan : ici les Américains, là les habitants d'Okinawa, entre eux des barbelés, ils me firent penser aux églises, les hommes d'un côté, les femmes de l'autre, à toutes les ségrégations imbéciles. Le mot « étranger » jamais banni, la civilisation, comment naîtrait-elle ? Ils parlaient, ces deux hommes, de leur guerre navale et des exploits terrestres sans indignation, sans révolte contre les armes, comme de faits naturels, intempéries, coulée de lave ou typhon. Un sursaut de colère m'eût moins effrayé que leur calme. Barbare, je devais vivre parmi d'autres barbares déguisés en civilisés, ceux de l'obéissance, prêts sur un ordre à défendre la xénophobie, ce mariage du patriotisme d'officine et de la stupidité. Sam, Philip, marins vaillants, je ne m'en prenais pas à vous en particulier, mais à tout ce qui, à travers les siècles et sur tous les continents, aveuglait les yeux et bouchait les oreilles. Enracinés, déracinés, nous étions tous les plantes coupées et déjà pourrissantes des terres du plus lointain exil, celui de l'âme collective. Derrière le rideau de mes doigts, je voyais défiler des troupes hébétées, abêties, hommes mis entre parenthèses qui s'avançaient au bal de la société où brûlaient quelques ardents. Tant de politiques, de juristes, de fonctionnaires prudents, de militaires, là où il aurait fallu des êtres d'éveil et des religieux de haut savoir ! En quelles régions de mon corps à moi les germes de la violence se trouvaient-ils ? Sans doute dans les plus apaisées. Guerre, multiplication du crime parfait, allégorie récitant son chapelet de bombes, hostilités ouvertes et jamais refermées, désir de tout détruire hormis soi, guerres d'idées justes aussi fausses que les plus fausses, quel tintamarre vous meniez dans ma tête !

Mais qui m'autorisait ces réquisitoires, moi qui avais trempé mes mains dans le sang ? Je jugeais logiquement des actes illogiques. Même s'il pouvait se passer de moi, n'avais-je pas besoin du monde tel qu'il est? De toutes les innocences, allais-je extraire des culpabilités? Le flot des questions restait sans réponses, ou bien, s'il s'en dessinait une, elle s'empressait de détruire la question. Sur l'océan, la solitude ne m'avait-elle pas rendu fou de la pire folie: celle de l'entière lucidité? Je dus me reprendre et jouer, remettre mon masque, m'apaiser. A tant courir, je me voyais arriver le premier et, me retournant, je m'apercevais que j'étais seul. Il faudrait débarrasser ce sol de ma présence, reprendre la navigation, et je m'y savais décidé, bien que de mon sort, déjà fixé, il fût décidé autrement.

Des lignes monotones de croix blanches d'un cimetière militaire, nous rejoignîmes d'autres lieux funéraires plus anciens, tumulus, sépultures des rois d'Okinawa, cavernes devenues nécropoles, admirables tombes-tortues de style coréen. Naguère, après dix années d'attente, on dispersait les cendres dans l'océan. Un jour, devenu cendre ou ivoire, je ne m'imaginais pas d'autre destination que celle des flots. La verrais-je, ma mort, à la fin d'un hiver, au début d'un été? Quelle voix me parlerait ou quel silence pour me signifier que j'avais cru être et que je n'avais pas été? Quand viendrait-elle, cette Dame qui n'aime que la surprise, habitante du grand pays laconique, me surprenant dénué de bagage et d'horaire? Sans ciel et sans enfer, sans espoir et sans larmes, homme de sel, je glisserais lentement vers les hauts-fonds, de ma lente agonie épuisant tout le charme et sachant que tout passe et tout change et que rien ne se perd que l'air d'une chanson plus blessante que les armes. En attendant, je vivrais l'errance, la vaine interrogation, le tapis du jour se dépliant de toutes ses terres, mes pas soumis à d'obscures géométries, l'épuisement en moi des forces du soleil, et ce serait un peu comme si l'océan m'avait déjà reçu dans son vieux corps.

Les sentences de l'heure, les outils du Possible, je n'en finirais pas de les utiliser pour bâtir tant bien que mal une demeure et prendre mon doute comme un jaillissement d'espérance inversée. Demain naîtraient de mes convulsions les bois sacrés pour repousser les champs d'orage. Et, tandis que la voiture faisait voler le sable de la plage, une voix me murmura : « C'est l'aventure, holà ! c'est l'aventure ! La bouche d'ombre en lumière doit se fondre, la destinée élever ses édifices de briques rouges et des miracles s'accomplir, se dresser la ville de l'être où la pensée est le seul matériau, me cimenter à moi-même, à des prouesses telles qu'on en rêve hors des chaînes du Temps. »

Nous nous trouvions sur la plage réservée. Nager dissémina de hasardeuses et mélancoliques pensées. Au loin le ciel se ridait de nuages bas qui avaleraient le soleil. Dépouillés des uniformes, les hommes et les femmes retrouvaient une sorte d'anonymat. Je devais me trouver en Floride ou en Californie. Une cantine militaire offrait des sandwiches et du Coca-Cola à la tirette. Des parasols bruns étaient piqués dans le sable. Je sentis un parfum d'huile solaire. Avec Sam et Phil (à leur exemple, j'utilisais des diminutifs, eux-mêmes raccourcissant en Eg le sigle de mon vrai nom), pour effacer mon passage d'humeur sombre, je m'employai à sourire. Tantôt de jour, tantôt de nuit, quel caractère que le mien ! Les délectations moroses de Thanatos et de Cronos s'éloignèrent et surgit de l'onde le compagnon de cette trinité du destin, l'Éros sous la forme d'une Américaine blonde en maillot noir, plus âgée que moi et aussi grande, qui s'allongea près de nous et dont les formes pleines, musclées et souples, la peau dorée où frémissait un imperceptible duvet clair, le regard vert ombragé de longs cils, les jambes et les cuisses longues, un mélange de naturel et de sophistication firent naître dans mes sens un émoi depuis longtemps endormi. Elle apprit par Sam que j'étais français et sans doute dus-je à quelque réputation nationale flatteuse l'intérêt qu'elle me porta : son regard franc, sans équivoque caressa le mien en affirmant un consentement. Sous le prétexte d'améliorer un français dont elle ne possédait que quelques bribes, nous échangeâmes des propos inutiles nous permettant d'écouter nos voix. La mienne, telle celle d'un animal à la saison des amours, coulait comme source avec des intonations nouvelles, des accords fluides ou graves d'instrument à cordes, tandis que la sienne, plus hésitante, jouait d'une autre forme de charme en se perdant comme une eau parmi les rochers de rires nerveux et rauques. Fasciné par le dessin lisse de son visage, un léger creux sous les pommettes, une lèvre supérieure légèrement débordante, un fin réseau de cheveux sur les tempes, je ne fis plus que la boire, le cœur absent et soumis au désir du corps. Cette attirance sans amour, cet appel sexuel naissaient-ils de l'animal en moi prompt à contredire mes pensées ? Je ne me poserais ces questions que plus tard. Loin me parurent mes désespérances. Gloria (un prénom lui convenant bien) me parcourait tel un long frisson et je lisais aussi son corps. Parce qu'elle était belle, je me savais beau.

Tout naturellement, elle annonça à mes compagnons qu'elle m'enlevait. Sam sourit avec indulgence et Phil amorça un simulacre d'agacement et de jalousie, puis ils rirent ensemble et me souhaitèrent ironiquement bonne chance. Revêtue de son uniforme à jupe claire et à vareuse brune, son calot posé sur le côté de sa chevelure réunie en un chignon, Gloria me parut plus grande encore et fort impressionnante. Elle m'entraîna vers une camionnette couleur de terre portant la croix rouge, qu'elle fit démarrer rapidement. Elle conduisit avec précision, évitant soigneusement les blessures de la route. Durant ce court trajet, nos paroles furent rares : habillés, une gêne dont je me sentis responsable s'installa entre nous. J'appris seulement sa ville d'origine: Jacksonville en Floride et son grade de lieutenant. Elle me demanda si j'avais fait la guerre et je répondis négativement: non, la guerre m'avait défait, je ne désirais pas en parler.

Elle habitait un studio dans un immeuble transformé en caserne. La porte refermée, je la pris dans mes bras où elle s'abandonna le temps d'un court baiser avant de me repousser doucement pour se déshabiller et je fis comme elle: nous voulions retrouver le charme de la plage. Elle se rendit au cabinet de toilette qu'à son retour elle me désigna. Je pris donc une douche. Sur une couche étroite, durant des heures, nos corps se découvrirent, s'épousèrent en de longues flambées de désir. Je fus sur elle, sous elle, en elle comme dans l'océan et la houle nous fit naviguer dans les embruns de notre chaude humidité. Mes mains suivaient des vallons et des plaines, des forêts et des cavernes et, dans cette île, j'étais le ciel se mêlant à la terre, la vague humectant le sable, le coquillage épousant le rocher. Les yeux mi-clos je voyais sa lumière blonde et ses ombres dorées, je léchais son miel, je surprenais la clarté verte de ses yeux, la roseur de sa bouche, je me fondais dans une aquarelle. Silencieux, nous n'entendions que les murmures de notre peau, nous nous absorbions tels des aliments et je la respirais, je la buvais, chaque extase en éveillant d'autres tout le temps de notre éternité.

Si je ne mesurais pas la durée, je me croyais le donateur et le bénéficiaire d'une nuit, d'une suite de nuits heureuses à dormir dans ses bras ou à la regarder dormir dans les miens tandis que grandirait le plaisir et naîtrait un sentiment de reconnaissance entraînant l'amour. Or, elle se leva en chantonnant, fit quelques pas de danse, alla sacrifier à l'hygiène et revint vêtue d'un peignoir en tissu-éponge. Des riens me donnèrent brusquement l'impression d'être en visite. Instinctivement, je cachai ma nudité. Elle prépara deux whiskies, me proposa du soda, s'excusa de l'absence de glace, alluma deux cigarettes et m'en tendit une, tout cela à petits gestes pressés. Elle me dit que nous avions tout le temps pour fumer une cigarette et elle partit se coiffer dans le cabinet de toilette. Je compris que je devais me rhabiller, ce que je fis. Après quelques considérations sur un thermomètre bien haut et un baromètre trop bas, j'entendis avec étonnement un *Thank you* suivi de quelques *very very* fort incongrus. Je me sentis dans une situation ridicule et voulus n'avoir rien entendu. Elle m'annonça alors qu'elle ne pouvait dormir que seule et me proposa de me raccompagner, offre que je déclinai assez froidement. La porte ouverte, elle me tendit rapidement ses lèvres pour un baiser à peine effleuré, ajouta un petit froncement de nez avec une moue d'actrice, reprit son remerciement absurde. Quand elle ferma la porte, je dévalais déjà l'escalier deux marches par deux marches. Mon « éternité » n'avait été que de quelques heures.

Je pris mon chemin de nuit. Un vent violent soulevait la poussière. Les lumières des navires éclairaient à peine la rade. L'océan bougeait comme une immense étoffe grise. Cette femme, je ne lui avais pas demandé si je la reverrais, car il allait de soi que ne resterait pas même un souvenir de notre union. Au moment où ses reins se creusaient, où mon éperon s'enfonçait dans la vague, où le cri ne pouvait plus être retenu, le nom de Hayano avait traversé mon souffle. Je voguais sur une autre mer. L'avait-elle pressenti ou reconnu ? Je repoussai ces vaines questions. Il ne s'agissait que d'une passante arrêtée quelques instants sur mon chemin et pour elle, je ne représentais pas autre chose. Peu habitué à ce type de relations, cela en dépit de brèves rencontres naguère, mon éducation lyonnaise ne me rejoignait-elle pas ? Petit étalon, ton orgueil blessé, ta vague humiliation, celle de l'employé congédié, tu les devais oublier et retenir ce don du corps avec reconnaissance et sans ressentiment.

Je me découvris une insouciance de marin en bordée, un tranquille cynisme. Un remerciement m'avait blessé alors que je n'en avais pas offert. Absence ou trop-plein de sensibilité ? Après mon aventure maritime, une courte aventure terrestre. La mer, l'amour et moi. Et ce satané vent prometteur de typhon, cette longue marche, cette solitude en lointain pays, ce gîte où je me déchausserais comme on se découvre pour un salut, cette nuit étrange où les vents conspiraient à effacer le souvenir des caresses. Des multiples portes de mon avenir, laquelle pousserais-je et que trouverais-je après l'avoir franchie ? Les coudes au corps, tantôt poussé, tantôt arrêté par le souffle chaud, poursuivi ou rattrapé, je me mis à courir vite, puis lentement, à marcher, à courir encore, et ces forces vives en moi, ce cœur battant, cette poitrine haletante me rassurèrent, développèrent un sentiment de liberté, d'adoration de l'instant. Bientôt, je ne fus plus que gratitude envers la vie, la femme, la nuit, le voyage...

Ouragan, hurricane, tornade, tempête, trombe, typhon, tant de mots pour nommer les agressions de la nature ! Dans la nuit chaude, un ciel noir se déchirait sans cesse sur des zones plus noires encore où des aciers bleus se diluaient quand béaient des gouffres tragiques. Je m'attendais à trouver l'auberge éteinte et ses habitants endormis. Or, dans l'enclos, tout le personnel se trouvait réuni, se livrant à une intense activité de protection, s'affairant sous la basse voilure du ciel endeuillé, rentrant les tables, les bancs, les chaises, tous les objets que les hordes du vent pouvaient transformer en projectiles. De la tonnelle à la demeure, je les aidai de mon mieux, luttant contre les sommations des rafales, une humidité torride et sablée nous irritant la gorge. Il fallut clore tous les volets avec des barres de fer, étayer les portes de madriers inclinés. Les visages, derrière une application au travail, dissimulaient l'inquiétude. Si les gestes maintes fois répétés paraissaient précis, ils s'accomplissaient avec fébrilité. Le jeune serveur qui m'avait accueilli le premier jour me dit simplement : « *Typhon number seven !* » — le septième de l'année. Quel chiffre portait celui que j'avais subi sur l'océan ? Je pensai à ma barque salvatrice, bien arrimée dans sa rade, et qui en avait connu d'autres.

Le travail achevé, nous nous réfugiâmes à l'intérieur où la vieille femme (que je nommais désormais ma nourrice et dont je ne connus jamais le nom) me fit comprendre par gestes qu'il valait mieux camper au rez-de-chaussée. La lueur blême des chandelles et des lampes donnait une apparence de veillée mortuaire. Une servante prépara sur un foyer de charbon de bois du thé au gingembre. En dépit des roulements de lointains tambours, de sifflements se mêlant à des battements sourds, comme chaque fois que je me trouvais inclus dans un groupe humain, je me sentis bien. A quelques centaines de milles, mon village de pêcheurs devait subir les mêmes intempéries. J'imaginais au-dehors les éclairs traversant les épaisses fumées, le déchaînement des taureaux noirs, les longues coulées d'encre. Les chandelles vacillèrent comme si elles en percevaient le souffle. Chacun courba les épaules, contracta son corps. Les uns marchèrent, s'agitèrent en gestes vains tandis que d'autres, dont je fus, apparurent singulièrement passifs.

Au plus fort de mon pessimisme, je n'eusse pas imaginé un si violent assaut. Tout l'océan se déversa sur le toit. Le ciel allait nous aspirer. Je ne me trouvais plus dans une demeure de terre, mais dans la soute d'un navire et elle tanguait, roulait avec tout le bâtiment. Dernière arche, le déluge l'emportait. Sans cesse, les abats d'eau nous faisaient courber l'échine et, sous la colère des dieux qui devaient regretter d'avoir créé le monde, nous étions parcourus de tressaillements incessants. Ces coulées liquides portaient en elles une fureur de pierres et la maison gémissait sous cette lapidation. Ce typhon *number seven* devenait l'ennemi personnel de chacun, ennemi si puissant qu'il n'était que de se soumettre à ses lois comme la chèvre devant le tigre. Des vagues faisaient battre nos tempes et nous transpirions abondamment, répandant une odeur âcre. Les nattes étendues, tous se préparèrent au sommeil et nul ne dormit. Allongé sur le dos, j'écoutai cette musique infernale traversant les murs, imaginai une bête apocalyptique, une pieuvre géante tentant de nous briser et fouettant la maison de ses épais tentacules.

Cette nuit-là dura trente-six heures. A ce qui aurait dû être le matin succéda en effet une journée nocturne se liant à la nuit qui suivit. Je m'étais endormi en pensant à la belle lieutenante, imaginant que, resté près d'elle, nous nous serions serrés pour résister à ces assauts, et aussi que, seule, elle devait se trouver terrorisée. Mais ne l'étais-je pas moi-même, et plus, bien plus encore que lorsque sur l'océan déchaîné, attaché à ma barque, je luttais au lieu d'attendre ? Cette vacuité, ce vide, cette immobilité, cette absence d'action firent naître une sourde angoisse. Le Léviathan avait-il avalé le soleil ? Avait-il soumis les armées de l'air et de l'eau à porter leur puissance contre les humains ? Et ne nous trouvions-nous pas tous tels des Jonas dans le ventre de la baleine ? De cette période d'obscurité, de nuit continuelle, de nuit portée par le jour, allions-nous sortir détruits ou régénérés ? Mes interrogations se multipliaient jusqu'à l'absurde. Je ne cessais de rejoindre des symboles sans doute étrangers à une situation sans cesse répétée depuis des siècles dans ces terres incertaines, mais inédite pour moi.

Plus sages, mes compagnons se confiaient à l'art subtil d'oublier le temps avec l'aide des jeux. Ainsi celui chinois de faire glisser des billes de verre saisies avec des baguettes dans une bouteille, travail d'adresse et compétition peu fait pour moi. Se trouvait là l'instigateur et le champion de cette distraction, Chang, joyeux nabot à la curieuse démarche : claudiquant, il jetait un pied rapide en avant très tôt dépassé par le second et ainsi paraissait aller l'amble comme un ours ou un cheval dressé. Roulant des yeux comiques, il tendait un poing menaçant vers le plafond de bois et mimait un combat à mains nues avec le ciel. Bavard, il ne cessait d'émettre des plaisanteries incompréhensibles pour moi, tandis qu'un jeune Malais se tenait le ventre de rire, donnait du poing sur une cruche et frappait ensuite le front de son ami pour indiquer le même vide. Une jeune servante, petite fille au visage de femme, quand elle ne dormait pas dans ses bras gracieusement repliés, dénouait sa chevelure, l'écoutait couler sur ses épaules, la ramenait devant ses yeux pour regarder l'un ou l'autre à travers ce rideau, écartait brusquement ses mèches pour un jeu de cache-cache et riait, puis elle se peignait lentement pour se donner l'illusion d'une longueur interminable, tressait et détressait sans cesse, ses doigts fluets dansant comme ceux d'une tisseuse. La bonne nourrice préparait des repas de poupée dans des soucoupes qu'elle faisait circuler. Une autre femme mêlait des fils de soie de diverses couleurs avec ravissement. Et tout cela créait une atmosphère familiale, celle d'une longue veillée tranquille contrastant avec les affolements qui nous cernaient. L'idée me vint que j'assistais au spectacle de la suprême science : celle d'exister. Je me plus à imaginer que, devant tant de calme, le typhon se lasserait. Ces grincements, ces hurlements, ces sifflements, ces rafales, je décidai d'en faire ma musique, les accompagnant d'un chant secret qui leur ressemblait. Seul impatient, pour me conformer à l'attitude des autres, j'examinai les objets dans leur volume, leur densité, leur matière, et chacun d'eux, au cours de ce voyage clos, devint un interlocuteur. Je l'inventais, le modelais, il devenait demeure, protection, amulette. En faisant l'éloge, je me disais sa perfection prise comme synonyme d'éternité, je m'étonnais, j'avouais ma surprise, j'imaginais un lieu absolu. Il devenait l'Azoth, l'esprit, l'âme fugitive un instant retenue, il opposait sa pureté dure à la fragile pureté humaine. J'eus le désir de baiser la jatte, la soucoupe ou le vase devenus des icônes.

Dans un vacillement, les chandelles pleurèrent une à une leur dernière larme et seule une lampe nous veilla. Des bâtonnets d'encens se consumèrent et nous fûmes dans l'église des tempêtes. Je fis une prière au dieu inconnu pour demander l'apaisement du ciel. Au soir, sur un tatami, je me repliai en forme d'œuf après avoir bu une tisane apaisante. Toute la terre me berça et je m'endormis. Longtemps après, peut-être au matin, entre veille et sommeil, il me sembla que les bruits de l'extérieur perdaient en amplitude, à moins que je ne me fusse habitué au vacarme. Des rêveries légères m'accompagnaient. Réunie dans mon corps, la symphonie des vents s'opposait aux paroles mortes. Je me sentais comme un fruit détaché. Je portais l'air, le feu, la terre et l'eau dans ma paroi fragile, je connaissais la félicité d'être forme parmi les formes tandis que cheminait l'allégresse comme si je portais la vie avec la mort dans un espace où plus rien ne s'opposait. Si jeune au monde après tant de parcours, je me sentis renouvelé par un constant miracle. Heureux, je glissai dans un sommeil plus profond encore.

Il me serait enseigné d'aimer le jour en n'oubliant jamais la nuit qui le précède et celle qui le suit. Ces chapelets d'heures recluses, j'en garde le souvenir d'un lent égrenage. Du sommeil qui m'avait terrassé, je fus extrait au matin — cette fois : vraiment au matin — par les bruits de la vie sous le silence du ciel, puis par la lumière revenue de son exil. Un volet fut entrouvert. Lorsque nos yeux se furent habitués à la luminosité, caressés et non pas blessés, s'opéra pour nous une renaissance. Nous nous précipitâmes au-dehors, pataugeant dans les flaques, pour délivrer toutes les issues et donner air et soleil à l'auberge. La haie de clôture était couchée au sol, tordue comme un soufflet d'accordéon. Le toit de tôle ondulée d'un appentis avait disparu. Ces dégâts ne paraissaient pas trop graves, mais ailleurs des désastres devaient se révéler. Pour l'instant, nous respirions l'air du matin à pleins poumons et, imitant les plantes, nous buvions la lumière. Le ciel avait été lavé par le typhon, je l'étais par le long sommeil. Le soleil, longuement outragé, répandait ses rayons dans une allégresse de victoire. Des poules naines et des canards lissaient leurs plumes, picoraient ou fouillaient dans les ravines boueuses tandis qu'un coq s'égosillait pour rattraper le temps perdu. Deux chiens jaunes, la queue haute, humaient l'air avec délices. Déjà, chacun s'affairait de la cour à la demeure en de rapides va-et-vient. Le monde s'éveillait empli de murmures, d'appels, de rumeurs.

Je me rendis sans plus attendre auprès de ma barque sans doute chargée d'eau qu'il me faudrait écoper. Un arbre fracassé barrait le quai et je dus l'enjamber. Les demeures, de bois, de ciment ou de pierre, portaient de larges plaques d'humidité et je vis des portes défoncées, des fenêtres éclatées, des poteaux décimés, des toitures détruites. Au bord de l'océan, des filets de pluie glissaient au long des palmes d'arbres pliés au sol dans une salutation figée. Des feuilles luisaient et leur brillant apportait un contraste avec la désolation. Du sol, par endroits effondré, montaient des relents de marée, de bois pourri, de gas-oil, des fumets sauvages, des suints écœurants, des odeurs pestilentielles de plantes pourrissantes se mêlant à des parfums d'amande et de jasmin pour former un lourd encens. Partout des mares d'eau blanchâtre, des salures souillées de traînées noires, irisées de taches huileuses où nageaient des débris. Tels des crachats du ciel s'étalaient des miroirs fangeux, des marécages goudronneux sur une terre qui transpirait. Des branches, des planches, des madriers, des gravats formaient un champ de démolition évoquant le passage de hordes armées de faux et de haches. Une nuée d'hommes, de femmes, d'enfants, courageusement au travail, sans perte de temps, ravaudaient cette tapisserie détruite. Je regardai les dégâts avec consternation et je sus que ce pays était le mien. Cependant, l'agitation des êtres portait, parce que le travail était collectif, une ardeur presque joyeuse tant il s'avérait qu'on en avait vu et qu'on en reverrait d'autres aussi terribles et dévastateurs. Une fillette ramassait des poissons morts. Un bambin en kimono, lisse comme une poupée, courait les bras écartés, petit Éole gonflant ses joues pour figurer le typhon. Une femme marchait les yeux fermés, le visage offert au soleil. Sur le quai, les pêcheurs retrouvaient les embarcations et mesuraient les travaux d'écopage et de nettoyage à accomplir. Un roulier me dépassa, tirant sept chevaux maigres attachés l'un à l'autre. Des bicyclettes, des carrioles attelées, des automobiles tentaient en zigzaguant d'éviter les trous sans y parvenir et jaillissait l'eau des flaques. La vie reprenait. Les souillures seraient bientôt effacées.

Ici, mon écriture tremble. Certes, je croyais retrouver l'*Ego* enfoncé dans l'eau comme une barque aperçue qui lui ressemblait et je cherchais déjà le moyen de l'en extraire. Hélas! je n'avais pas prévu l'irrémédiable: la mort de ma compagne, de ma femme la barque. Devais-je en croire mes yeux? Elle qui, libre, dans les plus violentes tempêtes avait si vaillamment résisté, elle que je croyais indestructible, parce qu'amarrée, impuissante, enlevée comme un fétu, jetée contre la pierre, s'était brisée en trois parties bien distinctes, l'une projetée sur le quai, l'autre flottant sur l'océan, la troisième encore attachée au ponton demi-incliné, avec sur le bois son nom, mon nom, tel un reproche. Je ressentis la souffrance et le deuil, bœuf ayant perdu son frère de joug, membre amputé continuant à faire éprouver sa vie au corps. Des hommes s'approchèrent, attristés de ma tristesse. Ils écartèrent les bras en signe de compassion pour les laisser lentement retomber dans un geste empreint de fatalité. J'interrogeai le ciel et la vague verte où flottait un baril. Abandonné, sans la barque ma demeure, l'océan me parut trop grand pour moi. Je restais démuni, immobile comme si mes pieds ne disposaient que d'un mince espace où se poser. Je tremblais comme si j'avais froid, pauvre silhouette, vaine apparence qui se croyait maîtresse de l'univers, ne sachant si mes mains devaient s'ouvrir en signe d'acceptation d'un dessein du temps ou mes poings porter ma rage vers le ciel. Je me sentis fragile, fripé, jauni tel un grimoire, l'épaule courbe et les yeux humides. Rien ne me parlait plus, ni l'oiseau blanc du rivage, ni l'hirondelle partageant les airs, ni la montagne, ni l'océan, et, dans ce silence accablant, me désignant à moi-même pour coupable, je devins la syllabe la plus muette du chant d'un marin ivre. M'arrachant à ces dépouilles, je partis droit devant moi vers le lointain. Mort de l'*Ego*, mort du voyage, mort du rêve, une corde cassée vibra d'un dernier sanglot. Mon vertige rejoignit ceux de naguère, de jadis, de l'assassinat à l'abandon, du remords à la détresse. Je marchai longtemps en pleine nature, parmi champs, montagnes, forêts, sans me soucier de mines ou de serpents. Ainsi, fuyant, me fuyant, rejetant mes pensées, je voulus fatiguer ma peine. Ma barque vivante, ma barque chaude, ma barque femme, jamais aucun être ne pourrait me consoler de sa perte.

★

Assis sur le quai, face au ponton, je regardais le lieu où l'*Ego* avait péri et je l'imaginais encore présent, invisible pour les autres, visible pour moi. La veille, Chang, aidé de quelques camarades, avait réuni sur le bord les trois éléments de ma barque fracassée, les disposant dans un bon ordre tels ces cadavres découpés des vieux crimes à qui l'on s'efforce de donner bonne apparence avant de les enterrer. J'avais distribué ses restes, moteur, avirons, barils et une caisse au mécanicien Masahiko et à des pêcheurs du voisinage. Le bois de chêne apporté à l'auberge, il devait alimenter le feu, mais un des garçons eut l'idée de garder la proue et de la placer dans l'enclos, la partie blessée se dissimulant dans les fleurs. Des enfants s'y assoiraient et joueraient aux navigateurs. Ainsi le bois garderait-il un peu d'âme. Plus jamais, me disais-je, plus jamais la course vers l'inconnu, la course sans autre but qu'elle-même, jamais plus. Ainsi, face à l'océan calme, sous un ciel indigo, je me remémorais les heures du voyage pour ne pas le perdre, pour ne pas être tout à fait abandonné par lui, pour ne pas le métamorphoser en une illusion déjà lointaine. Dans mon souvenir, l'océan jetait sa cavalerie de vagues dans un déferlement mousseux sous la houle. Il grondait, ajoutait sa rumeur à celle des nuages bas et un souffle humide et salé se posait à grandes claques sur mes joues. L'*Ego* ruisselait de paquets de mer, ricochait sur les hautes déferlantes. Je sentais la dureté du plat-bord sous mes cuisses, la pesée des avirons dans mes mains, la mécanique de mes membres. Se succédaient le calme, la voile figée, le temps arrêté, la vaine recherche de la brise sur le miroir marin, et puis les attaques, les résistances, la lutte, la rapidité piaffante, le chevauchement furieux de la barque devenue coursier au-dessus des abysses. Mes seuls témoins resteraient ma musculature et ces instruments marins à l'abri dans ma chambre, ainsi cette boussole Henriette qui ne me quitterait jamais.

Chaque jour, je venais là, vieil ouvrier sur les lieux de son ancien travail. Je restais sans tristesse, seulement vacant, indécis, à peine distrait par le spectacle des frégates et des mouettes, des hauts navires dans le lointain. Toutes les traces du typhon avaient disparu. Passaient et mouraient les désolations elles-mêmes. Tout se ravalait et se reconstruisait. Les sourires renaissaient, mais, quelque part sur le port, on avait emmené une femme morte dans un kimono blanc. Le travail, la chaîne des mouvements, le fourmillement des équipes prenaient une voix qui disait : « Vous verrez, ce port, il sera comme avant, comme toujours, prêt à résister aux tremblements de la terre et du ciel. Le soir, nous reverrons les étoiles et le ventre du ver luisant. La terre et l'océan nourriront nos corps. Les jours seront couleur de miel, prometteurs de nuits tendres et bleutées. » Malgré la modicité de mes dépenses, mes fonds s'épuiseraient. Que ferais-je de moi ? Un matelot, un pêcheur, un docker, un commis, un chauffeur dans une cale, qu'importait ! Ou bien, reviendrais-je en Europe pour m'abandonner à l'existence qui aurait dû être la mienne si je n'avais préféré fuir plutôt que feindre.

Tous les matins, j'assistais à l'arrivée d'un magnifique canot qui s'amarrait au ponton où se trouvait le yacht et dont le propriétaire était le même. Le jeune marin déjà entrevu le pilotait. Il accompagnait le gros majordome dont la tête contrastait avec le corps : si la première était celle d'un homme d'une soixantaine d'années ou plus comme le gris clair de ce qui lui restait de chevelure en témoignait, le second paraissait être celui d'un enfant décidé à ne pas grandir et que l'on aurait vêtu trop cérémonieusement, ce qui lui donnait de la raideur. Son visage aplati portait cette particularité de paraître inachevé comme si le sculpteur avait tracé des lignes sur la pierre sans se soucier ensuite de la creuser pour en dégager les volumes. Il s'inclinait toujours courtoisement devant moi, je faisais de même. Le jeune marin chargé de sacs l'accompagnait en ville où ils effectuaient leurs achats. A leur retour le salut se renouvelait, puis le canot repartait et je le suivais des yeux. Me serais-je douté que le petit homme gris, tel Mercure envoyé par Jupiter, figurerait le messager du destin ? Au début de ce cahier, j'ai écrit : « Je vais narrer pour vous cette aventure... » Au temps d'Okinawa, alors que je la croyais achevée, morte avec ma barque, elle en était à son commencement. La rencontre n'eut pas lieu sur le quai, mais sur une placette où se tenait le marché. Vêtu d'un pantalon rayé et d'une veste noire, l'homme me rejoignit, s'inclina par trois fois, ce qui m'obligea à la même gymnastique, et m'invita d'un geste fort civil à le suivre. Lorsque nous fûmes à l'écart de la foule et au bord de l'océan, il me tendit une grande enveloppe en papier-cuir en m'assurant dans un anglais métallisé que ce pli m'était destiné. Il me pria d'en prendre connaissance, qu'une réponse lui pourrait être apportée à mon gré dans l'immédiat ou plus tard. Il s'écarta de quelques pas, regarda s'éloigner la flottille de pêche comme je le fis moi-même avec nostalgie. Enfin, je décachetai le message pour trouver une feuille parcheminée sur laquelle j'eus la surprise de lire des phrases écrites en français. J'ai aujourd'hui près de moi cette lettre ternie à l'encre devenue grise car je l'ai pieusement gardée. Je la recopie ici :

Honorable Monsieur,

Puisque vous acceptez de me lire, permettez-moi de me présenter à vous. Je suis le passager du yacht qui se trouvait à votre arrivée près de l'appontement de votre choix. Peut-être vous souviendrez-vous que, alors, nous nous sommes salués. Je vous sais venu de France et cette missive dans votre langue, malgré ses imperfections, vous dira que je ne suis pas tout à fait étranger à votre terre natale que je me flatte de connaître un peu. J'aurais voulu vous écrire plus tôt, mon état de santé, bien amélioré depuis, ne me le permettait pas.

J'ai appris la destruction de votre bateau. Je me sens en partie responsable de sa perte. Amarré à mon ponton, j'aurais dû vous faire part des dangers de son exposition ; le typhon a été plus rapide que mes paroles. Je prends l'extrême liberté de souhaiter aujourd'hui vous proposer l'hospitalité que j'ai si mal offerte à votre bateau. Je voulais alors vous prier de venir séjourner dans mon île. Le puis-je encore? Cette proposition ne va pas sans impudence et sans égoïsme de ma part. J'aurais plaisir à vous faire connaître mon installation, et même une modeste industrie qui pourrait vous plaire, plaisir aussi et honneur de m'entretenir de jour en jour avec vous.

Chaque matin, mon cabin-cruiser aborde au port. Mon serviteur, Shintaro, vaque à ses occupations et repart plus tard. Dans la perspective heureuse et souhaitée de votre acceptation d'une indiscrète proposition, vous avez ainsi la possibilité de choisir votre jour. L'île se trouve à une heure de mer seulement. Ma demeure sera, je l'espère, la vôtre, aussi longtemps que vous le désirerez, à condition toutefois que la compagnie d'un vieil homme ne vous lasse pas. Je crois que le lieu a quelques chances de vous plaire. Il vous attend déjà, comme je vous espère moi-même depuis un temps bien plus long que nous ne saurions le concevoir. Je vous remercie d'accueillir et de lire cette lettre. Puis-je espérer que vous lui réserverez l'accueil que je souhaite ardemment ?

Alexandre J. Bisao

Cette signature, sous une belle calligraphie à l'encre noire, tracée d'un trait ferme, retint mon attention. Je demandai au serviteur, ce Shintaro dont j'apprenais le nom et qui restait figé dans une respectueuse attente : « *Is Mr. Bisao French ?* » et il me répondit : « *No, sir, he is Japanese.* » Je relus la lettre. En ce point reculé du monde, le seul fait de lire dans ma langue natale me parut écarter la solitude. Chaque terme étant bien pesé, l'ensemble devait résulter d'une application patiente à exprimer les moindres inflexions d'une pensée délicate. Une phrase me surprit : « ... je vous espère moi-même depuis un temps bien plus long que nous ne saurions le concevoir. » Puis je pensai à une formule polie dont je devais retenir l'esprit et non la lettre. Tandis que je consultais cette feuille agréable au toucher, ma décision se formait, celle d'une réponse favorable, à la fois parce que l'inattendu m'appelait et parce qu'une invitation ainsi formulée dictait une acceptation.

Je ne voulus pas donner au messager l'impression d'une trop longue réflexion, je lui souris, et sur un ton cérémonieux, la main sur la poitrine, je lui exprimai dans mon anglais incertain ma surprise et ma joie (en les soulignant d'une mimique ravie), mon regret de ne pas disposer sur ce quai de papier pour répondre, enfin combien j'étais sensible à tant d'honneur. Avec la permission de mon hôte futur (et combien mystérieux, ne fût-ce que par ce prénom français, cette initiale à la manière américaine et ce nom, bien japonais, de Bisao, mais qui portait une consonance portugaise), je me rendrais à son invitation le surlendemain pour prendre le temps de quelques préparatifs. Le zélé Shintaro s'inclina encore, visiblement ravi, et retourna à son bord.

Le regardant s'éloigner sur ses jambes torses lui donnant une allure de cavalier démonté, je me surpris à respirer mieux, à me sentir envahi de curiosité et d'espoir. Je fus amené à m'affairer. Chang m'indiqua une boutique où je trouvai un pantalon blanc que le tailleur rectifia à mes mesures le jour même, deux chemisettes à épaulettes comme en portent les aviateurs, trois paires de chaussettes et des chaussures en toile bise. Je confiai mes cheveux et mon visage à un coiffeur de plein vent. J'achetai un sac de cuir brun pour y glisser mon modeste bagage. J'allais retrouver une civilisation oubliée. La veille de mon départ, je revis Shintaro et lui remis, en hôte bien élevé, selon les leçons de feu ma tante, une lettre étudiée et fleurie de termes recherchés confirmant ma venue. Cela me donna l'occasion d'apprendre que mon correspondant, Alexandre J. Bisao, portait le titre de marquis. A mes amis de l'auberge, je fis confidence de cette invitation et ils en furent fortement impressionnés: le marquis était un notable. Je leur fis des adieux provisoires et, sous le ciel de midi, j'embarquai sur le cabin-cruiser, puisqu'on le nommait ainsi, comme pour une partie de campagne. Pouvais-je savoir que de ce nouveau départ, si peu éloignée que fût ma destination, dépendraient tout le cours de mon existence, toute la métamorphose de mes jours et de ma personne, qu'après une période inoubliable se partageant en zones de lumière et d'ombre, je serais confronté à la situation la plus inattendue, étrange, inédite et démentielle qu'aucun être humain eût jamais imaginée et jamais connue?

Quatre

UNE basse falaise au sommet verdoyant d'où s'échappaient des oiseaux de mer semblait glisser sur l'eau à notre rencontre tandis que le cabin-cruiser donnait une impression d'immobilité. Depuis le départ, après avoir contourné Okinawa au large de Naha, nous dirigeant nord-nord-ouest, j'éprouvais sur ce pont net et lisse l'impression de me trouver sur le dos d'un poisson indolent parce qu'il se savait capable de courses rapides, sans souhaiter pour autant que le jeune matelot qui nous pilotait, Shintaro et moi, donnât du moteur. Je me figurais cet esquif où la navigation me surprenait, tel un jeune athlète préparé aux courtes distances et sans l'endurance du coureur de marathon. Je pensais à l'*Ego*, à la lourde barque de chêne, solide, rustique, tout en muscles ramassés et puissants, que les colères conjuguées de l'océan et des cieux n'avaient pu réduire que parce qu'elle se trouvait à l'attache. Après un chapelet d'îles habitées qu'entouraient des voiles, taches de lait sur fond bleu, nous trouvâmes notre port dans un îlot que je baptisai mentalement îlet, jugeant ce diminutif plus réduisant encore et le définissant mieux. Sa superficie était en effet moindre que celle d'un autre grain de sable de ma connaissance, loin, fort loin dans l'océan, là où, près d'une casemate, une poule veillait sur des combattants morts.

La propriété de mon hôte, ceinturée d'un mur cyclopéen, bien enfouie dans la verdure, se révélait par une haute terrasse dominant l'océan. Derrière elle, des jardins vaporeux s'étageaient sur une colline en pente douce. Du port, doté d'un petit phare blanc et de balises rouges, protégé par une jetée où le bateau fut amarré près du yacht, on voyait un espace discipliné se détachant dans un paysage naturel assez tourmenté. A peine étions-nous au mouillage qu'un jeune homme vêtu d'une pièce de drap nouée à l'épaule telle une chlamyde, les pieds nus, courut dans notre direction, ses longues jambes brunes contrastant avec l'albâtre du vêtement flottant. Lorsque nous sautâmes sur le quai, cet athlétique éphèbe nous rejoignit et me serra la main à l'européenne, en s'inclinant toutefois, et en me souhaitant la bienvenue dans un anglais parfait auquel il ajouta quelques mots dans ma langue. Son visage aux traits réguliers, son corps magnifique s'irradiaient de beauté, à ce point que l'éclat de ses yeux dorés, de ses dents blanches derrière des lèvres d'un dessin pur, la finesse de son grain de peau, le brillant de sa chevelure noire, sa souplesse et son élégance de gestes me firent ressentir cette gêne obscure de rester fasciné par un être de mon sexe comme s'il était une femme, d'autant plus que son sourire, malgré sa virilité, affirmait son plaisir de susciter une aussi forte impression. Comme pour effacer cette séduction, et en fait la prolongeant d'une autre manière, son maintien prit de la sévérité et il parla abondamment, d'une voix chaude et chantante, avec des termes choisis. Son *maître* (ce mot dans sa bouche l'affirmait disciple et non simple serviteur), expliqua-t-il, bien qu'il me sût arrivé, avait choisi de ne pas venir à ma rencontre pour me laisser découvrir seul sa demeure. Il souhaitait que mon premier contact avec elle ne fût point troublé par une présence afin que, franchissant son seuil, je me sentisse déjà familiarisé avec les hôtes de son parc. A cela, mon jeune messager ajouta qu'il se nommait Tokujiro. Il se dévouerait à satisfaire tous mes désirs et souhaitait que nous fussions amis. Étudiant, la théologie et les lettres le retenaient particulièrement. Je répondis que l'on m'appelait Ego et que son accueil me ravissait. Il me déchargea de mon sac de cuir, me sourit des yeux et repartit en courant telle une gazelle mâle, le fardeau ne lui pesant pas. Je restai quelque peu interdit. Shintaro s'inclina noblement et prit un chemin bordé d'arbustes pour contourner la muraille et sans doute pénétrer dans la maison par une porte latérale. Après avoir remercié le jeune marin, je suivis les traces du coureur sur une plage au sable couleur de craie sans trop me hâter pour, selon le conseil reçu, me laisser imprégner par le paysage. Si impatiente que fût ma curiosité, je voulus découvrir et savourer, en prenant tout mon temps, mon nouvel espace.

Mon destin s'ornait d'un sourire. Se pouvait-il que l'être humain marchant sur le sable, sous les caressantes palmes, ce fût moi ? L'air léger et chaud emplissait mes poumons, je humais de frais parfums, mon pas mimait la danse et mes muscles, allégrement, jouaient au jeu de la vie. A l'imitation de ce beau Tokujiro, j'aurais aimé courir, or je devais me soumettre à un rite de passage et de contemplation. Des mouettes, flocons de neige sur la plage, répétaient le mot Vie, et je me sentais animé par le flux de mon sang. L'appel d'exister écartait les rumeurs anciennes. Fini le temps de croiser le fer avec moi-même, de ressentir douloureusement le souvenir d'une femme infidèle et d'une barque détruite : mariées dans mon souvenir, l'une et l'autre glissaient dans les hauts-fonds de l'océan comme des clefs perdues. Tel ce cèdre géant à l'orée du parc, ne retiendrais-je pas la lumière sur de majestueuses branches ? Naissait en moi une phrase nouvelle en mots de sève et nourrissant les rameaux d'un langage neuf, épris d'avenir. Mes jours maîtrisés, mes murailles entrouvertes, je regardais le flot frémir et mon phare illuminait tant de dons. Ce que je voyais naissait d'une source entière, d'un miroir intérieur qui multipliait ces présents, me reconstruisait dans un temps neuf, un beau réel né de mes seules voyances.

Je gravis lentement les marches de pierre sous une balustrade sculptée pour atteindre un perron de briquettes où une fontaine s'adossait au mur sur un fond de céramique. Je me retournai et regardai encore vers l'horizon ce spectacle dont je ne me lasserais jamais. Je pris la partie gauche d'un escalier supérieur à double révolution et ce fut, dans un jeu subtil de rayons et d'ombres, l'émergence de tout mon être trouvant sa vraie demeure. Je fus au seuil de ce parc où deux jardiniers en tablier jaune, la tête recouverte d'un champignon de paille, me saluèrent avant de s'éloigner précipitamment, peut-être sur un ordre préalablement donné, pour me laisser seul dans le lit de la merveille et hésitant à emprunter l'un ou l'autre de ces chemins de cailloux gris formant un dédale parmi des massifs aux formes variées. Une infinité de parfums auxquels je donnai la couleur des fleurs dont ils émanaient flatta mon odorat. Les dispositions savantes des plantations agrandissaient toutes les dimensions. J'eus la sensation que chaque arbre, chaque plante, chaque fleur me favorisait d'une audience particulière. Je distinguai des néfliers et des pruniers torses, des orangers et des citronniers nains en fleurs, des daphnés, des plaqueminiers et des mûriers, des tilleuls et des daturas qui protégeaient des pivoines, des lis, des arums, des kikkios et des balsamines. Des haies de volubilis évoquaient des serres précieuses. Des cactées sphériques d'où jaillissaient des bras armés de fleurs blanches et roses, des aloès aux plis tourmentés, toutes sortes de plantes grasses ajoutaient des notes sombres à cette harmonieuse palette. Fleurs animales, deux paons blancs promenaient leur longue traîne. Dans les arbres, des tourterelles silencieuses et de minuscules oiseaux verts fort bavards voletaient comme des feuilles au vent. Je nageais plus que je ne marchais dans un univers limpide à la fois parmi les savants artifices des jardiniers et dans une réalité si raffinée qu'elle touchait à l'irréel. Par mon regard sans cesse surpris, il me sembla que tout en moi devenait plus visible et je me sentis ténu comme une plume tandis que tout mon plomb retombait au lointain de l'océan. Tout autre lieu s'éloignait, s'estompait dans le souvenir, il n'en restait que vaines apparences, vieux déserts et plaques de suie. Parmi les splendeurs solaires et les éveils nocturnes, se trouvaient-elles ici, mes raisons d'exister ? Avais-je trouvé le port du grand navire de mémoire, le lieu où explorer les rêves me reliant à la nature et à l'humanité ? Je me situais alors à l'amorce d'un chemin, ce que j'ignorais. Dans ce parc, fermant les yeux pour le voir d'une autre manière, je naviguais encore parmi les signes et les symboles, dans le couchant rouge de mes paupières, imaginant sous mes pas le cheminement sauvage des sourdes racines.

Je le pressentais : parmi ces massifs, je vivrais des heures exquises, celles où me penchant sur une fleur je sentirais battre son cœur et écouterais sa parole. Chacune déjà figurait la représentation concrète d'une pensée ou d'une rêverie, tissait un réseau de correspondances avec une part intime de mon être. Devant ces présences nues, combien parées de leur nudité même, mes vêtements paraissaient ineptes. Je méditais, je pensais qu'un homme qui a vu disparaître sa part d'amour a senti passer sur sa vie un souffle mortel. Et là, parmi les végétaux, dans la diversité des formes, des senteurs, des nuances, dans l'harmonie ambiante, je retrouvais le rythme intuitif de la vie. Ce parc splendide unissait les tumultes de Dionysos et la mesure d'Apollon, et n'était-ce pas Adonis qui m'avait accueilli au port ? Tout prenait saveur d'éternité. Tout affirmait ma réconciliation avec les choses. Sans un souci de convenance qui me fit rejoindre la demeure, je serais sans cesse revenu sur mes pas pour parcourir interminablement ces allées labyrinthiques et chercher à me perdre pour surprendre quelque arrangement floral sous un angle neuf. Puis l'idée me vint que mon hôte me devinait, suivait mes déplacements, partageait mon plaisir.

La résidence, une villa ou un palais, me rappela une architecture coloniale. Sa forme heptagonale dissimulait ses véritables proportions que je devais découvrir étonnamment vastes une fois à l'intérieur, avec ses sept portes donnant chacune sur un site différent, ses prolongements vers l'arrière par des bungalows, ses larges baies vitrées. Lorsque j'y pénétrai, Tokujiro, maintenant vêtu d'un short et d'un polo, chaussé de sandales blanches, m'accueillit dans la pièce centrale, simple et luxueuse à la fois, et nous nous dirigeâmes vers une terrasse arrondie, toute de céramique bleue, donnant sur l'océan. Il me proposa une série de whiskies, de cocktails, avant de me suggérer du thé glacé que j'acceptai. Il s'éloigna pour donner des ordres. Là où je m'attendais à voir apparaître Shintaro s'approchèrent deux jeunes et jolies servantes vêtues de toile et de gaze blanches et glissant sur des sandales d'osier. Je m'aperçus que nul n'était déchaussé et Tokujiro surprenant mon regard m'indiqua que son maître, si orientale que fût sa pensée, se comportait en homme moderne et aimait vivre à l'européenne. Je jugeai bon de m'enquérir de la santé de ce mystérieux marquis Alexandre J. Bisao, espérant ainsi apprendre quelque chose de lui. Me croyant plus renseigné que je ne l'étais, Tokujiro me dit que, si la maudite maladie le faisait encore souffrir par intermittence, il se jugeait guéri puisque son âme avait trouvé la paix. J'appris que, tandis que nous nous entretenions, il se trouvait au seuil du jardin. Je m'étonnai de ne pas l'y avoir rencontré. Tokujiro me précisa qu'il s'agissait non pas du parc d'entrée, mais d'un jardin sous la colline, celui de la méditation, où son maître, retiré depuis l'aube, se préparait à me recevoir. Puis il me demanda, en employant le mot français, quelle était ma *sagesse*. Je compris que ce mot exprimait religion. Que répondre ? J'avais été élevé dans la religion chrétienne. Je faillis ajouter que je ne pratiquais pas, mais le verbe « pratiquer » me parut absurde et je m'abstins. Croyais-je ou ne croyais-je pas ? Pour bien répondre, il eût fallu unir le oui et le non. Et en quoi, à la fois, croyais-je et ne croyais-je pas ? Me demandant le nom de ma « sagesse », Tokujiro n'imaginait pas un instant que je n'en eusse pas. Je finis par lui dire que je me trouvais en période d'attente. Tandis que nous buvions le thé clair et amer, il reprit mon propos et m'entretint de Plotin et de saint Thomas avec une si parfaite connaissance des théories de l'émanation et du panthéisme fataliste du premier, des catégories et sentences du second que je restai muet devant son savoir et son pouvoir d'élucidation. Je lui avouai que, dans ce domaine particulier de la philosophie, en dépit de quelques études, ma science était réduite. A mon étonnement, il me dit sans ironie aucune que je devais en être fort heureux et que son maître le serait aussi. Il ajouta que nous passerions ensemble des jours délicieux et j'affirmai en être persuadé. Il souleva alors ses sourcils et me regarda intensément dans les yeux avec une telle intelligence, une telle ouverture à l'autre, une telle amitié offerte que j'en fus troublé. La vague idée première que j'avais de lui, ne voyant que sa beauté, disparut. Une légère douceur mêlée de bonheur me gagna. Pour le dissimuler, je repris mon verre qui me glaça agréablement la main.

Chacune des paroles de mon nouvel ami naissait d'une vérité entière; je lui offrirais en retour ma sincérité; toute réponse banale ou polie serait offensante. Je le priai d'excuser les défaillances de mon anglais, ma pauvreté de vocabulaire qui m'empêchait de bien exprimer une pensée dès lors que s'en écartaient les nuances. Il inclina plusieurs fois la tête, émit un petit geste d'insouciance et me sourit en levant joyeusement son verre.

Les sept portes de la demeure s'ouvraient aux intensités savamment distribuées d'une lumière miroitant sur le dallage de marbre blanc. Le plafond laqué offrait un miroir à une décoration subtilement composite: dressoirs en bois de camphrier, consoles de verre portant des coffrets lisses, des boules de jade et de corail, des porcelaines, des pierres taillées, des pétrifications. Les nattes, les coussins d'eau argentés, les kakémonos suspendus derrière des arrangements floraux, les estampes offraient un festival coloré. Au chant muet de ces compositions répondaient les sons étranges venus de cages à sauterelles, le rire des lamelles de cristal d'un lustre vénitien qui ne paraissait pas plus anachronique que ce piano à queue blanc dans un salon de musique en retrait où se trouvaient des instruments orientaux, le shamisen, le biwa, le koto, que je reconnus, et d'autres que Tokujiro me nomma, tambours, flûtes, gongs de métal, cymbales dôbatsu, musiques à vent shô, kichiriki ou ryûteki, ou à cordes comme le wagon. A l'extrémité de la pièce, creusé comme un bassin, s'arrondissait un espace où des banquettes de pin ornées de coussins chamarrés formaient un cercle autour d'un foyer où rougeoyaient des braises. Chaque objet, dans sa forme, sa couleur, son emplacement, apportait son intonation propre à une gamme, à un paysage intérieur fait pour l'accueil, la concentration, la méditation, le regard, non pas œuvres inanimées de l'artisanat humain, mais vivantes et prêtes à la métamorphose. Si peu habitué que je fusse à fréquenter de tels lieux (en fait, je n'en avais jamais rencontré), je m'aperçus que je m'y sentais en familiarité. Peut-être parce que je conversais et communiais avec les choses, ma présence ne me parut pas insolite. Devant une harmonieuse disharmonie, un luxe de simplicité, tant d'éléments contraires et se complétant, l'idée me vint qu'il s'agissait moins de beauté que d'éveil à la sensation de la beauté, à son sentiment insidieusement pénétrant. Tandis que je me déplaçais lentement, le regard porté par la lumière, Tokujiro me guidait et se plaisait à surprendre mon ravissement sur mon visage. Ouvert à son amitié, à mes fluides impressions et modelé par elles, avant même la rencontre du maître de ces lieux, par eux je me trouvais accueilli. Longtemps attendu, je retrouvais un séjour qui, dans ma recherche d'idéal, avait été le mien, tout me murmurant : « Vois, rien n'a changé, chaque chose se trouve à la place où tu l'as laissée lors de ton ancien séjour ! » Je distinguais chez Tokujiro une attention souriante, une pudique affection comme devant le retour de l'enfant prodigue. Je me mis à nu, ne cachant pas mon étonnement derrière une fausse aisance, un naturel conquis, et, regardant mon guide, je sentis sur sa bouche la fraîcheur de mon propre sourire.

Mes journées océanes, d'un temps combien plus étendu que le temps horaire, m'avaient fait perdre l'habitude des relations avec mes semblables. Pour la première fois depuis des années, je ressentis le désir de les renouer. L'espace d'un éclair, je vis en moi l'homme dépouillé et le rejoignis. Sans me savoir à son seuil, je pressentais une initiation. Destin, aurais-je pu deviner ce que tu me réservais ? Fatum, parole d'une décision irrévocable, quelles moires, quelles parques, quelles sibylles, quelles fées, déléguais-tu auprès de moi ? Quels êtres immanents en chacun des lieux de mon corps ou de mon être spirituel dirigeaient mon existence? Qui m'avertissait en signes peu perceptibles d'un mystère à venir, m'accompagnait, peut-être me protégeait? Les paupières fermées, pour laisser au-dehors une lumière trop vive, je reçus, plus que des images ou des souvenirs, une réalité à jamais présente, une pérégrination dont chaque moment s'éternisait, je perçus ma présence plus consciente, à la fois en moi et détachée de moi. Ego fermant les yeux d'un mort, Ego recevant le baiser d'une amante, Ego voyant sa barque fracassée, tout ce réel vivant parallèlement et non s'enfonçant dans des temps différents, dans l'inondation d'autres lumières, je le savais immortel.

Tokujiro effleura ma main et je revins à la surface. Tandis que les blanches servantes allumaient des bâtonnets d'encens, le jeune homme m'accompagna à ma chambre. Nous suivîmes un couloir sinueux pour atteindre un bungalow séparé en deux parties par une cloison silencieuse et pénétrer à l'intérieur d'un cocon de soie. Il me laissa seul après m'avoir proposé de nous retrouver, avec son maître, sur la terrasse pour un repas en commun. J'avais posé un doigt sur le cadran de ma montre pour lui indiquer l'écoulement d'une demi-heure, et aussitôt, sais-je pourquoi? ce recours à un instrument de mesure du temps m'avait paru incongru, presque inconvenant, et j'avais fait une petite grimace pour en souligner l'absurdité.

J'écartai le rideau de gaze d'une porte-fenêtre donnant sur un bassin rond où, parmi les feuilles de lotus, nageaient des carpes rouges. A gauche, une muraille inclinée, fleurie de jasmin, limitait ma vue et, pour se faire excuser, m'offrait un parfum de sucre chaud. En me penchant, je vis sur la droite une allée de sable soigneusement ratissée, chevelure blonde sur laquelle aurait glissé un peigne. Plus loin, dominant les accidents du paysage, sur un rocher plat, une forme humaine, immobile telle la statue d'un scribe, se présentait de côté, regardant un ensemble minéral et végétal que je distinguais mal, sans doute s'agissait-il de mon hôte pétrifié dans sa méditation. Je revins à ma chambre avec le sentiment d'avoir commis une indiscrétion, d'avoir pénétré dans le rêve d'un autre.

Sur un lit à fond bleuté recouvert de dentelle blanche s'étalait un kimono clair à reflets de discret argent et, sur le sol, des mules d'osier. Dans un placard mural dont la porte coulissante s'entrouvrait, je reconnus mon sac et je me mis en devoir de ranger mes hardes sur des rayonnages et de placer mes objets familiers, dont la boussole, à mon chevet. Le plancher de bambou luisant, un kakémono montrant une rivière où, parmi les iris, s'envolaient des hérons, deux malles en bois brun, un miroir posé sur un chevalet, une bibliothèque contenant des ouvrages en diverses langues et des rouleaux de textes sur un pupitre, une commode en laque rouge aux arêtes de métal, aux tiroirs ornés de feuilles d'or et de boutons ciselés en forme de fleurs, des boîtes et des étuis, tout cela, par opposition, donnait à la couche européenne un caractère exotique. Mon attention fut attirée par une console portant trois Bouddhas de bois doré assis sur des lotus, celui du centre adossé à une ciselure en forme de feuille le dominant telle une tiare ajourée, les deux autres auréolés d'un cercle à vingt et un rayons par théories de trois, et chez le dieu triple, trois gestes différents des mains selon une symbolique du recueillement et de la prière. Ces présences offraient le sourire de la sagesse et de la quiétude rayonnantes, un don de silence et d'attente, et je contemplai leur calme majesté, la délicatesse de leurs traits et de leurs mains, un ensemble gracieux et accueillant au seuil du paradis bouddhique, statuettes sœurs des saints romans de nos cathédrales.

Dans un cabinet de toilette, derrière une porte translucide, je pris une douche brûlante suivie d'un jet froid, puis je me coiffai et, le corps plein de bien-être, j'enfilai sur ma peau nue le soyeux kimono. Jetant un regard sur la pièce voisine, je la trouvai en tous points semblable, mêmes meubles et même décoration, même kimono sur le lit comme si l'on attendait un second visiteur. Ma hâte de me présenter au marquis Bisao s'accompagnait d'appréhension par manque d'habitude de fréquenter de hauts personnages. Je constatai dans le miroir que ma peau bronzée apportait un agréable contraste avec mon vêtement clair. Pour me reprendre, me rassembler, je m'assis un instant sur le lit. Même si des bribes de tristesse restaient présentes, je me sentis clair et net, physiquement à mon aise. Ma douleur fidèle, ma douleur Hayano qui remontait parfois à la surface s'apaisait, le passé de France se dissolvait dans une encre lointaine. Jusqu'à la barque qui vivait encore et voguait quelque part sur un océan de mémoire. Une solitude prolongée, prenant racine aux sources de mon existence, m'avait habitué à trop de vaines songeries où se contrariaient vagues imageries et pensées lucides. Ainsi, m'imaginant naufragé, mon corps glissait parmi les algues et j'abordais à une vie après la mort. J'interrogeai les trois Bouddhas aux yeux mi-clos. Seules parlaient leurs mains dont j'imitai la position sans trouver de réponse. Pour dissiper le nuage et résister à de macabres séductions, je caressai la boussole à l'aiguille tremblante et trouvai l'apaisement de me sentir vivant. J'eus hâte de retrouver Tokujiro qui venait à peine de me quitter, me le figurant tel un jeune prince seul à comprendre le pourquoi de la grâce et des saisons, de l'arbuste et des ramilles, de la fleur et du parfum mental, prodige unissant le haut savoir et la jeune candeur. Ce sentiment de confiance, de fraternité tendre et pure m'étonna. Dans un élan, je le faisais déjà mon compagnon, mon confident, mon frère à la main chaude, l'ami que je n'avais pas eu. Après un dernier regard sur les statuettes figées dans leur éternelle veillée, je me décidai à quitter la chambre comme on quitte un vêtement.

★

Dans le couloir, je m'arrêtai devant des œuvres peintes sur de la soie gourmée. J'admirai la souplesse et l'agilité du trait, cet art de suggérer plutôt que de dire, de murmurer et non de parler à voix haute, de donner vie nouvelle à la montagne, au chemin ou à la femme en ajoutant à la finesse de l'observation de la malice et une philosophie souriante. Mon regard s'attarda sur la représentation classique d'un portrait d'une dame en atours. Quel peintre eut à ce point le pouvoir, avec une telle simplicité, d'extraire de l'être humain tant de grâce et d'harmonie, tant de spiritualité ne reniant pas pour autant le naturalisme ? Je ne voyais pas une estampe, mais une femme irréelle et réelle provoquant ma fascination. Dans un kimono gris-perle orné d'une corolle plus claire sur un côté, sans que fût peinte la moindre fleur, la Japonaise évoquait un printemps fleuri. Les yeux et les lèvres relevées vers les tempes, les sourcils hauts et à peine tracés, coiffée de coques lustrées retenues par un diadème orné d'une perle unique et agrémentées de bijoux figurant des oiseaux de paradis sur un fond de verdure, de feuilles d'or et de lamelles argentées, des perles incrustées dans une ciselure aux oreilles, cette dame de beauté contemplait un mystérieux au-delà, présente et absente à la fois, enveloppée d'une silencieuse douceur et la diffusant, discrète dans sa riche parure et rendant aériens les lourds tissus.

Que l'on imagine un spectateur se pénétrant d'une image pour en prolonger en lui-même la rêverie. Il quitte l'objet de sa contemplation et, se retournant, en rencontre la représentation concrète. Un tel miracle se produisit : je vis apparaître au bout du couloir une dame telle que sur l'estampe, même visage, même parure, même coiffure. Le peintre l'avait-il prise pour modèle ou bien imitait-elle son œuvre? Tandis que, respectueux, je me collais au mur pour lui laisser le passage, elle se plaça de côté et avança à petits pas pressés, me croisa sans paraître me voir dans un frisson soyeux, avec d'imperceptibles mouvements de buste, et disparut dans la courbe du passage, ne laissant pour trace qu'un parfum de géranium sans lequel j'aurais pu me croire l'objet d'une illusion optique.

Au seuil de la pièce centrale, Tokujiro m'attendait. Il effleura mon coude pour me guider vers la terrasse bleue où se tenait mon hôte, le marquis Alexandre J. Bisao. Là où je m'attendais à trouver quelque vieux sage en costume traditionnel, je distinguai, vêtu d'un complet de soie blanche, un foulard élégamment noué au col, un homme de haute taille, tel que je l'avais aperçu sur son yacht, mais que les scintillements de la lumière m'avaient en partie dissimulé. Du plus loin qu'il me vît, il manifesta son plaisir et m'adressa sur un ton chantant où une pointe de malice atténuait la cérémonie une phrase d'accueil : « Que cette demeure, Ego-san, soit pour vous palais de long séjour et de longue vie ! » Il me serra la main à l'européenne et interrompit mon inclinaison en me touchant l'épaule. Je souris en me présentant : « Emmanuel Gaspard Oth » et en ajoutant que l'on m'appelait effectivement « Ego ». Il remarqua : « Ego, comme le navire... » L'insolite de mon hôte apparaissait surtout dans la minceur de son long corps et la singularité de son visage. Sous d'épaisses lunettes d'écaille aux verres teintés, ses paupières paraissaient si bridées que seules deux lumières filtraient par d'étroites fentes. Son crâne haut, chauve et bosselé aurait tenté un adepte de la phrénologie. Sa peau parcheminée, imberbe pas comme celle d'un homme rasé, mais n'ayant jamais porté de poils, cette absence de sourcils, cette coque de cuir noir à l'emplacement d'une oreille, ces lèvres minces et plissées comme du papier de soie, ces joues creuses et ces pommettes saillantes, cette tête longue, décharnée, tout en lui portait à la fois un vague effroi et une forte fascination. Dès que les traits s'animaient, le mouvement de fines rides soulignait son expression. En lui, tout devenait transparence, le désignait homme de verre, cristal lisse, être sans aspérités. Sa voix profonde distillait dans ce français pur qu'on devait parler aux belles époques un message de qualité. L'ombre et la lumière des mots prononcés caressaient son visage maigre d'une aile fraîche. Chaque pensée traduite par le langage le rajeunissait et tout l'homme intérieur se rassemblait dans sa voix.

La présence de Tokujiro écoutant ces échanges en français sans bien les comprendre, son attention à reprendre des mots glanés çà et là pour en quêter la signification, sa grâce persistante charmaient le marquis et je sentais rejaillir sur moi l'affection qu'il portait au jeune homme. Là où j'imaginais d'autres relations, mon hôte m'apprit que celui qui l'appelait son maître était en réalité son petit-fils. Tandis que, face à l'océan, nous buvions une eau fraîche parfumée de rose, il me dit que la jeunesse met du bonheur dans une demeure et qu'il lisait dans nos regards notre future amitié. Plus tard, il nous suggéra de procéder à des échanges et de nous enseigner réciproquement nos langues, ces trésors. Devinant nos propos, Tokujiro les souligna de signes de tête affirmatifs et enthousiastes. Ce que je ressentis alors reste difficilement analysable. Tout m'invitait à l'insouciance, mon appréhension s'atténuait, ma timidité devant cet imposant marquis s'effaçait. En même temps, ce programme me paraissait trop beau et trop parfait, non qu'il dissimulât quelque piège, mais le destin, dans cette harmonie, ne préparait-il pas quelque dessein contraire ? Pour éloigner ce nuage, comme je l'avais fait à mon arrivée, je regardai les objets d'art, céramiques, verreries, laques noirs ou rouges enrichis de nacre... Le marquis, surprenant mon attention ravie, par un commentaire historique ou artistique m'apportait un enrichissement. Je m'aperçus cependant que, selon le cours de ses pensées, il lui arrivait de paraître décimé, jauni comme un feuillage d'automne, et, soudain, une observation versait en lui la jeunesse. Naissait alors de son écorce, telle une ramille, un sourire confiant.

Alexandre J. Bisao, je me façonnerais lentement à son mystère sans toutefois en percer toutes les épaisseurs. Je tente ici de livrer mes impressions premières en prenant soin de ne pas anticiper afin de respecter le déroulement chronologique de mon récit. En fait, je subissais déjà insidieusement son ascendant, commençais à comprendre le sens de l'emploi du mot « maître » par son petit-fils et préparais obscurément une défense inutile, par exemple en me limitant à un rôle d'invité de passage. J'exprimai donc de manière assez banale mon plaisir de me trouver en un lieu aussi accueillant et en compagnie si agréable. J'ajoutai que, en dépit du bonheur que j'en augurais, je ne saurais commettre l'indiscrétion de trop longuement prolonger mon séjour. A ma surprise, mon hôte écouta ces paroles conventionnelles avec la plus vive attention, les accueillit et les approuva, puis il retira brusquement ses lunettes, toucha la coque noire de sa tempe gauche, et nos regards nus se rencontrèrent. Après un court silence durant lequel ses yeux semblaient me pénétrer, il me tint un discours parallèle au mien, trouvant à mes lieux communs un correspondant aimable, avec la façon charmante de s'acquitter d'une cérémonie par moi ordonnée et que suivraient sans doute les phrases d'un vrai langage. Il me répéta son contentement de me recevoir, ce qui signifiait pour lui d'être reçu par moi, et ajouta que la France était de toutes les nations du monde la plus chère à son cœur. Bien qu'il connût insuffisamment sa civilisation, elle ne cessait de requérir son attention et de susciter sa curiosité. Il m'avoua n'avoir aucun mérite à cela : si au cours d'une longue vie son corps ne les avait pas perdues, quelques gouttes de sang français devaient encore couler dans ses veines. Naguère, quand ses anniversaires étaient encore des fêtes, il lisait nos bons auteurs ; aujourd'hui, ses yeux fatigués ne lui permettaient plus que de consulter ses souvenirs et de lire dans son propre et modeste livre. Je crus que la conversation ainsi engagée allait se poursuivre. Or, il porta brusquement ses doigts à sa bouche comme pour se reprocher d'avoir trop parlé, me sourit avec confusion, s'inclina et nous quitta, me laissant assez décontenancé.

Avec une précipitation amusée, Tokujiro, comme s'il n'attendait que ce départ, frappa un gong du plat de la main et Shintaro se présenta. Ayant reçu des ordres, il s'éloigna et, peu de temps après, les servantes disposèrent sur une table basse des plateaux contenant des plats fumants. Tandis que nous prenions place face à face sur des coussins, Tokujiro m'expliqua que, déshabitué de la nourriture, son grand-père n'assistait jamais aux repas et aussi que, devant se soumettre à de longs repos, ses apparitions restaient fort brèves. Il me demanda la faveur de m'exprimer en français, en me priant par avance de l'excuser des questions qu'il serait amené à me poser en anglais. Nous fîmes honneur à un repas léger, soupe au maïs, riz recouvert d'une gaze d'omelette et orné de feuilles de bambou, tranches d'ananas, et nous bûmes une rasade d'alcool blanc.

Si difficile que fût la conversation, je constatai que l'intelligent garçon possédait quelques rudiments de français; la construction grammaticale des phrases ne lui était pas étrangère; enfin, il enrichissait son vocabulaire en retenant chacun des mots prononcés avec une singulière rapidité. Au hasard d'échanges à bâtons rompus où il fut question d'art, de sport, de navigation, je reçus des informations sur sa généalogie. Il appartenait à une ancienne famille nippone originaire de Kyôto, de tradition seigneuriale et guerrière. Son bisaïeul, le père du marquis, au cours d'une mission diplomatique, avait rencontré à Berne une jeune Française qu'il avait épousée. Comme ses ascendants, Tokujiro avait fait ses études à l'École des Nobles avant d'avoir un précepteur britannique, puis un maître: son grand-père. Je n'en sus pas plus ce jour-là et je dus retenir la question me brûlant les lèvres: qui était cette dame ou cette jeune fille croisée dans le couloir? Tokujiro étant naturellement porté à la conversation, je saurais percer ce mystère. Il me tendit un coffret contenant des cigarettes au papier orné d'un chrysanthème sacré en m'indiquant que c'était là une marque personnelle de l'Empereur et qu'il en avait fait cadeau au marquis. Ainsi honoré, je fumai avec lenteur pour montrer combien j'appréciais une telle offrande.

Le tabac devenu cendre, Tokujiro se leva avec cette grâce féline que je lui enviais et m'entraîna vers un escalier conduisant au sous-sol. Un doigt sur la bouche, il me fit passer devant une porte matelassée et je compris que son grand-père reposait dans la pièce qu'elle fermait. Une odeur âcre et douceâtre flottait. Il m'adressa un sourire complice. Étais-je censé savoir de quel parfum il s'agissait? Il ouvrit une autre porte et nous pénétrâmes dans un espace au décor inattendu, un bureau moderne aux meubles modestes avec des tables de travail et des classeurs à rouleau. Là deux employés en veston noir et en cravate se levèrent respectueusement. Tokujiro leur ordonna brièvement de reprendre leurs registres. Mon étonnement l'amusa. Comment sous cette luxueuse demeure, baignée de spiritualité et de beauté, pouvais-je découvrir le prosaïsme des affaires commerciales ? Au plafond, les pales de deux ventilateurs brassaient l'air en ronronnant. Les employés, la lèvre supérieure ornée de la même courte moustache à la Hiro-Hito, comptaient sur des bouliers avant de reporter les chiffres sur des colonnes noires et rouges. Tels les bureaucrates du temps passé, ils portaient des manchettes de lustrine. J'eus l'impression de me trouver dans les entrailles d'un corps, là où s'accomplissaient des travaux de digestion et d'assimilation.

Réjoui de ma surprise, Tokujiro pour me plaire en préparait une nouvelle. Il sortit d'un tiroir un épais dossier à sangle orné d'un pavillon bleu-blanc-rouge et l'ouvrit pour me montrer des lettres datées des années trente, toute une correspondance avec la France, et notamment avec une importante maison lyonnaise de soieries d'ameublement dont je connaissais le nom, ce qui reliait ce point éloigné à mes origines. Tout heureux, mon compagnon m'assura que les relations commerciales avec mon pays, interrompues par la guerre, reprendraient et il me parla d'exportation de perles, de tissus et de produits industriels, d'importation de produits français. Si l'affaire, dans ses œuvres matérielles, se trouvaient à Kyôto — son grand-père l'avait fondée —, une action complémentaire s'opérait à partir de l'îlet en liaison par correspondance et au moyen d'un radio-téléphone avec un frère du marquis, donc un grand-oncle de Tokujiro, qui conduisait les affaires dans l'ancienne capitale. Mon jeune ami consacrait lui-même quelques heures à cette administration, vouant le reste de son temps à l'étude et au sport. Quant au marquis Bisao, à la suite d'une tragédie, il ne quittait guère cette demeure sinon pour de brèves croisières sur son yacht.

Mon après-midi fut celui d'un double plaisir : contempler l'océan sous un ciel où de minces filets de nuages gris zébraient le bleu du ciel, me baigner en compagnie de Tokujiro le merveilleux athlète. Bien qu'à première vue ses traits fussent ceux d'un pur Japonais, son comportement me paraissait différent de celui de ses concitoyens, tout au moins de ceux que je connaissais. Cela venait-il de sa vivacité, d'une manière de distribuer tour à tour et sans transition malice et gravité, insouciance et attention, gaieté et mélancolie ? Je le lui dis : il me paraissait étranger à l'idée que je me faisais d'un jeune homme de son pays sans que je pusse vraiment lui en donner les raisons. Il m'affirma alors que chaque génération apporte sa surprise. Peut-être aussi sa bisaïeule française avait-elle marqué durablement la lignée. J'appris son prénom, Alexandrine, et je sus ainsi pourquoi le marquis portait ce prénom d'Alexandre. Je croyais Tokujiro bien plus jeune que moi, et il était mon cadet de seulement trois années. Après le bain, il s'immobilisa dans de savantes postures de yoga, m'invita à l'imiter et me donna des explications sur chaque figure. Je me sentais plus disposé à faire le lézard sur le sable chaud. Il me proposa de courir avec lui et m'enseigna à mesurer mon souffle. Nous fîmes ainsi le tour de l'îlet en longeant, sur la partie septentrionale, un entrepôt placé en soubassement d'où partaient en direction de l'océan des femmes en blouse blanche, un fichu noué sur la tête. Leur démarche élégante, une liberté contrôlée des mouvements me donnèrent à penser qu'en ce lieu ni la laideur ni la maladresse n'existaient. Ces ouvrières, de l'océan à l'entrepôt, portaient de grands baquets que je crus chargés de pierres ; je devais apprendre qu'il s'agissait d'huîtres. Dans la clarté, tout devenait doré, lisse comme un ongle. Revenus au port, nous regardâmes le jeune marin, accompagné de Shintaro, qui battait un poulpe contre un rocher.

Pour m'amener à prolonger mon séjour, Tokujiro se fit un habile avocat et la partie se laissa facilement persuader. Il me demanda la permission de s'absenter et me conseilla le repos dans le parc, m'invitant, de la part de son grand-père, à réserver la visite du jardin en colline, derrière la maison, pour le lendemain. Il me laissa au seuil de ma chambre. Là, après m'être douché, je choisis dans la bibliothèque *Les Confessions* de Jean-Jacques Rousseau, édition reliée en peau blanche. Je fus dans le parc où les jardiniers me saluèrent, mais cette fois poursuivirent leurs travaux, coupant des tiges, ramassant le moindre pétale, la plus infime parcelle de feuille ou ratissant les allées. Je m'assis sur un banc de pierre, à l'ombre d'un cèdre, près d'un tuyau de bambou qui déversait de l'eau goutte à goutte pour laisser chacune d'elles imprégner la terre. A peine installé, les rieuses servantes apparurent, l'une serrant des coussins sur son ventre, l'autre présentant sur un plateau une théière, une tasse et un plat de gâteaux secs en forme de chrysanthèmes. Pourquoi ce Jean-Jacques, tant apprécié durant mon adolescence et dont j'avais partagé les impressions, ce mélange d'innocence et de cynisme, de lucidité et d'abandon, m'agaça-t-il à ce point ? Je le jugeai artificiel et faux, chargé de rhétorique, mais son écriture me permettrait de donner à Tokujiro une excellente base pour les leçons de français. Je lus ainsi durant deux heures, puis m'allongeai, la tête posée sur un coussin, et paressai. Mes rêveries habituelles ne voguèrent pas dans le passé, je revis simplement cette journée, les lieux découverts, ces êtres nouveaux pour moi, et je ressentis une nouvelle vacuité, un abandon au calme. Les événements venaient à moi sans provocation et je n'en voulais pas détourner le cours. Tout devenait pur et simple comme l'eau, je me modelais comme une pâte tendre, je m'abandonnais au charme de mes hôtes et j'en recueillais des parcelles. N'avais-je pas pris pour mon repos une posture qui me paraissait harmonieuse ? Le sourire de Tokujiro ne se dessinait-il pas sur mes lèvres et ne portais-je pas quelque peu du mystère de son grand-père, de son maître ?

Mon jeune compagnon me rejoignit alors que le soleil glissait sur l'eau brunie d'algues. Avec un sérieux de professeur, je lui tendis le livre en lui recommandant de lire lentement les premières pages et de me demander ensuite des explications. Il me promit de se conformer à mes indications, me parla d'un lexique appartenant à son grand-père et m'avoua qu'il préférait lire sur ma bouche. Je lui fis une proposition : puisque je continuerais à bénéficier d'une généreuse hospitalité, pourquoi n'apporterais-je pas une collaboration aux affaires, par exemple en ce qui concernait les relations avec les pays francophones ? Il réfléchit un instant, puis me confia que, ne se destinant pas au commerce, il n'offrait lui-même qu'une aide passagère et ne se trouvait pas en mesure d'en décider bien que l'idée lui parût bonne, la conjoncture étant favorable à une reprise de relations interrompues par la guerre. Il en référerait dès le lendemain à son grand-oncle de Kyôto. Peu habitué au monde du négoce, sans doute ne saurais-je comment m'y prendre ; du moins me donnerais-je l'illusion d'être de quelque utilité. La conversation, par les soins de mon ami, prit une heureuse direction. Il m'entretint des grandes œuvres de la littérature japonaise, du *Dit de Gengi* et de son auteur Murasaki Shikibu, dame de l'an mille, la comparant à notre Marcel Proust, et dont il me prêterait une traduction en anglais bien qu'elle ne rendît pas les subtilités d'une œuvre fondée sur l'observation des êtres et des coutumes. Il me traduisit spontanément un haïku délicieux : une servante, devant la blancheur immaculée d'une étendue neigeuse, n'osant pas vider le marc de sa théière, restait toute penaude. Il me promit de me faire connaître les poèmes haoutas populaires. Avec fierté, il me confia que son maître récitait de mémoire « les cent poèmes japonais ». En retour, je lui dis deux strophes fleuries d'un poème de Paul Verlaine, les seules que je connusse, et il en parut ravi et ne me demanda heureusement aucune explication. Nous parlâmes encore des lakistes anglais qui avaient la faveur de son grand-père. Il se souvint alors que ce dernier lui avait confié la mission de me donner rendez-vous pour le lendemain matin : il me conduirait au jardin de la méditation. Suivit un repas que nous prîmes en commun. J'admirai la présentation des plats due à Shintaro, petites œuvres d'art, compositions abstraites ornées de fleurettes, de feuilles et d'herbes artistement découpées, tout cela si beau et délicat qu'on hésitait à en détruire l'harmonie. Ce dîner terminé, après quelques propos au cours desquels il m'interrogea sur la France, mon ami m'accompagna jusqu'à ma chambre, s'enquit d'un désir éventuel et me souhaita une heureuse nuit.

Allongé sur mon lit, la fenêtre ouverte, je mis longtemps à trouver le sommeil. De la nature, j'épiais les bruits, écoutant le balancement des palmes, le froissement des feuilles sous un vent léger, le concert des grillons traversé par le sifflet du crapaud amoureux. L'eau de la vasque aux reflets rouges des carpes frissonnait. La muraille devenait une mer gris argent où rôdait une ombre brune. Au loin j'entendais le craquement du gravier sous les socques, parfois le vol de soie d'un oiseau de nuit. Je pensais à cette Alexandrine du temps passé pour qui un noble Japonais avait violé un vieil usage, l'imaginant, telles ces exploratrices des vieux magazines, en manteau de voyage et sous un vaste chapeau retenu par une écharpe, sur un palanquin ou dans un pousse, posant pour une photographie destinée à l'Europe. Ou bien, le cou poudré de blanc, les joues et les paupières peintes, les sourcils épilés, les lèvres couleur d'or violacé, elle se métamorphosait en Japonaise, devenait la dame de l'estampe et me croisait dans un corridor. Ou encore, elle pressait contre elle ce petit garçon qui deviendrait ce haut vieillard dont le visage parcheminé me hantait déjà, avec cette coque noire à la tempe et ces yeux qui, un instant, m'avaient hypnotisé. Dans cette première nuit sur l'îlet, je sentis ma perception se développer. Aussi, lorsque j'entendis les premiers accords du piano, je crus que la nature rassemblait sa musique éparse. Bientôt, je reconnus une sonate de Liszt. J'en suivis avec un délice nostalgique l'introduction lente et solennelle, les thèmes grandioses et sévères, la fugue pleine d'intensité et de passion. Peu mélomane, pour la première fois de ma vie (jusque-là, je n'avais écouté que distraitement les concerts), je fus profondément touché par la musique, l'émotion attira des larmes à mes yeux, éveilla en moi d'étranges pressentiments, chaque mouvement s'adressant à une part distincte de mon esprit et lui dictant d'étranges messages. Qui jouait ainsi ? Lorsque nous nous étions séparés, Tokujiro était embrumé de sommeil : ce ne pouvait être lui. La dame du couloir ? Une image m'apporta la réponse : je vis la lointaine Alexandrine dans un salon, assise sur une banquette devant un piano et apprenant les gammes à un enfant. Je le sus : le pianiste était mon hôte, l'honorable Alexandre J. Bisao qui, dans la solitude nocturne, offrait la musique à lui-même, à sa tristesse, au temps, peut-être, obscurément, à ce voyageur venu du pays de sa mère. Lorsque le silence m'enveloppa, quand des gouttes de lune se posèrent sur mon rideau, dans un glissement apaisé, je m'abandonnai au sommeil.

Au matin, Tokujiro entra dans ma chambre, me souhaita le bonjour dans ma langue et ajouta une courte phrase extraite de Rousseau, épigraphe à ma journée. Tandis que je me redressais sur mon lit, il posa un plateau devant moi et arrangea l'oreiller derrière ma tête comme une infirmière. Ce petit déjeuner inattendu, il l'avait préparé lui-même en pensant que je serais aise de trouver un souvenir occidental, pot de café, toasts dorés, œufs au bacon, confitures et jus d'ananas. Comblé par cette attention, tandis qu'il me quittait, je le remerciai vivement avant de manger de bon appétit, de me doucher, d'enfiler le kimono et les sandales. Alexandre J. Bisao se tenait dans la pièce centrale penché sur une sorte de jeu d'échecs. En face de lui, figurant un partenaire, se trouvait une poupée sans jambes, drapée de rouge et représentant un moine. Vêtu d'un kimono blanc, le marquis se redressa, s'inclina légèrement et me sourit. Désignant les figurines, il me nomma ce jeu *shôgi*, me proposa de m'en enseigner les règles et ajouta quelques indications avant de reprendre sa partie solitaire. Silencieusement je parcourus la salle, m'arrêtant devant les peintures florales d'un paravent ou une poterie, allant de l'une à l'autre des portes pour surprendre les images du matin calme. Le marquis ôtait et remettait ses lunettes teintées en levant la tête de temps en temps pour mesurer l'intensité de la lumière. Sur la terrasse, dans la clarté lucide du jeune soleil, je me posai certaines questions. Et si je décidais de quitter mes hôtes sous quelque prétexte pour revenir à Okinawa, peut-être embarquer sur un avion ou un navire pour une nouvelle destination ? Non ! l'impulsion nécessaire se refusa. Plutôt que de me juger aboulique, je trouvai des raisons à mon indécision. J'eus beau me dire que rien ne me retenait, ma curiosité des êtres m'apporta un démenti. Je voulais vivre encore auprès de Tokujiro, découvrir la personnalité de son grand-père, savoir qui était la dame si proche de celle de l'estampe, connaître les secrets de la demeure et de l'îlet. Même si elle ne débouchait sur rien, je voulais poursuivre mon expérience. Combien vains mon libre arbitre, ma liberté de choix! Quelle que fût mon option, partagé entre des actions contraires, le chemin tracé m'interdisait, allant vers telle ou telle direction, de me rendre ailleurs qu'au-devant de moi.

Sur un signe de mon hôte, je le suivis. Nous sortîmes par une porte à l'est pour gravir sept marches de marbre et suivre une allée pavée qui nous conduisit à un terre-plein où s'élevait un kiosque or et orangé en forme de pagode, au toit incurvé dont les pointes extrêmes, dirigées vers le ciel, portaient chacune un poisson volant. Sur ce promontoire, mon compagnon me parut plus grand encore qu'il ne l'était réellement, et plus voûté, son crâne d'oiseau déplumé luisant à la lumière, sa démarche évoquant celle d'un échassier. Après un arrêt à l'ombre du kiosque, il se retourna pour me sourire, fort amicalement, et même avec affection. La pierre plate et ronde telle une meule de moulin offrait par sa situation le plus parfait point d'observation de l'ensemble qui se présentait à nous. Le marquis s'assit, le buste droit et arrangea soigneusement les plis du kimono autour de lui. Un peu en retrait, je l'imitai. Il fit de la main un geste à la fois d'apaisement et d'invitation à contempler.

Étagé sur la pente légère de la colline, non point en gradins parallèles, mais tracé selon de subtiles courbes et des angles inattendus, l'idée de symétrie n'apparaissait en aucun espace de ce jardin. Il représentait en quelque sorte l'antithèse du parc d'entrée puisque la plante mortelle, la fleur fragile, le rameau tendre, l'herbe souple en étaient bannis. Tracé de main humaine et le voulant faire oublier, tout dénotait à ce point l'artifice que, paradoxalement, on rejoignait un naturel autre. Les formes, les matériaux, les dispositions relevaient d'une telle imagination dans le caprice, d'un tel arrangement du désordre que la nature pouvait jalouser sa recréation par l'artiste. Le sable ratissé selon des lignes surprenantes, doré, jaune ou orangé, les cailloux blancs disposés comme les grains d'une mosaïque, les pierres noires dressées, les galets savamment disposés, les arches édifiées sans destination apparente, les groupes comptés de rochers décorés par les mousses, les fines cascades minérales glissant vers des fleuves et des mers sans eau, les îles-tortues et les presqu'îles factices, les sentiers sans but, les socles sans statues, toute cette étrange architecture se parait à peine de légères coulées florales, de bouquets d'arbustes nains et de plantes plus irréels que réels, et l'ensemble se figeait comme le temps immobilisé. Ce jardin construit, civilisé, éduqué, ce miracle de patience m'apparaissait riche de symboles et de subtilités encore ignorés de moi, d'un ésotérisme d'outre-planète, jailli d'une autre pensée et d'une autre parole. Il ouvrait pour éveiller la contemplation les portes de l'imaginaire. Les couleurs d'un tachisme abstrait, le minéral et le végétal se confondant, s'ils parlaient d'art et de beauté, devenaient surtout des évocateurs d'émotion, des maîtres d'intériorisation, des guides d'extase mystique éloignés du lyrisme et de la fougue désordonnée de la nature.

Alors que tout prédisposait au silence, scandaleuse, dans mon esprit la question se formait. Je ne profanai pas. Je me tus. Il suffisait d'être là, de boire cet essentiel, de se figer, de se taire, tout en restant aussi présent que la pierre et le sable, telle une composante de ce jardin. Devant moi, sur le côté, l'homme immobile, sculpté hors la chair, pétrifié, me donnait l'exemple, et pourtant, je ressentais intensément son battement vital, des ondes suggestives me cernaient, s'insinuaient, provoquaient en moi un état d'attention accrue. Fixant un point ou un autre de cet espace, je le recevais dans sa totalité. Il s'écoula un temps peu mesurable, hors des normes, durant lequel mes muscles se relâchèrent, mes yeux reçurent des nuées de papillons bleus et jaunes. Au cours de cette torpeur, plusieurs êtres en ma personne pensaient, méditaient, cueillaient des images (sans qu'aucun de ces termes soit juste) de conserve comme si nous étions plusieurs en un même corps à voguer en deçà des sensations. Dans un même temps, par une multiplication insensée, je vis Hayano sur la lointaine plage, un dauphin qui suivait ma navigation splendide, un homme qui me tendait un revolver, un pan de mur s'écroulant à Berlin, une salle d'étude, et brusquement ma tante lyonnaise qui prononçait une phrase absurde : « Il suffit d'un peu de bon sens... » Je croyais que le mystère ne résidait que dans l'obscurité, or ici il vivait en pleine luminosité. Je devenais une maison à mille portes qui, sans cesse, s'ouvraient et se fermaient. Sans y parvenir, je voulus analyser mon état, le comprendre, je l'attribuai à la fatigue, au soleil, aux semaines d'errance, aux dévastations de mon esprit, que sais-je encore ? Incapable d'élucidation, je savais seulement qu'à travers les étapes de ma vie, j'avais autant souffert de comprendre que de ne pas comprendre — et, cependant, cette impossibilité me blessait. Que m'arrivait-il ? Mon buste oscillait d'avant en arrière et je m'efforçais à un difficile équilibre pour prévenir une chute. Par-delà le sommeil et la paralysie, sur les rives de l'inconscience, je m'abandonnais à une sensation inconnue, à la fois un malaise et un vide mental, toute énergie me quittant, tout contrôle de moi-même s'annihilant. Je fus au bord de la syncope et elle dut se produire : je n'ai gardé aucun souvenir du moment où nous avons quitté le jardin. Je me revois plus tard, assis sur un banc dans le parc du devant, entre Tokujiro et son grand-père qui conversaient tranquillement. Lorsque j'émergeai ainsi, ils ne s'en aperçurent pas. Un paon blanc passa devant nous, s'arrêta et repartit précipitamment. Les jardiniers portaient des herbes dans une bâche. Un chrysanthème blanc se penchait sur l'allée. Tout me parut à ce point naturel que, par un grand effort, je me mis au diapason des êtres, remerciant Tokujiro du verre d'eau parfumée qu'il me tendait.

Devais-je demander l'excuse de mon malaise? Mais l'avais-je vraiment ressenti? Pour la première fois, des minutes de ma vie s'inscrivaient sur un registre noir. Près du jeune homme, je vis le volume des *Confessions* et un rouleau de papier chargé de l'écriture de son étude. Par égard pour moi, mes hôtes s'exprimaient en anglais. J'eus peine à suivre une conversation abstraite et fleurie de paraboles, un dialogue que je qualifiai intérieurement de socratique tant le marquis Bisao s'employait à extraire par courtes séquences des paroles de son disciple dont le beau visage s'ornait de gravité. Puis le maître s'adressa à moi en français : « Si, dit-il, comme j'ai cru le comprendre, nos chemins spirituels si malaisés suscitent votre intérêt, Ego-san, il serait excellent d'échanger le fruit de nos pensées. Par certaines méthodes, nous tentons, Tokujiro et moi, de nous libérer, tel un arbre de ses plantes parasites, des savoirs théoriques qui nous étouffent, de la rationalité de notre intelligence, de notre logique contraignante, de toutes ces scories qui nous alourdissent, et aussi, vous le constatez, de cet embarras qui nous conduit à utiliser, pour définir notre démarche, un langage, ce qui lui est le plus contraire... » Me référant à l'imprégnation du jardin, je murmurai : « Faire le vide en soi ? » Mon interlocuteur surpris fit un signe d'approbation. J'ajoutai que mon ignorance des chemins religieux était si grande que le vide serait rapidement fait, à quoi il répondit que ma remarque prouvait le contraire. Déconfit, je ne désirais pas mener trop loin cet échange. Le devinant, il me proposa d'en parler un peu chaque jour, le plus important consistant à se placer face au jardin et à observer le mutisme.

J'osai alors, après avoir avoué ma confusion de me comporter en Occidental et de m'exprimer platement, lui demander le but de tout cela. Il délégua la parole à Tokujiro qui demanda : « Ne cherchons-nous pas à créer un état d'accueil favorable à la révélation ? » et son maître reprit : « Toute explication rationnelle trouble l'eau pure. Elle souille et rend adultère une pensée qui ne procède pas d'un système métaphysique ou philosophique, ne naît ni de la religion ni de l'art qui cependant font échec à la cruauté humaine. Cela a-t-il un nom? Je n'en connais d'autre que *zen.* » Et il me cita un vieux maître : « Parler est un blasphème, rester silencieux est tromperie. Au-delà de la parole et du silence, on trouve, vers le plus haut, une issue, mais ma bouche n'est pas assez vaste pour la désigner. » Il se leva en souriant, fit quelques recommandations à Tokujiro, me toucha l'épaule et me dit que son état physique l'obligeait au repos. En effet, la lassitude marquait ses traits parcheminés. Répondant à mon inquiétude muette il émit un petit rire, comme s'il préparait une plaisanterie, et m'assura par sa parole contrastante qu'il existe des maux plus graves que ceux du corps.

★

Comment aurais-je pu me faire refus alors que tout affirmait le don ? Chaque matin, je me rendis au jardin zen, seul ou en compagnie de l'un ou de l'autre de mes amis, souvent avec les deux à la fois. Au long de la journée, nous échangions les paroles nées de notre temps de silence, et ce que j'avais imaginé piège, plutôt que de me contraindre, me libérait. Jamais le vieil homme ne me posa la moindre question touchant à mon passé ; au seul Tokujiro, j'en fis confidence. Ce dernier m'étonna par la rapidité avec laquelle il apprit ma langue, devançant toujours mes leçons par son étude, s'exprimant bientôt avec une parfaite aisance. La gravité de nos échanges restait souriante. Malgré (ou : à cause de) cette intrusion dans ma vie prosaïque du mystère spirituel, cet œil tourné vers le dedans, cet incessant nettoyage des poussières, il régnait dans la demeure une allégresse constante. Et même quelque chose de joyeux. Si je ne peux parler d'humour pour le définir, cela en était proche, et les mots malice ou cocasserie ne conviendraient pas non plus. Il faudrait se référer à la *kyôka* ou « poésie folle » portant ce piquant contrastant avec la rigueur traditionnelle, à la *kyôboun*, « prose folle » aussi dont les œuvres commentées par Tokujiro m'introduisaient dans une forme comique et burlesque à laquelle je ne connais pas de correspondant. Tokujiro, jusque dans ses exercices physiques, mettait de la drôlerie : pour me plaire, ses tours de force, ses acrobaties rejoignaient volontiers le clownesque. Les jeunes servantes jetaient de petites clochettes de rire, notamment lorsque la nommée Hiroko parlait des déclarations amoureuses de certain jeune marin. Les jardiniers, hommes de grand âge, dans la compagnie des fleurs, leur racontaient d'interminables histoires en prenant le soleil à témoin de leur intérêt. Je rendais visite à notre maître Jacques, le cher Shintaro qui, aux cuisines, préparait amoureusement ses plats, inspiré comme un peintre ou un poète pour les mieux décorer, les inventer nouveaux, les travestir, déguiser le légume en fleur ou la viande en poisson, marier la couleur d'un mets à la nuance de la porcelaine, s'émerveillant de placer la rouge pastèque sur une assiette vert jade, et se mettant, sous l'influence du saké, à me parler dans sa langue sans se soucier d'être compris de moi.

Tel un étudiant, chaque jour j'inscrivais sur des feuillets la matière de nos échanges. Ils consistaient à ne jamais laisser la pensée se reposer, à ne rien considérer comme définitif, chaque lumière n'étant que provisoire, destinée à éclairer une idée bientôt révélée fausse et dont il fallait extraire les profondes racines. Nos élucidations portaient sur la clarté intérieure, notre maître affirmant que dans les provinces du vrai ne réside que le faux, que les terres entre vérité et mensonge sont plus proches du second que de la première, enfin que devant le choix entre une vérité destructrice et un mensonge secourable, il suffisait de faire une vérité de ce mensonge. Ces méandres me plaisaient, j'en suivais les détours, je les prolongeais de réflexions personnelles et nous en discutions jusqu'à plus de luminosité. « Les lampes n'éteignent pas les lampes ! » disait Tokujiro. Il arrivait aussi qu'un doux délire nous habitât, des dialogues se poursuivant dans le sérieux que je tenais pour des jeux surréalistes. Ainsi, nous complétions des phrases comme : « Il vaudrait mieux être (ou faire, ou vouloir) que de... » Ou bien : « Si je devais être (ou tout autre verbe)... je... » Le marquis posait une question : « Que donneriez-vous de vous-même pour atteindre à la clarté véritable ? », ce qui faisait répondre par exemple : mes deux yeux, un bras, une feuille de lotus, sept années de ma vie... Et cela, apparemment de pure distraction, nous conduisait à plus d'approfondissement. Toujours le marquis extrayait des mots leur plus vaste contenu de signification, les écartant de leur usage ordinaire dépourvu de sens, et les offrant originels et nus, en sons et en couleurs. Ne jamais tourner le dos à la lumière, voilà ce que conseillaient mes amis. Nous tentions sans cesse, dans l'échange commun ou dans la méditation solitaire, l'exploration de quelque recoin secret de l'être et de l'univers.

Une circonstance indiscrète entrouvrit un rideau sur le mystère de mon hôte. Je percevais mal le cheminement d'un homme venu des affaires jusqu'à cette constante interrogation sur nos fins, cette interminable introspection de penseur et de religieux. Chaque soir, alors que la demeure reposait, je retrouvais fidèle la même sonate. Pour mieux l'entendre, je faisais glisser le panneau de ma chambre. Sous le charme, d'elle j'aurais voulu m'approcher comme d'une personne. Elle m'attirait ; j'avais la curiosité de son interprète ; il m'arriva de marcher à sa rencontre et de revenir sur mes pas. Un soir, mon désir fut le plus fort. Pieds nus, je suivis l'enceinte, contournai la demeure jusqu'à une porte faisant face au salon de musique. Dissimulé derrière un volet, je me penchai pour surprendre l'interprète.

Si je n'avais maintes fois soumis mon scepticisme à l'épreuve du scepticisme lui-même, je dirais qu'à ce moment-là je ne crus pas mes yeux. Je voyais le pianiste de côté. Il paraissait nu, à l'exception d'un cache-sexe, et cependant je voyais sa poitrine portant des zébrures d'environ cinq centimètres de largeur, un curieux maillot lui collant à la peau. Le marquis jouait seul dans la nuit teintée de reflets pâles. Quel jeu de la lumière lunaire imprimait sur son buste et son dos ces lignes brunes ? Était-ce une veilleuse projetant une image de lanterne magique ? A un mouvement qu'il fit, je constatai qu'il n'en était rien : son épiderme portait ces empreintes absurdes d'une parfaite régularité. S'agissait-il d'un tatouage ? Même en imaginant le marquis se soumettant à cette idée, il n'eût pas choisi ce tracé imitant la tenue de corps d'un matelot. Non, nulle jalousie ne créait cette illusion, nul effet d'optique ne se révélait. L'idée folle d'apercevoir un mutant m'effleura. Je fermai les yeux à ce que je tenais déjà pour une affreuse fantaisie de la nature, ne voulant que laisser pénétrer la musique en moi, des accords si purs qu'ils faisaient oublier l'instrument. Entre deux parties de la sonate, après l'andante, tandis que j'attendais la reprise des thèmes dans la fugue, le pianiste observa une courte pause et je le regardai de nouveau. Il tourna légèrement la tête. Il avait retiré de sa tempe la coquille de cuir noir. L'oreille manquait. A son emplacement, autour d'une ouverture, on voyait des amas de chair blanche boursouflée, des tissus cicatrisés d'un horrible aspect. Je fus épouvanté : cette tête chauve et osseuse portait un cratère à son côté. Quel accident se trouvait-il à l'origine de cette misère ? Ce torse d'animal fantastique, cette blessure, cette maigreur, cette fatigue permanente, et en même temps cette intelligence, ce rayonnement de l'être, cette bonté... La tête entre les mains, écoutant le développement fugué de la sonate, je me sentis bouleversé.

Affolé par ma découverte, coupable de l'avoir faite, en proie à un mélange de consternation et de honte, de tristesse et de compassion, blessé de ces blessures, je courus jusqu'à ma chambre. Ne pouvant trouver le sommeil, j'allumai une lampe de chevet et regardai les Bouddhas que la lumière animait, puis je sortis pour que la fraîcheur favorisât mon calme. Après la vasque aux carpes rouges, je voyais la pierre plate d'où l'on pouvait contempler le jardin zen dissimulé à ma vue. Je vis une ombre et, mes yeux s'habituant à l'obscurité heureusement point trop épaisse, je distinguai la silhouette et la haute coiffure de la dame rencontrée dans le couloir près de l'estampe que j'admirais. Nul ne m'avait entretenu d'elle, quelle existence en retrait menait-elle ? Dans la nuit, elle se tenait debout, les mains jointes, immobile. Je revins à ma couche. Quels mystères hantaient cet îlet, cette demeure pourtant d'apparence si souriante? Et cette vision de l'homme nocturne au corps si dissemblable de celui de tout autre homme, devais-je l'oublier, l'enterrer dans ma mémoire, me croire le jouet de l'illusion ? Ou bien, au risque de détruire un tabou, allais-je m'en ouvrir au seul être qui m'apporterait une réponse, Tokujiro ? Je pensai à lui, à sa fraîcheur, à sa spontanéité, à son intelligence, à son attention. Lui seul n'était pas trop différent de moi et notre âge nous rapprochait. Il restait une présence rassurante, mon ami et plus que mon ami. Le questionnant, ne risquerais-je pas de détruire ce sentiment plus que fraternel qui grandissait entre nous ? Demain, à l'éveil, ne me croirais-je pas victime de ma trop fertile imagination ? Je finis par m'endormir sur mes questions, sur mon indécision.

★

Le lendemain, j'avais choisi de me taire. Les jours suivants, pour éviter l'appréhension éprouvée lorsque mon regard rencontrait celui du marquis, et parce que je craignais qu'il me devinât, j'écourtai mes haltes au jardin de la méditation. Je pris la décision de me rendre utile. Dès lors, j'accompagnai Tokujiro dans tous ses travaux. Dans le sous-sol, au bureau, après avoir consulté les dossiers, je suggérai à mon ami de prendre contact avec les attachés commerciaux nippons auprès des ambassades à Paris, Berne et Bruxelles et parallèlement d'écrire aux établissements français avec lesquels l'entreprise avait commercé avant-guerre. Pour cela, j'adaptai en français des textes écrits mot à mot par Tokujiro, d'autres traduits par lui du japonais. Nous découpions des échantillons, décrivions les marchandises. Nous proposions brocarts, soieries, broderies, étoffes imprimées, kimonos peints, et aussi laques, céramiques, nacres, perles, et tout cela rendait notre négoce fort poétique. Nous ne doutions pas d'obtenir prochainement de bons résultats, le grand-oncle ayant accepté ma proposition.

L'après-midi, nous nous baignions ou nous nous allongions sur le sable à moins que nous ne nous livrions à des exercices physiques. Tokujiro m'initia aux arts martiaux, judô, kendô ou aïkidô, en m'enseignant la coordination du corps et de l'esprit, en insistant sur la recherche d'une harmonie plutôt que sur la finalité du combat. Utiliser les forces de l'adversaire, arrêter les coups avant qu'ils ne fussent portés, respecter l'autre partie et le lui montrer par son attitude, connaître les points stratégiques du corps, sans être particulièrement doué, j'appris cela. Assez fier de ma musculature, je sus son inutilité si la concentration et l'énergie intérieure ne la soutenaient pas. Le souple Tokujiro suivit mes progrès avec satisfaction et me concéda, je le crois, quelques succès.

Je connaissais bien l'entrepôt de la partie septentrionale de l'îlet, après un champ de cultures et au-delà d'un groupe de rochers. J'avais trouvé un agréable but de promenade. Là se pratiquait une petite industrie née du plaisir plutôt que du désir de forte production. Le marquis Bisao restait l'ami de ce célèbre Kôkochi Mikimoto, alors dans son grand âge et mort peu d'années après que j'ai eu connu son existence, et qui avait produit, à la fin du XIXe siècle, la première perle de culture, depuis exploitée intensément. Ayant été plusieurs fois son invité dans la péninsule de Toba, mon hôte, par fidélité et par goût, avait créé cet établissement, au bord d'une baie, où, sous la direction de la plus âgée, des ouvrières s'occupaient d'un bassin huîtrier. Lors de la première démonstration qu'il me fit de cette culture, Tokujiro me tendit une huître et me demanda de l'ouvrir. A l'intérieur se trouvait une perle magnifique qu'il m'offrit. Il s'agissait là du produit de sept années du travail de la nature dans des caissons sous-marins. Je vis comme l'on procédait : une ouvrière ouvrait délicatement une huître vierge, pratiquait une minuscule incision dans un de ses organes, y glissait un microscopique grain de nacre, faisait couler une goutte de désinfectant. Ainsi fécondée, l'huître regagnait l'océan où la parcelle se recouvrirait de couches successives de nacre. Pour obtenir un ton plus rare, certains de ces mollusques seraient recueillis avant la complète maturité de la perle. Plus proche du laboratoire que de la fabrique, l'établissement, d'une parfaite netteté, peint de blanc, me plaisait. Sur les tables, dans des casiers, se trouvaient des centaines de perles calibrées, les unes placées dans des sacs transparents, les autres déjà percées et prêtes pour l'enfilage en colliers et en bracelets. Le spectacle des doigts agiles manipulant ces billes irradiées portait de la délicatesse et de la grâce. Comme j'exprimais à Tokujiro mon admiration pour la perle, réussite conjointe de la nature et du génie humain, il me cita des paroles de son grand-père. Celui-ci lui avait confié, alors qu'il avait une dizaine d'années, une coquille ouverte où brillait la merveille en lui conseillant de méditer sur le phénomène et de lui faire ensuite part de sa réflexion. A l'enfant sans inspiration, il montra que la perle dissimulée sous la rocaille, elle-même placée au fond de l'océan, offrait le symbole de la plus parfaite humilité, du secret préservé, de cette perfection spirituelle du sage et du saint matérialisée dans la beauté d'une sphère exprimant la totalité.

Si Tokujiro et moi ne pouvions nous passer l'un de l'autre, les entretiens avec son grand-père portaient plus de rareté aux deux sens du terme : économie de parole, qualité des échanges. Les heures précieuses passées en compagnie du sage, je les attendais, je les vénérais. Je ne puis établir l'inventaire de ce qu'il m'apprit, sans jamais le moindre didactisme, mais chaque enseignement répondait à une attente secrète. Si je sus par lui que la plus parfaite éducation consiste à habituer le disciple à se passer de maître, il n'en reste pas moins que, sans les directions indiquées par lui, je serais resté dans l'ignorance, continuant à observer la surface des choses et non à pénétrer dans leur cœur. Ainsi, je compris que pour mieux parler au jour et mieux l'entendre, je devais simplement me taire. N'oubliais-je pas la fleur, la pierre ou l'oiseau pour le mot qui les désignait et que je croyais suffire à cela? Il cueillait ces vocables, disait: maison, temple ou tombeau, légende ou statue, me donnant ainsi des aliments durables, appelant de longues études, et je devenais cet être de relais qui prolonge le trait par un autre commencé. Ma pensée imitait le ruisseau, la montagne et cette grâce étrange du feu dansant immobile. La fleur que je cueillais, je me sentais par elle cueilli. La pierre sur laquelle je me couchais devenait un prolongement de mon corps. Mes yeux volaient avec l'oiseau. J'acceptais l'animal, le végétal, le minéral en moi et trouvais aussi le point où l'homme commence à être homme. Je ne me voulais pas « au plus près de la vérité », mais au cœur même de son logis. En cela, mon hôte m'aidait par des préceptes qui naissaient dans sa parole au moment le plus inattendu. Je savais que, faiblissant dans la défense de notre vérité, nous la sentons défaillir en nous, que les actes de nos mains sont les plus sincères. L'univers des hommes, plutôt que de nous proposer le choix entre une vérité et un mensonge, nous offrait deux mensonges, à charge pour nous de déguiser l'un des deux en son contraire. Seule une longue méditation, un recours non pas au rationnel ou à l'irrationnel, mais à une sorte d'a-rationnel pouvait nous éloigner du danger contemporain.

Je sus encore que le oui est la métamorphose la plus subtile du non. Lorsque je me hasardais à poser une question longuement mûrie, le maître ne m'apportait pas une réponse directe comme l'eût fait un sage occidental, il énonçait une phrase simple, sans rapport apparent avec mon souci, que je trouvais bientôt sibylline et dont j'augurais la naissante clarté. A mon interrogation répondait une autre interrogation. Voulais-je définir les buts de la sagesse, il me demandait : « Le fou du roi devenu roi prendrait-il un fou ? » Désormais, mes pensées anciennes s'apparentaient à des vomissures cérébrales. Dans un long exercice, équilibriste sur mon fil, je voyais s'éloigner mes vieilles certitudes ; mes remparts occidentaux s'effritaient. Un jour, je soumis une maxime courante : « Un bon tiens vaut mieux que deux tu l'auras. » Le marquis me répondit : « Il est plus dynamique d'espérer que d'entreprendre. » En France aussi les maximes se savent contrarier, des voyages formant la jeunesse à la pierre qui n'amasse pas mousse, de la fortune qui vient en dormant à ce Ciel qui ne nous aide que si nous l'aidons en passant par l'habit qui ne fait pas le moine tandis que la plume fait l'oiseau. Le précepte, je l'avoue, même venant du marquis, m'agaçait par son laconisme et j'y trouvais une autre forme de certitude adroitement formulée. Je préférais que mon ami, tel un auteur de haïkus, encore que le genre eût ses facilités, me découvrît une imagerie sensible. En fait, au cours de ces dialogues, je n'étais pas de cire molle, un fond de moi se rebellait, je ne serais jamais un sage oriental, mais du moins je me dégagerais de la fausse sagesse de l'Occident. Je cherchais cependant à m'abandonner à la pensée formatrice que le Ciel m'envoyait. Rien ne pouvait me surprendre, je me défiais de trouver dans les apparences étranges une singularité qui n'a de singulier qu'une impuissance à la définir autrement. La difficulté pour moi consistait à trouver un état de viduité et d'accueil : me croyant ignorant, j'étais soumis à tout ce que j'avais appris, à cette habitude des réfutations et des critiques ; pour trouver la fécondité, je devais désapprendre, apprendre à désapprendre : il m'apparut que les langues du savoir ont utilisé tant de maquillages que ce sont les fards qui débattent entre eux. La perfection et la fragilité de la fleur, ma pensée les enviait. Telle, ramassée dans mon couloir obscur, ne serait vraiment pensée que si une fille jaillie de son flanc la venait mettre à l'épreuve. Mes voyages en ces méandres, non pas jeux de l'esprit, mais mise en cause et engagement total, me faisaient naître. Mon existence entière dépendait d'un choix. Comment rejoindre la montagne quand le chemin de la montagne est derrière la montagne ? Pour devenir le contemplateur pur, comment conjurer les pasions, m'assécher de toute ivresse, découvrir la signification du relatif et du transcendantal ? Et de cela, qu'attendais-je sinon la connaissance et de mystérieux pouvoirs ?

Il arrivait que la leçon fût silence. Alexandre J. Bisao, le regard levé vers le ciel, me disait : « Notre empire est dans les airs. » Il suivait le vol d'un invisible oiseau, parcourait les espaces sidéraux pour revenir lentement vers nous comme s'il s'était chargé de présents. Cet homme affable et bon ménageait entre lui et les autres une distance, non par hauteur mais par souci de respect. Or, cette distance même devenait un rapprochement selon d'autres dimensions. Ce que nous attendions de lui, Tokujiro et moi, il prenait le soin de le déléguer à l'un ou à l'autre. Jamais il ne recourut aux mots savants du bouddhisme ; le peu que j'en appris me vint de mon ami, son petit-fils, le parfait étudiant en calme intérieur. Délaissant les voies du discours habituel, des trop parfaits équilibres de la phrase, de la recherche d'une signification immédiate, sans doute ma manière d'être et de penser se modifia-t-elle. Je fus habité des éclairs d'une incessante quête. Loin du stérile bavardage, dans une moisson de mots libres, il s'agissait d'unir passé, présent, avenir pour approcher le lieu où la vision se multiplie en ne cessant d'être juste.

Nos jeux et nos luttes, nos courses et nos rires, Tokujiro et moi, nous les interrompions dès que, au seuil de la maison, apparaissait notre maître tout souriant de notre entente, y trouvant un air de jeunesse le réconfortant, faisant de lui, comme il nous l'avoua, un cimetière joyeux où les morts ressuscitaient, car, nous dit-il, à quoi bon vivre longuement si c'est vivre mort? Toujours, je croyais le voir pour la première fois. Le considérant, dressé comme un if, une haute statue drapée de blanc, s'avançant d'une démarche lente et glissante, presque inhumain, lui le plus humain de tous, je pensais à ces blessures dissimulées, à ce torse annelé de serpent fabuleux, à ce vide près de sa tempe, à cet assèchement de la peau sur les os, cuir léger et souple. A ce propos, j'avais bien décidé de garder le silence, de faire taire mes interrogations: libérer ma curiosité, ne serait-ce pas ouvrir la porte au maléfice, me transformer en statue de sel? Or, par une nuit inoubliable, je saurais bientôt la cause des maux infligés à ce corps humain apte à les transformer en noblesse. Si fantastique qu'elle fût, la narration, en me faisant vivre la tragédie, écarterait toute idée de fantastique.

L'îlet connut de brèves secousses telluriques, fut soumis à des typhons qui, sur les rivages d'Europe, eussent paru redoutables, mais auxquels mes hôtes prêtaient moins d'attention qu'à un coucher de soleil. Des mesures de protection s'établissaient naturellement, chacun y participant par sa fonction propre selon un exercice soigneusement répété. D'habiles systèmes fermaient la demeure de toutes parts et la vie continuait sans qu'on fît la moindre allusion aux intempéries. Durant ces périodes de retrait, je travaillais au sous-sol ou lisais dans ma chambre de longs récits historiques. J'espérais voir nous rejoindre la mystérieuse dame si rarement entrevue. Il lui arriva d'apparaître au seuil de la salle où nous nous tenions pour les repas pour repartir aussitôt et rejoindre les pièces de son bungalow attenant à la demeure par le fil ombilical du couloir. A peine le séisme évanoui, Shintaro, les jardiniers, les servantes, le jeune matelot Uchida et nous-mêmes, nous nous précipitions vers le jardin zen, nous employant à réparer les outrages, à ratisser le sable, à redresser ou replanter les arbustes, à nettoyer les pierres, parfois à prendre parti d'une érosion pour modifier le tracé d'une allée.

Ma nouvelle sagesse m'avait-elle délivré de douloureux souvenirs ? Une circonstance me le montra : je me trouvais fort éloigné du détachement souhaité ; le mal, si apaisé qu'il fût, reposait toujours dans son antre secret. Cette aube-là, dans une lumière gris-bleu, lorsque je rejoignis Tokujiro sur le sable, un shamisen était posé près de lui. Pour m'accueillir, sans se retourner, il saisit l'instrument et commença de jouer. Je m'assis derrière lui, enfonçant mes doigts dans le sable. Seule la musique peut faire échec au temps irréversible. Dès les premières notes, je fus transporté vers l'autre rivage. Surgirent les passants d'une autre saison de ma vie, tels qu'ils furent, tels qu'ils sont à jamais, Konosuke, Yoshimi, Shunichi, jeunes pêcheurs qui m'apprirent à braver les tempêtes de l'océan et non celles du cœur, frères de la tribu désertée, veilleurs du soleil couchant, et toi, Hayano, ma perdue, ma retrouvée, toujours, à jamais présente pour offrir à la nuit la musique et le chant. Me rejoignit la mélancolie, ce trône du démon, avec d'autant plus de résolution que je me croyais invulnérable. Mon visage se crispa. Du temps de Hayano à celui de la barque éclatée, sans même remonter plus haut dans ma vie, je ne vis que décombres. Convalescent, en grand danger de rechute, me croyant proche et fort éloigné de la sagesse recherchée, de l'état de quiddité préparant à toutes les maîtrises, suffisait-il donc de notes de musique pour que le mal remontât tel un sanglot longtemps retenu ? En vain, je tentai la lecture d'un nuage, en vain, je suivis le vol d'un cormoran. Mes doigts se crispèrent sur le sable si fluide quelques instants auparavant.

Devant moi, Tokujiro, croyant me bercer, me blessait. Sur la peau brune et lisse de son dos, brillaient des grains dorés. Ses cheveux bruns s'écartaient sur sa nuque en un agréable dessin. Je suivis l'arrondi de ses épaules et la pente douce des bras. Du frémissement d'un muscle, je frémis moi-même. Je voyais non plus mon ami, mais Hayano dans ce corps, cette peau attirant mes mains et ma bouche. A de nouvelles sensations où le délice le disputait à la douleur, soumis au vertige de la musique envoûtante, hors le réel, hors la pensée, je m'abandonnai à cette houle comme naguère quand le découragement me prenait au destin des vagues. Ce trouble dura-t-il le temps d'un frisson ? La musique avait cessé, je l'entendais encore. Les yeux fermés sur une humidité, je gardais en moi Tokujiro métamorphosé en femme par mon illusion, je sentais le parfum de sa peau comme un sel sur mes lèvres. De cet étourdissement ou de cet évanouissement ne sachant m'extraire, je me sentis trembler et me crisper à la fois. Étaient-ce là les premiers signes d'un mal qui, plus tard, devait m'atteindre ? Lorsque mes paupières se levèrent, dans une brume, le visage se détacha qui n'était plus celui de Hayano. Il me souriait, Tokujiro, mon ami, mon frère, et devant sa bouche si belle, ses yeux dorés et tendres, devant ces lieux du corps où la beauté efface le sexe, laisse apparaître l'ange ou l'androgyne, je tentai de cacher mon trouble. Brusquement, il posa sa main sur la mienne et, dans un mouvement juvénile et fort, il se dressa en me tirant par le poignet, dit joyeusement : « Courons ! » Je fis glisser mon kimono à mes pieds et je le suivis assez lentement et même péniblement. Bientôt mes muscles s'échauffèrent, mon corps prit de la vitesse, je le dépassai et l'entraînai à ma suite. Souffle mesuré, je m'appliquai au bon fonctionnement de ma course en ne songeant plus qu'au mouvement et à la distance. Lorsque Tokujiro me rattrapa, allongeant ma foulée, je synchronisai mon rythme sur le sien. Parallèles, nous n'eûmes alors qu'une seule course. L'air fouetta mon corps, me débarrassa des miasmes de rêverie et des attirances vagues. Le jeu reprenait, la complicité, le plaisir d'être diffusés par l'exercice musculaire loin des oripeaux inutiles.

Au port, Shintaro embarquait sur le cabin-cruiser. Le yacht blanc avait disparu. Le marquis Bisao nous avait quittés durant la nuit pour un de ses voyages, à Hong Kong ou à Singapour. Il ne prévenait jamais de ses départs. Tokujiro observa que, même absent, son maître restait parmi nous. Je quittai mon ami pour rejoindre le jardin du silence. Assis sur la pierre plate, je m'immobilisai pour tenter de discipliner mes pensées. Ayant vu s'éloigner le cabin-cruiser, imaginant le yacht sur l'océan, je sentis renaître mon désir de voyage, de départ vers une destination surprenante. Contemplant ces rivières de sable ratissé, ces mers et ces îles figurées, j'eus, dans une rémanence, la vision de lieux ignorés, et ce furent, voile au vent, des courses sur l'océan, des couchers de soleil flamboyants et des nuits cloutées d'étoiles, des archipels prodigieux et des quais en fête où s'alignaient les navires d'Orient et d'Occident, des équipages en bordée et des dockers déchargeant des cargos, les baleines, les dauphins en course, les méduses en lumière, les écharpes d'oiseaux marins, ces apparitions coulant peu à peu parmi les végétations luxuriantes des hauts-fonds.

Abandonné à ma seule intuition, que ne pouvais-je orner mon visage du sourire d'un Bouddha devant un lotus, devenir un saint légendaire faisant par la seule prière fleurir un camélia, ou bien, imitant un sage, rester neuf ans dans la méditation, le visage contre un mur ! Ma nature m'interdisait de m'extraire de moi-même, de creuser mes souterrains mentaux, de rejoindre ma vie fondamentale pour en extraire les virtualités spirituelles. Je me souvins d'une phrase de mon hôte : « Le thé a plus d'importance que la philosophie. » N'exprimait-elle pas que la pensée n'a nul besoin de mots, que la seule contemplation suffit à transmettre les doctrines secrètes ? Trouver la pureté et la simplicité de la nature... J'admirai le jardin zen, la fantaisie de ses tracés, ses peuplades de pierre. M'interrogeant face à cet ordre, je jugeai creuse et fade ma méditation, impropre à l'harmonisation de l'intuition et de l'être, une métaphysique de l'esprit las s'opposant aux ressorts vigoureux d'une âme ardente. Comment écarter de mon chemin tout obstacle, souvenirs déchirants, amours perdues, tremblements d'exil, formes attirantes, chairs convoitées ? Combien restait difficile la route indiquée par mon maître, la route invisible ! Il lui arrivait de m'offrir un précepte obscur pour me recommander aussitôt de le détruire alors que son sens même m'avait échappé. Décontenancé par ces groupes de mots laconiques, vaine m'apparaissait ma recherche. Que signifiait : « Il faut tuer Bouddha ! » alors qu'il en adorait la représentation ? Que voulait dire : « Ni bon ni méchant, l'homme est de la nature de Bouddha ! » ? Que cachaient ces paroles ? Par quel point du paradoxe les fallait-il saisir ? Resterais-je un esprit latent, un être non encore né, réclamant un éclairage du dehors, le dedans n'y pouvant suffire ? Obscurément, je reprochai au marquis son départ : sans sa présence, mon univers fragile perdait tout équilibre, et je compris son pouvoir.

En dépit d'une errance morose dans la grisaille du soliloque, les heures silencieuses m'apaisèrent. Où enterrer mes chimères sinon au fond de mon cerveau ? De mes hôtes attentifs, de ces amis par l'esprit, je ne pouvais plus me passer. Un rayon de soleil mettant en valeur le relief d'un rocher me l'apprit : je ne devais pas briser ma ligne. Je resterais, je tenterais de percevoir des nuances trop délicates pour ma vue, des sons peu perceptibles à mon ouïe, et tant de saveurs raffinées, de subtils parfums, de caresses du jour. La non-étude serait mon étude, je remonterais aux sources du non-savoir. J'adorerais la minute. J'observerais longuement la feuille ou le galet. Je consulterais la nature. Je construirais ce jardin énigmatique. Je m'érigerais sans les mots. Je prendrais de l'élan pour franchir les obstacles, pour m'évader des prisons du vieux moi. J'entendrais le sermon des choses par les yeux de l'âme. Je sentirais sans définir, je sympathiserais sans analyser, je saisirais sans abstraire. Je trouverais la force et la persévérance conduisant à l'illumination. Pour ce métier d'homme, mes amis m'aideraient. Les leçons du maître, je m'ouvrirais à les recevoir. Soulevant l'écran, je verrais le monde. Déblayé des peines terrestres, je découvrirais la perle en son plus bel orient.

Alors que je ne l'attendais plus, avais-je reçu le signe ? Les yeux clos, dans une vision multiple, je perçus qu'aucun mouvement ne s'effaçait, qu'en esprit chaque acte devenait immortel. Un flot d'images me révéla l'invisible : après la fuite du poisson, il restait un éclair, dans l'air parcouru par l'oiseau, son paraphe, et le fruit tombé laissait encore sa forme sur la branche, la fleur morte offrait son ancien parfum, le tournesol éteint, sa graine d'ambre. Dans ce jardin de délices, tout devint trace et j'entendis ce qui ne parlait plus. Un caillou dans l'onde agrandissant les cercles d'infini figura l'éternité. Mon silence trouva son écho.

Le jour ouvrit toutes ses portes solaires à mon cœur déserté pour que la nuit m'offrît son étreinte furtive.

★

Jusqu'à la tombée du jour, je fus, par choix, solitaire. Retiré dans ma chambre, porte close et volets tirés, j'eus pour compagnie une araignée. Sous la console aux trois Bouddhas, aucune servante n'avait remarqué sa toile. Je l'observai, je crois même que nous nous observâmes. Couché sur le côté, je m'astreignis à imiter sa vigilante immobilité, détaillant les rayons et les lignes concentriques de ces fils ténus par son corps sécrétés tel le soleil diffusant ses rayons. Dans une longue rêverie née de mon apaisement (comme la nature après les spasmes d'un typhon), je me fis moi-même araignée : un fil ombilical issu de mon ventre s'étira, se tissa, se distribua en une savante géométrie de trames et de chaînes telles que l'architecture animale en connaît l'industrie ; il s'édifia ainsi une voûte protectrice et de ce ciel tremblant jaillirent d'innombrables éclairs me reliant (par les effets d'un psychisme narcissique ?) à des êtres vagues, à d'autres planètes. Cela provoqua dans toute ma personne un bien-être inconnu, un état de plénitude, un nirvâna dont j'étais le donateur et l'offrande. La contemplation de la toile arachnéenne, piège et délivrance, prodigua l'oubli par paliers au cours desquels me visitèrent des réminiscences : un soldat couché au pied d'un arbre écartait les mains de son ventre blessé, le sang refluait vers sa plaie qui se fermait et il me souriait ironiquement ; dans un appartement lyonnais, je lisais un livre de voyage, ma tante Poirier posait la Joconde d'une broderie et tendait vers ma poitrine un doigt accusateur ; dans un autobus, un infirme m'insultait parce que je ne lui cédais pas la place à laquelle des liens serrés m'attachaient. Dans une deuxième phase du rêve, mon nombril régurgita le fil de la haute toile, détruisant mon édifice. Ces imageries s'estompant, apparut dans ma chambre la dame de l'estampe, selon son habitude parée et coiffée en Japonaise classique. Elle se pencha sur mon corps endormi, me regarda avec une troublante fixité, posa sa main gantée sur ma joue, ce qui provoqua un brusque éveil. Dans cet effroi, mes yeux s'ouvrirent tout grands : une servante posait à mon chevet un plateau sur lequel fumait une théière, s'inclinait et s'éloignait, une main posée devant sa bouche pour cacher son rire. Je consultai ma montre, les aiguilles en étaient arrêtées. J'écartai le rideau. Dehors, la muraille de jasmin se teintait de rouge, le soleil se retirait pour éclairer un autre lieu du monde.

Dans le soubassement arrondi de la salle de séjour, assis près du feu de charbon de bois sur un coussin, Tokujiro lisait un texte ancien sur un rouleau coulant telle une pièce de tissu sur ses cuisses. Silencieusement, je m'assis en face de lui. L'approche de Shintaro lui fit lever la tête pour donner un signe d'acquiescement. Il me sourit, roula soigneusement le papier toilé qui chuchota sous ses doigts. Je lui exprimai le regret de ma longue absence, ce dont il parut surpris : ne venais-je pas de le quitter ? En kimono, il se tenait fort droit. Je désespérais de ne pouvoir observer aussi bien et longtemps cette raideur du buste. Son grand-oncle de Kyôto, m'apprit-il, manifestait le désir de faire ma connaissance. Satisfait du bon tour pris par mes initiatives, il souhaitait que je fusse, de manière officielle, associé à son affaire. Heureusement, Tokujiro n'attendit pas une réponse que j'aurais été bien embarrassé de lui apporter. Avec son insouciance habituelle, il fit dévier son propos sur le commentaire de sa lecture. Les servantes disposèrent les plateaux de laque noire sur des socles orangés formant ainsi deux tables basses placées devant nous. Nos baguettes d'os voltigèrent de l'un à l'autre des plats contenant des fleurs de chrysanthème parfumées de vinaigre, des parcelles de langouste et de poulet, des huîtres frites, du riz et des œufs crus. Notre conversation porta sur les deux civilisations française et japonaise. J'affirmai qu'en dehors des mots samouraï et geisha, fort mal compris et faussement définis, mes compatriotes restaient dans l'ignorance de son pays. Répondant à mon attente, Tokujiro m'apporta ses vues sur certains codes d'honneur en les spiritualisant. Le marquis et lui-même détestaient les geishas. L'idée de samouraï, bien qu'elle se perpétuât dans les jeux et lors de la Fête des Garçons, appartenait au passé. Il préféra me parler des survivances populaires, de la branche de pin protectrice au seuil des demeures, des rites de purification, des cultes agricoles avec leurs offrandes de pousses de riz, de danses, de fêtes comme celles du cerisier en fleur ou des étoiles. Il énuméra quelques-unes des divinités populaires : les sept dieux du bonheur empruntés aux trois religions du bouddhisme, du taoïsme et du brahmanisme figurant les aspirations humaines ; le petit Jizô, l'ami des enfants, avec son crâne rasé et son sourire perpétuel ; il m'entretint encore du renard et du blaireau paillard, des kappa, délicieux et fantaisistes démons des eaux et des lacs ; il en existait ainsi cent autres avec qui, par fidélité aux coutumes ancestrales, il fallait entretenir des relations de bonne politesse. Pour ne pas être en reste, et tout en regrettant que le folklore ne fût pas mieux enseigné en France, je lui signalai des motifs de superstition, du chat noir traversant la route au passage sous l'échelle, du pain retourné à l'araignée du matin chagrin devenant l'araignée du soir espoir. J'appris qu'au Japon l'apparition d'une araignée signifie la rencontre de l'être aimé. Ma contemplation de la toile légère et de son hôtesse portait-elle une signification ?

La terrasse dominant l'océan nous accueillit. Allongés sur des divans de bambou, notre face à face fut animé par le saké chaud servi dans d'étroits flacons renouvelés par Shintaro. Je me souviens : Tokujiro me parle de la solitude de l'être absolu dès lors qu'il abandonne l'univers des particularités, évoluant dans l'espace, le temps et la cause, s'élevant comme un nuage errant et se déplaçant à sa guise. La voix basse de mon ami convient pour évoquer cette poésie et cette douceur. Car nous chuchotons pour ne pas troubler la nuit. Sans conduire ma confidence à ses limites extrêmes, je lui avoue que, goûtant les bienfaits du retrait et de la méditation, me plaisant dans une compagnie de qualité jusqu'alors inconnue de moi, aimant cette demeure au point de croire qu'elle m'est destinée, poussé vers ce rivage par un désir d'oubli et de solitude, celui sans doute de quitter une part de mon être, je me sais éloigné d'atteindre à la sagesse : le plaisir pris, par exemple, à recevoir la délicieuse griserie du saké montre bien mon absence d'ascétisme. Tokujiro me porte la santé et boit à son tour avec un rire grelottant. Lui-même n'envisage pas de devenir un moine et n'aspire pas à la sainteté. Le temps de son étude terminé, quelque jour il reviendra au monde, réapparaîtra dans l'ancienne capitale, courra l'univers, tout en restant lié à cet îlet, cette demeure, ce jardin zen qui en est l'âme. Il ajoute que point n'est nécessaire l'ascétisme pour aspirer, par-delà la relativité empirique, à une vue plus élevée du monde où l'être peut contempler sa propre destinée.

Très avant dans la nuit, l'union est notre demeure. Nous écoutons le bruit des vagues se précipitant sur le rivage et la caresse de l'eau se retirant sur le sable, au loin les grésillements des insectes, et parfois le miaulement bref d'un oiseau ténébreux. J'imagine Alexandre J. Bisao sur l'océan, sa haute stature au bastingage, son regard fixant les mêmes étoiles. Tokujiro me parle du ciel et des premières eaux et sa parole glisse dans l'air jusqu'à mes oreilles tel un chant berceur. Dans ce nocturne, nos corps drapés de blanc figurent l'éclair et nos paroles nous portent plus loin que nous-mêmes ; les paysages estompés entrent dans nos demeures de chair tandis que fuient les scories du jour. Ce qu'il murmure, Tokujiro, je l'ai en partie oublié. M'entretient-il des six vertus ? Dit-il une prière ? un poème ? Cite-t-il quelque précepte d'un vénérable ? Son langage se fait musique et me dénude, me délivre des habits vains que l'intellect m'a tissés et qui pèsent lourd, si lourd ! De la salle voisine vient le parfum du feu et je sens voyager le sang bleu qui alimente les astres, corps lumineux embrasant son ombre, et c'est comme s'il naissait de nous, comme si nous devenions l'eau de la vie et l'oreiller des flammes dont nous recevons les présents dans notre jeune âge d'or.

Ni Shintaro ni les servantes ne réapparurent. Tokujiro penché vers le sol fit glisser sa main sous le divan. Il dit : « Le plus malaisé : voir dans les ténèbres... » et comme je saluais la sentence, il ajouta malicieusement : « Il ne s'agit que de retrouver mon flacon de saké ! » et je lui tendis le mien. Ayant bu, il reprit son monologue auquel l'alcool et la nuit apportaient quelque incertitude sans le conduire jusqu'au délire. Il me traça une sorte de portrait de son (de notre) maître : Alexandre J. Bisao prenait physiquement la forme de sa pensée ; s'il parlait peu, s'interrogeait plus qu'il n'interrogeait, il cherchait les mots opportuns pour ouvrir l'entendement à la vérité du zen, connaissait intuitivement le rien qui provoque l'ouverture de la porte des secrets éternels. Seuls permettent de l'atteindre une intense concentration, de longues époques de méditation, un oubli du sommeil et des choses vitales, un état d'extrême transparence. Dès lors, la vie peut être modifiée : les êtres, sans changement apparent, voient leurs liens se rompre, l'âme est lavée, le monde rajeuni, la fleur apparaît plus belle encore, la pierre plus réelle, l'eau plus fraîche, toute sensation se multiplie, nous avons fait un pas vers l'absolu de la liberté. J'écoutais Tokujiro m'entretenir d'une spiritualité que je me savais en partie refusée comme s'il évoquait de nostalgiques utopies. Il poursuivit son propos en me traçant un tableau idéal de l'intelligence future dominée par les seuls objets de la pensée, à ce point qu'un regard sur le miroir permettrait de percevoir l'image d'un autre soi-même (« un autre soi-même » : comme je devais retenir cela !), et il ajouta que l'on vivrait alors dans un palais de cristal.

Ensemble, au même moment, nous perçûmes un imperceptible frisson de soie et qui nous aurait échappé si la nuit n'avait aiguisé tous nos sens. Une ombre glissa et que je reconnus lorsqu'elle passa devant une fenêtre éclairée de lune. Je pris la décision d'exprimer tout ce que je cachais obstinément. Pourquoi cette demeure que Tokujiro voulait de verre recelait-elle pour moi tant de mystère ? Souvent mes yeux restaient ouverts sans que rien m'apparût. Je portais une foule de curiosités insatisfaites. Au seuil de la question plus précise, j'hésitai cependant. Tokujiro se leva pour allumer une lampe qu'il plaça près de moi. Elle éclaira mon visage tandis que le sien restait dans l'ombre. Il me pria de ne rien lui cacher, il ne voulait lui-même rien dérober à mes yeux. « Tokujiro, lui dis-je, cette jeune fille ou cette dame, si semblable au portrait placé sur le mur du couloir face à ma chambre, et que je croise parfois, et que nous ne voyons jamais, et qui fuit telle une vapeur, je ne sais si elle existe ou si elle est née de mon imagination. Et pourtant, nous venons d'en ressentir la présence... » Tokujiro se leva de nouveau et déplaça la lampe qui, cette fois, nous éclaira tous les deux. Il me regarda avec un sourire des yeux qui s'étendit plus triste à ses lèvres. Je distinguai une vive affection mêlée de malice et de mélancolie. Il murmura : « Cette jeune fille... » et il reprit : « Cette jeune fille, cette dame... c'est ma mère. » Je crus à une image, à un symbole. Il précisa : « Oui, Ego, mon ami Ego, elle est ma mère, elle m'a donné la vie, je suis issu de son corps. » Je m'étonnai : « Comment serait-ce possible, si jeune, si... » Il me confia d'une voix émue : « Si jeune... et si vieille, le corps à jamais figé dans un âge qu'elle a choisi, celui de son plus parfait bonheur terrestre. Elle seule a trouvé ici-bas ce que nous cherchons tous, les sept connaissances. Son monde est celui de la rosée du matin. Nul ne sait si elle a quitté la parole ou si la parole l'a quittée. Sans jamais se montrer, elle vit avec chacun de nous, avec vous aussi, Ego, de nous elle est la plus proche. De cette demeure, ma mère chérie représente le point le plus lumineux car la lumière qui la baigne et qu'elle diffuse est sans bornes. C'est elle qui nous aime et nous protège et si ce lieu possède son être sensible, c'est elle qui en est l'âme secrète, l'âme... Vous êtes ému, mon ami, et je le suis aussi, et je suis confus de ne jamais rien vous avoir dit. Pour ma mère, il n'en fut pas toujours ainsi. Avant que le Bouddha ne se réalisât en elle, elle fut une jeune femme moderne, enjouée, libre et choyée, répandant le charme, l'élégance, la tendresse, la plénitude de joie et la fête incessante dans la maison de mon père, et ces présents inespérés, elle les offre toujours, d'une autre manière... »

Plus qu'à l'indiscret, au maladroit, Tokujiro s'adressait à un autre lui-même, un frère élu. Je cessai de me reprocher intérieurement d'avoir cédé à ma nature peu subtile pour quêter la confidence. Il me remercia d'avoir évoqué sa mère et je compris qu'il ressentait un bien à parler d'elle. Ma gêne s'effaça. Je n'eus plus à questionner : l'amitié, la nuit, l'alcool ouvraient toutes les portes. Les causes de ce bouleversement dans une existence humaine vouée à un tout autre destin, les ombres qui entouraient la personnalité de ce grand-père qu'il appelait son maître, le troublant, le surprenant, le mystérieux marquis Alexandre J. Bisao, l'homme au corps annelé, à l'unique oreille, au plus éloigné de toute explication surnaturelle, au cours de cette nuit inoubliable où le premier pan du voile se leva, je devais les connaître et nous n'en parlerions plus jamais, et cette lumière soudaine me ferait aimer ces amis donnés par le voyage plus encore que je croyais les aimer.

Que la source du mystère coule dans mes lignes et si elle est de feu, qu'elle me brûle ! Qu'au « je » de ma confidence succède le « il » de ma narration ! Ce que mon maître a vécu, que ma plume le recompose ! Il parla, Tokujiro, jusqu'à l'aube et ses phrases coulèrent jusqu'au bout de ma vie. Nous étions deux jeunes hommes. L'océan nous offrait ses rumeurs, la nuit son parfum, le souvenir sa tragédie. Et l'hier a résonné de ses menaces.

J'entends le plus épouvantable fracas de l'histoire des hommes.

Cinq

UN été de ciel bleu et de guerre harassée, un été resplendissant de floraisons et bruissant d'inquiétudes. Un matin de tendre soleil et d'ombres douces, un matin pour oublier la tristesse des choses. Trois jours plus tôt, le marquis Alexandre J. Bisao, accompagné de son fils unique, Yoshi, avait rejoint l'île Large, plus connue sous le nom d'Hiroshima, pour un séjour d'une semaine, période durant laquelle serait fêté l'anniversaire de leur hôte, le docteur Tamamura : ayant dépassé l'âge réputé fatal de soixante et un ans, il avait vu une fois de plus fleurir les cerisiers. Yoshi Bisao, le jeune père de Tokujiro, se plaisait en compagnie de ces deux hommes plus âgés que lui : son père bien-aimé et l'ami de la famille, ce chirurgien réputé, d'autant que lui-même pratiquait la médecine. Sa femme avait profité de ce voyage pour se rendre, avec Tokujiro, chez une cousine habitant Yokohama où elle dirigeait une manufacture de poteries.

L'honorable docteur Tamamura habitait une demeure ancienne au pied de la colline d'Ushita. Veuf comme Alexandre J. Bisao, il menait une vie partagée entre l'exercice de sa profession, la lecture des vieux textes, le sport équestre et les plaisirs gourmands. La veille de ce jour qu'on appellerait bientôt « ce jour-là », les trois hommes après une journée consacrée à la rencontre d'insignes personnalités de la grande ville, puis à une randonnée à cheval, avaient agréablement dîné autour d'un sukiyaki. La conversation, tout d'abord, avait porté sur la guerre. Pour effacer le pessimisme, le docteur en était venu à évoquer les huit beautés traditionnelles, sujet conventionnel et toujours agréable surtout lorsqu'il éloignait de rivages désespérés. Chacun des trois hommes pouvait aisément citer: la lune d'automne vue d'Hishiyama, un soir de neige à Hirayama, le coucher de soleil au pont de Séta, la cloche du soir au temple de Miidéra, les bateaux rentrant du Yabassé, le ciel clair et les brises d'Awadzu, la pluie du soir sur le vieux pin de Karasaki, les vols d'oies sauvages à Katata. Si Yoshi avait souri malicieusement devant ce plaisir de vieux lettrés, les deux aînés s'étaient plu à décrire telle merveille particulièrement bien connue de lui et à indiquer une préférence. De même, la récitation de poésies s'imposait et fut évoqué Bashô qui, par bonté bouddhique, avait modifié un texte de son disciple Kikakou. Ainsi le haïku: « Une libellule rouge/arrachez-lui les ailes/un piment! » était devenu : « Un piment/mettez-lui des ailes/une libellule rouge ! » Yoshi se demandait pourquoi son père et son ami, bien qu'ils fussent conscients d'avoir déjà tenu cette conversation, la reprenaient, puis il se dit que c'était là de tradition et tant mieux si les gens âgés savaient l'honorer en chantonnant des vers dans la douceur vespérale.

Le lendemain, sixième jour du mois d'août de l'an 1945, le marquis Alexandre, comme plusieurs milliers de personnes, fut éveillé à sept heures du matin par le mugissement d'une sirène d'alerte. Cela n'inquiétait guère: chaque matin, à la même heure, un avion de reconnaissance météorologique survolait la ville, provoquant l'alarme à laquelle les habitants s'étaient habitués. Simplement, cette longue plainte, cette lamentation s'essoufflant et toujours reprenant souffle, rappelait que le pays se trouvait en guerre et, les revers de l'armée japonaise s'amplifiant, les pensées s'orientaient funestement. Alexandre J. Bisao resta éveillé un peu moins d'une heure sans se lever, revoyant les trois belles journées qui venaient de s'écouler et augurant celle qu'il allait connaître en compagnie de son fils, l'honorable chirurgien passant sa journée à l'hôpital. Il s'étira et sourit, il se sentait étonnamment jeune, à peine si sa chevelure portait quelques fils gris, sportif, plein de force, capable de battre Yoshi sur un court de tennis, il bénissait déjà la journée en perspective. Il pensa à sa villa de Kyôto, à sa résidence sur l'île au large d'Okinawa, à sa femme morte douze années auparavant, à son fils et à sa belle-fille, à Tokujiro, ce petit-fils qu'ils lui avaient donné. Le premier soleil filtrait à travers une gaze et dans l'air flottait un parfum de thé. Lorsqu'il entendit de nouveau la sirène signalant la fin de l'alerte, il se leva, chaussa ses mules, dans le projet de se rendre au jardin pour cueillir des fleurs et composer un bouquet en l'honneur de son hôte.

Vêtu d'un pyjama occidental, il traversa le couloir dallé et contourna la maison pour rejoindre le jardin de rocaille situé au-delà d'un mur dont le béton se dissimulait derrière des plantes grimpantes. Du regard, il choisit les fleurs qu'il cueillerait sans déparer les massifs. Comme à chaque aube, il eut une pensée pour sa patrie et pour son ami l'Empereur. Il murmura : « *Banzaï !* » non désormais dans l'espérance d'une victoire, plutôt dans celui d'une honorable paix que suivrait le temps de la réflexion. Sur la feuille large d'un arum perlait une goutte de rosée. Il s'arrêta devant cette petite larme déposée par la nuit. Une chenille minuscule parcourait une nervure pour aller à la rencontre de cette perle brillante d'eau. Un sentiment d'admiration, une sensation de plénitude envahirent l'homme : avait-il jamais vu plus beau au monde que cette feuille, cette chenille et cette rosée? Dans la fraîcheur matutinale, il médita devant ce spectacle ravissant qui ouvrait sa journée. Penché, les yeux heureux et un sourire aux lèvres, en communion avec la nature, tel un entomologiste il observa la progression de la chenille, se demandant si elle irait droit sur la goutte d'eau ou la contournerait. Cette aventure menue, délicate comme une fable, le passionnait, elle effaçait tous les soucis présents, la contemplation faisant échec à l'ennui. Qui aurait cru que l'univers entier choisirait un tel moment pour se renverser?

D'autres parleraient du tonnerre d'une double déflagration. Lui n'entendit rien. Il reçut de plein fouet l'éblouissement d'une lueur fulgurante transformant l'espace et le ciel en une blancheur aveuglante, incomparable, inimaginable, indescriptible, absolue, éclat lilial d'un magnésium géant, lumière d'outre-monde d'une intensité et d'une pureté surnaturelles, et, en même temps, phénomène monstrueux de beauté auquel l'on ne peut survivre étant soi-même explosion, lumière plus intense que toutes lumières, unissant tous les soleils de toutes les galaxies, flamme blanche incandescente qui semblait venir du paradis alors qu'elle était de l'enfer. Aucun terme n'existe pour exprimer l'extraordinaire dimension de la surprise, du sursaut et de l'extase. L'homme, comme jeté vif dans le métal bouillant du haut fourneau, dans un espace de temps plus bref que celui d'un éclair, sentit une abominable douleur attaquer sa tête et son torse, se diffuser dans tout son corps, tandis qu'une vague brûlante le soulevait, le rejetait derrière un mur où un déluge d'éclats de tuiles, de verre, de bois, de ciment, de plâtras, de poussière épaisse le recouvrait. Dans cette explosion, Alexandre J. Bisao le contemplateur venait de mourir à lui-même.

Un autre homme, des heures après, allait s'extraire lentement, péniblement, au prix d'atroces souffrances, de la terre en gésine, à mouvements lents de crapaud torturé, ne sachant pas de quelle géhenne il émergeait et vers quelle autre il surgissait, parce que, sans conscience, devenu reptile maladroit, avatar du feu. Cette chair à vif, cette créature innommable se dégagea peu à peu des tentacules qui la retenaient au sol. En grattant sa tombe, il libéra partie par partie son torse et son ventre et parvint, les jambes encore prisonnières, à se placer sur le côté pour s'extraire de la gangue en une difficile reptation. Il crut avoir perdu la vue et passa ses doigts sur ses paupières blessées, les soulevant dans un geste contraire à celui qui ferme les yeux d'un mort. Dans un nuage de poussière rouge, il distingua des formes vagues, des contours flous. Il se trouvait dans un désert, une mine à ciel ouvert, un champ de décombres où seul un mur dépouillé de feuillage, étêté, tenait encore debout. Le corps ardent, traversé de soubresauts, saignait. Une douleur intolérable se répandait de sa tête à son torse. Il éprouvait la sensation affreuse de n'être plus qu'une enveloppe comme si, à l'intérieur de sa peau, ses organes avaient disparu. A l'emplacement d'une oreille fondue, un amas de terre et de sang obstruait son crâne plein de feu. Encore inconscient, il ne sut s'il vivait encore ou s'il se trouvait dans une région au-delà de son cadavre. Tout s'obscurcissait. Sa pensée détruite, ses gestes se poursuivaient mécaniquement tels les ultimes sursauts d'une volaille au cou tranché. Entre deux syncopes, à plusieurs reprises, il tenta vainement de se lever, puis, son âme envolée dans la blancheur refluant en lui, il réunit les bribes de son existence survivante. Toute la vie n'avait pas déserté son réceptacle. A peine ses pensées prirent-elles asile que surgit, dans une exaltation d'espoir, l'image de son fils, effacée aussitôt et le laissant dans un état d'accablement. Il parvint à se dresser, à redevenir, dans un difficile équilibre, l'animal vertical. Ses jambes restées valides figuraient ce qui restait vivant. Il tenta quelques pas incertains. Le jardin était mort, annihilé, effacé, devenu poussière et cendre, le ciel avait perdu son bleu, le jour sa lumière. Le monstre humain, la bête-plaie avançait, écartait des amas informes, déplaçait des morceaux de charpente, se frayait un chemin, butait aveugle contre le mur, le suivait, le contournait dans une solitude et un silence d'effroi. Où se dressait la villa, il ne restait rien, à peine une trace, elle avait disparu, soufflée par le cataclysme. Il crut que sa vue le trahissait, que, le brouillard dissipé, tout réapparaîtrait intact. Il pensa à un raid des B-29, à un chapelet de bombes. L'évidence refusée se révéla : il ne reverrait plus son fils et son ami partis pour l'autre monde. Il atteignit l'emplacement d'un chemin qui n'existait plus. Là, il vit répandus les restes de l'habitation, le lieu où l'on avait parlé de la beauté. Elle gisait plaquée au sol, écrasée, ses matériaux disséminés. Il erra parmi les ruines fumantes et recouvertes de voiles épais et noirâtres. Le ciel prenait des teintes rouges, brunes, jaunâtres. Au loin, montaient d'épaisses colonnes de fumée et de suie. Horreur parmi l'horreur, un tronc de femme surgit, plante abominable, parmi les ruines, et il vit des chairs réduites à des cloques charbonneuses, carbonisées, méconnaissables. Il ne ressentit rien, il se trouvait dans un univers irréel, au-delà des limites de la perception. Torturé, il avança droit devant lui, dans le jour obscur. La chair dépecée, l'esprit vide, il pénétra, les bras écartés du corps, avec une attitude simiesque, dans un brouillard qui l'engloutit. Ses pieds nus brûlaient sur le sol surchauffé sans qu'il sentît la douleur. Il marcha, il marcha sans songer à se plaindre ou à maudire, ou plutôt ses jambes marchèrent sans lui. Touché par l'aile de la mort, il avait perdu la pensée et la parole. Comme à travers une vitre dépolie, son regard inaugurait une plaine dépouillée de formes et de reliefs. Il attendait sa chute, la digestion par la terre ogresse de sa vasque de pourriture. Boue et ténèbres, il avança, aveugle au-dedans de la nuit. Sa chair se détachait. Comme elle, Yoshi et le docteur s'étaient détachés de l'aube. Derrière lui le néant et devant lui l'épouvante. Il n'eut d'autre savoir que de marcher, marcher pour que la mort ne le mordît encore, pour que le ver rongeur s'endormît sous sa peau. Dans une région lointaine de son être se formaient des appels au secours qui montaient et mouraient sur ses lèvres blessées telles les bulles d'un torrent de lave.

Après des errances, les rails d'une ligne de tramway lui indiquèrent un inutile chemin. Les incendies inondaient le ciel de flammes et de fumées poussées par le vent brûlant. Des ruines, toutes sortes de projectiles chauffés au rouge tombaient sur le sol. La cité des eaux devenue océan de mort et d'embrasement, l'univers immense cuve promise au pourrissement, de hauts chandeliers d'arbres flambaient. Il poursuivit sa marche titubante sous le funèbre éclairage de ces torches parmi les fils électriques des poteaux renversés, les rails tordus par la chaleur, les pans de macadam, les pavés, les métaux fondus. Croyant qu'elles étaient les causes du désastre, il voyait jaillir et retomber des boules de feu. Quelle damnation frappait ainsi le monde ? Il pensa que non seulement la ville, mais toute la nation, toute la planète étaient devenues cette désolation. Atrocement, ce qui lui fit reprendre conscience de son état fut le spectacle d'un tramway dont il longea les voitures. Des voyageurs alignés sur les banquettes dont il ne restait que la carcasse avaient brûlé sur place. Métamorphosés en blocs noirs, la fournaise en avait fait des nains. Couché sur le dos, le corps du wattman débordait d'une portière montrant ce qui avait été visage, ses yeux coulant sur sa face noircie en agglomérats visqueux. A ces visions de cauchemar allaient s'ajouter sans cesse d'autres atrocités écartant les limites de l'insoutenable. La douleur physique d'Alexandre J. Bisao s'accompagnait de celle de l'esprit d'élucidation. Un cri montait en lui et ne pouvait s'échapper, à la fois le blessant et le tenant en éveil. Quel instinct lui dictait de se mouvoir, d'avancer sans but parmi les enfers? Survivant, il rejoignit les hordes d'autres survivants et les suivit, s'y mêla dans un défilé de suppliciés effarés et silencieux, cheminant ou s'immobilisant, se couchant sur le sol meurtri et, le plus souvent, ne se relevant plus.

Ce fut une procession muette de fantômes porteurs des haillons, des lambeaux pendants et pantelants de leur chair lacérée. Comme beaucoup, sans en avoir conscience, Alexandre J. Bisao traînait sa nudité, son pyjama fondu imprimé sur sa peau. Certains, par instinct de pudeur, tentaient de cacher leur sexe. Hommes, femmes, enfants confondus, êtres amputés errant parmi de rares bâtiments tous déchiquetés, corps ensanglantés et brûlés, spectres de cire liquéfiée, aveugles, sourds, muets, ils étaient décombres de chair parmi les décombres de la ville anéantie, trou noir, abîme ouvert. Êtres en proie, êtres en plaies, hommes inhumains, quartiers de boucherie, ils avançaient sans voir les cadavres et les agonisants. Troupeau apocalyptique, formes aux yeux, à la bouche, au nez ou aux oreilles rongés, les cheveux disparus, ils savaient qu'ils allaient tous périr telle de la viande boucanée sous le ciel devenu brasier et ils tentaient de préserver l'ultime étincelle de vie qui les maintenait à la surface d'eux-mêmes. Dans ce jardin de supplices, les os à nu, la chair, les muscles, les nerfs à vif, ils assistaient effarés à la fin du monde, les plus valides ignorant que, par-delà les blessures apparentes, d'atroces maladies traçaient déjà leur chemin. Beaucoup ressemblaient à des poissons bouillis, à des pieuvres dont la peau se détachait, se gonflait de multiples bouches pustuleuses. Le vent ravageur soufflait de toutes parts, des gerbes de fumée traversaient les nuages de poussière empoisonnée dans un combat de ténèbres contre des ténèbres plus épaisses encore. De soudains paquets d'air propageaient les incendies, jetant dans ce champ de flammes des orages de cendres. Images de planches anatomiques, le peuple des énervés glissait, ballet de misère, rivière monstrueuse dans des règnes infernaux.

Des êtres, trouvant le vieux réflexe de l'union, se soutenaient en retenant des hurlements dessinés sur les bouches torturées. Dans ce désordre, une femme, le bras arraché, heurta Alexandre J. Bisao et accentua à ce point la douleur de son torse qu'il gémit. Alors, elle se plaça devant lui, son unique bras tendu, et elle s'inclina en trouvant la force d'exprimer une excuse. Il sentit que les larmes jaillissaient de ses yeux. Nul ne criait, chacun souffrait, mourait sans plainte avec une déchirante politesse, une cérémonie du désastre, une révérence devant le destin. Ceux qui, comme cette femme martyrisée, se bousculaient par mégarde puisaient dans leur fonds de civilisation la grandeur d'exprimer un regret. Envahi d'une émotion nouvelle, l'homme voulut aider ou soulager sans que son état le lui permît.

Les souffles surchauffés de l'été incendié giflaient les blessures ouvertes. Des tuiles liquéfiées en une glu rougeâtre, des matériaux carbonisés fumaient, des trombes de flammèches portées par le vent assaillaient les vaincus, des tourbillons de fragments et de cendre dansaient dans l'air. Le torse raidi par le sang séché, ses plaies suintant à chaque mouvement, Alexandre se tenait droit, le regard fixe, marchant tel un automate. Dans l'espoir de trouver une fraîcheur, il se dirigeait vers un bras du fleuve. Tous ayant eu la même idée, il se trouva entraîné par une foule hagarde, une lente procession de chenilles détruites. Avait-il atteint le dernier cercle des enfers, la pointe extrême d'une malédiction devenue la compagne de tous ? Il aurait voulu ne pas voir : ses yeux exorbités, comme privés de paupières, ne se fermaient pas. Des créatures de souffrance, la chair lacérée de ravines profondes, les traits ou les membres arrachés, parfois n'avaient gardé qu'un œil pour voir couler leur sang. Des femmes mortes dans les flaques rouges et noirâtres serraient leur enfant dans leurs bras. Une foule d'hommes et de femmes, de vieillards, d'enfants, le visage dépecé, toussaient, vomissaient, s'empuantissaient de diarrhées se mêlant à des relents de viandes brûlées et pourrissantes et la chaleur, de sa fétide haleine, répandait des exhalaisons infectes. Corps se vidant de leur sang et de leurs eaux, tissus abrasés et déchirés, membres brisés, enfants métamorphosés en moribonds, et partout ordures, urines, excréments, baves hideuses coulant des orifices, lacs de sang, tant d'insultes échappaient à l'imagination, dépassaient la perception, ne permettaient plus de mesurer l'étendue du désastre.

Des ruines montaient des appels poignants auxquels personne ne répondait. Des familles s'étaient jetées dans les réservoirs placés devant les demeures en prévision des bombes incendiaires et dans les piscines où ils flottaient noyés, pressés les uns contre les autres tels des poissons en boîte. Vainement, certains s'étaient efforcés d'atteindre les margelles ou les bords et ces récipients formaient d'immenses bocaux de fœtus disséqués. Sur un bras du fleuve, au long de la lagune, Alexandre rejoignit les mêmes foules figées, lamentables. Elles côtoyaient des chevaux couchés ou debout, la robe brûlée, sans plus de queue ni de crinière. Une fillette s'était réfugiée parmi les serpents d'intestins de l'un d'eux éventré et avait péri dans ce giron abominable. Des chiens sans plus de poils, malades, trépassaient comme les hommes. Près d'un cadavre se trouvait posé un masque : la chair d'un visage arrachée de ses os. Des brûlés se recouvraient de sable humide. Le mouvement de l'eau balançait des corps d'une étrange blancheur. Des dépouilles d'enfants évoquaient des poupées brisées. Le sable et l'eau semblaient gémir de toutes les plaintes retenues. Avalés par les nuages pestilentiels, les oiseaux avaient disparu. Et partout cet infini lamentable, ce grouillement larvaire, cet exode de spectres, cette assemblée d'agonisants, ces troupeaux d'un abattoir tragique tentant de retenir le peu qui leur restait d'humanité pour ne pas être que matière.

Les pieds écartés, les jambes arquées tel un cavalier, Alexandre J. Bisao tentait de rester debout, se dressait pareil au pâtre d'un troupeau décimé. Près de lui, la jambe dans l'eau, une très vieille femme hébétée tenait dans sa paume un œil encore retenu à l'orbite par des ligaments et elle le regardait tandis que l'œil semblait voir de l'extérieur le corps dont il était issu. Tout autour, Alexandre vit l'enfer tourner. Il mit ses mains devant ses yeux pour s'extraire de sa valse folle. Pourquoi la mémoire choisit-elle cet instant pour faire surgir le souvenir de sa dernière vision humaine : une chenille sur une feuille à la rencontre de la rosée ? Il n'aurait pas dû s'éloigner des restes enfouis de Yoshi et de son ami, mais se coucher près d'eux pour partager leur sort. D'un regard fou, il parcourut le mouroir et le cimetière de la lagune. A perte de vue, la mort, le grand calme des silencieux, l'agonie, l'expiration. Le ciel pouvait-il recevoir tant d'âmes à la fois, la terre tant d'entrailles, l'univers tant de tortures ? D'autres pantins, comme lui, se tenaient immobiles ou tentaient de s'éloigner sans savoir où aller. Ils savaient que tomber signifiait mourir. Parfois l'un d'eux s'abattait foudroyé et ne bougeait plus. Ils n'osaient se regarder par honte d'eux-mêmes et par peur de voir leur reflet.

Les dernières forces d'Alexandre s'épuisaient. Il serait cadavre parmi les cadavres et pourrirait là où, la veille, des gens profitaient du soleil, où des enfants jouaient ou se baignaient. Tandis qu'il attendait sa chute en s'efforçant de la retarder, il aperçut une jeune femme qui luttait contre l'irrémédiable, cherchait à se lever, son regard implorant une aide. Au prix d'un effort qui fit ruisseler son sang sur son ventre, ses reins et ses cuisses, il se pencha sur elle, tendit une main secourable vers celle qui désespérément se tendait. Lentement, centimètre par centimètre, toute sa volonté mise dans ce geste, les doigts s'allongeant, il s'efforça de l'atteindre, éprouvant à la fois le désir de sauver et celui de l'union, du contact avec le corps féminin pour un dernier adieu à la vie. Il put enfin envelopper la fine main dans la sienne et elle lui parut d'une légèreté de papier de soie. L'homme et la femme se regardèrent dans les yeux et il passa entre eux les ondes de sentiments inexprimables, un mélange de compassion et d'amour. Il assura sa position et la tira lentement à lui, et il lui sembla que le poids de ce jeune corps s'allégeait, se dérobait. Il sentit un glissement étrange et serra davantage. Alors, la peau de la main se détacha de la chair qui ne la retenait plus, la femme retomba et il vit qu'il tenait entre ses doigts les lambeaux d'un gant de peau humaine. Du fond de ses cavernes monta un cri désespéré, un hurlement de damné et sa bouche s'ouvrit, ses lèvres éclatèrent, tout son corps fut secoué par un tremblement, une série de séismes, et la nausée longtemps retenue s'exprima en longs vomissements successifs qui souillèrent la victime évanouie ou morte d'une marée immonde dans laquelle il s'écrasa la face contre terre.

★

Devais-je taire, moi Ego, tant d'années s'étant écoulées, tant d'autres atrocités s'étant répandues, tout ce que Tokujiro me relata d'une voix assourdie dans une nuit calme et belle et soudain traversée par l'effroi, tout ce que j'ai appris de lui, l'unissant au témoignage involontaire du marquis Alexandre J. Bisao, bien plus tard, en des moments où se croyant seul dans sa fumerie il émettait des bribes tragiques que j'ai voulu rassembler ? Que l'on me pardonne si je fais revivre ce vieux drame que l'inconscient collectif s'efforce d'oublier et qu'il porte comme une flétrissure secrète, si j'ouvre la mémoire, les yeux, les oreilles et l'entendement sur des bouleversements qui sont les prémices d'un avenir redouté ! Mais à qui m'écoute, je dis que ce fut pire, dix fois, cent fois, mille fois pire que je ne l'exprime car les mots, les signes, les descriptions ne sauraient en être qu'un pâle reflet, et nul peintre, nul poète, nul musicien ne peut posséder le don de nommer l'innommable. Destins interrompus, corps suppliciés, retournés en poussière, troupeau des morts, cent fois mille qui ne serez qu'un paragraphe de l'Histoire, mais surtout, toi, toi et toi, je vous le dis : je hais les monuments commémoratifs, les socles de l'hypocrisie, tout ce qui réduit l'horreur à l'inscription, tout ce qui fait entrer l'abomination dans l'ordre naturel des choses, tout ce qui fera établir aux nécrologues futurs, aux comptables de génocides, les documents chiffrés, les abstractions oubliant la chair, le sang et l'âme, la souffrance et le plus haut pardon. Dans ma flagrante impuissance, je ne sais si j'exorcise ou si je conjure, si je rappelle, si je préviens ou me libère, mais je ne cesserai de penser comme à mon crime personnel à cette date du 6 août 1945 où, à huit heures et quinze minutes, un homme contemplait une feuille, une chenille, une goutte de rosée, quand...

La tragédie n'est pas que d'un éclair, elle se perpétue au long des jours, des mois, des années, des siècles. Tandis que s'allumaient des bûchers d'incinération, que des étincelles traversaient les airs, l'atmosphère condensée laissait tomber de grosses gouttes que les survivants croyaient redoutables. En ces lieux funestes, des entassements de cadavres attendaient le feu purificateur. Tandis que soldats et volontaires se livraient à cette tâche macabre, un gradé notait sur un bloc les noms de ceux fort rares que l'on avait identifiés et les reportait chacun sur une enveloppe où une pincée de leurs cendres serait glissée. Lorsque deux soldats se penchèrent sur le corps d'Alexandre J. Bisao, le masque de la mort à jamais posé sur son visage, il n'en restait plus qu'une croûte dure et squameuse répandant une odeur de décomposition. Brusquement, alors que ce corps allait rejoindre le bûcher, une infirmière s'écria : « Attendez ! » On le reposa sur le sable. Observant les traits, elle crut distinguer un imperceptible frémissement. Elle posa son oreille sur la poitrine lacérée : le cœur battait faiblement. Incrédules, les incinérateurs attendaient, s'apprêtaient déjà à le reprendre. Elle s'interposa rudement, fit placer le corps sur un chariot tiré par deux hommes et l'accompagna jusqu'à un hôpital incendié autour duquel se dressaient des baraquements de fortune.

Allongé sur une natte, Alexandre devait rester durant des semaines dans le coma. Un vieux médecin, lui-même gravement atteint, la peau marquée de taches violettes et en proie à de constants vomissements, avec l'aide de l'infirmière, d'une vieille femme de ménage et de deux bénévoles, luttait contre des maux inconnus de lui. Chaque matin, il regardait ce corps déserté, sans autre apparence de vie qu'un lointain battement, l'auscultait, vérifiait les pansements, sollicitait un éveil par de brusques secousses, repartait avec toutes les marques du découragement. Il attendait une fin qui toujours se refusait. Dix jours s'étant écoulés, il fit l'expérience de la cuillerée d'eau glissée entre les lèvres et constata que le liquide n'était pas rejeté. Il nettoya ce corps qui, tel celui d'un nourrisson, avait perdu ses matières, ce travail étant rendu difficile par l'absence d'eau, et l'on installa une moustiquaire. Il savait, ce médecin, que tous les degrés sont possibles entre le coma le plus profond et la conscience. Le dix-septième jour, un bâillement lui sembla un indice favorable encore que le malade risquât, comme beaucoup, de ne revenir à lui que pour mourir aussitôt. Il désinfecta de son mieux les plaies du torse formant des lignes parallèles fort bizarres et vérifia que le conduit auditif de l'oreille disparue ne suppurât point, puis il refit les pansements avec les mêmes chiffons, la charpie et les bandes déjà utilisées car il n'en possédait pas d'autres. Il procéda à une analyse du sang. Comme chez la plupart des victimes, le taux de globules blancs se révéla anormalement bas. L'infirmière qui avait arraché ce malade sans identité au bûcher s'était prise d'une affection quasi maternelle pour ce vieux corps qu'elle venait veiller comme un nouveau-né. Quand elle tenta de mettre de l'ordre dans ses cheveux, ils se détachèrent par mèches entières jusqu'à la calvitie totale. Elle passa un linge humecté sur ce crâne qui se mit à luire. Le vingt-troisième jour, les paupières se soulevèrent. Alexandre reçut une première image de l'extérieur : au plafond, un nuage noir frémissait de la vie propre de multiples cellules. L'ombre d'un visage passa devant ses yeux, une main souleva sa tête et un liquide chaud passa entre ses lèvres dont il avala quelques gorgées avant d'en rejeter une partie. Il remua la langue pour parler, aucun son ne se fit entendre. Incapable du moindre effort, il resta éveillé jour et nuit, éprouvant de vagues sensations, suivant ce nuage mouvant dont les parcelles retombaient, aveuglant sa moustiquaire. Durant les jours qui suivirent, on lui fit boire du thé vert qu'il garda. Son cerveau irrigué reprit imperceptiblement ses fonctions. Le nuage fut plus distinct. Il crut voir des insectes noirs s'en détacher. Il perçut le bruit de la pluie. Elle pénétrait par des ouvertures qu'on avait vainement tenté de boucher. Sur le plancher s'étalaient des flaques d'eau et des moisissures. Il vivait en permanence dans une moiteur étouffante et transpirait abondamment. Au centre de la cabane un poêle à bois portait des bouilloires d'où s'échappaient des jets de vapeur. Trois rangées de malades s'alignaient sur des tatamis et des lits de camp. Au moyen de tissus divers, des protections contre les insectes avaient été édifiées. Des odeurs de sueur se mêlaient à d'autres indéfinissables que la chaleur développait. Nées de la pourriture et de la décomposition, dans les jours suivant la catastrophe, des mouches s'étaient multipliées et couvraient les ruines, se glissaient dans les campements, formaient ce nuage noir que distinguait maintenant le malade. Elles se déplaçaient par masses en d'affreux bourdonnements, des tourbillons constants diffusant une musique enragée, entêtante, qui semblait venir des corps souffrants et non de l'extérieur. En vain les infirmiers tentaient de les détruire ; entrant par les issues, elles se renouvelaient sans cesse.

Dans ce local sinistre, le médecin et ses aides, harassés, privés de sommeil, luttaient contre des maux plus forts que leur art, tentaient des diagnostics fondés sur l'habitude d'autres maux, à ceux-là sans grand effet. Les ravages se répandaient au moment le plus inattendu et, découragés, ils essayaient seulement de soulager des misères et d'adoucir des agonies. Le poison radioactif, à retardement, prolongeait les outrages, insinuait des maladies inconnues, fièvres persistantes, désordres du sang, vomissements et diarrhées, hémorragies internes, ulcérations, fermentations, taches rougeâtres de pétéchies, et les signes cruels de la dégénérescence se lisaient sur les visages fangeux et marbrés. Déjà s'affirmait la marche lente et irrémédiable provoquant des maladies oculaires, des cancers de la thyroïde, des leucémies, des névroses. Se poursuivaient des affections chroniques, un manque de résistance devant le malaise bénin, une perte de l'instinct vital et des forces de lutte, un vieillissement précoce. Et naîtraient des bébés microcéphales ou attardés. Parfois l'état du malade s'améliorait, puis il mourait subitement. Les rares médecins rescapés avaient été surpris par l'inconnu des redoutables troubles. Plus tard, d'éminents spécialistes les rejoindraient qui pratiqueraient autopsies et analyses, découvriraient sur le nouveau champ d'expérimentation des atteintes dont ils mesureraient l'ampleur avec effroi. En attendant, la médecine classique désemparée soignait de son mieux. Et ne croyait-on pas alors que la cité, ghetto des morts vivants, serait inhabitable durant trois quarts de siècle !

Après de longs jours prostrés, l'état d'Alexandre J. Bisao connut une amélioration. L'infirmière put le nourrir de boules de riz et d'algues. Tandis que le corps revenu des régions mortelles luttait, l'esprit s'arrachait à la paralysie. Le retour de la mémoire ajoutait aux maux physiques d'autres maux plus éprouvants. En lui, deux hommes se combattaient, l'un aspirant à la nuit protectrice, l'autre désirant ardemment le grand jour. Quand ce dernier triomphait, il subissait la douleur de l'arrachement, il tentait de repousser l'évidence de son deuil. Un matin, il rêva qu'il était devenu sycomore. Une hache le frappait, le dépouillait fibre à fibre, élargissait sa blessure. Sous les coups répétés, il frémissait du tronc à la moindre ramille d'une souffrance multiple avant de s'abattre. Il s'éveilla sur un cri et entendit les gémissements d'un malade voisin. Éprouvant une sorte de honte, dans un sursaut, il se redressa et, pour la première fois, trouva la position assise, son dos s'appuyant au mur de planches. Il se demanda qui portait son corps brisé et cette simple question fut la source d'une émotion extraordinaire. Qui lui donnait la force de se mouvoir, de survivre alors qu'il se savait mort ? Il ne s'endormit plus. A la sensation du feu succéda celle de la glace. Dans la chaleur, il découvrait le froid et cette sensation s'accompagnait d'un sentiment de lucidité retrouvée. Pourquoi était-il épargné alors que tant d'autres avaient péri ? Le vague espoir le traversa que son fils et son ami le docteur Tamamura eussent aussi survécu. Hélas ! il se souvint des ruines. Un menu hasard, celui qui l'avait conduit à quitter la demeure pour composer un bouquet d'accueil dans un jardin, derrière un mur de béton, l'avait protégé de se dissoudre. Sa dernière vision, la feuille, la chenille et la rosée, lui réapparut et une larme coula de ses yeux.

Le jour même, l'infirmière défit les bandages de son torse et il regarda sa peau avec stupeur. Son buste était ceint de lignes couleur de caoutchouc rose. Il crut qu'il s'agissait là d'une seconde épaisseur de pansements. Non, c'était bien là son épiderme devenu celui d'une annélide, marqué de lignes horizontales de deux tons contrastés. Suivant son regard, la femme lui expliqua d'une voix tremblante que sur bien des épidermes les brûlures avaient dessiné les plus absurdes motifs. La couleur blanche avait protégé en partie de la chaleur infernale du pikadon (le nom japonais de la bombe) tandis que le noir devenu son conducteur l'avait absorbée. Ainsi des êtres restaient tatoués de gilets, de bretelles, de fleurs et de dessins imprimés en teintes sombres sur les kimonos et les chemises. Une femme revêtue d'une robe blanche à gros pois noirs avait le corps constellé de trous ronds telle une passoire. Alexandre se souvint : la veste de son pyjama portait de larges rayures transversales blanc sur noir. Tandis que les unes le protégeaient, les autres s'alliaient aux radiations pour tracer ces étranges frontières. Il ne se vêtirait plus que de blanc, non par crainte, mais par reconnaissance. Cette couleur du deuil japonais avait été celle de sa survie. L'infirmière lui toucha l'oreille valide et lui parla en s'éloignant, ce test lui permettant de constater que son malade n'avait pas perdu le sens de l'audition. Il mangea une bouillie de maïs qu'elle lui dit tenir des troupes d'occupation. Il la regarda sans comprendre. Elle s'éloigna et revint accompagnée du vieux médecin qu'elle laissa à son chevet.

Le docteur s'assit en lotus près de lui et le regarda avec affection. Il lui parla de son état qu'il jugeait satisfaisant sans pourtant être assuré des suites possibles. Il lui expliqua que la distance à laquelle se trouvait un blessé du point d'impact de la « bombe enfantine originelle » se pouvait mesurer par la quantité de globules blancs restés dans le sang ; il l'évaluait pour son patient à environ deux kilomètres. Alexandre J. Bisao ne manifestant qu'un lointain intérêt, il lui demanda s'il le comprenait et il reçut un signe affirmatif. Dès lors, il lui apporta une masse d'informations : les caractéristiques de la bombe A, l'autre drame, le 9 août, sur Nagasaki épargnée en partie grâce à ses collines, la reddition, le message de l'empereur Hiro-Hito dont le peuple avait entendu la voix à la radio, une voix qui demandait de supporter l'insupportable et de reprendre le travail après cette guerre perdue. Nul n'avait plus songé à combattre jusqu'à la mort, à défendre le territoire et tout un peuple en larmes, dépassé par la rapidité et le tour des événements, ne pouvant comprendre, avait découvert les tromperies, éprouvé une grande colère contre le général Tojo fauteur de guerre, traître à l'Empereur et au Japon, et n'ayant d'autre issue à son déshonneur que le *seppuku*, suicide rituel. Toutes ces nouvelles, le marquis Bisao les écouta avec incrédulité ; elles lui parurent émaner d'un cerveau dérangé. Tandis que son informateur parlait, il regardait son visage marqué de taches, celles de la vieillesse et d'autres, plus inquiétantes, venues de la maladie, qui lui saupoudraient la peau d'une étrange farine. Sans doute avait-il perdu l'esprit. Puis son regard se détourna pour écouter le malade voisin qui assura que ces propos exprimaient la douloureuse vérité. Le docteur lui apprit encore comment l'infirmière l'avait arraché au bûcher. Se désintéressant de son sort personnel, tout à la tristesse de ce qu'il apprenait et qu'il croyait maintenant, le malade demanda des nouvelles du Mikado et quand il apprit qu'il se portait bien, que les occupants le respectaient, il eut un semblant de sourire. Mais il ne comprenait pas tout : qui étaient ces occupants qui auraient pu ne pas respecter l'Empereur ? Après des siècles de sommeil, il s'éveillait pour aborder au rivage d'un temps autre que le sien. Lui aurait-on dit que les mouches régnaient sur le pays qu'il l'eût admis ! Quand le médecin lui assura que les Américains se trouvaient sur le territoire nippon, qu'ils apportaient une aide aux villes martyres, il ne le voulut pas croire.

Avant de le quitter, le médecin lui demanda son nom. Il secoua la tête : il l'ignorait, il avait oublié, il ne se sentait plus rien, plus possesseur d'aucun nom et aucune chose ne gardait plus d'intérêt. Il voulait rester seul avec sa douleur et son amertume.

★

Dans la suite monotone et désespérante des jours, le médecin se lia d'amitié avec ce rescapé qui se voulait semblable à tant d'autres et, à son insu, en différait. Il respecta son mutisme et apprécia l'extrême douceur d'un regard qui cachait son désarroi. Par-delà sa transformation physique, le marquis Bisao gardait les marques d'une éducation et d'une politesse l'amenant à s'oublier, à observer une extrême discrétion, ce qui le rendait d'autant plus présent. Plutôt que de rester prostré, il fit effort, dès qu'il le put se leva et trouva naturellement des gestes de solidarité et de secours. Vêtu des habits d'un mort, un pantalon trop large qu'il serra à la taille avec une corde et dont les jambes trop courtes s'arrêtaient sous les genoux, d'une chemise, d'un gilet et de chaussons de paille, tel un infirmier il allait de l'un à l'autre pour distribuer aide et réconfort. Il nettoya les lieux et les corps, fit échec à la puanteur ambiante. Il prit même une initiative qui, après bien des tentatives infructueuses, pouvait paraître vaine, celle de chasser les mouches noires vers l'extérieur en un patient combat et d'obturer les ouvertures au moyen de morceaux de sa propre moustiquaire. Il devint bientôt l'aide de l'infirmière qui l'avait sauvé, la suivant, boy fidèle, dans ses travaux, prévenant ses gestes, soulageant sa lassitude. Il pansait les plaies, distribuait une chiche nourriture, se privant de sa part au profit de plus éprouvé que lui ; il fermait des yeux morts, aidait à la sépulture, murmurait une prière.

Entre l'ombre qu'il était devenu et le souvenir d'autres ombres, il ne restait que l'espace de sa vie renversée, de sa mémoire en partie dissoute. Parfois des mots affleuraient à ses lèvres tels des bois flottants au-dessus des vagues, il les repoussait, il ne les parlait pas : craignait-il d'en devenir la pâture ? Il regardait parfois derrière lui, s'étonnant de ne pas laisser un sillage de sang ou de vomissures. Ses nuits d'insomnie gémissaient de visions horribles. Le poids du jour tombait sur lui comme un poing et il s'appliquait à redresser sa haute taille. Une part de lui-même émigrée, il ne partait pas à sa recherche. Il se sentait coupable de vivre, ne s'imaginant pas victime, et pensait qu'il s'agissait d'une rémission. Dans la cire du temps, des aiguilles s'enfonçaient et il les éprouvait dans sa chair, tout instant devenant pointe de flèche le fouillant, faisant couler sang et larmes dans son corps. Des feux brûlaient encore son torse et son dos torturés. Vivre ne représentait plus qu'une attente. S'il sortait du baraquement, le ciel le plus bleu pour lui devenait rouge et il rentrait précipitamment. Ses bras décharnés s'ouvraient pour un appel et se refermaient vides. Ses gestes de secouriste, d'une patience et d'une dextérité infinies, effleuraient les patients, les soulageaient. Jamais l'être humain ne lui avait semblé aussi fragile. Et toujours, dans sa tête, derrière le creux d'une oreille morte, se tenaient des mots morts, des mots amoncelés qu'il n'entendait plus, ne percevant que sons vagues, chuchotements lointains venus du passé et qu'il cachait sous un silence épais. Démuni, dénué, nu, n'ayant plus rien à donner, devenu lui-même offrande, il existait tout entier dans chacun de ses actes.

Il regardait sa poitrine telle une présence étrangère. Avait-il glissé dans la peau d'un reptile ? Il arriva qu'une jeune malade réclamât un miroir. Belle naguère, désormais chauve, le crâne nu et lisse comme une dragée, elle demandait si sa chevelure repousserait et le médecin lui affirmait sans y croire qu'elle retrouverait sa beauté, ce que ses chairs enflées démentaient. Quand on lui tendit le miroir, elle poussa un cri et s'évanouit. Plus tard, Alexandre J. Bisao, d'un geste machinal, se mira à son tour. Il ne distingua pas une tête charnelle, mais un ivoire. Cette statuaire inconnue lui apparut telle qu'imprimée sur la planche d'un livre d'art. Sculpté par une main de gel, il se lut en ignorant qu'il s'agissait de sa page. Il tenta de déchiffrer le vallonnement de ses pommettes, le creux de ses joues, l'émergence du nez, cet enfoncement des yeux dont les brides accentuées formaient les remparts, cette absence d'une oreille créant la dissymétrie, cette fine bouche désertée par le rire et le galet désolé de ce crâne de bonze. Quelle forme venue d'une vie antérieure ou quelle forme future lui était-elle offerte ? Lentement se déplaça le miroir et il découvrit, Narcisse abusé, toujours une autre forme que la sienne. Il passa sa main sur son visage sans pouvoir ôter le masque tragique. Existait-il vraiment sous le pâle épiderme ? N'avait-il pas émigré dans un autre corps ? Une voix lui murmura : « Reconnais-toi ! » Minéralisé, dépouillé de sa semblance, sa pensée, son âme, son esprit avaient-ils pris le physique de ce nouveau moi ? Il prononça à voix haute les mots d'une sentence chinoise calligraphiée sur un abaque, seule décoration de la salle. Il crut que quelqu'un d'autre avait parlé et le chercha en vain. La main posée sur sa poitrine, il sentit le cœur oiseau battre dans sa cage, vivant dans son torse tatoué, présent au-dedans de l'écorce, malgré l'arbre mort et le feuillage détruit. Il gardait la faculté de penser, rêver, imaginer, de laisser les monstres hors de son domaine ; seul un instinct plus fort que sa conscience condamnait les portes de la mémoire. Il pouvait s'extraire de ses racines, inventer des issues, reconnaître l'espace et le lieu ; il ne désirait pas sortir de ce baraquement qui, bien que précaire, offrait une carapace protectrice. Le miroir lui fut opaque, il le posa doucement sur une table. Autour de lui soufflait un vent de misère et ce vent se nommait sueur et sang. Les rescapés allongés attendaient son aide. Il fallait écarter des poutres et des gravats, appeler sur eux le soleil ou la rafraîchissante ondée. Il rejoignit le poêle et versa le thé chaud dans un bol pour l'approcher d'une bouche fiévreuse.

Les pluies diluviennes de septembre avaient emporté des demeures restées debout près du fleuve et parmi la ruine l'inondation avait succédé au feu. Au soir, tandis que coulait une pluie interminable, le vieux médecin exténué venait rejoindre Alexandre, tentait de lui faire prendre quelque nourriture en l'assurant que seule une alimentation abondante améliorerait son état. Il refusait d'un sourire. Faible, il se croyait le seul valide dans un ensemble détruit. Parce que sa propre voix l'effrayait, il parlait à peine et avec peine. Seul le médecin le reliait au monde extérieur dont il n'imaginait plus guère l'existence : pour lui, le baraquement, antichambre de la mort, restait le seul lieu à préserver un souffle de vie. Assis près de sa couche, le médecin l'entretenait à voix basse. Il affirmait que la cité renaîtrait ; des signes en témoignaient. Il parlait de la patrie, du Japon, vieille terre spasmodique ayant connu d'autres vagues de pression que celles de la bombe, de la volonté du monde plus forte que les séismes. Si le praticien versait l'apaisement, se conduisait en sage à qui l'expérience religieuse a appris la résignation, dès que trépassait un de ses patients, il se révoltait, jetait des anathèmes. Pourquoi ce génocide civil alors que le Japon était pratiquement vaincu ? Il insultait le chef-d'œuvre de l'imbécillité dangereuse : la machine militaire. Il tenait le monde comme un mort en sursis. Plus que jamais, le privilège de vivre dictait un devoir de survie et de témoignage. Quand le dégoût de l'humanité montait en lui telle une nausée, le plus infime geste individuel de courage et d'abnégation lui apportait une réconciliation. Insidieusement, il insufflait à son malade inconnu l'énergie de durer. Alexandre l'écoutait, répondait à son attente par une imperceptible affirmation. Encore glacés de terreur dans cette ville devenue la représentation de l'enfer, les deux hommes cherchaient obscurément à retrouver confiance en la nature humaine.

Dans le désarroi de son esprit, le médecin se partageait entre l'espoir et la révolte. Le plus haut triomphe de la science devenu le triomphe de la mort, les forces terrifiantes sans doute ne représentaient qu'une parcelle de ce que la science sans conscience inventerait dans des délires physiques, chimiques, bactériologiques. La guerre achevée, les déments étaient-ils repus de fureurs et de crimes ? Quels assassins cherchaient encore leurs proies dans l'ombre ? Qui s'avouerait responsable de l'horreur ? Le vieil homme mêlait l'agression de Pearl Harbor, le napalm de Tokyo, l'uranium d'Hiroshima en une seule abomination. Honneur et loi de la guerre, respect des populations civiles, humanisation des conflits, des mots, rien que des mots, et les plus grands viols de l'Histoire perpétrés par tous les êtres humains.

Pour quelques victimes épargnées par la camarde, que d'agonisants, que de morts ! Et que de locataires s'étaient succédé sur les lits de souffrance ! Des premiers venus, seuls quelques-uns restaient : une dizaine de malades dont le marquis Bisao ou plutôt l'homme sans identité, une vieille femme paralysée et ayant perdu la raison, une fillette au nez absent qui, après tant de maux, souffrait d'une pneumonie provoquée par l'humidité, un jeune aveugle dont on attendait la fin et d'autres marqués de pétéchies et portant tous les signes du mal atomique. Un soir, le médecin et l'infirmière allumèrent des bâtonnets d'encens. Alexandre les rejoignit et tous les trois, sans se consulter, se prosternèrent vers l'est et prièrent pour la double paix des hommes et de l'âme.

Comme un nouvel examen le montra, le taux des globules dans le sang d'Alexandre s'équilibrait. Ses plaies cicatrisées, ses vomissements raréfiés, sa respiration normalisée, il dominait les vertiges dus à sa faiblesse et maîtrisait ses réflexes. Sans avoir atteint à la normale, grâce à l'apport de poisson, le ravitaillement suffisait. Quand l'hôpital improvisé reçut la visite d'officiers américains, le marquis se coucha et se tourna contre le mur, le visage entre les mains. Dans un anglais balbutiant, le médecin tentait de se faire comprendre. Le réalisme dictant ses propos, il réclamait des couvertures, des vêtements, des pansements, des médicaments. Son discours se poursuivait difficilement, l'intérêt de ses patients primant sur toute autre considération. L'écoutant, Alexandre se sentit coupable. Il se leva, mit de l'ordre dans ses hardes, passa machinalement la main sur son crâne dégarni comme pour se coiffer. S'approchant, surmontant sa répugnance, il trouva la courtoisie de s'incliner et de se proposer comme traducteur. Les Américains surpris de l'excellence de sa langue annoncèrent que des médecins de toutes disciplines arriveraient bientôt des États-Unis ainsi qu'un important matériel médical. Alexandre remercia, s'inclina, rejoignit sa couche pour cacher son émotion : il pensait à son fils Yoshi et au docteur Tamamura.

La promesse fut tenue : dix jours plus tard, une équipe d'officiers de santé américains accompagnés de collègues nippons se présenta. Les soldats du génie dressèrent de solides tentes, l'intendance offrit des caisses chargées d'instruments et de pharmacie. Les malades furent transportés, installés sur des lits. L'eau et le gaz revenus, les sanitaires mis en place, ce qui avait été campement devint hôpital de campagne. Les examens, les analyses, les soins furent apportés sans empêcher toutefois de nouveaux décès. Entre tous les médecins régnait une bonne entente. Le vieux docteur observa cette organisation parfaite avec satisfaction. En même temps, il connut la mélancolie de se sentir inutile. Lui-même fut examiné. Gravement atteint, qu'il eût tenu des semaines en multipliant ses activités relevait du miracle. Le repos lui fut conseillé. Il confia à Alexandre J.

Bisao qu'il se retirerait chez des parents à Naruto, le pays des marais salants, et il lui proposa l'hospitalité. Sous le prétexte d'une visite qu'il devait faire, le marquis déclina l'invitation. Il partirait lui-même le lendemain. Après quelques détours, le médecin lui demanda s'il se souvenait de son nom ; il n'obtint pour réponse qu'un sourire et des termes exprimant une gratitude et une amitié indestructibles. En reconnaissance des services rendus, une somme d'argent était à la disposition du malade qui était devenu infirmier. Alexandre ne comprit pas tout de suite : l'idée d'argent lui parut étrangère. Devant une insistance ponctuée d'excuses, il accepta quelques yen, les tenant pour un prêt. Quelque jour, il reverrait le médecin pour s'acquitter de sa dette, plus tard, quand il aurait réintégré son nom. Lorsque l'infirmière lui tendit un sac contenant des vivres et des vêtements, il s'inclina par trois fois devant elle, cérémonieusement, le corps plié à angle droit, les mains posées à plat sur les genoux. Il regarda avec respect et affection celle qui l'avait en quelque sorte remis au monde, cette humble représentante du destin à qui il devait, bien qu'il regrettât parfois de vivre, de la gratitude. Se voulant rude et cependant émue, elle avança vers lui, les yeux humides, comme pour l'étreindre, puis elle recula lentement, son visage s'éclaira et elle s'inclina à son tour avant de s'éloigner précipitamment.

Lorsque le médecin soudain vieilli et courbé lui prit la main, il tressaillit, il revoyait une autre main dont la peau était restée dans la sienne. Il nota son adresse à Naruto, lui demanda la permission de lui rendre visite plus tard, lorsqu'il aurait accompli un devoir sacré. Ne sachant pas qu'ils ne se reverraient jamais car le médecin ne lui survécut que de quelques semaines, ils se souhaitèrent réciproquement longue vie et se dirent à jamais inséparables dans la pensée et la prière. Dehors, la pluie d'octobre tombait doucement.

★

Le corps cicatrisé, l'esprit pantelant, Alexandre J. Bisao retrouva le monde du dehors, un lieu de singularité fourmillant de gens de toutes sortes se livrant en désordre à des activités incompréhensibles. Les uns, assis par grappes, semblaient attendre un moyen de locomotion, les autres marchaient parmi les ruines, la tête baissée à la recherche d'un objet perdu, certains grattant le sol avec des outils de fortune, et apparaissaient visages divers, marqués de défaite ou de triomphe, de préoccupation ou d'insouciance, de vanité ou d'abandon. A la dérobée, le rescapé redécouvrait ses contemporains, ses frères en infortune avec la curiosité étonnée d'un étranger visitant un pays lointain. Lui-même, avec son sac arrimé aux épaules, sa maigreur, sa haute taille, sa présence habitée d'absence, aurait pu retenir l'attention or nul ne le remarquait. Traversant sous une pluie fine d'enterrement des quartiers détruits, les reconnaissant dans leurs lambeaux et leurs loques, tout au souvenir de sa dernière errance blessée, s'orientant grâce aux bras du fleuve en crue, il fut surpris par certains phénomènes. La puissance végétale, s'exprimant en larges taches vertes, avait pris possession du sol. Dans un assaut, les chiendents, les herbes folles, les fleurs sauvages, volubilis, bleuets, belles-de-jour, avaient spontanément envahi la désolation, les amoncellements de gravats, les ruines, la poussière, les cendres. La bombe ayant épargné leurs racines, ses effets en avaient multiplié la croissance, délivrant des graines enfouies pour en jeter partout la manne et cette profusion affirmait une émulation de vie, une invulnérabilité, un appel à résister à la néantisation. Parallèlement à cette renaissance, des cabanes, des huttes, des baraques appuyées aux pans de mur restés debout, des tentes, des échoppes, des étals se dressaient. Au loin, on entendait le bruit familier d'un tramway. Une file d'attente s'étirait devant une conduite d'eau où coulait un filet parcimonieux. Sans cesse de nouveaux arrivants rejoignaient les ruines où l'activité se superposait à la mort. Le désir de durer ranimait ses hautes flammes. Les plumes nouvelles du phénix brûlé frémissaient déjà.

Lui, passant devant les décombres, croyait encore entendre les appels des torturés, des râles et des rumeurs montant du sol. De curieux archéologues, des géologues, un peuple de chiffonniers, pillards, chercheurs d'or, quêteurs de signes, interrogeaient les ruines, les uns avides de trouver le métal des salles de bain, des automobiles, des grilles ou des fourneaux, les autres inventant cette nouvelle profession de collectionneurs d'ombres : sur les parois lisses s'étaient imprimées les silhouettes d'êtres humains surpris dans leur dernière occupation, d'animaux, d'édifices dissous, photographiés dans leur ultime phase d'existence, dans leur mort déjà, par l'éclair géant des dix mille soleils. Plus que des amateurs, ce merveilleux tragique attirait des mercantis espérant la découverte de l'ombre qui a perdu son homme, ces prospecteurs étant souvent victimes de leur illusion et croyant distinguer des formes où il ne s'en trouvait pas. Détrousseurs de cadavres, ils erraient dans cette nouvelle Pompéi, les yeux écarquillés, fiévreux. Sur les marches de la banque Sumito, cette silhouette d'une victime inconnue leur faisait espérer de pêcher un autre poisson d'ombre et de l'emporter. D'autres vautours prospectaient plus de réalité, de bizarres œuvres abstraites sculptées ou fondues, façonnées par le monstrueux artiste, le pikadon (la bombe : *pika*, éclair et lumière, *don*, tonnerre et bruit), des matériaux de nuances inconnues soudain mis au jour, réenfantés, verres torturés, pétris, difformes fragments de béton rougeâtres, alliances de métaux, bijoux du désastre, substances surprenantes portant des boursouflures, des brûlures, des taches, des cicatrices répondant à celles des corps de chair, et des viscosités, ondulations, hérissements, torsions, bouillonnements, fusions, univers de formes infinies, vertiges insensés, et toutes portant l'idée de supplice et d'effroi. La pierre, lieu d'âme, de présence réelle tel l'esprit pétrifié des ancêtres, signe d'une vérité spirituelle et d'une liberté entière, d'une durée talismanique, la pierre avait subi le temps d'un éclair les avatars que des siècles et des siècles n'avaient pu accomplir, et, parmi le cimetière, les hommes recueillaient des pierres pleurantes, des pierres saignantes, des pierres lépreuses, des pierres suintantes, fondantes, amollies, malades, criant leur souffrance, volcans miniatures ayant vomi leur cœur et leurs viscères sur eux-mêmes dans une éruption inimaginable. En attendant le musée ou la collection particulière, les explorateurs les glissaient dans leur sac. Certains avaient amoncelé des bric-à-brac sur des toiles qu'ils veillaient jalousement, et les ruines de la nature mêlées à celles de la civilisation industrielle formaient les cimetières de la cité disparue, de ses ossatures de pierre et de fer auxquelles des ossements humains parfois se soudaient, univers du mouvement déchu, de la vie arrêtée, stratifiée, figée, compositions grotesques et baroques, préfiguration de ce que pourrait être la planète après la planète, vomissures de l'abîme, désolation, arrachement, épouvante absolue, et la présence avide des profanateurs.

Une des cinq branches du fleuve Otha accueillit Alexandre J. Bisao à sa rive. Agenouillé, il se laissa envahir par le chant de l'onde, reçut sa fluidité tel un baume, lui demanda assistance. Il murmura un passage du Rigveda: « Vous, les

Eaux, qui réconfortez, apportez-nous la force, la grandeur, la joie, la vision. Vous, les Eaux, donnez sa plénitude au remède, afin qu'il soit une cuirasse pour mon corps, et qu'ainsi je voie longtemps le soleil! » Les paumes ouvertes, il quêta l'eau du fleuve et mouilla son front comme pour un baptême. Il se sentit régénéré, corps et esprit. Les vastes eaux parurent sans rives, devinrent flot vital, leur matière apporta la pureté, elles qui furent le yin s'opposant au feu quand des milliers de corps enflammés s'y jetaient. De tant de morts, le fleuve restait le cimetière. Des bouquets de fleurs blanches attachés à son bord flottaient, d'autres glissaient au fil du courant. Lors des fêtes de naguère, ces eaux se constellaient de pétales. Aujourd'hui, elles honoraient les disparus. Longtemps des mains pieuses les renouvelleraient pour faire échec à l'oubli. L'eau verticale du ciel rejoignait la coulée horizontale et l'homme humide recevait cette énergie, puissance miroitante et présence d'âme. Revenu à ses premières eaux, il se mêlait déjà au rythme universel : le destin l'arrachant au bûcher en avait ainsi décidé, lui, lotus fermé pour mourir et qui, par miracle, s'ouvre de nouveau, lui, fleur séchée désireuse de refleurir.

Insensible au froid, il dormit sous la protection des branches basses d'un arbre. La rosée du matin baigna son visage. Il se redressa lentement. La pluie avait laissé place à une brume vaporeuse. Le buste droit, la tête haute, les bras immobiles le long du corps, l'homme quitta le fleuve, traversa une étendue boueuse, longea un ghetto où des malades, déjà des parias, se terraient. Il atteignit la gare centrale où sifflait un train. Sur la place, se trouvaient tant de gens, un tel encombrement, une telle cohue bruyante que l'on aurait cru à la résurrection des disparus. En ce lieu du trafic, des commerces misérables, des trocs, du marché noir, se réunissaient tous les métiers improvisés, les négoces du délabrement, du dénuement, marchands d'onguents, brocanteurs d'ordures, trafiquants de matériel U.S., vendeurs de cigarettes et de bas nylon, cuisiniers de nourritures immondes, poissons malodorants, soupes croupies, boulettes recouvertes de mouches, débitants d'alcool douteux. Des voyageurs venus de loin s'éloignaient avec dégoût des porteurs de taches et de boursouflures, de brûlures et de cicatrices, des brûlés et des amputés, des chauves et des visages fondus. Lorsque rouvriraient les bains publics, ces victimes en seraient écartées. Par-delà l'enfer, la malédiction se perpétuait. Il se créait une race à part, celle des mutilés qui se regroupaient par nécessité tels des coupables d'exister encore, de rester des témoins inquiétants. Ceux qui le pouvaient dissimulaient leurs atteintes sous d'amples vêtements, des bérets, des casquettes, des bonnets enfoncés jusqu'aux yeux. Ils resteraient en exil parce que porteurs d'un mal à la portée encore inconnue, engendreurs potentiels de monstres. Voyant ces êtres emmitouflés par honte de leur misère, Alexandre J. Bisao porta la main à l'emplacement de son oreille. Il sortit de son sac une bande de tissu qu'il enroula en forme de turban pour cacher sa plaie.

Il erra sur cette place et à ses confins, promenant son étonnement, quêtant dans les regards le reflet de ses propres pensées. Les yeux se dérobèrent ou ne le virent pas. Existait-il encore ? N'était-il pas un fantôme invisible aux vivants? Et pourquoi tant d'enfants et d'adolescents? Le désastre avait engendré un phénomène social : des centaines d'orphelins formaient des clans organisés et hiérarchisés, cruels et forts, méprisant les adultes dont ils connaissaient l'égoïsme et la lâcheté. Devenus maîtres des plus infâmes commerces, ils pillaient et volaient, mendiaient, brutalisaient, se prostituaient. Parce qu'il se croyait rejeté des aînés, Alexandre se dirigea vers un groupe de jeunes réunis autour d'un *hibachi*, brasero qui répandait sa chaleur et qu'alimentaient les bois extraits des ruines. Il s'approcha, tendit ses mains humides vers le feu. Une fillette minuscule le repoussa à coups de pied, un garçon tendit la main pour réclamer des yen : tout se payait, y compris le droit de se chauffer. Ne comprenant pas, l'homme se pencha pour mieux entendre, mais il fut chassé à coups de planche. Il courut tel un cheval fourbu et s'arrêta quelques mètres plus loin. Tourné vers ses assaillants, il leur sourit et s'inclina par reconnaissance. Il passa pour fou. Pour lui, ces enfants qui venaient de le frapper prouvaient son existence : il venait de connaître un incident de la vie et, par conséquent, la vie, et lui dans cette vie, existaient bien, si médiocre qu'en fût la manifestation. Il murmura trois fois « *Tennö Heika banzaï !* » et se sentit plein de gratitude envers ceux qui l'avaient molesté.

Dès lors, tout signe lui fut agrément : les houles et les turbulences de la foule, les cris des marchands, les appels, les rires, les chants, les disputes, les froissements de tissu, les bruits de castagnettes des socques, les hoquets des moteurs, les chocs des pelles et des pioches parmi les ruines, tout ce mouvement, cette rumeur sans lesquels il ne pouvait être. Des gamins guettaient les jeeps en jetant des « *Hello !* » dans l'espoir de chocolat ou de chewing-gum. Image de deux pays à un moment de l'Histoire, un immense G.I. à l'uniforme immaculé, resplendissant de bonne santé et d'hygiène, tenait par la main une petite Japonaise en haillons, le visage maculé. Parce que la mort avait passé sa faux sur toute une ville et qu'elle se tenait encore en ses murs, l'appétit de plaisir qui suit les catastrophes se répandait et tenaillait les êtres. Mais rien, ni la débauche, ni la corruption, ni l'agitation misérable, ne choquaient plus Alexandre J. Bisao : l'homme de bien en lui s'effaçait pour ne retenir que les témoignages du vouloir-vivre qui dépassaient toute idée de morale, seules comptant la lutte, l'énergie énorme de la vie qui toujours recommence.

Son visage se crispa sur une détermination farouche, un rappel à l'ordre de lui-même en vue de l'accomplissement du devoir. Ses pieds foulant le sol en recevaient des forces nouvelles. Il respira profondément. Cette existence jusque-là réfugiée dans sa seule pensée se communiquait à tout son corps. Il s'arrêta devant un étal et demanda un bol de thé vert et un gâteau de riz. Le marchand lui parla de la pluie et le commentaire banal par lequel il répondit lui permit d'entendre sa propre voix. Il reprit sa marche en regardant le ciel. Tout ce qui arriverait désormais serait bienfait. Il s'arrêta pour laisser passer des bambins en file deux par deux se tenant la main, qu'accompagnaient deux prêtres occidentaux. Sa mère française, jadis, lui avait appris le catéchisme tandis que son père l'initiait au bouddhisme, ses parents lui donnant ainsi deux religions. Il les revit et soupira : eux, au moins, avaient quitté la terre avant la nouvelle lèpre et reposaient en paix au cimetière de Kyôto. Il croisa des cyclistes, ils sifflotaient. Des personnages officiels discutaient, plans en main, en désignant un espace déblayé. Des ouvriers relevaient des pylônes. Une jeune fille au cou pansé faisait tournoyer gracieusement un parapluie sur son épaule. Plus loin, sur une montagne d'ordures, les pâtres du malheur, les putrescents, les abrasés, les impurs, fouillaient parmi les immondices. L'un d'eux, imbibé d'alcool, les yeux exorbités, d'une voix de prophète, annonçait que la ville, rentrée sous terre, allait bientôt remonter.

Guidé par la colline, Alexandre retrouva son chemin. Après des semaines, des mois longs comme des années, il reconnut le terrain où la bombe l'avait frappé. Il se souvint de la poussière, du feu et de la fumée, il n'en restait rien et ces jeunes ruines paraissaient anciennes. Une herbe touffue les avait envahies. Des criquets sautaient. Un bouvreuil chantait. Des fleurettes blanches et bleues s'épanouissaient. Si des pierres portaient la trace du feu, d'autres avaient été lavées par les pluies. Le mur qui l'avait en partie protégé avait retrouvé une nouvelle végétation. Devant les fondations de la villa détruite, il ferma les yeux et entendit les voix qui y avaient résonné jadis, un soir d'été. De l'autre côté de ce qui avait été le chemin d'accès, parmi les décombres, une femme voûtée se tenait accroupie près d'un feu de bois qu'elle tisonnait machinalement. Il la salua, elle répondit d'un signe de tête et le questionna sur la raison de sa présence. Il demanda la permission de s'asseoir près du foyer et elle fit un vague signe d'accueil. Après un silence, il lui expliqua: « ce jour-là », il se trouvait derrière le mur, dans le jardin, il voulait faire un bouquet; son fils Yoshi et le docteur Tamamura étaient morts avec la demeure. Elle émit un bruit de gorge et elle confia à cet inconnu devenu proche: « Ma fille aussi était là... Miyo... elle était la servante. » Il se souvint d'elle, une jeune fille de taille minuscule qui les avait servis lors de la dernière soirée heureuse. Il revit son buste nu parmi les gravats. Il murmura: « Elle n'a pas souffert... » L'odeur du thé, ce matin-là... La femme reprit d'une voix cassée: « J'étais chez moi, à Kuré... » puis, plus bas: « J'aurais dû mourir. Pas elle. » Il répondit: « J'aurais dû mourir aussi. » Des rides où tant de pleurs avaient coulé sillonnaient le visage de la femme. La mort n'avait pas eu le temps de choisir.

Il se débarrassa de son sac, l'ouvrit, en sortit un carré de tissu qu'il étala un peu plus loin sur l'herbe. Il s'éloigna parmi les matériaux détruits. A genoux, il écarta les décombres, les fragments de tuiles, les éclats de verre, la terre, la poussière, minutieusement, avec des gestes d'archéologue. Durant plus d'une heure, il fouilla ainsi pour recueillir des fragments d'ossements en des points divers pour être assuré que des restes de son fils se trouveraient parmi eux. Tandis que la vieille femme se recueillait, il ramassait avec respect le plus durable de l'être matériel, le support de ce qui avait été visible. Lorsqu'il eut réuni sa moisson d'os brisés et calcinés, il noua soigneusement la toile et la replaça dans le sac. Entre la vieille et lui passa le fluide d'une mutuelle compréhension, d'une communion dans la douleur. Il dit : « Oserai-je vous demander si vous restez là ? » Elle se leva, éteignit le feu, et ils quittèrent les ruines ensemble, en se retournant à plusieurs reprises pour regarder encore ce lieu qui les avait faits, en quelque sorte, orphelins de leurs enfants.

Sans en être convenus, ils marchèrent côte à côte jusqu'aux abords de Kuré, le port de guerre où le mari de la vieille femme avait été employé. Elle l'invita à pénétrer dans un logement modeste. Elle lui indiqua un divan et alla chercher des coussins. Elle alluma un bâtonnet d'encens, il reconnut ce parfum venu du passé pour embaumer le présent. Ils mangèrent du riz mêlé d'algues et de filets de poisson. De l'eau chauffait sur le fourneau dont elle emplit un baquet de bain à son intention. Il la remercia et lui dit qu'il souhaitait se laver seul. Elle déplia un paravent de papier. Accroupi dans l'eau chaude, il se lava soigneusement, frottant son crâne lisse, son visage, ses membres, ce torse annelé qu'il voulait cacher. Un sentiment de quiétude le gagna, accompagné d'un besoin de sommeil. Il se rhabilla et entreprit d'ôter la boue de ses sandales. Lorsqu'il réapparut, son hôtesse avait préparé un matelas, mis un drap et un édredon. Elle l'aida à s'y étendre, le couvrit, plaça un oreiller sous sa tête. Il s'endormit aussitôt et retrouva l'abandon depuis si longtemps oublié.

Éveillé par la pluie battant les vitres, il se leva et s'agenouilla devant une table en face de la femme. Parmi les ruines se trouvait un bouquet fané. S'en souvenant, il exprima sa gratitude pour cette offrande à leurs morts. Elle lui assura avoir seulement répandu des pétales. Deux mois auparavant, une dame accompagnée d'un adolescent s'étaient recueillis sur les lieux. Elle n'avait osé leur parler. Alexandre J. Bisao revit le jeune Tokujiro et sa mère. Ainsi, ils étaient venus pour pleurer et honorer leurs disparus, Yoshi et lui-même, que l'on croyait mort. Il se sentit envahi de détresse : ne devrait-il pas mourir vraiment pour ne rien déranger de l'ordre existant ? Le souvenir le rejoignit d'un ancêtre qui, au temps où les partisans de l'Empereur et ceux du Shôgun se combattaient, s'était ouvert le ventre de gauche à droite en remontant avant qu'un compagnon le décapitât. Il imagina qu'il faisait ce geste, puis, regardant le sac où reposaient les os, il songea à une autre sépulture que la sienne. Il lui fallait rejoindre Kyôto pour enterrer les restes de Yoshi dans le jardin familial. Il songea que ce fils, en lui, vivait parce qu'il existait encore, vivrait aussi longtemps que lui-même. Il regarda la misérable chambre où la femme s'affairait, il revit les parias d'Hiroshima et sut que d'autres avaient besoin de lui.

Celle qui lui avait donné l'hospitalité l'accompagna sur le seuil. En la quittant, il l'assura que, lié à elle par le deuil, il serait heureux de la visiter de nouveau plus tard pour lui répéter sa gratitude devant un honorable accueil. Ils se séparèrent selon toutes les formes de la politesse. Une longue route s'ouvrait devant lui tel un chemin de croix et il devait la parcourir à pied, sentir le poids de sa charge sacrée, en être le seul porteur. D'un pas lent et résolu, il marcha durant tout le jour et une partie de la nuit, s'arrêtant parfois pour le repos, se déchargeant de son sac et se plaçant face à lui assis sur les gros orteils se chevauchant, le corps droit, avant d'incliner son front jusqu'au sol pour la piété. Sans savoir s'il s'adressait à Bouddha, à Jésus ou au shintô patriotique, il priait, ajoutait :

«*Tennö Heika*» et trois fois «*Banzaï*» pour l'Empereur. Puis, enveloppé de méditation, il reprenait son chemin. Chaque pas l'enfonçait dans le Japon de toujours dont les blessures n'avaient pas envenimé le corps entier. Venu le temps de marcher avec ses souvenirs pour seule escorte, à lui seul d'être convoi funéraire, il allait contemplant le paysage, la salutation des choses devenant lutte contre le désespoir. Il reconnaissait les parfums lourds des pulpes, la senteur des champs, les fleurs duveteuses et les feuillages glacés d'argent, le frémissement des bambous, l'enlacement des branches sous le vent les flagellant, les plis de mousseline des rivières, les ramures légères formant des résilles filtrant le ciel. Il suivait le vol en cercle des oiseaux, leurs spirales ascendantes, et surprenait dans la lumière les nuances changeantes des plumages. Sa perception accrue, il décelait la vie profonde tapie dans les formes, il voyait pour la première fois ce qu'il n'avait fait qu'entrevoir. Tous les verts s'enrichissaient de leurs contrastants voisinages, des érables aux pins, des camphriers aux cèdres d'où coulaient des glycines défleuries. Les terres cultivées paraissaient moins faites pour le rapport que pour l'œil artiste. Son beau pays cerné de sel méritait le soleil. L'itinéraire se ponctuait de grandes villes : après Onomichi et Okayana, ce seraient Himeji dont il reconnaîtrait le château du Héron blanc, le port de Kobé, Osaka et sa constellation de cités laborieuses et marchandes, enfin Kyôto, le terme du voyage. Pour éviter le bruit, la foule, il effectuait de longs détours, il empruntait des sentes calmes que ne violaient pas les palpitations de métal des automobiles. Parfois, il rejoignait des banlieues grises où des ouvriers allaient à leur tâche pour traverser le tunnel de la journée.

La troisième nuit, sous un hangar exposé au froid, il avait recueilli les présents nocturnes, le silence, les îles moutonneuses de la voûte céleste, ses océans immatériels, ses horizons ouverts à l'imaginaire, il avait reçu la mélancolie des astres, la fraîcheur de l'aube de cristal. Au matin, des paysans l'invitèrent à partager une soupe de pois et de haricots ; il prit plaisir à les entendre parler de leurs préoccupations quotidiennes, de leurs travaux, de leurs familles. Côtoyait-il pour la première fois les hommes ? Il les recevait avec un ravissement surpris. Par crainte d'effrayer et d'être écarté de la communauté, il cachait son crâne chauve et l'emplacement de son oreille détruite. Ce corps revenu de l'enfer, il apprenait à en dissimuler tous les effrois. Sans doute le tenait-on pour un moine pèlerin, un illuminé itinérant, porteur de quelque parole révélée ou d'un vœu ; son affabilité, son air de sage noblesse sous les hardes, son attention à l'autre inclinaient à un respect devant l'inconnu dans ce pays où la politesse, la discrétion et la droiture se partagent entre toutes les couches sociales. Ce matin-là, une fillette aux cheveux huilés et lisses s'approcha de lui, l'observa avec plus d'acuité que n'en aurait apporté un adulte, et, subitement terrifiée, alla se réfugier près de sa mère. Il en éprouva de la tristesse. Il la regarda gravement, profondément, sans ciller. D'un mouvement brusque, elle cacha ses yeux dans ses mains, puis ses doigts s'écartèrent, et lui, devant ce geste enfantin plein de grâce, se sentit éclairé d'un rayonnement intérieur. Sous l'effet d'ondes et de secrètes diplomaties, pour y répondre, elle joignit ses mains et un sourire se dessina sur sa jolie bouche ronde. Elle devint une petite pomme et il sut que le bonheur existait.

Il marchait, marchait sans lassitude. Il portait son fils sur son dos pour un ultime voyage. L'ayant arraché au feu, il le rendrait à la terre. Accordé à cet automne de feuilles craquantes et dispersées, tout devenait lumière. Guettant ces moments où la nature verte et rousse se fondrait dans le mauve et le bleuté, il ne redoutait pas la nuit. Tel un parfum, la douceur vespérale glissait sur son visage. La sublime immobilité des choses appelait à la contemplation. Tout apparaissait si haut, si intense que, possédé par le monde que son regard adorait, il éprouvait le désir de le saluer à genoux. Son mouvement devenait repos de l'âme, sa marche perfection du corps.

Tandis qu'il dépassait une muraille de boue rousse, contre l'épaule d'une colline se dressa le poème de pierre d'un sanctuaire vernissé de rouge cru et de bleu vif. Parmi les cryptomerias, par l'allée du sud, il gravit la pente, traversa une cerisaie où les arbres dressaient leurs branches nues et, par une enfilade de gradins, rejoignit le torii laqué de vermillon. Selon la coutume, il s'inclina, frappa deux fois dans ses mains et posa un caillou en hommage sur la tête de pierre du Bouddha. Autour d'un puits, des fidèles en kimonos flamboyants se purifiaient. Déchaussé, il franchit une succession de hauts portails séparant des cours dallées entourées de colonnes surmontées de lanternes de pierre. Il leva les yeux vers les tuiles en forme d'écailles de poisson ou présentant un assemblage de trèfles, s'arrêta devant les statues symboliques où faune et flore, personnages historiques ou religieux, créatures venues de la fable, représentations légendaires, avaient inspiré le ciseau des sculpteurs. Du sommet de la colline dominant l'édifice, son regard parcourut le panorama. Des montagnes surgissaient de la mer Intérieure, des portiques peints baignaient dans les eaux bleues. Dans un champ de repos se dressaient des stèles nettes et lisses, d'autres tapissées de mousse. Une forêt de pins formait un autel. Une rivière inscrivait une signature compliquée sur des pages vertes. L'asile sacré, sous ses yeux, étincelait, tel un bijou, de tous ses feux colorés. La nature, sanctuaire, abritait un autre sanctuaire, lui-même recevant chaque être humain, habitacle de foi. Alexandre se souvint de l'église primitive de saint François d'Assise enclose dans le sein d'une cathédrale. Les voyages en Europe, jadis, en compagnie de sa mère, avaient provoqué en lui tant de sentiments intenses et contradictoires! Il se souvint de ce temps où, étudiant timide, il avait reçu le monde occidental dans un chaos d'émotions, de chocs, de rejets et d'attirances. Il revint au présent, il parla à son fils, lui dédia le lieu saint et le paysage.

Il s'arrêta devant la svastika bouddhique peinte en noir sur le bois doré, manège à quatre bras figurant la rotation du monde autour d'un moyeu immobile, symbole du tourbillon de la création, de la giration des cycles universels, commune à plusieurs religions, objet de vénération et dont le dictateur allemand, l'inversant, avait détourné le sens, amenant à maudire la forme bâtarde de l'emblème majeur des hautes civilisations. Ainsi tournait la vie, de l'axe vertical des solstices à l'axe horizontal des équinoxes. Alexandre, dans une rêverie vertigineuse vit la croix tourner, devenir roue, loterie entraînant les signes zodiacaux, les nombres, les lettres, dans une ronde sans fin. Et cette svastika exprimait aussi le nombre dix mille, la totalité des êtres et de leur manifestation, les dix mille années du Banzaï s'opposant aux dix mille soleils de la bombe, du pikadon des Japonais appelé cyniquement *Little Boy* par ceux qui l'avaient jeté. Dès lors, dans cette course, les temps passés, le cortège des guerres, le désespoir aux yeux des espérants, les enterrés vifs de l'Histoire, les hommes devenus torches, il les vit, et aussi une aube neuve que nul assassin ne pouvait détruire. Homme seul portant les os de son fils mêlés à d'autres os, il cachait en lui ombres, murmures, sources, eau de la mort devenue eau de la vie, mots liquides, mots en larmes, filaments d'étoiles, tournoiements solaires, pieux miroirs de ruissellements intérieurs. Il connut l'éblouissement, l'embrasement de l'âme, une foi plus haute que toutes les religions et les embrassant toutes. Il avait connu l'an mille de la chair déchirée par une antique peur et il se retrouvait, se rejoignait enfin, la pluie ayant éteint les bûchers de l'aurore, au rendez-vous de l'être non pas guéri mais vivant de concert avec son mal. Il fallait se tenir droit, rester la plante verticale, marier les abîmes contraires pour que, malgré les malédictions et les preuves fatales, le soleil se levât. Son existence entière éclairerait ces jours noirs. En mille et mille mots, en mille et mille actions, en mille et mille silences, il repousserait l'horreur car, s'il exprimait sa détresse, le monde ne serait plus. Il ne répandrait que lumière, gardant l'ombre au secret dans la part éteinte de lui-même. Il relirait les livres classiques et les livres sacrés, il vivrait sa méditation, il édifierait des lieux d'honneur et de repos pour les mutilés et les rescapés du drame historique.

Pour quitter la colline, il choisit l'allée de l'ouest. Au sein de la longue nuit universelle, l'éclair de son passage contenait dans sa fugacité le tout et cette totalité serait détruite si le chemin ne savait plus l'éblouir. Sur la terre des dieux indestructibles, le revenant marchait d'un pas ferme, élevant comme une hostie les ossements de la victime. Dans le désert des jours, il trouverait l'oasis, le miroir baigné de lune, la table d'opération où le mal de l'homme serait extirpé. Il ôterait les bandeaux des yeux d'hommes crépusculaires et la lave reviendrait à son cratère, la cicatrice serait beauté, le pardon deviendrait plus grand que la faute. Il suivit la ligne des arbres en s'émerveillant du vol des feuilles. Il se rêva un destin végétal offrant ses fruits, ses graines, ses murmures. Derrière lui, sous la pluie d'encre, le paysage de cendre, le mur noir et ses anathèmes, les forêts de feu et de démence, la chute à couleur d'anthracite, les vents nocifs, l'être écrasé par la souillure, la cohorte éparse des nouveaux monstres. Devant lui, la promesse d'une eau calme, d'une terre apaisante, de germinations et de floraisons. Le panneau de ténèbre s'écartait. Il ne ferait plus rouge en sa tête. Le corps étranger, le polype extrait de ses chairs en souffrance, son pas se fit plus ferme, plus rapide. De nouveau, il connut la fatigue et le froid, la faim et le harassement des muscles, la soif et le bonheur des pluies, trouva ce bienfait : les sensations extrêmes de la vie. Sa pensée reprit sa course. Grandissait en lui un inconnu intraduisible, irréductible au concept, une inexplicable et invincible espérance dont il ignorait la source. Sa vie d'avant « ce jour-là », vouée à sa famille, à la beauté, à la conquête du savoir, aussi à la généreuse industrie du quotidien, bien qu'il n'en repoussât pas les présents, lui parut vaine. Quel appel retentissait ? Quel lieu habitable en son moi se découvrait ? L'ici, l'instant niaient le néant, cicatrisaient la blessure. Pour éclairer l'obscur, devait-il éteindre tous les feux du langage, la parole, le sens, être maître de silence afin de se comprendre au cœur de l'incompréhensible ? Un hymne s'élevait pour fêter la rencontre fugitive de l'instant dans l'éternité plus haute que bonheur et malheur, et la musique en retentissait sur tout le champ de sa conscience. Fulgurante, la révélation s'imprimait, lumière sur l'ombre, ombre sur la lumière, pour l'éblouir d'un vertige sans fin. Montait en lui la gratitude qu'il offrait aux nuages et au sol foulé par ses pieds douloureux.

★

Il atteignit la concentration urbaine d'Osaka, la cité des huit cents ponts, ruche détruite où s'activait un peuple d'abeilles. Là, il fit provision de biscuits de riz et de galettes fourrées de haricots rouges, et quitta le port et les ruines pour suivre la route en direction de sa ville natale. L'idée de distance lui était étrangère. Lorsque le terme de son voyage lui apparut, il ralentit le pas. Sa lucidité retrouvée s'accompagnait d'inquiétude. Quel choc allait produire le retour du spectre, l'apparition du revenant ? Ne devrait-il pas se faire précéder d'un message ? Il se jugea égoïste et sans délicatesse. Afin de préparer sa belle-fille et son petit-fils Tokujiro à ce qui ressemblait à une résurrection, se rendrait-il tout d'abord chez son frère ? Sa présence physique lui parut absurde, dérangeante, scandaleuse. Ce corps trop visible l'embarrassait. Pour retrouver les siens avec une discrétion convenable, que n'était-il un esprit, une âme errante, une vapeur ! Il éprouva la honte de survivre, il regretta le temps de son amnésie.

Durant deux jours, il erra dans Kyôto, fuyant les grandes artères et les rues au profit des jardins, des temples mélancoliques qui se mirent dans les étangs fleuris de lotus. S'il s'approchait de son quartier de résidence, soudain effrayé, il s'éloignait. Pouvait-il se présenter sans vêtements décents ? Il ne lui restait que quelques yen. Il avait appris à aimer son dénuement. La première nuit, il dormit sur le bord de la rivière Kamo. Le lendemain, il s'immobilisa parmi les arbres du parc Maruyama, figé dans sa méditation, oubliant de se nourrir, ignorant s'il vivait sa mort ou mourait sa vie. Parfois, un sourire se dessinait sur son visage cireux : il venait de voir courir un enfant. En ces lieux de paix, présence étrangère dont se détournaient rapidement les regards, que faisait-il ?

Au soir, il s'assoupit dans la ténèbre pour attendre un nouveau jour. Derrière un pavillon, contre le tronc d'un acacia, la main serrant la sangle de son sac funéraire, il se composa un refuge. Durant la nuit, dans un demi-sommeil, il tressaillit : il entendait des gémissements, une longue plainte obsédante, un son continu de flûte contre sa tempe, un appel d'outre-tombe. Il se redressa, frotta ses paupières. A la lueur d'une lune blafarde, il regarda autour de lui et constata sa solitude. Il fit quelques pas, trouva une couche d'herbe pour tenter de dormir, replié sur lui-même, s'enfermant dans ses propres bras. Dès qu'il s'abandonnait, reprenait cet appel lointain et proche qui ne cessait qu'à son éveil. Tout ce qu'il avait vécu et vu, tout ce qu'il avait éprouvé dans sa chair et ressenti dans la chair des autres, provoquait-il ce phénomène, cette hantise, cette intrusion de l'inconnu? Emma-O, le maître des enfers bouddhiques, le punissait-il de péchés inscrits sur ses tables? Devait-il invoquer la tête de cheval, les trois visages et les huit bras de Bâto la déesse miséricordieuse? De quelle caverneuse retraite l'appelait-on? Sa mémoire retrouvée, la démence prenait-elle la place de l'oubli? Il pria, il rassembla ses forces pour une nouvelle lutte. Comment s'offrir au sommeil en gardant conscience et vigilance? Les yeux fermés, son attention resta en éveil. Cette plainte modulée qui traversait sa nuit pour se faire entendre existait bien. Hypnotiseur et hypnotisé, dans une difficile expérimentation, il chercha l'origine du son. Soumis à une tension extrême, il sut qu'il n'émanait pas des arbres, ni du parc désert, ni de la terre, ni de son être intérieur. Illusion? Réalité? Soudain, il reçut l'illumination. Son fils, Yoshi, son enfant qu'il avait porté de chemin en chemin, de ville en ville, de sanctuaire en sanctuaire, sur son dos, son jeune mort lui parlait, ses ossements réclamaient sépulture. Lui, le mortel, par miracle vivant, les divinités le requéraient. D'un geste convulsif, il serra son sac contre sa poitrine, telles ces mères d'Hiroshima étreignant leur enfant mort.

A la fin de la matinée, après avoir prié devant son sac, il rejoignit le fleuve et marcha vers le nord dans le parallèle du palais impérial, suivant un bras d'eau l'amenant près du jardin botanique derrière lequel se trouvait la vieille résidence des Bisao. Il reconnut les demeures, nomma mentalement des familles. Les allées de pierre, les terrasses fleuries, les alignements d'arbres, les massifs, il les contempla longuement, présences retrouvées, toutes évocatrices de souvenirs venus, semblait-il, de fort loin dans le passé alors que son exil n'avait duré que le temps d'une saison, il éprouvait tous les sentiments d'étonnement, de curiosité, de crainte d'un mort revenant sur les lieux de son existence, là où l'on avait continué de vivre sans lui, mais voyageait-il dans son passé ou dans son futur ? Ce quartier résidentiel, celui de ses différents âges, lui apparut telle la poursuite d'un rêve ancien qui le ravissait et l'effrayait à la fois d'être découvert si réel.

Il rejoignit le rond-point d'allure provinciale ombragé par les neuf grands cèdres et eut le mouvement de recul d'un étranger pénétrant dans une zone interdite. Il avança difficilement devant l'austère porte de chêne massif peinte de bistre entre les deux érables familiers. Un pâle soleil l'accompagnait. Il s'immobilisa pour rassembler son courage et poussa la lourde porte qui balaya le gravier. Shintaro, le serviteur, émondait un arbuste. Il se précipita les mains en avant pour chasser ce vagabond qu'il gratifia d'imprécations. Butant contre un mur invisible, pétrifié, il s'immobilisa dans son geste. Tremblant, magnétisé par le mystère de ce long corps qu'il reconnaissait sans bien le situer, ce crâne coiffé d'une sorte de turban, ces hardes maculées et ces sandales tachées de boue et de sang, son bredouillement s'acheva sur un hoquet et il porta la main à sa bouche. Le marquis Alexandre J. Bisao leva une main pour saluer, briser un charme ou donner une bénédiction. D'une voix blanche, il nomma l'homme et, devant son interrogation livide, il dit simplement, avec un signe d'affirmation: «*Hai,* Shintaro, *hai!*» — oui, Shintaro, oui, c'est bien moi! L'homme tomba à genoux, toucha le gravier de son front à plusieurs reprises, demanda pardon et se mit à rire en pleurs, à pleurer en rires tel un insensé. Quand il se releva, il vit que son maître l'avait quitté. Celui-ci pénétrait dans la demeure au seuil de laquelle il avait déposé son sac et laissé ses sandales.

Le revenant, dans l'antichambre, devant l'entrée de la salle paisible, se tint dans l'ombre d'un panneau de brocart. Un parfum d'encens et de géranium flottait. Dans la ténuité d'une lumière filtrée, il regarda le tapis, les meubles, les lustres, les œuvres d'art, les bibelots familiers. La femme de son fils Yoshi, la mère de Tokujiro, se tenait près du foyer dont elle ratissait rêveusement les cendres. Image stylisée du Japon, elle était cérémonieusement habillée d'un kimono blanc de deuil avec un obi haut et raide et les collines de sa chevelure s'étageaient en ordre. Elle se déplaça sans le moindre bruit, le moindre froissement de soie devant une rangée de kakémonos calligraphiés. Il retrouva le visage d'un ovale délicat, poudré de blanc, les paupières roses, l'arrondi des épaules, la finesse des mains. Elle paraissait plus seule qu'une morte. Lui n'osait pas se présenter. Il se retourna vers l'entrée pour s'enfuir et la jeune femme regarda dans sa direction. Il avança de trois pas, puis de deux autres pour traverser un rai de soleil tandis qu'elle se déplaçait à petits pas à sa rencontre. Ils se regardèrent et le beau visage, imperceptiblement et sans qu'il y parût, s'anima, refléta des sentiments multiples, des perceptions, des heurts, tous les tremblements de pensée d'un être face à l'inexplicable. Un rapide cillement indiqua qu'elle se voulait persuader de ne pas être le jouet d'une illusion. Elle eut ce moment d'égarement qui précède une syncope et se reprit. Il sentait lui-même son corps se tasser, il inclina rapidement la tête et la fixa de nouveau, lui dédiant de muettes paroles. Le corps de la femme bougea d'arrière en avant pour une sorte d'élan retenu. La discrétion extrême voulut qu'elle se dominât, qu'elle tentât de cacher son émotion, de retrouver une impassibilité se refusant. Ses lèvres laissèrent échapper des soupirs tels de petits cris étranges. Si libre d'allure naguère, si occidentalisée, si moderne, cette jeune femme dans son deuil avait retrouvé la tenue, les gestes, la protection de l'ancienne civilisation. A jamais, elle cacherait ses atteintes par cette politesse ancestrale qui veut que nulle allusion ne soit faite aux choses attristantes. Elle s'était figée dans une impersonnalité traditionnelle, en marge de l'existence individuelle. Mais un fol espoir ne la traversait-il pas ? Celui que son mari, lui aussi, fût vivant. Il dut trouver le courage de parler, de lui dire à voix basse que Yoshi, lui, ne reviendrait pas, sans oser avouer que sa propre survivance était injustice. Alors qu'elle s'inclinait lentement, il eut le temps de lire un peu de réconfort dans sa désolation et de voir glisser un sillon liquide sur la joue poudrée. Bouleversé, il s'inclina lui aussi et cacha dans ses mains son visage que la douleur figeait tel un masque.

Le premier acte du marquis Bisao fut de creuser la terre sous le regard de Shintaro dont il avait refusé l'aide. Il laissa les ossements dans la toile, les déposa dans le trou et pria avant de le combler. En attendant la dalle et la stèle, il entoura soigneusement l'espace rectangulaire, aux dimensions habituelles d'une tombe, de pierres plantées. Yoshi resterait dans sa demeure, près des siens. Le soir, il conduisit le jeune Tokujiro de retour de l'université et sa mère sur ce lieu de repos.

La nouvelle de sa résurrection bientôt répandue par les serviteurs qui laissaient éclater leur joie, des messages affluèrent, des visiteurs se présentèrent. Il ne reçut que de rares parents, son frère et un envoyé de l'Empereur. De nombreux journalistes furent éconduits. Des curieux, durant des semaines, cernèrent la résidence. Il se détermina à rejoindre l'île au large d'Okinawa où se trouvait sa maison d'été. Auparavant, avec l'aide de son frère, il s'occupa de régler ses affaires, d'établir un système de communication entre l'îlet et Kyôto et de faire en sorte qu'un établissement de soins fût édifié dans la ville maudite. Il connut des jours de défaillance et sa santé inspira des inquiétudes. Par des régimes vitaminés, les médecins obtinrent un semblant de guérison. Il avait songé à se retirer dans un monastère. L'attachement qui l'unissait aux siens l'en avait dissuadé. Ils ne quittèrent Kyôto qu'à la fin de l'hiver.

Lumière dans les branches, trois ombres en un jardin, l'homme d'âge, la femme esseulée, l'adolescent amputé du père, devant une tombe agenouillés et inclinés, immobiles statues, unis comme feuilles d'un trèfle. Rassemblés, ils avaient caché leurs saisons funestes, ils chérissaient de pauvres restes représentant le corps entier, celui où coulaient jadis les rivières chaudes de la vie. Unis dans le poème de leur mélancolie, passeraient des jours, des mois, des années, des ciels changeants, des soleils et des bourrasques, des feuilles naissantes et des feuilles mortes, la précarité frémissante et l'impalpable durée, sans que l'on sût qui chante le destin, du vent, du ciel ou de la terre, de la mort ou de l'herbe, quand les mains jointes retiennent les âmes, quand les prières quittent les lèvres dans un souffle de vie.

Six

L'AGRESSION de la chaleur et l'exercice de ma profession m'ont tenu éloigné durant sept semaines de mes cahiers. Ayant reconstitué et narré l'odyssée du marquis Alexandre J. Bisao, j'ai anticipé, brisé le déroulement chronologique, l'ordre qui me permet de consigner sans trop me perdre les événements qui m'ont marqué. En vérité, lorsque mon hôte revint de sa croisière sur le yacht blanc, j'ignorais encore une partie de ce que j'ai tenté de faire revivre. Ainsi, tant de choses et de faits extraordinaires, l'étonnante personnalité du marquis, son corps à peau de serpent et la coquille noire de son oreille par exemple, ne relevaient pas de l'imagination fantastique, mais bien d'une réalité aisément vérifiable. Or, marqué d'un signe, moi le jeune Français ayant choisi l'exil, après les semaines de ma vie auprès des pêcheurs et le temps si court et inoubliable de mon amour pour Hayano, après mon périple océanique, après l'abordage à Okinawa, puis à cet îlet où ma pensée continue de vivre, après les métamorphoses de ma personne intérieure dans ce pays de méditation (je n'ai fait encore que les évoquer et ce n'est pas là ma moindre aventure), tel un héros de roman picaresque allant, de chapitre en chapitre, au-devant de situations surprenantes, je me trouverais face à face avec ce que l'on peut difficilement imaginer de plus absurde, de plus invraisemblable et de plus angoissant qu'un être eût jamais rencontré, au point que je me demande encore comment ma raison n'a pas sombré dans ce naufrage de l'âme, dans cette explosion de la personne. Bien que les mots se pressent sous ma plume, je me promets cette fois de respecter le déroulement dans le temps qui fut celui de ma destinée: il me reste tant à dire.

Durant l'absence du marquis, la vie sur l'îlet ne changea guère. Je mentionne simplement qu'une fièvre d'activité nous saisit, Tokujiro et moi. Notre travail de correspondance portait ses fruits. Le grand-oncle de mon ami que nous appelions entre nous Bisao-sensei ou malicieusement « le patron » nous exprimait sa satisfaction. Je fus en rapport avec lui par radio-téléphone; malheureusement, les parasites, l'anglais nasillard de mon interlocuteur et l'incertitude du mien ne permirent pas un bon échange. Je m'aperçus cependant que M. Bisao représentait l'antithèse de son frère: il réduisait les formules de politesse et les entrées en matière, s'exprimait en phrases brèves, allait directement à ce lui paraissait important, manifestait une telle hâte que l'on se sentait importun, en bref se conduisait en homme d'action laissant à comprendre le slogan: « Mon temps est précieux. Soyez bref. » Il souhaita qu'une occasion me fût donnée de lui rendre visite à Kyôto dont il me vanta les charmes en me citant le nombre de ses monuments; je me dis que l'affaire se trouvait en de bonnes mains. J'eus une surprise: une commission sur les affaires engagées avec les pays de langue française serait versée à un compte bancaire à mon nom. Je bredouillai, je déclinai cette offre et remerciai à la fois, finissant par accepter non par avidité, plutôt pour ne pas risquer de manquer à l'usage.

Nous passâmes quelques après-midi à l'établissement ostréicole. Quand Tokujiro m'invitait à manger des huîtres dépouillées de leur perle, je manifestais une répugnance : malgré mon goût pour les fruits de mer, pouvais-je me nourrir de l'artiste d'une telle beauté ? Une des conditionneuses me troubla. Requérant mon attention par toutes sortes de malices et de sourires aguichants, ses jolies jambes, point du tout arquées mais longues et lisses, ses pieds cambrés toujours prompts à toucher ma jambe, sa petite poitrine dure et ses lèvres gonflées m'attiraient. Fort éloigné de l'état d'ascétisme, j'envisageai une aventure sensuelle que Tokujiro habilement interrompit. Il ne manqua pas de me signaler quelque défaut physique de la séduisante personne en l'exagérant. Il alla de la bouderie au reproche, de l'agacement à l'ironie comme s'il était responsable de ma vertu. Manquais-je à une promesse ou à un code secret ? Son ton moqueur dissimulait peut-être, pour mieux les montrer, amertume et déception. Je me persuadai que des amours ancillaires seraient mal venues. Il me prévint du risque que je courais : être atteint d'un virus typiquement nippon, le désir de régression vers le fœtus. Cela provoqua de l'humeur entre nous qu'il s'ingénia à dissiper en inventant des activités ludiques. J'appris qu'au base-ball, pratique américaine, correspondait le *hyakyu* japonais. Pour ce jeu asymétrique et hors de toute logique, il nous manquait partenaires et adversaires. Nous ne retenions donc que quelques figures essentielles, tantôt lançant puissamment la balle, tantôt fouettant l'air de la batte ou bien tenant le gant en forme de coupe, avec des gestes de samouraï pour courir, frapper, lancer, recevoir, jeter des rafales ou recevoir des météorites. De ce sport demandant adresse et rapidité, concentration et force, nous sortions épuisés. Tel un séminariste tenté par le démon, je faisais taire ainsi les appels de mon corps. Si nos muscles connaissaient la fatigue, nos esprits se délassaient agréablement. La gratuité du sport nous ravissait, les différentes phases de nos parties, réussies ou manquées, apportant toujours un plaisir. Nous jouions encore à une sorte de football ou au tennis de table. Au *kyûdô*, tir à l'arc de bambou, Tokujiro chez qui coulait le sang de ses ancêtres guerriers me surclassait. J'observai que lorsqu'une arme devient objet de jeu, résiliant ainsi sa fonction primitive, s'affirme une conquête de la civilisation. Mon ami me fit justement observer qu'une arme n'est délaissée qu'au profit d'une autre plus redoutable. Je l'approuvai en pensant à de sinistres arsenaux.

Il existait le correspondant japonais d'un jeu d'origine italienne (transmis par quel Marco Polo ?) consistant en un échange de positions des mains figurant la feuille, la pierre et le ciseau et que l'on nomme *jan-ken-pon*. Ces occupations s'accompagnaient de l'étude, le latin et le français pour Tokujiro, le japonais pour moi. Si je parvenais à me faire comprendre pour les choses de la vie ordinaire, je n'en restais qu'à un élémentaire balbutiement dès qu'il s'agissait de plus de subtilité, m'empêtrant dans les syllabes et les déplaçant à l'intérieur d'un mot. La graphie, bien que simplifiée depuis peu, me proposait mille difficultés. Je l'envisageais comme un excellent exercice de mémoire visuelle. Pinceau en main, Tokujiro dessinait sur un papier lisse les signes usuels et me demandait de les reconnaître. Aux pièges de cette discipline et de cet art, s'en ajoutaient d'autres : ceux de la calligraphie permettant de dessiner les traits, angles et points d'une manière originale, de les recréer pour atteindre à la beauté abstraite et ainsi privilégier, sans faire oublier le sens, l'art graphique. Je quittais le monde des pleins et des déliés pour en trouver un autre, infiniment plus nuancé, la libre inspiration s'ajoutant aux codes naturels.

L'estampe représentant la Japonaise en costume continuait de me fasciner. Me retenait l'expression du visage fixé en touches légères avec de hauts sourcils marquant un perpétuel étonnement, ces yeux à peine perceptibles, ce nez esquissé, cette bouche souriant sans sourire, ce mystère de Joconde. Selon mon regard, les impressions reflétées par ces traits purs changeaient. Contemplait-elle un paysage ou s'adressait-elle à moi ? A moins que, soucieuse de ses invisibles pensées, elle ne vît rien de l'extérieur. Lors de nos jeux sur la plage, parfois, dans le lointain j'apercevais la représentation physique du portrait. Cette dame traverserait-elle sa vie entière dans ce retrait, figée à jamais dans sa jeunesse? Si étrange que fût son attitude, elle ne présentait aucun signe d'amnésie ou de démence. Rien dans son regard qui se détournait si vite du mien lorsque je la croisais n'évoquait autre chose qu'éloignement et discrétion. Un matin, au cours d'un rapide échange, je crus distinguer sur son visage de la sympathie: adopté par les siens, n'étais-je pas un frère pour son fils? Lui rendant visite, sans doute l'avait-il entretenue de moi. Mais il m'arrivait aussi de confondre son expression avec celle de l'estampe et qui variait, je le répète, selon mon regard.

Le temps passait sans que je le mesure. Tel un enfant longuement exilé qui a retrouvé sa famille, je trouvais naturelle ma présence. Sans nostalgie de ma terre natale, je ne connaîtrais l'exil qu'en quittant mes amis.

Malgré le bon ordre de mes journées, mon existence échappait à la quotidienneté, chaque heure étant fertile en enseignements et en découvertes. Je m'interrogeais sur ma vie spirituelle. En l'absence de son maître, Tokujiro fréquentait moins assidûment le jardin de la contemplation.

Je m'y rendais à la tombée de la nuit. Là, assis sur la pierre plate, les yeux mi-clos, voyant le jardin à l'extérieur et tentant d'en retenir l'image en moi, j'attendais le moment où l'obscurité en atténuerait les formes jusqu'à les dissoudre. Trouvant là le repos de l'âme, je me disais qu'il serait délicieux de mourir ainsi, de devenir statue, élément durable du lieu sacré. Mes tempêtes rassemblées, j'en avais fait un grand calme. Mes souvenirs réfugiés en moi devenaient partie intégrante de mon être. L'idée de mon avenir se résolvait dans l'instant dont je tentais de saisir la fugacité. Certes, je ne progressais ni en sagesse ni en connaissance. J'interrogeai Tokujiro sur un dilemme : comment un adepte du zen pouvait-il mépriser les thèmes, les textes, les explications, et, dans le même temps, comme son grand-père, créer autour de lui un état si propice à la lecture, à la culture, à l'étude ? Le front de mon ami se plissa, ses traits se resserrèrent. Dans sa concentration, il ne cherchait pas une réponse, il en préparait la formulation. « La pratique du zen, me dit-il, ne consiste pas à ignorer. Elle nous enseigne qu'il est plus important de connaître que de savoir. La connaissance se situe hors du texte. Or, la plupart des gens n'apprennent que pour expliquer. » Je lui demandai s'il fallait vraiment apprendre pour désapprendre, puis, interrompant mon discours, je me mordis la lèvre et il me répondit que cette rapide morsure était en soi réponse. D'autres questions se pressaient, par exemple : « Le marquis Bisao avait-il acquis son esprit de méditation à la suite du drame qu'il avait vécu ? » (Je ne posai pas la question telle quelle, elle se dessina au cours du dialogue.) J'appris alors que son maître avait toujours manifesté de l'intérêt pour les formes de la vie spirituelle. A Kyôto, il avait fréquenté des bonzes et des professeurs célèbres comme Hosaka, Suzuki et Nukariya. Il s'agissait alors de curiosité naturelle, peut-être de dilettantisme, alors que depuis « ce jour-là » dix mille soleils l'éclairaient. Ces échanges ne me laissaient pas sans trouble : n'interrogeais-je pas autrui à défaut de m'interroger moi-même ?

Me dénudant devant Tokujiro, je ne déguisais pas mon infirmité d'esprit : je le savais indulgent. Il riait à mes demandes, s'exclamait : « Oh ! je ne suis pas un sage ! » et n'éludait rien, venait même au-devant de mes désirs. Appréciant mon intérêt, il reprenait sans cesse mon éducation à la base et il naissait du moindre fait une adorable poésie. Qui, en Occident, aurait parlé de « l'honorable huître perlière » ou de « l'honorable ver à soie » ? Jadis, le bienheureux Jacopo da Varazze que nous nommons Jacques de Voragine m'avait ouvert au merveilleux chrétien des hagiographies gothiques où les parcours d'une vie sont moralisés en anecdotes effeuillant de ravissantes fleurettes et s'achevant dans les supplices. Mes soirées lyonnaises avaient été peuplées de ce légendaire me proposant des exemples impossibles à suivre, et voilà que j'en trouvais le correspondant au cours des traductions que faisait pour moi Tokujiro de dialogues de bonzes ou de saintes narrations. Si j'oubliais les noms, je retenais les faits et paroles, ces dernières fort déconcertantes et échappant en partie à ma manière de penser et aux mauvais plis de ma paresse intellectuelle. Certaines ressortissaient d'évidences, d'autres procédaient d'une si confondante simplicité que je me demandais si elles ne cachaient pas un code. A la vérité, ce qui m'apparaissait ainsi assez niais, après réflexion, finissait toujours par me persuader de ma propre niaiserie. Cette maïeutique, supérieure elle l'était, parce que ne préparant pas d'effets et sachant se dissimuler derrière un humour particulier, une curieuse extravagance. Mais comment trouver le zen dès lors qu'il se situait à la fois plus haut que le ciel et plus bas que les profondeurs imaginables de la terre ? Et ce bonze qui voulait faire assaut d'escrime avec un guerrier ayant pour arme un sabre de rosier, son idée m'aurait paru folle s'il n'avait prouvé que l'arme véritable est un objet mort et la vie seulement du vent dans les branchages d'un pin sur un laque chinois. Et cet autre qui pénétrait dans une maison de thé et finissait par prêcher devant les prostituées. On trouvait de la douceur mêlée à de brefs éclairs de violence, l'insulte se métamorphosant en louange, la démonstration de la vérité s'opérant par une parole sans rapport avec elle, la question suscitant pour réponse une énigme. Ces narrations, j'y prenais un tel intérêt que je suppliai Tokujiro de les économiser, de ne m'en confier qu'une par jour pour qu'elle me fournît un objet de méditation. Un garnement devenait un saint par crainte que sa mère ne le suivît plus tard en enfer. Un bonze adjurait de ne pas perdre son temps à parler, la mort étant proche. Un autre, son âme contenant l'infini, prétendait avoir avalé l'univers. Partout surgissait cette idée de la vérité ressentie et non exprimée, de la lumière résidant ailleurs qu'à l'endroit où on la cherche. Au cours de cette leçon de cristal, le rayon lumineux frappait le religieux et toutes les profondeurs de l'être rayonnaient d'une joie que je tentais d'imaginer. Tokujiro se faisait ainsi le héraut d'une histoire sans fin, prenant ses exemples dans le zen et dix autres sectes japonaises sous les noms de Kousha, Sanron, Hosso, Kagon, Tendai, Shingon, Jôdo, Shinshu, Nitchiren, Jo-Jitsou. Ces conversations nous entraînaient vers les arts et les lettres, les mœurs et les usages nippons si fortement imprégnés par le bouddhisme, cette cristallisation de la religion naturelle et de l'effort spirituel humain. Par souci de probité, j'avouai à mon ami mon incapacité à les rejoindre, lui et son maître, dans leur démarche, n'ayant pas reçu, dès mes jeunes jours, cette culture de la sensibilité qui a permis aux Orientaux d'envisager l'univers avec tant de subtilité et de délicatesse. Comment trouverais-je le Bouddha en moi puisqu'il n'y résidait pas depuis des siècles ? Il me répondit en me démontrant l'excellence de mon chemin justement en ce qu'il me paraissait le plus opposé au but. En théologien, il tenta même des rapprochements hasardeux avec les préceptes de la vie chrétienne. Il me répéta que Bouddha, parce qu'il est écriture de l'univers et sermon de la nature, n'est pas que d'un peuple, d'une race ou d'un continent. Fait homme tel le Christ, rejoindre sa vision suppose la traversée de nombreux cataclysmes mentaux provoquant des déclics inattendus, le retour à un moi transparent, sans impuretés et sans poussière, capable d'embrasser l'éternité.

Manifestant une inquiétude que mon ami ne partageait pas, je consultais l'océan, cherchant des yeux le yacht blanc de mon hôte dont l'absence se prolongeait. A propos de cet éloignement, il lui arriva de parler de « mission ». Je compris que, là où je supposais un voyage d'agrément, existaient des tâches précises (j'en aurais confirmation). Il apportait le baume aux victimes du passé et forgeait le bouclier des hommes de l'avenir. Sa croisade se poursuivait dans les cités détruites, à Tokyo auprès des autorités nippones et américaines, dans les nations voisines. Son rôle était celui d'un ambassadeur officieux en liaison directe avec les plus hautes autorités. Son yacht servait de lieu de rencontres. Je ne le devais apprendre que plus tard. Son retrait lui dictant des initiatives, il visitait savants et médecins, religieux et politiques pour leur apporter des suggestions aptes à l'amélioration et à la protection des hommes. Le respect qu'il m'inspira s'accompagna du sentiment de mon inutilité : homme banal et sans profondeur, du moins me resterait-il le souvenir d'avoir côtoyé celui que j'aurais voulu être.

Parce que je savais qu'un jour je m'en éloignerais à jamais, je ne désirais pas quitter le grain de sable sur l'océan où, lentement, s'infiltrait un autre en moi — où, me croyant immuable, je changeais tel un ciel nocturne, ignorant quels cataclysmes se préparaient. Tokujiro me persuada de l'accompagner à Okinawa où nous passerions deux journées. Sous un ciel gris ardoise, le cabin-cruiser me fit retrouver l'odeur et le mouvement de l'océan, les grands vols d'oiseaux marins et les îles posées comme des offrandes. Lorsque nous abordâmes au port, je regardai avec mélancolie ce ponton où naguère (quelques mois ou un siècle ?) j'avais amarré l'*Ego* rescapé de tous les tumultes. Vainement, j'en guettai quelque trace. Dans la petite ville, je me sentis fort loin de notre point de départ : notre demeure restait japonaise, tandis qu'ici s'affirmait un monde composite unissant des Asiatiques de diverses origines, les visages, les tenues vestimentaires en témoignant. Je rendis visite au mécanicien Masahiko, à mes amis de l'auberge, mon hôtesse, les jeunes serveurs, Chang le Chinois dont l'accueil fut chaleureux bien que la présence de Tokujiro l'intimidât. A ce dernier, je narrai mes journées dans ce lieu, ma rixe avec les *marines*, mon séjour en prison. Je me surpris à jouer les cicérones dans cette île que mon ami connaissait mieux que moi. A mes propos sans doute de peu d'intérêt succédèrent les siens plus instructifs. Je l'appris, les habitants descendaient de ce fils du Soleil qui créa les divinités mâle et femelle, lesquelles repoussèrent le dragon océanique pour édifier l'archipel aux quarante-six îles. Il me parla de trois siècles de paix chinoise avant la conquête nippone. Il nomma les fêtes du quartier chaud, celle de la Femme qui a lieu tous les douze ans, évoqua des jeux, des courses équestres, des joutes sur l'eau, des combats de lutteurs, de mystérieux rites telle l'apparition de cet élu des dieux, couvert de feuilles de vigne, le visage dissimulé par un masque rouge et noir, qui descendait de la montagne pour apporter le bonheur dans les foyers, me parla encore de danses, de chants, de théâtre comique devant les tombeaux, en fait de cet essentiel que j'avais ignoré.

Durant le trajet en automobile qui nous conduisit à Naha dont la porte de Courtoisie nous accueillit, je décrivis ma journée en compagnie des officiers américains. Je pensai à mon aventure amoureuse avec la jeune femme en uniforme. Si nous croisions une Occidentale, je la regardais. Tokujiro, après quelques détours me questionnant, je lui racontai ma brève rencontre avec Gloria, la lieutenante. Il éclata de rire et, se référant à un texte classique, me nomma « l'auguste mâle impétueux » ajoutant, pour ne pas me déplaire, que si la passion charnelle toujours nous égare, l'homme que n'effleure aucun désir reste insipide comme une coupe à saké sans fond. Les allusions aux choses de l'amour l'incitaient à l'ironie. Cela dissimulait-il une pudibonderie? La rigueur de sa démarche intellectuelle, sa recherche d'une spiritualité en étaient-elles la cause? L'automobile garée sur le port, nous marchâmes dans la cité dont j'observai les changements : édifices nouvellement construits, nivellement des ruines et fondations. Nous fûmes bus par la foule. Les marchandes de légumes et de fruits s'empressaient de servir leur clientèle pour en revenir à leur occupation favorite: la lecture de revues sentimentales. Dans une longue artère se succédaient les magasins de céramique, de tissus bariolés, de coraux, de pacotilles, les étals de graines, de piments, de poivres, de sachets d'amulettes, de racines, ceux de poissons, de volailles, de viandes, puis des marchands de friperie, des brocantes, des restaurants de plein vent. Des vendeurs vantaient leurs marchandises. Parfois un jeune m'interpellait en anglais. Les véhicules de toutes sortes, carrioles, tombereaux, charrettes, autos, taxis, bicyclettes, pousses et cyclo-pousses, motos et side-cars traçaient leur chemin parmi les groupes, les brassaient, créaient des remous rythmés par les cris des marchands, les klaxons, les staccatos, les appels, les discussions, tout n'étant qu'animation, senteurs, couleurs, vie. Joyeux, je me surpris à siffloter : la ville m'inondait de son sourire. Le bonheur naissait de mon attention aux choses, de menus plaisirs le composaient. Je ressentais un nouvel équilibre intérieur, un état d'attente et de grâce dont j'aurais voulu prolonger indéfiniment la durée. Sans cesse surpris, je possédais les êtres par le regard. Ces sensations, Tokujiro en recevait l'écho, souriait de mon sourire, ce qui multipliait tout ce qu'elles recelaient d'exquis.

A cela succéda, inattendue, la confusion. Mon ami m'entraîna vers une banque où, dans un bureau de marbre et de bois précieux, le directeur nous reçut avec une cordialité bourrue. Il s'entretint avec Tokujiro dans un japonais rapide. Des regards me montrèrent qu'il s'agissait de moi. Une secrétaire me tendit des formulaires. Tokujiro m'expliqua : je disposais d'un compte bancaire alimenté par deux millions trois cent mille yen représentant le montant de mes commissions. Je fis un signe de refus que mes interlocuteurs ignorèrent. Je tentai une phrase en anglais que je ne sus mener à son terme. Quelques lettres écrites par jeu plus que par sens du commerce ne méritaient pas d'être récompensées d'un salaire. Tokujiro s'abstint d'utiliser les détours de la politesse ; il me démontra le naturel de la chose. Restait mon embarras : ce gain pouvait-il s'ajouter décemment à la généreuse hospitalité de mes hôtes ? Je ne pouvais me départir de ma gêne qu'en la transmettant à mon ami. La secrétaire me demanda mon passeport où elle releva mon nom, Emmanuel Gaspard Oth, qu'elle modula gracieusement avant de le reporter sur les feuillets. Tokujiro précisa que « le patron » tenait à ce que tout fût en règle, qu'un refus de ma part serait incompris de lui, enfin que mes frais étaient déduits. Le banquier me montra les espaces du papier où il souhaitait l'apposition de ma signature dont je fis courir quatre fois les lettres. Désirais-je retirer de l'argent ? J'énonçai un chiffre au hasard. Après une nouvelle signature et la promesse qu'un carnet de chèques me parviendrait la semaine suivante, je reçus une liasse de yen que je glissai dans mon passeport.

En sortant de ce temple, je restai silencieux. Parler d'argent me semblait incongru. Attachais-je trop ou trop peu d'importance à ce qui paraissait une formalité ? Se serait-il agi de la rémunération d'un travail des mains que je n'eusse pas manifesté de scrupules. Je décidai de n'y plus penser. Nous pénétrâmes dans le hall d'un somptueux palace que je ne m'attendais pas à trouver à Naha. Tokujiro choisit deux chambres pourvues de tout le confort moderne auquel s'ajoutaient les raffinements locaux. Après un court repos suivi d'un déjeuner léger, nous reprîmes l'automobile pour une randonnée dans cette île que je croyais connaître et que Tokujiro me rendit nouvelle en parfumant notre itinéraire de propos poétiques. Il n'abordait pas directement le site reconnu, il l'appréhendait après des détours pour le mieux mériter et le découvrir sous un angle propice. Ces montagnes, ces vallées, ces villages, ces isthmes, ces monuments vus sous un ciel clair en compagnie des Américains trop pressés d'aller d'une chose à l'autre, dans une lumière grise se révélèrent mystérieux et solennels. Mon ami, naturellement enclin à la parole, observait le silence pour ne pas troubler nos communes impressions. Le mûrier, m'apprit-il, protège de la foudre, les étoiles nous purifient, la lune qui disparaît derrière la montagne laisse sa clarté. Les formes et les couleurs dirigées par un archet magique, notre voyage fut musical. Les hibiscus régnaient sur le paysage. Une vallée nous proposait des cerisiers de février en fleur. En bordure d'océan, la vie aquatique nous berçait de ses attraits. Le lent balancement des palmes nous saluait. Le clair-obscur éveillait d'impalpables pensées. Nous cueillions les instants devenus pétales d'une fleur. Les tombeaux lisses ou imprégnés de mousses devenaient ouvrages de nature. Ce paysan dévalant la colline, sac sur l'épaule, semblait placé là pour désigner les courbes du paysage. Cette harmonie, ce calme, cet appel à la vie intuitive, je les recevais à la fois de la nature entière et de Tokujiro dont la présence multipliait la perception de mes sens. Sans lui, n'aurais-je pas seulement vu à demi tout ce qui me charmait ?

Le parc de l'hôtel nous proposa un abri en retrait sous les longs fils brodés de vert d'un saule. Les feuilles posées sur l'eau d'un bassin formaient un brocart. La fontaine murmurait. Les cigales vertes qui ne se manifestent au Japon qu'à la chute du jour offraient une entêtante musique. Soudain leur vibration cessa, ou plutôt, nous eûmes l'impression qu'elle se poursuivait au long de nos corps. Selon une habitude pour moi intolérable, la terre tressaillit à plusieurs reprises. Tokujiro me rassura : seules sont dangereuses les fortes secousses telluriques ; de courte durée, elles peuvent fracasser les montagnes, soulever les océans, décimer les hommes qui, alors, se rêvent ailés pour échapper au désastre ; les légers frémissements de l'échine terrienne se manifestent pour nous avertir de notre précarité, nous rappeler que la vie est instable et doit être vénérée. Quand cessèrent les oscillations, les cigales réunirent leur orchestre. Tokujiro, les mains levées à hauteur de son visage, les frappa une fois l'une contre l'autre en prêtant l'oreille à leur bruit. J'eus ainsi connaissance d'une pratique zen consistant à méditer sur la qualité du son lorsque les paumes se rencontrent et à distinguer celui qui vient de droite de celui qui vient de gauche. Seul dans ma chambre, j'imitai ce geste sans rien comprendre à cette extrême subtilité.

Allongé sur un lit moelleux, je me surpris à attendre un nouveau frémissement de la bête terrestre, ce qui me conduisit à en imaginer alors que je descendais, degré par degré, la pente du sommeil. Ces tremblements, ces hésitations, je les comparai à celles du destin, cet inconnu qui fixe de manière irrémédiable le cours de nos jours. Le sort des êtres est-il tracé par avance ? En sommes-nous responsables ? Ou bien, sans prédétermination, sommes-nous soumis à l'absurdité du hasard ? Je pensai à Alexandre J. Bisao échappant à la mort pour avoir voulu cueillir des fleurs, à cette infirmière sauvant son corps du bûcher, à mon départ d'un continent blessé pour en trouver un autre exsangue, à mon périple océanique parce qu'un corps s'était détaché du mien, à ma vie présente. Sur les mots destin, destinée, fatalité, je greffai les idées de bien et de mal, et je suivis des chemins d'investigation fort sinueux. Une lumière s'éteignait dès que je m'en approchais. Les systèmes de mon intelligence s'ingéniaient à me rendre tout inintelligible. Dès que je croyais avoir fait le vide en moi, les mêmes embûches refluaient, les déchets, les gravats, les poussières, tout ce qui me contraignait et dont me délivra le sommeil.

★

Au matin, j'ouvris grand les baies vitrées. Le soleil ruisselait sur les branches des saules. Je me sentis rassemblé, l'esprit lucide, le corps devenu feuillage appelant la lumière. Que cherchais-je la veille au bord du sommeil? Il suffisait de se baigner dans le métal rouillé de mes vieux doutes, et, avec l'aide du ciel, de la terre et des arbres, de chasser l'épouvante, la nature à nu devant soi. Je ne voulus plus de cet exil d'enfant nocturne. Le jour et l'horizon ranimaient mon courage. Je pris longuement soin de mon corps, le bon instrument, et je dressai une liste de projets simples. La secourable quotidienneté me proposant sa pratique, je fis un inventaire de mes besoins en objets et en vêtements: cela pouvait aussi bien occuper mon esprit que les considérations sur l'être et le devenir. Et si mes interrogations perpétuelles en masquaient d'autres non écloses, graines sans pluie pour germer, par mes gênes recelées, par un inconscient généalogique maître du projet s'étendant de la naissance à la fin? Tandis que je me rasais, une coupure à la joue rougit la mousse blanche. Cela me rappela que le monde est violent, que je restais un homme en fuite, un voyageur sans but. Ne répudiais-je pas une part de moi-même? La femme de chambre apportant un plateau me détourna de mes pensées. Il ne resta que le parfum du thé et des brioches chaudes, la douceur des instants, le plaisir.

Tokujiro, un journal en main, m'attendait dans le hall. Je lui fis part de mon souhait: visiter les commerçants, faire des emplettes. De magasin en magasin, nous nous livrâmes à ces frivolités, délibérant avec sérieux sur le choix des vêtements. Par volonté, je limitai mes achats: je ne voulais pas posséder trop de choses, craignant d'être à mon tour possédé par elles. Cette loi restait mienne que mes propriétés n'excèdent jamais le poids que je pouvais porter. Effectuant ces achats, j'éprouvais l'impression d'une appropriation malhonnête, les billets donnés en échange ne représentant pour moi que la légèreté de leur papier. Là où tant se croient libres dès lors qu'ils achètent, je me sentais prisonnier. Lorsque l'on me servait, je me voulais le serviteur. Lorsque je payais, je me savais débiteur. Lorsque j'emportais mes achats, je me croyais voleur. Certes, je ne remettais pas en cause le système des échanges (ne m'occupais-je pas, même indirectement, de négoce!), mais je ne pouvais rien contre les scrupules de ma nature ainsi faite.

Notre journée fut occupée par un voyage à l'île Ié-jima que nous atteignîmes de Toguchi par le ferry-boat. Là, nous louâmes des bicyclettes pour parcourir les chemins bordant les plantations de canne à sucre et les fermes d'élevage. Les tiges luisantes des cannes, longues flèches terminées par un panicule de fleurs, tissu fibreux retenant le suc, le sucre, la succulence, tuyaux d'orgue aux musiques savoureuses, me parurent douées d'une vie quasi-animale. Initié à leur vie, à leur sexualité végétale, la vue de leurs tronçons épars, de ces amoncellements de phallus décimés provoqua en moi une crainte comme si me guettait un grand castrateur. Les enfants qui mordaient la pulpe et suçaient le sucre devinrent de jeunes ogres. Ces champs vivants et vibrants représentèrent des peuplades d'une autre planète soumises à l'esclavage. Parce que nous avions épuisé nos propos, notre conversation se limita à de rares observations. Le retour se fit en barque. De Toguchi, nous rentrâmes à Naha au coucher du soleil.

Le lendemain, pour rejoindre notre port, nous empruntâmes une route bien connue de moi parce que parcourue à pied. Comme je désignais à Tokujiro la fontaine où j'avais bu la nuit, il arrêta la voiture et me dit qu'il voulait boire comme moi à cette source. Enfants joueurs, nous reçûmes dans la conque de nos mains l'eau fraîche qui baptisa notre union. Depuis cet heureux temps, j'ai connu des amours ; je n'eus qu'un frère : celui-là. Avec lui, je me sentais libre. Il me dégageait de toute oppression. Je bus l'eau d'alliance à longs traits et plus que n'en désirait ma soif. Nous nous installions dans le cabin-cruiser quand Shintaro chargé de colis nous rejoignit. De loin, il nous adressa des signes expressifs et, avant même qu'il eût parlé, Tokujiro me dit : « Mon grand-père est revenu ! » Tout au regret de ne pas avoir été présents pour l'accueillir, nous eûmes hâte de le rejoindre. Durant la traversée, je connus une appréhension inattendue. J'avais tant appris de ses misères qu'il m'apparaîtrait sous un jour nouveau. Connaissant en partie les jours et les nuits de son calvaire, leur prolongement dans sa vie actuelle, ayant médité sur son malheur au point de croire l'avoir vécu, n'en lirait-il pas la connaissance dans mes yeux ?

Qui aime l'océan et le hante connaît cette exaltation du navigateur dès qu'une terre se profile à l'horizon. Le regard aimanté par la forme vaporeuse qui, peu à peu, se précise, de l'immatérialité du nuage flottant au ras des eaux à ces formes, ces volumes lentement révélés, il oublie toute autre préoccupation que le but, tous ses sens délèguent leurs pouvoirs au seul regard, à l'amoureuse interrogation. Ce sont des instants rares et chaque fois, telle la naissance d'un amour, l'avènement d'un moment longuement attendu. Je distinguai la courte falaise, les frondaisons de la demeure et, sur le port, le yacht blanc. Tout près, telle une blancheur détachée de sa coque, se tenait le marquis Alexandre J. Bisao, la main en visière sur ses yeux, guettant notre arrivée, l'échange de nos regards tissant d'invisibles fils. Lorsque le cabin-cruiser prit son bord, qu'Uchida le marin saisit l'amarre, nous sautâmes à terre d'un juvénile élan. Celui qui nous attendait et que depuis si longtemps j'espérais fit un pas en avant. Il me parut plus long, plus maigre, plus décharné que dans mon souvenir. Tokujiro s'approcha de lui, s'inclina par deux fois et son grand-père le tint un moment par les épaules en émettant de petits grognements satisfaits. Puis il prit ma main dans la sienne pour une délicate pression et il me nomma. Shintaro me tendit le paquet ficelé contenant mes achats. Je pris le chemin de la plage jusqu'à l'escalier de pierre.

Ainsi qu'au premier jour, traverser le parc, m'inventer au cours de ces sinueuses allées un chemin inédit, surprendre l'inclinaison d'une fleur ou la salutation d'une branche, entendre le gravier crisser sous mes pas, admirer des paons l'orgueilleux albâtre, suivre la flèche verte d'un oiseau, ces joies ! et le calme des jardiniers, le rire des servantes, je retrouvai cela, et le tintement des lamelles du lustre, le chant des sauterelles dans les cages, les rais dorés jouant sur les marbres et les laques, les parfums légers, lieu d'accueil, asile aimé, ma demeure d'âme ! Je regardai encore les instruments de musique endormis, les kakémonos parlants, le charbon du foyer, les fleurs délicatement réunies, les vives, les immortelles, les soieries, les statuettes, ô beauté ! Mes fêtes ne déroulaient pas leurs guirlandes dans une espérance lointaine. Elles se trouvaient là dans ces instants coulant goutte à goutte pour me baigner, tel un lotus heureux.

Du regard, je caressais les objets de l'art quand une forme apparut, vivante, présente, humaine. Celle que je nommais secrètement « la Dame » traversait la salle pour rejoindre sa retraite. Sans doute venait-elle d'accueillir son beau-père. Profondément, je m'inclinai. Elle répondit par un léger signe de tête. Sa démarche me parut plus lente qu'à l'ordinaire, simple départ et non rapide évanouissement. Sais-je si je perçus l'esquisse d'un sourire ou s'il était à jamais peint sur ses traits ? Apparition familière, elle appartenait à mon univers et je me demandais si une petite place était réservée dans le sien pour l'ami de son fils.

Dans ma chambre, je fis danser les vêtements neufs sur des cintres de bambou, regardai le kimono sur le lit tel un gisant, répondis par un sourire au triple sourire des Bouddhas. Un vase recevait un arrangement délicat de fleurs et de feuilles. Jamais je n'avais eu de fleurs dans ma pièce. Une servante m'avait-elle favorisé d'une pensée ? Mon plaisir s'accompagna d'une impression ou d'une intuition, celle d'une apparition qui se serait évanouie en laissant une trace impalpable, une onde, un parfum, oui, un parfum léger, subtile ombre d'un parfum, il s'agissait bien de cela, non pas senteur des fleurs présentes, mais suave tel un souvenir, arôme non de pétale, plutôt de graine ou d'écorce. Qui avait si savamment disposé à mon intention ces tiges dans un vase bleu avec cette connaissance de l'art du bouquet ? L'émotion me saisit : la retirée, l'enfermée, la veilleuse avait fait un pas hors de son retrait de veuve pour dédier à un vivant sa pensée furtive avant de retourner à son ombre, oubliant que son don le plus cher se trouvait dans l'invisible, son parfum de femme oublié et se distinguant de celui des fleurs et fleur elle-même se refermant dès que blessée, se rouvrant à peine pour exhaler un soupir que je recueillais.

Son mari, Yoshi Bisao, le mort d'Hiroshima, prit le visage de Tokujiro. Parce que j'aimais mon ami, me saisit la crainte qu'un éternel retour de l'Histoire ne me l'arrachât. Je me souvins des doctrines stoïciennes, de celles de Nietzsche et de Vico et fus rassuré : pour la répétition des mêmes événements, ne fallait-il pas l'écoulement de millénaires ? Des millions de morts m'apparurent dressant un gigantesque bouclier devant mon ami. Tel un ambassadeur, le marquis Bisao brandit un rouleau de parchemin. J'écartai mes visions. Ainsi qu'au premier jour dans l'îlet, tout recommençait, je retrouvais la même appréhension à revoir mon hôte. Durant son absence, rien en moi n'avait changé ; les voies indiquées, je les avais délaissées ; je me savais tenu cependant de porter la même quiétude que lui. Mon horizon s'étendait morne, sans montagnes et sans vallées, une existence étale et mal remplie bien que je me sentisse ouvert à l'événement (tout en me sachant dans l'incapacité de le provoquer). Je ne refuserais rien de ce qui se présenterait. Cet inconnu s'inscrivait-il déjà sur les tablettes de ces groupes d'atomes me composant ou bien existait-il des puissances abstraites dont l'énergie propre me guiderait ? Je m'en remis à mon destin de feuille morte. Je vivais sans avoir appris à vivre. J'allais, je venais, je métamorphosais mes velléités en idéaux, mais je ne m'abritais pas des hommes, n'en côtoyant que de favorables. Mon corps se plaisait aux jeux lui apportant le bien-être, la souplesse, la force ; de lui je me souciais, l'envisageais tel un instrument sans qu'il fût le contenant de mon moi entier. Mon esprit retenait beaucoup de ce qu'il apprenait — langues, philosophie, religion... — sans que rien de ma personne changeât véritablement. Désuni, qu'attendais-je ? Un pressentiment m'avertissait qu'il se passerait « quelque chose » puisque, arraché à la vie ordinaire, j'avais rejoint un lieu exceptionnel, peut-être mon lieu. Connaissant désormais les hautes croisades de guérison, de prévention et de paix prêchées et menées par mon maître, oserais-je lui proposer mon insignifiant service ? Je me promis de rester sans barrières mentales pour qu'il devinât mon projet.

Dans mon pays natal, nul ne me connaissait, au point que ce passeport français me paraissait dérisoire. Qui, par-delà les mers, se soucierait de ma fin ? Je n'existais plus sur terre que pour deux hommes devenus ma famille. Leur devant tout, je devais tout leur donner. Tout? Bien peu en réalité, et cependant ce «tout», c'était moi bien présent face au futur ignoré. Quelles énergies latentes saurais-je en extraire pour les décupler? Ma paix de l'âme ne risquait-elle pas de me contraindre? L'âme en guerre ne me conviendrait-elle pas mieux? Je gardais, explosifs enfouis, des indignations, des colères, des révoltes vaines parce que mal dirigées, et aussi une capacité d'aimer intacte, un pouvoir d'émotion qu'un parfum dans ma chambre suffisait à exalter. Prisonnier, je devais sortir de la prison; geôlier, il m'appartenait de me libérer; évadé, je tenterais de briser les barreaux des autres. Je crus mon torse zébré et mon oreille détruite, je crus ces marques communes à tous les hommes, mais quel poème de l'impuissance s'écrivait en moi chaque jour! quelle fable d'Ego ne sachant détruire son ego, son petit moi désemparé, sans transcendance, me contais-je! quel suicide ne pouvais-je accomplir! En ce temps-là, je ne voyais rien de ce que je croyais voir, je vivais dans la hantise d'un désastre passé que je faisais mien, le croyant révolu alors qu'il avait ouvert les portes infernales. Si un asile de paix et de sollicitude me préservait, la terre tremblante m'avertissait de ne rien tenir pour éternel.

S'il suffisait d'un parfum, âme flottante, pour éveiller la conscience endormie, que ne pourrait pas faire une goutte de pensée pure! Cette imperceptible trace prenait une existence aussi réelle que celle du corps dont elle émanait. Habité d'un respect religieux envers la mère de mon ami, sainte apparition traversant mon chemin, je la découvrais dans son humaine fragilité, je me voulais son armure, et tout me disait : «Trop tard, la blessure est faite!» Entre l'aïeul et son petit-fils, une branche de la généalogie détruite, la veuve, lien de fortune, en affermissait l'union. Des fleurs offertes, un parfum oublié s'offraient à l'enfant que je représentais pour elle, non à l'homme. Telle une Vierge Mère fixée sur une image pieuse, la Dame jeune à jamais, en pensée je lui offris ma dévotion.

Plus tard, je retrouvai mes hôtes sur la terrasse. Leur dialogue, tel un fleuve changeant de couleur selon son cours, glissa du japonais à l'anglais, puis au français, les langues se mêlant, puis chacune se dégageant de l'autre jusqu'à ce qu'on ne parlât plus que la mienne. Écoutant les propos de son maître, le visage de Tokujiro rejoignant la maturité de son esprit devenait d'une beauté grave, attentive. Je regardai le vieil homme. Pour le dessiner dans sa vérité première, j'imaginai la chevelure épaisse et noire de son petit-fils sur son crâne nu. Ses yeux me parurent s'enfoncer de plus en plus dans leur ivoire, les pupilles rétrécies d'un éclat plus vif. Sous une pommette osseuse s'étalait une tache brune que je n'avais pas remarquée auparavant. Que cachait son costume blanc flottant sinon une absence de chair, des os recouverts de peau ? Près de lui, une serviette de toile s'ouvrait sur d'épais dossiers. Shintaro souleva avec précaution une poterie fermée par une peau liée à sa paroi et je vis qu'il l'emportait au sous-sol. De sa voix basse, le marquis nous apporta des nouvelles du monde, non point celles qui s'étalent sur les journaux, mais venues de sources secrètes. Par un système d'accommodements absurdes, de concessions impossibles, les nations, oubliant les leçons de la guerre, perdaient la paix. Elles s'installaient dans l'instable, gommaient leurs erreurs en en commettant d'autres, constituaient de faux dialogues en unissant leurs monologues, confondaient la guerre et le guérir. Entre deux secousses telluriques, la terre continuait de trembler et les vents de l'Histoire déjouaient les équilibres.

Notre maître nous entretint de ses contacts avec Hiro-Hito et avec le général MacArthur, des organisations diplomatiques internationales, de leurs pouvoirs et de leurs faiblesses, de la nécessité de préparer un traité de paix et de sécurité nippo-américain, des modes de retour d'Okinawa à l'administration japonaise. Des protocoles de toutes sortes contraignaient et limitaient le progrès de la nation : la subtilité nationale saurait en briser les liens. Il existait une tension vers autre chose, l'invention de l'avenir, d'une nouvelle intelligence aux effets imprévisibles. Si la réorganisation de l'enseignement l'inquiétait, il affirmait positives la réforme agraire, la révision du Code civil et la préparation d'une Constitution. Le syndicalisme serait une nouvelle force dont la puissance encore se mesurait mal. L'homme traditionnel pensait que l'amélioration du sort des hommes dépendait de la survivance des valeurs fondamentales au sein du monde neuf. Ces conditions observées, le Japon donnerait l'exemple d'une grande nation libre en accord avec les ennemis d'hier, les voisins de l'Est, tous les continents solidaires.

Curieusement, l'état de son pays, malgré son délabrement, et comme s'il avait payé son tribut au malheur, suscitait sa confiance dans la mesure où les maladies du corps planétaire ne l'atteindraient pas. Car il nous montra bien l'univers à l'image du corps humain avec ses réseaux de muscles et de nerfs, de veines et d'artères, de viscères, de moelle, de sang, de lymphe, de sérosités, de peuplades microbiennes, se trouvant blessé, suintant, purulent, malade en tous endroits, sauvé *in extremis* par des soins localisés, toujours soulagé et jamais guéri, sillonné de cicatrices fragiles et prêtes à se rouvrir. Des milliers de spécialistes soignant ce moribond restaient aussi impuissants que le Grand Généraliste mis en échec. Telle parcelle infime, apaisée par le baume, en attendant d'autres atteintes, prenait tel ou tel nom géographique, et le marquis savait prendre la température du malade, parfois établir un diagnostic et prôner des soins en se désolant de ne pas trouver de panacée. Il traça les grandes lignes du tableau de l'époque : armistice à Rhodes entre l'Égypte et Israël, au Cachemire entre l'Inde et le Pakistan, internationalisation de Jérusalem, évacuation de Djakarta par les Hollandais, traité de l'Atlantique-Nord à Washington, explosion atomique en U.R.S.S., avancée des troupes communistes en Chine, transmission des pouvoirs de la France au Viêt-nam, émeutes raciales en Afrique du Sud, guerre en Grèce, coup d'État en Syrie, conflits de l'Église à l'est de l'Europe, excommunication des communisants par le pape, menaces en Corée — partout la fièvre et le délire, la vie et la mort dans leurs incessantes luttes, le bien et le mal l'un en l'autre déguisé, le remède devenu poison, le sourire transformé en rictus, l'intelligence en stupidité, et les chirurgiens malhabiles amputant par erreur le membre sain, les fausses analyses et les ordonnances erronées, et partout ligatures et pansements, prothèses précaires, antidotes devenant venins, la main secourable tendue pour détruire la main qui la reçoit...

Durant ses périodes de retrait et de méditation au jardin zen ou dans la mystérieuse retraite souterraine, passée la contemplation, quittant la doctrine passive, Alexandre J. Bisao préparait des stratégies, correspondait avec les responsables nationaux et internationaux et, Ulysse de tous les océans, mers et rivages, rien n'échappait à sa vue. Habité de pessimisme, il ne renonçait pas. Amputé, blessé, détruit lui-même à l'image de la planète, retenant difficilement sa propre étincelle, il aimait cet univers décimé dont il représentait la plus proche image. Thérapeute disponible face aux effets imprévisibles du mal, il s'engageait, son arme première naissant d'une spiritualité énergétique devenue moteur de la condition des hommes. Je ne puis rapporter ici tous ses enseignements, ceux reçus et ceux que, par faiblesse, je n'étais pas en état de recevoir. Mon infime, mon minuscule moi souffreteux, mes tendances ignorées de petit-bourgeois recherchant finalement la jouissance, il y fit la première brèche, son exemple décida à jamais de ma conduite malgré l'apparition, on le verra, de puissances rebelles.

Plus tard, la conversation s'orienta sur l'humble vie de l'îlet durant son absence. Il prit plaisir à écouter la narration de nos futiles journées. Lui-même nous conta des faits aussi minces : un épisode de pêche durant sa navigation, les aventures de son matelot Uchida avec une grosse Coréenne et son mari jaloux, son repos avec son frère à Kyôto sur le parapet d'un pont dans la contemplation du reflet des feuillages sur l'eau. Une courte retraite dans un temple l'avait rénové. Il nous fit l'éloge des bonzes retrouvés après tant d'années, immuables, le cerveau cependant dégagé des idées mortes, les uns possédant la science et le conseil, les autres portant l'extrême richesse de leur simplicité et de leur foi. Ainsi, en compagnie d'un innocent sonneur de cloches, il avait écouté les sons déversés dans la campagne, entendant chanter la terre pure, vibration primordiale, musique de l'harmonie, voix de la loi bouddhique, et toujours purification, exorcisme, protection. Naguère, au cours de son voyage en Europe, jeune homme, il avait entendu ce message lorsque les cloches des églises lui proposaient le monde pour patrie. Durant tout le jour et tard dans la soirée, il resta avec nous pour rattraper peut-être le temps de son absence. Combien je regrette de manquer de mémoire pour rappeler sa parole, de ne pas posséder l'art de Xénophon et de Platon pour faire revivre les

du monde. Nous échangions parfois, Tokujiro et moi, des regards surpris : ce voyage, transformant le marquis, le rendait plus proche de nous. Hésitait-il à nous offrir une confidence, à nous faire un aveu, à nous avancer une requête ?

Si discret et si présent, il vivait plusieurs vies alors que je ne vivais que la mienne, et encore n'en étais-je pas très sûr. Il portait sur ses épaules squelettiques un fardeau de responsabilités dont je n'avais alors qu'une idée vague, et moi, mes muscles ne me servaient qu'au jeu, ma tête qu'à ma seule investigation. Que m'avait appris ma traversée de l'océan, mon périple, ma dangereuse navigation, mon côtoiement du naufrage ? A oser ? Or, je n'osais rien. Portais-je en moi des possibilités non employées ? « Inutile », il me visita, le mot : inutile. Ni savant, ni ignorant, que représentais-je ? La guerre avait effacé les idéals de mon adolescence, les grands projets évanouis dans la forêt d'un assassinat. Ces pensées moroses, alors que la nuit nous rendait silencieux, furent interrompues par la plus inattendue des questions. Surpris dans mon intimité, je tressaillis. J'entends la voix légère, modulée, murmurée de mon maître : « Ego-san, me dit-elle, dans l'éventualité d'échanges avec votre nation pour laquelle se préparent tant de drames coloniaux, de relations avec d'autres pays en crise, oserais-je vous demander, et cela dans le but louable de la paix entre les hommes, de leur liberté et de leur bonheur, oserais-je vous demander de m'apporter votre aide, vos conseils, de m'éclairer de votre lumière ? » Abasourdi, je répétai : « Mon aide, mes conseils, ma lumière ! » Je m'avouai bien indigne d'une telle confiance. Il le prit pour une phrase de courtoisie marquant mon acceptation et son visage s'éclaira. Il demanda du saké en me confiant qu'en France fêter notre collaboration eût demandé du champagne. Soudain, tel un plongeur entre le ciel et l'eau, je sentis que je traversais les airs d'un vol de goéland, que je m'affirmais plus élevé, plus ambitieux, plus hardi que je ne le supposais. Je dis fermement que ma vie appartenait à qui me la demandait ainsi. Le marquis m'assura qu'il n'avait jamais douté de mon accord. « Nous aurons, dit-il, à beaucoup méditer, à beaucoup penser, à beaucoup agir. Nous établirons des plans de travail. Nous tenterons d'infuser la confiance à ceux qui ne l'ont plus ou la perdent. Nous expédierons de nombreux messages et votre plume me sera précieuse, votre plume et vos initiatives, vos idées, votre jeunesse ! » Je levai la tête vers le ciel, ému, enivré de je ne sais quelle musique ou quel alcool.

★

Des liens unissant mon hôte à l'Empereur, je ne connus pas l'exacte nature. Je la préjugeais de confiance et d'amitié ; je ne sais si je peux parler d'intimité ; ils se connaissaient depuis leur extrême jeunesse. Toujours est-il — je m'en aperçus bientôt — que la permanence de leurs relations s'affirmait par de fréquentes missives. En marge du gouvernement et de la politique, le marquis Bisao faisait-il figure de conseiller secret ? Je l'imaginais possesseur de documents de prix, maître de société secrète, d'ésotérisme, tout en me gardant bien du romanesque. La suite des événements me le montra : tout s'affirmait plus simple et, en même temps, dans sa droite ligne, plus compliqué. Les dirigeants des États possèdent d'étranges clefs, je le sais et suis tenu par un serment de n'en rien révéler. Dans les apparences, la vie sur l'îlet ne changea guère. Plusieurs jours s'écoulèrent avant que mon maître mît en action la proposition qu'il m'avait faite et que j'aurais pu croire oubliée alors qu'il m'y préparait insidieusement. Ainsi, sa parole prenait volontiers un tour aphoristique, à la fois celui des sagesses ancestrales et celui d'un responsable se mesurant avec les débats de son temps. Pour lui, une société rajeunissait dès qu'elle cessait d'augurer sa propre fin. Parlant du progrès, il affirmait sa nécessité tout en constatant sa défaite : il s'était contenté de faire reculer la barbarie sans la détruire. Aux quatre points cardinaux, il traçait le portrait d'une humanité inventant son suicide et lui opposant de vains exorcismes. S'il évoquait le passé, il enseignait d'extraire des fruits pourris de l'Histoire l'alcool de l'espérance. La seule allusion qu'il fit à sa tragédie fut la suivante : « Pardonnons sans oublier. A trop comprendre et excuser les crimes de la guerre, on en prépare de nouveaux. » S'adressant plus particulièrement à moi, il affirma que l'on ne convainc pas avec des opinions, mais avec des convictions, et aussi que persuader, c'est vaincre sans qu'il y ait de vaincu. Ces propos et bien d'autres encore me préparaient à ma mission. Non seulement, je retenais chacun d'eux et m'en pénétrais, mais au cours d'intenses méditations, je fourbissais des armes.

Entre la plage et les jeux, la lecture et la réflexion, les échanges et les commentaires, mon horaire se partagea. Ce fut le temps de la quiétude et de l'attente passionnée. Les employés du sous-sol s'occupaient fort bien des affaires engagées par moi en liaison avec Kyôto. Je n'avais à leur donner que certaines directives. Un après-midi, le marquis et Tokujiro me rejoignirent, chargés de dossiers. Installés en retrait du bureau et protégés par un paravent chinois décoré d'oiseaux et d'insectes, nous établîmes, autour d'une table rectangulaire de laque noire, notre état-major. Je pris ainsi mes fonctions. Écrire n'alla pas sans tâtonnements et sans ratures. Tandis que mes amis s'attachaient à l'Asie du Sud-Est, je devais prendre contact, parallèlement, avec l'Europe et ce que l'on appelait alors les pays sous-développés et qui seraient bientôt, par euphémisme, en voie de développement. Un tableau de la situation étant tracé, la question essentielle, celle qui engagerait le dialogue, se résumait à « Que pouvons-nous faire ? », ce « nous » étant composé de personnalités dignes de mener une haute politique, et plus encore de philosophes, de penseurs, de religieux, de savants, d'universitaires de toutes disciplines, d'écrivains, de poètes. Marquant sa parfaite connaissance des hommes de bon vouloir et de responsabilité, le marquis m'en donna les noms et je fis appel à mes souvenirs pour en compléter la liste en oubliant ceux que je nommais « les courtisans du monde qui s'en va ». Les idées, est-il utile de le mentionner ? venaient de mon maître. Sa connaissance du français lui aurait permis de rédiger lui-même ; or, il désirait ardemment mon apport stylistique : selon lui, il pouvait donner plus de chaleur et de vivacité à son langage qu'il jugeait cérémonieux. Ma première lettre, destinée à un penseur catholique de mon pays, je la réécrivis dix fois. Cet exercice pénible m'amena à douter de l'efficacité de notre tâche. J'imaginais cet homme tant sollicité trouvant dans son courrier une missive signée d'inconnus habitant en terre lointaine et, infailliblement, il levait les sourcils avec scepticisme et regardait déjà du côté de sa corbeille à papiers. Cette bouteille à la mer jugée par moi dérisoire, je m'en ouvris à mon maître. Il m'affirma que le moindre bruit lancé par le monde peut avoir des échos infinis, qu'un caillou jeté dans la mare suffit pour agrandir le cercle des eaux, enfin que, solitaires, nous pouvions arracher un homme à sa solitude, qu'une lettre venue de très loin en devenait plus précieuse. Confronté avec des problèmes d'écriture, le souvenir d'un professeur lyonnais qui reconnaissait du mérite à mes dissertations m'encouragea. La parole devint acte. Écrire, je le savais, requérait de la peine, mais j'y parvenais ; il ne me manquait que de persuader. Je fis tout d'abord l'apprentissage du doute. L'écriture ayant tué mes rêves un à un, je craignais de vénérer seulement leurs momies. La quotidienneté tendait à traduire en prose la poésie des idéaux et des espérances. Entré dans la phase écrite de ma vie, je me fis réalité entière. Soulagé de quitter la pensée pour l'action, en fait je les mêlais intimement, chacune devenant le moteur de l'autre. Le marquis m'encourageait. Les mots, les mots, il croyait aux mots qui dévorent le temps et précipitent la volonté. Il les prenait comme armes et boucliers, comme des usines du bien où un travail sourd, des extractions vivifiantes multipliaient leur signification. Avisés de leur puissance, ils avançaient en formation de combat, en cortèges, en carrousels, ils charriaient l'idée, ils devenaient l'idée — il ne manquait plus qu'ils fussent reçus, et pour cela nous devions user de subterfuges, de diplomatie, trouver des intermédiaires dans la hiérarchie des puissances, groupements civils, intellectuels et responsables, instances secrètes, législateurs. Il fallait inventer la parole-rencontre, abstraire notre moi pour le faire revivre dans la réciprocité de l'autre. Communication et expression mariées, nous devenions les propagandistes d'un trait d'union. La difficulté consistait à élaborer un langage clair et se référant au sens commun sans se détourner de la problématique, sans oublier de trouver une inspiration et une expression nouvelles, vitales et dynamiques. Trouver un langage hospitalier, l'offrir telle une demeure où, délivrés de nous-mêmes, nous repensions le monde, le vouloir éveil et clef, faire échec à la malédiction de Babel, domestiquer la parole comme les anciens avaient domestiqué le feu, se montrer aussi ouverts et réceptifs que nous le souhaitions du correspondant éloigné, se reconstruire en tant que valeur originale et présence à l'univers. Je pensais aux incantations d'Orphée charmant les animaux, les plantes et les pierres, aux forces conscientes, inconscientes ou aveugles, obéissant à son chant; il m'appartenait d'en trouver la transposition pour de nouvelles oreilles et de neuves perceptions.

Je luttai contre mon scepticisme. Cette langue venue d'avant les grands désastres me paraissait sans force, mal accordée à des situations inédites. J'aurais voulu jeter ma phrase en éclats, élever des feux d'artifice verbaux, provoquer des tempêtes d'encre, et tout m'avertissait de tenir compte de l'entendement de l'inconnu, de son habitude du langage pesé, ordonnancé, logique. Je me reprochai d'écrire comme un poète qui ne se soucierait pas d'être lu. Rien ne me satisfaisait de mes phrases insuffisantes pour un monde insuffisant. La confiance souriante de mon maître, si communicative qu'elle fût, ne pouvait extraire de moi plus que je ne contenais. Isolés, sans aucune panacée, nous participions à l'aventure humaine pour tenter de l'arracher aux malédictions. L'acheminement de l'idée n'était-il pas préférable à tous les plaisirs, insipides, uniformes et mornes, que peut donner la suite des jours? Il me cita Confucius pour qui le bon ordre dépend de la correction du langage, m'affirma que risquer l'échec reste risquer le succès. Serions-nous lus distraitement? Obtiendrions-nous des réponses? Il n'importait. Du moins, des hommes de bon vouloir sauraient-ils que du Levant au Couchant fleurissent des pensées proches. Il ajouta, mon maître, sans que je pusse distinguer s'il s'agissait de sagesse ou de malice: «Il est essentiel de ne jamais oublier de parler du temps qu'il fait!» Je repris courage. Il possédait le don de lire en moi, de deviner mes pensées dès leur état embryonnaire. Il n'avait nul besoin de décacheter l'enveloppe des êtres pour lire leur missive intérieure et ce « voir juste » à lui naturel, il le croyait semblable chez autrui, ce qui m'amena, pour ne pas rester en retrait, à développer mon intelligence des choses.

Le monde resterait-il ce théâtre où se déroulent les avatars d'une tragédie classique dont toutes les scènes, connues par avance, apportent le meurtre et la soumission à la fatalité ? Le marquis l'envisageait plutôt tel un jeu d'échecs ne connaissant ni vaincus ni vainqueurs, avec seulement des instants favorables et d'autres dangereux, absurdité qu'on ne déjouait qu'en rendant la partie interminable. Ainsi l'homme jouait son avenir en unissant ses contraires. Ici, le grand jour de l'activité créatrice, l'unité, l'harmonie, l'émerveillement qui nous intègrent. Là, le négatif de l'épaisse, de la géante nuit hostile, désordonnée, jetant ses freins sur notre enthousiasme et où, nyctalopes, nous nous mouvons pour faire jaillir la lumière positive en l'extrayant de ce qui lui est hostile. Parmi ces antithèses, ces antinomies, ces chocs d'abstractions, les choses restaient nos plus sûres alliées, d'où le recours au jardin de la méditation proposant ses équilibres minéraux et végétaux, la science des formes et couleurs, la qualité de son silence, l'abandon à la nature entière, parc dessiné et cultivé ou océan libre, longs vols d'oiseaux marins, musiques dans les arbres, flammes vertes, guêpes, criquets et papillons, parfums devenus sons et caresses, tremblante vie ! La sensation pure répondait aux questions non posées, les heures s'animaient, le féerique soutenait le réel exténué et, cheminant dans les allées, agenouillés sur la pierre plate, contemplant l'aile ou la corolle, la source ou le rocher, la chenille ou le rossignol, nous habitaient la compréhension des créatures, le frais savoir des plantes. Mon maître nous disait que l'exemple de saint François d'Assise s'égale aux plus hautes philosophies d'Orient. L'univers et le corps ne formaient qu'un, et nous n'avions pas notre corps, nous étions notre corps. De la noria, nous représentions les coupes vides descendant vers le puits intérieur pour en remonter pleines d'ardeur et d'eau. Face aux divisions, aux imbroglios, aux racismes, aux xénophobies, il citait pêle-mêle des sages grecs ou orientaux pour montrer le point d'incidence de la plus haute pensée, citait des philosophes, eux aussi coupes de la noria, voguait des siècles reculés aux siècles futurs pour affirmer, du temps profond à l'aujourd'hui, de l'Extrême-Orient à l'Occident, des identités salvatrices.

Jamais mon maître ne me dictait la parole. Préparant habilement son terreau, il créait les conditions de la germination. Durant d'intenses nuits, je pénétrais dans ma chambre noire pour voir en moi le monde extérieur se réfléchir, mesurer entre ce qui est et ce qui n'est pas des espaces à remplir. Les mots, refusés le soir, au matin se levaient tout neufs pour m'accueillir. Je m'éveillais de leur éveil. Forgeron du langage, je battais le fer du verbe et des rougeoiements m'éclairaient, des étincelles jaillissaient, je devenais le maître du feu et le héros de prouesses cosmiques. Ou bien, j'assimilais l'écriture à la navigation, je devenais écrivain de haute mer, je menais ma barque contre les éléments déchaînés et naissait la phrase. Je ne progressais qu'à force de lutter contre moi-même, mon plus grand ennemi, contre les tendances à la facilité, à l'ornement. Je pris conscience que jeter des propos n'est pas forcément ouvrir un dialogue. Je voulus que l'artifice n'étouffât pas la voix de l'âme. Ma phrase, vingt fois torturée, ne parvenait pas à me satisfaire. Des bribes d'art poétique affleuraient à ma mémoire que je réfutais aussitôt. Non, ce qui se conçoit bien ne s'exprime pas toujours clairement. Non, les mots pour le dire n'arrivent pas aisément. Je polissais et repolissais : tout ce que je retenais de la leçon. Sur chaque mot, je méditais longuement, croyais lui donner naissance, l'écoutais clair et neuf. Je pressais ma pensée devenue fruit pour en recueillir les sucs. Lorsque je me soumettais à la hâte, je faisais une halte, je détournais ma phrase vers le silence. J'inventais le mot-flamme. Ciseleur d'un vocable, je le regardais sur ma page, j'entendais son murmure, je l'apprivoisais. Je n'en finirais pas de narrer cette aventure durant laquelle je cherchais demeure et logeais des pèlerins venus des antipodes et des amis de l'autre bout du jour. D'un mot à un autre mot, d'une ligne à une autre ligne, ainsi, je traçais le chemin de patience et de durée. Me traduisant en merveilleux concret, la solitude émigrait de mon corps.

Notre parole ne portait pour but que de s'édifier en une autre parole. Nos vœux, nous ne les émettions pas directement, mais nous savions bien ce qu'ils étaient. Nous voulions dire aux intercesseurs notre solidarité, convaincre la multitude d'épuiser en elle les forces du soleil pour trouver renaissance, célébrer le siècle d'union, puiser l'eau dans la source, marier les cultures pour enfanter les lendemains, bannir toute suprématie, édifier l'homme égal à l'homme, délivrer le monde de ses fauves, donner à chacun un peu plus qu'il n'espère, créer pour déchirer le cri, éteindre les paroles mortes, vides de sens, pour que jaillît la voix tendre à jamais unanime.

Idéaux ? Utopies ? Chimères ? Des réponses nous persuadèrent que notre voie trouvait son issue, notre voix son oreille. Je dois à ce propos distinguer les actes de mon maître des miens. Mon travail supposait de lentes germinations tandis que son action se situait dans l'immédiat. Mais souvent nous nous rejoignions pour parer aux menaces qui étaient légion : se nommant Palestine, Corée, Indochine, Chine, Indonésie,

Formose, elles pouvaient prendre du jour au lendemain d'autres noms. L'idée d'une bombe appelée « H » se profilait menaçante. Nous fîmes retentir un appel et lançâmes cent et cent messages, les uns restant lettre morte, d'autres étant repris de par le monde. Le temps vint où l'ouverture du courrier fut une aventure. Tokujiro participait à cette tâche, traduisait, résumait, et le soir, au moment où, sur le plan d'eau, l'onde se ride, où les carpes font trembler les lotus, nous nous relisions certaines phrases, les soumettant à une rude critique. Contemporains de quelques hommes admirables, nous les respections. Nous savions aussi distinguer les engagés corps et âme dans la lutte pour la paix de ceux qui s'abandonnaient à une inspiration vague et égocentrique. Certains nous parurent plus préoccupés du ciselé de leurs phrases que d'une collaboration efficace pour la protection des peuples. Il m'arriva, je l'avoue avec peine, de ne point être fier du lyrisme emphatique de mes compatriotes, d'un néohumanisme déclamatoire sans aucun renouvellement, cachant ses faiblesses sous le ton de la certitude. Ceux qui suscitaient mon espoir ne répondirent pas toujours ; je me consolai sachant qu'ils œuvraient dans le bon sens. Des messages nous parvinrent, parfois brefs, dynamiques, actifs ; d'autres avançant des idées tout à fait neuves à ce point que leurs porteurs ne furent jamais écoutés. Le meilleur de notre action consistait à établir des relations entre hommes de pays différents, parfois antagonistes, ce qui nous permit d'échapper au découragement et au pessimisme : n'en étions-nous pas à nous reprocher tout conflit, toute atteinte à la liberté, nous jugeant inaptes à prévenir les maux ? Si notre action resta modeste, nos initiatives furent multipliées par celles que nous suscitions. J'avais fait mien l'alexandrin de Racine : « La foi qui n'agit point, est-ce une foi sincère ? »

Si fragile qu'elle fût dans ce concert, la petite flûte de ma conscience, aux heures de retrait, se faisait entendre. J'unissais mal les méditations sur le vide avec le trop-plein de mon ardeur. Je ne savais concilier le frein de la raison avec l'accélération d'actions dictées par la logique. Entre le mysticisme et la politique de paix, une dimension manquait pour créer une synthèse harmonieuse. Sur la pierre plate du jardin zen, je ne pouvais saisir le souffle de l'unité. Mes interrogations devenues narcissiques, j'abandonnais les rochers et les rivières de sable pour revenir à mon travail concret. Là, je trouvais mon point d'appui non pour soulever le monde tel Archimède, mais pour participer à ses luttes. Exigeant de perfection, prenant l'action pour valeur de liberté, je recevais les messages que je projetais, j'avais deux amis, je connaissais la joie d'appartenir à une trinité d'esprits liés par de mêmes désirs. Dès lors, pourquoi dans l'obscurité me sentais-je abandonné et désert ?

Parmi tant d'autres, je me souviens d'un matin. Du ciel noir filtrait une clarté de soufre d'où jaillissait la flèche éclairante d'un rayon tel qu'on en voit sur les tableaux romantiques. Je me rendis non sur la pierre plate d'où je pouvais voir tout le jardin zen mais au cœur même du jardin. Le sable caressa mes pieds nus, un oiseau nocturne attardé s'éleva d'un vol lourd. Je m'accroupis près d'un rocher dressé, l'entourai de mes bras, me serrai contre lui, posai ma joue contre son humidité. Qu'attendais-je ? Les premiers bruits de la vie, une présence ou la pluie sur mon corps ? Naguère, ainsi j'avais étreint Hayano. Je serrais une forme dans l'espoir de m'y engloutir. Une fièvre qui m'habitait depuis quelque temps desséchait mes lèvres. Embrassant la pierre, je reconnus le goût de mes larmes. Je restai là longtemps, peut-être m'endormis-je. Le ciel nouait et dénouait ses nuages. J'y distinguai des formes, des signes, des appels. Quand un éclair très haut me tira de ma torpeur, je m'aperçus que je priais et que ma prière venait de loin dans le temps, aux rives de mon enfance. Ses mots appris de louange et d'adoration me surprirent. Dans le jardin de Bouddha, oubliant la sagesse du bout de l'Orient, je m'adressais à la Vierge Marie, la Vierge humaine, la femme et la mère. A genoux dans cette posture commune à toutes les religions, les mains jointes, ma prière participait d'une foi et de toutes les croyances. En Marie, se résumaient les dieux confondus de tous les peuples. Elle était la puissance invisible et visible, la Femme accompagnant la marche de l'humanité, le principe de toutes choses, le creuset du miracle, l'absolu. Femme, objet de la prière et prière, Marie, et aussi Ève, Ishtar, Isis, Cybèle, l'ange, la destinée et mon lot d'amour perdu. Entre l'apaisement et le trouble, les métamorphoses de la voûte céleste me suggéraient des rêveries, une imagerie se déployait où la femme devenue terre offrait son corps, sa bouche soufflait un arbre, ses yeux le faisaient fleurir, le troupeau des morts ressuscitait sous la forme d'un être unique né de son sein et ce n'était pas le Christ, mais un faune marchant, dansant, chantant, pressant des grappes ruisselantes sur sa bouche. Pour apaiser ma fièvre, il offrait l'eau de l'orage et je tendais les mains, le visage, tout le corps dans une extase.

Je courus à ma chambre. A quel déluge voulais-je échapper ? A celui de la pluie ou à celui de la ferveur ? Les trois Bouddhas laconiques me reçurent. Ces vivantes statuettes, humaines et divines, dépositaires d'un secret perdu, diffusaient le silence, appelaient à l'attention, enseignaient l'attente, présence de l'absence, absence de la présence, contemplation du temps, repoussaient le fracas des orages. Avais-je prié sans croire ? Que voulais-je extirper de moi sinon moi-même ? Le travail quotidien des phrases, attentif, minutieux, m'apportait des inspirations surréelles. Des groupes de vocables unis s'imposaient à moi, me poursuivaient, me hantaient, me contraignaient. Au règne du silence succédait un afflux verbal incontrôlé. Je m'en croyais le maître et il décidait de ma personne, je le croyais écrire et il m'écrivait, me façonnait à sa semblance. Cet inconnu me dicta la question : « Quels mots pour chanter son visage ? » Mais quel visage ? Je vis tour à tour mon maître, Tokujiro, Hayano, Günther, une forme étrangère qui me tendait les bras. M'attirait un être trouble, inconnu, abstrait, provoquant un élan dont je ne savais s'il était de religiosité ou d'amour humain, s'il émanait d'un dieu énigmatique ou de l'être vivant que mon corps appelait. Quand je retournerais à mes ambassades, j'en possédais la certitude, que j'écrivisse à ce biologiste français, ce sociologue suédois, cet économiste américain, ce poète antillais ou aux promoteurs d'une conférence internationale, je m'adresserais en même temps à cette entité, à cet autre dont j'ignorais tout et dont s'imposait la présence.

Mes ablutions faites, lorsque je rejoignis Tokujiro et son grand-père, passant par le couloir à l'estampe, celle-ci me dédia un sourire aussi mystérieux que celui du triple Bouddha. Le visage de la mère endeuillée de mon ami, par-delà son cérémonial nippon, devint celui de la Vierge occidentale. Cette Pietà de l'autre extrémité du monde portait sur ses genoux le corps du fils, en même temps que celui du mari, Yoshi, mort au matin des dix mille soleils. Dès que la représentation m'apparaîtrait charnelle, redevenant l'éternelle Dame, cette image s'estomperait, je retrouverais Tokujiro vivant dans tout l'épanouissement de sa nature.

★

Notre union devait momentanément se défaire (momentanément ? du moins, le crus-je). Le temps passant, tel un Ulysse quittant les rives méditerranéennes pour découvrir les horizons du Pacifique, je pouvais me délecter de quelques conquêtes. Amicalement envisagé, j'offrais à mes compagnons mes forces entières. Sans doute de leur enseignement avais-je peu retenu, puisque le petit moi subsistait, mais j'avais assisté à la levée d'un nouveau savoir, appris l'utilité de l'acte, je connaissais le geste du semeur, je savais louer la diversité, la communication silencieuse, le langage secret et la parole écrite. De contempler, de connaître, de croire, je composais une trinité dont chaque élément s'opposait victorieusement à mon doute. La conscience d'un accomplissement me protégeait de me sentir au vent feuille morte. Mes exigences, nées de ma contrainte, obéissant à ma nature révélée par mon maître, affirmaient mon libre choix. Si la question de ma destinée affleurait, si la plénitude émigrait, le vol de l'insecte, la fuite du lézard, les battements de l'eau par la queue d'une carpe m'éveillaient à cette idée que ma destination n'était pas seulement la pensée et l'action ; je me soumettais alors à la dynamique des espèces, au rythme, au mouvement, à la métamorphose. Il m'arrivait encore de regretter le temps de ma folle navigation, des époques nues parmi les flots, du corps à corps avec les éléments. Toujours, pour distraire mon souci, se proposait quelque question : « Qui de la pierre ou de l'eau a le plus de durée ? » ou « Le soleil est-il parenthèse ? » Avec elle, je vivais des heures de charme et de méditation, savourais ces instants où les choses, prolongement de mon corps, existaient pour mon existence en m'ouvrant à leur perception, en m'offrant la musique cosmique de leur silence. Je ne pouvais vivre qu'en devenir, qu'en quittant ce que j'étais, mais qu'étais-je sinon l'espoir de mon devenir aussi mystérieux que mon présent?

Chargé par les instances diplomatiques d'une mission en Europe, le marquis Bisao obtint la permission de s'en décharger sur Tokujiro. Mon ami rejoindrait Tokyo d'où il s'envolerait pour Paris. Sans connaître le détail de sa charge, je sus qu'il s'agissait d'une officieuse prise de contact auprès des autorités et des responsables de partis pour connaître leur position face aux affaires extérieures. L'avènement de la détente supposait l'étude des conflits latents. De son côté, le marquis, inspirateur du projet, envisageait la création d'une Université des sciences de la paix où siégeraient des arbitres internationaux mesurant les passions et les intérêts des puissances. A l'idée d'ouverture des hostilités s'opposerait celle, solennelle et hautement proclamée, de la déclaration d'une paix qui ne fût pas une simple trêve. Naîtraient des «nations de paix» comme existaient jadis des villes de paix. Cette notion ayant quitté l'état naturel du monde, plutôt que de considérer la paix comme objet existant, joyau préservé, allégorie, il la fallait conquérir, le lien possible restant l'unité de l'esprit. Contre tous les découragements, une telle tâche supposait patience, persévérance et opiniâtreté, le problème ne pouvant jamais être entièrement résolu et le recours à des forces inemployées ne s'effectuant qu'en les suscitant et en situant une idée-force au premier rang des préoccupations intellectuelles et spirituelles.

Partagé entre la tristesse de nous quitter et la fierté de se sentir investi de confiance, Tokujiro, durant le temps de ses préparatifs, vécut des alternatives de mélancolie et de joie. Il s'ouvrit à moi de son appréhension à aborder le monde occidental. Au cours de nos soirées sur la terrasse, à sa demande, je lui contai l'Europe. Pourquoi mes évocations gardaient-elles quelque chose de glacé ? Je parlais de la France comme d'un pays visité par hasard et d'un œil distrait alors qu'il était celui de mes racines. L'idée de le revoir un jour ne m'effleurait pas, ma vraie naissance, celle de chaque jour, se situant sur notre territoire. Durant trois semaines, notre existence se poursuivit sans heurts. Aux meilleures heures, les jeux de la plage, les courses et les sports furent d'autant plus chaleureusement honorés que nous en savions la fin prochaine. Après l'effort, nous reposant sur le sable blanc, le silence glissait tel un nuage. Notre affection s'affirmait si fort que nous en ressentions le trouble. Alors, nous échangions des plaisanteries : j'appelais mon ami « Excellence » et il assurait que « l'auguste mâle impétueux », dès son départ, porterait ses pas de l'autre côté de l'îlet pour retrouver une conditionneuse de perles à la bouche lilas. Nos journées grignotaient la nuit : le temps coulait trop vite. Cet hiver à son apogée ressemblait à une fin d'été lorsque le terme des vacances sépare les amis. Notre maître connaissait nos sentiments de tendre fraternité. Sans qu'il le montrât, ils réjouissaient son cœur. Le regard de Tokujiro voyageait de l'un à l'autre pour la recommandation muette de nous protéger. Parfois, les traces d'une lassitude dominée se lisaient sur le visage de son grand-père. Si, le soir, les sons du piano me berçaient, je découvrais dans son jeu une sorte d'abandon, de faiblesse. Au matin, j'avais grande hâte de m'assurer de sa santé. Le travail en commun, la fréquence des échanges, l'écoulement du temps avaient aboli nos cérémonieuses distances tandis que grandissait une autre forme de ferveur et de respect. La caresse de son regard profond, son affection discrète m'infusaient une énergie toujours renouvelée. Jamais nul être au monde ne devait prendre une telle place en moi. Ne m'enseignait-il pas une conduite de vie en accord avec mes espoirs les plus cachés ? Ne déblayait-il pas mes terres mortes pour m'offrir de riches terreaux ? Il m'arriverait, aux instants de solitude, de me retrouver inchangé, en proie aux mêmes interrogations, mais je me les poserais tout autrement et l'intuition nouvelle en ferait des réponses. Attentif aux signes, aux brumes, à la coulée de la lumière nourricière sur les feuilles et les palmes, n'avais-je pas appris à me défier du néant meurtrier, à recevoir les chocs de la guerre intérieure pour porter la paix au-dehors, à ne plus affaiblir ma parole par la ruée des mots ?

Il partait, Tokujiro, mon ami, mon frère, et je me savais, moi qui restais, le voyageur, je souffrais de mon exil de lui. Je mûrissais déjà l'espoir d'un beau retour. Il me conterait l'Europe, la France et je ne les reconnaîtrais pas. En mon absence un miracle les aurait faites tel le lieu de ma nouvelle vie, là où chacun dans le cœur de tous est accueilli. Sans lui, sans son corps fraternel, courrais-je encore sur la plage, saurais-je penser à voix haute, chanter par mes gestes, lutter, jouer, vivre, mettrais-je la même ardeur à mes études et à mes travaux ? Le poids multiplié d'une charge pèserait sur mes épaules. Des frissons d'angoisse me traversaient : cette séparation prenait l'image d'une frustration de l'absolu.

La veille de son départ, je ne le vis qu'au soir : il passa la matinée en tête-à-tête avec son grand-père sans doute pour parler de sa mission et examiner les pièces de l'échiquier international ; l'après-midi, il resta dans ce lieu fermé où vivait, dans son château d'oubli, solitaire et silencieuse, sa mère. Je ne pus que supposer leur dialogue, l'imaginant silencieux, recueilli et lourd comme une draperie mortuaire. J'aurais voulu suggérer à mon ami de me conduire auprès d'elle, la Dame, afin que je pusse l'assurer de mon respectueux dévouement. Je ne devais profaner. Comme s'il avait deviné ma pensée, et sans doute en fut-il ainsi, Tokujiro me dit: « Ego, vous serez trois... » Puis, souriant à cette évidence, avec une fausse désinvolture, il énonça: « L'absent s'éloigne chaque jour! » Répondant à sa malice, je lui assurai que si « toute rencontre est le commencement d'une séparation », ni le temps ni la distance ne sauraient me détacher de lui, que sa personne resterait à jamais gravée en moi. Je ressens encore la chaleur de ses mains.

Par un matin frais, il embarqua sur le cabin-cruiser pour Naha d'où un avion le conduirait à Tokyo. Près de l'embarcadère, la petite population de l'îlet se trouvait réunie, formant un harmonieux tableau: Shintaro se trouvait à la barre tandis qu'Uchida chargeait les bagages; en retrait se tenaient les servantes en blanc, les employés de bureau en gris, les ouvrières de la perlerie en blouse; à l'avant, le marquis Alexandre J. Bisao, présence d'albâtre, sa coquille sur l'oreille tel un charbon; et moi, derrière lui, le seul en kimono, sentant le froid glisser sur mes bras. Cette image photographiée dans mon esprit, je n'ai nul besoin d'effort pour me la rappeler: elle n'a pas quitté ma mémoire. Or, il me semble aujourd'hui qu'au moment même où je l'observais, je me trouvais en dehors, je ne la voyais pas, mais la revoyais, surgissant de temps antérieurs, ce jeu de miroirs étant sans doute créé par les modifications qu'apporte la maturation de la mémoire.

Lentement s'anima la scène. A-t-il marché, Alexandre J. Bisao, pour s'approcher de son petit-fils? A-t-il glissé vers lui telle une ombre? Sans qu'aucun mouvement ne me fût apparu, il se trouva tout près de Tokujiro. Ses longues mains tendues lui serrèrent les épaules et le front du jeune homme s'appuya contre la poitrine de son grand-père. Ils se séparèrent lentement pour se tenir face à face à quelques pas l'un de l'autre. Je sus qu'un cérémonial peut être naturel. Ils échangèrent quelques phrases en japonais qui suscitèrent un air d'approbation général. Je compris la dernière, de la bouche de Tokujiro: «Que le Paisible vous honore!» Les jeunes filles regardaient le beau voyageur avec admiration. Pour me déléguer sa succession dans l'ordre des adieux, le marquis s'écarta et me fit signe d'approcher. Mon ami et moi, nous nous serrâmes la main à l'occidentale, en ajoutant, par jeu, par amitié, par respect, de courtes inclinaisons du buste. Il répéta deux fois mon nom dans un murmure, puis, comme si ce nom suivait le vol d'un oiseau, il leva la tête et regarda au-delà de ma personne, en direction de la demeure. Me retournant, je vis tous les corps pliés à angle droit. Traditionnellement parée et apprêtée selon son habitude, la mère de Tokujiro, la Dame, quittant sa retraite, avançait à petits pas pressés vers son fils. Elle ne voyait que lui. Cette apparition venue d'un théâtre classique pour pénétrer dans la vie réelle toujours me bouleversait. Quelle brèche temporelle la faisait surgir du passé? Si conforme qu'elle fût à l'imagerie de l'estampe, je constatai qu'une mèche échappée de la parfaite ordonnance de sa coiffure, en trahissant son trouble, rejetait toute idée d'impersonnalité, montrait sa sensibilité de femme et de mère. Elle ralentit le pas, passa près de moi en observant un léger détour, s'inclina devant le marquis, s'arrêta, tout interdite devant son fils, le dévisagea longuement, donnant ainsi l'impression de chercher à le reconnaître. Tokujiro lui toucha le bout des doigts et resta longuement incliné. Elle posa alors la main sur sa tête et regarda l'océan. Image fixe, image du départ sur les eaux, scène harmonieuse, inoubliable, immobilité soudaine, souvenir qui me donne à croire qu'à ce moment précis ma vie s'apprêtait à basculer. Et sans doute cela était-il écrit de longue date, bien avant de se révéler à moi.

Sept

Sais-je si je dois consigner ici des faits mémorables se reliant à la diplomatie secrète de notre temps ou bien parler de l'éternel retour des saisons ? Après le départ de mon ami, rien apparemment ne changea dans le déploiement du temps en notre île, sinon que je connus plus de solitude et une constante sensation d'absence et de dépeuplement. L'essence discrète de Tokujiro m'apparaissait chaque jour davantage et, dans mes moments de haute attention, son éloignement se métamorphosait en une présence plus forte qui m'éblouissait. Durant les longues périodes de retrait du marquis, je lisais. Je lisais des livres et m'en faisais le filtre, espérant toujours le passage qui m'ouvrirait les portes du futur, briserait les chaînes, arracherait les bâillons, ferait surgir une clarté plus intense. Certains bégayaient, d'autres hurlaient, ceux que j'entendais le mieux me parlaient à voix basse. Toute création littéraire où je ne trouvais pas l'idée de legs, je l'abandonnais : si, au lieu de laisser glisser l'insouciante plume, il fallait graver au burin, lettre après lettre, sur la stèle, n'y aurait-il pas disette d'écrivains ? Parmi les contemporains, les uns s'exprimaient fort honnêtement sans rien avoir à transmettre, les autres offraient un enseignement détruit par la redondance, la plupart projetaient leur vide intérieur sur la page blanche. Combien, oublieux de laisser reposer leur langage sur un nid de silence, ne prenaient jamais l'envol ! A trop parler d'or, nos humanistes flétrissaient les pépites. Je cherchais en vain le vertige créateur, celui qui extrait du mot un sens insoupçonné, le style qui feindrait de mettre la pensée en prison pour qu'elle s'en évadât et nous entraînât à sa suite. La distance, le long temps que mettaient les ouvrages commandés en France à me parvenir augmentaient mon intérêt et bientôt ma déception. Tel penseur avec qui je correspondais se montrait plus vrai dans ses lettres que dans ses livres et je distinguais à peine ses ensoleillements de l'homme dans de trop brillants écrits. Pour trouver une langue pleine et riche, je déchiffrai dans le texte les poètes lakistes chers à mon maître et les traduisis. Pratiquer une langue étrangère (doublement étrangère parce que venant du siècle passé) m'apporta la satisfaction d'envisager la mienne du dehors. Lire, pour le vrai lecteur, ne serait-ce pas traduire une langue autre en la sienne ? Rédacteur de lettres, correspondant cherchant l'utilité, que ne possédais-je les dons du poète ! J'aurais tenté de perfectionner l'outil pour multiplier les sens, d'aller au-delà de l'ouvragé pour mêler, brasser, extraire et rebâtir, donner à goûter des saveurs inédites, à entendre le jamais entendu, à palper, tels des objets, les vocables, à les voir évoluer dans de nouveaux espaces, à inventer des perceptions et à susciter des intelligences. Le message espéré, celui qui m'extrairait de la routine, se faisant attendre, je revins volontiers à ces textes sacrés si allusifs qu'ils sollicitaient une constante vigilance.

Aux mélancoliques paysages de la basse saison, à la lune froide et au soleil éteint succédèrent les prémices du printemps diffusées par les voix aériennes de la nature. Après des alternatives de pluies et de vents, les brouillards légers s'élevèrent pour dévoiler une renaissance réjouissant le cœur et l'esprit. Les rameaux gonflés de sève s'ornèrent d'une infinité de corolles neigeuses dissimulant les branchettes et les fines tiges où elles tremblèrent, offrant de délicats parfums de miel. Les troncs lisses et nus brandirent de fiers candélabres telles des couronnes conquises. Les jardins appelèrent plus de soins que jamais et leurs serviteurs eurent des gestes d'accoucheurs. Joie communicative, rires clairs, tout éclatait, tout resplendissait, bourgeons gonflés, poudroiements sur les tendres verdures, moiteurs de l'air, lustre des feuilles, mariages des insectes, pariades des oiseaux, hautes cérémonies sous le ciel. Même le jardin de la méditation, par-delà ses artifices, montrait qu'il ne restait pas indifférent à la coulée des saisons. S'il ignorait l'enchevêtrement des branches, l'encorbellement des taillis, sous la lumière les rivières de sable s'animaient et j'entendais couler l'eau qu'elles imitaient. Nous nous placions, le marquis et moi, sur la pierre plate, regardant intensément cet univers en réduction, la peau rugueuse des montagnes, le ruissellement des ondes, les fleurs, horloges des saisons, les pierres figurant la durée, l'élévation des arbustes, l'immobilité des îles. Mon regard allait de cette nature réinventée au marbre mouvant du visage de mon maître. Découvrant chaque jour dans les asymétriques géométries du lieu quelque direction nouvelle pour ma pensée, je vivais là mes plus chers instants. Ou bien, face à l'océan qui se baignait en moi plus que je ne me baignais en lui, je voyais le lointain statique dont je savais bien qu'il bougeait, parfois les palais surnaturels de l'orage, et je désirais un asile au-delà de mon asile. Je rêvais d'une foule où me déverser telle une vasque dans une autre vasque. Pour pénétrer au sein de l'unanime, je revenais à ma table du sous-sol et reprenais mes tentatives de communication avec la planète entière.

La solidité de certains liens n'empêchait pas les déceptions. Ne marchais-je pas à contresens sur un tapis roulant? J'avançais avec peine, mais j'avançais. Si changeants sont les humains qu'à peine une action engagée, elle se révélait caduque. La rapidité des événements, leur tour inattendu interdisaient toute règle. Là où aurait dû se jouer une partie de go ou d'échecs, toutes les parties se brouillaient et il fallait répondre à des stratégies inconnues par d'incessantes inventions. Tel partenaire tendait brusquement à favoriser l'adversaire commun et ce dernier menaçait à tout instant de virer de bord pour se livrer à d'adultères alliances. Être « pour » équivalait souvent à se trouver, malgré soi, dans la situation d'accepter quelque « contre » ainsi qu'en ces référendums où plusieurs questions posées sur des objets différents n'admettent qu'une seule réponse. À défaut d'une victoire, nous devions nous contenter d'un atermoiement de la défaite. Puisque nous ne pouvions changer les autres, notre satisfaction était au mieux de les fortifier dans leurs prises de conscience. Je dis « nous » avec impudeur, les meilleures initiatives venant du marquis, éminent diplomate. Médecins dans le désastre, certaines guérisons s'accompagnaient de sacrifices. Par le truchement d'instances responsables, notre but pressant, et combien long à atteindre ! consistait à provoquer une conférence internationale dont nous avions établi les fondements. Semeurs au vent de graines d'idées, quelques-unes devaient germer. Avons-nous, de notre îlet, prévenu quelques drames ? Si nous n'eûmes pas le pouvoir d'arrêter le cours des plus grands, en rappelant des dangers plus vastes que l'aveuglement rendait invisibles, nous en atténuâmes les effets. Parce que nous reconnaissions le risque, nous refusions l'abîme. Les difficultés nous submergeaient. A peine étions-nous entendus que les oreilles se fermaient à nos paroles, difficile altérité. Alors que ne pas se laisser surprendre conditionnait le jeu, des psychologies étrangères nous laissaient sans armes. Pour découvrir une vérité cachée, nous recourions à de longues périodes obsessionnelles de concentration. Je connus des expériences mémorables. La solution refusée dans l'état de veille s'obtenait dans le demi-sommeil. Automatisme psychique? Don spontané de la nuit? Non, je ne trouvais pas sans chercher: sous une apparence inconsciente, mon entière conscience poursuivait sa quête, élaborait, extrayait, dirigeait. Au matin, j'offrais au marquis les projets nés du travail nocturne. Usant du dialogue, nous favorisions alors l'éclosion de l'idée. Ayant pour destination la vérité praticable, nous n'appréhendions pas la réalité en restant sur ses bords. Cet art, tout de suggestion, amena certaines personnalités à s'enquérir de notre avis sur des points surprenants. Je fus parfois en désaccord avec mon maître, certaines réponses inspirées du zen étant à mon sens trop énigmatiques; lui-même rectifia des apports puisés dans mon fonds de bon sens en me révélant leur manque de dynamisme et d'intérêt. Je lui rendis justice: maître joueur, dans toutes les parties, il voyait bien plus loin que moi.

Après son départ de Tokyo, les nouvelles de Tokujiro tardèrent à nous parvenir. Les événements familiers, vécus sans lui, se réduisaient. Tout naturellement, serviteurs et employés me demandaient des instructions et, le marquis me déléguant ses pouvoirs, je devins l'intendant des lieux. Des tâches matérielles nouvelles m'occupèrent, m'aidant à maintenir mon équilibre. Je fus plusieurs fois par semaine à l'établissement de perles où la belle ouvrière ondulait lascivement devant moi. Par fidélité à mon ami, je fis taire mes ardeurs. Je ne voyais mon maître que deux ou trois heures par jour. Il dépensait là l'essentiel de ses forces avant de retourner à son abri enfumé du sous-sol où je ne pénétrais jamais. A maintes reprises, je rejoignis Okinawa en compagnie de Shintaro ou du jeune Uchida dont le travail essentiel consistait à maintenir la blancheur du yacht inutilisé. Ce garçon rusé, maître dans l'art du clin d'œil et de la plaisanterie, tout de souplesse et de rapidité, sans me demander mon avis, m'entraîna dans une rue chaude de Naha où, à défaut d'honorer des amours ancillaires, j'en connus de vénales auprès d'une femme-enfant malaise ou coréenne. Je n'en retiendrais qu'une impression de mystère et d'inconnu puisqu'elle me fit parcourir un dédale de ruelles avant d'aboutir sur le matelas d'une pièce obscure, mais je passe sur cela qui ne fut que d'un instant. Je retirai de l'argent à la banque afin d'acquérir des cadeaux destinés aux hôtes de la demeure, la difficulté résidant dans le choix et les gestes de l'offrande.

Lorsque, pour ces courts voyages, je quittais mon îlet, mes regards se dirigeaient plus volontiers sur le sillage du regret que vers l'étrave conquérante. Ayant appris à vivre par la pensée, si montait la vieille angoisse, le jardin zen me rassurait car ses quelques ares représentaient le monde habitable, le noyau spirituel primordial, l'île dans l'île où se situait mon île humaine. Pour le rejoindre, je me voyais traverser, à l'image du yoga, l'océan des existences et la mer des passions. Je me blottissais dans une cité de vérité, un royaume d'esprit et de paix, j'y trouvais refuge et secours, port où innocence et lucidité s'unissaient contre les assauts maléfiques et je devenais le héros fortuné des îles Bienheureuses. De cette tour autre que d'ivoire, le marquis avait fait un phare dont les éclats tentaient de prévenir les plus lointains naufrages. Qui écrira l'histoire des tempêtes et louera ces épaves salvatrices où se sont accrochés les hommes à la mer ? Qui édifiera le palais de vie sinon ceux qu'elle a voulu chasser de ses bords ? Mon île, si propice à l'apparition de l'idée féconde, je lui dois de m'avoir appris l'articulation de l'événement, à lier le donné et le nécessaire en une solution unique, à saisir les lueurs trop tôt dissipées, à poursuivre l'ébauche du geste, à écarter les séductions faciles. Druide ou pèlerin, quêtais-je le Graal ou la Rose, le lotus ou le nirvâna ? Alors même que je courais le risque de m'abandonner au contentement artificiel de celui qui a fait ce qu'il a pu (alors qu'on ne fait vraiment que l'impossible à faire), de nouvelles épreuves devaient écarter de mon chemin la douceur et la suavité. Je tenterai ici non d'en retrouver les blessures derrière le tissu cicatriciel, mais d'en préciser les symptômes.

★

Durant ce printemps, il advint que mon corps me trahît. Si je l'écris, ce n'est point pour me complaire à des maux passés : j'ai présent le souvenir de ces journaux littéraires où l'auteur commence en citant Platon ou Nietzsche et finit par décrire ses rhumes ou ses migraines. Le marquis paraissait grandir. Pour résister à une lassitude croissante, il se tenait de plus en plus droit alors que je tendais à me tasser sur moi-même. Depuis plusieurs semaines, avant même le départ de Tokujiro, je logeais une fièvre persistante que j'attribuais au climat. Ma soif ne s'étanchant jamais, je m'apparentais au sable du désert prêt à engloutir les oasis. J'accusai la sécheresse de l'air, un appareil hygrométrique me démentit. Mon corps restant de bon fonctionnement, je fis taire mon inquiétude. La contemplation me recommandait d'oublier ma carcasse, or le mal se propageait inexorablement.

Quelle absurdité me dictait que seule la présence de Tokujiro aurait pu me guérir ? Ses lettres de France, adressées à son grand-père ou à moi (nous nous en faisions part) furent accueillies comme un baume. Il me demandait d'excuser les manques de son français trop nouvellement acquis. Et moi, si peu doué pour l'exercice des mots étrangers, balbutiant l'anglais et bégayant le japonais, trahissant toute autre langue dès que je quittais la mienne, j'admirais cette réserve, ses phrases, de construction parfaite, restant loin de ces sèches narrations qu'aucune goutte de poésie n'humecte. De Paris, son port d'attache, il rayonnait vers les capitales européennes. Ses propos trahissaient un désenchantement, une déception devant un univers dont il avait trop attendu. Il ne retrouvait pas, disait-il, mon image chez mes compatriotes, oubliant en cela que je l'avais modelée à sa semblance et à celle de notre maître. Exigeant, il espérait dès l'abord ce que seule une longue cohabitation peut assurer. Il se découvrait sur les lieux d'une course continue et désordonnée, d'une indisponibilité permanente, d'une indifférence à peine polie. Me référant à mes souvenirs, retenant sa vive sensibilité, je devinai ce qui le pouvait choquer. Civilisé, venu d'un pays où l'adverbe *non* n'existe pas, il rencontrait la vulgarité, poison et poignard, la plus cruelle des armes. La découverte de mondes sans qualité l'amenait à s'accuser de leur défaut. L'estime qu'il portait à maints penseurs s'atténua dès leur rencontre. Les uns, par-delà leurs œuvres, songeaient au rayonnement de la pensée hexagonale, la plaçaient au-dessus de toute autre, sans se soucier de se rendre utiles au monde menacé. Les autres, méprisant au contraire leurs origines, se situaient dans un internationalisme mal compris et d'autant plus absurde qu'il écartait maintes nations, se référaient à de vagues concepts les conduisant au sommeil. Malgré d'éminentes introductions, les responsables des partis ne reçurent pas mon ami et lui déléguèrent des personnages de plan inférieur se limitant à de prudentes généralités. Il observa que chaque groupement jouait sa partie au coup par coup en ne prévoyant de l'autre joueur que ripostes convenues. Les visées de chacun étant le pouvoir local (s'y maintenir ou le conquérir), le champ de vue s'en trouvait limité. Il jugea ces hommes soucieux de plaire singulièrement vulnérables et désarmés dès lors qu'on leur proposait un horizon planétaire. Si la discrétion avait émané du mystère nécessaire aux entreprises politiques, il l'eût admis, or il se persuada que la réserve dissimulait une gêne devant des idées généreuses. A toute question d'urgence internationale répondait le vide de la pensée. Certains se déguisaient en porteurs d'un message original d'être inconnu et de cette originalité factice dépérissait l'essence du discours. Nul ne cherchait ce point de perfection où la parole cesse d'être parole pour devenir objet réel. Le philosophe ornait de littérature une pensée courante. L'historien, soucieux de la minute et du lieu, miniaturisait jusqu'à l'invisibilité pour ne pas affronter les vastes synthèses qui s'imposaient. Le politique cherchait de plates références et se répétait interminablement, à ce point qu'il naissait un étonnement : comment pouvait-on l'écouter encore ? Les options des deux nations dominantes étant inconciliables, des satellites subissaient leur attraction tandis qu'une poussière d'étoiles errait dans l'espace sans parvenir à l'union. La plupart des discussions de doctrines, des débats d'idées s'apparentaient à un duel où les adversaires, au lieu de croiser loyalement le fer, se tenaient dos à dos et piquaient dans le vent croyant faire mouche à chaque coup.

Tokujiro interrompait le cours d'un texte pour poser des questions comme : « Me direz-vous si je m'apparente à Candide ? » ou « Ai-je cessé d'être japonais pour devenir persan ? » Il poursuivait ensuite sa libre narration et j'en subissais le charme. Partagé entre sa jeunesse d'esprit et sa maturité intellectuelle, il passait de la malice à la gravité, de la moquerie à l'indignation avec une facilité extrême, condensant ses observations en phrases lapidaires. De l'un, il disait : « Il n'a pour dépassement que celui de son temps de parole. » D'un autre : « Il passe pour sage parce qu'il n'a pas d'opinion. » D'un troisième : « Ce serait un excellent général d'idées s'il choisissait mieux son champ de bataille. » Pour lui, tout l'art des nouvelles girouettes consistait à tourner plus vite que le vent. Le portrait de mes compatriotes me ravit. Il dessinait le Français adorant la hiérarchie tout en souhaitant l'ordre alphabétique, légitimiste détestant le pouvoir, indiscipliné prônant la discipline. L'emploi commun à tous du mot « Patrie » comme agent électoral le surprenait, et aussi la séparation entre droite et gauche, chaque partie ayant en commun de trouver toujours plus à hue et à dia qu'elle-même, ce qui tendait à pousser ces extrémités débordées vers un centre cependant fort peu encombré. La plupart affaiblissaient une doctrine pour s'en évader et ne faisaient que changer de prison. En bref, pour lui, toutes les politiques du présent n'étaient que du passé déguisé.

Le mauvais accueil de gens méfiants par nature bourgeoise, se tenant sur une sotte réserve, avait rendu Tokujiro, homme de don, ne pouvant concevoir une attitude de refus, fort amer. Ne perdrait-il pas en Occident ce qu'il portait en lui de spontané et d'amical, et aussi cette indulgence naturelle, lui qui se livrait à des réquisitoires ? Bien que cela ne fît pas partie de sa mission (qui consistait, je le rappelle, à réunir des données qu'il adressait directement à Tokyo), il avait parlé de nos initiatives et recueilli des sourires ironiques. Une irritation hors de sa manière habituelle le conduisait. Son ancêtre française réapparaissait-elle en lui pour lui donner le goût de la satire ? Aux grands desseins répondaient de petits projets. Ces hommes ignoraient que, sur la route des ambitions, mille et mille choses inattendues, souvent alliées, toujours dynamiques, se peuvent rencontrer qui ne sont jamais sur les sentes des malingres combinaisons. Certes, les meilleurs gardaient une certaine idée de l'homme, mais non pas une nouvelle représentation du monde. Croyant diriger un orchestre, ils se contentaient d'en suivre la mesure. L'Europe envisagée par les plus hardis différait fort de celle du passé des Lumières ou du romantisme : sa mise en œuvre se limitait à l'économie au détriment des valeurs de civilisation propres à la soutenir. Chaque fois que mon ami prenait du recul pour envisager un autre avenir, il entendait le mot « utopie » et ce mot noble se salissait de la bouche qui le prononçait. « Ces personnes, m'écrivait-il, n'ont rien vu, rien lu, ou bien si elles ont lu et vu, elles n'ont rien retenu. » Qui songeait à relever le défi du non-être ? à ressourcer ses espérances ? à résister aux conformismes ? à voir au-delà des frontières ? Tokujiro préjugeait de l'existence d'êtres de rigueur et les recherchait en vain. Lorsque nous déchiffrerions leur message, n'appartiendrait-il pas déjà à la vieille histoire ?

Confiant au marquis Alexandre J. Bisao ma désolation devant les déceptions du jeune chargé de mission, il ne s'en émut guère, m'assurant que, fort naturelles, elles appartenaient aux apprentissages, le découragement ouvrant la voie de l'illumination, la résistance suscitant la force. La véhémence de son petit-fils marquait son éveil et lui dictait son rythme. Le « Lotus de la bonne loi » disait : « Je vois les êtres complètement détruits, et cependant je ne leur montre pas ma propre forme ; mais s'il arrive qu'ils aspirent à me voir, j'expose la bonne loi à ces êtres qui en sont altérés. » Il me fit part de la satisfaction devant les rapports venus de Paris tenus en haut lieu pour positifs. Si je ne pus partager la confiance de mon maître, l'avenir me démontra la qualité de ses assises. A la période noire de Tokujiro en succéda une autre trop claire à mon gré : en m'assurant de son bon moral, elle m'inspira des inquiétudes. Ce Paris qu'il avait découvert lépreux et gris, tout en lignes géométriques droites interdisant l'imagination, ce

Paris où il respirait mal, où la rumeur mécanique assourdissait, où surgissaient désagréments de toutes sortes, voilà que, sous l'effet d'une baguette magique, il devenait d'une ordonnance majestueuse, tout de lumière filtrée et de couleurs atténuées, il portait témoignage du génie d'une nation et d'un peuple cachant sa profondeur derrière les apparences de la futilité. Je lus un éloge des marronniers et des acacias, des avenues, des parcs et des quais de la Seine, de chefs-d'œuvre monumentaux, Invalides, École militaire, Sainte-Chapelle, Notre-Dame-de-Paris, et même de la tour Eiffel, pivot de la capitale. Équilibre, ordre, beauté : ces mots revenaient sous sa plume. Aveugle, il affirmait avoir recouvré la vue. Je ne croyais pas mon ami si versatile. Il m'écrivait : « J'apprends la France ! » Sa découverte se situait aux antipodes de ce que la société française lui avait laissé entrevoir. Il s'exprimait en termes d'amoureux. Je subodorai qu'il ne voyait plus la ville par ses seuls yeux. Lui qui, dans ses premières lettres, s'étonnait de ces serrements de mains continuels, de ces contacts de la peau où l'homme ne s'engageait pas dans son entier, après l'écoulement de quelques semaines, parlait de cette cordialité, de cette communion dans le geste.

Devais-je tenir ce maître de la philosophie des sciences avec qui il s'était lié pour responsable de ce revirement ? Selon la conception de ce savant, les sciences de l'homme vivaient leur préhistoire. Penseurs, philosophes, sociologues, littérateurs, universitaires de toutes disciplines se perdaient dans des hésitations, des contradictions dès lors qu'il s'agissait d'analyser la situation de l'être dans ce nouveau monde par lui créé, celui où la menace permanente d'une apocalypse nucléaire rendait urgente une redéfinition propre à la naissance de l'idée de solidarité. Lutter contre un dieu maléfique eût rendu plus nettes les approches ; contre un danger venu d'un inconnu :

l'homme, la difficulté se multipliait. Aussi ce nouvel ami de Tokujiro s'indignait-il contre une paresse à repenser les choses, une propension à ressasser à partir de données dévaluées. Parallèlement à sa mission, le jeune Japonais s'attachait à ce projet, pensant alors qu'il emplirait sa vie : la connaissance du fait humain. En quête d'une méthode, il m'en entretenait de manière désordonnée et peu signifiante. Il énumérait des formes de rapports inconnues, des exigences d'autre nature que politique et économique, exprimait sa défiance de la logique qui a créé la loi du talion. La Nature, avec ses humeurs, sa confuse énormité, ses luttes cruelles pour mauvais modèles serait envisagée telle une présence jamais sondée. La fragilité de notre condition, plutôt que protégé par d'inefficaces boucliers, devenue arme en soi, s'opposerait à la guerre intérieure. Cette participation qu'il prônait, cette science à naître ne resteraient pas du seul ressort des spécialistes et trouveraient leurs voies auprès de tout créateur, artiste, musicien, poète, artisan, ouvrier, paysan. Tout en doutant, je pus me réjouir de ce programme généreux dont je suivrais, d'une lettre à l'autre, les progrès et les variations. Belle jeunesse de mon ami, belle maturité de mon frère, je faisais des vœux, mes pensées se portant vers une France qu'au fond je ne connaissais guère. Il voyageait, il décrivait des provinces, des rives de la Loire à celles du Rhin, des bords atlantiques aux ciels méditerranéens, il nommait des villes en les parant du titre d'honorables. Ce savant dont, avant qu'il me l'eût apprise, j'ignorais l'existence, était-il le seul moteur de ce nouvel enthousiasme ?

Au cours d'une réception d'ambassade, Tokujiro rencontrant des personnalités avait suscité leur intérêt jusqu'à s'incorporer à une famille d'amis. Ainsi mon séduisant frère devint la coqueluche de gens du monde que je façonnai bientôt telles des résurgences des salons proustiens. Ses lettres proposaient un tryptique: description des lieux visités, voyages de sa pensée, relations nouvelles. Or, avant une période où les missives se raréfièrent et s'écourtèrent, ce troisième volet gagna en importance. Le nom d'une jeune fille revenait souvent. Je devinai sa dévotion : à n'en pas douter, il avait rencontré l'amour. Dès lors, je l'imaginai en proie à tous les dangers. La pureté, la sensibilité, la naïveté de mon ami le préparaient à tomber dans tous les pièges. De quoi me parlait-il ? De soirées, de week-ends, de polo, de tennis et autres choses pour moi agaçantes. Mon incapacité de le situer dans une société ignorée m'amenait à l'envisager en perdition. Dans mon ignorance, les gens du monde correspondaient à une vision caricaturale de ceux qui en voudraient être. Ces inconnus que je devinais brillants et superficiels, ne leur fallait-il pas leur Japonais comme les dames charitables ont leurs pauvres ? Ils devenaient des ennemis tandis que le savant inconnu figurait l'allié propre à le rendre à lui-même. Tel quelque Sénèque mettant en garde le jeune Lucilius, je lui répondis par des lettres morales dont je ne cessais de repeser les termes. Simplement, je ne fis plus aucune allusion à ma vie personnelle et, pour lui donner le désir du retour, je décrivis la vie dans l'île de manière idyllique, en la parant d'émerveillements tout neufs, je lui fis part du succès de nos travaux, de mon plaisir d'y aider son grand-père. Je devais, hélas ! entrer dans une période douloureuse qui limiterait nos échanges. Tokujiro, sans ta présence, sans ton rempart, comme je devins vulnérable !

Cette compagne, ma fièvre, ne me quittait plus. Chaque nuit, une abondante transpiration me donnait à croire qu'elle s'extrayait ainsi de mon corps. Au matin, après ma douche, je m'en croyais dégagé ; cette bête invisible me rejoignait bientôt. Je présentais cependant toutes les apparences d'une bonne santé. Mes états d'âme ne me tracassaient pas trop; les souvenirs s'estompaient; tout à mes études et à mes travaux, j'ignorais l'ennui. Le marquis et moi, nous vivions silencieux ensemble. Nous écoutions les bruits de la nature et de la vie. Le temps ne pesait pas. Puis, survint pour mon maître l'avènement d'une nouvelle parole. Pour me la transmettre, il attendait le moment où sa présence se fondrait dans les ténèbres. Il me parlait. Il me livrait par bribes ses confidences sur les journées fatales d'Hiroshima — celles qui, s'ajoutant au récit de Tokujiro, m'ont permis de tenter une reconstitution du désastre, avec quelque anticipation sur le cours de ma narration. Je viens d'écrire « confidences » : le mot n'est pas exact. Il s'agissait plutôt d'informations éparses, de soliloques où mon maître ne parlait jamais de lui-même. Il évoquait hommes, femmes et enfants de la ville détruite, les morts et plus encore les survivants, nommant certains d'entre eux, les liens entretenus par correspondance avec sa fondation secourable lui permettant de les connaître. Me rappelait-il tous ces maux pour me fortifier dans une tâche où je faiblissais ou s'adressait-il à lui-même ? Il se libérait d'un trop-plein de pensées et il m'en faisait légataire. Je fus si bouleversé par les instants qu'il me narra et dont je reconstituais l'horrible fresque, si habité par l'événement que je crus l'avoir vécu. La pratique quotidienne de la contemplation m'avait appris à concrétiser les faits portés par les paroles, à les voir, à les vivre, à les revivre même, sous l'effet d'une tendance à la paramnésie — si bien que je crois parler en témoin tant les faits se sont gravés en moi. Par cette hantise, j'atteignis un point de sensibilité indicible. Étais-je effrayé, bouleversé, détruit, indigné ? Il s'agissait plutôt de bourrasques et d'éclatements, d'éruptions et de laves. La torture collective logeait alors dans ma chair et la ténacité de ma fièvre devenait séquelle d'une maladie atomique dont je me croyais atteint.

Des cauchemars me visitaient qui se poursuivaient jusqu'au demi-sommeil et à l'éveil. Cette obsession, cette torture firent de moi un aliéné lucide, et d'autant plus souffrant. Je fus envahi par des monstres, non pas créatures infernales, non pas dragons ou tarasques, fauves ou serpents, mais êtres humains de ma connaissance, métamorphosés, le visage décomposé, le corps liquéfié telle une cire soumise au feu. Dans un brouillard mauve les recouvrant et se déplaçant avec eux, ils glissaient parmi des ruines. Rien d'hostile en eux sinon la contagion de leur masque d'effroi. Surgissaient des présences du passé, écoliers, étudiants, commerçants lyonnais, camarades du maquis, Günther et des soldats allemands, Hayano parmi sa tribu de pêcheurs, Américains d'Okinawa, personnes à peine entrevues naguère et jadis revenant dans l'épais cauchemar tels des reproches, et aussi des inconnus vêtus de leur seule chair pantelante, somnambules ou aveugles, les mains tendues, une fontaine de sang coulant au bout de chaque doigt, et le brouillard prenait une teinte rougeâtre, se couchait à leurs pieds, découvrait des corps atroces, mutilés, écorchés, brûlés, purulents, se mouvant dans un défilé lamentable, une procession d'une extrême lenteur pour me laisser le temps de m'imprégner de leur horreur. Derrière eux se dressaient bûchers, échafauds, potences, roues, lieux de torture où des bourreaux rouges, eux-mêmes suppliciés, opéraient dans les chairs avec des tenailles, tandis qu'une énorme marmite déversait à chaque ébullition un liquide jaune, soupe immonde qui coulait en fumant. Et moi, immobile, je regardais impuissant, j'attendais mon tour, ne sachant que faire. Au moindre mouvement de mes membres lourds, au moindre geste de secours ou de compassion, une épée de feu me traversait, du sang suintait de mes pores. Brusquement, tous ces doigts sanglants se tendaient vers moi accusateurs: j'étais l'assassin, j'étais bourreau et victime, chaque juge et chaque condamné, le coupable de n'avoir pas crié, de n'avoir pas fait rempart de mon corps, d'être resté le spectateur et l'indifférent du monde, et je respirais l'odeur fade, écœurante, des liquides de la vie, sang, lymphe, graisse, pus, sérosités, larmes, urine, sperme, qui formaient rivières, fleuves, océans où je naviguais solitaire sous un ciel d'où surgissaient des oiseaux préhistoriques au bec-poignard, des poissons volants hérissés d'épines plongeant vers moi que je chassais à coups d'aviron et qui se renouvelaient sans cesse dans un furieux combat, un acharnement sans fin sur les lieux d'un supplice prométhéen. Lorsqu'un éclair traversait les nuages noirs, sur un promontoire dominant l'arène marine, Tokujiro me regardait tristement en me montrant ses mains impuissantes à me sauver. Au loin, une cloche sonnait et un glacier pourpre s'écroulait dans un fracas interminable qui marquait mon éveil.

Ces épouvantes nocturnes, sans cesse grandissantes (car lorsque je me croyais aux limites extrêmes de l'horreur naissait une horreur plus immense encore), pour ne pas les retrouver, je m'astreignais à la veille ; or, même dans un état lucide, rien ne m'en protégeait, le souvenir s'en propageant avec une telle insistance, un tel relief, qu'il s'agissait d'une réalité entière et non d'un rêve noir. J'ouvrais ou je fermais la baie de ma chambre, je me douchais, buvais de l'eau, changeais sans cesse de position, me couchais sur le sol, inventais des rites d'exorcisme, parlais, priais en vain : toujours les cauchemars, de même nature, se répétaient en s'amplifiant, me révélant chaque fois de nouveaux détails dans les degrés de l'abominable. Durant mon enfance, déjà soumis à la terreur, je me dressais brusquement sur mon lit en poussant un cri et, livide, décomposé, le front et les joues couverts d'une sueur froide, je tendais les bras vers un être ou un objet imaginaires. Cet état, né de ma fièvre ou lui donnant naissance, empira et marqua bientôt mon corps de ses effets maléfiques. Durant le jour, je tentais de vaines analyses. Révolté contre les monstres, je détaillais leur apparition, critiquais mes sens qui me suggéraient un enfer imaginable, une tragédie dantesque au visage de déflagration, des hallucinations de démence, mesurais par des exercices la santé de ma raison sans que rien indiquât son abandon. De crainte de réveiller ses souvenirs douloureux, pour rien au monde je n'aurais fait confidence à mon maître de ce qui me harcelait. Démuni, solitaire, seul médecin de mon mal, je restais sans thérapeutique. Si les origines de cette pathologie m'avaient été intelligibles, je l'aurais jugée curable. Mon interrogation porta sur les chocs affectifs de l'orphelin, du soldat, de l'amoureux, sur les événements de la guerre, la souffrance de mon maître, sans qu'une réponse satisfaisante me fût apportée. Considérant l'état du monde, si je lui donnais une représentation humaine, je voyais une femme d'une parfaite beauté, le corps couvert de plaies, mais ne perdant rien de sa splendeur. Or, tous mes visiteurs, torturés torturant, offraient en commun la hideur de leur substance tératogène, produits d'une erreur de la nature, ne gardant qu'une forme vaguement humaine. Ces êtres abjects de ma hantise devinrent présence réelle : je les avais vus et j'allais les revoir en frémissant à la pensée de leur contact. Apparences concrétisées, ils m'avaient réduit en esclavage.

J'aurais pu vaincre une peur née d'un danger précis et peut-être mon effroi se serait-il métamorphosé en courage, mais il s'agissait d'une présence mystérieuse et glacée, les brumes de mon cerveau diffusant ces nuages épais et noirs où se cachent les assassins métaphysiques. Cette sensation permanente d'un danger inconnu, plutôt que de me porter à la fuite, me clouait sur place par son horrible fascination, se glissait du sommeil à la veille, grossissait et déformait les objets familiers, ajoutait à l'anxiété morale l'angoisse physique. Sous ces effets, je respirais difficilement, un poing se crispait sur mon estomac, je tremblais, je retenais mes nausées, mes membres opposaient leur gel au bouillonnement de ma tête. Le moindre regard posé sur moi me blessait, diffusait un venin dans mes veines. La peur venait de moi, d'un ego malade, portant l'innommable, et, plus que le précipice, le désir de s'y jeter. L'obscurité, le silence, l'attente, loin des protections naturelles, m'agressaient. Tout l'univers, le ciel de cendre, les eaux boueuses, les hordes sanglantes s'abattaient sur mes épaules. Parfois je croyais trouver un remède en commettant un acte dangereux : marcher au long d'un étroit parapet, nager loin dans l'océan, rien ne changeait, des glaçons coulaient au long de mon échine, je devenais une flamme vacillante sous le vent et qui ne s'éteint pas, des milliers de lumières clignotaient devant mes yeux. J'éprouvais le martyre de perdre la parole, la vue, l'ouïe, le toucher et l'odorat, de rester sans défense. Dans ma chambre, j'avais voilé le miroir, fenêtre par laquelle l'inconnu pouvait entrer et jusqu'aux Bouddhas dont je chargeais les regards si sereins d'intentions agressives.

La nuit, sous la lampe allumée, je repoussais le sommeil. Mes yeux me trahissaient. Ces paupières que je refusais de clore, je les aurais volontiers coupées tel ce prince de légende qui jetant les siennes à terre fit naître la plante du thé. Éveillé, je voyais encore les monstres, hommes à tête de chien, femmes couvertes d'écailles, chairs déchirées, boucheries accouchant de boucheries, vers s'échappant de ma peau. Corrodé, dépouillé, nu, atteint dans mon intégrité, je me cloîtrais dans ma chambre, me recroquevillais au fond des draps, tentant vainement de repousser les parasites. Incapable de m'alimenter, mon corps se décharna.

Sans les servantes qui me lavaient, j'eusse sombré dans la malpropreté. Éprouvant une multiplicité de maux, je connus dans chacune de mes fibres nerveuses des attaques intolérables. Les muscles faciaux contractés, les traits ravagés, le corps noué, parcouru de secousses et de tics, ma respiration devenue gémissement, mes fonctions psychiques altérées, je fus ce dément constatant sa démence. Des phrases sans raison d'être, en opposition avec mes sentiments, sortirent de ma bouche blasphématoire. J'appelais au secours en restant persuadé que moi seul m'entendais.

Cependant, je ne fus pas abandonné. Ces formes à mon chevet que je croyais fantômes étaient des médecins appelés par mon maître. Je reçus des piqûres, je pris des médicaments, je fus artificiellement alimenté. De ma maladie, nul ne décela les causes. Je ne saurais jamais ce qui provoqua ce désastre. Quel inconscient a voulu me soumettre à la torture, me marier à une abomination, choisissant pour cela mon temps le plus serein, le lieu le plus beau, le plus amical, le moins propice à l'enfer? Je ne cherchais plus l'apaisement au jardin où, tentant de faire le vide en moi, j'ignorais par quoi il serait rempli. Porteur d'éléments impurs, profanateurs, je fuyais ce lieu paisible pour l'en préserver. Lorsque je pus quitter ma chambre, chaque jour, tel un maniaque ou un innocent, j'effectuai le même parcours au bord de l'océan dont la rumeur m'apaisait (bien que le plus léger cri d'oiseau me fît tressaillir). Les cauchemars s'estompèrent, se noyèrent dans une eau qui diluait les formes et les couleurs. Sans que je perdisse conscience, une faiblesse constante me jetait dans un vertige. Je dus réapprendre les gestes quotidiens. Dans le miroir, je ne me reconnus pas. Hâve, décharné, vieilli, les yeux enfoncés, la peau décolorée, les os saillants, j'apparentais mes traits à ceux de mon maître. J'eus ce geste de porter la main à mon oreille croyant trouver une coquille noire à son emplacement. Un silence froid m'envahissait. Le temps du martyre multipliait les jours en années. Où d'autres auraient vu guérison, je ne distinguais que répit. La terreur, l'angoisse, la nouure des nerfs et des muscles, les contractions faciales s'atténuant, je craignais qu'avec le retour de mes forces ils ne réapparussent. Cet apaisement dû à l'absorption de médicaments restait, à mon sens, artificiel. Durant cette rémission, j'envisageai d'abréger mon destin; un vague espoir remit toujours au lendemain ce projet. Les hôtes de l'île savaient bien que l'honorable étranger à la démarche vacillante se remettait difficilement d'une atteinte secrète; rien dans leur attitude ne le montrait. Nul ne scrutait mon visage, nul ne prenait un air apitoyé ou encourageant, et pourtant, intuitivement, je recevais, à travers cette indifférence feinte, des ondes chaleureuses. Le marquis lui-même restait discret, ne faisait allusion à ma santé que d'une manière affable. Sa délicatesse s'exprimait ainsi. Il restait en ma compagnie plus longuement qu'auparavant. Il m'entretenait de ses initiatives avec un sourire confiant, cachant de son mieux un air désabusé chez lui inhabituel. Nommant des nations en danger de sang, le souci plissait son front, il recherchait l'idée qui ferait reculer le mal. Parce que je souffrais, les ravages de la guerre se concrétisaient. Or, ma résolution s'affaiblissait, sombrait dans le scepticisme. Comment lutter pour la communauté quand j'étais castré de ma propre maîtrise? J'écoutais les nouvelles, à peine indigné, convaincu de la permanence de la folie générale, aucun bouclier n'étant plus puissant que l'arme. Lorsque, pour me réhabituer à vivre, je repris mon travail de correspondance, les mots, anémiques, me parurent insuffisants. Je me surpris à regarder les êtres, à les épier, à les interroger, avec une curiosité nouvelle, leur apparence n'étant plus que masque dissimulant érosions et cicatrices. Je voulus me convaincre du naturel de leur état d'insouciance, peut-être de bonheur. Avais-je été à leur image ? Je consultais le sable de la plage pour y trouver encore la forme de deux corps, celui de Tokujiro et le mien, je parcourais l'océan où nous avions nagé, je revoyais nos courses, et cela qui ne datait que de quelques semaines s'enfonçait dans un passé lointain. Si le mal venait à se manifester de nouveau dans toute son acuité, je ne le supporterais pas. Aurais-je la force de m'anéantir ?

Ce Tokujiro de l'autre côté du monde devint étranger à celui que je connaissais. Il appartenait à de nouveaux amis, à cette jeune fille qu'il ne quittait plus et à qui je prêtais toutes sortes de traîtrises. De semaine en semaine, de mois en mois, il prolongerait son absence sans se douter que son secours me faisait défaut. Le projet du suicide fut mon compagnon. Rien ne me paraissait plus facile que de m'échapper, si facile que je ne m'y soumis point. Mourir, ne l'avais-je pas déjà voulu après la trahison de Hayano ? La lutte alors contre les éléments naturels m'en avait détourné parce que je possédais mon intégrité physique et que je voulus sauver, en même temps que moi, une barque charnelle. Je n'aurais pas d'autre tombe que l'océan. Ma résolution ne me posait aucun problème moral ou religieux, alors pourquoi retarder ce geste ? Naguère, dans la forêt française, j'avais tué, je me préparais à tuer encore, à me tuer, envisageant l'acte tel un recours, une affirmation de ma liberté et non un crime. Mourir, pourquoi ? Je préférais la fuite à l'immobilité, le néant au supplice. Au mal rôdant, il n'existait d'autre thérapeutique. D'une résolution si simple, je concevais un étonnement. Me détruire pour détruire la souffrance, quelle autre solution ? Promis à une fin plus ou moins proche, je jouerais au temps un tour à ma façon. Je cherchais dans cet acte réputé négatif ce qu'il portait de positif. Tel le capitaine demeuré à son bord pour se laisser engloutir avec son navire, je me convainquis d'un suicide sans suicide, d'une obligation. Le pari de tolérer l'intolérable m'étant étranger, pourquoi ai-je différé l'acte ?

Ai-je été sauvé ? J'ai été condamné à vivre parce qu'une force extérieure, et si proche ! veillait sur mes jours. Devant moi, l'oubli, derrière moi, la souffrance, et j'ai regardé ailleurs. J'allais quitter le corps traître, et aussi la nature éblouissante en ses métamorphoses, les monts vaporeux et les vallées cultivées, les rochers et les arbres, les haies fleuries et les guirlandes d'oiseaux, l'océan et l'île, la musique et les livres, la curiosité et la surprise, tout ce qui permet de ne pas se perdre. Je me suis retourné sans être changé en statue de sel, je me suis retourné sans établir l'inventaire des merveilles et j'ai vu un être à ma semblance, le marquis Alexandre J. Bisao, mon maître. Plus que son exemple, sa force d'existence, sa survie après la traversée des régions funestes, sa présence me garda, sa présence ! Restant mon seul lien, il me devina et des paroles rares, inattendues, émanant de l'homme le moins porté à livrer ses sentiments, forgèrent la chaîne qui me retint.

Ce soir-là, au moment où l'océan boit le soleil, nous nous tenions debout sur la terrasse. Sa main se tendit pour retenir l'astre rouge. Il me dit qu'il allait éclairer l'autre partie du monde. Je m'appuyai à la balustrade. La voix lente modula un récitatif hésitant et je compris qu'il traduisait en français à mon intention : « Lors même que les êtres voient et se figurent que cet univers est embrasé, alors même que la terre de Bouddha qui m'appartient est remplie d'hommes, ces êtres s'y livrent à des jeux et à des plaisirs variés ; ils y possèdent des kôtis de jardins, des palais et des chars divins ; cette terre est ornée de montagnes faites de diamants, et pleine d'arbres couverts de fleurs et de fruits. Et les Devas frappent les tambours au-dessus de cette terre, et ils font tomber une pluie de fleurs et ils m'en couvrent, et c'est ainsi que la terre subsiste continuellement, et les autres êtres se figurent qu'elle est en proie à l'incendie; ils voient cet univers redoutable livré au malheur et rempli de cent espèces de misères... » Je l'écoutais, je voyais le soleil à demi enfoui et que sa parole empêchait de fondre. Il posa sa longue main sur mon épaule, je fus enveloppé d'un regard, tandis que sa parole glissait tout contre mon oreille: « Mais lorsque, ici, dans le monde des hommes, il vient à naître des êtres doux et bienveillants, à peine sont-ils au monde, que, grâce à leur vertueuse conduite, ils me voient occupé à expliquer la loi... » Ô voix de cet homme aimé, comme tu coules encore en moi, poème de silence qui murmure les saisons! Je t'entends encore: « Au printemps, j'admire la glycine frissonnante qui embaume. En été, j'entends le coucou dont le chant m'invite à le suivre sur le mont de l'autre monde. En automne, le chant des cigales emplit l'air de lamentations. Elles semblent pleurer sur cette vie aussi vide que la coque dont elles se dépouillent en cette saison. En hiver, j'aime à voir la neige qui s'accumule, comme les erreurs humaines, puis s'évanouit... Le soir, quand le cœur m'en dit, je joue sur mon luth l'air du vent d'automne. Le vent dans les pins m'accompagne. Ou encore, j'accompagne en sourdine le murmure du ruisseau en jouant l'air de la fontaine qui coule. Je ne joue que pour moi-même. Je chante pour moi seul aussi. Je n'ai aucun talent. Je ne cherche qu'à me mettre un peu d'allégresse au cœur. »

Parole murmurante comme la fontaine calme, je te bus et, pour la première fois depuis les atroces atteintes, je ressentis un bienfait. Mon maître parla encore en changeant d'intonation, en jouant sur une corde confidentielle et persuasive, et ce fut à la fois une aide et un appel. Il dit: « La vie est inconstante. Le temps passe. Les hommes et les choses passent. Joies et douleurs s'en vont, s'en reviennent. Ce qui fut jadis un endroit plein de charme n'est plus maintenant qu'une lande déserte. Et si la demeure reste semblable à ce qu'elle fut, ceux qui l'habitaient n'y sont plus. Le pêcher et le poirier ne peuvent parler. Alors, avec qui pourrai-je, désormais, m'entretenir des jours passés ? » Il reprit : « Avec qui... désormais, avec qui ? » Je lui pris la main et la sentis plus froide que la mienne. Ne plus partir. Ne plus mourir. Acquiescer. Crainte de perdre mon ami. Crainte de mon ami de me perdre. Et sa voix : « Qu'un jour, l'on vienne à considérer le passé, à jeter un regard sur le temps où l'on avait un ami maintenant parti au loin, vivant dans un autre monde, qu'on se souvienne des paroles échangées, des émotions ressenties en commun, comme tout cela est triste, plus triste peut-être que la séparation qui vient de la mort ! Quelle mélancolie à se rappeler sans cesse que les routes doivent nécessairement se séparer aux bifurcations. »

Toute ma vie devenant cri retenu, des mots sacrés survolaient mon silence. Moi, boue et ténèbre, marchant aveugle au-devant de ma nuit, corps décimé, corps mortel, sans autre legs que ses os. Moi, ma propre aumône, mon seul don, voilà que je me savais aimé, si fragile et pourtant bâton de l'autre. Mon regard errait, mes bras impuissants se tendaient pour prendre le ciel à témoin de mon délabrement. Mon risque de vivre : qu'à la souffrance physique s'ajoutât l'interminable folie. Torture, en mes chairs se rejoignaient les clous, et je voulais abréger ma mort lente, je désirais un bel et clair assassinat, je rêvais d'une lame d'acier vierge. Torpeur, cadavre en moi, tristesse absolue, délire et râle. Un poisson funèbre me parcourait de l'échine aux reins. Comment l'extraire, m'arracher à la nuit, à la lumière ? Épouvante, et la mort douce à mon oreille. Mais cet homme près de moi, ce revenant du feu, ce rescapé des abîmes, il me parla, il me dit simplement : « Sans vous, mon ami, sans vous, que pourrais-je faire ? » Il ajouta : « Je ne connais pas l'origine de vos maux. Je sais ce qui les soulagera ! » Le soleil noyé, le ciel ne montrant pas encore ses étoiles, nous regagnâmes à pas lents nos chambres. Ce soir-là, j'entendis le piano depuis plusieurs jours silencieux. De mon lit, j'imaginai le corps annelé, les longs doigts glissant sur les touches, la musique d'âme de la pathétique sonate portant l'élan intérieur du compositeur et de l'interprète devenus concitoyens de tous les hommes et contemporains de tous les temps. Née d'un être, extasiante et transfiguratrice, l'harmonie apportait une lumière d'éternité dans la pénombre, me conduisait là où la voyance laisse apparaître l'unité. Elle me projetait vers l'avant, et mon corps, après ses soubresauts, s'apaisa, cheval dompté, mes muscles se décrispèrent et chaque note me porta, éleva mon mal à la dignité d'un mystère dans la respiration du monde. Dans mon désert, cette pluie...

★

Sept jours s'écoulèrent sans que le marquis fît allusion à sa promesse de rendre mon état tolérable. De quel remède s'agissait-il ? J'envisageais l'acupuncture, la thaumaturgie, la guérison par les plantes et par l'esprit. Les cauchemars disparus, l'insomnie me tenait compagnie. Si mes crises qui consistaient en crispations stomacales, en élancements de mes nerfs, en des mouvements incontrôlés, s'espaçaient, je m'immobilisais en redoutant le retour du mal. La fin d'un supplice marquant l'attente d'un nouveau supplice, je prenais conscience de mon esclavage. Insecte traqué, araignée refermant ses pattes sur son ventre et les détendant convulsivement, sans protection et sans alliance, tout regard rencontrait l'effroi. Voyant ma main tenant un porte-plume bougeant sur le papier, elle me paraissait aussi étrangère que les mots écrits. Ces doigts devenaient de gluantes chenilles, je désirais les broyer, et bientôt une peur s'ajoutait à mes peurs : celle de me mutiler dans un accès démentiel.

Je me revois sur la plage adossé au fût d'un palmier, tout étonné de ces jambes plus longues d'être décharnées. Endormi, l'océan offrait un vert de jade strié de veinules bleues sous le cobalt du ciel immobile. Du port venaient les bruits des seaux d'eau jetés à la volée sur la coque du yacht. Parfois un des oiseaux posés sur le sable tels des bibelots se déplaçait à regret. Ce lieu se situait aux antipodes du malheur. Que serait une traversée de la vie à cette image? Le soleil caressait ma peau. Je murmurai : « Je suis là » et cette constatation me combla. Je pressentis la quiétude d'antan. Je pensai à ces sept Justes existant dans chaque génération dont parle le mythe juif, et qui sont chargés de la souffrance universelle.

Momentanément défait par la beauté, le mal abominable caché derrière mon apaisement préparait son retour. J'eus la vision d'une troupe d'hommes faméliques issus de l'océan avançant vers moi l'index tendu. Je fermai les yeux et lorsque je les rouvris, des enfants nus, le dos chargé de flammes, hurlaient. Mon corps, frappé par la foudre, se replia et se détendit tel un ressort. Je fus ce poisson enlevé à ses demeures et jeté sur le sable, essayant de déjouer l'agonie par ses sursauts. Mes membres s'agitèrent furieusement. A cette phase hystérique en succéda une autre, tout aussi éprouvante : une sensation de fossilisation, de froid qui glaça mes membres tandis que mon front brûlait. Je perdis conscience.

Lorsque je revins à moi, ma tête ne reposait plus sur le sable mais sur une surface soyeuse. Le visage d'une femme se penchait sur le mien. Par compassion, la mère de Tokujiro s'était arrachée à son retrait pour me porter assistance. Un bandeau humide rafraîchissait mon front, une main douce posée sous mon menton soutenait ma tête flottante. Elle chuchotait les mots chantants d'une berceuse. Folle ayant perdu son enfant et caressant une poupée de chiffon, représentais-je son fils éloigné ou son mari détruit? J'aurais connu une béatitude heureuse si le contraste entre sa beauté angélique et mon corps souillé ne m'était apparu. Retourné au giron maternel, allais-je mourir ainsi dans une allégresse ultime? Je fus assailli d'amour, amour de l'enfant pour le corps qui l'a mis au monde. Sa tête levée vers le ciel, comme une mère douloureuse, elle quêtait ma résurrection. Son parfum me grisait tel un encens. J'ouvris et fermai les yeux. En dépit de ma faiblesse, je fus assuré de l'obéissance de mon corps et cependant je simulai l'inertie. L'arrivée d'Uchida et d'une servante interrompit cette grâce. La femme, la mère m'abandonna à leurs soins et s'éloigna. M'appuyant sur les bras secourables, je fis quelques pas avant de marcher sans aide. J'exprimai alors ma gratitude en accusant le soleil de ma défaillance. Près du jeune marin, je me tins assis sur le quai, les jambes pendantes, l'écoutant siffloter.

Au crépuscule, le marquis, assis près de moi sur la terrasse, m'observait à la dérobée. A plusieurs reprises, sa bouche s'ouvrit mais il retint ses paroles. Alors qu'à l'ordinaire le silence nous unissait de liens vaporeux, il pesa. Les lampes éteintes, nous recevions la seule clarté du ciel pâle. Dans leurs cages, les sauterelles familières s'étaient tues. Les bruits de la demeure apaisés, on n'entendit plus qu'un clapotis sur le sable. Peu à peu, les objets absorbèrent leurs ombres. Assis droit sur son fauteuil de bambou, mon maître, aussi immobile que le siège dont il épousait les formes, me fit penser à la statue du président Lincoln. La parole au bord des lèvres, il attendait le moment propice pour me l'offrir. Après tant d'hésitation, il entama un préambule où chaque phrase, longuement mûrie, intervint entre deux silences. « Ce que j'ai à vous proposer, Ego-san, me dit-il, peut vous apporter, selon votre volonté ou son absence, un bienfait ou un supplice. Aussi ai-je retardé de le faire et ne m'y suis-je déterminé qu'en constatant les marques de votre souffrance. J'ignore encore si je souhaite de votre part une acceptation ou un refus. Je me sens responsable de votre personne. Le "oui" peut vous ouvrir des portes paradisiaques qu'un rien, un glissement, une inobservance, transformeront en bouches infernales. En aucun cas, je ne voudrais vous soumettre à une passion dont je connais l'assujettissement bien que, pour moi, cela ne présente plus guère de danger: je suis un vieil homme que la mort ne peut surprendre. Je vous fais l'offrande d'un baume, en aucun cas d'une thérapeutique. Cette demeure, la vôtre, ne vous fut pas entièrement hospitalière. Je vous propose, mon ami, de vous accueillir dans mon intime domaine, là où je ne pénètre que seul ou en compagnie de mon serviteur, et nous pourrons mêler la fumée de nos pipes — si toutefois vous acceptez ce risque... » Il humecta ses lèvres d'un peu de jus d'orange et reprit avec un léger sourire: « Je vous précise bien qu'il ne s'agit pas dans mes faibles paroles d'un discours moral dont je ne voudrais pas vous faire l'injure... »

Devais-je parler à mon tour? Comme si toute parole profanait, je choisis de me taire. Pourquoi, autre versant humain, l'image de la tante Poirier apparut-elle à ce moment-là ? Elle me regardait de côté par-dessus ses lunettes cerclées de fer, sans aucune sympathie et soupira à plusieurs reprises: ces soupirs portaient-ils une signification? une mise en garde ? quel tabou me rejoignait ? Ce vieux visage disparut comme il était venu. Ma réponse n'avait nul besoin d'être formulée: sans autre issue, devant celui qui m'en montrait le chemin, je m'inclinai. Mon mentor reprit alors son discours qui, dans son balancement, tantôt éloge, tantôt mise en garde, énumérait les défauts et les vertus de la Fée brune qui pouvait devenir la maléfique Idole noire. J'entrevis le calme divin, l'indulgence sereine, la force du corps et la pitié du cœur, l'acuité de l'esprit, la libération des entraves coutumières, l'abolition des perceptions extérieures inutiles permettant à l'intelligence de se dégager de la matière, l'état de bien-être où peut germer le courage et fleurir l'espérance. Il me dit qu'une faible dose d'opium augmenterait l'activité circulatoire en exerçant une action bénéfique sur le cœur rendant les flux sanguins puissants et vivifiants, permettant à la tonicité musculaire de s'accroître, à l'insomnie de disparaître, et il se référa à de vieux maîtres, Avicenne, Paracelse et Frascator. Mais à peine avait-il tracé ce tableau idyllique qu'il traversa la frontière entre l'éden et la géhenne. Si je m'en tenais à quatre ou cinq pipes quotidiennes, mes maux s'apaiseraient; si ma volonté cédait, si j'augmentais la dose, le navigateur glorieux deviendrait l'épave chancelante. Le stimulus de mes activités intellectuelles ne s'opérerait pas sans usure. Incapable de tout effort, rejeté plus bas que la maladie elle-même m'avait jeté, l'excès de bien se métamorphoserait en un enlisement dans la paresse et l'indifférence, des régions glauques et molles où je serais bourreau et victime. Au règne, à l'harmonie, à la souveraineté succéderait l'esclavage de la créature devant le dieu le plus misérable.

Nous étions trois: la nuit, mon maître et moi. Que la parole coulant de son être immobile fût en soi apaisement, le savait-il? J'entends encore la voix modulée et chantante: «Je vous souhaite ardemment de ne point aborder à ces dangereux rivages où la privation entraîne le délire et les hallucinations. Des aiguilles rougies s'enfonceraient dans chacun de vos pores; votre corps devenu machine grinçante, des tisons ardents traverseraient votre poitrine, vos reins et vos cuisses; soumis à ces dards empoisonnés, vous vous nommeriez torture et lamentation.» Devinant mes questions, il y répondit spontanément: «Mon corps, mon vieux corps reste chargé de mystère. Arrivé à cette destination où plus rien ne me peut surprendre, il m'arrive d'être voué à l'inertie durant des heures qui peuvent être secondes ou siècles, et, soudain, d'être éveillé par un vif désir d'action. Une voix m'appelle et me dicte mes œuvres. Je viens à vous et nous travaillons ensemble. Ce double état dirige ma vie et lui donne son harmonie. Le temps de retrait, de vide où s'enracine la méditation m'est devenu indispensable. La lime de la dégradation mord à peine ma peau, je me sens lisse comme une laque. Mais vous, Ego mon ami, votre corps jeune, vif et ardent (tandis qu'il prononçait ces paroles, ma main posée sur ma poitrine, je sentais sous la soie du kimono mon squelette palpable, cette cage thoracique, armure étrange, charpente fragile et rien ne me semblait plus éloigné de moi que cette idée de jeunesse et de force), les longues années que vous avez à vivre, à jouer, à courir, ce corps, il faut préserver son présent et son avenir. Vous fumerez pour retrouver le goût des choses, mais vous n'irez pas jusqu'à cette orgie qui détruit tout effort physique et intellectuel, vous ne laisserez pas dévorer vos jeunes ans par un besoin funeste. Dès la première pipe, vous serez à découvert. Lorsqu'un appel trop impérieux vous tourmentera, il sera déjà trop tard. Ne vous contentez pas d'un nirvâna artificiel et gardez une place pour celui qui ne peut naître que de vous-même...»

M'ayant parlé sur le ton d'un père, il m'assura de la vanité de ses propos car il connaissait mon caractère, sa rigueur et sa volonté (moi qui n'y croyais plus guère...) et aussi que la solennité de ses paroles prenait de trop grandes proportions par rapport à une chose sans doute moins grave que ne l'envisagent ceux qui ne la connaissent pas. Durant cet entretien, mon mal s'apaisa. Plus tard, sur ma couche, il me tortura de nouveau et ma nuit fut à ce point mauvaise que je fus prêt à accueillir tout secours — dût-il plus tard me détruire.

★

De l'opium, je n'attendais pas un plaisir, des rêves délicieux ou je ne sais quel palais de nuages. J'en espérais le calme. Au pire, j'entrevoyais une autre forme de torture me délivrant de la torture présente. Quelques semaines plus tôt, cette tentation ne m'aurait pas effleuré. Dans cette fumée, m'oublierais-je, me détacherais-je des contraintes, me dissoudrais-je ? De ce nouvel univers, j'ignorais tout. Adolescent, j'avais lu distraitement Thomas De Quincey l'opiophage ; je me souvenais d'une allusion de poète au «poison doux et sage»; je n'attendais pas quelque dérèglement de tous les sens déjà trop subi. L'excès même de ma douleur m'interdisait de m'interroger sur ses origines. Plus qu'une maladie inconnue laissant les spécialistes sans diagnostic, ne s'agissait-il pas des séquelles d'un sentiment d'échec devant cette tâche de nous vouloir médecins du monde? L'éloignement de Tokujiro ne me déséquilibrait-il pas? Pressentiment de l'inconnu redoutable, du cataclysme universel ? Je fus et je reste sans réponse. Virus du corps, virus de l'âme, cela importait-il? Toute élucidation amènerait une interrogation nouvelle qui resterait isolée telle une île, belle île muette du grand pourquoi de toutes choses.

Le marquis attendit deux jours avant de m'inviter à le suivre dans sa retraite du sous-sol. Cette pièce luxueuse et feutrée devenue mon vêtement, les instruments de notre rite seraient le prolongement de mes membres. J'aurais pu supposer nu le lieu propice à la rêverie. Or, je découvris toute une ingéniosité décorative destinée à faire oublier le plafond, les murs et le sol recouverts de tapis et de tissus pourpres, dorés ou argentés, de crêpes, de velours, de soieries et de brocarts. Sur du satin jaune se détachaient les broderies de sentences en caractères bleus. Trois lanternes, noire, verte, violette, déversaient des clartés étouffées. D'étroits chemins entre les couches en bois de fer aux arêtes dorées disparaissaient sous les coussins. A peine lumineuses, des veilleuses s'enchâssaient dans des cristaux de roche ovoïdes. Des étagères ouvragées portaient les fourneaux blancs, rouges, verts ou noirs cerclés d'argent, en jade ou en porcelaine. Les pipes s'armaient de métaux ciselés, de bambou, d'écaille, de peau de requin ou de serpent; il en était de laque ornée de la tache superbe d'une émeraude, d'écaille brune portant de l'ivoire sculpté en forme d'animaux. Sur un rayonnage incrusté de nacre se trouvaient les instruments de l'étrange chirurgie, aiguilles d'acier, ciseaux, pinces, curettes à manche de corne, racloirs et palettes. Au centre de la pièce, sur une table ovale, un plateau proposait une lampe de cuivre à verre conique garnie d'huile parfumée, un vase de jade pour recueillir le résidu, le dross, récompense du serviteur, une éponge destinée au nettoyage des fourneaux, enfin le pot d'ivoire contenant la drogue luisante. Les bois rares, les nacres, les jades, les ivoires, les argents et les ors, si lisses, étaient faits pour l'effleurement, les tissus pour nous envelopper de silence.

Ainsi, nous pénétrâmes dans le palais des rêves célestes où Shintaro en kimono noir nous attendait. Il nous tendit des robes chamarrées dont nous nous revêtîmes. Allongés sur deux lits parallèles, le marquis me recommanda de disposer les coussins pour le meilleur de mon confort. Il chuchota: «L'opium va diluer dans l'air les volutes de notre sotte intelligence, notre cerveau sera purifié, nous n'aurons plus chaud ni froid, nous ne connaîtrons plus l'angoisse ni la peur, nous verrons les choses en passé, en présent et en avenir par la multiplication de nos sens. Si musical deviendra notre entendement, si coloré le monde, si délicat le toucher, si flatteur l'odorat, et notre goût s'attachera à de multiples saveurs tandis que nos yeux verront le dedans et le dehors, le créé et l'incréé qui sera notre quête... » A plusieurs reprises, mes traits se crispèrent. Je fus tenté de fuir. Une vague curiosité me retint : celle des gestes du serviteur dont brillaient les cheveux d'argent et je fus subjugué par la précision de ses mains souples. Il plongeait une aiguille dans le récipient pour l'imprégner d'une petite quantité d'opium qu'il présentait à la flamme de la lampe où la boulette grésillait en laissant évaporer son eau, gonflait, bulle brune nuancée de teintes ambrées, dégageant un arôme subtil d'encens, d'amande grillée, de caramel — en fait indéfinissable. Les doigts faisaient tourner l'aiguille, malaxaient et assouplissaient la goutte contre le verre de la lampe, la trempaient de nouveau dans l'opium froid, l'amenaient à la forme et au volume voulus, la passaient encore au-dessus de la flamme avant de l'assujettir au fourneau de la pipe en la perçant d'une aiguille pour le passage de l'air. Modelant mes gestes sur ceux de mon maître, je pris ma première pipe avec respect. Comme lui, j'aspirai la fumée, source de tant d'appréhension et bientôt fleuve de tant de douceur. Tandis que la drogue, insecte nocturne, chantait, je gardai en moi l'élixir des mandarins et des poètes. La fumée rejetée par ma bouche et mes narines avait gagné dans ma poitrine en opacité et en parfum. Un goût âcre glissait sur ma langue, envahissait mon palais, mes souterrains et mes méandres. Après quelques bouffées, la pipe éteinte, je gardais en moi l'extase. Plus que d'ivresse, je peux parler d'une sensation diffuse me baignant, chairs et muscles, nerfs et viscères, éclaircissant la nature des choses, permettant à mes connaissances secrètes d'affleurer et de se développer. Je me sus épris d'une paix totale, d'un ordre heureux. Ma perception, mon intuition, une intelligence neuve et régénérée déchiffraient l'indéchiffrable. Le végétal délivrait l'animal en moi. S'agissait-il de châteaux du rêve succédant aux abattoirs du désastre ? Parfois, habité de couleurs musicales, je me croyais endormi dans une tombe protectrice ; hôte de l'univers, l'univers m'habitait ; l'inconnu se familiarisait, la surprise devenait mon lot. Par la suite, goûtant le vieil opium (fruit d'une longue préparation dont mon maître me confierait la secrète chimie), je découvris à chaque pipe de nouvelles merveilles dont je ne sais traduire la diversité. De bienfaits évidents, je discerne deux aspects : la jouissance de mes songes, le mieux-être de mon corps. Je ne pourrais établir un inventaire des rêves, vapeurs anciennes oubliées. Je fus ce faucon se posant sur mon propre poing, ce poisson glissant vers les abysses avec une rapidité folle ou les marches de cet escalier s'édifiant au fur et à mesure de la progression de mes pas. Je vis des visages inconnus et sereins — ou plutôt un seul visage contenant en puissance cent et cent hôtes et se métamorphosant sans cesse. La fumerie s'agrandissait, l'air accueillait des senteurs inédites, les volumes et les couleurs se diluaient, le silence variait ses musiques, et les panneaux, les draperies, les tissus proposant de nouveaux dessins, je vivais au cœur d'un kaléidoscope éblouissant. Mes émotions cessaient d'être des chocs pour devenir des perceptions tactiles et visuelles. Elles ne m'ébranlaient plus comme un séisme, elles m'offraient le délicat frémissement du pétale sous la brise. Au sommet de ma vie, je dominais ses versants, les résurgences m'affranchissant de la durée. Sans rechercher l'essence des choses, je les pressentais. De l'ivraie et du bon grain, tout se donnait à moi adorable. Le suprapersonnel me dégageait de mon individualité. Une étincelle du divin cherchait en moi son aliment pour élever au-dessus de ma tête un soleil général. L'idée de bonté me rendait intelligible à autrui. Ainsi s'effacèrent les nuages spleenétiques et la lumière fut de nouveau ma demeure.

Comme mes maux issus de causes organiques inconnues, leur apaisement, par-delà l'opium, ne naissait-il pas d'un épais secret ? Ces douleurs, ces névralgies, ces crispations disparues, je les imaginais endormies et présentes, et il m'arrivait, tel un malade nostalgique de ses maux, de les vouloir surprendre. Je craignais qu'un trop parfait équilibre me déséquilibrât. Cependant, je perdis cette impression tenace de m'être caché et de ne plus savoir où me retrouver. Le moment vint où mon visage sans effroi fut un ami rassurant. Un univers de pensées latentes sortait des ténèbres pour se placer sous d'intenses rayonnements. Je recevais des réponses à des lettres expédiées dans un temps lointain, celui d'une existence antérieure. La chronologie se dissolvait : n'avais-je pas vécu simultanément plusieurs événements, ne m'étais-je pas trouvé sur la terre d'Europe au moment même où j'errais dans la ville atomisée ? Les jours de mon errance marine sur la barque *Ego* et ceux de mes amours avec Hayano se mêlaient. Ces deux îlots : celui de la poule et des squelettes dans leur casemate et celui où je vivais se confondaient. Le soldat allemand et le jeune Japonais, Günther et Tokujiro, prenaient le même visage. Au phénomène d'ubiquité s'ajouta celui du rassemblement des êtres en un être unique. A certains moments, je devins tel ou tel autre. Par mimétisme, sans l'intervention de ma volonté, je prenais la marche droite, légèrement saccadée de mon maître, j'entendais dans ma voix les intonations de Tokujiro. Sur la plage où je me promenais au soleil, mon ombre double me fit imaginer un compagnon cheminant parfois près de moi avant de se réfugier dans mon corps. Me trompais-je lorsque, seul, je me savais deux? Hallucination? Don de l'opium? Une impression de présence secourable, d'ange gardien attaché à mes pas me ravissait. Côtoyais-je un précipice? Gagnant en irréalité, chaque objet m'apparaissait plus réel. Je perdais le sentiment de la distance : l'océan venait mourir au pied de mon lit tandis que, sur la plage, il s'éloignait vers l'infini. Ne sachant plus mesurer le temps par ma seule perception, je consultais sans cesse ma montre, m'étonnant de la rapidité ou de la lenteur des aiguilles et croyant à une réponse erronée. Mes nouveaux jours, pépites arrachées à un minerai tenace, me furent précieux. Auparavant, je ne vouais aucune reconnaissance au sort, tenant le vivre pour un droit et non pour un don. Les époques de joie s'inscrivaient dans la nature des choses alors que du malheur j'accusais la fatalité. Dès l'aube, sachant que par quelque faveur je jouirais de ma journée, il en naissait une certitude de fête dont j'ignorais qui remercier, de la nature ou des astres. Mes activités et mes non-activités reprirent. Le jardin zen fut longuement ma résidence. Avais-je atteint cet état de quiddité me ramenant à ma simple substance? Ce vide jusque-là vainement recherché, mon esprit le reconnaissait. M'était promise la contemplation des lieux dont l'immobilité apparente offrait des spectacles changeants. Parallèlement, je repris avec une ardeur nouvelle mes travaux. Dans la confection de mes bouteilles à la mer (en vérité réponses secourables plutôt qu'appels au secours), de ces messages à l'inconnu des consciences, tout montrait que, envisageant le monde d'une nouvelle manière, je le retrouvais. Le ton de mes lettres se fit plus incisif, plus pressant. Je n'hésitais plus à pénétrer chez les autres par effraction, je sondais les projets, je posais les questions les plus indiscrètes, celles que l'homme écarte dans sa marche de crainte qu'elles en obstruent le passage. Parce que longtemps endormi, je voulais éveiller autrui. Tandis que nous hésitions, les démons nationaux fourbissaient des armes, les incendiaires brandissaient des torches, les traditions répressives se poursuivaient, le fait colonial s'affirmait avec brutalité, les habiles préparaient d'hypocrites diplomaties. La polémologie nous avait éloignés, mon maître et moi, d'un optimisme et d'un pessimisme exagérés, le pacifisme véritable consistant en une lutte constante, et nous savions bien que les peuples soumis, les classes sacrifiées se devaient à la révolte. Nous voulions éviter l'inutile et le pire. La phase des prises de contact passée, j'avais dressé des tableaux de conquête et établi un programme d'action. A notre bonne volonté, d'autres avaient répondu et les cercles concentriques s'élargissaient sur les eaux où nous avions jeté notre pierre. Des initiatives s'ajoutant aux nôtres, je fus heureux que l'Europe ne restât pas en retrait, y compris mon pays d'origine où, dans une situation inextricable, des veilleurs jetaient leurs cris d'alarme. Les hommes de savoir nous ayant rejoints, il nous restait à convaincre les puissances et nous eûmes l'extrême surprise de trouver des alliances là où nous les attendions le moins. Certains voulurent nous rassurer : le monde possédant le moyen de son suicide, le surcroît des forces même empêcherait les guerres — mais c'était compter sans le démon et la démence. De plus, les armements conventionnels en progrès technique incessant se multipliaient et certaines nations fondaient une part importante de leur économie sur leur fabrication. Les morts, les blessés, les corps détruits des îles sanglantes de l'univers, les enfants soumis au napalm, les fusillés, les dépecés à l'arme blanche allaient-ils remercier le Ciel d'avoir été détruits par autre chose que l'atome ?

Se référant à la nature et à ses cataclysmes, ne faisait-on pas de la destruction un état naturel? Pour nous, la plus haute culture passait par la paix et nous la nommions civilisation, l'avancée de l'esprit ne pouvant être qu'à la mesure de son avènement. Bien vaines nous paraissaient toutes les philosophies qui, devant cette urgence, poursuivaient leurs babils et leurs ressassements sans se soucier qu'il restât sur un globe désert un seul homme pour s'y référer. Certes, nous étions nous-mêmes soumis à ces paradoxes nous conduisant du jardin de la méditation à ces tables d'où partaient nos messages, ceux d'une lutte inégale où tout échec affirmait un espoir, tant il est vrai que le victorieux n'a que sa victoire tandis que le vaincu reçoit la leçon de sa défaite. Le temps nous pressant, plutôt que d'analyser nos contradictions, nous sonnions le tocsin sans attendre l'instant de l'attaque.

Survivant d'une maladie? Survivant d'une guerre? Je ne me levais pas d'un lit de douleur mais d'un champ de bataille. Dans une fièvre nouvelle, mes lettres se firent tracts et libelles. Anachroniques me parurent les missives de Tokujiro. S'il poursuivait, semblait-il, fort heureusement sa mission d'information, il préférait nous confier les plaisirs de ses voyages et de ses découvertes, nous parler de réceptions et de jeux, chaque phrase se faisant l'écho d'une autre non dite, celle de l'amoureux envahi par ses amours et je distinguais là une trahison, un enlisement dans la fadeur. A son retour, s'il revenait, retrouverais-je celui que j'avais connu? Mon cœur routinier souffrait du détournement d'une affection vers un objet redoutable de rester inconnu. Mon inquiétude soupçonneuse se nommait jalousie. Ma ferveur entière offerte à mon ami, je voulais la sienne sans partage. Possesseur, je me savais dépossédé. Frère abusif, je me sentais abusé. Je marchais sans sa marche et la plage devenait déserte. A quoi bon courir sans sa course ? Depuis mon retour à la vie, l'océan offrait un calme surprenant sous un ciel d'un bleu mensonger et je préjugeais de son contenu de violence concentrée, de colère comprimée, de forces ramassées, impétueuses, à l'affût, prêtes à l'explosion, au jaillissement, au meurtre. Parce que j'oubliais de la voir, la belle ouvrière de la maison de perles ne me regardait plus. Je contemplais plus volontiers ces perles, merveilles alcalines seulement blanches au premier regard et qui portent tant de nuances du rose au bleu, de l'argent à l'or, les plus rares rejoignant le noir absolu. Je savais en distinguer la sphère parfaite et sans défaut, le corps délicat et régulier, la translucidité et l'éclat irisé. Certaines, pelées tel un oignon, cachaient leur beauté pour préparer une nouvelle gemme d'une eau plus pure. Ne m'étais-je pas comme elles dépouillé de vêtements barbares et de déguisements de l'âme ? Regardant les perles percées destinées aux colliers, j'imaginais des Cléopâtre jouant avec leur parure et dévorées par elle ou bien remplaçant le bijou convoité par une rangée d'huîtres se nourrissant de leur substance, puis je chassais mes images dérisoires pour revenir à ma demeure en contournant l'îlet.

Mes nombreuses activités éloignaient l'ennui quotidien sans détruire une autre de ses formes causée ni par le désœuvrement, ni par le désintérêt, ni par un sentiment de vide, ni même par la solitude. Cet ennui naissait d'une conscience d'absence, celle d'un être ou d'un concept obscur, perdu dans les vertigineux couloirs de la mémoire tel un mot oublié, égaré, forme concrète dissoute dans une vapeur, et dont je tentais de retrouver l'essence secrète, le mot de passe oublié. Solitaire, sans doute l'étais-je et l'avais-je toujours été, le serais-je toujours, car il s'agit là d'un état de l'être qu'aucun entourage, aucune affection, aucun amour même ne peut éloigner. Rejoindre l'autre sans me quitter, je le désirais. Offrant ma présence entière, me donnant corps et âme, à défaut de l'oublieux Tokujiro, je me trouvais au plus près de mon maître au regard profond sans percer vraiment son mystère. Désenchanté alors que chaque aube me proposait son aventure, des dieux vagues transitaient par mon esprit pour s'y perdre. Adolescent, j'aurais parlé de spleen : le souvenir d'y avoir mis quelque pose romantique m'éloignait de cette définition. De l'opium, je n'étais pas l'esclave. Shintaro (sur un ordre de son maître ?) diminuait le volume des bulles ambrées qu'il m'offrait. Guéri, quelque chose d'enfoui en moi refusait la guérison ; malade, je repoussais la maladie. Aux cauchemars succédaient d'atroces souvenirs, des images étrangères dont je subissais l'imprégnation. L'odyssée de l'homme au torse annelé, au crâne dénudé, à l'oreille détruite prenait une telle vérité, un tel réalisme que je la vivais, la revivais comme les chrétiens la Passion dans leurs miracles et leurs mystères. Jeune encore, vieilli dans mon esprit et ma présence physique, les jours heureux derrière moi évanouis, le présent chancelant, tout me laissait alors présager des lendemains terrifiants alors que je vivais dans la splendeur d'un paysage plus beau qu'un rêve d'artiste n'en saurait concevoir, île verte sur l'océan bleu, port et plage, parc et demeure, jardin spirituel, manufacture tel un écrin, éden retrouvé, et, dans le ciel, tant d'oiseaux !

Pour éloigner la douleur, je devais inventer à la fois le chemin et la lampe qui l'éclairerait. Je guettais les signes, je quêtais les symboles, la moindre métaphore m'aurait comblé. Mon énergie, la vigueur joyeuse, le ressort de mes courses, mes olympiades de muscles et de beauté, où étaient-ils ? Quel langage m'avait fait prisonnier sur parole ? Par quelle absence de chaînes devenais-je mon négrier ? Melancholia me proposait de troublantes issues qui ressemblaient à des gouffres. Alors que je la voulais mobile comme le mercure, ailée comme le dieu Mercure, ma pensée se figeait. Les messagers de la nuit abrégèrent leurs visites. De quelques songes délicieux, je connus l'illusion, tandis que l'imagerie infernale du cauchemar me fut réalité. Les créatures démoniaques se reflétaient de miroir en miroir, se multipliaient à l'infini, la peur me clouant les pieds au sol alors qu'elle aurait dû m'inventer des ailes.

Se profilait dans l'ombre un inconnu. Il m'épiait. Je sentais son souffle sur ma nuque. J'entendais ses chuchotements. Que me voulait-il ? Ange gardien ou geôlier tragique, quand s'extrairait-il de la lumière noire ? Pour le débusquer, je possédais ma clef d'opium. L'enfumerais-je dans sa tanière pour l'obliger à se révéler au jour ? Pressentant son visage, je le voulais voir dans la lumière solaire, le sonder, le découvrir maléfique ou protecteur, le chasser ou le retenir, le détruire ou vivre avec lui. Je l'avoue aujourd'hui, des lustres plus tard, j'avais la prémonition d'un aboutissement inouï de mon aventure. Je recevais les avertissements hors les modes normaux : ni les cauchemars annonciateurs d'une maladie, ni le ciel chargé d'orages, ni une connaissance du passé m'apportant la prescience, mais le sentiment d'une présence qu'il m'appartenait d'extraire et de matérialiser. Or, cette naissance me terrorisait : accouchant du diable ou de l'ange, du succube ou de l'incube, du doute ou de la grâce, son visage refléterait mon visage. L'éclosion serait mon éclosion : ne couvais-je pas l'œuf dont j'allais, dont mon double allait naître ? « Engouffre-toi, lui disais-je, fais éclater la paroi, viens me rejoindre, délivre-toi, délivre-moi ! Alors, je voyagerai, je retrouverai le beau navire de mémoire propulsé par l'énergie de tous les rêves de l'humanité dans le temps et l'espace, tout instant sera mon hélice et ma voile et mon vent, et se déploiera un nouvel océan de signes, de vagues, d'oiseaux, de poissons, ô fête ! »

De nuit en nuit, ma vision lucide se transformait, tantôt atroce et déchirante, tantôt d'azur et de paradis. Cette fresque antique où le fauve dévore le veau au fur et à mesure que la vache le met bas, j'en rêvais, la voyant mort du jour, mort de mes multiples morts, mort grasse et nourrie de mes années défuntes, guettant, seconde après seconde, ses aliments, devant moi et derrière moi, toujours assoiffée de l'eau de ma clepsydre, de mon présent absorbé dès que nommé, entouré de la réalité et du spectre. Au grand jour, je vivais vraiment, je participais à cette course insensée et j'aimais intensément mon entourage. Le vent léchait ma peau, léchait la pierre et la prière, l'animal en moi se rassurait. Héritier d'autant de jours que de nuits, d'énergie que de fatigue, je m'inventais un éternel instant. Pythagore me disait que tout change, que rien ne périt, que le souffle vital erre d'un lieu à l'autre, anime tous les corps, l'animal après l'homme, l'homme après l'animal, et qu'il ne meurt jamais telle l'argile docile à recevoir toutes les empreintes et à prendre toutes les formes en restant de même matière, matière d'âme inchangée dans ses migrations à travers les formes éphémères.

Souvent, derrière un rideau de vapeurs bleues, un jeune et bel athlète courait sur la plage. Errant sur la terre hospitalière, il exprimait la grâce d'exister. Né de la lumière, il représentait le temps et le lieu absolus. Dépositaire des lointains secrets du monde, il portait le germe de l'idée. Réceptacle des traditions cosmogoniques, il distribuait les eaux de la vérité. Gardien de pouvoirs obscurs, il versait l'illumination. Aux preuves fatales de l'expérience, il opposait la vitalité de l'espérance. Aux morts successives de l'existence, il répondait par de nouveaux ferments de vie spirituelle. Dans l'épaisse forêt, il m'indiquait l'arbre qui se souvient. A mon angoisse, il tendait son bouclier. Armé de sa divinité protectrice, je voulais vivre parce qu'il vivait en moi.

De tant de visions, je n'établirai pas l'inventaire. Toutes exprimaient ce que le sort me ménageait et je n'en comprenais aucune. Durant des semaines, je fus un animal d'attente, entre maladie et guérison, drogue et lucidité, affection et abandon. Des jours inchangés coulaient comme une poudre, des nuits veuves m'ensevelissaient. Je connus des typhons, je connus des ciels limpides. Des succès me firent douter. Des échecs me firent espérer. Il y eut des fleurs et des fruits, des oiseaux s'abattant au sol et d'intenses nidifications, le parfum de l'opium et la puanteur de la décomposition, des alcools et des perles, et loin Tokujiro, et proche et à des siècles mon maître, et dans l'ailleurs cette femme échappée d'une estampe, et moi au rendez-vous de moi-même, trop en avance ou trop en retard et toujours attendant l'éclair pour déchirer ma nue. Quel printemps, quel été déciderait de mon sort ? Quel automne, quel hiver m'enverrait le messager ?

Huit

Si rares sont les événements extraordinaires que, lorsqu'ils se produisent, nul ne les tient pour réels, le merveilleux, pour la plupart, restant produit de l'imagination. Tout dans la nature étant miracle, qui pourrait croire à d'inédites étrangetés alors qu'on ne prend plus garde à celles qui sont admises ? Monstres et météores, miracles et malédictions, bestiaires et lapidaires fabuleux, faits que ne peut expliquer aucune science, toutes choses inhabituelles, inconsciemment craintes, et, par conséquent, rejetées, nous les tenons pour égarements et délires. Je fus de ceux-là, ne retenant de la Bible ou des chapiteaux romans qui nous les font rencontrer qu'imagerie, symboles et fables. Ne pouvant plus produire de témoins (et ne nieraient-ils pas ce qu'ils ont vu, de leurs yeux vu ?), je risque d'être pris pour un égaré ayant reçu ses fantasmes de l'usage de la drogue. Eut-elle un rapport avec ce que je vais rapporter ? Je ne le crois pas. Fantôme, projection, reflet, qu'on le prenne à sa guise ; il s'agit pour moi, homme de réalité, de vérité entière. Tout se déroula en plein jour et non dans ces brumes métaphysiques destinées à masquer les démons pour en multiplier l'effroi. Un seul homme connut dans tous leurs détails les événements qui vont suivre : mon maître. Quant aux autres habitants de l'îlet, ils durent trouver leur explication, ou bien ne s'interrogèrent pas, à moins qu'ils eussent refusé l'évidence. Je me fais donc le héraut d'une véracité soupçonnable et d'apparence extravagante.

Oh ! ces choses sont telles que les décrire me pèse. Je les ai vues, connues, subies, et qui me lira se défiera de moi, m'accusera de me complaire à une confession dans un goût fantastique que je ne prise guère, à l'élaboration d'un récit « à ne pas lire la nuit », à quelque romantisme noir bien éloigné de ma nature. A qui me demandera l'explication de ce qui va suivre, je répondrai que je ne la connais pas plus que l'explication de l'univers. J'ai cessé d'être étonné : je sais que, dans l'avenir, nous en verrons bien d'autres. Cela ne signifie pas de ma part une absence d'enquête ou d'investigation. Lorsque je soumis l'inimaginable à l'éclairage de l'intelligence, elle conspira à me faire perdre le chemin. Au seuil de ce nouveau cahier, alors que je m'apprête à revivre par la pensée cette période éprouvante d'une vie féconde en épreuves, à ma raison, je dis : ne ployez pas, et vous non plus, mon courage !

Après une nuit calme, je m'éveillai dans un état favorable et même délicieux, par comparaison avec les aubes infernales que je venais de subir. Le chant d'un rossignol attardé me salua. J'ouvris la porte-fenêtre pour contempler le jardin zen, la vasque où glissaient les carpes, et je reçus cette réminiscence : « Ma commère la carpe... » La fraîcheur caressa agréablement mon visage et ma poitrine. Sur un paysage de peintre naïf, les nuages roses du levant formaient une troupe tranquille. Parmi des colombes et des mouettes, un paon blanc se pavanait tel un monarque. Le magnolia offrait les lampes blanches de ses fleurs. Je retrouvai l'odeur et le goût de la vie. Le sourire des Bouddhas me fut favorable. Ma toilette faite, la soie du kimono caressant ma peau, je quittai ma chambre, me demandant si je croiserais la mère de mon ami : retenir son regard pour qu'elle lût mon respect dans le mien, voilà ce que je souhaitais. L'harmonie de sa beauté, sa manière de faire surgir le passé dans le présent, de vivre sans le moindre bruit, d'exister à peine, son retrait, son silence, sa discrète attention m'attachaient à elle et je la savais favorable au lieu, affirmant son calme et son équilibre. Cette mère, je la chérissais en secret telle la mère qui m'avait trop tôt quitté. Veilleuse, elle me veillait. Abandonnée, elle ne m'abandonnait pas. A défaut de la rencontrer, je saluai l'estampe la représentant.

Au seuil de la pièce centrale, je fis un léger détour pour me placer derrière la harpe du salon de musique. Le marquis s'entretenait avec un personnage dont je voyais le dos. Il portait le même kimono que le mien. Instinctivement, je reculai et me dissimulai. J'aurais dû retourner dans ma chambre et pourtant je restai. Ils s'entretenaient dans ma langue, j'entendais les sons sans comprendre les paroles. Selon son habitude, le marquis s'exprimait à voix feutrée pour ne blesser ni les mots ni les oreilles. Quel compatriote venait s'enquérir de ma personne ? Un instant, je me crus coupable de quelque méfait. Lorsque son interlocuteur haussa le ton, je sursautai, je portai la main à ma bouche : ouverte sans mon ordre, elle venait de parler sans moi tout en émanant d'un autre lieu sous l'effet d'une ventriloquie ignorée. J'écoutai de nouveau : cette voix que j'avais crue mienne appartenait à l'inconnu — où l'avais-je entendue ? dans quel passé ? Je la découvris familière. J'y reconnus mes intonations, mes modulations, ce reste d'accent lyonnais chantant et étonné, et cependant différent comme si j'écoutais un enregistrement de mes paroles.

Les deux hommes, se dirigeant vers la terrasse, traversèrent un rai de soleil, firent un mouvement tournant et s'immobilisèrent. Mon maître m'apparut de dos tandis que je vis l'autre de face, bien éclairé, désigné par la lumière. Je retins un cri. Une charge d'invraisemblable me fusillait à bout portant. Il faudrait multiplier à l'infini ces épithètes sœurs marquant l'incroyable, l'inimaginable, l'étonnant, le stupéfiant, l'inouï, que sais-je encore? pour donner une idée de ce qui me frappa (et, le relatant, se rouvre la blessure): ce n'était pas un étranger qui me faisait face, je me voyais, je me voyais moi en l'autre comme si, par un phénomène de dédoublement, je me fusse quitté pour assister à mon propre spectacle. Je regardais mon corps, le volume de ce corps dans l'espace, j'entendais ma voix qui parlait, qui s'exprimait, soulignée cependant par une abondance de gestes étrangère à ma manière. Sans être responsable de ce qu'elle disait, je la reconnaissais, je la savais mienne et m'en trouvais dépossédé. Je refusais de croire à un retour de mes hallucinations tant mon esprit m'apparaissait clair, ma présence physique tangible, palpable, vivante. Mon cœur cogna plus fort et plus vite à sa porte. Je frottai énergiquement mes yeux, je touchai mon visage, mes mains, je tentai de dominer mon tumulte. Cette situation insensée, éprouvante, pénible m'obligeait de trouver une de ces deux présences scandaleuse, et plus volontiers l'autre que la mienne. Devais-je me précipiter, dire à mon maître que je ne me situais pas là, face à son visage, mais derrière lui, observant le prodige et prêt à confondre l'imposteur? Or, incapable du moindre mouvement, je restais cloué au sol, statufié par la surprise. Soumis à un surnaturel que je présageais dénué de bienveillance, recevant des ondes d'antipathie quant à moi-même, la fascination m'empêchait de briser le maléfice, de m'en extraire, d'affirmer ma présence comme l'unique présence.

Sais-je s'il s'écoula une seconde ou des grappes de minutes avant que, ayant pris la décision de me mouvoir, mes jambes consentissent à m'obéir. Obscurément, je crus que mon approche effacerait l'autre présence. Ayant retiré un à un mes masques, celui de la terreur m'apparut. Ce scandale résistait à toute analyse. Mon état de stupeur paralysait la pensée. Je fis un pas en avant, m'arrêtai, repris mon souffle, tentai un autre pas, un autre encore, en m'efforçant de ne pas chanceler. Le marquis se tourna brusquement et me regarda. Ses sourcils se levèrent et il cilla à plusieurs reprises. Ce furent les seules marques de son étonnement. Je le saluai respectueusement et il recula pour s'incliner à son tour. J'attendais que mon double s'estompât tel un effet d'optique. Il croisa les bras et me fit face. Je lus sur ses traits ma propre stupéfaction. Nous nous considérâmes avec hostilité. Nous passâmes ainsi des instants interminables à nous détailler de la tête aux pieds, sans prononcer une parole. Tandis qu'il pâlissait, moins de frayeur que d'une sorte de colère, je rougissais car il me mesurait du regard, me toisait avec quelque mépris et je croyais qu'un miroir me renvoyait cette lueur de mes yeux. Tel saint Thomas, j'avançai la main, je touchai l'autre qui recula et je crus me toucher moi-même. Plus calme que moi, un sourire ambigu sur les lèvres, il resta les bras croisés et il haussa les épaules. Comment me situer ? Que faire ? Que dire ? Les mêmes pensées n'habitaient-elles pas nos deux cerveaux ? Nous possédions le même corps, l'un et l'autre soumis à ce prodige propre à faire perdre la raison. Je pensai : « Que m'arrive-t-il ? » et aussi : « Que nous arrive-t-il ? » La même interrogation affleurait à nos bouches. Devais-je dire : « Qui es-tu ? » et le dirait-il aussi ? Craignait-il autant que moi une réponse ? Aucun de « nous » n'aurait affirmé : « Je suis toi » et je redoutais d'entendre : « Je suis moi ». Toute affirmation d'existence niait celle de l'autre. Entendis-je sa voix ou la mienne ? Les mots d'irrationnel et d'absurde, de miracle ou de folie, nous ne les prononçâmes pas. Il reste impossible de donner une idée de ce qui m'arrivait — de ce qui nous arrivait. Nous connaissions cette aberration d'être à la fois le même en restant distinct car toute seconde écoulée métamorphosait chaque attitude. Son moi semblait interpréter le mien — ou le contraire. Pour la première fois (peut-être) dans l'histoire de l'humanité, ne me trouvais-je pas (ne se trouvait-il pas ?) devant le phénomène de la matérialisation de plusieurs êtres portés par un seul être ? N'assistais-je pas (n'assistions-nous pas ?) à la dispersion de la personne ? Le choc rendait élémentaire toute réflexion. La curiosité l'emportait sur le désir d'une analyse. Aucun son ne sortait de nos bouches. Allions-nous rester ainsi face à face éternellement, lui dans son attitude de juge, moi, je crois, dans celle du coupable ?

Comme dans une interscène destinée à réduire la tension de la tragédie, apparurent les deux servantes habillées de blanc portant des plateaux chargés de théières et de coupes. Elles s'inclinèrent rapidement devant chacun de nous trois. Il flotta un parfum de lilas. Dans cette fièvre, elles apportaient une fraîcheur, la douceur de visages lisses prêts à s'épanouir d'un sourire, celui d'une malice toujours en éveil, et tant de grâce donnait une idée de ballet délectable. Je guettai leur surprise, je ne la vis pas fleurir. Devant ma double présence, elles ne manifestèrent aucun étonnement. Sans doute prenaient-elles *l'autre* (ou moi) pour un frère, un jumeau venu rejoindre l'autre (jumeaux, comme j'eusse préféré qu'il en fût ainsi : cette singularité de la nature, fort courante, depuis Castor et Pollux, Remus et

Romulus, reste sans surprise, tandis que, face à mon double, dans une situation inédite, l'univers me sembla chavirer). Elles disposèrent les éléments du petit déjeuner sur la table de la terrasse. Le silence passait. Tandis que l'autre observait un curieux détachement, appréciant en connaisseur le physique des servantes, se frottant les mains de manière peu distinguée, du regard j'implorai le secours du marquis. Ses yeux rencontrèrent les miens. Lut-il mon appel ? Immobile, très droit, souverainement calme, l'air aimable et intéressé, il esquissa un sourire où je surpris de l'ironie et même de l'amusement. Sa longue sagesse l'avait-elle préparé à tout événement, si imprévu qu'il pût être ? Maître de lui, peut-être maître du secret (ou *deus ex machina* ?), il tentait de nous aider de son calme. Il me fixa longuement d'un regard puissant comme un fanal et l'extrême concentration de sa pensée me baigna de ses ondes. La couleur de ses prunelles changea, ses paupières restèrent immobiles. Songeait-il, par quelque hypnothérapie, à prévenir des maux prêts à m'assaillir ? Dans un mouvement rapide, il regardait tantôt l'un, tantôt l'autre, de la même manière, avec une égale attention, sans me favoriser (alors que j'avais la certitude d'être reconnu) et sans désigner l'intrus.

Lorsque les servantes s'éloignèrent, le marquis nous invita à prendre place à table. Face à face, mon double et moi, pour repousser une confrontation, nous feignîmes de regarder une voile glissant dans le lointain. Les théières fumaient. Des coupes offraient leurs miels à notre convoitise. Nous fîmes de nombreux gestes pour nous les présenter. J'évitai les contacts directs avec l'autre, mais, venant de le faire pour mon maître, je ne pus éviter de lui servir son thé sans qu'il se donnât la peine de tendre sa tasse. Je voulus parler. Mon hôte me devança. Il fit un bref et énigmatique discours de bienvenue sans que je pusse distinguer à qui de nous deux il s'adressait. Après un silence, il dit: « Il n'y a vraiment qu'un bien pour l'homme: la paix intérieure. » Et il récita quelques vers: « A quoi puis-je comparer la vie? Au sillage que laisse le bateau? A l'écume que laisse le sillage? A l'aube? » et, sans transition, il affirma que les allées du paradis sont bordées d'arbres identiques et déplora son ignorance et l'extrême pauvreté de son esprit. Pour permettre à la note musicale de ses paroles de se prolonger, j'observai un silence respectueux. Je parlai enfin — ou plutôt je le tentai. J'ai le souvenir qu'aucun des deux n'entendit la revendication de ma personnalité, la quête d'une explication comme si l'air avalait mes paroles. En nous regardant l'un et l'autre, le marquis reprit: « Cherchez votre refuge dans Amida-Bouddha! Telle une montagne d'or reflète les myriades de rayons lumineux émanés du cœur des fleurs, telle est la forme de l'Infini! » J'eus la force de traduire intérieurement ses messages. Tout en lui exprimait: « Nous vivons des instants troublants. Prenons le coup du sort comme un bienfait et non comme une épreuve. Évitons d'en parler: nous ne trouverions que bégaiements... »

Ainsi, l'autre et moi, moi et l'autre, nous nous tûmes jusqu'au moment où les servantes apportèrent des mangues finement découpées et un coffret de cigarettes. Habituellement, lorsque nous prenions le petit déjeuner ensemble, le marquis, après avoir humecté ses lèvres de thé, se retirait. Ce matin-là, il resta en notre compagnie — pour ne pas fuir une responsabilité? pour que nous ne restions pas en tête-à-tête? *L'autre* prit alors l'initiative d'engager une conversation (ou ce qu'il prenait pour telle) ayant pour but de nous entraîner loin de la préoccupation essentielle. Des propos s'envolèrent avec la fumée des cigarettes, propos volatils, paroles sans la parole, clichés sur le temps et le paysage, les parfums du thé et du jasmin. Pouvait-on encore nous confondre? A deux reprises, mon maître me nomma Ego. Il s'adressa à mon double en l'appelant Emmanuel, distinction que nous observerions par la suite, code nous différenciant et me laissant mon identité — en partie du moins. Dans l'océan des possibles, quel poisson des profondeurs avions-nous ramené? J'attendais le moment où la double personnalité se transformerait en ressemblance — et, pour cela, je comptais moins sur une modification physique que sur une séparation du discours: ne s'opérait-elle pas déjà? Ô combien mon langage me parut alors plus habitable que mon corps! La stupeur, elle, ne nous quitterait plus. Le phénomène, faisant chavirer toute lucidité, ne mettait-il pas à mal la Raison en nous apprenant que, bien éveillée, elle peut enfanter des monstres? Après des semaines de maladie et de souffrance, enfin arraché aux horreurs, en bonne convalescence et en bon équilibre, n'allais-je pas connaître une rechute dont j'accuserais le destin? En vue d'une lutte dont j'ignorais tout, la nécessité de préserver mes forces s'affirma. Déjà, dans mes rapports avec l'incroyable, la donnée inédite, se dessinait une phase nouvelle, celle de l'observation préparatoire à l'expérimentation, et cette observation naquit et se poursuivit instinctivement: devant l'incompréhensible qui pourrait se résoudre à ne pas comprendre? Cette décision secrète, issue d'un refus inavoué, excita mes forces. Eut-il le même projet? Lorsque nous nous examinions à la dérobée, lorsque nos regards poursuivant leur investigation se rencontraient, je ressentais un choc suivi d'une déflagration intérieure et me détournais rapidement — en même temps qu'il agissait ainsi lui-même.

Tout d'abord, je consultai son apparence. Comme les miens, ses cheveux se dressaient abondants, drus et rétifs avec le même épi au sommet de la tête. L'éclat vert de ses yeux gris me parut plus foncé, plus dur, à moins qu'il ne s'agît d'un effet de la lumière. Le nez droit, écrasé au bout, portait la même ride décentrée donnant au visage un aspect asymétrique. La bouche se dessinait plus mince. Les sourcils formaient en se rejoignant la même barre. Je remarquai les joues moins creuses, les pommettes moins saillantes. Avec une dérisoire satisfaction, je notai que son aspect différait du mien par quelques endroits, par un air de dureté que je ne me connaissais pas. D'autres signes apparurent. Ainsi sa voix : tandis que la mienne portait une hésitation, la sienne claironnait et se teintait de notes incisives, martelait les consonnes et mangeait les voyelles. Tandis que je mesurais mes paroles, que je retenais les sottes inutilités, lui les jetait comme des certitudes. Il n'écoutait guère ses interlocuteurs, leur coupait la parole. Lorsqu'il observait un silence soupçonneux, il préparait une réponse pour lui décisive. Sa gloutonnerie me frappa : il engageait une bataille avec les aliments et ce corps à corps lui faisait oublier les autres convives. Après avoir épuisé le contenu d'une soucoupe il arborait un air triomphant. Quelles vieilles faims — je n'en connus guère — voulait-il compenser ? Plus vigoureux que moi, il portait la part que la maladie m'avait arrachée.

Tandis que ce repas se prolongeait artificiellement, il exprima son désir de solitude (comme s'il nous engageait à partir) et ajouta : « Étant donné les circonstances, cela me paraît naturel. » Il précisa alors qu'il se rendrait à l'établissement de perles car il avait quelques idées propres à en augmenter la productivité. J'eus un sursaut : « De quoi se mêle-t-il ? » et je jalousai cette appropriation de mes tâches. De quoi ne me déposséderait-il pas encore ? Je retins à grand-peine ma protestation. Comme l'intrus, je désirais me retrouver hors de sa présence, seul, face à face avec ce que je tenais pour mon véritable moi-même.

Chérissais-je l'espoir qu'il disparaîtrait, ne laisserait que le souvenir d'une illusion? Il nous regarda de biais et jeta négligemment: «A bientôt!» et cela sonna comme une menace. Je n'osai lui répondre. Je lus dans son attitude un cynisme, un défi, un mépris, peut-être de la haine, alors que, désemparé, j'appelais à l'aide. Le marquis se leva le dernier. Il ajusta la coquille noire de sa tempe, tendit ses mains vers le ciel puis en direction de chacun de nous pour nous désigner, peut-être nous enjoindre d'accepter le sort, et nous nous séparâmes.

★

Notre cher Shintaro dépoussiérait les instruments de musique. Il leva le plumeau, me salua et m'avoua dans un rire que, me voyant double, il s'était cru pris de boisson, chose impensable à cette heure du jour. Tout réjoui, il ajouta des souhaits de bienvenue pour mon «honorable frère». Je regagnai ma chambre. Dans la pièce voisine, les servantes procédaient au ménage. Un lit défait m'indiqua que l'autre (que je devais bien nommer Emmanuel) avait dormi là. A moins que, surgi du mystère ou des limbes, il ne s'y fût matérialisé. Je regardai une fois de plus les trois formes du Bouddha en pensant à ma situation, puis à sa situation à «lui». Je devais le voir seul, sonder sa pensée. Impatient, je fus prêt à courir pour le rejoindre, ce que je ne fis pas.

Je m'allongeai sur mon lit. Il importait de me rassembler, de me concentrer, de réfléchir, d'être seul en face de mon véritable moi et non de cette représentation physique. Mon examen me montra que je chérissais le discontinu de ma vie psychique, ces chaos, ces nuages, ces éclairs que ma narration rend trop nets pour qu'on en distingue les subtiles variations. Je parvenais à trouver un équilibre entre la recherche spirituelle, les tâches d'administration et de commerce, l'action au service des hommes. Si la maladie inconnue m'avait assailli, si précaire que cela fût, à l'opium je devais le calme. La réflexion ne me conduirait pas à la compréhension du phénomène, je la tenterais cependant. N'avais-je pas bravé les typhons océaniques et, marin inexpérimenté, conduit ma barque au port? Il m'appartenait d'accepter un jeu inconnu, d'en découvrir les règles. Les questions se pressèrent: pourquoi cela m'arrive-t-il à moi? pourquoi ce choix parmi des millions d'êtres? quelle prédestination? en paiement de quelle faute? de qui ou de quoi vient ce châtiment? Ô mes points d'interrogation, n'allais-je pas vous haïr? De ce choix de ma personne, j'aurais pu concevoir de l'orgueil, or je me savais humilié, rejeté d'une communauté visible vers l'invisible dans lequel, pauvre créature soumise au changement, j'aurais voulu me fondre. D'une lecture ancienne remonta cette phrase d'une sainte: «Tout ce qui arrive est adorable!» Ô rassembler ces parcelles éparses d'une foi latente pour mieux faire face! Au cœur du siècle nucléaire, ce fait dominant de mon existence m'apparut telle une résurrection de légendes, de mythes et de superstitions surgis de l'absurde dans l'absurde parce que je n'en possédais pas la clef. Aucune explication physique ne me serait donnée. Au cours de cette intense méditation, je conduisis mon esquif sur l'océan de l'Histoire. Me souvenant de mes lectures lyonnaises, j'évoquai les Gémeaux, la constellation favorable aux navigateurs figurée par les deux Tyndarides Castor et Pollux, je vis Hercule et Apollon, Triptolème et Jason, les Sosies chers à Plaute, Molière et Rotrou, l'infortuné Mercure-Sosie face à un autre lui-même, ce Jupiter-Amphytrion, et lui interdisant sa porte, aux Ménechmes de Plaute et de Regnard, je pensai à ces sujets dont les auteurs avaient tiré des rebondissements comiques alors qu'il s'agissait de tragédie. Mes souvenirs affluèrent et surgirent les grands énigmatiques comme ce Masque de fer, autre Louis XIV, Caïn et Abel, le même homme et son double en un seul être, bourreau et martyr, promis à la géhenne et à la lumière, aux puanteurs de la fange et aux parfums séraphiques, au froid des cavernes et au feu patriarcal. De l'un ou de l'autre, savais-je de qui je tenais ? Caïn le fratricide représentait la sainte insurrection de l'homme contre la justice divine, le coupable étant Jéhovah responsable d'avoir mis au cœur de la créature le péché originel, germe de la fureur et du crime. Étais-je Abel, pâle figure promise à la prospérité et à la postérité ? Devant mes yeux, Romulus détruisit Remus pour affirmer ses frontières et défendre son domaine. Du criminel et de la victime, je portais tantôt l'un, tantôt l'autre, ou les deux à la fois. Sans doute en était-il ainsi pour l'autre, l'autre baptisé Emmanuel pour m'arracher une partie de mon nom. Et si, ici et là, germait l'idée de meurtre ? J'eus bien du mal à m'arracher à mes funestes pensées.

Ainsi la nature qui n'a jamais fait deux choses semblables se trahissait. Deux parties identiques ayant été façonnées, naissait une loi nouvelle. L'étonnement se dressait, l'incrédulité me visitait, mais que faire, que dire devant la preuve ? Pourquoi m'avoir divisé tel un atome, séparé, exclu de ma vérité intérieure ? Aucune pensée, aucune sagesse, aucune religion, aucune morale n'avait préparé l'être humain à un tel choc. Déjà se dessinait un abandon lucide me préparant à recevoir l'apparence pour realité. A jamais, comme un cancer, comme une excroissance vivrait son visage, il s'ouvrirait, se refermerait comme une bouche, une plaie, il se nourrirait de moi, me malaxerait, me digérerait, arracherait ma durée, volerait mon identité, et nous nous découvririons, lui et moi, déchirés déchirant, pantelants cadavres. En ce champ de carnage, un second moi s'opposait à ma nature. De son règne naîtrait la nuit. « Je suis la vérité, répondait mon corps. Composé de lumière et d'obscurité, je ne reconnais pas d'autre double. Mes deux demeures en moi sont rassemblées en un lieu unique ou l'être à l'être a tendu le flambeau. Si je vis, c'est par et pour ma propre énigme. » Existait-il au monde des cas semblables ? Je les préjugeais fruits de l'imagination fantastique, objets propres à provoquer un étonnement artificiel. Aucun fait observé n'étant plus réel que notre double présence, mon aventure transformait toutes les vues sur l'univers. L'homme préhistorique avait-il ressenti un sentiment proche du mien lorsque, frottant deux silex, il avait vu jaillir l'étincelle ?

Mon absence de savoir scientifique n'éliminait pas les questions que je savais sans réponse : quelles cellules divisées, quels atomes séparés avaient permis ce miracle de me dédoubler, de me recomposer particule par particule ? Les connaissances des hommes de science ne devenaient-elles pas caduques ? Mon secret dévoilé ne les soumettrait-il pas quelque jour à une révision de leurs connaissances ? Tout l'expliqué remis en cause par l'inexplicable, quelle masse de ténèbres s'ajouterait aux ténèbres existantes ? Je me demandais si cette bipartition des cellules animales, cette désorganisation suivie d'une réorganisation de la matière animée, cette duplication de l'être vivant avaient un rapport avec cette maladie inconnue à qui la drogue avait fait échec. Tout à ces pensées sans aboutissement, ces explorations sans flambeau, je sombrai dans une somnolence en diluant tout le flot.

Au réveil, ma lucidité fut entière, mon courage grandissant. Parmi tant de troubles, une réalité s'affirma : dédoublé, mes possessions restaient uniques. Tel un avare, j'inventoriai mes biens : boussole, montre, sextant, carnet de chèques, papiers d'identité apportèrent les sordides preuves de mon existence. Cet « avoir » auquel j'avais répugné affirmait paradoxalement mon « être ». De cela, l'autre, l'intrus restait démuni. Qu'il fût une copie, je le pouvais prouver. Si, face au mystère, il s'affirmait plus fort que moi, une nouvelle alliance compensait ma faiblesse. Propriétaire de mes objets, de mon passeport, ô dérision ! maître de moi-même, un sentiment de plénitude, une réjouissance insensée me gagnèrent. La durée en fut courte : tout au triomphe, se développa alors cette pitié que ressent parfois le vainqueur pour le vaincu n'allant toutefois jamais jusqu'à l'abdication de la victoire. Une voix me murmura : « Aime l'autre partie du corps humain car elle est l'univers ! » et mon projet se modifia. Comment rejoindre l'autre ? Comment m'ouvrir à lui et l'ouvrir à moi pour assumer notre existence ? Comment mêler nos pensées, ces breuvages ? L'ignorant, je m'ignorerais moi-même. Pour que rien ne séparât deux frères nus trop longtemps exilés, ils nous fallait vendanger la même vigne. Unissant nos sucs, nous créerions le nectar de la vie. Du jour fait d'une double lumière, qui représentait l'astre soleil et qui l'astre lune ? Que faire ? D'un être à l'autre, il est si long le chemin ! Déjà celui de venir à soi-même suppose un temps bien plus long que celui d'une vie. A l'étranger, j'ouvrirais ma porte. Possesseur, il m'appartenait de donner. Tout le bon en moi me dicta cette résolution que je jugeais positive, me fit délaisser d'obscures réfutations. S'ouvrit le grand débat entre la conscience et mon instinct, ce dernier augurant bien des déconvenues. L'idée me venant qu'un objet maléfique dissimulé dans la demeure causait l'énigme, je repoussai cette superstition. Le marquis Bisao, si quiet, si calme devant l'événement, serait-il le responsable de cette magie ? l'opium, le démiurge de ce fait qu'il faudrait des siècles de recherche pour expliquer —

mais explique-t-on le réel ? Cet ordre surhumain, je tentai d'échapper à la neuve terreur qu'il diffusait au bord de cet abîme où nous tentions de repousser l'apocalypse. « Mon double » : chacun de nous dirait-il « mon double » ? Ni ombre ni reflet, chacun de nous s'affirmait présence charnelle au sein du mystère de la création.

Ne ressentirait-il pas mes maux et moi les siens ? Plus tard, un fait me rassura : je me fis une coupure à l'index et d'instinct regardai sa main indemne, ce qui m'assura de l'indépendance de nos corps. De chair et d'os, d'énergie et de fatigue, nous étions bien ces visibles plus secrets que l'invisible, ces concrets plus énigmatiques que l'abstrait. Fragmentés et nullement fragmentaires, nos gestes, nos humeurs, nos paroles, notre activité, notre caractère ne coïncidaient pas. Chacun portait sa vie propre et je subodorais que, semblables, le temps nous changerait, nous différencierait moralement et physiquement. Un instant, j'avais pu le croire possesseur du secret. De nombreux signes m'assurèrent qu'il se trouvait aussi démuni que moi devant le phénomène : ne concevait-il pas le même soupçon à mon endroit ? Relevant la manche de mon kimono m'apparut cette singularité : la cicatrice, le souvenir laissé par le soldat allemand, la victime de mon crime de guerre. Sans trouver une explication, il me parut impossible que son bras la portât aussi.

Bouleversé, je ne me rendis pas au jardin de la méditation où lorsque je tentais, sans y parvenir, de créer en moi le vide propice à la haute sagesse, du moins trouvais-je l'harmonie et le repos de l'âme. Je traversai la demeure, parcourus les allées du parc où les jardiniers abreuvaient arbres et plantes. Je descendis le majestueux escalier conduisant à la plage où, déchaussé, je sentis la tiédeur du sable sous mes pieds. Sur l'océan vierge d'humeurs, toutes les nuances possibles du bleu s'étalaient. Le cabin-cruiser, le yacht blanc, au port, accueillaient de tournoyantes mouettes. Uchida m'adressa un signe que je lui rendis. Dans mon imaginaire, la barque *Ego* glissa sur les eaux se déroulant telle une soierie. Je pris le chemin de l'établissement perlier. Là, je vis mon double s'entretenant avec l'aguichante conditionneuse qui m'honorait naguère de son attention. Je ressentis un sentiment de gêne mêlé de quelque regret, peut-être de jalousie : l'autre bénéficiait de mon ancien prestige. Craignant de susciter le trouble chez cette jeune fille, j'attendis leur séparation pour m'approcher de celui qu'il faut bien que j'appelle Emmanuel. Je savais à quoi je m'attendais : *ma* présence, et, une fois de plus, je fus bouleversé de *me* voir. Jamais mon étonnement ne deviendrait habitude. Pour moi qui fondais mon identité sur un passeport et quelques biens, sa présence, brusquement, nia l'importance de ces reliques. Sa réalité se distingua du monde imaginaire de ma réflexion et de mes décisions.

Je fis appel à la plus fuyante des mémoires, la mémoire immédiate, pour retrouver la matière de mes résolutions. Immobiles, face à face, j'écartai les bras pour exprimer mon impuissance et aussi ce qui se passait de paroles, se résumant à ceci : les choses sont ainsi, elles nous dépassent, nous n'y pouvons rien, tentons de les envisager du mieux possible. Il resta impassible, droit, les bras croisés sur sa poitrine, me parcourant de la tête aux pieds, me détaillant sans que rien sur ses traits ne trahît ses pensées. Attendais-je quelque verdict ? Je baissai les yeux. Me sentant dominé, je prononçai : « Voulez-vous que nous revenions par le nord ? » Il acquiesça d'un signe de tête. Notre cheminement fut silencieux. Je voulais que mes gestes, ma démarche fussent différents des siens. Arrivés à la pointe septentrionale de l'îlet, il contempla l'océan comme je l'avais fait quelques instants auparavant. Je l'imitai. Il s'écoula une dizaine de minutes avant qu'il se détournât du spectacle. D'une voix trahissant l'ennui et la lassitude, il me dit : « Je suppose que vous désirez que nous *en* parlions, quoique je n'aie rien de particulier à vous dire. » Nous nous assîmes à deux mètres de distance, chacun sur une pierre.

Interrogerions-nous les éléments apparemment fixes de notre être pour en analyser ensuite les éléments changeants ? Une médiocre connaissance de ma personne ne me prédisposait pas à sonder cet autre moi, mon prochain, pas tout à fait autrui. Rien ne me permettait d'augurer de son comportement préjugé différent du mien. Il refusait sa part de responsabilité, me laissait l'initiative, ne m'apportait aucune aide. Tandis que je cherchais une question à lui poser ou à lui suggérer de me poser, il affirma d'un ton détaché qu'il répugnait au jeu du miroir, qu'il n'éprouvait pas plus le désir d'entamer un dialogue que de répondre à mes demandes, mais que, si je le souhaitais, n'ayant dans l'immédiat rien de mieux à faire, il se livrerait volontiers à ce jeu dérisoire. Irrité, je lui dis que tout ne me semblait pas pour le mieux dans le meilleur des mondes possibles. Pas plus maître de mes idées que lui-même, le nœud me paraissait impossible à défaire et il fallait bien s'accommoder de cette situation insensée. Assuré de mon identité, j'ajoutai que, le sachant nouveau venu, je lui réservais l'accueil d'un hôte plus ancien. Il répondit par un sourire lointain, un sourire ou un rictus dans lequel tout pouvait être lu, de l'indifférence au mépris, du détachement supérieur à l'indulgence. Je sus que je ne souriais jamais de cette façon. Après un long silence, il mit de l'ironie à me démontrer qu'il possédait lui aussi ses papiers d'identité, ceux qui se trouvaient dans ma chambre, et que, quoi qu'il arrivât, il suffisait de son apparition pour ôter toute valeur à mes affirmations, enfin que la situation rendait absurde toute identité officielle — ce dont je convins. Déposséder l'un de nous équivalait à déposséder l'autre. Il me parut urgent que la conversation, mal engagée, prît un autre tour. Impatient de deviner ou de mettre à l'épreuve, de m'informer et d'informer, d'élucider non le mystère mais ses effets, j'éviterais désormais de brûler les étapes, de brouiller les pistes. Il n'accepterait pas vraiment l'échange, il répondrait laconiquement à mes questions, se dispenserait d'en poser. Placé en situation d'infériorité, je décidai de m'en accommoder : moins que de trouver quelque vague triomphe, il s'agissait de déchirer un pan d'ombre. L'épreuve la plus féconde, celle du souvenir, quoi qu'il en coutât, nous nous y soumettrions. Gardions-nous la même mémoire ? Autrement dit, nous affirmions-nous totalement le même ? Au moment où j'allais de nouveau parler, il se leva, je crus qu'il allait fuir, mais il me dit que nous nous entretiendrions fort bien de ce qui me préoccupait en marchant, ce que nous fîmes. « Patience, me disais-je, il ne peut être dénué de soucis... » Nous nous arrêtâmes à plusieurs reprises. Je ne veux point lasser en mentionnant trop de détails. Je me contenterai de résumer ici les grandes lignes de cet échange surprenant dont je puis assurer aujourd'hui que s'il confirma un passé identique, les points de vue, les parfums et le goût du souvenir s'affirmèrent étrangers. Cet autre « je », pour parodier le poète, était bien « un autre ».

★

Nous parcourûmes la partie la plus ombragée de l'îlet. Des palmiers au fût élancé tendaient leurs branches torses portant de gigantesques éventails secoués par la brise. Nous contournâmes les baies d'où émergeaient des rochers luisants. L'océan diluait ses nuances du bleu ardent à l'argent dès qu'il léchait le sable blanc. Des oiseaux planaient en silence. A ma surprise, Emmanuel prit l'initiative de la parole, d'un ton calme, ponctué d'un martèlement autoritaire : « Ne vous attendez pas trop, dit-il, à une fraternité entre nous, ni à une promiscuité de tous les instants, nous ne sommes ni jumeaux ni cousins. Nous restons l'un à l'autre dérangeants. Je ne connais pas plus que vous la source du mal ni le remède. Tout ce que nous dirons ne nous apprendra rien que nous ne sachions déjà ou que nous ne supposions. Nous allons forcément parler du passé. Puissions-nous ne pas nous y complaire. Sachez qu'il ne m'intéresse pas plus que le temps présent déjà mort au moment où je le nomme. Seul compte mon lendemain et tout me porte à croire qu'il différera du vôtre, car le vague de votre voie, cette manière que vous avez de vous laisser porter par les événements n'est plus la mienne. Je me donne quelques jours pour réfléchir à mon avenir car je suis las de notre hier et de notre aujourd'hui. Le seul remède sera la séparation et à Dieu vat ! Rien ne m'attache plus à ce lieu ni à celui que vous continuerez d'appeler votre maître. Je ne partage plus vos vues sur la spiritualité locale, et d'ailleurs la spiritualité ne m'intéresse pas. Quant à ce que vous tenez pour vos actions au service d'un pacifisme dérisoire, je n'y distingue que jeux intellectuels et je n'ai plus aucun goût pour jouer la mouche du coche. Ce qui doit arriver arrivera et ce ne sont pas les rêveurs qui en modifieront le cours... » Comme j'apportais des protestations, défendais un point de vue qui, après tout, avait été le sien, il ajouta : « Oh ! ne prenez pas mes propos pour une critique. Vous ferez ce que vous voudrez. Dans le torrent universel, je suppose qu'il faut des gouttes d'eau comme vous, mais sachez bien que si, apparemment, je suis vous comme vous fûtes moi, je m'affirme différent et nous n'aurons plus en commun qu'un passé que je renie, une ressemblance physique qui, je le souhaite, s'atténuera avec l'âge.» Pouvais-je lui reprocher sa franchise? Auprès du marquis, j'avais désappris cette brutalité de paroles, ces affirmations, cette sûreté de soi — mais comment se faisait-il puisqu'il était moi qu'il n'eût rien retenu de mes idéaux?

Je lui exprimai ma surprise devant ses révélations et le remerciai de me prévenir, cela tout en lui affirmant mon désir de lui présenter les choses sous un autre aspect: une meilleure connaissance de soi restant un but de chacun, le phénomène nous apportait une occasion unique de nous envisager, de déceler toutes les possibilités portées par un être dédoublé, de dialoguer en somme entre soi et soi, car, en dépit d'un changement fort brusque de cap de sa part, il me paraissait impossible qu'il ne portât pas une part de ma pensée comme je devais porter une part de la sienne. Certes, ce discours s'établirait entre deux êtres séparés par deux conceptions de l'homme et du monde différentes, et même opposées, mais, issus d'une même terre, il serait enrichissant pour l'un et pour l'autre et nous permettrait de mieux voir en nous. Qui sait s'il ne m'apportait pas le signe et les prémices d'une métamorphose qui attendait son jour pour s'établir en moi — à moins que lui ne revînt à ses concepts originels? Il fit craquer ses phalanges (je n'avais jamais fait cela) et me répondit avec cette logique dont je devais apprendre qu'il ne se départissait jamais: «Je ne me soucie guère des approfondissements intellectuels, et non plus d'une psychologie de roman. Je ne suis pas disposé à la contemplation de mon nombril — ni du vôtre. Je dois tracer mon chemin dans la vie et il se trouve ailleurs qu'en ce lieu où je n'ai que faire. Je n'existerai vraiment que dans la mesure où je me créerai. J'ignore ce que j'ai cherché ici, mais je sais que je ne l'ai pas trouvé. Je ne serai que par ce que je ferai désormais. D'autres routes plus vastes que ces chemins en bord de mer m'attendent. Je dois vous oublier parce que vous êtes mon passé — donc ma chaîne et mon boulet de forçat. J'ajoute que je ne cherche nullement à vous blesser, mais si vous êtes mon interlocuteur, c'est que vous le voulez bien et que je ne puis en trouver d'autre ici, à moins que cette ravissante conditionneuse de perles ne partage mon lit, ce dont je ne doute guère... » Comme il m'agaça, ce porteur de certitudes qui me parlait à la manière d'un père tançant son enfant ! Moi, son passé ! Imaginait-il un seul instant que je pusse rester immobile ? Portais-je donc une part aussi antipathique en moi dont il avait reçu le legs ? Je retins mes ripostes, restai patient et calme et dis simplement : « Mais... à votre guise ! » en pensant que si mon lendemain devait être à son image, je préférais ne pas le connaître. Non, il ne s'agissait pas d'un avatar de moi et je n'étais pas un avatar de lui. Cette forme dans l'océan des formes ne gardait que ma ressemblance physique. Une autre âme avait été glissée dedans. Jamais je n'avais envisagé, jamais je n'envisagerais les choses sous un angle aussi matérialiste et obtus. Le sondage à son insu le révélant, je pris parti, en usant d'une habile maïeutique, de m'en tenir à la seule historicité de notre personne. Il vint au-devant de moi en m'indiquant un rocher derrière lequel coulait une source : « Allons boire ! » Aurais-je inventé un test que je ne lui eusse trouvé meilleure réponse : connaissant ce ruissellement secret, il apportait une preuve nouvelle de notre identité. Il me parut distinguer là une possibilité de rapprochement. Par la suite, je m'aperçus que lorsque nous nous éloignions du problème essentiel, un terrain d'entente restait possible — du moins je le crus. Je ne fuirais pas pour autant la difficulté. Qui sait si une autre occasion de tête-à-tête se représenterait, s'il ne mettrait pas tout son art à m'éviter, à se séparer de moi : l'importun ?

J'avais espéré que chacun de nous établirait une relation chronologique du passé commun. En ce qui concernait cet Emmanuel, j'en devinais l'impossibilité. Je ruserais, je choisirais le moment favorable pour lui arracher la confidence. Il se présenta immédiatement. Alors qu'ayant bu l'eau fraîche nous essuyions nos bouches, je relevai la manche de mon kimono et lui désignai la ligne rose de ma cicatrice. Son rire jaillit en trois courtes saccades. Il leva le bras, l'index pointé vers le ciel et, tel un illusionniste préparant sa surprise, il laissa glisser le tissu le long de sa peau jusqu'à sa propre cicatrice. « Soyez rassuré, me dit-il, ou soyez inquiet, je porte bien la même, constatez-le ! » et, pour faire suivre son tour d'un tour plus fort encore, il ajouta : « Souhaitez-vous un autre étonnement ? Désirez-vous que s'affirme la différence que vous souhaitez ? Vous allez être comblé... » Pour la première fois, derrière son ton de bateleur à la parade, je surpris un déchirement, je distinguai une blessure, une faille dans son cynisme. Il dénoua lentement la ceinture de son kimono, la fit passer par l'ouverture de côté et, d'un geste brutal, dénuda sa poitrine. Je ne pus retenir un cri : son torse, cette copie de mon torse, portait, atténuées mais visibles, des marques, celles-là mêmes qui, cette nuit où le marquis Alexandre J. Bisao jouait seul et nu du piano, m'avaient bouleversé, sans qu'alors j'en connusse la cause. Sa poitrine, ses flancs, son dos (il tourna sur lui-même pour que le spectacle entier me fût offert) portaient l'étrange camisole de ces anneaux sombres imprimés par la déflagration sur le corps torturé de mon maître. Quelle alchimie en des laboratoires infâmes, quel mystère de la chair et de l'esprit décomposés et recomposés étaient-ils la cause de ce phénomène au cœur du phénomène ? Stupéfait, bouleversé, je baissai la tête tel un coupable reconnaissant sa faute. Il se revêtit et, d'un ton goguenard, il m'affirma n'avoir aucune autre singularité à me proposer, désigna ses deux oreilles, en tira les lobes et m'avoua que, présentes, de cuir noir il n'avait nul besoin. Il poursuivit son numéro de clown grinçant, mimant une quête et saluant les spectateurs. Naquit en moi de la compassion pour cet être qui n'en témoignait sans doute aucune à mon égard. Je murmurai : « Emmanuel, comprendrons-nous un jour ? » S'étant calmé, il me répondit qu'ayant décidé de se passer d'explication, il s'étonnait de mon insistance. Allait-il jeter un nouveau sarcasme ? Avec une gravité inattendue, il m'offrit une question-réponse : « Pourquoi se lancer dans une recherche d'élucidation aussi impossible que celle de la présence du bipède au pouce opposable aux autres doigts sur ce tas de poussière ? » Cette repartie me laissa espérer qu'un échange serait possible entre nous, peut-être un accord. Il devait se hâter de me décevoir.

Nous marchions sous un soleil blessant. Les mêmes gouttes de sueur perlaient à notre front qu'une brise légère ne parvenait pas à sécher. Je pensai à Tokujiro. En pareille circonstance, ne se serait-il pas écrié : « Ego, et si nous courrions ? » Mais Emmanuel devait mépriser le jeu. Je remarquai : « Il est utile que nous parlions même si nos propos sont discordants. » Le sourire que je n'aimais pas parut sur son visage sans l'éclairer. Il jeta ironiquement : « Nous pourrions nous peser, nous mesurer l'un l'autre, examiner les lignes de nos paumes et comparer nos empreintes digitales, faire analyser notre sang, établir la longueur de notre pénis et juger de son érectilité, et ce serait pour un savant de bonne expérimentation, mais n'étant ni l'un ni l'autre homme de science, vous voudrez bien m'épargner cet ennui. Et, puisque, avec le bon Tokujiro, ce cher hypocrite, vous vous êtes livrés au sport, pourquoi pas le lancer du disque, le tir à l'arc, la course et les performances ? Quel champ s'ouvrirait à nous et quelles révélations ! Tiens ! je cours plus vite que moi-même. Tiens ! je suis plus fort que moi aujourd'hui. Mais croyez-moi, je juge inutile ces passe-temps, comme d'ailleurs à peu près tous ceux qui composent votre vie, mon ancienne vie, sur cette crotte entourée d'eau... » Encore bouleversé par la révélation de ce torse annelé qui trahissait un rapport mystérieux du marquis à lui-même, à moi-même, je répondis : « Comme il vous plaira. »

Évitant le port, nous prîmes un chemin aux sinuosités savantes composées pour le plaisir. Le bordaient des hibiscus, des citronniers nains et les restes des murets ne limitant rien où se mêlaient ronciers, chèvrefeuilles ou jasmins. Nous entrâmes dans le parc par la remise où les jardiniers alignaient leurs outils. Je souhaitais me rendre au sous-sol pour reprendre ces travaux de communication si méprisés par mon alter « ego » — je voyais là la meilleure riposte. Comme nous marchions côte à côte vers la demeure, au rond-point où les trois cèdres font ombrage, la mère de Tokujiro surgit d'une allée latérale. Elle se plaça près d'une statue en cachant sa bouche avec son éventail et en s'inclinant dans un gracieux mouvement. Emmanuel s'arrêta, la détailla du regard, puis la salua de la main avec désinvolture tandis que je m'inclinais en angle droit. Elle nous regarda l'un et l'autre avec l'air égaré de quelqu'un doutant de ce qu'il voit. La surprise l'immobilisa. Ses sourcils déjà hauts se levèrent encore, l'effroi crispa ses traits, dessina sur son parfait visage le masque de la tragédie. Je l'observai, prêt à me précipiter vers elle car elle chancelait. Le temps de fermer les yeux et de les rouvrir, elle se reprit. Ainsi, elle reconnaissait dans ce dédoublement un signe fatal. Elle distinguait deux fois le même homme et non des sosies ou des frères jumeaux. Me regarda-t-elle un peu plus longuement que mon voisin ou fut-ce une illusion ? Cet échange de quelques secondes suscita des sensations et des sentiments ineffables. Je crus entendre un cri quand elle se retourna pour s'enfuir vers sa retraite à pas pressés. Je me sus coupable d'une intrusion, d'une double intrusion. Emmanuel pouvait-il ignorer ma vénération ? Il me choqua gravement, plus qu'il ne l'avait fait auparavant, en remarquant d'un ton détaché : « Cette femme est vraiment belle ! » Chacun des mots de sa courte phrase m'indisposa : « Cette femme » où je vis de la distance, ce « vraiment » comme si l'on pouvait douter et cette épithète de « belle ». Dit-on à la Beauté qu'elle est belle sans la réduire ? Je remarquai sur un ton indigné : « Il s'agit d'une dame solitaire, veuve de Yoshi Bisao, mère de Tokujiro ! » Pour ajouter au scandale, après avoir jeté : « Comme si je ne le savais pas ! », il employa cette expression sacrilège : « Belle comme une geisha ! » Je serrai les poings sur ma colère et marchai d'un pas résolu pour le distancer, mais nous arrivâmes en même temps dans la salle de séjour. Shintaro accourut pour nous présenter un plateau d'argent sur lequel se trouvait une enveloppe à bordure tricolore où je reconnus l'écriture bleue de Tokujiro. Embarrassé, le serviteur s'inclina vers l'un et vers l'autre ne sachant à qui remettre le pli. Emmanuel s'en saisit et me le tendit en disant : « Cela doit vous intéresser plus que moi ! » Je pris l'enveloppe, remerciai, demandai ironiquement : « Vous permettez ? », la décachetai et, après réflexion, la glissai dans la poche de mon kimono. Emmanuel dit alors : « N'ayez pas de gêne. Ce que peut m'écrire — ou vous écrire — ce garçon me paraît par avance dénué de tout intérêt. » Ma réponse fut immédiate : « Si cette lettre s'adresse autant à vous qu'à moi (Tokujiro ne peut supposer le reniement de son passé par un être), votre peu d'attention m'étonne. Auprès de celui que vous appelez dédaigneusement “ce garçon” comme sa mère “cette femme”, j’ai vécu et vous avez vécu des instants heureux dont vous devriez avoir gardé au moins quelques souvenirs.» La vivacité de ma remarque le surprit sans qu’il marquât le moindre désagrément. Puisque je représentais pour lui son passé, il le saurait capable de juger l’avenir qu’il croyait être. Il baissa le ton: «Je vous l’ai confié: je n’ai pas le sens du souvenir et de ses glaciations. Je ne nie pas que Tokujiro soit un excellent jeune homme...» Je remarquai: «Seulement un excellent jeune homme? Ne représente-t-il pas mieux à des yeux lucides que cela? J’aimerais l’homme nouveau à son image. Si vous vous jugez supérieur à lui, tant mieux ou tant pis pour vous...» Il haussa les épaules: «Oh! je sais bien que nous nous sommes entichés de lui plus que de raison, mais, que voulez-vous? je ne me reconnais pas actuellement certaines tendances qui doivent être restées les vôtres.» Qu’insinuait-il? Je craignais de le deviner. Il m’assura que je n’avais rien à redouter pour Tokujiro. Bien tourné et d’excellente éducation, élégant et riche, il devait «faire la noce» à Paris, ce qui ne manquerait pas de lui apporter le meilleur bien étant donné sa naïveté foncière et son caractère de boy-scout. Je m’indignai: «Vous ne détruirez rien en moi. Ma force vaut votre force. Salissez tant que vous voudrez, vous ne salirez que vous-même. Que vous le vouliez ou non, Tokujiro reste pour moi un des rares hommes remarquables que j’aie rencontrés, peut-être même le seul, et je ne peux permettre à quiconque, fût-il un moi égaré, de parler ainsi de lui, de tenter d’entacher de vulgarité une relation de qualité.» Ma véhémence se heurtant contre sa certitude, il conclut en avouant que j’avais sans doute raison, que son jugement devait compenser mon excessive bienveillance et que, après tout, ce jeune homme le laissait indifférent.

Sur cet échange plein d'acrimonie, je descendis au bureau, bien décidé à oublier ce malheur d'avoir trouvé une si mauvaise copie de ma personne. J'adressai un signe de connivence aux employés, ces modèles de régularité dont j'appréciais le diligent silence, et m'installai à ma table chargée de dossiers. M'évadant de mes soucis, je lus la lettre de Tokujiro. Enthousiaste ami! L'Europe, après une fâcheuse impression, lui révélait des qualités qu'il exagérait. Il m'exprimait sa reconnaissance de l'avoir initié à ma langue, sésame de ses découvertes. Épuisant les bibliothèques, d'une lettre à l'autre apparaissaient des noms d'auteurs réputés ou peu connus. Fréquentant les théâtres, les concerts, les expositions, il m'entretenait des avant-gardes, de la musique concrète, de l'art abstrait, évoquait un univers ignoré de moi et qu'il me croyait familier. La découverte de nouvelles sensibilités occidentales l'enthousiasmait. Il se sentait accueilli et fêté sans qu'un goût d'exotisme de la part de mes compatriotes y fût pour quelque chose. Moins que de sa mission, il m'entretenait maintenant de cette jeune femme qu'il fréquentait et qui le retenait sur ce lointain rivage. Un tel être, paré de toutes les qualités, existait-il vraiment? Je lus deux fois cette lettre. Je me réjouis à la pensée que ce serait moi et non l'autre qui en ferais lecture au marquis. Mon maître, quelles seraient ses relations avec Emmanuel? Comptant sans une certaine duplicité de la part de cet autre, je les imaginais négatives. Je soupirai. Cher Tokujiro, s'il se doutait de ce qui se passait dans sa demeure! Je remis au lendemain de lui répondre. Je ne lui narrerais pas le phénomène (quels mots auraient pu le traduire?) mais je craignais que ma prose ne trahît mon état de trouble: il aurait imaginé je ne sais quelle cause et je le voulais insouciant de ma personne, tout à la joie d'apprendre, de découvrir, de connaître.

A peine avais-je glissé la lettre repliée dans ma poche qu'Emmanuel apparut. Pour se distinguer de moi, il avait séparé ses cheveux mouillés par une raie au milieu de la tête où, gominés, ils formaient une plaque brillante et noire. Les employés ne parurent pas surpris : le bruit courait de l'arrivée d'un frère que l'on disait non pas mon jumeau mais mon aîné. Ils s'inclinèrent. Le nouveau venu leur répondit sèchement en les invitant à continuer leur travail. Il s'installa derrière la table où se tenait habituellement le marquis. Son attitude, différente de la mienne, fut celle d'un homme d'action et de commandement, habitué aux décisions promptes : mon contraire. Il compulsa les feuillets des dossiers d'affaires, relut mes lettres (ses lettres) aux attachés commerciaux et aux négociants. Tandis qu'il écrivait des notes en marge, je l'entendis apprécier à voix haute : « Mais non ! voilà ce que je n'aurais pas dû écrire... » ou bien « Courrier illisible » ou encore « Que d'inutilités ! » Le prendrais-je comme une critique de mon travail d'amateur ? Non, puisqu'il était (ô situation absurde !) aussi le sien. Je dis : « Quelle autocritique ! » Il ne me répondit pas. Il transcrivit ses notes sous le regard craintif des employés n'osant échanger les signes de leur étonnement : comment ce nouvel arrivant pouvait-il être au courant des échanges ? Pour les aider dans leur tâche et compenser l'autorité dispensée par la présence d'Emmanuel je leur adressai un sourire confiant et amical. Ils baissèrent la tête sur leurs registres et vérifièrent leurs comptes sur les bouliers qui émettaient un son agréable.

Pour m'opposer à cette prise de pouvoir, je revins à mes préoccupations permanentes. Tandis qu'il appelait Kyôto au radio-téléphone, j'ouvris mes propres dossiers où, depuis ma maladie, des pièces restaient en souffrance. J'avais écrit auparavant à des agences internationales en relation avec l'Organisation des Nations unies dont les sigles (B.I.R.D., H.C.R., U.N.I.C.E.F., O.M.S., etc.) s'inscrivaient sur des chemises. J'étendrais cette action aux communautés africaines, asiatiques, sud-américaines et aux confédérations internationales ouvrières. Le dédain même d'Emmanuel m'engageait à multiplier mon pouvoir de persuasion. Nos initiatives, reprises par des instances importantes, débouchaient sur des décisions, celle d'une conférence internationale qui s'ouvrirait en Suisse ou en Suède n'étant pas la moindre. Sa communication terminée (je songeai avec amertume que le frère de mon maître, le « patron », avait cru entendre ma voix), Emmanuel dit sur un ton affable : « Eh bien, voilà un excellent partage des travaux... » Il ajouta fâcheusement : « Les uns utiles, les autres inutiles. » Ne doutant pas que les inutiles fussent les miens, je m'abstins de répondre.

Sans se soucier de moi, il se fit apporter un plateau pour déjeuner. Au regard interrogatif de la servante, je répondis que je n'avais pas faim. Je me rendis sur la plage où je pris, selon mon habitude, un bain, nageant au plus loin, avec cette sensation de me délester de pensées encombrantes, puis je dormis sous un arbre dont le feuillage tamisait le soleil. Plus tard, en compagnie de mon maître fort silencieux, nous dînâmes près du feu de charbon de bois. Emmanuel traita avec satisfaction de son travail en ne manquant pas de se mettre en valeur et en parlant de profit. Il mangea gloutonnement, demandant le renouvellement des plats et réclamant sans cesse du saké. Comment analyser sa conduite pour tenter d'en fixer les lois ? Les stimulations de son organisme différaient des miennes. Cet attrait de la nourriture ne représentait-il pas le point faible par lequel il se découvrait ? Je retins les paroles ironiques qui me vinrent à l'esprit quant à son bel appétit. Bien avant le repas, cet avide, je le sentais saliver, préparer ses engloutissements. Voyait-il un arbre qu'il ne se laissait pas émouvoir par sa beauté : non, il cherchait si un fruit s'offrait à sa voracité. Tel Vitellius, il aurait dévoré un empire. Les heures de la nature ne rythmaient pas ses journées : les moments du repas y suffisaient. Dans les jours qui suivraient, je constaterais sa prise de poids, l'effacement des traces d'une commune maladie alors que mes traits émaciés en garderaient le souvenir. Dans la demeure de mon maître où il prenait toute la place, un tel envahissement se prolongerait-il indéfiniment ? Tel un invité abusif qui lui-même invite, je mesurais mon indiscrétion. Mon maître restait indifférent, sa sagesse lui permettant d'éviter tout cataclysme mental, ses tempêtes et ses éboulements. Sa seule présence, après cette maladie et ces crises démentielles, m'avait permis de retrouver la sérénité. Je connaissais la révolution morale de l'âme habitée d'une réalité nouvelle, prête à toutes les surprises comme si rien ne pouvait la surprendre. Ô son accueil empressé et secourable, la musique effleurante de sa voix, les ors de sa présence, cesserais-je jamais de m'en souvenir et de les honorer ?

Le dîner achevé, tandis que le marquis et moi fumions une cigarette, Emmanuel se leva, nous souhaita une excellente soirée et se retira (il devait procéder ainsi chaque soir). Je devinai, et j'en eus bientôt la confirmation, où il se rendait : gourmand de chair comme de mets, il rejoignait la jeune conditionneuse de perles. J'en conçus une sorte de dégoût qui se retourna contre l'objet de son désir. En fait, ce départ me soulageait : il me délivrait d'une présence contraignante et je sus, dès le premier soir, qu'il ne fréquenterait pas la fumerie. Bien qu'il prît garde de ne pas dépasser certaines limites en présence de mon maître, je me disposais à parer à cette éventualité par la parole. Lui parti, des instants de répit, de silence et de délassement m'étaient permis. Je ressentais les bienfaits de cette solitude à deux, mon maître et moi. L'homme face à lui-même ne peut vraiment être seul, mais était-il vraiment moi-même cet autre moi qui, ayant connu les mêmes épaisseurs de temps, suivait sa direction personnelle ? Parce que ce double méprisait la drogue, ce que l'on tient pour vice me devint vertu. Plus qu'une occasion de m'entretenir avec le marquis de ce qui m'arrivait (il ne m'en parla pas, ne m'apporta aucun enseignement, ne me révéla aucun secret), je voyais celle de retrouver la douceur des jours passés. L'accord tacite régna de ne pas *en* parler et nous ne déviâmes jamais de ce cours.

Après les surhumaines émotions de ma première journée, dans l'attente d'autres drames, je m'efforçai d'oublier et de vivre une soirée délicieuse, de connaître ce que je pourrais appeler mon « heure colorée » comme, naguère, l'heure verte des buveurs d'absinthe. Dans le silence sacré, hors du temps et de l'événement, allongés sur les divans comme sur des nacelles, ayant pour amis secourables les coussins, les étoffes, les tentures, pour émerveillement les pipes, les lampes, les pots, les joyaux, pour spectacle les gestes de Shintaro, ses doigts habiles, son attention, pour sagesse l'abandon dans les volutes de lourdes fumées, émanation de nous-mêmes, dans la griserie d'un parfum mêlé de senteurs inconnues ou imaginées, la paresse rêveuse dans son cocon, les clartés et les ombres alliées, la douce maison mentale que le corps habite, la joie de l'esprit comblé et trouvant encore un nouveau désir, les aspirations intimes et profondes, l'horizon ouvert à la réalité intérieure du souvenir et, en même temps, aux sentes du devenir, une idée d'éternité coulant dans les veines — et, toujours, espérance d'un nouvel abordage aux terres inconnues promises aux conquistadores, aux nautoniers hardis en quête de la Toison d'or ou du Graal, tout cela !

★

Dans la coulée et la métamorphose des jours en nuits et des nuits en jours, rien ne parut changer sinon que, tels des poisons, des sentiments inattendus m'envahirent. Il ne naquit jamais entre Emmanuel et moi le moindre soupçon de fraternité, la plus petite étincelle de complicité. Notre attitude fut celle d'étrangers se supportant difficilement, de coexistants feignant l'indifférence et se sachant l'un et l'autre gagnés par une idée de rejet comparable à celui d'une greffe intolérable. Si, par des subterfuges : changements de vêtements, de coiffure, de démarche, nous tentâmes de nous différencier, la nature, jour après jour, s'en chargea mieux que nous. Si je ne changeais guère, Emmanuel prenait l'image de son caractère, de ce qui composait son moi antipathique. Et pourtant, si ténu fût-il, je préservais le fil de notre communication. Je me souviens d'une nuit où j'avais fait des efforts mentaux pour tenter de percevoir sa pensée ou de lui infiltrer la mienne par un effort télépathique qui resta vain. Je me levai et sortis, m'arrêtai devant la vasque où poissons et plantes s'immobilisaient, tentai de situer les grillons dont j'entendais le chant, de découvrir une lune cachée. Je suivis le passage extérieur conduisant à la chambre d'Emmanuel. Par la fenêtre entrouverte, sous sa lampe restée allumée, je le vis. Il gisait nu, étendu sur le dos, sa poitrine annelée soulevée par la respiration du sommeil. Contemplais-je mon propre corps endormi ? Devant ce visage tranquille, cette chair en repos, s'effaçait l'idée d'une monstruosité de la nature. Autour des yeux couraient de fines rides, l'une d'elles gagnant la tempe. Instinctivement, je portai la main à mon visage pour en trouver la trace. Ce teint brun, ces cheveux noirs, cette mâchoire forte, ces lèvres minces, ce front haut où un début de calvitie apparaissait, je les reconnus. Sous ses paupières, je savais que vivaient mes yeux gris traversés d'une flamme verte. Je me détournai de ce sexe pendant sur le côté pour suivre le creux du ventre plat traversé par une ligne pileuse, parcourir ce corps et ces membres, m'arrêter à la cicatrice, cette signature du destin, sur le bras. Un instant, le tableau du génial faussaire me parut impossible à distinguer de l'original. J'admirai cette prodigieuse mécanique que le temps détruirait. De méditation en méditation, bientôt je ne veillai plus un corps, mon corps vivant, mais mon propre cadavre. Je conçus une pitié pour cet être abhorré dont tout me séparait quand notre ressemblance aurait dû nous rapprocher. Je vis ces chairs, ces muscles, ces viscères pourrir, se détacher, fondre et disparaître pour ne laisser qu'un squelette anonyme. J'essuyai de la paume la sueur froide de mon front. Le dormeur transpirait aussi. Pour un peu, j'aurais aspergé ce diable d'eau bénite. Un tremblement me saisit, non celui du froid, celui de la peur, une peur que je ne peux qualifier autrement que de métaphysique. Je regagnai ma couche pour tenter de m'endormir, en proie à la soudaine crainte d'être veillé, espionné à mon tour, et de ne plus me réveiller.

Les séismes redoutés en cette partie du monde soumise à leur loi se succédèrent sans gravité. A la suite de l'un d'eux, j'en imaginai un autre : dans le fracas, la terre se fissurait, s'ouvrait, nous rejetant, Emmanuel et moi, chacun sur une île et sans possibilité de nous rejoindre. Au lieu de ressentir le soulagement d'une délivrance s'affirmait un regain d'anxiété, une transe émoussant ma sensibilité, anéantissant mes sens et ma pensée. Sans les intempéries, chaque heure agrandissait la brèche. Il s'agissait de faits quotidiens, de violences différées, de colère contenue. Notre seul lien possible restant la parole, je l'économisais. Pourquoi souhaitais-je un échange alors que ses conceptions s'opposaient aux miennes ? Sa moue méprisante lorsque je me livrais à mes travaux m'irritait et me détruisait. En revanche, tout ce qu'il entreprenait portait la réussite : ainsi des félicitations nous vinrent de Kyôto où l'on appréciait les progrès du commerce. Je provoquai son agacement en le rejoignant sur la plage. Il ne refusa pas un entretien où nous ne parlâmes pas de notre problème, mais des choses du monde et de l'homme. Dans ces disciplines pour moi essentielles parce que promesses d'une nouvelle définition de la vie, il ne voyait qu'errements et littérature. Pour lui, tout savoir scientifique ne pouvait être envisagé qu'en fonction de la technique et de la mécanisation, de la production et de la défense, alors que je distinguais là, pour un seul bienfait, mille dangers, le pire étant d'arracher l'homme à son destin de fête pour le jeter dans un univers contaminé. Je découvris donc un homme méprisant les sciences humaines, les chercheurs n'ayant d'autre objet que leur recherche, tous les interrogateurs de l'existant. Il établit même un inventaire du « détestable » dans lequel se trouvait pêle-mêle tout ce que j'aimais au profit de ce qui pour lui était le bon ordre de la loi. Il déguisait ainsi son désir de se jeter à corps perdu dans tout ce que j'avais fui, clichés et pièges, vastes appétits et facilités de l'univers bourgeois. Faisant appel à la dialectique, je voulus le persuader de ses erreurs nocives, ce qui le fit tomber dans mes filets. Il y resta figé tel un animal surpris par une ruse qui dépasse son entendement, mais il eut tôt fait de ronger les mailles, de s'extraire de sa gêne par un discours chargé de violence et de mépris. J'entends encore ses éclats : « ... Vos vieilles semences de théurgie et de thaumaturgie, votre manière (je compris qu'il parlait de mon maître et de moi) d'être les dévots de tous les cultes sans en rejeter aucun, tout le vague de vos aspirations, cette stupidité de vénérer le vide et la contemplation tout en vous promouvant conseilleurs de peuples qui n'ont que faire de rêveries reprises par d'autres rêveurs, vous vous en trouvez béats et satisfaits, et cette sapience merdeuse dont vous vous décernez les lauriers, je la hais car sagesse aujourd'hui signifie abandon et lâcheté dans la lutte. Votre tranquillité d'esprit, votre absence d'actes agressifs sont le lot des cadavres! » Que n'entendis-je pas! Il crachait les mots comme un dictateur. Sans épouser sa colère, sans me laisser gagner par le mépris ou le découragement, calme et résolu, je lui répondais point par point, faisais cahoter ses systèmes, l'amenant ainsi à toujours plus de rage. Accusé, je ne me défendais pas, j'acceptais la mercuriale, je m'avouais très indigne, mais sur ce qui dépassait ma personne, je le réfutais doucement, je lui affirmais que depuis la plus haute antiquité, depuis les Égyptiens, les Assyriens, les Chaldéens, les Hindous, les Perses, les Grecs, depuis la foule des législateurs, d'Orphée à Zoroastre, de Pythagore à Platon, d'Apollonios de Tyane à Jésus-Christ, de Sigmund Freud à Karl Marx, il n'est point impossible de fondre les religions, la vie active, les philosophies diverses et contradictoires, de les enrichir de toutes les croyances de tous les peuples, le but suprême étant la sagesse qu'il décriait en faisant mine de ne pas la connaître alors que, possesseur du même passé récent commun, il n'en ignorait rien, la réduisant à elle-même bien qu'elle englobe le Tout, sagesse que couronne parfois la sainteté et qui permet l'ouverture sur des phénomènes dont nous ne pourrions nous faire une idée si lui-même, Emmanuel, et moi, Ego, nous n'en étions l'objet. Né du mystère, pouvait-il nier ce mystère? Atteint par l'inexplicable, il jouait au matérialiste et méprisait tous les efforts intellectuels et spirituels. Il répéta à plusieurs reprises: «Pauvre fou!» sans m'empêcher de poursuivre. Je lui parlai avec flamme d'une ouverture assez large pour relever l'univers en crise et le sauver. Dans le feu de mon discours, ma pensée s'éclairant par le miracle de la parole, je l'avisai de mon désir secret d'établir une «cosmopolitique», ce qui le fit éclater de rire. Mon enthousiasme m'amenant à perdre le fil d'une progression que je voulais convaincante et persuasive, il en saisit l'occasion pour me jeter ironiquement: «Ah! bah! Rien que cela...» Il prit un ton détaché, amusé, pour mettre en garde l'enfant que je figurais pour lui: je courais le risque de devenir un de ces illuminés inutiles, un de ces ascètes aristocratiques et mystiques que nul ne suit et que l'on se doit de rejeter aux poubelles de l'Histoire. Je pris le même ton pour le remercier du supplément d'information qu'il m'apportait: n'avais-je pas eu le tort de trop imaginer les autres à mon image? D'êtres bornés à l'obéissance, aux instincts de conquête, je tiendrais compte désormais. Il jeta une poignée de sable sur une mouette posée près de nous et, la regardant s'envoler, il ajouta sur un ton ordinaire: «Moi, ce que je vous en dis... mais quel regret de penser qu'un cerveau conçu comme le mien soit habité de telles billevesées!» Pauvre conclusion de notre débat! Je sortis de cet échange à la fois blessé et fortifié: la tâche qui m'absorbait devenait plus ardue que je ne le croyais puisque je restais incapable de convaincre celui qui (l'expression reste faible) me ressemblait le plus. Cette défaite m'apportait la victoire de ne la penser que provisoire, de ne point amoindrir ma résolution, ni le désir de poursuivre un combat dont l'enjeu dépassait nos humbles personnages.

La lutte avait été inégale : il connaissait tout de moi alors que je le découvrais peu à peu. Homme d'une autre conquête, mais après tout d'une conquête, n'existait-il pas un point d'incidence entre nous ? Je me dis : « Qui te limite est ton ennemi ! » sans l'imaginer tout à fait ennemi. Je décidai de ne plus avoir de dialogues ainsi menés avec lui, chose facile puisque je prenais toujours l'initiative. Je devinais sa manière d'aborder le futur, mais notre passé commun (ô combien commun !), l'envisageait-il secrètement sous le même angle que moi ? Ne l'avait-il pas modifié en le soumettant à sa critique ? L'avait-il annihilé ? Les êtres rencontrés prenaient-ils à son gré un visage inconnu de moi ? Parce que l'on ne maîtrise pas si aisément la capricieuse mémoire, en me gardant bien de me dévoiler, je le sonderais encore en évitant d'affirmer et de démontrer tel un mauvais bonze méritant de violents coups de batte. Que tenter ? Comment m'y prendre ? Je feindrais l'indifférence, éviterais les intentions, réinventerais un naturel fuyant, projet difficile ; apparemment borné, Emmanuel ne manquait ni d'intelligence ni de sagacité.

Durant des jours, je ne fus attaché qu'à lui. Si désagréable qu'elle me parût, je recherchais sa compagnie, espérant toujours surprendre un signe favorable à l'échange fécond. Sa force et ma faiblesse unies, que ne pourrions-nous faire ? Je m'interrogeais : j'avais vu son torse cerné d'anneaux, costume de bagnard sur le corps tatoué, et cette singularité s'ajoutait à celle de sa présence. En saurais-je jamais les causes ? Quel mimétisme l'avait façonné comme l'insecte qui ressemble à la feuille sur laquelle il se pose ? Je me souvenais de ce nocturne où, pour la première fois, voyant mon maître nu, j'avais cru me trouver devant un mutant, un hominien d'une autre espèce que la mienne. Et si l'émotion éprouvée avait provoqué cette marque sur le corps de l'autre moi ? Les interrogations tournaient tels des satellites. Cette situation ne pouvant se prolonger, j'imaginais des décisions sans oser les prendre : et si je disparaissais, si j'abandonnais cette partie sans règles, si je laissais toute la place à l'autre ? Mon errance dans l'univers reprendrait. Lorsque la force et l'espérance me déserteraient, la pensée des instants vécus sur l'îlet, mon éden en ce monde, me réconforterait. Cette idée, ce recours aussi extrême que le suicide resta passive. Ô combien plus puissantes ma curiosité et la certitude que ma place se trouvait là ! Sans moi, l'équilibre ne serait-il pas rompu ? Qui apporterait son attention fervente, sa discrète compagnie au marquis ? Qui lirait les lettres de Tokujiro et lui répondrait ? Qui conduirait les rites secrets de l'affection et du respect ? De qui m'avait accueilli, donné la nourriture matérielle et spirituelle (je n'étais plus le même homme que ce marin d'occasion abordant au port dans sa barque près du yacht blanc), je me savais responsable et je n'avais nulle confiance pour me représenter en celui-là qui était moi sans l'être et que tout me déterminait à appeler « l'autre » en y introduisant une nuance péjorative.

Je ne saurais décrire la multiplicité et la métamorphose de mes sentiments durant cette période. Je pus, par ruse et par diplomatie, mener à bien mon enquête auprès d'Emmanuel quant à l'interrogation du passé. J'augurais des révélations propres à éclairer le présent déconcertant de cet être, car enfin, me disais-je, ces expériences du voyage et de l'îlet, ces haltes au jardin de la méditation, ces études de la pensée bouddhique, ces dialogues avec mon maître ou Tokujiro, ces longues méditations, cette rencontre de la souffrance physique, ces heures de l'opium, comment se pouvait-il, puisqu'il était moi, qu'il les eût si aisément oubliés, qu'il n'en fût pas imprégné, qu'il n'en portât pas tous les fruits ? Derrière cette absence, je distinguais une comédie, une pose ou une imposture. Une préparation à la sagesse peut-elle enfanter un personnage combattant ? Face au dilemme, mon cerveau s'obscurcissait de nappes brumeuses, et moi qui ressentais une méfiance à l'encontre du raisonnement logique, je recourais à lui pour constater son impuissance à m'éclairer, sa pauvreté aussi décevante que mon imagination défaillante.

Une nuit que je venais de quitter la fumerie et que, apaisé, je me préparais au sommeil, j'eus le désir de profiter de la fraîcheur. Rejoignant la terrasse dominant l'océan, je m'allongeai sur un tatami, un coussin d'eau sous ma tête. Dans le lointain des années-lumière des étoiles clignotaient. Des insectes lumineux semblaient s'en détacher. Quels secrets se dissimulaient dans la voûte ? Quel dieu caché présidait à mon destin ? Tout à ces méditations courantes, je vis glisser près de moi la tache blanche d'un kimono. De cette voix tranchante propre à transformer les interrogations en affirmations, Emmanuel dit : « J'espère que je ne vous dérange pas. » Avec un soupir d'aise, il se laissa choir sur une chaise longue en face de moi, légèrement dans l'oblique. Je retins une banalité : « Quelle belle nuit ! » Il ne se priva pas de la proférer à ma place et il reçut de ma part un naturel assentiment. Encore que tout invitât au silence, je profitai de l'occasion pour demander : « Acceptez-vous que nous parlions ? » Il jeta : « Eh bien, parlez... » En préambule, je lui confiai mon intention d'évoquer quelques souvenirs dans le seul but de vérifier le fonctionnement de ma mémoire. Il dit : « Si vous alliez droit au fait ? » L'amour le mettait en une heureuse disposition. Mes phrases préparatoires, pour lui trop longues, je les avais cependant tronquées. Aurait-il compris que, pèlerin, je l'étais moins des terres lointaines que des temps révolus ? De quoi sommes-nous composés sinon de chair et de souvenirs, les choses ne trouvant leur existence que dans l'évocation et la durée permettant l'anticipation ? Ma pensée ne pouvait gravir ses pentes en oubliant l'élan de la mémoire sans laquelle j'ignorerais tout. Oui, cette incommunicabilité, je la pouvais vaincre grâce à une situation unique et nier cette parole de Sosie : « Ce que j'ai fait tout seul, et que n'a vu personne, à moins d'être moi-même, on ne peut le savoir. » Je devais jeter un défi à l'effacement, à l'évanouissement, à la néantisation. Certes, ma crainte était que *sa* mémoire ne fût déformée par son adoption d'une ligne de vie définie et un caractère recomposé, tandis que je pouvais tout aussi bien redouter que la mienne ne fût altérée par mon imagination. Que naîtrait-il de cette confrontation ? Une vérité peut-être parmi d'autres vérités, en somme rien de plus semblable à un mensonge ? Ces échos du passé, je les pressentais comme un appel de vivre écartant les rumeurs du temps sans rives, peu de chose auprès des musiques perdues, mais du moins en perpétuant un fragment. Heures destructrices, ma lutte s'affirmerait contre votre pouvoir : sans être maître du Temps, je n'en resterais pas tout à fait l'esclave.

Étrange dialogue que celui où je demandai à Emmanuel s'il gardait de nos parents si tôt disparus un souvenir plus précis que le mien se réduisant à un regard sur une photographie perdue. Il accepta de me répondre : « Mon père, commença-t-il (je rectifiai : *notre* père et il précisa qu'il employait le singulier pour plus de facilité), mon père appartenait à la race des inventeurs, à une génération d'hommes issus de la révolution industrielle, éblouis par le progrès en un temps où se perfectionnaient l'automobile, l'aviation, la T.S.F., l'utilisation des énergies jusqu'alors endormies et inutilisées. A cette œuvre collective qui se poursuivait dans un climat aussi porteur d'incertitudes que celui d'aujourd'hui, il n'avait qu'un idéal : participer. Le soir, tandis que ma mère lisait ou cousait, que je jouais avec un canard mécanique qu'il avait construit pour moi, installé devant sa table à dessin, il traçait des plans sur du papier millimétré, allumant et rallumant une cigarette jaune avec un briquet à la flamme trop haute et charbonneuse qui lui brûlait la moustache... » Je fus surpris : sa narration ne me paraissait pas naturelle. Recomposait-il une image selon sa convenance ? Cependant, au fur et à mesure que la description suggérait l'image, le couvercle de ma propre mémoire se soulevait. Je revoyais ce père oublié. Au dessin s'ajoutaient des ombres, des couleurs, un relief. Je distinguais des tempes grises, des paupières lourdes, un crâne dégarni, une moustache teintée de tabac, un faux col de celluloïd détaché et retenu seulement au dos de la chemise et dont les pointes se relevaient curieusement. Mais, s'il m'apparaissait, ma mère restait dans l'ombre. Je gardais seulement le souvenir du salon bleu, de la harpe et d'un jeu d'échecs, d'une grille et d'un parc, et encore d'une automobile à spider et de la montre à musique d'un jardinier comme si les objets, plus que les êtres, m'avaient marqué durablement. Cependant, ce jouet, ce canard mécanique, comment avais-je pu l'oublier et lui le retenir ? Emmanuel poursuivit d'une voix monocorde : « Figurez-vous que l'invention qui l'a fait connaître restait pour lui secondaire. Il ne cessa pas de prendre des brevets et je pense que le nom de Marcel Oth figure sur bien des dossiers enterrés dans la poussière des archives. Mais ce frein Oth correspondait à une nécessité passagère et connut durant quelques années un certain succès. Je pourrais en expliquer le fonctionnement... » Là, il me stupéfia et je l'assurai de mon étonnement : par quel miracle gardait-il un souvenir si précis alors que je ne retenais que bribes ? Il m'affirma que tout cela résidait forcément dans ma tête comme dans la sienne, et que seul mon désintérêt ne les faisait pas remonter à la surface. Je constatai bientôt que ce qui le passionnait dans mon (notre) père, c'était moins l'homme et le géniteur que l'inventeur et le créateur d'une industrie. J'entendis encore : « Marcel Oth savait mener une entreprise, esquissant pour tout problème de mécanique une solution, l'expérimentant, et, le cas échéant, cherchant une adaptation nouvelle satisfaisante. Tout naissait chez lui de l'esprit positif, de la connaissance des opérations et des structures, de l'articulation des éléments en une parfaite synthèse, du façonnement de la matière et de la domestication des résistances — loin des vaines rêveries... » Saisissant la pointe, je lui dis que, à mon sens, on n'invente pas une chose sans l'avoir longtemps rêvée. Il écarta cette remarque d'un geste et poursuivit par une description technique du système de frein et d'une hélice à refroidissement qui me laissa pantois, ces explications échappant à mon entendement. Je me retins de lui dire : « Est-il possible que nous soyons le même ? » J'éprouvais l'impression que mon père parlait par sa bouche et qu'il affirmait moins l'importance de ses inventions que le désir de les poursuivre. Une autre question me brûlait les lèvres : notre mère que je voulais voir revivre. Lorsque, par un détour, je l'amenai à en parler, il m'apparut singulièrement oublieux, ne me donnant qu'un portrait aussi flou que celui que je gardais. Je fis allusion à l'accident d'automobile qui lui avait coûté la vie, et il m'affirma que cette intellectuelle, cette artiste avait bien eu tort de se mêler de conduite, que son mari aurait dû l'en empêcher, son penchant féminin la préparant plus volontiers à la broderie et à la musique qu'à l'observation du code de la route, d'autant qu'elle manifestait des tendances schizophréniques. Je retrouvais là Emmanuel et sa brutalité. Ma mère négligée, il en revint au père et me lassa en recomposant sans cesse son portrait comme s'il voulait qu'il fût le sien. « Sans doute, lui dis-je, votre description est-elle fidèle, mais je ne puis en juger et dois vous faire confiance. Je me permettrai de lui faire une légère retouche : cet homme logique, rationnel, positif, est mort d'amour. La perte de sa femme, que vous jugez intellectuelle et artiste avec quelque mépris, l'a conduit au suicide. Pour moi, cela se concilie mal avec la personnalité que vous venez de décrire. » Il rétorqua : « Je vous reconnais bien là. Votre âme sentimentale vous porte à croire que l'on ne peut mettre fin à ses jours que pour des raisons affectives. Mon père n'est pas mort de ma mère. Chacun a voulu le croire parce que cela correspondait à une chose attendue, à une idée reçue, parce qu'une concordance de temps le laissait croire, mais a-t-il laissé le moindre message l'affirmant ? La tante Poirier a tout recomposé à sa manière, en bonne catholique qui, n'admettant pas le suicide, a cru le minimiser en le rapportant à une histoire d'amour. Se gardant bien d'aller voir plus loin que la verrue de son nez, toute mon enfance fut couverte par son silence. Pourquoi l'ingénieur Marcel Oth a-t-il choisi de disparaître ? Je peux aussi bien vous parler de revers de fortune que d'une dégradation de son intelligence donc de sa capacité de création, mais cela vous choque certainement ! » Je reconnaissais bien mon double : il lui fallait une mort virile, stoïcienne, forte, et non une fuite, une faiblesse, ce qui suggérait à Chateaubriand que « les suicides sont toujours communs chez les peuples corrompus », mais qu'importaient l'opinion d'Emmanuel ou la mienne ! De cette conversation, je retiendrais non pas le portrait qu'il avait tracé de mon père, mais son autoportrait ainsi établi. Tout en moi me rapprochait de la jeune morte, ma mère, l'intellectuelle, l'artiste ou « la jeune femme moderne », comme disait la tante Poirier, alors qu'il ne jurait que par le père. La psychanalyse ne me tentait guère, mais je pensai que notre phénomène serait pour cette science, comme pour beaucoup d'autres, un étonnant champ de perspectives. Qu'il adorât le grand totem et moi le petit tabou, quelle importance? Je ne désirais pas poursuivre mon expérimentation au-delà de certaines limites. D'autres confrontations s'avéraient nécessaires. Afin de ne pas le décourager, je lui affirmai que tout ce qu'il m'avait appris de cet étonnant Marcel Oth se révélait riche d'intérêt et je lui avouai mon admiration pour sa mémoire plus riche et mieux ordonnée que la mienne. Je crus lire dans la clarté lunaire un sourire vaniteux sur sa bouche. Il fallait absolument que nous reprenions cette conversation. Persuadé que ma mémoire immédiate restait plus fournie que la sienne, loin d'étendre mon investigation à tous nos âges, je choisirais ces seuls moments de l'existence qui sont exemplaires. Restant comme toujours dans l'attente et la crainte de son ironie, je dis: « Le sommeil me prend. Je vous souhaite de passer une bonne nuit! » et il me répondit par un grognement approbateur. Nous nous quittâmes sans aucun autre échange de paroles.

★

Une semaine plus tard, au petit matin, je vis le marquis Alexandre J. Bisao, vêtu d'un costume blanc et coiffé d'un panama, gravir la passerelle de son yacht. Relevant les pans de mon kimono, je courus dans sa direction. Sur le quai, tandis qu'il se retournait surpris, je m'inclinai de manière prolongée pour lui indiquer mon seul désir de le saluer. Il tendit un sac de cuir à Uchida et redescendit la passerelle pour me toucher des deux mains les épaules. Me composant un visage respectueux et impassible, mon regard trahit mon émoi. Il me dit: « Cher Ego... », chercha une autre parole, parut se raviser, et reprit : « Ego-san, un ami de jeunesse se trouve à Naha. Je l'ai invité à mon bord pour une croisière, mon absence sera de trois jours. » Je levai la main pour signifier ma discrétion. Il regarda en direction de la demeure et je sus qu'il pensait à mon double. Revenant à moi, il murmura : « Notre vie est bornée. Les murs sont trop élevés pour que nous puissions atteindre à la haute lumière. Nous savons seulement que dans le mystère de la sagesse de Bouddha, il n'y a ni mal ni bien, ni pureté ni impureté. » Comme s'il me bénissait, ses mains restèrent un instant en suspens au-dessus de mon front, puis il gravit lentement la passerelle.

Je ne revis Emmanuel qu'au repas de midi. Il avait commandé à Shintaro un repas français et je pus constater que l'habile cuisinier en tout savait exceller : la daube au riz nous offrit une saveur incomparable. Ce repas s'accompagna d'une bouteille de graves et se termina au cognac. Cela mit mon compagnon en verve. Épanoui, rubicond, il entama un discours réjouissant et spirituel pour lui seul que j'écoutai en feignant l'intérêt. « Avez-vous songé, me dit-il, en un autre lieu, sur notre bonne vieille terre française par exemple, à tout le parti que nous pourrions tirer de notre duplication ? Comme dans un subtil roman policier, l'un de nous deux commettrait le crime tandis que l'autre assurerait l'alibi. Que d'étonnantes combinaisons en perspective ! Dans le domaine de l'escroquerie et du méfait de génie, nous dépasserions Arsène Lupin et mettrions en échec tous les Sherlock Holmes... » Je demandai : « Et qui se chargerait du crime ? » Il s'exclama en riant : « Pas vous, bien sûr ! (et s'il se trompait ?), mais le crime le plus parfait serait que l'un de nous deux exécutât l'autre, quel embarras pour le détective ! Crime ou suicide ? Et qui sait si l'assassin survivrait à la victime, comme ce frère siamois qui détruisant l'autre se détruit lui-même? Dieu merci, ou le diable merci, nous ne sommes pas liés par une membrane, à croire qu'il existe des limites, même à l'insupportable... » Il m'avoua hésiter entre la méridienne et la promenade. Je lui conseillai cette dernière en lui proposant de faire le tour de l'îlet ensemble, ce qu'il accepta. Ce fut l'occasion de notre nouvel entretien.

Poursuivant nos divagations, puisque le sujet l'intéressait (je faisais un effort pour lui plaire — à lui qui me déplaisait — dans l'unique but de favoriser nos échanges), j'inventai un scénario fondé sur l'homme et son double dans les intrigues duquel je me perdis pour lui avouer finalement mon absence de don pour le crime. A ma surprise, il me dit que, par-delà le jeu, la situation, habilement exploitée, pourrait nous favoriser tous les deux. Je ne voulus pas comprendre. Je lui confiai que seul le crime abstrait, celui sur le papier, portait quelque intérêt en lui rappelant la blessure et la terreur ressenties dans l'enfance quand une fermière avait arraché l'œil d'un lapin pour faire couler le sang noir dans un bol. Sa mémoire avait éliminé ce fait, mais cela nous amena à parler de ce temps et de la tutelle de la tante Poirier. Une fois de plus, je constatai la différence de nos analyses et de nos portraits. Au lieu d'écarter l'ombre, cela ne fit qu'obscurcir, car, à cette femme de devoir et de rigueur, si je réservais quelque pensée compréhensive et reconnaissante, il ne lui ménagea pas ses sarcasmes : « Ah ! oui, la tante Poirier parmi les masques d'ébène, les fétiches, les boucliers et les lances de son colonial de mari d'une part et, d'autre part, les christs d'ivoire de sa propre foi, quelle vieille bique ! Sous prétexte de veuvage et de fidélité à la mémoire du défunt (quand elle disait "mon mort", on pouvait croire qu'elle l'avait tué), toute sa vie ne fut qu'une lutte contre le disparu. Ces collections africaines, souvenez-vous qu'elle ne les époussetait jamais : elles représentaient le diable, le démon, le malin tandis qu'elle ne cessait de caresser amoureusement, tels des olisbos, ses jésus et ses maries soumis à la peau de chamois et d'entretenir la dentelle des autels, de curer les bénitiers tout en se piquant le nez au xérès ou au malaga qu'elle devait prendre pour du vin de messe. Quelle grisaille et quel ennui ! Que de moments dérobés à ma jeunesse ! Et j'ai bien failli m'y laisser prendre... » Je ne pouvais nier tout à fait ces impressions, même si je trouvais tout exagéré, et non plus un souvenir qui restait bien le mien. Il me rappela un jour d'errance entre Saône et Rhône où je promenais (où il promenait) un vide grandissant, un gouffre d'absence et d'ennui, la gorge sèche, les jambes cotonneuses, vidé d'une énergie lasse de rester inemployée. « Parfois, dit-il, je croisais un passant frileux, la buée sortant de sa bouche telle une âme, avant de se dissoudre dans le brouillard comme je le souhaitais pour moi. Je me retrouvai à Fourvière où au froid vivant de l'extérieur succéda le froid mort des églises. Je m'endormis dans le creux d'une chapelle. Au réveil, une voix me répéta que ce temple n'était pas mon temple. Sous peine de renoncer à vivre, je le devais quitter. Avec angoisse, je pensai que je le retrouverais en plus réduit, mais tout aussi contraignant, dans cet appartement devenu chapelle ardente à l'odeur d'encens, d'encaustique, de suif et de vieilleries de la tante Adélie, de la bigote au cœur glacé... » Oui, je me souvenais de cela. Par ma voix, l'évocation aurait été sensiblement la même, encore que j'aurais hésité à m'avouer certaines pensées. Il reprit : « Vous comprenez pourquoi le glissement d'une religion repoussée à vos vagues religiosités m'agace ! » Je lui répondis qu'il s'agissait de tout autre chose et que l'expliquer serait trop long, enfin qu'il ne me comprendrait certainement pas parce qu'il ne désirait pas me comprendre.

A mon soulagement, nous évitâmes la perlerie : je ne tenais pas à revoir la jeune ouvrière qui vivait ses amours avec celui que l'agacement m'aurait fait appeler mon succédané sans la crainte d'être ainsi moi-même défini. Nous traçâmes notre chemin hors de ceux ordinairement employés, ce qui me permit de découvrir de nouveaux points de vue sur notre petit territoire dont les côtes se découpaient de façon charmante, dont les couleurs se nuançaient à l'infini avec d'heureuses subtilités, des irisations exquises. Je vis courir des lézards et s'immobiliser un crapaud. Des insectes, des herbes que je n'avais pas remarqués me ravirent. Cette sollicitation du regard n'empêcha pas mon esprit de parcourir des lieux abstraits. Parmi les sujets qui me restaient à aborder, j'en avais choisi deux, bien décidé à m'en tenir là, car l'échange nécessitait de ma part un effort mental épuisant. Ne prévoyant pas le trouble que l'un d'eux susciterait en moi, je n'aurais dû d'aucune façon en aborder le souvenir, mais je me croyais guéri et aguerri. Que n'ai-je abandonné ce projet qui devait précipiter le destin par mon fait, par tout ce qu'il suscita en moi d'irrépressible : la naissance et la croissance d'un sentiment peu honorable (mais j'anticipe et ne parlerai ici que du premier échange qui se contenta d'être déplaisant) !

Nous avions atteint le sommet de l'îlet, à quelques dizaines de mètres au-dessus du niveau marin. Les excès de table coupant notre souffle, nous décidâmes de nous reposer. L'endroit, un rocher plat sillonné de veines vertes, se trouvait à découvert. Le bleu du ciel se teintait de rouleaux noirs précurseurs de gros temps. J'hésitai à parler car il m'en coûtait : il s'agissait du plus tragique et je ne doutais pas qu'il en fût ainsi pour mon étrange compagnon. Il mâchonnait une tige quand je dis d'une voix cassée: «Günther...» Comme il ne manifestait d'aucune attention, je répétai plus fermement le prénom allemand. Il finit par m'interroger: «Günther, pourquoi dites-vous Günther? Quel Günther?» Jouait-il? Simulait-il l'ignorance? Voulait-il me persuader du peu d'intérêt de mon évocation? Il chercha dans sa mémoire, ce qui me convainquit de la sincérité de son oubli. «Ah! oui, fit-il après un temps de réflexion, je vois, le Fritz. Eh bien?» Je regrettai déjà d'avoir parlé. Dès lors, les mots se refusèrent à moi, mais il reprit: «Il en reste cette belle cicatrice. Erreur de jeunesse! Qu'avais-je à faire de cette guerre? Il existe des gens pour cela. Sans doute voulais-je m'extraire de la gangue lyonnaise par un moyen ou un autre. Je ne m'explique pas autrement cette aberration. Après tout, j'aurais aussi bien pu prendre le parti opposé...» Je m'indignai: «Mais non! mes idées étaient bien ancrées. Et vous le savez! Dès l'université, j'avais choisi mon camp — vous l'aviez choisi par conséquent...» Il m'interrompit: «Vous voulez dire: les circonstances me l'avaient fait choisir...» Je lui dis que je ne voyais pas la différence. «Enfin, reprit-il, je ne me souviens pas d'avoir eu le moindre goût pour l'héroïsme, ni même un instinct sanguinaire. Je savais à quoi je m'attendais: tuer ou être tué. Bah! cela aurait pu être pire!» Ainsi, il n'envisageait que ce qui lui était arrivé (ce qui m'était arrivé): la vie sauve, en oubliant la tige coupée d'une vie humaine. Je retrouvais là l'opinion commune, la soumission aux fatalités: devais-je m'en étonner? Était-il fou ou l'étais-je? Je pris heureusement sur moi de remettre ma deuxième question, celle qui m'amènerait à découvrir, cette fois, un trait haïssable de mon propre caractère.

Peu à peu, ne me convaincrais-je pas que l'autre parlait par une voix étrangère? Cette bouche donnée par nos parents et devenue double par un miracle, que de paroles erronées n'en sortait-il pas ! Bouche, cicatrice ouverte sur les mots, caverne où passent des tribus sauvages, quel vocable durable pourrait y trouver chemin pour m'apporter une part d'éternel ? Sur tout ce qu'il me dit encore de cette période, et que je ne mentionne pas ici parce que anecdotique et de peu d'intérêt, je feignis une attention polie sans rien réfuter. Il en fut autrement lorsque j'évoquai les années suivant la paix, le temps d'errance, le parcours des villes détruites, le continent désolé par les raids, la foudre du ciel venue des hommes, les victimes traînant leurs hordes, les pans de mur de la désolation, les camps d'extermination, les chambres à gaz, les charniers, les horreurs, les insultes. Je lui rappelai tout le désarroi, tout le vide ressenti, tout le mal de l'âme, cette impression d'impuissance et d'exil désormais permanente qui m'avait jeté hors d'Europe... Il leva un sourcil incrédule. Je compris que je le scandalisais à mon tour, que mon discours lui paraissait absurde et irréaliste, et qu'il n'en croyait pas ses oreilles. Celui qu'il me tint fut tout autre, d'une franchise entière, je le reconnais, d'une brutalité et d'un cynisme qui me révulsèrent. « Quoi ! me dit-il, avoir vu et connu tout cela ne serait pas un privilège ? Ce qui fait trembler votre voix raffermit la mienne. Peut-on devenir un homme sans avoir eu ces expériences ? Oui, j'ai voulu, et vous avez voulu, voir de plus près le chaos, l'entendre, le goûter, et je l'ai trouvé beau comme l'Enfer de Dante, allant de cercle en cercle pour entendre les gémissements et les cris. Vous avez pris une certaine jouissance à cela, vous vous en êtes délecté, avouez-le, à moins que le souvenir n'ait transformé une réalité en mensonge. Et, au fur et à mesure que j'avançais dans le désastre, je gagnais en lucidité et en éveil, je savais la grandeur et la force, j'apprenais la loi des jungles et croyez qu'elle me servira ! Ce temps de l'Europe meurtrie, je l'ai aimé. Ce temps des ruines allemandes, j'y humais, dans la puanteur des chairs pourrissantes, la bonne odeur des germinations futures qui se préparaient déjà, engraissées par la meilleure des fumures. Je voyais ces peuples vaincus, apparemment décimés, que l'on croyait courbés, et qui étaient, en fait, pliés, ramassés tel un ressort qui ne tarderait pas à se détendre, car son énergie, loin d'être détruite, préparait un nouvel essor, d'autres victoires ; ils avaient compris que le monde serait autre et que s'affirmeraient les maîtres ceux qui emploieraient l'or au lieu du fer... »

Il parla longtemps, Emmanuel, et je compris que cet autre moi appartenait, par un supplément de dérision que nous représentions, à une race plus forte que la mienne. Plus forte ? En étais-je assuré ? Dans le silence, le martèlement de ses paroles accompagné de coups de poing sur la pierre, la rapidité de son débit, la puissance de son articulation, d'une phrase à l'autre, s'atténuaient, et je sentais, moi, le sentimental, le faible, si blessé que je fusse, une résolution intime restée hors d'atteinte. Ainsi, là où j'avais vu l'horreur, où j'avais éprouvé angoisse et pitié, il ne retenait rien. Il parlait, sous-jacentes, des forces ! Misérables forces ! Sans doute me contredisait-il non par perversité, par esprit d'agression contre ma personne, mais parce que son souvenir différait du mien. Non, ces perceptions m'étaient étrangères, le cours de mon existence n'avait pas été détourné, je savais ma ligne droite, ma fidélité. Mon double, n'aurais-je pu, par un singulier accident de ma nature, épouser sa manière d'envisager l'univers ? Cette pensée m'effraya. Je réfléchis : s'affirmant permanente, ne souffrant aucune exception, cette antinomie eût représenté la partie négative, inversée de mon être. Or, l'opposition ne s'affirmait pas toujours ; il arrivait que dans telle ou telle analyse, bien que cela restât fort rare, nous nous rapprochions. Ses réactions imprévisibles marquaient-elles l'indice d'une forte personnalité? Je restais sceptique: sous prétexte de lucidité, logique ou bon sens, il distillait le lâche abandon, la vérité première, ce qui m'amenait à douter de la supériorité de son intelligence sur la mienne.

Pour se manifester, un typhon attendit le retour du marquis. Selon le rite, la demeure se caparaçonna tel un chevalier médiéval. La dimension des aîtres nous permettait de nous cloîtrer sans nous réunir. Ainsi, mon maître ne quitta sa retraite que pour me retrouver le soir à la fumerie (en son absence, je l'avais peu fréquentée) ou me rejoindre au bureau. Nous échangeâmes des propos sur les inquiétants événements mondiaux. Je le tins au courant de quelques-unes de mes initiatives. Emmanuel, pour sa part, l'entretint de production et de commerce, ce qui, visiblement, l'intéressa moins. De son court voyage, le marquis Bisao avait rapporté des ouvrages en langue anglaise, les uns traitant de l'atome, les autres de sciences psychiques. L'idée me vint que ces lectures n'étaient pas étrangères à ce que je devais bien appeler «mon cas».

Tandis que l'objet de ma hantise ou de ma contrainte disparaissait dans je ne sais quel lieu, les cuisines peut-être pour assouvir sa goinfrerie, le typhon ayant empêché les employés de rejoindre leur poste, je passais mes journées au sous-sol. Là, j'étudiais les dossiers remis par mon maître afférents aux zones où sévit la famine. Provoquer des aides immédiates, promouvoir l'autodéveloppement, il s'agissait là d'une priorité absolue, les travaux à moyen et à long terme pouvant être remis. La fondation pour les victimes de la bombe me proposait des mesures à prendre et des comptes assez compliqués. Si je ne mènerais pas seul à bien cette tâche, du moins préparais-je le travail. Enfin, je lisais en désordre de vieux textes et de récents ouvrages. Je ne rejoignais Emmanuel qu'aux heures, sacrées pour lui, des repas silencieux que ponctuaient les déflagrations extérieures. Durant ce temps de claustration, les actes de la vie se jouaient au ralenti. Comme dans un temple, les voix se faisaient chuchotantes, les servantes voilaient leurs rires, les pièces cessaient de chanter. Shintaro, avec l'aide d'Uchida, se livrait à d'incessants et inutiles travaux. Comme à l'ordinaire, la mère de Tokujiro, bien que présente pour moi grâce au portrait de la dame de cour, restait invisible. Dans cette retraite, avions-nous fait vœu de silence et de quasi-immobilité? Il régnait une atmosphère lourde où ma sueur semblait inépuisable. La douche elle-même ne me rafraîchissait pas. Nous attendions le moment où, la tempête ayant cessé, la maison accoucherait de nous. J'augurais le plaisir de voir les couleurs plus nettes, d'admirer la nature pansant ses plaies et s'apprêtant à bondir pour affirmer sa souveraineté. J'imaginais déjà le travail de mes mains pour aider à réparer les dégâts inévitables. Ce temps hors du temps, quand le typhon fait taire les horloges, lui qui, naguère, provoquait mes craintes, je le chérissais. États climatiques, états d'âme, voilà tout ce que j'aurais mentionné dans un journal, mais je ne me livrais pas à cette occupation. Un auteur ne m'avait-il pas appris que le souvenir étant un poète, il ne faut point en faire un historien?

Les choses continuaient sans heurts, un climat d'indifférence polie régnant entre Emmanuel et moi. Allions-nous échanger des commentaires blessés sur l'incroyable dédoublement auquel mon maître, entre science et parascience, tentait de trouver une impossible trace d'explication? Évoquerions-nous encore le passé commun pour ne point le trouver identique, notre caractère propre l'ayant déformé? J'ignorais encore que, lorsque j'évoquerais ce qui me tenait le plus à cœur, et que j'avais tu, nous rencontrerions un accord tel qu'au lieu de nous unir il nous séparerait à jamais — alors que nos contradictions n'avaient rien créé de tel. Notre échange sur la mort de Günther, ou plutôt autour de cette mort puisqu'il avait évité l'allusion directe, m'avait bouleversé. J'entendais encore cette voix disant « le Fritz » avec consternation. Y songeant, je revécus les phases du drame et un souvenir affleura : avant que le soldat mourant se nommât comme pour ne point tout perdre, moi, je n'avais pas dit : « Je suis Ego ! » mais j'avais choisi mon premier prénom pour effleurer ma poitrine et faire couler de ma bouche les ultimes mots qu'il entendrait : « Je suis Emmanuel ! » Oui, Emmanuel, le prénom que portait ici mon double comme s'il s'affirmait plus responsable que moi d'avoir pressé la détente du revolver, mais je chassai cette absurdité — bien que, dans une situation rebelle à l'entendement, rien ne pouvait plus s'affirmer absurde.

Le vigilant Shintaro fut le premier à nous annoncer la fuite du typhon. Tel un ange annonciateur ou une vigie, tel le clairon de la paix, il alla de l'un à l'autre porter la bonne nouvelle. Une première porte sur le parc fut désarmée. Le marquis sortit, suivi d'Emmanuel et de moi. Je connus cette intense réjouissance, cet éclat de joie après le cataclysme comme si, au cœur de l'été, un printemps succédait à un long hiver. Où s'étaient tenus les oiseaux durant le typhon pour se réunir si nombreux ? Déjà les jardiniers se précipitaient vers les massifs en écartant des bras désolés et en poussant de petits grognements. Les volets retirés, la demeure accueillait une lumière neuve. Le ciel apparaissait d'une singulière innocence, l'océan turquoise s'apaisait doucement. Je lus sur les traits de mon maître un sourire qui me fit du bien. Il nous observa, Emmanuel et moi (je savais qu'en lui il me regardait encore) et nous confia les phrases d'un dialogue: « "Peu après la pluie, la mousse est plus verte que jamais!" déclara Bashô. Bucchô, son compagnon, questionna: "Quel Bouddha est antérieur à la verdeur de la mousse?" A quoi Bashô répondit par un célèbre haïku: "Une grenouille verte saute dans l'eau; écoute le bruit!" » De la tête, j'approuvai cet échange, le laissant couler dans ma pensée comme une eau spirituelle. Emmanuel émit alors un désagréable ricanement et s'éloigna en haussant les épaules. Je regardai mon maître: s'était-il aperçu de ce dédain ou feignait-il l'ignorance? Il se pencha et de ses longs doigts délicats releva la tige d'un dahlia. Les feuilles du magnolia brillaient au soleil. Le vert des hibiscus aux flammes éteintes étincelait. Je rentrai pour troquer mon kimono contre un pantalon et une chemisette. Toute la journée, je ratisserais les allées, je serais l'infirmier des plantes et je reconnaîtrais là une image sinon du bonheur, du moins un apaisement.

Neuf

Les tiges d'une passiflore cherchaient leur chemin le long d'un muret. Au moyen de pitons et de raphia, je leur apportai de l'aide. Ainsi ma pensée rampante qu'il fallait soutenir pour lui permettre l'élévation et le fleurissement. A défaut de vaincre ma fatalité, je tentais d'en détourner le cours et tous mes efforts ne servaient de rien. Telle une excroissance, je voyais mon double, ce miroir m'accompagnant en tous lieux pour m'enseigner de ne pas m'oublier. Narcisse découvrant son visage en devint amoureux. Moi, je ne sus que le fuir. Toujours il me rejoignit. Au contraire du jeune Thespien, je ne m'épuisais pas dans la contemplation et me gardais de toute perversité pathologique. Je me rassurais : ma véritable représentation se situait dans l'invisible, mon vrai reflet se cachait dans mon lac intérieur. Cette situation ne pouvait plus se prolonger, mais j'ignorais le mot de passe, la manière de dénouer le nœud. Toute progression arrêtée, je me figeais sans connaître le calme, l'immobilité du rocher planté au bord d'une rivière de sable sur le seuil du jardin de la méditation où j'oubliais de méditer. Dans cet abandon, cette friche, l'objet de ma répulsion, microbe dans un organisme affaibli, me rejoignait pour étendre ses ravages. Le maître des typhons ayant pris cette terre pour patrie, il n'en finissait pas de propager ses incendies, faisant de tout mon être un cierge torturé sans réchauffer ce que je portais de glacé dans mon cœur. Ô tristesse d'un aveugle en pays de ciel bleu !

Assoiffé et ne trouvant pas la source, ne connaissant ni l'exorcisme, ni l'élixir, ni l'azoth philosophal, ne sachant extraire le flux originel, la gemme qui s'anime et porte sa réponse, je me réfugiais dans la parole commune en espérant y trouver quelques gouttes de savoir. Jours noirs, jours horrifiés où vainement j'appelais l'enfant fragile et mystique de naguère, où toujours ma quête butait contre les portes d'enfer, où se refusait l'espoir d'un murmure apaisant. Dans ce silence épais, la parole avait-elle émigré sur une autre planète ? Je criais et nul ne m'entendait, pas même mon vénéré maître dont j'ignorais les pensées : à l'affût de sa rare parole, aux aguets d'un signe ou d'un secours, je me heurtais à un mutisme plus épais que son mutisme habituel. De mes yeux, avait-il désappris de lire les appels ? Sur mes lèvres, il oubliait d'entendre les mots retenus, de recueillir des messages indéchiffrables pour tout autre que pour lui.

A défaut d'un soutien, je me tournai vers la cause de ma détresse, vers Emmanuel le cynique qui parcourait sa vie présente sans paraître habité par aucun trouble. La quotidienneté ne nous offrant aucun lien, l'avenir suscitant inquiétude et menace, il m'appartenait de tenter, une fois encore, l'interrogation du passé commun dans l'espoir d'y découvrir quelque lueur. Le moment favorable se présenta à l'occasion d'une randonnée sur l'océan à bord du cabin-cruiser dont nous prîmes tour à tour les commandes. Saisi d'inspiration, je désignai le lointain : « Dans cette direction, dis-je, nous atteindrions le Kyûshû, nous rejoindrions Aoshima, puis le hameau des pêcheurs, la vie simple, inchangée depuis des siècles, les traditions, les luttes journalières... » J'évoquai des jours vécus, des événements sans portée, les veillées sur le promontoire, le travail des filets et des lignes, l'amitié des jeunes, la sollicitude des vétérans, je dépeignis des caractères et traçai des silhouettes, recomposai des personnages, des scènes, parlai à la manière de l'ethnologue que j'avais (que nous avions) feint d'être, d'expéditions, de plongées... Emmanuel conduisait alors le bateau. À ma stupeur, je surpris sur ce visage trop bien connu une crispation que je ne lui connaissais pas : son regard traduisait de l'appréhension, de l'effroi, de la douleur. Après deux mauvaises manœuvres, le front en sueur, il me demanda de le relayer. Il s'assit à la place que je venais de quitter, les coudes sur les cuisses, les doigts croisés sur ses yeux, la tête basse, en proie à un trouble inattendu, à un malaise. Il murmura une parole lasse que je ne compris pas. Entraîné par mon discours, ma bouche parlait sans moi, sans que j'eusse à rassembler les mots, souvenirs, descriptions, pensées se distribuant en séquences évocatrices se succédant par vagues de plus en plus fortes. Je revivais l'un après l'autre les jours révolus en des cercles concentriques se rapprochant peu à peu d'une cible car je savais qu'une flèche s'enfoncerait dans le cœur de mon double lorsque jaillirait la présence de celle que j'avais aimée (que nous avions aimée) à vouloir en mourir, Hayano, ma passion. Mes phrases nues, précipitées, tombaient telle une averse de grêlons. Emmanuel, délesté de son cynisme, de sa brutalité, victime à son tour, courbait de plus en plus les épaules. Entendant un gémissement, je levai la tête croyant surprendre un oiseau marin dont le ciel restait vierge. Quelle folie m'amenait à savourer un triomphe, à me délecter d'une domination dont la cause m'échappait ? Quel instinct me guidait dans ma course oratoire ? Qu'attendais-je de ce qui, si visiblement, le blessait? Je rusai : plutôt que de lui parler de l'objet de la fuite suicidaire sur l'océan à bord de la barque *Ego,* je m'étendis sur les préparatifs du départ, sur le temps mort de l'absence, sur les heures de la navigation, questionnant brusquement, avec la fougue d'un accusateur: « Ne fut-ce pas ainsi ? » Il secouait la tête d'un air buté. Ainsi, il ne m'abordait plus à contresens, il n'affectait plus la suffisance, il se trouvait défait. Il se leva, présenta son visage à la brise, respira fortement et jeta d'une voix blanche: « Où voulez-vous en venir ? » Comédien, hypocrite, j'affectai l'innocence: « Mais... il ne s'agit que de vérifier nos souvenirs. » Parce que ma voix était devenue une arme, je narrai encore l'épopée marine, le périple, les alternatives de tempête et de calme, d'effroi et d'émerveillement, l'abordage à un îlot, la rencontre d'une poule domestique et de cadavres nippons, ce qui ne provoqua pas chez lui un surcroît d'émotion. A la manière d'un examinateur, je l'interrogeais et il me répondait par des signes de tête approbateurs: enfin nos souvenirs coïncidaient, l'analyse ne subissait de sa part aucune déformation, l'évolution de son tempérament ne causait aucune métamorphose. Ainsi, je pus juger qu'il retenait de la fuite vers le large la même imagerie que moi, un identique état de détresse, de désir de se perdre, de laisser aux éléments le soin du suicide. La conduite du bateau retenant toute mon attention, je me tus durant quelques instants. Durant ce laps de temps, ma pensée tenta de se surprendre : pourquoi, alors que, pour la première fois, s'établissait un parfait accord sur les circonstances passées, en ressentais-je le regret? Aurais-je souhaité qu'il prît le même air détaché que lorsque, bouleversé, je lui parlais de Günther? Partageant une blessure, je tentais de m'insensibiliser pour qu'il restât seul à en porter le mal.

Gladiateur ayant terrassé son ennemi et prêt sur l'ordre d'un Néron à porter le coup fatal, je jetai, tel un coup de trident, le nom de Hayano. Détachant ces trois syllabes évoquant un amour dont je me croyais guéri, alors que la plaie d'Emmanuel était à vif, je revis, il revit aussi, le casque noir de ses cheveux serrés et brillants, la cerise de sa bouche luisante, ses dents éclatantes tels des grains de riz, l'adorable ponctuation de ses fossettes, le dessin exquis des oreilles et du nez, ses seins durs et lisses faits pour la caresse, ce corps ardent et tendre, souple et chaud dont le contact m'électrisait, m'envahissait de ses ondes, extrayait de moi l'inconnu du désir. Or, la violence du coup que je portai m'ébranla tout entier. Je la ressentis en même temps que lui. Son regard noir et abattu, son air à la fois farouche et détruit, sa manière de serrer les dents pour retenir le tremblement du menton durent être les miens. Vaincu, torturé par l'absence d'un être, d'une chair, d'une peau, le voyant je me voyais. Dans la brise, je répétais à intervalles réguliers: « Hayano, Hayano, Hayano... », je l'appelais et chaque fois je donnais et recevais un coup de poignard.

Souffrant l'un et l'autre (et désespéré qu'il souffrît plus que moi), cette communion nous sépara au lieu de nous rapprocher. Chaque fois que nos souvenirs se contrariaient, je ressentais une impatience sans que cela provoquât une rupture: cela me permettait de les garder intacts, en propre. Et voilà que, par paradoxe, l'union créait la désunion. Pour faire face à une situation sans exemple, sans l'aide de normes inconnues, le télescope du temps montrait son inutilité. Tandis que, dans un souffle, je répétais le nom de Hayano une fois encore, il leva vers moi un visage haineux et ravagé : « Taisez-vous, cria-t-il, mais taisez-vous! Vous voyez bien que vous me faites mal! » Avec un sourire fielleux, je répondis :

« Oh ! je le sais. » Il me regarda de telle manière que je crus à un absurde affrontement physique. Tous mes ravissements et plus encore tous mes désespoirs, il s'en était fait le miroir grossissant. Provocateur, apprenti sorcier, j'ignorais encore à quelles monstruosités je donnerais naissance. Entre l'instinct et la réflexion, elles grandirent peu à peu : la logique me dictait que, dans les bras de Hayano, il n'y avait eu qu'un être, et qu'il s'agissait bien de moi, mais par une nouvelle dictée de l'absurde, je ne pus rien contre ce fait : l'être humain qui se trouvait assis près de moi sur une planche avait caressé le corps aimé de cette femme dont j'avais déifié le souvenir jusqu'à en faire une image pieuse redevenue, par mon évocation, animée et charnelle. Le bateau effleura un rocher et la vibration de la coque se prolongea dans mon corps. Au mal irrémédiable s'ajouta un autre mal : ce fut dès lors comme si j'avais inventé la haine. Implosion bouleversante, elle se développa, m'envahit et je sus que je la portais depuis longtemps dans mon subconscient. Situation indicible : jaloux rétrospectivement de moi en l'autre, cette jalousie répercutée dans le présent s'amplifiait. J'aurais pu tout partager avec le Double, tous les trésors enfouis dans la mémoire et le pain d'aujourd'hui, or Hayano, refus absolu, entraînait tous les autres refus. Si, de la masse des jours passés, il affirmait sa possession sans me déposséder, et moi la mienne sans rien lui ôter, je refusais brusquement tout partage. Avant d'ouvrir la porte interdite, nos analyses antithétiques m'assuraient une protection, une assurance de l'intégrité de mon être. Quels jours abominables, quelles nuits glacées m'étais-je préparés ! Et ces éternités où, l'âme pantelante, dévoré d'envie, tremblant de rage, je verrais l'autre caresser l'être que j'avais aimé sans pouvoir intervenir, sans avoir la magie d'inverser le temps et de me précipiter pour arracher ce corps détesté au corps vénéré.

Dans la forme d'un nuage, je vis celle de mon amour. Hayano jouant du shamisen à la tombée du jour. Hayano faisant couler du sable sur mes pieds nus. Hayano en silhouette derrière la cloison de papier huilé. Hayano nue dans ma couche. Hayano un doigt sur la bouche pour m'enseigner le secret. Hayano écoutant son nom dans ma ferveur et murmurant le mien. Hayano, l'eau de la vie coulant en moi. Hayano que je buvais. Hayano dans un souffle tiède me libérant du passé. Hayano ma planète et ma Voie lactée... Ces litanies égrenées dans la brise me rappelaient que, croyant l'avoir chassée de ma vie, elle survivait dans mes cavernes secrètes. Par-delà l'océan, je la tirais à moi comme une algue, je lui parlais, je la respirais, je captais sa forme et son ombre, je me vêtais de sa peau, de ses lèvres, j'entendais son cri dans mes veines, je m'écrivais sur ses seins, je fondais dans sa voix, je devenais la vapeur de ses mots, elle vivait dans la fleur cueillie, dans l'air respiré, elle courait dans ma course et le seul autre moi, c'était Elle parmi les ondes et les jardins. Et lui, l'étranger, l'intrus, l'autre qui respirait dans le passé les mêmes délices, j'aurais voulu le torturer encore en lui parlant de la cérémonie odieuse du mariage, de l'infidélité atroce, mais je me serais mis du même coup la chair à sang. Était-ce tout cela que me dictait le vent? Vite, revenir à l'îlet, traverser le parc, descendre dans les entrailles de la demeure et demander à l'opium le secours de l'oubli!

Sans regarder l'autre, je savais les mêmes pensées ardentes et funestes inscrites sur ses traits maudits. Plus que jamais semblables, asiles, prisons, tempêtes, nous habitions les mêmes lieux. Et quelle immobilité! Comme si se mouvoir agrandissait la déchirure! Et quel silence soudain quand chaque mot devenait attentat! Mon cœur émigrait chez les fauves, des essaims furieux préparaient une guerre, un ange noir me tendait une épée de feu, des vautours s'élevaient des charniers, des larmes de vitriol coulaient dans mes veines, et des bûchers, des vacarmes, des serpents, des vampires se nourrissaient de mon énergie pour m'en offrir une autre plus terrible provoquant un séisme de haine fangeuse et de destruction. Ces émotions inconnues jusqu'alors, comment les dominer? Durant le temps du retour au port, je m'exerçai à la dissimulation, je posai sur ma figure le masque du naturel. Nul ne décèlerait ma répulsion. La plaie serait enracinée sans jamais apparaître ni se laisser deviner. Nul ne verrait courir les Furies, Mégère la haine, Alecto la fureur et Tisiphone la vengeance —car je me savais voué sans retour à cette détestation de l'autre qui m'emplissait, écartait la première stupeur du prodige, m'incitait à en refuser l'objet, déjà à l'extirper, à en rejeter le cadavre. Me référant à l'ordre existant, comment ne pas m'avouer que, dans la multitude des hommes, l'un d'eux était en surnombre? Était-ce moi? Était-ce lui? Mon sous-sol fracturé attendait de se rompre. Et, au loin, sur la verte retraite, Uchida le marin tirerait à lui notre amarre. Comme j'enviais son innocence!

★

L'harmonieuse conception, les rapports des formes et des tonalités, les simulations immobiles du mouvement, au jardin zen, je leur demandai de me délivrer par leur présence concrète de mes abstractions métaphysiques. Elles m'y ramenèrent irrémédiablement, car s'affirmant espèces intelligibles, idées, et moi restant dans l'incapacité de l'abandon contemplatif, je sombrai dans une chaîne de sophismes, de syllogismes détournant ma part d'intuition et m'abandonnant à ma hantise, mes impulsions fatales, ma monomanie grandissante. Les rochers plantés, je m'attardais à les fixer parce qu'ils représentaient une structure, une synthèse, et que je me savais soumis à la dualité, au conflit.

Durant les époques malades, j'avais côtoyé la folie. Je découvrais une nouvelle forme d'aliénation aussi lucidement observée et cruelle. Comment en appeler à une volonté mobilisée dans un sens opposé à celui que je requérais ? Comment consulter la raison quand l'événement en souillait le domaine ? J'en arrivais à me souhaiter, sinon un état d'heureuse ataraxie, une apathie parfaite, une attitude de stoïcien préparant un terrain à l'épicurisme, tout en ne constatant qu'irascibilité, passion, fureur. La violence, l'étouffante, la contraignante violence, contrariant ma nature paisible, excluait ma liberté. *Ego furioso* portant son masque diurne, son déguisement social, dès qu'il se retrouvait seul face au miroir que le démon lui tendait, lisait sa hideur, son effroi, sa peur d'armes dirigées contre l'autre en même temps que contre lui. Jours de colère, jours insensés ! et ce combat de chaque minute contre soi pour ne point dévoiler la noirceur ! Jours d'un vertige ténébreux, jours d'une ivresse vengeresse, jours des poings serrés, n'avais-je donc pas assez souffert pour me soumettre à désirer la souffrance de l'autre ?

Cette colère qui me faisait trembler de rage, je lui découvrais sans cesse de nouveaux aliments. Je me disais que, si la plupart des hommes prenaient le visage de leurs pensées nues, ils porteraient plus volontiers les griffes du démon que les ailes de l'ange. Je n'étais pas un séraphin, mais l'autre contenait le diable. Tout me le montrait : il ne retiendrait pas, telle une algue sur une hélice, la moindre part de la souffrance éparse dans l'univers. J'accusais son absence de sensibilité à la beauté, à l'art, à la pensée. Oreilles bouchées à la musique, yeux fermés devant les œuvres d'art, méprisant la lecture, refusant la contemplation, il se tenait soigneusement éloigné de toute activité pour lui gratuite. Il affirmait son goût du pouvoir, sa volonté de puissance tandis que, enraciné dans ma faiblesse, je représentais le faible qui doit périr — il ignorait les ressources des démunis. Par sa présence, il frustrait mes élans spirituels, la liberté de mes choix, il me rendait le monde opaque. Ma fragile énergie, mes passions, mes quêtes, enfermées dans mes murs, me meurtrissaient, m'étouffaient. Angoisses, frissons, sueurs, rages, leur meute de Némésis me pourchassait. Parce que je haïssais, j'héritais de toutes les haines. Loin, si loin, l'extase religieuse espérée, le nirvâna, la solitude avec l'éternité ! Les portes du non-savoir closes à jamais, ma régression annulait des semaines et des semaines d'application au bien. Ces idéals qui sont moins des garde-fous que des sommets périlleux s'écroulaient. Le perfectionnement permanent promettant de rejoindre les sentiments, les rêves et les utopies des générations passées et permettant à l'Être d'*être* vraiment dans la croyance du devenir collectif sans laquelle notre vie propre serait illusion, sans que nul ne les dérobât, j'en perdais les fruits. Cette sympathie spontanément éprouvée pour mes contemporains en dépit de nos manques communs, mes forces dressées pour la lutte vengeresse et la délivrance m'en détournaient. Lui seul, le dénommé Emmanuel (étymologique dérision !), créature venue des ténèbres, en portait l'entière responsabilité.

Le larron et moi, tous les deux naufragés sur cette bouée, chacun accusant l'autre d'avoir coulé le narive, oubliant les arrêts du destin, nous nous voulions bourreaux en gardant toutes les chances d'être victimes. Si la Parque avait filé le cours de mes jours pour me punir (de quel crime ?) qui, sinon moi, punirait la Parque en déjouant ses arrêts ? Tant que l'autre vivrait, le don de solitude me serait refusé. La haine qu'il éprouvait envers moi depuis son apparition, et que je partageais désormais, ne la ressentait-il pas envers lui-même, lui le voleur de mon unique amour ? Dans les méandres d'analyses imparfaites et inachevées de cette dualité inhumaine, je me perdais. Mon impuissance à dominer la situation, mon irrésolution rendaient l'intrus plus antipathique encore. L'idée de meurtre m'habitant, je la ressentis plus cruellement que le crime.

Durant une trop longue période, le haïssant, je recherchais sa compagnie pour alimenter mon rejet. Son absence provoquait chez moi l'angoisse et sa présence me le rendait insupportable. Vint le temps d'un commerce hypocrite et compliqué. Tracer son chemin dans la demeure procéda d'une stratégie. Pour éviter l'autre (ou obscurément pour le rechercher), je me surprenais à l'épier, à diriger mes pas de manière à ne pas faire un brusque détour, à calculer l'itinéraire et la distance. Comme il m'imitait en cela, se composaient de curieuses figures de ballet, l'agacement naissant d'une similitude de mouvements s'ajoutant à notre ressemblance. Quelles que fussent la géométrie et la rapidité, leur fait créait une odieuse complicité dans l'antagonisme. Durant le temps écourté des repas, nous nous ignorions. S'il convoitait un plat proche de moi, plutôt que de me demander de le lui tendre, il se levait et me contournait. Dans le même cas, je préférais m'en passer. La vie commune nous obligeait cependant à de rares propos, à moins que nous ne dialoguions par mimiques assez ridicules. Quant aux paroles elles se composaient de phrases tronquées. Un mot perdait ses syllabes terminales, chacun signifiant à l'autre qu'ayant compris le sens, il ne désirait pas entendre plus longtemps la voix haïssable. Ce dégoût présent dans ses intonations, je le percevais dans les miennes. Puis je m'aperçus que ce non-langage, ce langage inarticulé devenait un nouveau dialecte, un code nous réunissant dans une identique tribu. Dès lors, je repris la parole normale, préparant et modulant les phrases, les allongeant au besoin pour prolonger son supplice.

Ayant abandonné le kimono pour le pantalon et la chemisette, je songeai à laisser pousser barbe et moustache, mais je craignis son imitation. Un matin que j'avais ramené mes cheveux sur le devant, à la Titus, je m'aperçus qu'il avait procédé de même. Nous retournâmes brusquement dans nos chambres pour nous recoiffer et nous retrouver encore identiques. Je maudis le sort de me contraindre à ces mesquineries. Un réseau de signes, malgré nous, s'organisait, mais nous ne parvînmes pas à nous différencier : pour cela, il aurait fallu trouver un arrangement impossible. Malgré le retrait de mon maître, je craignais son observation, et aussi celles des moqueuses servantes, ce qui me retint d'atteindre les limites de l'absurdité.

Ce visage — cette copie de mon visage —, tel un dessinateur à son apprentissage, pour mieux l'observer, je l'envisageais découpé par parties. Si je reconnaissais le front, les joues, le nez, le menton, la configuration d'ensemble me déplaisait. J'en cherchais la raison dans ce qui existe de plus apte aux métamorphoses, le regard, son regard chargé de lueurs méprisantes, fourbes et basses, mais, hors de ses yeux, je découvrais le même sentiment d'antipathie, à ce point de me demander si je ne m'étais pas de tout temps détesté, si ma fuite d'un continent ne dissimulait pas une fuite de ma personne. Pourtant, avec une certaine fatuité, il m'était arrivé de m'en satisfaire. Lorsque je voguais sur l'océan, j'ignorais le miroir. Au port, dans ma chambre, placé en face de moi tel un aimant, présent et insupportable, je ne le cachais pas comme, dans les vieilles provinces de France, dès qu'un deuil se produisait, la famille couvrait toute glace ou tout objet brillant d'un voile noir afin que le cadavre ne pût se réfléchir et que l'âme ne restât pas errante dans la demeure.

D'un moi inversé, j'aurais pu déceler la nature. De ce moi lointain et proche, sinueux, je ne percevais pas l'énigme. Traduite en termes algébriques, l'inconnue restait l'inconnue. L'échiquier résistait à la partie. L'absurde ne résolvait pas l'absurde. Seul le créateur du problème aurait trouvé la solution. Comment peut-on, jaloux de soi-même, être amené à se détruire? Nulle vérité ne m'ouvrirait les portes des ténèbres. Ma seule victoire consistait à avoir trouvé, par-delà son cynisme, sa sûreté de soi, la faille et à pouvoir me jouer de sa vulnérabilité. Trouvant dans son point faible, dans sa douleur, une marque de sincérité, je ne doutais pas qu'elle fût la même là où souvenirs et analyses différaient: l'enfance, le passé lyonnais, les jours de la guerre... Mais ces temps révolus, ne me soupçonnait-il pas de les avoir modifiés à dessein? Qu'importait après tout, puisque je me savais soumis à l'urgence de le détruire.

Dans le jardin conçu pour la méditation, je tentais vainement de m'extraire, de voguer vers l'ailleurs, et il s'agissait encore d'une fuite vers l'avant où je finissais par me rejoindre et revenir à l'inquiétude de la double représentation. Regardant l'ennemi, dans une vision destructrice, je voyais d'abord tomber une oreille, puis l'autre, et, peu à peu, le nez, le menton, les yeux que ne retenaient plus leurs orbites. Toute la chair devenait visqueuse, mêlée de sérosités et de sang, pour quitter le squelette et le mettre à nu. Revenu à la réalité, grandissait mon dégoût. Ses mains, dans chacun de leurs mouvements, m'apportaient un malaise, un délire simiesque, et ce corps de l'homme, célébré de tout temps par les peintres et les sculpteurs, offrait son ridicule, provoquait ma nausée, avec ce torse, cage imbécile, ce ventre, réceptacle d'excréments, ces membres stupidement ballants, cette tête, boule posée sur un piédestal affreux à laquelle on ajoute un couvre-chef pour affirmer sa hideur. Et lui, l'autre, bien à l'aise dans son manteau de boue, ressentait-il en me regardant la même aversion ? Cependant, pour me sauver de l'inhumanité de mon rejet, un autre être humain, de semblable matière composé, me portait à l'acceptation : le marquis Bisao, mon maître, civilisé dans un univers barbare parce que la spiritualité habitait ses formes. Il représentait l'achevé dans une création inachevée. J'aimais sa discrétion, sa mesure, une certaine manière de s'excuser d'être là et de s'en étonner, et, parce que passé par le filtre de la souffrance et revenu purifié d'un autre monde, apportant une présence rayonnante.

Toute personnalité se compose d'un mélange subtil d'inné et d'acquis. Or, si l'ennemi et moi, détenteurs de ces conditions jusqu'au dédoublement, représentions le même personnage, ce qui différait dans nos récentes acquisitions remettait en question notre histoire, et, dès lors, la personnalité dispersée n'était plus la même. Chacun devenu le Pygmalion de lui-même, nos différences s'affirmaient et je gardais le vague espoir d'une négation de notre identité. Survint un incident qui me montra le délabrement mental de l'autre analogue au mien. Je m'en convainquis une nuit où ses gémissements me réveillèrent. Depuis que le souvenir de Hayano avait fortifié notre haine, nous tenions nos chambres closes, préférant étouffer dans l'air raréfié plutôt que de rester perméables à toute intrusion. Je sortis par le jardin, contournai la vasque et, par une ouverture du rideau, éclairée par un rayon de la lune haute, j'espionnai le dormeur. Sur sa couche défaite, il se tournait et se retournait, supplicié, tel saint

Laurent sur son gril. Je vis que les rayures tatouées sur la peau de son torse rougissaient. Soumis à l'étrange mal ardent, il brûlait, subissait une souffrance intolérable. Quel cauchemar lui faisait revivre un martyre autre que le sien ? Quel enfer portait-il en lui ? Quels démons attisaient son feu ? En quel cercle des lieux infernaux se trouvait-il ? Auprès de ce qu'il subissait, mes maux passés n'étaient rien. J'en eus la certitude : il parcourait les jours néfastes du marquis, il ne se trouvait pas au lieu où je le voyais, mais ailleurs, dans un autre temps. Il rêvait d'Hiroshima, il en revivait la Passion, tout son corps recevait les stigmates. Spectateur du supplice, j'éprouvais moins une délectation devant le mal de l'être honni qu'une jalousie insane, une envie masochiste : il prenait ce qui m'était dû. A plusieurs reprises, il porta la main à son oreille en hurlant et je crus la voir s'embraser. Les flammes de son feu vif s'irradiaient. Impuissant à me déterminer, je ne fis rien pour lui porter secours. J'assistais impuissant aux signes d'une Apocalypse incomplète, sans la Révélation. M'attendant que, au matin, il ne restât du corps haï qu'un tas de cendres, je m'éloignai. Fut-ce son cauchemar ou le mien ? Au matin, il se présenta à la table du petit déjeuner sans que rien de son tourment nocturne ne se lût sur ses traits. Son vaste appétit habituel parut même multiplié : par deux fois, il réclama à la servante de nouveaux toasts.

Une autre nuit, je fus victime d'un attentat. Je ne sais quelles hantises le provoquèrent. Éveillé en sursaut, j'assistai à ma propre fin. Des doigts puissants se crispaient sur mon cou pour m'étrangler. Ma tête allait éclater. Prolongeant l'atrocité de l'étouffement, des pertes de conscience se succédèrent après lesquelles je ressentis une plus haute souffrance, l'agresseur mesurant savamment son étreinte pour la prolonger. Un ultime instinct vital me conduisit à lancer mes mains en avant pour saisir les poignets de l'assassin, mais elles se refermèrent sur le vide. En même temps, cessa immédiatement la douleur et l'air pénétra dans mes poumons. Éperdu, en sueur, j'allumai la lampe pour ne constater dans la pièce fermée que ma seule présence. Démence! Au sommet de ma colère, tel un justicier, croyant détruire l'autre, je m'étais appliqué à m'étrangler moi-même.

Ces horreurs, si elles n'apaisèrent pas ma haine, me portèrent à la réflexion. L'autre moi ne représentait pas un Caïn dont j'aurais été l'Abel, pas plus que le contraire. Chacun de nous portait à la fois l'exterminateur et l'exterminé. Il suffisait d'une circonstance inattendue pour que l'un des deux s'affirmât en chacun de nous et fît de l'autre l'assassin dont la race serait maudite ou la victime dont fructifierait la postérité. Amertume! Déchiré de ce temps dérisoire, je cachais ma blessure en inventant l'attente. Et si, au lieu de cet ennemi, de ce larron de mon plus cher souvenir, des aubes fraternelles il m'était venu un compagnon! Je l'aurais aimé. Son corps aurait été le mien. Nous aurions élévé au mystère de la vie le même hymne. Ma solitude à jamais reniée se serait perdue dans les masses confuses de la mémoire. Tant que nous n'étions que deux, nous pouvions encore nous supporter, exister ensemble, fût-ce dans l'indifférence. Or, notre relation, par l'intrusion de Hayano cessant d'être binaire, avait mis en action une dynamique de haine irréversible et grandissante devenue notre seconde nature. Depuis que, dans son cauchemar, j'avais vu ardre et se tordre son corps, je ne désirais plus son supplice. Je voulais qu'il ne fût pas, qu'il n'eût jamais été, que, vapeur de soufre, un éveil de l'air le chassât. Ma décision était arrêtée: comme dans le peuple des abeilles, détruire l'inutile bourdon. Durant les heures blanches et les heures noires, cherchant le moyen de l'éliminer, je me projetai dans des régions ignobles, je hantai l'immonde demeure d'écœurants préparatifs en les nommant Justice. Quel destin arracha de ma main le poignard ou le poison ? La rage meurtrière, par une parade imprévue, sombra dans les boues d'un marais aussi corrompu que mon âme. Toujours resterait, accusateur du crime envisagé, ma présence, mon visage portant son visage, mon corps, son corps telle une bête en moi, vautour, hyène, ver, parasite. Il s'ouvrirait, bouche, plaie, abîme, et je verrais dents, suçoirs, ventouses là où fleurissent la parole et le sourire. Aux époques sombres, il réapparaîtrait, se nourrirait de ma substance, me détruirait, me digérerait, déchirerait ma durée et, durant des éternités, j'aurais mal à mon cadavre.

★

S'étirèrent, ombres lentes, des jours de survie, des jours que je dirais de vie végétative si les végétaux n'affirmaient leur croissance. Que n'étais-je pierre et non pas cette matière molle ! Mes velléités se noyaient dans la torpeur, extraites de leur moite cocon lorsque la présence exécrée mêlait à mon sang le liquide corrosif de la criminalité. J'ai pensé poison, j'ai pensé poignard et s'ajoutaient les innombrables moyens de détruire la fragile créature, armes à feu, pendaison, noyade, que sais-je encore ! abominable inventaire où le choix retarda ma décision ou, parallèlement, la sienne. Désirant sa non-existence, il m'arriva de prier je ne sais quelle divinité pour qu'il disparût sans laisser même la trace d'un cadavre. Je fus exaucé par l'objet même de la sombre requête sans son suicide et sans mon effacement. Ô mon maître, vous m'avez alors abandonné, vous qui deviniez mes plus secrètes pensées avant leur éclosion. Vous en êtes-vous remis au temps ou à la destinée? Vos yeux restèrent-ils fermés à cette détresse? Désiriez-vous ne prendre aucun parti? Je ne le saurais jamais et je préjuge que vous avez répondu à l'événement hors nature par un silence de sage. Jamais la fumerie d'opium ne fut à ce point silencieuse, jamais le piano nocturne ne fut aussi muet. S'il naquit des paroles sur vos lèvres, ce ne furent pas les vôtres: elles surgissaient glanant des réminiscences sans lien apparent avec la situation présente. Je vous revois tenant votre pipe entre deux doigts et murmurant: « "Si le feu de la fin du monde éclate tout à coup et si les chilioscomes sont réduits en cendres, où êtes-vous?" demanda Ying, et An répondit: "Je ne sais pas." » Toujours l'énigme. Vous viviez par et pour l'énigme pour vous baigner dans l'immensité et moi je restais dans mon étroite cellule sans voir le ciel.

Mes travaux même me refusèrent: je m'y adonnais l'esprit vide et ne trouvant que phrases creuses, écriture sans contenu, paroles sans âme. Alors que, naguère, il délivrait les fruits d'une constante imagination, mon arbre sans terre étendait ses branches mortes. Comment répandre l'idée de paix alors que j'étais en guerre? Et cette guerre, je la croyais déjà l'état naturel du monde. Je connus le doute: les attaques méprisantes de l'autre trouvaient leur chemin. Des rapports de Tokujiro expédiés à Tokyo, le marquis reçut des échos décevants: mon ami n'étant pas le maître de ses informations, il en rapportait la négativité. Les hommes ne sachant vivre qu'au quotidien, l'avenir ne représentait pour eux que l'espace d'une ou deux générations. Au-delà s'étendaient des zones réservées aux utopistes ou aux amateurs de littérature d'anticipation. Si des inspirés découvraient des horizons plus vastes, ils dédaignaient d'agir et se contentaient de révéler leurs visions dans des textes fort beaux destinés à d'autres inspirés. Quant aux responsables que la *vox populi* élevait au pouvoir, ils ne cherchaient qu'à s'y maintenir, se soumettant dans ce but à la publicité locale et au nationalisme. Une voix secrète m'enjoignait de faire confiance à la parole porteuse de ferments et je l'imaginais, plus qu'œuvre d'art, ouvrage d'art comme ceux des constructeurs de routes et de ponts. Habité par mon propre problème, original et dénué d'exemplarité, le doute, s'ajoutant à mon absence de génie, affirmait ses ravages. Selon telle ou telle circonstance, le chant apaisant d'Orphée pouvait se tranformer en charge de dynamite. Que faire quand la religion préparait des luttes? quand l'œcuménisme chavirait? quand le patriote défendait à son insu des intérêts supranationaux? Que faire si la faillite des marchands d'armes entraînait la famille ouvrière? Mon approche du problème, en dépit des soins de mon maître, me parut fondée sur des bases chancelantes, corruptibles, incomplètes. Les institutions destructrices, les phobies, les instincts de destruction, les complexes de supériorité et d'infériorité, les élans fratricides, tout ce qui habitait notre maladie détruisait l'harmonie. En chacun de nous guerroyaient deux cerveaux: celui du reptilien tertiaire et celui de l'homme civilisé. Tous les hommes portaient en puissance un guerrier par excès d'amour enfermé dans des frontières et un monstre par le rejet d'un amour planétaire. Les rites de paix, le commerce, l'échange, l'aide: il nous fallait des pactes, des contrats, des coutumes. L'univers attendait, plus qu'un Messie, des êtres de savoir nouveau, au-delà du savoir, qui apporteraient ce message dont je ne supposais pas le contenu. L'humanité avançait péniblement vers un suicide remis sans cesse au lendemain. Sans un projet inédit, sans une remise en question de l'Histoire, aucun avenir autre n'était supposé, les sociétés se figeaient devant le mur par elles dressé. Sans issue autre que d'attendre lâchement la fin, la pensée errait, observait sans intérêt sa décomposition. S'élevaient comme les miennes, de vagues incantations. Qui oserait tenter les fantastiques métamorphoses rendant l'homme égal à l'homme devant ses conquêtes? Qui détruirait les immondices de l'inégalité? Et comment concilier la sagesse diffusée par l'esprit contemplatif et l'éclair lumineux traversant les consciences, amenant l'être à se construire?

De grands esprits se distribuaient en de vaines tâches, apportaient leurs dévotions à un humanisme défait sans renouveler ses maximes, préparaient des discours solennels de lauréats idéaux, collectionnaient les titres *honoris causa*, disséminaient leur signature au bas de manifestes contradictoires. Je les nommais les Éoliens, non pas habitants de l'Éolide ou des îles Lipari, non pas extracteurs d'eau des puits, mais soumis au dieu des Vents qui anime les girouettes, et ces Éoliens représentaient l'intelligentsia d'une intelligence limitée à elle-même. En pays de soif, la désertification triomphait. Et toi, la Guerre, de toutes tes canines et de toutes tes griffes, selon ton habitude, tu triomphais, Raminagrobis dévorant le vainqueur et le vaincu. Guerre de Cent Ans, guerre de Trente Ans, guerre éclair, ta durée était la même, celle de l'écoulement du temps, avec parfois un soupir appelé la Paix, l'instant de reprendre appétit, Gorgone! Tels des amuse-gueule, guérillas, stratégies logistiques pour militaires électroniques, napalm et biologie chimique, la peur comme arme, la terre pour fosse commune, de nouveaux modes de destruction imitaient la bombe nucléaire en donnant aux manipulateurs la palme de ne point y avoir recours, la bonne conscience de tuer quelques hommes de moins. Si habiles à édifier des systèmes philosophiques, à faire progresser les sciences du langage, à préparer des révoltes pour les déguiser en révolutions, à enrayer les épidémies de grippe, à percer les secrets du sexe, quelle impuissance observions-nous devant la lèpre des conflits, matière à la narration de déplorables Énéides sans même la puissance homérique pour parer de vertu le vice originel! Hélas! combien étaient-ils de par le monde, tentant de leur île la diffusion d'une parole qui resterait chuchotement? Légion peut-être, mais réduits chaque jour par le découragement, se croyant voyants parce que pas tout à fait aveugles, en fait victimes d'une myopie qu'aucun verre ne saurait corriger, et se laissant gagner par l'habitude des guerres chaudes ou froides provoquant leur tiédeur. Le bruit du tonnerre ne suivait plus l'éclair mais le précédait. Tout fulgurait. L'arme, telles ces épées magiques de la geste, Durandal ou Flamberge, plus rapide que le bras, pourfendait sans lui demander son aide. L'homme ayant inventé une nouvelle forme du Jugement dernier, celui-là se ferait sans juge. Il n'y aurait que partie : le verdict inéluctable, nul ne serait là pour l'édicter. Que pouvait la vieille, la si vieille parole contre la technologie électronique? Quel diplomate pouvait se substituer au guerrier? Et quel art de convaincre à celui de contraindre? Et quelle politique, son prolongement naturel étant la guerre, saurait s'opposer au désastre?

Ces propos de pensée courante, donc impuissante, montraient la faiblesse de mes armes pacifiques contre d'autres cent mille fois plus fortes, affirmaient mes étroites limites, entamaient ma résolution. Je les rappelle ici pour exprimer mon désarroi tandis que je veillais dans ma tranchée face à cet ennemi, caché lui aussi, pas tout à fait un autre, pas tout à fait moi, car l'on ne saurait se haïr à ce point, et qui serait devenu, sans sa fâcheuse nature, le Pylade d'un Oreste ou le Pythias d'un Damon. Pour un pèlerin de la paix, quelle punition céleste que de vivre

Méduse, les cheveux transformés en serpents pour personnifier la nuée orageuse !

Tandis que l'un de nous deux, incapable de porter plus longtemps le masque qui l'étouffait, se préparait une route, l'autre imaginait la déraison de la violence, et il s'agissait de moi, l'idéaliste, le quêteur de savoir et de sagesse ! Ce matin-là, sur la proposition d'Uchida s'ennuyant d'une si longue escale, je l'accompagnai sur une simple barque pour une partie de pêche. Alors que nous jouions de l'aviron, je vis le cabin-cruiser qui s'éloignait par bâbord en direction d'Okinawa. Nous fîmes de grands gestes de salutation qui restèrent sans réponse. Cela nous étonna : Shintaro était la courtoisie même. Sans y prendre trop garde, nous gagnâmes le large. Habitué à de plus hautes manœuvres, mon joyeux matelot (sa bouche largement fendue avait été dessinée pour le rire et la joie dominait toutes les expressions de son visage — aurait-il pleuré que cette particularité l'eût fait croire plein de jubilation), dès qu'il se trouvait sur une embarcation légère, perdait ses moyens et manifestait sa maladresse, l'espace trop étroit ne lui permettant pas d'exercer son art. Tandis qu'il préparait les lignes, je pris donc la direction des opérations, ce qui, retenant mon attention, me fit oublier ma tragique situation et mes hantises meurtrières. Le plaisir de la barque, le dialogue muet avec l'océan me ramenaient des mois en arrière, lorsque, paisible armada, sortait la flottille de pêche, puis aux jours où, navigateur errant, je survécus par aberration, ignorant si un vent bon ou contraire m'avait poussé au lieu où la destinée se tenait au rendez-vous. Pour me rappeler ces épisodes, des dauphins nous accompagnèrent. Mon compagnon les désigna comme des victimes en puissance : leur famille pullulait à ce point qu'il était recommandé de les détruire. Désireux de les épargner, en attendant l'éloignement de leur capricieuse troupe, je restai inactif.

Je désirais moins pêcher que m'installer à la proue dans la position du tireur couché pour contempler le sillage peignant de blanc le bleu-vert de l'océan. Uchida chantonnait ou me parlait en mêlant de mots anglais le dialecte d'Okinawa. J'écoutais cette musique pour moi dénuée de sens, me contentant de rythmer son récital de sourires approbateurs. Belle et simple aurait pu être la vie. Le travail serait devenu un jeu et le repos un abandon. Sans le souci des maladies du monde, la coulée des heures aurait offert des fraîcheurs de source. Pourquoi m'avait-on appris à ressentir, à penser, à disséquer? Pourquoi l'existence s'éloignait-elle toujours de la nature? Pourquoi ce Double? Ayant rejoint l'éden des anges, ne l'avais-je pas peuplé de mes démons sous la forme d'un seul les unissant tous? Caresses de l'air, baisers des embruns, mouvement berceur, ciel sans taches, univers bleu, à ce corps torturé par la maladie nerveuse, à cet esprit en lambeaux, dans l'immensité propice, que de bienfaits apportiez-vous!

En ces lieux où toute pêche relève de la manne et du miracle, bien mince fut notre exploit. Cette économie me plut. Uchida me surprit à jeter ma ligne sans avoir approvisionné les hameçons, ce qui provoqua son amusement. Le moindre poisson ferré lui arrachait un cri de joie, toute défaite un rire: il aimait que l'adversaire fût parfois vainqueur. Il accommoda des filets crus au vinaigre que nous mangeâmes accompagnés de thé vert. Des poissons survivaient dans un seau d'eau tachée de sang. Les avirons me paraissaient lourds. Les parfums marins me grisaient, provoquaient une béatitude heureuse, un oubli. Je me promis de m'éloigner souvent du rivage, de goûter à la joie pure, de communier avec l'eau et le ciel. Par volonté, je retardai le moment du retour, celui où j'aurais à subir le feu glacé du regard antagoniste. Mes yeux voulaient clouer le soleil en un point fixe, le retenir de sombrer pour ne pas m'abîmer moi-même. Ainsi, par une seule présence, la demeure, l'asile aimé, le lieu cher à mon cœur était devenu l'antre fatal, la caverne du dragon, l'aire du rapace. Tuer l'ennemi! Je ne savais rien encore d'un essor libérateur. Et pourtant, lorsque, au retour, l'îlet se dessina, je ressentis le plaisir de suivre son dessin. Je revis mon premier abordage, Tokujiro souple comme un athlète, beau comme une divinité, ouvert, accueillant, hôte prêt à satisfaire tous les désirs. Je lui devais une part de ma métamorphose : je n'étais plus cet Ego qu'il avait fêté, mais un autre, mûr et responsable. Hélas! décimé aussi et prisonnier de chaînes. Ce jour-là, nous ne voulions plus, Uchida et moi, quitter l'océan favorable. Nous rentrâmes au soleil couchant qui teintait de rose le blanc des plages. Au fur et à mesure que nous approchions de l'îlet, les instants de bonheur s'éloignaient à la poupe tandis qu'à la proue grandissait mon appréhension. Sur le port, Shintaro ceint d'un tablier de cuisine et coiffé d'un calot blanc palabrait avec un inconnu dont j'apprendrais qu'il venait de piloter le cabin-cruiser au retour de Naha. Aussi, au matin, ce n'était pas Shintaro que nous avions cru voir s'éloigner. D'ordinaire si souriant et courtois, le vieux serviteur me considéra avec agacement. De quel manquement au bon ordre des choses m'accusait-il? La disparition du bateau, toute la journée, l'avait inquiété. Parce que j'ouvris les bras en signe d'incompréhension et d'impuissance, la paix se répandit de nouveau sur son visage. Avec un geste fataliste, il désigna le canot automobile: l'important restait qu'il fût là, en parfait état. L'incident serait oublié. Mais quel incident? Il se chargea du poisson de notre pêche et ordonna à Uchida et à l'inconnu de le suivre.

Le souffle court, saisi d'inquiétude et de doute, partagé entre des réflexions inachevées, je traversai le parc sans le voir et pénétrai dans la demeure. Installé sur la terrasse dans un fauteuil de bambou, Alexandre J. Bisao tenait une cigarette à l'écart de son corps. Ne voulant pas troubler sa solitude, j'attendis qu'il se manifestât. La mère de Tokujiro s'approcha et rebroussa chemin. Mon maître se leva, écrasa sa cigarette dans une soucoupe, alluma une lampe. Il se retourna lentement et, plus lentement encore, il s'approcha de moi, me regarda avec une sorte d'affection étonnée. Il posa ses mains contre mes épaules et m'étreignit. J'entendis alors la voix chuchotante et grave de celui qui, durant tant de jours, était resté muet. Il murmura (et ce fut comme si une buée s'élevait des eaux) : « Ego-san, je vous retrouve. Votre deuxième ombre disparue, je vous retrouve tout entier... » Je dis : « *Il* est parti ? » D'une voix chantante, il reprit : « Les jours paisibles vont renaître. Les terres sont désormais purifiées jusqu'aux plus lointaines contrées de l'espace. » Ô paroles enfin délivrées de l'énigme, avec quelle liesse je vous reçus ! Il resserra son accolade, tapota mon épaule, me sourit et s'éloigna. Mon regard parcourut l'océan et revint à la grande pièce comme s'il la découvrait, chaque objet devenant plus visible. Je fus plein de reconnaissance pour ce cœur sans entraves qui me libérait des miennes, ce cœur illimité, pareil à l'espace qu'il évoquait, ce cœur en conformité avec toutes les sagesses.

J'eus le désir du lieu clos, de ma chambre où, face aux trois Bouddhas, je me terrerais pour tenter d'unir mes pensées éparses par un lien, où je découvrirais peut-être l'apaisement du sommeil. Or, en cette harmonieuse retraite, régnait le désordre. Le visiteur avait tout répandu, fouillé jusque sous le matelas pour découvrir quelque objet caché alors que je ne dissimulais jamais rien. Au pied de la penderie entrebâillée, gisaient des vêtements dédaignés. Mon vieux sac de marin avait été vidé sur le sol. Le bon ordre de ma chambre conditionnant le bon ordre de mes pensées, je réunis les objets épars. Sans établir un inventaire, je procédai à un rangement minutieux. Inutile de chercher à découvrir l'auteur de ce bouleversement puisque je le connaissais déjà, devinant même les objets du larcin. Je pliais le linge qui restait, ordonnais la literie quand j'aperçus dans l'espace entre le deuxième et le troisième Bouddha une enveloppe jaune. Je la saisis, voulus remettre à plus tard de la décacheter, mais elle brûlait mes doigts. Elle ne portait aucune inscription. Je l'ouvris pour en extraire une feuille de papier de riz sur laquelle, d'une écriture pâle, au crayon, un court message était tracé. Pour le lire, je m'approchai de la fenêtre que j'ouvris. Après avoir respiré par trois fois, je dus allumer une lampe. Je reconnus une écriture presque identique à la mienne, à l'exception d'une manière compliquée de former les majuscules. Je découvris ainsi ces lignes définitives :

> Je vous délivre de ma présence et je me débarrasse de la vôtre. Vous ne me reverrez jamais et jamais je n'aurai le désagrément de vous revoir. Ne cherchez pas à me retrouver : cela vous serait fatal. Mais, sans doute, n'en avez-vous pas plus que moi le désir. Hier, je vous exécrais ; aujourd'hui, vous n'existez plus. Au retour de votre sotte promenade, l'avion m'aura porté loin, tout ayant été prévu de longue date. J'ai dû commettre ce que vous tiendrez pour un vol. Rappelez-vous que vous n'avez pas de possessions qui ne soient les miennes.

Aucune signature ne suivait: lui avait-il coûté d'inscrire son nom, mon nom? Pas de formule d'adieu (toute la lettre en était une), aucune allusion, aucun message pour mon hôte. Si j'en jugeais par la fermeté indéniable de son caractère, par son mépris d'autrui, nous avions en effet perdu pour lui toute existence. Étonné qu'il eût pris la peine de m'écrire, je remis le message dans son enveloppe et le posai là où je l'avais trouvé. L'esprit déserté, je donnai tous mes soins au rangement. Il restait le kimono, un pantalon et deux chemisettes, divers objets dont mes instruments de marine. Avaient été distraits: mon passeport (le sien aussi, je devais le reconnaître), le carnet de chèques, les yen serrés dans une boîte. Je découvris le carnet de bord de l'*Ego* parmi les pages duquel une carte d'identité avait échappé à son investigation. Ce papier où s'inscrivaient mon nom et mes prénoms, ma taille, la couleur de mes yeux et le néant de mes signes particuliers me rassura telle une preuve absurde de mon existence. Libéré de l'intrus, imagine-t-on qu'un soupir de soulagement souleva ma poitrine? Il n'en fut rien. Survivant d'une époque de plomb, mon corps s'affaissa. Au lit, je demandai secours. Allongé en travers, sur le dos, j'attendis de retrouver ma juste pesanteur. Au métal lourd succédèrent le gel, puis la coulée glaciale des eaux. Mes nerfs en s'apaisant me meurtrirent. A ce moment-là seulement, l'intrus s'extirpa de moi. Plus tard, dans le miroir, je découvris ma pâleur: avait-il emporté mon sang?

Cet autre moi que je n'avais jamais tutoyé, ce porteur de la tyrannie d'un «je» issu de ma personne, ignorerais-je toujours la cause de sa venue? Dans la situation d'une mère ayant accouché d'un enfant mort, je fis front à ma faiblesse. Je garde un souvenir confus des sentiments qui m'animèrent alors, celui d'heures d'abattement, de fatigue, traversées par l'onde de choc de trop fortes épreuves. Comment interpréter ce départ? Repli, retrait, capitulation? Voilà que je mesurais l'événement en termes de stratégie! Il avait pris le parti d'échapper à notre guerre froide avant qu'elle ne connût l'incendie. Refusant le combat, bien que les apparences fussent contraires, ne m'avait-il pas vaincu? Je ne pouvais me résoudre à attribuer son départ à la sagesse car une telle option m'eût rendu jaloux de ne pas l'avoir moi-même tentée. Survivant d'une longue bataille sans savoir si je figurais l'assiégeant ou l'assiégé, je ne m'habituais pas à ne plus vivre sous la menace, à ne plus m'envisager telle une arme. Brusquement, là où s'affirmait ma liberté entière, je me retrouvais seul et sans objet, des murs nouveaux limitant mon avenir. M'ayant quitté moi-même, ne m'attendais-je pas sur les lieux d'un rendez-vous désert? Celui dont je voulais la perte, voilà que sa désertion ne m'apportait pas un sentiment de délivrance, mais celui d'une perte de densité: réduit de moitié, assurerais-je encore ma démarche? Ou bien, souffrais-je du mal que je n'avais pu faire? Je connus la tentation de retourner le glaive inutile contre ma poitrine.

Quant à la dictée supérieure de l'événement, j'ai cessé de m'interroger à son propos: je sais la question condamnée à rester sans réponse. Quelle science parallèle à la tératologie ou à l'embryologie étudiera ce problème? Aucun cerveau scientifique n'avait été préparé à l'éventualité d'un tel phénomène. Miracles, métamorphoses produits par la déflagration atomique, dédoublement mystique dans la nature du Bouddha, matérialisation d'un élément du dualisme humain, séparation de l'affirmation et de la négation cohabitant dans l'être, que sais-je encore? Ô questions, ne cesserez-vous jamais d'ériger vos potences? A peine libéré, revenu au monisme, dans ma pensée se reformaient des oppositions manichéennes.

Par couples s'avançaient l'égoïsme et l'amour, la matière et l'esprit, la causalité et l'expérience, le réel et l'idéal, et ma tâche était de les unir ou de dépasser leur opposition. Homme de peu de savoir, passif objet du destin, cela me paraissait moins redoutable que d'envisager la question du Double. Combien d'années avant d'éteindre cette misérable lampe aurais-je à parcourir ?

★

Si je devais parler de l'amitié, de la constante attention du marquis (au sens à la fois de gardien d'une marche territoriale et de noblesse de cœur), de sa manière d'offrir son silence, toutes les pages de mes cahiers n'y sauraient suffire. Je ne doutais pas que celui que je me résous à nommer Emmanuel eût recueilli le crédit de mon compte bancaire. Je fis taire ma curiosité à ce propos. Or, l'arrivée d'un relevé confirma la justesse de mon soupçon : l'actif en avait été prélevé, ce que je ne jugeai pas comme un vol, encore qu'il eût pu opérer un partage. Le prix de son départ ne me parut cependant pas élevé. Curieusement, après deux semaines, je reçus un rectificatif de la banque : selon son directeur, il s'agissait d'une erreur dont il quêtait longuement l'excuse non plus en ayant recours aux formules lapidaires des affaires, mais aux richesses et aux subtilités de langage dont sont pourvus les Japonais dès lors qu'il s'agit de nuances et de courtoisie. Selon mon correspondant, la somme inscrite en ses livres n'avait jamais varié. Cela ne laissait aucun doute : mon généreux maître, averti de la perte, l'avait compensée. Une telle discrétion dans l'offrande, dans la réparation d'un dommage ou de ce que l'on pouvait tenir comme tel (car il m'avait laissé indifférent) par qui n'en était pas responsable obligeait la discrétion de celui qui reçoit. Que faire, que dire sans créer un état de gêne? Je reçus ce bienfait parmi tant d'autres avec émotion, me demandant ce que je pourrais apporter en retour, sinon ma ferveur et mon affection. Ainsi un être selon mon cœur existait et cet exemple me ramenait à mon désert, à mes tares, à cette impossibilité à contenir ma répulsion, à réprimer ma haine, à détruire mes forces agressives, même si, après le Déluge, je les atténuais en les imaginant dirigées contre moi seul.

Un accident, en quelque sorte postopératoire, me bouleversa. A la tombée du jour, je me dirigeais vers la pierre plate du jardin de la méditation quand la mère de Tokujiro me rejoignit. Surpris, je m'inclinai. Levant les yeux, je vis son beau visage mouillé de larmes traçant des stries sur son maquillage blanc. A la commissure de ses lèvres, telle une goutte de sang, du rouge coulait. Avec une expression douloureuse et folle, elle me regarda longuement, me scruta comme si elle hésitait à me reconnaître. Je restai muet. Je n'avais à lui offrir que mon silence et ma présence, une sympathie, une souffrance en écho à la sienne. En phrases muettes, je lui exprimai ma compassion, je lui dédiai ma détresse. Soudain, je perçus que son visage reflétait non pas la douleur du passé lointain, mais une autre, immédiate, et qu'elle se rapportait à moi. Dans un éclair, je l'appris: la pensée d'Emmanuel la tourmentait. Comment l'assurer qu'il ne s'agissait que d'une forme fugace, d'une ombre disparue, d'une illusion, rien à regretter, rien à pleurer? Elle approcha son visage du mien comme si ce mouvement lui était familier. Je sentis l'haleine chaude de sa bouche. Un instant, je crus qu'elle allait la poser sur la mienne. Elle recula, fit le geste d'une caresse sur mon visage et son regard fut plein de douceur, puis avec une brutalité inattendue, elle passa ses mains sur sa figure pour y glaner le liquide de ses pleurs, elle porta ses doigts humides à mes joues et je sentis la griffure de ses ongles. Je reçus dans l'immobilité cette singulière offrande qu'elle répéta deux fois. Que cherchait-elle à exprimer? M'offrait-elle les larmes qu'elle eût voulu voir couler de mes yeux? Quand elle s'éloigna, me laissant avec mon trouble, je cherchai une signification à ce contact, le tenant, à défaut d'une explication, pour un symbole sans en reconnaître l'idée et ses analogies. Avait-elle voulu m'arracher un masque ou poser celui de l'absent sur mon visage? Que savait-elle du mystère? Et moi-même, qu'en savais-je? Un affreux soupçon me traversa : et si Emmanuel qui, dois-je le souligner? avant son apparition était ce moi pas encore détaché de moi qui vénérait la mère de mon ami, par le jeu des métamorphoses et la conquête d'un caractère propre, différent de celui de l'origine (celui exécrable que je lui connaissais) avait dirigé mon sentiment respectueux vers une autre forme? J'écartai cette idée tant elle me parut monstrueuse, profanatrice (à ce point que je me sentis souillé par elle), à moi qui envisageais la Dame comme la pureté radieuse, la mère éternelle, le douloureux secours, la fée bienfaisante et elle-même blessée. Ainsi, lorsque j'unissais les religions du monde et que j'étais ainsi ramené à celle de mon enfance, la première image qui s'imposait à moi ne prenait pas le visage du Christ, mais celui de la Vierge illuminée, illuminante, son enfant dans ses bras, berçant avec lui toute l'humanité, puis celle de la *Mater dolorosa*, portant le long cadavre. La mère de Tokujiro, la Dame, je ne la voyais point femme, je ne l'envisageais qu'en mère, unie au fils et non à l'amant. Terre abondante et riche ou terre morte et désolée, branche chargée de fruits lourds ou rameau pathétique et nu tendu vers le ciel pour une supplication. Alors que la mort lui avait arraché son autre moitié terrestre, elle la ressuscitait dans un fils, elle poursuivait sa veille ardente. Sans savoir si, de ses mains, j'avais reçu l'offrande ou la flétrissure, je restai muet, immobile, solitaire.

Des nuits se succédèrent offrant de grandes pluies d'étoiles filantes. Je repris le cours de mes travaux. Ma tendance à la rêverie s'accentua. Le moindre bruit suffisait à m'en extraire. Je tendais une oreille inquiète : par quelque dictée surnaturelle allais-je voir réapparaître, contre son gré et le mien, le visiteur indésirable ? Comme un insomniaque cherche le bruit, absurdement, je le cherchais, je croyais deviner sa forme et entendre son pas. Que le bœuf séparé de son frère de joug dépérît, je le concevais car je connaissais leur partage de la détresse et de l'esclavage, de l'effort et du repos, mais, dans mon cas précis, n'était-ce pas le joug lui-même qui m'avait tenu lieu de compagnon ? Devais-je combler le vide laissé par lui ? Je repris ses travaux, je fus sur les lieux de sa fréquentation, et notamment à la ferme perlière où je me rendis avec quelque répugnance. La jeune manufacturière procédait au tri des billes nacrées et vivantes qui s'animaient au bout de ses doigts fuselés, roulaient sur un tissu pour être rattrapées d'un geste habile. Arborant un sourire enjoué, je saluai toutes les personnes présentes. Je fus bien obligé de dire que « mon frère » nous avait quittés. Des directives me furent réclamées. Je promis de réfléchir. Dans les regards, je lus que l'autre prenait plus rapidement que moi ses décisions. En fait, parmi ce personnel, une seule ouvrière m'intéressait : celle dont le visage était le plus fermé, la maîtresse d'Emmanuel. Là où je tentais de découvrir de la souffrance, je lus de la colère et du mépris. Me réservait-elle une part de sa rancœur après l'abandon de mon reflet ? Je mesurai l'importance des innovations techniques de ce dernier, sa nouvelle distribution du travail : construction de nouvelles tables à casiers, appareil moderne destiné à percer les perles, création rationnelle d'une chaîne de travail. Cela me fit regretter l'aspect artisanal presque disparu, cet art combinant savamment lenteur et rapidité, cette culture du plaisir loin de l'idée d'industrialisation. Je vis rentrer les plongeuses armées de tridents dont elles se servaient pour détruire les poulpes ravageurs. L'activité semblait multipliée. Plus porté que moi aux affaires, le Double n'avait pas hésité à bousculer la tradition en faveur de ce qu'il appelait productivité. Si intelligentes qu'eussent été ses initiatives, je me promis d'encourager un retour à l'ancienne manière.

Puisqu'elle seule m'adressait des signes, je me confiai à la nature. L'eau murmurante d'une source se perdant parmi les rochers, se dispersant en rus courant vers l'océan me disait l'écoulement du temps. Les arbres ornés de fleurs me ramenaient à cette idée de la vie fructueuse et laborieuse. De l'innocente colombe à la diligente fourmi, toute créature m'instruisait. Jusque dans les herbes folles, je cherchais une écriture. J'observais les édifices de l'architecture animale, nids d'oiseaux, terriers, refuges d'insectes, essaims, les délicates trouvailles du mimétisme. Avec l'aide de manuels, je me promis de constituer un herbier réunissant la description de chaque plante. Toute chose vivante, toute matière apparemment inanimée m'indiquait de me frayer un chemin parmi la diversité. Tout bruit évoquait une instrumentation plus vaste ; je percevais de sensibles symphonies dont je retrouvais les échos le soir, car mon maître s'était remis à jouer du piano, à jouer pour la nuit, pour lui et pour moi. Tout parlait à mes sens. Tant de phénomènes visibles rendaient le dédoublement inadmissible et inexpliqué moins redoutable. Qui remplissait le ciel d'une eau pour la rendre ensuite à la terre ? La nature offrait une intense prodigalité, dispersait des richesses sans nombre : l'abondance préservait une part destinée à se perpétuer tandis que l'autre la féconderait de son pourrissement. J'imaginais une foule de finalités sans parvenir à la plus infime idée de celle qui les dominait toutes. Et si l'inconnu avait créé un être à ma semblance pour sauvegarder une des deux créatures, l'autre étant promise à la destruction ? A quoi aspirais-je ? Méditant, je découvris un concept moins simple qu'il n'y paraissait, celui de la recherche de l'éden, du bonheur si difficile à définir, à situer, à atteindre. Dissertant, aurais-je répondu en sensualiste par la recherche du plaisir, en stoïcien par la hautaine vertu, en positiviste par l'utilité et l'intérêt ? J'envisageais les voluptés et les sagesses, les gloires et les avidités qui n'acquièrent rien que d'inférieur, les pouvoirs qui penchent plus naturellement vers le mal que vers le bien. Ayant écarté de misérables jouissances, j'en venais à l'art, à la pensée, à la littérature, à la musique, aux progrès de l'âme pour tendre à une conclusion me dictant que le bonheur en question, objet ou sujet, ne saurait être une fin. Le mot même me parut vide de sens parce que, tel un ogre, insatisfait, médiocre, de petite portée. Mais être là, vivre, penser, donner, recevoir, souffrir, tendre les paumes vers le ciel du soleil jeune et des vieilles pluies, adorer l'adorable et tenir pour tels les dons variés de la destinée, du clair à l'obscur, de la caresse à la blessure ! Je me perdis encore dans le labyrinthe où l'événement inimaginable m'avait égaré. Les voyages de mes pensées restèrent errances et je poursuivis ma route sans sextant, sans boussole et sans étoiles. Seul mon chemin dans l'îlet ne pouvait m'égarer, j'en connaissais les contours au point de les tracer de mémoire sur le papier, j'en savais les secrets, j'en connaissais le minéral, le végétal et les hôtes vivants de poil et de plume, les générations d'oiseaux, d'insectes, de petits mammifères. Imprimée sur ma rétine, mon île resterait le plus visuel de mes souvenirs.

Si je m'efforçais d'oublier Emmanuel, toujours quelque vapeur me cernait, m'obligeait à voguer en pensée avec lui vers un destin ignoré. Lui, toujours lui, cette part de moi fuyante, se reconstruirait-il ailleurs une existence exempte d'angoisse, trouverait-il l'oubli dans le travail, la fondation, l'organisation lui convenant si bien ? Entré dans la bataille du monde, je l'imaginais dans les ruches urbaines, à l'aise dans un décor d'usines, de manufactures aux toits en dents de scie. Se dressaient des villes noires et tentaculaires, un univers d'acier, de monstres vomissant le métal en fusion, de fours aux gueules béantes, de concasseuses et de marteaux-pilons tonnant comme les enfers. Des cylindres écrasaient des lingots, les transformaient en blooms et en brames, en billettes, en profilés et poutrelles. Les Fukuyama, les Magnitogorsk, les Sparrow Point s'accordaient à sa mesure et il devenait le Vulcain de ces forges, la représentation d'une force physique et mentale qui m'avait obscurément contraint. Inféconde rêveries, absurdes divagations, je le voyais encore industriel cravaté veillant sur les courbes de vente dans un bureau réfrigéré où des machines parlantes récitaient des poèmes de chiffres, où sur des écrans géants les sueurs et les peines se métamorphosaient en graphiques, en inhumains déluges cotés, en actions de bourse. L'image s'effaçait et je l'envisageais simple docker portant de lourdes charges, capitaine au long cours, cultivateur chevauchant un glorieux tracteur parmi les étendues du Middle West, chef de gang dans quelque Chicago, soldat de fortune au service d'un monarque africain, exportateur d'armes et de mort, bûcheron dans la forêt des Landes, commerçant guettant le chaland devant son éventaire, politicard de bourgade rêvant à la députation, toute la multiplicité des choix et des refus suscitant de secrètes envies, puis je chassais ces images pour revenir à moi-même. De ma vie, je suivais le cours immobile dans la coulée des jours semblables les uns aux autres auprès de mon maître éternisé tel un séquoia pétrifié dont je serais une branche.

Parce qu'il portait une bonne nouvelle, mon maître vint à mon aide. Il m'annonça le retour de l'oublieux Tokujiro pour le début de l'automne. Dès lors, attendant l'arrivée de l'enfant prodigue, je comptai les jours. J'attendis un magicien ou une fée pour chasser les mauvais augures. Ma quotidienneté se fit espérance. La vie renaissante serait chants et jeux. Je recevrais un ami, un frère, mon seul ami, mon vrai frère. Dans cette liesse, je préparais chaque jour un accueil. Cette fois, ce serait moi qui courrais au-devant de lui, qui lui prendrais la main pour l'entraîner vers la demeure. J'aurais sa légèreté de gazelle, sa souplesse d'athlète. Il admirerait mon corps. Nous serions les donateurs d'un nouvel avenir. Les temps passés, non plus révolus, renaîtraient avec les courses et les sports, les émulations de la lecture et de la découverte, les olympiades de la pensée conquérante. Ce retour, telle une mariée préparant son trousseau ou une mère tricotant sa layette, m'amena à inventer des préparatifs. Les traces de mes épreuves effacées, il ne s'apercevrait d'aucun changement : le mal ayant été apaisé par l'opium, l'excroissance opérée par un départ. Ardemment, je consultais le miroir, m'étonnant et m'effrayant de quelque ride imaginaire, m'émerveillant de retrouver le visage d'un homme jeune et non pas vieilli par la souffrance. Sans connaître un état d'angoisse ou de manque, je diminuai le nombre des pipes. Je sortis beaucoup plus sur la terre ou en mer, je me livrai à des exercices gymniques, je reconquis mon souffle et mon opiniâtreté dans l'effort, Uchida m'y aidant en me servant en quelque sorte d'entraîneur, ce qui dissipait sa nostalgie du large.

Avant d'arriver, Tokujiro se trouvait déjà là, hôte de mes yeux, habitant de mes oreilles, panacée pour mon corps. L'annonce du printemps de notre amitié faisait fondre les recoins de gel de mon esprit, une chaleur bienfaisante se diffusait dans mes membres. Jeune dieu chargé de tous les présents de la terre, il arriverait et tout serait permis, tout deviendrait possible. Je croirais de nouveau à une mission salvatrice s'étendant aux continents de famine et de guerre, un chant d'apaisement orphique repris par des millions de luths. Et je rêvais puits dans les déserts, travaux et récoltes, parole fécondante et ouverture des esprits, partage universel, mains tendues par-dessus les frontières. Tokujiro, je l'espérais comme une femme attend son amant, une mère son fils revenu de guerre. N'éprouvais-je pas envers lui une affection si haute qu'elle brisait les limites du mot pour devenir, aux approches de l'amour, un sentiment éternel ? Le véritable hôte attendu, ce n'était plus un autre moi-même, un Emmanuel venant pour me montrer multipliées toutes mes tares et m'en apporter la contagion en retour, mais lui, Tokujiro, mon semblable heureusement assez dissemblable pour me faire aspirer à son exemple. Allégresse ! Tokujiro dont la douceur présidait à nos fêtes, dont la voix éveillait en plein jour des étoiles de joie. Le métal soudain n'offrait plus aucun tranchant, la roche devenait un asile, l'océan accueillait les astres, s'apaisaient les typhons, les séismes, l'îlet se parait d'écharpes d'oiseaux colorés, je voyais partout des guirlandes, des bannières d'accueil, des avalanches de fleurs, des cornes d'abondance. Satellite, je tournais déjà autour du soleil de mon ami. Sa mère, comblée par sa présence, distribuerait son affection entre lui et moi. Elle guérirait de son mal et de ses étranges larmes, de cette douleur nouvelle provoquée par le départ de mon détestable double. Dans cette liesse passait parfois un nuage noir : cet excès de joie n'apporterait-il pas son revers ? Un lamento ne suivrait-il pas mon allégro ? Et si Tokujiro, me trouvant le même, au contact de l'Europe s'était transformé ? Et s'il revenait accompagné d'une femme occupant tous ses instants ? Et s'il n'était plus celui que j'attendais ? Non, non, je ne le pouvais croire. Après tant de mal, la place devait être cédée au bien. Le marin, après avoir subi la tempête, dirigeait son navire vers les plaisirs du port. Adieu le livre noir, adieu la page écrite en lettres de larmes et de suie ! Les nouveaux feuillets seraient ceux d'un herbier de plantes heureuses. Je les écrirais comme un alphabet de nature, une promesse florale, une divination parfumée.

Je marchais sous les arbres. Pour écouter leurs branches, je me faisais insecte. Afin de ne rien profaner, réduisant le bruit de mes pas, le chant gagnait en subtilité. Je dédiais la ferveur, j'offrais le silence. Si je mordais l'été dans un de ses fruits, je procédais à un rite de reconnaissance. Je m'imaginais historien des fleurs, chantre d'une légende à parfum de pollen, historiographe de l'abeille ou mémorialiste du magnolia. Mêlé aux forces, m'accueillaient les instants de la création. Bourgeon entrouvert pour transformer mes vieux délires en jeunes parfums, je me sentais si proche de la terre que même l'aile d'un papillon n'aurait pu se glisser entre nous. J'écoutais mes racines. Ma poitrine ne recevait plus qu'arômes délicats. Les derniers rayons de l'été m'incitaient à la nudité. Prodige ! Le monde en fleur me disait : « Il reste un peu de place pour toi dans l'univers où les présents abondent. » M'inventant un sourire neuf, je glissais sur les pentes de mon destin. Je chérissais le bonheur d'être le fruit nu. Le souvenir ressuscité de mon amour pour Hayano s'apaisant, j'oubliais l'absurde partage du passé avec cet avatar indigne, cet autre suscitant une jalousie irrépressible me conduisant au crime. Prenant toute la place, Tokujiro apparaissait en devenir. Initié à la vie ouverte, arbre généreux, terre abondante, que ne portais-je pas en puissance! Voyageur ébloui, voyageur sans bagages, je cueillais le rire sur toutes les bouches: le retour de Tokujiro créait une communion de l'attente. Mon ami, mon frère me tendrait cette main secourable toujours cherchée au fil de ma vie. Je vécus ainsi des jours et des jours, naviguant sur un fleuve d'oubli. Aurais-je imaginé que, sur le rivage, une forme noire nous guettait?

★

Le piano nocturne de mon maître délivra un nouveau message que j'attribuai à son interprétation puisqu'il jouait toujours les mêmes sonates où je reconnaissais Mozart, Beethoven, Liszt et Brahms, parfois Bach. Ma manière de l'accueillir, dans cet état entre veille et sommeil où les sens, avant de s'assoupir, multiplient leur pouvoir de réception, avait, elle aussi, changé. Cette musique, par-delà le plan rigoureux devenu pour moi familier, je la recevais telle une réponse à ma secrète interrogation. Mon maître ne m'offrait-il pas une confidence chaque fois différente de celle de la veille? Je le croyais. Si les scories du jour disparaissaient, si je me sentais délivré de pensées inutiles, ouvert à de sensibles rêveries, si je m'abandonnais encore au fleuve somptueux, si je percevais les notes amoureusement liées, des sentiments contradictoires me hantaient: tantôt la liesse, le chant d'accueil (le retour attendu se présentait comme une naissance), tantôt là où je l'attendais le moins, au cœur de l'élan et de la spontanéité, une déchirure, une solennité de marche funèbre. Votre âme dans la musique, mon maître, votre pensée dans mon corps me fécondaient tour à tour de minutes heureuses et de minutes mélancoliques.

Nos veillées sur la terrasse se prolongeaient. Nous goûtions jusqu'au sommeil tous les sucs de la nuit. Il nous arriva d'oublier jusqu'à la plante d'oubli. Allongés sur des chaises longues, nous contemplions les étoiles fixes et guettions les lignes de feu des perséides. La nuit parlait à voix basse. Nous percevions ses plus subtiles confidences, les fourmillantes présences alliées à son langage. Les senteurs apportées par la brise, le parfum du thé et celui des fleurs nous dédiaient leurs messages. Un de ces soirs, mon maître me dit : « Nous croyons attendre, mais nous n'attendons pas ; celui qui doit venir est déjà avec nous. » Je répondis : « Oui, Tokujiro est là, il a précédé son corps, j'attends seulement son corps. » Il reprit : « Pour moi, son corps est aussi à mon côté. » Un autre soir où nous avions bu plusieurs tasses de thé vert fort épais, je perçus dans sa voix le léger tremblement des mots hésitant sur ses lèvres. Il éprouva de la peine à se lever, perdit l'équilibre et se reprit. A peine avait-il chancelé que je m'étais précipité. Je me sentais confus qu'il l'eût remarqué puisqu'il me sourit avant de se diriger d'un pas assuré vers ses appartements. Cet incident m'inquiéta. Les jours suivants, à la dérobée, je scrutai le vieux visage. Bien qu'il feignît l'indifférence, à plusieurs reprises il s'en aperçut. Sans doute s'agissait-il d'un malaise passager et le retour à la fumerie établirait-il un mieux-être, mais, à ma surprise, il la déserta. Il m'arriva même de m'y retrouver en la seule compagnie de Shintaro, si habile à préparer les pipes, et d'en éprouver une gêne.

L'attente de Tokujiro ayant pris toute la place, ne m'étais-je pas montré moins attentif à son grand-père ? Parce qu'il avait connu les pires atteintes, je le croyais immunisé. De nouveaux indices m'assurèrent de mon erreur. Sa démarche trahissait une sorte de somnambulisme. Il paraissait se mouvoir dans un monde offrant différentes pesanteurs. La peau de son visage se momifiait. Parfois de petites plaies apparaissaient qui se desséchaient en laissant des marques. Je le croyais aux limites extrêmes de la maigreur, mais son vêtement flottait de plus en plus sur son long corps. Un matin, la coquille noire se détacha du côté de sa tête. Par discrétion, je me retins de la ramasser et de la lui tendre. Il la chercha longuement et la ramassa péniblement : aux troubles de l'équilibre s'ajoutaient des troubles de la vision. Je voulus croire à un effet normal du vieillissement. L'attention que lui témoignait Shintaro me montra qu'il avait observé chez son maître les mêmes signes. Sa musique de nuit délivrait un ton pathétique. J'y perçus à la fois une recherche d'apaisement et un appel à l'aide s'adressant non pas aux hommes mais à une plus haute instance. C'était là le lieu où il ne pouvait feindre, dissimuler sa pensée et son trouble, où, à son insu, il libérait ses messages intimes.

En dépit de cet affaiblissement, son existence quotidienne ne subissait pas de variation. Je dus seulement l'accompagner à deux reprises au seuil de sa chambre pour qu'il prît du repos. Il refusa de s'allonger, se tint près d'une baie et se perdit dans la contemplation d'un oranger et d'un palmier, attentif comme s'il écoutait un dialogue entre l'arbre et l'arbuste. Je découvris ainsi le lieu jusqu'alors inconnu de son intime retrait qui jouxtait les appartements mystérieux de sa belle-fille. Où je m'attendais à trouver un décor fastueux, celui de l'ensemble de la demeure où œuvres d'art, vaisselles, pierres précieuses, instruments musicaux apportaient tant de plaisir au regard, je découvris une nudité monacale : il n'y avait là qu'un modeste tatami et un oreiller de bois lisse, une écritoire portant un rouleau de papier, un flacon d'encre, des plumes et des pinceaux, enfin un placard à glissière. Les murs laqués de blanc restaient vierges de toute décoration, pas même une image religieuse, un idéogramme, rien, et aucun miroir n'était posé. Je proposai au malade une installation moins rudimentaire, tout au moins un matelas, qu'il refusa d'un sourire.

Pour définir ce que j'éprouvais alors, peine, compassion, douleur, tout mot me semble impropre. Nous attendions Tokujiro et je n'étais pas éloigné de considérer son retour comme le remède. De toutes les forces de son esprit, mon maître refusait l'amoindrissement. Aux bonnes heures, il relisait les anciens récits du Japon, contes du Cueilleur de bambou, d'Icé, du Yamato, ou les *Variétés de moments d'ennui* de Hôshi. Lorsque ses yeux étaient fatigués, je lui lisais en français des pages de Stendhal. Ou bien, il se rendait au jardin zen, baisait la pierre plate avant de s'y asseoir, fermait les yeux pour retenir les images et mieux les voir avant de revenir souriant et rasséréné. Je recevais alors des ondes d'espérance. Il livrait combat, il serait victorieux. J'ignorais la puissance de l'ennemi sournois errant dans le champ de souffrance où se traînent les rescapés.

L'apparition et le développement de taches sur sa peau, le clignotement de ses paupières, une manière de plisser les yeux pour distinguer le contour des choses, un assèchement de son corps, ces symptômes m'incitèrent à une initiative. Je m'adressai au directeur de la fondation hospitalière d'Hiroshima en décrivant du mieux que je pus l'avancée de la maladie. Les séquelles des atteintes atomiques étant mieux connues, je ne désespérais pas de sa guérison. La réponse fut immédiate. Une semaine plus tard, deux médecins, un Japonais et un Américain, arrivèrent à bord d'un hydravion. Je les accueillis. Nous convînmes d'un prétexte: ils apportaient un rapport verbal sur la situation de l'hôpital et des patients. Par ailleurs, ils désiraient remercier de vive voix le marquis de ses dons. J'appris ainsi que, dans la ville martyre, se posaient de nouveaux problèmes d'ordre politique, économique et social, terrain difficile sur lequel s'étayait la renaissance de la ville. Pour les malheureuses victimes, les maux se perpétuaient: leucémies, abcès, troubles visuels, et, plus bénignes, mais chroniques, des affections se traduisant par des migraines, des vertiges, des vomissements, un manque de résistance au froid ou à la moindre blessure longue à se cicatriser et souvent restant vive. Ces visiteurs venaient aussi demander des conseils et il ne s'agissait plus là d'un pieux mensonge. Alexandre J. Bisao ne fut pas dupe. Lorsque les médecins lui proposèrent un examen de routine, il s'y soumit de bonne grâce. Cette démarche pour lui inutile, la politesse l'obligeait à l'accepter. En attendant les analyses, un premier diagnostic me fut confié: le vieux corps subissait des agressions, sans doute lésions internes, les cellules tendant à se diviser, lente décomposition du sang. Cependant, mon maître ne souffrait pas de cette chute morale observée chez la plupart des malades, angoisse, refus du mouvement, ennui de vivre, attente passive de la délivrance dernière, ce qui était positif. Bien que, en dépit des recherches, il restât nombre d'inconnues, tout serait mis en œuvre pour obtenir, à défaut d'une guérison, un apaisement, une rémission.

Après le départ des praticiens avec qui, par la suite, je me tins en constante liaison, je me sentis en partie rassuré. La lutte engagée entre l'esprit et le corps de celui qui connaissait des assauts répétés me communiqua sa confiance. Miné de l'intérieur, sa pensée résistait, détournait le cours des maux. Il me confia qu'il se sentait le microcosme de l'état universel et qu'il était guérissable. Voulait-il guérir ? Il envisageait sa lutte à l'image de celle du monde à laquelle il ne cessa de participer : ce fut durant ces jours noirs qu'il prit le plus d'initiatives. Supportant tout avec stoïcisme, il se réjouit de l'entreprise d'un écrivain, Tomoe Yamashiro, désireux de créer une union des victimes atomiques et un mouvement pour la paix qui, à partir d'Hiroshima, se proposait pour objectif l'arrêt des essais et du perfectionnement de l'arme absolue. Il correspondit avec des missions chrétiennes de la ville. Enfin, il réunit de nouveaux subsides destinés à la construction d'une annexe à sa fondation hospitalière.

Alors que je lisais un traité de botanique, il me confia le regret dans lequel le laissait sa « profonde ignorance ». Je lui répondis que la mienne côtoyait les abîmes, qu'une seule parcelle de son savoir suffirait à me combler. Il m'indiqua que toute conquête de l'intelligence s'accompagnait d'une vision plus étendue de l'inaptitude à vraiment comprendre. Il murmurait d'étranges phrases : « Mes yeux, mes yeux plus vite que le soleil... » ou bien « Qui te porte puisque tu n'es plus là ? » Je le savais à la fois respectueux des traditions populaires et rebelle aux superstitions. Pratiquant l'*origami*, il se livrait cependant, tout au long des journées, à une occupation inattendue : une pile de feuilles de papier devant lui, il confectionnait en habiles plis des oiseaux. Ne pouvant dissimuler ma curiosité, il y répondit spontanément. Il ne s'agissait pas de ce que j'appelais « cocottes de papier », mais de grues, le bel échassier. Il ajouta : « Sans doute avez-vous observé, Ego-san, que parfois mon corps éprouve quelque fatigue ? » Devant cet euphémisme bien dans sa manière, je ne pus qu'acquiescer pour lui dire quels souhaits je formais pour sa santé. Il me remercia. Nous savions bien l'un et l'autre qu'il s'agissait là de l'exercice de la politesse. « Il existe, reprit-il, une coutume à laquelle je me soumets sans trop croire à son utilité, mais qui a du moins le mérite d'occuper mes doigts malhabiles. Un homme atteint d'une maladie et qui édifierait ainsi mille grues de papier serait assuré d'une guérison immédiate. Qui sait si mon âge fragile ne me prédispose pas au danger? Je suis arrivé au chiffre de cent vingt-trois grues, et, voyez, je m'apprête en pliant cette feuille à confectionner la cent vingt-quatrième... » Il désigna ces théories d'oiseaux de papier et émit un long rire ponctué de grognements satisfaits pour montrer qu'il préparait un bon tour à la destinée.

Jouant un rôle d'intendant, je parcourais l'îlet, descendais au bureau, surveillais les expéditions de perles, m'entretenais avec Shintaro, Uchida et les jardiniers (m'intéressant de plus en plus aux plantes, je réunissais des indications sur leurs propriétés médicinales), écoutais les employés qui me parlaient de leurs travaux en quêtant un accord facilement donné. Chez tous, je percevais un changement : les servantes avaient perdu leurs rires, Uchida jouait tristement avec des cailloux en regardant le yacht immobile. De la manufacture aux cuisines, du port à la demeure, se livraient des conciliabules inquiets, toutes les pensées étant tournées vers mon maître. L'été se mourait, la nature offrait des signes d'automne. Chacun les percevait et en ressentait la mélancolie. Pourtant, que de fleurs riantes, de fruits épanouis, de palmes, de feuilles ! Que de parfums dont les vagues grisantes nous enveloppaient ! M'ouvrant de mes pensées à Shintaro, je l'assurai que la plus belle offrande à faire à notre maître consistait à ne point semer la tristesse, à maintenir un état souriant. Il me promit de communiquer mon message et de cacher ses prières en ajoutant que l'inquiétude est le sentiment le plus difficile à dissimuler.

Alors que je communiquais par radio-téléphone avec le frère du marquis, à Kyôto, en employant des précautions de langage, je lui parlai de l'état de santé de mon maître. Je pris soin d'atténuer sa gravité par fidélité au malade désireux d'ignorer son mal. Je lui fis part de la visite des médecins et du mauvais résultat des analyses récemment communiquées. Je lui exprimai la résolution et la force intérieure du patient, sa volonté de rester debout alors que tout autre que lui se fût alité. Je lui parlai des grues de papier pour constater que cela l'inquiétait plus encore que les détails cliniques. Il me demanda de télégraphier à Tokujiro et de le tenir lui-même chaque jour au courant de l'état de santé de son frère: s'il survenait des signes plus alarmants, il nous rejoindrait aussitôt. Plutôt qu'un télégramme, je choisis d'écrire une longue lettre à mon ami que je lui fis parvenir via Tokyo par de rapides voies diplomatiques. A défaut de hâter son retour, je le priai de ne point le différer. Restait la mère de Tokujiro si prompte à m'éviter. Je la vis converser avec son beau-père, ce qui m'évita une rencontre redoutée.

Si je pensais au Double en me questionnant sur la nature de ses rapports avec la malheureuse dame, à ces jours effroyables où la haine, se substituant à la répugnance, montait en moi, où le désir de meurtre me torturait, c'était comme à un cauchemar, une émanation de mes troubles névrotiques. Ignorant ce que l'avenir me démontrerait, je ne voulais voir là qu'une hallucination. Hélas ! ma vie durant je devrais me taire car seuls sont considérés par la science les phénomènes analysables et mesurables. Tout ce qui peut naître de pulsions émotives serait refusé par les savants, le réel se limitant à ce qu'ils voient et je n'avais rien à donner à voir.

Tout en moi, pensée, énergie, force psychique, était tendu vers mon maître. Pour lui, j'allais jusqu'à l'exercice de la prière aux puissances inconnues, jusqu'à la tentative de transmission de la pensée dans le but d'exercer quelque thaumaturgie, de le délivrer d'une part de son mal en la recevant. Je n'entendis plus le piano. Je ne me rendis plus à la fumerie en compagnie de mon maître : qu'il ne demandât plus secours à l'opium m'inquiétait. Grâce à son attention et à sa sollicitude, je n'avais pas dépassé certaines doses et je parvenais à dominer mon besoin, au contraire de ces êtres effrayants, exsangues et squelettiques que je connaîtrais plus tard, réservant leurs maigres subsides à leur manie et ne se nourrissant plus. Ainsi, n'ayant pas sombré dans le lac noir, je ne garderais que le meilleur de la plante d'oubli. Nous allions, lui tentant vainement de rester droit, moi attentif à son côté, jusqu'à la pierre plate du jardin de la méditation. Il éprouvait un bienfait visible à s'y agenouiller ou à s'y asseoir, à s'y allonger parfois, à la caresser, cette amie lui apportant des forces. Nous ne parlions pas. Le paysage immobile des rochers, des plantes et du sable s'animait. Cette nature artificielle, sensible à la lumière du ciel, à celle de nos pensées, vivait. La notion de temps s'estompait. Il n'existait plus que cet espace habitable. Dans ce côtoiement étroit, les ondes de mon compagnon m'enveloppaient sans que j'en subisse, comme au début de cette fréquentation, le choc et la violente pénétration. Dans un élan d'affection profonde, une communion sensible, je me savais son fils, il se savait mon père, jamais je n'aurais d'autre famille. Que de jours, que de nuits, que d'événements depuis cette aube où Shintaro m'avait apporté le message d'invitation rédigé dans ma langue ! Au soir, nous revenions vers la demeure, la main du marquis s'appuyant légèrement sur mon épaule non comme s'il cherchait une aide mais comme s'il en dispensait une. Plus qu'écrasé par la fatalité, je me sentais calme, apaisé, sans savoir si ces dons m'étaient offerts par le silence ou par mon compagnon. Plus tard, tandis que je picorais du bout des baguettes dans des coupes appétissantes, il humectait ses lèvres plissées d'un peu de thé. Il s'installait ensuite sur le sol devant sa table basse pour poursuivre cette tâche que d'autres auraient jugée absurde : la confection des volatiles de papier. Leur nombre augmentait. Il prenait plaisir à les compter sans cesse. J'imaginais que, habités d'une âme et d'un essor, ces papiers blancs pliés prendraient leur envol dans un frémissement et que mon maître se dresserait guéri pour les regarder rejoindre les oiseaux vivants dans le ciel au-dessus de l'océan.

Puis-je parler d'abattement, de jours maussades, de tristesse, quand un phénomène nouveau apportait son illumination ? A la sérénité habituelle au visage de mon maître, pauvre visage de peau tachée sur des os saillants, s'ajoutait le reflet d'un sourire enfantin, ce rayonnement, cette douceur dont je recevais la contagion. Nous vivions dans l'attente de Tokujiro et cette espérance animait le corps momifié. Tout ce qui arrivait de malheureux dans ma vie, en étais-je la cause ? Ne songeais-je pas à provoquer le malheur pour m'affirmer responsable de mon destin ? En ces jours de preuves contraires, inversant mon doute, pour qu'une aube les fît lever, je m'attachais à croire aux jours meilleurs, mon maître puisant dans ses intimes réserves un identique espoir.

Hélas ! son état fut bientôt à ce point dégradé qu'il peina à fabriquer ses grues qui ne connaîtraient jamais l'envol. Ses gestes s'opéraient au ralenti. Parfois, il se trompait dans ces plis tant de fois répétés, posait le feuillet avec lassitude, s'immobilisait, découragé, avant de le reprendre. Pour sa guérison, pouvais-je compter sur ces mille oiseaux? Tant de faits étranges m'autorisaient à y croire tout autant qu'à ces remèdes dans des fioles colorées ou aux piqûres journalières dont se chargeait Shintaro. Le retour de Tokujiro constituait mon ultime recours. Par je ne sais quel espoir j'attribuais à sa future présence des dons de guérisseur ou de remède miraculeux. Ou bien, tandis qu'approchait l'heure du retour, l'appréhension me gagnait, la crainte de certaines interrogations m'envahissait comme si, fautif, je portais la responsabilité de l'état de son grand-père. Ne me l'avait-il pas confié? Je ne le lui rendrais pas tel qu'il l'avait laissé. Obscurément, je me sentais la cause de l'usure du temps sur ce corps, du retour des maux que l'on croyait effacés et qui n'étaient qu'endormis. De cette hantise insensée, je ne pouvais me défaire.

Ce soir-là, inoubliable soir, mon maître et moi sur la terrasse, nous goûtions la douceur de l'air, nous écoutions les vagues, nous nous baignions de clarté stellaire. Des papillons voletaient; nous avions éteint les lampes pour qu'ils ne s'y brûlent pas. Des grésillements s'unissaient en une seule musique. La flèche d'un oiseau noir parfois traversait le ciel en silence. La vague marine reculait et revenait en murmurant pour lécher le sable. Nous percevions à la fois chacune des voix de la nuit et leur chœur. Simplement, nous étions là, nous nous mêlions à un ensemble. Liés par les mêmes sensations, nous portions une même âme. La nuit pansait nos blessures, nous offrait ses baumes, nous dédiait des paroles berceuses. Merveilles et mystères se livraient, familiers. Ainsi, oubliant les soucis, épris de la beauté, je prolongeai ma veille. Peut-être serais-je resté jusqu'au lever du soleil sur cette terrasse près de celui qui seul au monde m'importait s'il n'avait manifesté son désir de passer la nuit ainsi, seul sous le ciel. Après ma présence, je lui fis don de mon retrait. Je me levai, j'allai quérir une couverture pour le protéger de la fraîcheur. A mon retour, j'entendis sa voix. A qui s'adressait-il? A son dieu, à la nuit, aux étoiles, à lui-même? Se mêlaient des mots japonais à des fragments de phrases dans ma langue, la sienne, celle héritée de sa mère, des bribes difficiles à unir: « Cesser de se préoccuper... Entrer dans l'instant... Délivrer... Durée... Fragment du monde... » J'attendis la fin de ce monologue aux accents apaisés et cependant pathétiques pour me manifester et poser la couverture sur ses genoux. Je chuchotai des souhaits de nuit heureuse. Il leva la tête vers moi. Je devinai son sourire. Sans bruit, je traversai la salle de séjour, le corridor, le couloir. Tel un enfant regardant sous son lit, s'attendant à y trouver quelque objet de frayeur et se rassurant, je fis une incursion dans la chambre voisine de la mienne, puis je revins chez moi pour me coucher nu en face des trois Bouddhas mystérieux — protecteurs?

★

Durant cette nuit, alors que la lumière de l'aube ne frémissait pas encore, le miaulement d'un oiseau nocturne m'éveilla. Si bref qu'il fût, il prolongeait la voix de mon rêve. Le sommeil me reprit. Plus tard, des voix gémissantes, haletantes, au parler désordonné, me firent sursauter. Je me dressai sur ma couche. Les servantes se tenaient à mon chevet, pleureuses tragiques, métamorphosées par leur douleur, les cheveux épars, la bouche flétrie et tremblante, secouées de sanglots convulsifs, l'une s'accrochant à l'autre comme à une bouée. Ce que je refusais, je le lus sur les visages livides, je l'entendis dans les voix humides. Je découvris ainsi l'irrémédiable. M'enveloppant du kimono, je les suivis en tremblant jusqu'à la terrasse. Il gisait là, Alexandre J.

Bisao, mon maître, mon père, mon ami, il gisait sur la chaise longue tel que je l'avais quitté, dans la même position allongée, la couverture sur ses genoux, fixant un ciel dont il s'était empli jusqu'au dernier regard. Accablé, j'interrogeai cette cire qui ne me répondrait plus, qui ne me rassurerait plus d'une mystérieuse sentence ou d'un sourire. Je m'agenouillai et pris sa main froide pour la poser sur mon front, sur mes joues, mes lèvres. Je la gardai, je lui offris ma chaleur comme si je pouvais insuffler la vie à sa dépouille. Je restai ainsi, uni à lui, sans penser, sans me lamenter, sans pleurer, presque sans souffrir, puis je me sentis enveloppé d'une ombre et reposai la main morte sur le corps mort. Dans son costume traditionnel, déjà maquillée et coiffée, la mère de Tokujiro fermait d'une caresse les yeux de son beau-père. Je vis son visage inchangé, masque figé par les fards, à peine crispé. Pour le geste las de la prière, elle joignit les mains, s'inclina par trois fois en reculant, les traits effarés découvrant une réalité funeste, puis ses mains tremblantes se portèrent à sa bouche, à ses yeux, la dissimulèrent, et elle s'éloigna en titubant, la tête dans ses bras repliés.

Immobiles tels des spectres, tous les hôtes de la demeure réunis se tenaient en retrait, les yeux fixés sur moi, dans l'attente d'un ordre qui les arrachât à leur posture figée. Je les regardai un à un. Nous nous inclinâmes d'un même mouvement devant l'arrêt du destin. Cet échange muet me dicta mes gestes. Pour le distraire du soleil, je pris mon maître dans mes bras et portai ce corps qui n'avait plus que le poids de l'âme. Blessé, blessé plus que nul ne peut l'être, je marchai avec lui dans un sillon de malheur. Je le savais plus haut que mon silence. J'avançai lentement, d'une allure processionnelle, sans bruit, et tous me suivaient la tête basse, les bras ballants. Après une hésitation, mes pas se dirigèrent sans moi vers la demeure intime, la chambre nue de son retrait. Là, je posai le corps sur le tatami et disposai l'oreiller de bois derrière sa tête. Ignorant si je devais croiser ses mains sur sa poitrine, je finis par laisser ses bras le long de son corps. Je m'agenouillai, je m'inclinai, me repliai en forme d'œuf et demeurai immobile, enfoui en moi et attaché à lui. Le temps s'écoula, des minutes ou des heures. Il avait rejoint les plus hautes tours. Se trouvait-il dans un pays sans musique ou écoutait-il de multiples voix ? Je le voyais si seul, ce dormant, si réuni dans son argile que je me sentais dispersé. Cet espace de moi disparu avec lui, nul ne le hanterait. Nos astres si longuement contemplés ne seraient plus les mêmes. Toute eau évoquerait le torrent universel l'emportant. Il voyageait déjà dans la clarté. Jamais, jamais je ne connaîtrais un si haut amour.

Se succédèrent près de lui les femmes, celles qui savent les gestes de la maternité et du deuil. Je partis sur le sable nu, là où l'océan porte le murmure du temps. Tout ne fut que blessure. Je restai le visage sec, l'âme vide. La nature disparut. Je ne vis que désert. Cette mort, je la voulais prendre, j'en réclamais ma part et, dans le cœur, ce silence fatal ! Ô dormir dans la magie ouverte, habiter le cri nocturne de ce rapace qui m'avait averti de sa fin ! Un cercueil de plomb s'ouvrait pour recevoir mon corps. Je le vis à l'horizon posé sur les flots. Douce serait la mort — ô mort à mon oreille comme un anneau, à mes lèvres comme un baiser, sur mes yeux comme une paupière ! Étais-je encore ? Des poissons funèbres me parcouraient de l'échine aux reins en longs frissons froids, je devenais glacier, caverne pour cacher ma douleur. Sans guide et sans fanal, je marchai dans l'eau de l'océan, j'avançai vers le large où mon corps s'enfonçait peu à peu. Le sable céda sous mes pas. Mes cuisses, mon ventre, ma poitrine s'enlisèrent. J'attendis avec délices le moment où la masse liquide envahirait mon visage, noierait ma tête lourde. Là-bas, tout là-bas, le cercueil attendait ma venue. J'y retrouverais le corps perdu. Parce qu'une main serra mon bras, me tira vers le rivage, je suivis sans résistance celui qui m'entraînait, croyait me sauver. Plus tard, allongé sur le sable, je vis Uchida qui caressait mes cheveux en parlant tout bas. Je me redressai pour tomber à genoux. L'eau de mes larmes se mêla à celle de l'océan.

Dans la chambre du mort, les femmes apportaient leurs soins au corps comme à un nouveau-né. Je connus la honte, presque l'envie. Elles seules portaient le courage. Elles seules dominaient la peine. Elles seules connaissaient le rituel. Le marquis nu, une serviette posée sur le ventre, elles le lavaient lentement, partie par partie, tout à leur tâche, les larmes ayant séché sur leurs joues. Le corps, le squelette déjà, séché comme la momie du Pharaon, était beau dans sa statue dernière. La mort l'avait rejoint bien avant cette ultime nuit, peut-être au moment où, à Hiroshima, dans le jardin de son ami, il contemplait sur une feuille la chenille et la goutte de rosée. Il dormait désormais hors la souffrance, aussi paisible qu'il avait toujours voulu l'être, aussi quiet par politesse et discrétion. Lac empli d'éternité, l'heure se penchait au-dessus de ses rives. Si solitaire malgré nos présences, devenu pierre, semence ou fleur, il marchait dans une autre aube où nul n'entendait son pas. Tandis que les servantes l'oignaient d'eau parfumée, je remarquai l'effacement des striures de son torse. Quelque part au monde, l'Autre voyait-il aussi disparaître les siennes ? Seule la coquille noire sur l'emplacement de l'oreille témoignait des jours martyrs. Cette évidence que l'autre oreille serait bientôt dissoute me fit mal. Le squelette serait sans traces. Il fut vêtu de son costume européen dont les servantes disposaient les plis en mettant toute leur attention à reconstituer son élégance naturelle afin qu'elle le suivît dans la tombe. Habillé, mon maître fut tel qu'il m'était apparu la première fois sur son yacht, alors que je vivais encore dans ma barque, m'offrant son attention et sa voyance. Je repliai son kimono et le serrai contre ma poitrine, en baisai la soie. Je m'éloignai avec lui comme si j'emportais une relique.

Dans le parc, près des jardiniers, se tenait Shintaro. Agenouillés, ils priaient silencieusement. Comme eux vide, sans objet, je descendis au sous-sol. Les employés s'appuyaient à leur bureau, la tête entre les mains. Pour la première fois, je n'entendis pas le bruit familier des bouliers. Inactifs, ils ne levèrent pas les yeux. On aurait pu croire qu'ils dormaient. J'écartai mes dossiers désormais sans avenir, puis appelai Kyôto par le radio-téléphone, ce qui me prit un très long temps. Revenu à ma chambre, je fis soigneusement ma toilette et me vêtis de mon mieux, autrement qu'avec l'habituel kimono que je rangeai près de celui de mon maître. Par la porte-fenêtre, je vis qu'une pluie fine tombait du ciel chargé.

Au début de l'après-midi, Shintaro m'annonça qu'il se rendait à Naha pour nous ramener Tokujiro arrivé de Tokyo par avion. Bouleversé à la pensée de se faire le porteur de la mauvaise nouvelle, il me conseilla néanmoins de rester près de son maître. Il parlait de lui comme s'il vivait encore et qu'il pût avoir quelque désir à exprimer. Resté seul avec ma peine, ma sensation d'être abandonné me soulagea. La mère de Tokujiro veillait le corps. Parfois, les servantes s'approchaient, un petit mouchoir à la main. Ne sachant que faire, j'allais d'une pièce à l'autre tel un animal à la recherche d'une présence disparue et croyant la découvrir au tournant d'un couloir. Entre deux pluies, des parfums montaient des massifs et des allées. L'eau coulait au long des palmes ou stagnait dans les creux. Mon maître ne ressentait plus la douleur : chacun de nous en avait recueilli une part.

Interrogeant l'océan, je vis arriver le cabin-cruiser. J'avais tant rêvé le moment où, athlète joyeux, je courrais au-devant de mon ami, tant imaginé les gestes d'une liesse désormais impossible, tant auguré de joie que je me sentis dans l'incapacité de marcher jusqu'au port. La mère accueillerait son fils, ce serait mieux ainsi. De la terrasse, je vis leur étreinte, je devinai leur échange éploré. Tokujiro, vêtu de bleu qu'il troquerait contre le blanc du deuil, m'apparut. Je distinguai chez lui un aspect étranger, une démarche, un comportement, une élégance classique, un je-ne-sais-quoi ne correspondant plus à l'être connu de moi. Dans la grande salle, fort pâle, les yeux secs, il n'eut pas l'élan que j'attendais. Restai-je moi-même compassé ? Nous nous serrâmes la main en silence. Je murmurai son nom sans qu'il répondît. Avant même de se rendre au chevet de son grand-père, il me demanda si j'avais téléphoné à Kyôto. Je l'assurai que son grand-oncle arriverait bientôt. Il donna quelques ordres à Shintaro qui portait ses bagages et suivit sa mère.

Dans le parc, pleuraient encore les branches. Le gravier mouillé craquait sous mes pas. Un paon blanc poursuivait des colombes. Tokujiro, mon frère ! Sa réserve ne s'accordait pas seulement à son deuil. Je pensai que, sans la douleur, il fût resté aussi froid. Il revenait métamorphosé. Parce qu'il avait fréquenté d'autres Européens, sans doute ne représentais-je plus pour lui quelqu'un d'« original » (je ne trouve pas d'autre mot). La comparaison avec ses brillantes relations ne m'avantageait pas. Mais ne me montrais-je pas injuste, ne me faisais-je pas « des idées » ? Cette enfance, cette adolescence si longtemps préservées avaient fui. Je me trouvais en présence d'un homme mûr. Par-delà sa peine, une prise de responsabilité lui conférait cette distance. Quelles amours contrariées l'avaient fait autre? Quelle nouvelle vision du monde lui dictait de rejeter le passé? Ayant connu la ville, elle le retenait dans ses rets. Plus jamais rien ne serait comme avant. Adieu le partage de l'étude et des jeux! L'aimant du monde l'attirait. Il quitterait notre île. En quelques instants, je l'avais compris. Tandis que nos mains se touchaient (il avait rapidement retiré la sienne), je m'étais senti étranger. Sa mère, pour la première fois depuis longtemps, m'avait adressé un rapide regard, un regard neutre, mais un regard.

Ce retour décevant m'avait distrait de l'essentiel. Je ne voulus plus que m'attacher à mon maître. Lorsque Tokujiro me rejoignit, il profana ma solitude. Il m'annonça le désir de son grand-père d'être enterré sous la pierre plate du jardin zen. Pour les préparatifs, j'y accompagnai Shintaro et Uchida aidés d'un jardinier. S'aidant d'une barre à mine, ils soulevèrent la lourde masse et la portèrent de côté. Nous découvrîmes un caveau. Ainsi, chaque jour, mon maître pour prier, se plaçait sur sa future tombe. Tout un pan de ma vie s'écroulait tel un vieux mur. Le jardin de la méditation, ce lieu de mon changement, serait ce cimetière où je viendrais me recueillir. Je m'en éloignerais bientôt, car, je le pressentais, viendrait l'arrachement. Que quêtais-je dans le regard de Tokujiro qui ne répondait pas à cette quête? Peut-être ce fil ténu qui réunit les êtres et dont je sentais la brisure. Lui avais-je dérobé les derniers jours de son grand-père? De quel manquement à un code ignoré étais-je coupable? Je m'efforçai de m'abstraire, en retrait, d'offrir au mort et aux vivants ma discrétion, d'effacer mon trouble.

Tokujiro me demanda de répondre à de nombreux messages, de recevoir des visiteurs. Je fis d'incessants va-et-vient entre le petit port encombré et la demeure. M. Bisao, le frère du marquis, arriva le lendemain accompagné d'un personnage important appartenant à la famille de l'Empereur et délégué par lui. Tandis que Tokujiro s'entretenait cérémonieusement avec l'honorable visiteur, je conduisis mon patron, celui avec qui je m'étais tant de fois entretenu par téléphone, à la chambre mortuaire. Il exprima le souhait de rester seul auprès du corps. Les deux hommes repartiraient le soir même, après l'inhumation. Chargé des dernières dispositions de son frère, M. Bisao souhaitait que Tokujiro le rejoignît à Kyôto tandis que je garderais la demeure. Il ajouta qu'il me tiendrait au courant de ses dispositions. L'une d'elles me concernait.

Les serviteurs avaient allumé des lanternes qui pendaient autour de la maison, diffusant une lumière blafarde. Des bouquets de fougères se balançaient. Pour la prière, des tapis de feuilles de bambou tressées avaient été disposés. Sur une table, on avait placé des plateaux de fruits et de gâteaux d'offrande. Des cierges brûlaient. Selon le respect des coutumes, tout s'était fait sans qu'aucun ordre fût donné. Shintaro et Uchida transportèrent jusqu'à la chambre un cercueil fort court. Pour hâter sa renaissance à la vie éternelle, le corps serait placé dans la position du fœtus. Le jour déclina rapidement. Après la mise en bière, la cérémonie allait commencer. La terre se chargeait d'ombres mauves et rouges. Une suie descendait lentement de la voûte lugubre. Le soleil presque disparu portait une crinière de lion. A l'horizon, le sombre outremer, les tentures mortuaires des nuages bas ajoutaient à la tristesse. Le parfum des fleurs se chargea de lourds encens. Tout chant d'oiseau devint lamento. Le vent composa un Te Deum. Des fontaines pleurèrent tandis que l'océan muet, immobile, jetait de rares vagues modulant leur accompagnement de sa marche funèbre. Shintaro, Uchida, les jardiniers portaient le cercueil. N'ayant qu'un bref parcours à effectuer, pour prolonger la solennité, nous marchions lentement, nous nous arrêtions (ou peut-être gardé-je ce souvenir d'une immobilisation du temps). En tête se tenaient Tokujiro et sa mère (en tête allait invisible ma douleur). Suivaient M. Bisao et le haut personnage, l'un et l'autre en jaquette et pantalon rayé, des personnalités de Naha, des fonctionnaires, des inconnus. Les médecins s'inclineraient plus tard sur la tombe. Derrière ce défilé, je me tenais courbé, le visage désert. Lorsque nous entourâmes le tombeau, je me plaçai en retrait près des ouvriers, des employés, des domestiques. Tous les visages, secs ou mouillés de larmes, portaient une pâleur verdâtre, et l'on aurait cru que des morts enterraient un des leurs. L'envoyé de l'Empereur prononça quelques phrases en japonais que le vent emporta. Dans le recueillement général, moi, pourtant éloigné de la religion maternelle, je retrouvai naturellement les mots des prières de mon enfance. Priais-je sans croire ? La prière de l'incroyant n'est pas blasphème. Le cercueil fut descendu dans son logement. Ce qui se passait maintenant, cette lente cérémonie, ces gestes attendus ne concernaient pas Alexandre J. Bisao. Je crus qu'on enfouissait un autre. Hélas ! le corps martyrisé et délivré du martyre se trouvait bien là, dans cette caisse. Les vifs l'honoraient, lui rendaient ce qu'on appelle les derniers devoirs.

Extrait de mon écorce, couché par la pensée dans sa tombe, je m'unis à lui. L'enterrement devint mon mariage mystique. Je verrais sans lui et avec lui cette nouvelle et sombre nuit, nuit dissimulant ses étoiles comme les pleureuses leurs yeux. Je pensai à son dernier dialogue avec un ciel ouvert, seul à jamais dans l'attente de sa nuit intérieure. Nuit alors sereine, musicale nuit, nuit tel un baume répandant la quiétude, effaçant les douleurs, diluant les vieilles amertumes, dissolvant les regrets, nuit belle à vivre et à mourir, nuit de l'union. Et lui, cet homme aimé dans sa vie et dans son au-delà ! Je regardai Tokujiro. La flamme s'était retirée du corps sans s'éteindre. Déposée en lui pour la survivance, elle se perpétuerait dans sa descendance, elle brûlerait en moi puisque par lui je me trouvais façonné, elle vivrait tant que je vivrais, non pas urne ou tombe de mon vrai père, mais réceptacle de ses actes et de ses paroles, de sa personne et de sa pensée. Il ne cheminerait pas dans les ténèbres. Le flambeau allumé de son existence terrestre l'avait précédé dans l'autre monde. Pour que s'effectuât le cycle des renaissances, il rejoignait le pays souterrain dont l'accès est interdit aux vivants. Il avait passé l'étape transitoire, connu son enfer sur la terre. Il s'était préoccupé des destinées futures dans une conciliation entre des notions religieuses le poussant au retrait et une conscience le conduisant à sauver ses frères humains, du yin de l'inertie au yang de l'énergie exprimée. Les tortures de la prison, en des lieux de félicité, lui seraient épargnés. Mort, mort sans être rassasié d'activités, mort sans avoir achevé ses mille grues de papier, mort ne pleurant pas les années passées, mort droite, non pas fin absolue, mais disparition d'un relais sur le chemin de l'élan vital collectif, mort loin de l'obscur, mort vers une autre lumière.

La terre tombait sur le bois et chacun de ces coups sinistres se prolongeait dans ma tête. Je ne vis plus le spectacle qu'à travers un regard embué. Je pensais à lui si perceptif à l'essence des êtres, à son silence lors de mes épreuves, à sa manière de rejoindre si discrètement l'âme des choses. Le temps d'un recueillement avant que fût posée la dalle, je repoussai des pensées ne débouchant que sur mon impuissance à les dominer. Ah ! que cette fin reste sans prise sur la pensée mouvante, qu'elle n'atteigne pas ces régions où tout se perd dans l'inaccessible ! A défaut d'atténuer ma peine, une morale de ruche me permettrait de transcender le destin, ma présence d'abeille assurerait la survie du disparu. Tel Lucrèce, par des mots, exorciserais-je la mort : « Si je suis, elle n'est pas. Dès qu'elle est là, je ne suis plus... », la réduirais-je à l'abstraction ? Cette mort était-elle venue de l'extérieur ou vivait-elle au-dedans de son existence ? Tout me répétait que mon mort n'était pas mort. A certains mouvements, je compris que l'assemblée allait se défaire, que chacun retournerait à ses occupations ou à ses affaires (savais-je quelles étaient les miennes ?). Shintaro portait un bol de sel où il offrait de puiser. Chacun, pour se purifier, s'en aspergeait de pincées comme d'eau bénite. Solitude la tombe, déjà. Mon maître, pierre sous la pierre. Plus tard, à des dates fixes, selon la tradition, il y aurait d'autres rites funéraires. Shintaro, devant moi, me tendit le sel. A mon tour, je sacrifiai à la tradition, fis couler ces grains sur mes épaules. Le sel coulait déjà dans mes larmes froides.

★

Durant trois jours, des orages répétés nous cloîtrèrent. La demeure paraissait plus immense encore, le silence plus épais. Il m'arriva de sortir sous la bourrasque pour aller m'agenouiller devant la pierre tombale tandis que le jardin zen subissait les insultes du ciel. Battu par les paquets d'eau, je revenais à ma chambre sans songer à quitter mes vêtements humides. Je vivais des jours sacrés. Je m'élevais. Mon maître me tirait vers le ciel. Je me brûlais à un nouveau feu. Des émotions complexes me traversaient. Le souvenir d'un visage, d'un regard, d'une parole les unissait. J'étais prière.

En attendant de se rendre à Kyôto, Tokujiro distribuait son impatience, allant de pièce en pièce, regardant chaque meuble, chaque objet comme s'il allait disparaître. Indécis, devenus guêpes, nous voletions autour d'un nid détruit. Je prenais le moins de place possible. Sans mon maître, la demeure n'était plus ma demeure. Je procédais à d'incessants rangements dans ma chambre. Le plus souvent, allongé sur mon lit, fixant le plafond nu, je tentais d'y lire des réponses à des questions retenues. J'écoutais les bruits du dehors. Je tentais de surprendre la fin d'un orage qui donnait d'incessants coups de boutoir à la nature. De ma vie, je lisais une page, hésitais à la tourner, par crainte de découvrir un funeste chapitre.

Le seul repas du soir permettait une rencontre. Entre Tokujiro et moi, la conversation s'engagea le troisième jour seulement, hésitante, difficile. Il me demanda de lui parler des derniers jours de son grand-père. Pourquoi auraient-ils été différents des autres jours ? Mon ami attendait-il un message secret dont je serais le dépositaire ? J'aurais pu lui dire qu'il était mort sans mourir. D'une voix blanche, j'évoquai ce temps durant lequel il confectionnait ses oiseaux de papier, l'arrêt au cinq cent troisième, ces soirées sur la terrasse, ces silences, cette quiétude. Je dis son dédain de la souffrance, sa dernière nuit s'achevant pour lui sur un sourire de l'aube. Je m'exclamai : « Comme il vous attendait, Tokujiro ! » Il me regarda curieusement. Crut-il à un reproche ou à l'invention d'un détail superflu ? Ce soupçon en dissimulait un autre. Cette maladie nerveuse tue par moi, mon recours à l'opium, l'arrivée d'un étranger portant mon visage, je ne me décidais pas à l'en entretenir. Pas plus qu'il ne me questionnait sur moi-même. Devais-je lui parler de la visite d'un parent, m'inventer un frère ou un cousin alors que, lors de nos confidences, je lui avais fait part de ma solitude familiale ? Je n'avais que le choix du mensonge et il me répugnait. Or, mon silence était mensonge. La vérité incroyable, sous peine de passer pour un mythomane ou un imposteur, pouvais-je la lui révéler ? Je l'avais enfouie au plus profond de ma terre. Craignais-je que trop évoquer le Double le fît réapparaître ? Il appartenait au monde des fantômes : qu'il y dormît à jamais ! Comme mon maître, je choisis le silence. Je m'appliquai à oublier le mal tapi dans l'ombre, guettant ma défaillance pour me rejoindre, me torturer de vaines interrogations. Cette dissimulation se dessinait sur mes traits, laissant pressentir je ne sais quelles basses manœuvres. Ego l'hypocrite ! Intuitif, il savait, Tokujiro, que je lui cachais quelque chose et cela anéantissait la sympathie, provoquait la distance.

Je ne fis qu'une courte allusion à ma période malade. Il me parla alors de son voyage européen, dispensant ses approbations avec générosité, limitant ses critiques. Il manquait à son récit ce tour facétieux, cette fine ironie, ce sourire ambigu et tendre de nos plus beaux jours. Je ne trouvais pas trace de cet humour apte à colorer la narration, à la rendre imagée et visible. N'avait-il rencontré que gens insipides, connu que situations sans intérêt ? Sa mission internationale l'avait-elle amené à se soumettre à la sécheresse du compte rendu ? Récemment, j'avais relu sa correspondance, m'apercevant que les toutes premières missives reflétaient encore le Tokujiro que j'avais connu, celui qui me nommait l'« auguste mâle » et m'accouchait de mes pensées en me livrant plaisamment les siennes, celui qui décrivait les paysages comme des états d'âme. Insensiblement, le ton avait changé, le cours des lettres se prolongeant de considérations vaines, de propos inutiles. Cependant, alors que je le lisais, par-delà ses mots, je voyais à ce point sa personnalité que j'en faisais une traduction personnelle m'éloignant de leur réalité. Quelle circonstance sentimentale l'avait à ce point transformé? Ou quel mûrissement soudain l'avait rejeté de l'accueil vers le doute? Témoin d'un bonheur passé, le voulait-il effacer comme une période honteuse? Après une année de séparation, plus rien ne la nourrissant, notre fraternité paraissait condamnée à ne plus évoluer, à se perdre comme un lointain amour de vacances. Si notre maître restait présent, si la même affection nous habitait l'un et l'autre, il en gardait jalousement sa part sans se soucier du partage et de l'échange, de tout cela qui apaise même s'il ne console pas.

Je mis au crédit d'une trop vive sensibilité, d'une amplification de l'affection provoquée par une si longue attente de mon ami, ces atteintes qui ajoutaient à ma tristesse, à ce manque ressenti du marquis: sans lui, la demeure me paraissait vide tel un cadran d'horloge dont on aurait retiré les aiguilles, le temps poursuivant sa course sans témoignage visible. La méditation ne m'avait-elle pas amolli, ramené à la glaise quand j'aurais dû être pierre? Il me fallait retrouver le courage des mers. Si, entre Tokujiro et moi les relations avaient changé, elles existaient. De l'affection, le sérieux et la courtoisie avaient pris la place. Puisque mon ami affectait un ton froid, il en serait de même pour moi. Je le conduisis au sous-sol pour le tenir au courant de nos initiatives de paix. Il m'écouta sans m'entendre. Il ne consulta pas les dossiers. Il me dit que, sans son grand-père, tout cela n'avait plus de raisons d'exister. Il m'assura que les relations internationales se situaient à un autre niveau, la course ayant gagné en rapidité. Il me persuada d'en convenir. Se destinant à la carrière diplomatique, en avait-il déjà épousé la démarche et le langage, la prudence et la retenue? Où était-il, ce jeune athlète courant sur la plage, tressant autour de moi les guirlandes de l'accueil, me demandant le nom de ma «sagesse», cet étudiant fervent et prompt à apprendre ma langue et à me faire partager mes connaissances, ce compagnon des joutes où nos corps se mêlaient, celui qui me jetait brusquement : «Courons!» parce que nous avions des espaces à dévorer, où était-il? Je ne le retrouverais jamais. Les jours l'avaient façonné autrement. Je m'y résignerais, trouverais un autre langage, une autre forme de relation humaine. Puis, la réflexion me fit inverser le problème: et lui, me reconnaissait-il? Mes épreuves n'avaient-elles pas modifié mon comportement? Lorsque mon Double évoquait le passé, nos analyses différaient. Et si c'était moi qui avais fui l'îlet, et l'autre, Emmanuel, qui fût resté? Ne portait-il pas sur son torse les signes? Ne vivait-il pas à ma place la Passion d'Hiroshima? Que la non-pensée, le non-savoir ne m'ouvraient-ils leurs portes protectrices!

Aux approches du départ, le ton de mon ami perdit de sa froideur, son attitude atténua sa distance. Je compris qu'il faisait le même effort que moi pour que la rupture fût moins apparente. À des recommandations inutiles, je répondis par l'assurance de les suivre. Ici rien ne changerait. Au moment de son embarquement pour Naha, Tokujiro détailla chaque partie de l'îlet du regard et m'adressa un signe d'approbation. Il devait revenir douze jours plus tard, période durant laquelle je mis en ordre et classai la correspondance échangée avec les instances dirigeantes et les personnalités étrangères. Quel serait l'avenir des graines de paix soumises à tous les vents de l'univers en crise? Je fis établir l'inventaire des stocks de perles, des colliers et des huîtres aux différents états de leur culture. Je m'enquis régulièrement de la santé physique et morale de la mère de Tokujiro plus que jamais cloîtrée dans ses appartements et je reçus des réponses rassurantes. Se poursuivirent les divagations de mon esprit, ma célébration intime du disparu en des pensées si intenses qu'elles rejoignaient, prières, l'offrande de tout mon être.

Lorsque Tokujiro revint, le front lourd de préoccupations, je reconnus son sourire si vite effacé, sa cordialité trop voulue. Des ombres précédaient les événements pressentis. Je n'osais interroger. Il m'annonça qu'il rejoindrait Tokyo avant qu'un poste diplomatique lui fût confié. Sa mère l'accompagnerait. Lorsqu'il quitterait le Japon, elle aurait rejoint la demeure ancestrale de l'ancienne capitale où l'attachaient ses souvenirs, où une parente éloignée veillerait sur elle. Quelle serait ma destination ? Hier, mon maître devinait mes pensées devenues ainsi confidences. Aujourd'hui, je restais, murmure sans une oreille pour l'entendre, voix condamnée à la solitude, tourment inapaisable. Poser la question de mon avenir, comment m'y résoudre ? La décision m'appartenant, j'hésitais entre plusieurs options : rester, intendant ou gardien, attaché au rocher, poursuivre mes errances, rentrer en Europe. En aucun lieu du monde, je n'étais attendu. Aucune Pénélope ne tissait une toile, aucune vigie ne guettait ma terre. En m'offrant la multitude des choix, la liberté m'emprisonnait. A mes interrogations, la vague répondait par son éternel mouvement. Ainsi, durant de longs jours soumis à un état d'incertitude, je ne sais plus en mesurer le cours : tantôt, ils sont interminables, tantôt d'une extrême brièveté.

Je garde des images désolées : bagages et caisses s'entassant, incessantes allées et venues, indécision devant ce que l'on emporte et ce qui reste, dispersion. Je me sentais invisible, inexistant. De Tokujiro, j'attendais un signe. J'en reçus un de sa mère. Je narre ici un événement qui me stupéfia. Un univers dont je ne possédais pas la clef s'ouvrit à ma stupeur. Ce contact chaud, ne l'ai-je pas rêvé ? Je contemplais une fois de plus la cérémonieuse dame de l'estampe quand, précédée de son parfum, sa représentation vivante apparut. Si mystérieux, le masque de sa beauté me parut moins impersonnel. Sa bouche carminée tremblait, ses yeux de soie noire reflétaient une foule d'impressions successives, attention, douceur, angoisse, attente. D'elle émanait le trouble même que je ressentais. Je me tins au plus près du mur. Elle me frôla. Je m'inclinai. Elle s'arrêta brusquement. S'agissait-il d'un adieu donné bien avant son départ ? D'un mouvement plein de grâce, elle se retourna et coula dans ma direction telle une lumière, s'approcha lentement — si lentement ! de moi, comme lorsque, après la fuite d'Emmanuel, recueillant les larmes mêlées de fards sur son visage, elle les avait portées à mes joues. Étrange femme, être énigmatique, et cette intensité, cette puissance inconnue, sensuelle ou mystique ! Je m'immobilisai telle une victime, le souffle court, bouleversé. Les mains posées sur mes épaules, dans un froissement du kimono, elle se haussa sur la pointe des pieds. Je sentis son corps contre le mien. Ensorcelé, je subis la fascination de la femme, regard, parfum, souffle. Nos lèvres se rejoignirent, la pointe de sa langue me caressa le temps d'un baiser fougueux et rapide que je devais garder longtemps sur la bouche. Je voulus la retenir, mais elle se dégagea et s'échappa en courant. Ma tête tourna. Après tant et tant de jours, j'avais reçu un baiser d'amour. A qui était-il destiné ? Sais-je pourquoi ? tel un enfant blessé, je courus à ma chambre et me jetai sur le lit la tête enfouie dans l'oreiller pour la garder encore en sachant bien que je venais de la trouver et de la perdre en même temps.

Je revois le dernier matin. Le vent froid traversait mon vêtement, glaçait ma peau. Un soleil rose pâle colorait l'horizon. Shintaro se tenait au volant du cabin-cruiser dont le moteur ronronnait. A la poupe, je voyais la fragile silhouette de la mère de Tokujiro qui ne me regardait pas. Mon ami marcha dans ma direction. Je fis quelques pas vers lui. Un instant, je reconnus le garçon de naguère. Il me donna une accolade, me retint contre lui et murmura à mon oreille: « Ego, je n'oublierai pas... » Il dit autre chose que je n'entendis pas. En me quittant, il ajouta d'une voix plus forte: « Mon grand-oncle s'apprête à vous écrire. Il vous fera part de ses projets et de ses propositions vous concernant. Je ne peux vous les confier car je ne les connais pas. » Projets, propositions, ces mots résonnèrent vides de sens. Une question s'imposa, la même, une fois de plus: « Subissais-je la voie immuable de la courbe pour moi tracée? » Un autre déciderait de ma personne. Tokujiro sauta légèrement sur le canot qui s'éloigna dans un sillon d'écume. Nous fîmes, le bras levé, les gestes de l'adieu. Ces hôtes de ma vie, je ne devais plus les revoir. En attendant une lettre favorable ou fatale, je restais seul, mon sort en suspens. Ma vie, quoi qu'il arrivât, basculerait. De son mouvement, je n'étais pas le maître. Et ce soleil m'éclaboussant de son premier rayon oblique, ce sillage mousseux et blanc sur l'eau verte! L'îlet, le parc, la demeure, le jardin zen. Le marquis Alexandre J. Bisao, Tokujiro, sa mystérieuse mère, les hôtes tranquilles, la destinée portée par les vents, la tombe de mémoire, l'ouverture du jour... tout cela tel un point final, le dernier accord d'une symphonie en brusques mouvements orchestraux, la dernière page d'un cahier couvert de ma fine écriture. Et, tout près, un cahier neuf aux pages vierges qui attend la confidence ouverte sur l'inconnu, mon inconnu...

Dix

Mon regard voyageur parcourt la carte des régions éloignées, patrie des typhons dont je suis exilé. Au voisinage d'Okinawa, un point rouge sur le bleu de l'océan figure ma demeure spirituelle. Cette imperceptible tache représente pour moi un point final, une séparation entre des étapes, et pourtant le destin ne m'éloigna guère de ses rives. Après la mort de mon maître, le départ de Tokujiro et de sa mère, dans l'apprentissage d'une nouvelle solitude, mes jours furent consacrés à la dévotion. J'offris tout de moi, pensée et non-pensée, méditation et rêverie, mémoire et silence, à celui dont je quitterais la tombe et qui ne me quitterait pas.

J'appris que, selon les volontés du marquis, son domaine échoirait à une communauté religieuse vouée au soin des malades. A mon propos, je distinguai son inspiration dans une lettre que je reçus de son frère. Mon employeur me proposait de devenir le correspondant de sa firme à Hong Kong. Dans cet après-guerre, les Japonais n'y étaient guère prisés, aussi serais-je le délégué idéal pour les transactions commerciales. Après deux jours de réflexion, j'acceptai une offre exprimée selon toutes les formes d'une parfaite délicatesse, plus demandée comme un service qu'apportée comme une aide. Par gratitude, je me promis d'apporter tous mes soins à un emploi auquel je ne me sentais guère prédisposé (en dépit des initiatives prises lors de mon arrivée dans l'îlet et dont la société se serait chargée à un moment ou à un autre avec plus d'art que je n'en pouvais donner). Je songeai amèrement que je bénéficiais des créations de mon double si doué pour les entreprises matérielles. Un refus de ma part aurait signifié un manquement à la reconnaissance. Cette proposition due à mon maître, l'accepter témoignait de ma fidélité à sa mémoire. Qu'aurais-je fait d'autre? Je pris ce qui s'offrait, non que je n'eusse envisagé d'autres choix (les dieux de la pérégrination m'en laissaient pressentir une infinité) mais parce que la roue de la bonne et de la mauvaise fortune, à laquelle comme Ixion j'étais attaché, le voulait ainsi. L'idée de regagner l'Europe, de briser le lien asiatique m'avait rejoint, suivie aussitôt de la crainte de retrouver mes fantômes, de rester étranger dans mon pays (je ne le voulais être qu'en terre étrangère), mal adapté à sa civilisation, perdu dans une foule hostile.

Abordant à une rive nouvelle, je prendrais ma vie en main et ne me fierais plus à la dispersion des vents. En même temps, je rêvais d'une bienheureuse ataraxie. Un regard en arrière me montre que durant les jours, les semaines, les mois, les saisons, les années qui suivirent, je ne fis, au sens littéral, rien de bon. Je veux dire que je ne fus utile à personne et pas même utile à ma personne. Mon existence fut un tissu composé de mille faits sans importance que la trame retenait mal. L'accumulation des connaissances ne fit pas progresser ma vie spirituelle. Soumis aux habitudes, je m'aperçus que leur refus était un leurre: il devenait lui-même une de leurs composantes si artificielle que je décidai de ne plus m'y complaire. Tel un chat dont on imagine à tort le caractère aventureux, je fus ordonné dans mes heures, précis, méticuleux. Tout se déroula avec une régularité d'horloge : travail, repas, repos, loisirs, lecture, musique, promenades, relations amoureuses ou sociales, rien n'en dérangea le bon ordre, et cependant j'habitais une ville, une immense île grouillante de diversité et de ressources où le regard, sans cesse sollicité, oubliait de se tourner vers l'intérieur.

Je vivais dans un studio dont le hasard de rencontres féminines, de cadeaux reçus, de tentations marchandes avait modifié l'ordonnance première. Ces murs désirés nus, les livres et les estampes les avaient envahis au point de devenir les murs eux-mêmes. Mon simple matelas, de riches étoffes l'avaient paré, des coussins argentés s'étaient accumulés. Ce plancher, un tapis de Chine le revêtait. De somptueux meubles chinois avaient vaincu ma résistance. Au vide monacal avait succédé un luxe d'esthète. Parmi les livres et les disques je vivais dans un cocon exquis. Cependant, mon lieu de prédilection se situait au-dehors, sur un étroit balcon (toute la ville elle-même vivait sur des terrasses) où je m'asseyais aux bonnes heures sur un haut fauteuil de bambou. Là, je me partageais entre deux lectures : celle d'un livre ou celle d'un panorama. Quittais-je l'une que je retrouvais l'autre, en sorte que je ne restais jamais seul. Après quelques errances, j'avais pu me loger dans un lieu propice à l'exercice du regard, face à l'océan. De Hong Kong, sur la côte orientale du Céleste Empire dont les hautes montagnes cernaient la rade et lui donnaient son dessin, je connaissais les multiples visages. Ce « havre embaumé », la folie manufacturière, l'activité industrielle et commerciale n'étaient pas parvenues à en chasser la vision splendide. Lorsque j'en regardais l'ensemble, j'en distrayais le périssable pour distinguer de durables beautés, végétations tropicales sur les îlots et les hauteurs, maisons ocre des collines, lacets rouges des routes, déluges floraux, et j'en revenais toujours aux nuances infinies du large, les mouvants tableaux marins, les baies, les golfes, les détroits, et cette fourmillante armada de milliers de bateaux comme jaillis de Hong Kong, elle-même vaisseau à l'amarrage prêt à se détacher pour un fabuleux voyage. Et la toile marine avec des voiles ou des oiseaux posés sur l'onde, les paquebots géants, les cargos ventrus, les bâtiments de guerre allumant le soir leurs guirlandes d'ampoules, les yachts racés, les vedettes, les voiliers de toutes sortes, les jonques aux ailes de papillon ou de chauve-souris à quai, par grappes ou s'éloignant pour de mystérieuses randonnées, les sampans hérissés d'avirons et que j'imaginais chargés de cargaisons frauduleuses, les transbordeurs dans leur va-et-vient entre la ville et Kowloon, la péninsule des Sept Dragons. « Où vont-ils ? Que font-ils ? » me demandais-je. Parfois, ils disparaissaient dans les brumes et réapparaissaient après avoir hanté un autre monde, et tous, même les plus massifs, donnaient une impression de légèreté, d'immatérialité. Ce paysage, je le contemplais comme jadis le jardin zen, à cette différence qu'il ne se prêtait guère à la méditation, le regard trop sollicité se laissant distraire par cet inépuisable kaléidoscope, ce film interminable aux milliers d'acteurs. Même la nuit ne m'arrachait pas à mon balcon, mon promontoire. La scène se poursuivait, mêlait des actions que je devinais parmi des trouées de lumière, des étincellements multicolores, vers luisants à perte de vue, Voie lactée descendue sur la mer. La cité, d'un de ses bords à l'autre, s'agrandissait, devenait ce dragon ocellé d'yeux clignotants ; cette infinité de pierres précieuses de toutes les eaux enchâssées dans la peau squameuse d'un immense crocodile, liait la terre au ciel, le port à l'horizon.

Parfois la ville, dans un halètement, me semblait accoucher d'elle-même, s'enfler, grossir jusqu'à l'éclatement. Je ne voyais pas une cité, mais une monstrueuse planète jaillie des espaces sidéraux, un énorme vaisseau cosmique scintillant de la lumière jaillissant de ses flancs fécondés. La vision s'éloignait. Je revenais à sa réalité terrienne: Hong Kong, comme Taiwan et Macao, enfant de la grande Chine, qui, au prochain siècle, rejoindrait sans doute, comme Shanghai, et sans que l'on sache à quel prix, le giron maternel. Là, tout disait: «Et si nous jouions à l'Occident?» tandis que l'Extrême-Orient réapparaissait derrière les fards. J'imaginais une existence parallèle située dans des caves, d'obscurs souterrains, les catacombes d'une ville sous la ville dans le tréfonds de ses sols ferralitiques, si profondément enfouie qu'aucune excavatrice jamais ne la rejoindrait. Parfois, d'elle-même, elle remontait à la surface, invisible et diffusant ses vapeurs, apposant sa marque, de lointains morts prenant possession des corps vivants sans que nul ne s'en aperçût. Hong Kong alors unissait le plus pur passé chinois préservé à son activité présente, à son inimaginable avenir. De Shanghai arrivaient des techniciens et des ingénieurs, des capitaux voyageurs et de misérables émigrants fournissant une main-d'œuvre à bon marché, et, de cette cohésion, de ce mariage hors nature, des chantiers navals aux filatures, grandissait cette industrialisation dont le moteur était la peine des démunis. Dans son mouvement d'exportation et d'importation, dans la complicité d'un incessant commerce, dans son accumulation de richesse et de misère, de beauté et de laideur, dans la cohabitation du mal et du bien, de l'asservissement et de la liberté, de parfums exquis et de puanteurs abominables, gigantesque poche de pus en même temps que réserve vitale, la ville me paraissait destinée à une explosion se communiquant à la planète entière qui l'avait engendrée. Puis glissait une jonque au long d'un cargo, retentissait une musique lointaine, montait un chant, s'envolait un oiseau, et tout s'apaisait, me berçait, m'affirmait que je vivais dans le lieu le plus éblouissant du monde.

Mon bureau de Victoria City, proche de la rade, était une sorte de boutique donnant sur une ruelle étroite habitée par des artisans serrés dans des espaces restreints où ils réduisaient leurs gestes, limitaient leurs mouvements. Mon lieu de travail, vieillot et impersonnel, répondait à une fonction précise et je ne me souciais pas de l'agrémenter. Il grinçait des tiroirs de métal de ses classeurs, crépitait du travail d'une antique machine à écrire sur laquelle pianotait une secrétaire de l'autre côté d'une cloison vitrée. Seules mes collections d'échantillons de tissus, de laques et d'écrins de perles apportaient un peu de vie. Les deux fauteuils de cuir destinés aux visiteurs rendaient l'âme. Cependant, tout cela apportait une apparence de sérieux. Je m'y rendais fort tard, je le quittais fort tôt. Proche de mon studio, il m'évitait les courses dans le centre, mais non de me mêler à une foule où je connaissais quelques êtres, tireurs de rickshaw, chauffeurs de taxi, armateurs, boutiquiers, dockers, policemen, familles habitant les sampans fixes. Ils étaient venus de partout, Chinois de toutes les provinces, Indiens, Malais, issus de la famille asiatique parmi lesquels se glissaient des Occidentaux aux visages las. Et je regardais surtout (durant ces années où la chasteté ne fut pas mon fort) ces femmes délicieuses, plus belles que partout ailleurs, dont j'admirais la démarche, le teint lisse, la chevelure lustrée, l'air de décision, chaque pas de leurs hauts talons affirmant une conquête. Je les voyais, ces merveilleuses créatures, composant un frémissement multicolore, belles, si belles qu'à mal vivre je me sentais condamné dès que leur lumière quittait mon regard, qu'au bonheur elles me destinaient si j'attirais un seul instant leur attention. Tentantes tels des fruits, leurs robes haut fermées en portaient le goût et la couleur, pêche, prune, cerise, framboise, citron, mandarine... et ces chatoyantes soies les moulaient, seconde peau épousant leurs formes, laissant s'épanouir de délicates chairs, des globes attirants, des galbes exquis de la pointe des seins dressés et arrogants aux ondoyantes fesses, avec pour offrandes la jambe et la cuisse nues apparaissant par la haute échancrure, objets de désir et promesse que le regard distant démentait aussitôt. Belles, si belles, femmes petites paraissant grandes par leur maintien, la tête flottant dans les nuages, indifférentes, semblait-il, à elles-mêmes et à autrui, mais sachant bien qu'elles se montraient et qu'on les regardait, qu'elles allumaient mille feux, et toutes en majesté, souveraines, fières. Je suivais ces planètes avec ravissement. J'écoutais leur glissement sur la chaussée, je voyais les fleurs les plus douces de la terre. Chasseur d'images, mon désir devenait déjà possession. Ainsi, le plus sollicité de mes sens fut mon regard, que je veillasse à mon balcon tels une commère de village ou un guetteur d'horizon ou bien que, m'aventurant en ville, je découvrisse laideur et beauté s'unissant dans une incessante agression de tout cela qui ravit le voyageur, de l'incomparable splendeur à la pourriture éparse, des parfums de prix à la pestilence des misères.

La conduite des affaires se poursuivait sans difficulté. Comme la plupart de mes confrères, je négociais sans voir les objets de mes négoces à ce point que les dénominations des marchandises sur mes états tendaient à l'abstraction. J'ignorais les fatigues et les sueurs sur lesquelles se fondait ce commerce. N'étais-je pas devenu un actionnaire, c'est-à-dire un homme bénéficiant de l'action des autres? Pour apaiser ma conscience, je me rappelais ma simple condition de représentant ou de délégué, de boîte à lettres perfectionnée. A peine avais-je à lutter contre la concurrence car ce que la société proposait était spécifique. Peut-être le regrettais-je: cela aurait évité la monotonie en ces lieux où s'affrontaient en de pacifiques joutes les États industriels et d'autres, d'un niveau de vie moins élevé, mais, à défaut de machines, riches de matériel humain. Lorsque j'eus à faire face à une rivalité commerciale, la maison de Kyôto aligna ses prix et ajouta des avantages de paiement me permettant d'emporter le marché, victoire dérisoire qui suffit à établir ma réputation, me donna l'image d'un fin manœuvrier, le contraire de ma nature. Je ne savais pas alors que je constituais une sorte d'avancée japonaise préparant de futurs afflux lorsque la situation internationale s'améliorerait. Je sus m'adapter à des manières d'envisager le commerce différentes de celles de l'Occident (encore que mon idée de ces dernières fût imparfaite). Ainsi, je m'aperçus que la parole portait plus de valeur que l'écrit, qu'exiger des signatures s'apparentait à la mauvaise éducation. Je me soumis à des tractations longues et compliquées, avec des reculs et de brusques retours, un ensemble de subtilités donnant de l'intérêt à ce pour quoi j'étais si peu fait. J'appris l'art du détour comme si la ligne droite, le plus court chemin d'un point à un autre, portait des dangers et se devait éviter. Mes partenaires étant beaucoup plus subtils que moi, la pauvreté de mes stratégies me servait: ils y distinguaient le fruit d'une suprême habileté. Dans cet univers de l'offre et de la demande, j'eus quelques contacts avec le travail des Chinois. Je m'émerveillai de leur opiniâtreté, de leur courage artisanal, d'une manière habile et inventive d'extraire de la matière des possibilités infinies. Ainsi, dans le domaine de la construction rapide, le bambou et le rotin composaient des édifices d'apparence fragile où s'entassaient les réfugiés de la Chine en métamorphose, le trop-plein des bidonvilles, des sampans et des jonques. Parmi ces hommes, les uns voyaient leur vie limitée au travail quotidien mal payé et sans espérance, tandis que d'autres, plus imaginatifs, portaient en tête une idée créatrice et un horizon sans limite où brillait Dame Fortune. Au hasard des mutations industrielles, en peu d'années, il m'arriva d'assister à la progression sociale de certains êtres doués et, par un système de multiplication, rien ne devait l'arrêter en chemin.

Sans prétendre m'égaler à ces porteurs de la finesse orientale, j'acquis de la ruse. Elle consistait moins dans la conduite des affaires que dans le faux-semblant que je donnais. Soumis à d'inévitables conversations sur des sujets économiques, financiers et bancaires, j'appris l'art de l'écoute attentive et grave. Je distinguais le moment où j'appuierais une remarque, où je demanderais un éclaircissement, où mon attention se ferait plus aiguë, où je prendrais un air de doute, où je prononcerais une phrase répétant avec une légère variante celle que je venais d'entendre faisant ainsi rebondir le dialogue. Il arriva que mon interlocuteur me couvrît d'éloges et de remerciements pour un avis que je lui aurais donné et dont la seule source était l'éclaircissement de ses idées que la parole dédiée à mon oreille attentive lui avait apporté. Ambitieux, j'aurais pu faire mon chemin dans ce domaine, c'est-à-dire l'élargir en une grande route, mais je m'en tins à mon industrie quotidienne. Une part de moi restait absente, ce qui rendait l'autre d'autant plus réceptive. Cet air de sagesse, de réflexion qu'on me prêtait dissimulait mon indifférence. Nul jamais ne s'en douta tant ma courtoisie était grande. En bref, je n'attendais plus aucune surprise même si une voix secrète m'affirmait que tout n'était que provisoire — ce provisoire qui, dit-on, dure et qui pour moi dura de si longues années. Il ne me déplaisait pas d'être un représentant, non pour le lucre, bien que les commissions me fissent gagner plus qu'honorablement ma vie, mais parce que, n'en ayant pas la vocation, je pouvais m'extraire à tout moment de la société dans laquelle je me trouvais et dont je reconnais qu'elle avait la franchise de son état.

Je me situais dans la classe moyenne, un peu au-dessus de la moyenne, entre les puissants par l'argent et les malheureux par la destinée et son injustice, les uns et les autres dépourvus, mais les premiers de scrupules et les seconds de tout. En un lieu où l'on pouvait toujours aller plus haut dans la fortune et plus bas dans la misère, le sort des méprisés, dédaignés et opprimés de la vie ne me laissait pas indifférent, mais, incapable de transformer d'un coup de baguette magique l'économie et la société, je ne savais que faire la charité et non donner la justice, me soumettant à ce pis-aller qui me donnait une impression constante de culpabilité. Je ne fis rien de bien, rien de bon, je le répète, et mon aboulie reste sans excuse. Sans doute fut-ce là, me faisant songer à moi-même comme à une dame patronnesse (la tante Poirier distribuant ses aumônes à la sortie de la messe...), la source de ce qui m'advint, de ce que je vis actuellement, entre la rédaction de deux pages de ce cahier, de ce dénuement qui me conduirait, après le délabrement, à ne plus avoir pour offrande que mon corps et mes gestes. Il m'arriva, à de trop rares occasions, devant de hauts personnages ou se prenant pour tels, de ressentir un dégoût devant l'accumulation des richesses, et plus encore devant leur étalage, et de ne pouvoir en réprimer l'expression, n'offrant qu'un regard de pitié là où l'on attendait mon admiration, attitude que mes hôtes occasionnels (les invitations ne se renouvelèrent pas) durent mettre au compte de quelque jalousie, à moins que ce ne fût d'un caractère atrabilaire ou de quelques idées politiques pour eux nocives. Mais pourquoi, alors que je cherchais l'être, me montrait-on l'avoir? J'arrivais sans mauvaises intentions et voilà que s'offrait une provocation, pas même à mon égard, mais face aux îlots de société souffrante de la cité. Je ne me faisais aucunement chevalier, simplement je ne pouvais dissimuler mon rejet. Je le reconnais cependant: si moyenne que fût ma condition, elle se situait plus près des nantis que des démunis. Si je ne le devais pas à quelque intrigue, le hasard m'avait placé d'un côté de la barrière et je ne pouvais pas m'empêcher de regarder de l'autre côté. Et brusquement je me savais coupable sans parvenir à cerner cette culpabilité. Aujourd'hui, je sais que les cris que j'aurais dû pousser, les révoltes que j'ai fait taire, ma paresse devant les choses, mon caractère fataliste, la crainte d'éveiller les monstres endormis, tout cela créait un tourbillon intérieur que j'étouffais de mon mieux. Durant un quart de siècle, je fus isolé, vaincu, inutile. J'en éprouve un remords. Je ne fus pas pire, je fus « comme tout le monde », et peut-être est-ce là le « pire ».

★

Mes relations ne furent pas toutes de cet ordre méprisé. J'en eus assez pour ne pas connaître l'ennui; aucune ne chassa ma mélancolie. Elle fut ma discrète compagne. Contenait-elle des miasmes des terreurs passées? Était-elle la représentation de leur apaisement ou la rémission d'où elles allaient renaître plus tenaces? Melancholia creusait en moi des issues qui ressemblaient à des gouffres. Je lui demandais des forces, elle m'offrait sa paralysie. Au fur et à mesure que j'avançais en âge, j'éprouvais la nostalgie d'un fruit perdu qui se nomme le monde. Je recherchais l'arbre qui le ferait s'épanouir, ce fruit, ma liberté, ma nourriture, mon vêtement. Quel feuillage me révélerait les voix du vent? J'attendais en vain cette savante voix, frémissement de l'esprit, intonation de l'âme, rumeur de toute éternité.

Je ne peux parler ici d'amis véritables, ceux qui comme Alexandre J. Bisao et Tokujiro, l'oublieux Tokujiro, furent un peu plus que des amis, mais de personnes avec qui j'entretins des rapports agréables parce qu'indifférents. Il en fut parmi les Anglais, quelques-unes parmi les Asiatiques, fort peu parmi mes compatriotes bien qu'il y en eût de nombreux à Hong Kong, la plupart venus des anciennes concessions de la Chine et ne pouvant s'éloigner d'une civilisation mal comprise d'eux qui collait à leur peau comme elle colle à la mienne. Mais ceux-là qui parlaient ma langue maternelle, pris par la peur absurde que me dévisageant ils ne me reconnussent, je les fuyais. Le seul que je fréquentai fut un jeune garçon efféminé qui me fit partager son goût pour les arts, notamment pour la peinture italienne que nous découvrions dans des albums d'art et qu'il commentait à mon intention. Après une scène gênante, il m'avoua son homosexualité fort apparente, croyant là m'apporter une révélation. Si je m'étais lié avec lui, c'était parce que je le percevais différent, plus sensible que la plupart, et non parce que je partageais ses goûts. Dès lors qu'il m'eût avoué leur nature, il cessa de me voir, sa confession mettant un point final à notre relation, ce qui m'étonna et me chagrina.

Si mes liens amoureux apparaissent comme ceux qu'il est raisonnable d'avoir, avec le recul du temps, la distance, je crois n'avoir connu que des femmes. Elles vinrent à moi, chacune dans leur saison, ne me sollicitant jamais de concert. Qu'elles fussent du Soleil-Levant ou des aubes occidentales, je représentais pour elles un objet exotique facile à obtenir. Sans doute en France n'aurais-je pas eu le même succès. La réputation gauloise, une idée fausse d'un Paris fait de plaisirs (si loin, on n'imaginait pas qu'un Français fût autre chose que parisien), les souvenirs galants, le Parc-aux-Cerfs de jadis ou je ne sais quel french cancan de naguère, tout cela si vague et mal assimilé, me servit. Si je ne fus pas toujours à la mesure de cette réputation usurpée, l'imagination de mes belles amies y suppléa. M'ont-elles oublié? De chacune, j'ai gardé une empreinte durable et reconnaissante, des images et des émotions particulières, même si parfois je confonds les caresses de tous ces corps pour les unir en un seul corps composant un paysage érotique idéal dans lequel se glissent rêveries et fantasmes: une déesse aux cent bras, une Diane d'Éphèse m'enflamment, elles deviennent géantes ou naines, changent de couleur de peau, m'engloutissent ou me délivrent, m'offrent leurs bains tièdes et je vois frémir des croupes en attente, voyager des bouches avides, se crisper des visages à l'avènement du plaisir, et ce ne sont que gémissements, feulements, soupirs, mots jetés hors de leur sens, intonations lascives, goûts variés telles des liqueurs, parfums composant des parcs et des voyages, frôlements de chevelures, recherche de cet absolu mort aussitôt que rejoint, retombées des vagues, arrêt du temps, sommeils partagés, éveils lumineux. Des terres se fragmentent en îles et je voyage parmi l'archipel voluptueux. Dans ma tête vagabonde, ces passantes pour qui je ne fus qu'un passant vont et viennent, s'arrêtent puis repartent pour revenir bientôt et me soumettre à leur grâce persistante.

A un seul piège je fus pris. Une reine des reines les domina toutes. De nouveau, comme au temps de Hayano, au plus près de l'amour je me suis approché. Non pas orientale, mais irlandaise brune, aux yeux verts comme un lac, à elle seule, j'ai donné beaucoup de moi, ce qui la dispensa de me confier en retour autre chose qu'une part distraite d'elle-même. Je la sentis s'échapper dès lors que je la voulus retenir. Sans nul doute me reprochait-elle de l'aimer trop là où d'autres me faisaient grief de ne pas les aimer assez. Elle me fit cette remarque que si j'aimais les femmes, je n'aimais pas la Femme. Voulait-elle représenter cette entité ? Elle m'assura que je ne cherchais qu'une griserie passagère en restant économe de mes dons, ce qui me fit longuement méditer, cette méditation me conduisant à m'accuser d'un manque de générosité, mais change-t-on sa nature ? De hautes rencontres n'avaient-elles pas requis ma ferveur entière ? Et l'errance, le changement de terre, affaiblissant la plante en moi, n'avaient-ils pas appauvri mes sucs ? A travers toutes, quelle image idéale recherchais-je ? Mon amour était-il si léger, si frivole alors que je me trouvais dans la quête et l'inquiétude ? Un convive de pierre punirait-il le coupable ? Je n'entendis pas la foudre, le sol ne s'ouvrit pas sous mes pas. J'aspirais à une dévotion surhumaine toujours refusée, ce qui m'empêchait de voir l'humain près de moi. De trop ou de ne pas assez aimer restais-je la victime ? Une fois de plus, je connus l'abandon tout en sachant bien que j'en guérirais, mais la dame ne m'eût-elle pas quitté que je me fusse lassé. Elle seule mena la stratégie de se délivrer de moi pour que je pusse me libérer d'elle. Des autres, sans le savoir, elle se fit la vengeresse bien que le temps se chargeant de faire naître les lassitudes opérât sans heurts mes séparations. Longtemps après sa fuite, je lui parlais encore, je la voyais tel l'oiseau qui s'enivre de son vol et recommence un nid dès que revient le printemps. Vagabond arrêté dans son refuge, je me souviendrais de regards, de paroles, de baisers et de ce rien d'elle qui ne me quitterait plus. Aujourd'hui, loin, si loin, à des années-lumière de ces offrandes, je les garde comme les plus exquises que la terre peut donner.

Durant ces années, je ramenais l'influx sexuel au plaisir passager. Tel un Alexandre conquérant, j'étendais les régions érogènes comme on agrandit un empire. D'où venait-il que l'entier corps embrasé, alimentant l'autre partie de lui-même et par elle alimenté, me laissait dans un tel état de frustration? Cherchant l'universel et ne trouvant que le particulier, je ne parvenais à conquérir que les états du vent. Le sexe n'était pas ma patrie, et non plus mon exil. Au moment où je me voulais émigrant, je ne trouvais qu'un lieu de transit. Amoureux altruiste, je multipliais mon égoïsme. J'avais beau ascendre, je ne quittais pas la vallée. Resté seul, je cuvais amèrement l'amour comme un ivrogne cuve son vin. Quel instinct secret d'une reproduction cependant refusée me poussait à l'accomplissement du sexe? Par la suite, je me sus capable de pariades hors de toutes relations affectives. Où se trouvait ma potentialité d'aimer? N'en avais-je pas dépensé en une fois toute la somme? Je m'en convainquis: je n'avais religieusement aimé que le corps de Hayano.

Mais que faisais-je durant ces longs jours de Hong Kong, que faisais-je dans cette île-refuge pour des populations en fuite? Je me promenais en costume blanc ou je me réfugiais dans ma tanière, sachant qu'autour de moi bruissait le microcosme d'un monde composite, de tous les

Occidents à toutes les Chines, et ce crépitement incessant des jeux de mah-jong dans les demeures alentour représentait les systoles et les diastoles de la vie énorme et toujours recommencée. Que faisais-je? J'écoutais passer le temps. Je tentais de suivre l'évolution des mentalités à travers musique et littérature, je lisais selon le hasard des trouvailles, en désordre, revenant toujours à Emerson et Thoreau, Schopenhauer et Kierkegaard en qui je me reconnaissais le mieux, mais aussi des ouvrages religieux, des manuels d'histoire et d'ethnographie, plus rarement des romans et des poèmes, me mouvant ainsi dans d'autres sphères d'existence pour me donner l'illusion d'exister. Parfois, je prenais des notes pour des livres que je n'écrirais pas. S'il m'arriva de fréquenter des peintres et des sculpteurs, je ne leur ménageais pas mon admiration, avec la pensée informulée de décourager mes tentatives d'amateur. Comme je les enviais, ceux-là qui rassemblaient tout leur être sur une œuvre, qui connaissaient la splendeur du but! Même si aucune gloire ne les auréolait, je les jugeais choisis par le sort. En créant, ils se créaient, donnaient un sens à leur passage et je les envisageais tels des démiurges sauveurs face au monde matériel.

Ce qui pourrait passer pour la partie la plus vivante de mon existence ne fut qu'années moribondes. Je possédais l'âtre et non le feu pour l'animer. Comme des millions d'humains, j'allais à mes affaires et j'aurais dû m'en montrer satisfait: que demander à la vie sinon de la vivre? Je n'éprouvais pas non plus un entier sentiment de désastre, mais plutôt une absence de sentiments, un vide oubliant d'être redoutable puisque je n'avais même plus le don du vertige. Sans pleurs et sans cris, condamné à vivre sans la vie, je ne connaissais même pas cette névrose qui fait ressasser le passé et imaginer des avenirs. Non, normal, tout à fait normal, vaquant à mes tâches, allant à mon pas, suivant mon rythme, du lever au coucher du soleil, ne connaissant pas l'attente, oubliant la durée, ne me souciant pas du port. Impassible vacuité, absence ouverte, et, pour combler le trou, un geste, un autre geste, jamais aucun d'eux réinventé. Le moteur tournait sans tressaut, dans un ronronnement berceur, mais le véhicule restait immobile, ne dévorait pas les grands espaces. Je lisais les journaux distraitement, chaque jour dispensant son lot de guerres, de crimes et de scandales, à ce point que cela paraissait l'état naturel de l'univers, l'individu mithridatisé absorbant ces poisons telle une nourriture commune. J'eus la connaissance de la conférence de Stockholm que les uns disaient heureuse et les autres nocive. Nul ne se souvenait des initiatives de mon maître. La guerre m'indignait et de cette indignation même je portais la honte puisque je restais passif. Les villes martyres du Japon s'effaçaient sous des cités neuves. Hong Kong, temps d'indifférence conduisant à l'isolement, cet ennemi de la solitude, et coupant le fil de la vie, réduisant la communication. Au Double avais-je délégué toute mon énergie? Changeaient les modes. Prenaient de nouveaux sens les mots. De nouvelles générations apportaient leurs surprises. L'homme inventait sans cesse en oubliant de se réinventer. Et moi, j'écoutais de vieux opéras, je lisais de vieux livres, je méditais de vieilles méditations. Étranger. Absent pour cause de monotonie. Modelé à la vie courante, je m'y tenais caché, pas même oublié des hommes et à peine reconnu par eux. Me sachant condamné à rester chenille, le cocon me convenait fort bien, même si je ne connaîtrais pas l'envol du papillon et sa mort à la flamme d'une lampe. De filandreux projets s'estompaient un à un et rejoignaient dans la mémoire le musée imaginaire des choses avortées. Aucun bonheur, aucun malheur, pierre sans attente, je me tenais parmi d'autres pierres. Oubliée la distraction de la feuille au vent dont varie la route avant qu'elle ne se pose et ne se réduise en poussière. Jusqu'aux réjouissances du corps, aux titillements de l'esprit par quelque lecture dont l'exaltation cessait dès le livre refermé, jusqu'aux plaisirs de la musique, jusqu'à la contemplation, tout paraissait définitif et tracé. Comme M. Kant, j'aurais pu donner l'heure aux horloges. Aurais-je tenu un journal de bord que la matière quotidienne n'en eût pas varié : à la première ligne un « rien à signaler » et un « idem » sans cesse répété pour le suivre. De cet alanguissement, avais-je la conscience entière ? Je ne le crois pas. Dans l'affirmative, je m'en serais extrait, j'aurais fait « quelque chose ». Cette part de ma vie perdue, je ne l'envisageai qu'après coup, lorsque mes tempes grisonnantes m'avertirent de la coulée du sablier.

Mes images sont celles de l'homme immobile, du spectateur distrait. J'ai vécu dans mon temps hors du temps. Je me suis inventé un espace dans l'espace. Sans Euménides et sans Furies, je n'ai célébré ni fête ni tragédie. Ma seule évasion : ce logis invisible dans mon logis ouvert lui aussi sur les flots où je m'ébattais tel un dauphin, des rêveries où, tantôt nu, tantôt recevant la profusion des décors, je hantais des palais désertés, des ruines et des labyrinthes, promeneur ou gisant, seul hôte désespéré. Je souris à ce souvenir : par convention, tel un gentleman, deux parrains m'introduisirent dans un club anglais me proposant solitude et confort. Là, bien installé, je lisais les gazettes en dégustant des whiskies bien dosés, je participais à de courtoises conversations ou jouais d'interminables parties d'échecs en hésitant longuement avant de déplacer un pion et en songeant à ce joueur céleste qui, un jour, me déplacerait. Je les ai connus en bien des lieux ces salons luisant de cuir fauve, ces meubles Chippendale, ces fauteuils cloutés amoureux des corps, ces guéridons coloniaux, ces tentures et ces tapis alliés du silence, ces banales scènes de chasse au renard ornant les murs tendus de tissu écossais. Serviteurs discrets, parfum de tabac blond, journaux posés sur des plateaux : toutes les composantes du culte méticuleux de la confortable habitude. Je jouais un personnage, celui d'un roman anglais écrit par une vieille dame observatrice, arrangeant le bon ordre des choses pour en détruire subtilement l'harmonie. Du fils de famille déshérité, de l'archéologue ou du major de l'armée des Indes, qui serait la victime et qui serait l'assassin, quel Hercule Poirot, quelle Miss Marple ferait surgir la vérité ? Chacun des clubmen semblait garder son quant-à-soi, dissimuler son dialogue intérieur derrière un masque de courtoisie. Et par-delà la vérité du cliché, il y avait le face à face du jeu, ce simulacre qui m'évitait de jouer ma vie. Sans excès, sur cet objet provisoire, je distribuais quelque énergie. La conversation fatiguée lui déléguait ses pouvoirs et s'instaurait une autre manière de langage. Évadé, je pénétrais dans cet univers idéalisé pour y découvrir une certaine excitation de l'esprit, des succédanés de l'attente, de la crainte et du désir. Cet acte quotidien m'arrachait paradoxalement à la vie courante. Malgré des règles précises, j'abordais à l'étrangeté. Et je jouais encore, je jouais à être le joueur.

Que faisais-je de ma vie ? Qu'étais-je devenu ? Où se trouvait ce navigateur harassé qui retrouvait la force en se mesurant avec les éléments ? Où ma ferveur, où mon enthousiasme, où ma recherche, où ? Rarement, le chat s'aventura hors de son domaine : si j'excepte un voyage annuel à Kyôto, je ne fis que de courts voyages. Ainsi à

Macao, ce nom portant pour écho « l'enfer du jeu », ce qui me donnait à croire qu'on y jouait un jeu d'enfer. Lassé des échecs qui demandent de la réflexion et du savoir-faire, je voulus tenter ma chance (ou tenter ma malchance) en laissant au hasard, hors du calcul des probabilités, le soin de conduire le risque, de me faire osciller entre la maîtrise et le naufrage. Or, la prospérité du lieu révolue, dans d'immenses salles désertes, je n'entrevis que fantômes de décavés, une atmosphère épaisse d'ennui, un lieu d'outre-monde ou d'outre-tombe qui me glaça. Je m'aperçus bien vite que je jouais pour perdre avec la hâte de voir disparaître mon lot de plaquettes, ce qui fut l'affaire de quelques heures. Je sortis. La nuit était si noire qu'on l'aurait crue la dernière. Une main énorme se posa sur mon épaule. Je me crus attaqué et fis un saut de côté, étonné d'être prêt à la défense plutôt qu'à la fuite. Il ne s'agissait que d'un policier. Il ne désirait rien d'autre que converser avec moi, ce que nous fîmes dans un sabir anglo-portugais. Des centaines de jonques cachaient l'océan, certaines hautes comme des demeures. Plus tard, un gamin aux paupières bridées me proposa successivement une entraîneuse, une fillette, avant de se proposer lui-même. Je revins au casino pour perdre ce qui me restait d'argent. Au matin, j'avais envie de saluer l'aube comme un troubadour.

Je revins à mon balcon océanique de Hong Kong. Mon gîte, l'habitais-je vraiment ? Quelques mètres carrés sur l'univers. L'observatoire des étoiles et des navires. Un lieu de location dont le caprice d'un propriétaire pouvait me chasser. J'enviais le renard qui creuse son terrier, l'oiseau qui bâtit son nid, l'insecte architecte, la murène sous son rocher, le crabe dans son sable, non que je me souhaitasse une protection durable, un abri me retenant prisonnier, une possession possessive, mais parce que je ne me sentais assuré qu'aucun emplacement fût le mien. Qu'habitais-je ? Mon corps, mais où habitait mon corps ? Que portais-je en propre ? Mon nom, mais que signifiait cet assemblage de lettres ? Et ce nom même, un fait dit surnaturel parce que resté sans explication avait voulu me détourner d'en être l'unique maître. Quelque part sur la planète, un autre Emmanuel Gaspard Oth (à moins qu'il n'eût changé d'identité) s'en disait l'hôte au même titre que moi. Possesseur de l'identique corps, je ne l'imaginais pas autrement que réalisant habilement tout ce que je maintenais à l'état de songes, réussissant tout ce que je dédaignais de tenter. Je ne le voyais pas autrement que prospère. Ainsi, lorsque quelque riche se pavanait, je l'assimilais à lui en contemplation extasiée devant la matérialité de ses biens. Toujours décontenancé, irrésolu, en porte à faux, une partie de ma personne, née d'une préhistoire inconnue, m'échappait. L'avait-il emportée avec lui ? Et s'il était mort, si je n'étais que mon propre survivant ? Ma névrose personnelle dans la névrose universelle tentait de se blottir. Pour la mesurer, je ne possédais pas de normes ou bien je les ignorais. La fumée d'une cigarette dissolvait de vaines suppositions, la sirène d'un navire me ramenait à l'instant. Quel bien-être dans ce fauteuil ! Quel repos tandis que montaient les rumeurs de la mer et de la ville ! Rêver, ah ! comme je rêvais ! Parfois un mot envolé de quelque dictionnaire se posait sur ma branche. Il arriva que ce fût « inachevé » et je cherchais à quel substantif accoler ce qualificatif, à quel être, à quel objet, et, bien évidemment, l'être, c'était moi, l'objet mon corps ou bien la création, tel un chantier abandonné par son ouvrier. Je vivais, j'évoluais dans l'inachevé et je ne rêvais qu'absolu, édifice bravant les siècles. Je voulais un rapt dont j'aurais été le ravisseur et la victime, je me serais enlevé pour réclamer une rançon à l'inconnu, pour me faire rançon moi-même, prenant ma personne pour la poser ailleurs telle une proie s'échappant de mes serres. Le dilemme consistait en ce que j'attendisse un événement m'extrayant de ma routine et que je ne pusse supporter de me trouver ailleurs qu'amarré à ma vie présente. Durant mes trois dernières années de Hong Kong, je fis tout pour éviter le voyage à Kyôto. Parfois, je me rendais à Kowloon, l'autre ville, proche et antithétique, loin du sec macadam, pour découvrir l'humidité spongieuse des irrémédiables misères, le sol humecté par des yeux désormais taris de larmes, cercle hébété de l'enfer, où je croyais apporter quelque bien, et dont je m'extrayais comme d'une vase, étonné de ne pas m'être englouti. Chez moi, je restais longtemps sous le jet de ma douche sans me purifier ou, croyant me débarrasser de miasmes, je me découvrais sale d'être propre dans un univers hideux de sa beauté, en proie à la monstrueuse indifférence. Casanier, routinier, ayant changé de voyage là où il eût fallu changer le voyageur, allais-je terminer mon parcours sans que rien ne m'arrachât à la torpeur et à l'inutilité ? S'accrocher au promontoire, se lever péniblement, parcourir d'un regard le site adorable, poser un livre en prenant soin d'en corner la page, placer une bouilloire sur un réchaud, accomplir le rite du thé, mettre un tourne-disque en marche pour extraire la musique consolatrice d'un sillon noir, préparer une couche pour le sommeil, bercer son moi dormant, attendre sans rien attendre, penser sans pensée, rêver sans rêve, se croire malheureux sans malheur, heureux sans bonheur, être sans être...

★

Pourquoi les étapes de cette vie végétative qui s'étendirent sur une si longue plage me semblent-elles si brèves aujourd'hui? La répétition journalière des mêmes gestes en a rétréci la durée. Au contraire, mes jours dans l'îlet auprès de mon maître, d'un temps dix fois moins étendu, ne cessent de se prolonger dans ma mémoire à la manière de ces années de la longue enfance qui semblent interminables tandis que l'homme mûr et déjà vieillissant voit fuir avec rapidité le lot de ce qu'il est supposé lui rester à vivre. A Hong Kong, le délégué de la firme japonaise, le Français s'orientalisant peu à peu ne pensait guère au passé, aux événements grandioses ou funestes vécus au large d'Okinawa, dans cet îlet entourant le jardin de la méditation. Parce que repoussés, endormis sous un lourd couvercle, figés dans mon inconscient, ces bonheurs, ces miracles, ces atrocités, présences vivant dans mon absence, se tenaient en moi telle une tumeur, tel un lupus, et ils m'ordonnaient passif, soumis au train-train quotidien qu'un rien toujours refusé aurait fait chanceler. Sous les océans, un cordon ombilical, câble sous-marin, me rattachait à tout ce que je n'avais pu analyser et comprendre, aux itinéraires tronqués, aux chemins sans issue, là où mon passé antérieur, mon enfance, mon adolescence, ma jeunesse s'étaient agglutinés. Or, ce mystère me laissait sans mystère, faisait de moi l'homme banal, celui dont on ne pense rien et dont on ne dit rien sinon qu'il est un compagnon pas plus désagréable qu'un autre, une relation sans heurts ou un amant honnête, mais dont on n'aperçoit pas l'absence et dont on perd aisément le souvenir.

Je jouissais d'une parfaite santé. Des maladies nerveuses, je ne connus pas le retour. A peine en eus-je la crainte. Apparentées à un lieu donné, elles ne pouvaient me suivre dans un autre. Ces troubles de nature psychique, nés d'un fantasme intuitif, s'étaient développés dans mon inconscient. Obsessions, hallucinations, cauchemars figuraient une douleur annonciatrice précédant l'accouchement du Double, ou, du moins, m'en convainquis-je. Soumis aux prémonitions et aux angoisses, nul génie n'existait pour me protéger, nulle divinité pour me prémunir. D'où m'était venue cette peur sans nom qu'accompagnait un sentiment d'horreur? Je me souvins de l'avoir ressentie, quoique atténuée, dans mon passé enfantin. Mes parents disparus, je m'étais senti un «enfant de morts», et de moi, comme d'un zombie, j'avais été effrayé, mon propre cadavre tenant l'espace de ces lointains cauchemars. Aux angoisses communes à tous les hommes, celles du néant, de Dieu, du monde social ou de l'avenir, s'était ajoutée celle du Double m'avertissant que je pouvais aussi bien figurer l'être que son apparence, mais la plus suppliciante de ces angoisses, j'en ignorais la cause et, sans la situer, je connaissais son existence. Peut-être les années de Hong Kong furent-elles simplement convalescentes. Je n'eus plus recours à l'opium parce que, sans le marquis, sans ce guide, cela m'eût apparu un manquement au souvenir, une trahison envers celui à qui je restais attaché par tant de liens, moi qui gardais intactes, toujours visibles, les images du jardin de la méditation et de la pierre plate sous laquelle gisait son corps terrestre.

De l'enseignement d'Alexandre J. Bisao, sans doute n'ai-je rien retenu. Je ne suis pas devenu un adepte ou un disciple, un continuateur. En rien, je n'ai progressé. Je lui dois cependant, sans en analyser la conduite, mes plus intimes métamorphoses. Elles se produisirent dans le temps de notre cohabitation et aussi, après sa mort, durant les années qui suivirent, inféecondes, mais où sommeillaient des racines qu'aucune eau n'alimentait. De lui-même, mon maître (même si cette appellation appartient aux âges désuets, je persiste à le nommer ainsi, ce maître de liberté), mon maître vénéré, de lui, je ne porte pas la nostalgie, l'inutile regret : il m'accompagne et m'accompagnera jusqu'au dernier souffle. L'ayant aimé, je le garde en moi, seconde âme habitant mon âme alors que, après le long sommeil de Hong Kong, je suis revenu à ma vraie nature redécouverte après tant d'errances. Aux heures où renaît l'interrogation, pour soutenir ma nouvelle tâche, je pense à lui. Le Bouddha, dans sa jeunesse, lui aussi avait été bouleversé par les atrocités attachées au sort de l'homme et cela parce qu'il avait entrevu la maladie, la souffrance et la mort. L'expérience du désastre, sa fin, sa renaissance avaient appris au marquis à la fois la vanité de l'existence et, parce que l'univers est moteur de volonté, l'instinct de vivre et d'aider à vivre. Dans sa quête, il n'éliminait aucune contradiction, ne se dissimulait aucune réalité, se méfiait des approbations autant que des preuves, savait que la conclusion la meilleure est de ne jamais conclure. A défaut de la panacée que les laboratoires célestes refusent, médecin résolu, il utilisait au mieux les traitements qu'il découvrait. Ô mon maître, mon ami, mon père, et si la tombe était de ce côté et non de l'autre ? Ô mon esprit en gésine et n'enfantant jamais, quelle aube t'apporterait délivrance ? Et cet îlet, ce grain de sable ignoré des cartes, ce point vert sur l'océan bleu, ne l'imaginais-je pas hors du monde, au creux de quelque faille temporelle maintenant que, ne l'habitant plus, il m'habitait !

Tokujiro ? Il avait suffi qu'il trouvât sa voie pour disparaître à mes yeux. Nous échangeâmes une correspondance amicale. J'ai gardé des lettres datées de Tokyo, puis de Dakar, Londres,

Bruxelles, selon les postes qu'il occupa avant de devenir ministre. Dans ces brèves missives, là où naguère il eût parlé de ses états de pensée, il n'abordait que la réalité concrète, cette apparence. Peu à peu, les relations s'espacèrent et ce fut comme la lente dissolution d'une amitié de collège. Quelques années plus tard, nous ne ferions qu'échanger des souhaits pour l'année du Chien ou celle du Cochon, avec, pour combler les vides, des relations par l'intermédiaire de son grand-oncle, mon patron, simples salutations dont nous chargions le vieil homme, son caractère ne s'accordant guère avec de longs développements. Ainsi la vie jette-t-elle chacun vers ses affaires, vers d'autres lunes et d'autres soleils. Nous retrouverions-nous un jour, les cheveux gris ou blancs, pour affirmer contre toutes les déchéances que nous n'avions pas changé? Le cours des choses voulut qu'il n'en fut rien. Je doute aujourd'hui que des retrouvailles se produisent et je ne le crois pas souhaitable. Que Tokujiro reste donc imprimé à jamais en moi dans sa jeunesse, que je le garde comme un instant préservé et s'éternisant!

Après plus de vingt années de Hong Kong, mon existence allait se renverser. Dans ce commerce ludique où les jeux de l'exportation et de l'importation s'apparentaient à une partie de poker, où le commerçant impassible et rusé portait des stratégies obscures dans sa tête et des cartes dans ses manches, je me savais anachronique. Des capitaux affluaient et tant de globules rouges créaient un sang impétueux. Après les apports du capitalisme saigonais, le Japon et les États-Unis ouvraient leurs coffres. Cette manne se fondait sur ce qui lui est le plus opposé: la pauvreté créatrice de richesse car l'attirance venait plus volontiers du bon marché de la main-d'œuvre que de la situation de port franc de Hong Kong. Les manants, les serfs, les exploités feraient fructifier l'or jaune et le dollar vert. Les modifications économiques, les poussées fiévreuses requéraient des maîtres d'œuvre d'une autre qualité que celle que je proposais.

Des bouleversements du cours de notre existence, nous attendons qu'ils se manifestent sous une forme grandiose, par des voix visiteuses de la pénombre, par une illumination qui vous jette au pied de la Croix, par l'étoile du Berger ou l'Ange annonciateur, par une détermination fébrile qui vous arrache à vous-même, par un appel de l'océan ou une passion soudaine. Pour moi, ce ne fut qu'un courrier, une enveloppe banale comme j'en recevais quotidiennement et qui contenait une lettre à en-tête en deux langues, japonais et anglais, dactylographiée, répartie en paragraphes mesurés et qui suffit à me ramener à la réalité en transformant mes jours. Plus de vingt années s'étaient écoulées, mes années mortes de la vivante Hong Kong. Le frère de mon maître vénéré s'était éteint dans un âge avancé. L'affaire mise en société, les rapports ne furent plus les mêmes: sans cesse, on me demandait des comptes, des états, des statistiques, des programmes d'action, et l'on finit par s'apercevoir que je n'étais pas le correspondant idéal, qu'en un temps où tout progressait les ventes accusaient un recul. Ma situation se prolongea durant deux années au cours desquelles me visitèrent des hommes d'affaires aussi efficients et observateurs que froids et courtois. Cela devait se terminer par cette missive sans nul doute rédigée avec un certain embarras. Elle m'apprenait la nomination d'un délégué japonais dont je pourrais être l'adjoint si je le désirais, mais je n'en avais pas l'obligation, et l'on comprendrait fort bien mon éloignement d'un univers auquel je ne m'accordais plus. Je distinguai là une concession charitable due peut-être à l'influence de Tokujiro.

Dénué de vanité, je me serais volontiers mis sous les ordres de quelqu'un, mais je vis là un signe, une occasion de déhaler du port, de donner à mon inutile vie un autre cours. Je proposai donc un dégagement attendu et la négociation fut, selon le langage des affaires, des plus correctes. Une importante prime de départ, en proportion avec le nombre de mes années de service, me fut versée. Ayant mené un train de vie relativement modeste, je m'aperçus que je me trouvais possesseur d'une petite fortune. Avec un excès de louanges, je fus remercié de services ayant assuré une période intermédiaire en y apportant un zèle reconnu.

La philosophie avec laquelle je pris la chose fut toute de surface. Cet échec partiel me marqua un échec plus vaste, celui du projet entier de mon existence. Je ne parvins à me défaire de cette idée stérilisante qu'en m'assurant que je n'avais pas choisi la voie commerciale mais qu'elle m'avait choisi. Je quitterais Hong Kong sur un acte inachevé. Telle la barque *Ego*, vaincu à l'amarrage dès lors que plus aucune difficulté n'apparaissait, l'objet de ma défaite était mon immobilité. Je dus m'avouer que, mélancolique, asthénique, faible, j'avais la phobie de toute action. Ainsi, j'avais vécu des amours sans existence parce que sans luttes. Mon appétit du sexe signifiait une lutte contre l'attachement. Devant lui, je me dressais de la même manière que je luttais jadis contre la guerre, avec cette différence que je fuyais au lieu de combattre. Mon échec, rien ne me permettait de le masquer ou de le métamorphoser. Seule aurait pu le nier une joie lente à me rejoindre.

Après la rupture, durant sept mois encore, je restai dans cette ville, sur ce balcon qui me retenait tel un aimant. Dans mon âge mûr, je me retrouvais comme un retraité ne sachant que faire de lui-même et n'ayant que sa fin pour horizon. Cette période fut plus morte encore que celle qui l'avait précédée. Je m'inventais des occupations, une distribution égale des heures entre des vétilles mangeuses de temps. Les jours où je me mirais en la femme qui se regardait en moi révolus, et à peine ressuscités par de rapides aventures ne faisant de moi ni Don Juan aux mille et trois conquêtes ni Faust extasié devant une seule Marguerite, je n'envisageai plus ma personne que comme une page arrachée au livre du monde et qu'il fallait recoller. « Après une si longue station, tu dois tenter quelque chose ! » me murmurait une voix inconnue, mais quelle voix entendais-je et quelle chose devais-je faire ? Étant enfant, je répétais : « Plus tard... plus tard quand je serai grand... » Toute ma vie, ne l'avais-je pas ânonnée, cette phrase ? Plus tard, plus tard... Et, pour corriger l'anachronisme de ces mots absurdement répétés, en écho j'entendis : « Plus tard ? Mais, c'est maintenant ! » Maintenant ou jamais, et mes méditations débouchèrent sur un verbe qui les résumait : agir. Non pas « réagir » mais « agir ». Mais pourquoi agir ? Pour satisfaire ma conscience ? pour atteindre quelque pouvoir ? pour gravir un degré au-dessus du Rien et si loin du Tout ? Entre tous les possibles, lequel choisir ? L'abandon de ma solitude, de mon tête-à-tête avec moi était-il envisageable ? Qui se jouait de moi sinon moi ? Je m'appelais à mon propre secours. Sept mois où coulèrent les « A quoi bon ? », les « Pour quoi faire ? » et les « A quoi cela servirait-il ? » Je me voulais ceci ou cela en espérant autre chose. Ce que je représentais dans l'immédiat ignorait mon avenir. Choisir pour moi une voie nouvelle consistait à me redéfinir, et je pressentais que, en réalité, la voie nouvelle me choisirait. Me résoudrais-je à n'être qu'une pensée abstraite ? Que n'avais-je la belle, la sainte ignorance, l'innocence naturelle porteuse de paix ? Je n'aurais rien eu à prendre, à donner, à décider, à rejeter, à combattre. Ô moi, mon plus grand ennemi! N'étant pas déterminé, ou guère, comme esprit, je serais resté dénué d'angoisse sans cette peur ne sachant briser la torpeur parce que, désormais, aucun message ne me parviendrait, aucun guide ne tiendrait ma main. Devant cette frayeur de la liberté et du choix, quelle interdiction susciterait mon désir? quelle faim ferait apparaître des aliments? quelle attente du châtiment me porterait-elle à la faute? Le vertige ne résidait pas dans l'abîme mais dans l'œil ouvert qui le regardait.

Cette ville que je hantais depuis tant de saisons sans la voir parce que perdu dans la contemplation de l'océan, sachant obscurément que je l'allais perdre, brusquement se révéla à moi à la fois dans sa réalité immédiate et dans une autre réalité, intérieure, cachée, et bientôt effrayante. Pour échapper au passé, dans une fuite absurde qui les y ramenait irrémédiablement, les hommes érigeaient d'impressionnants buildings face aux cités flottantes et aux bidonvilles, élevaient des pistes d'atterrissage sur les eaux, traçaient des routes terrestres et maritimes, tout cela avec une rapidité folle, et naissait sur les gravats et la poussière l'univers de la civilisation conquérante avec ses réservoirs d'énergie, ses usines, ses palaces, ses universités, ses hôpitaux, toutes constructions qui forcent l'admiration devant le génie humain et collectif. Durant ce long séjour, à quelles naissances, à quelles édifications n'avais-je pas assisté! Mais, par-delà la vue panoramique, existait la vision. Devant tant de preuves positives, elle m'apportait la négation. A travers tout l'aujourd'hui et tout le demain des édifices, je distinguais un travestissement dérisoire de la vérité. Parce que le progrès matériel, au lieu de construire l'homme nouveau, l'homme égal à l'homme, creusait un fossé de plus en plus élargi entre les aires de la splendeur et les lieux bas de la misère, rien ne changeait : les sueurs perlaient des mêmes fronts toujours, les profits rejoignaient les mêmes mains avides toujours ; rien ne disparaissait de l'angoisse, de la faim, de la fatigue, du malheur, du désespoir. Mes yeux ne distinguaient plus les splendeurs que comme des doigts géants désignant leur face antithétique et non comme ce qui suscite l'admiration, enrichit les statistiques et fait les monnaies fortes. Où se montraient le marbre, le béton, l'acier, le verre, où s'affirmait le génie architectural, je lisais la moisissure, la lèpre, la ruine. Sur les belles façades, je voyais des suintements abjects, de la sueur moisie, du sang caillé. Injuste, je me savais injuste : devant les mutations nécessaires aux rebonds, le travail conscient, le génie reconnu, je restais aveugle et sourd parce que voyant et entendant autre chose, esclavage et asservissement, et, au miroir d'une cité entourée d'une poussière d'îles promises à l'industrialisation, le monde dans son entier m'apparaissait redoutable et vain au cœur même de ses réussites, de ses géantes œuvres.

Ayant appris à aimer Hong Kong, les seules images que j'en garderais ne seraient pas celles de sa neuve réputation. Durant mes ultimes jours, dans l'espoir de me retrouver, je me perdis dans les quartiers les plus sordides, ceux que n'irrigue pas de son sang le cœur bancaire, je me mêlai aux archipels de la dégradation, de la boue, là où les lieux semblent avoir pris en charge les lamentations des hommes, j'errai dans l'informe, le loqueteux, le terrible, je fis le chemin allant de l'enfer des fabriques à celui du taudis. Si près des immeubles de luxe, des clubs, des luisantes automobiles, je rejoignais les squatters des collines, les habitants de ghettos marins, le peuple dépenaillé, les vagabonds à l'ultime stade du dénuement, les invalides, les martyrs de la drogue. Coolies, mendiants, gens des métiers d'infortune, parmi les ruelles du bas commerce et de la prostitution, je marchais à vos côtés dans les géhennes. Je voyais le visage hideux de ma propre cruauté — car je n'avais jamais voulu voir : à l'imitation de tant et tant, j'avais ignoré le monde sans joie des vieillards sans repos, des condamnés à la désespérance, des enfants tristes, des femmes sales, des puanteurs que n'efface aucun encens. Parmi la glaise et la boue des ruelles, sur les passerelles de planches branlantes au-dessus des milliers de sampans, j'allais parmi les cloaques en oubliant de penser, par crainte de ne pas y survivre. Sur l'océan, des bateaux rouillés laissaient deviner des cargaisons maudites, embarcations faites de loques, de camouflages, de masques, et soudain, une femme aux longues nattes, souquant ferme, me donnait une idée de la beauté. Et toujours, après ces errances, je cherchais des images rassurantes. Soumis à la misérable routine, les démunis, s'ils regardaient le ciel, perdaient leurs yeux d'indifférence. Superstitieux, ils croyaient aux esprits errants, aux génies plus souvent malfaisants que tutélaires, ils érigeaient les modestes foyers de la purification. Pour certains, l'île avait été la terre promise. Courageux, ils étaient le courage plus durable que le building. Me penchais-je alors sur eux pour ne pas les voir et ne pas les entendre ? Des deux parties antinomiques de la ville, ne me sentais-je pas rejeté ? Quelle vie occulte existait au-delà des existences ? Pourquoi étais-je déchiré à la pensée de quitter tout cela que j'avais si longtemps ignoré ?

Et toujours, revenu à mon balcon, l'océan, la rade, le spectacle. Il me semblait ne plus contempler mais épier, tenter de surprendre quelque secret comme si cette agitation permanente dissimulait un dessein me concernant. Je plissais les paupières pour voir autrement, à travers une gaze, fermais un œil, puis l'autre, tentais un clignotement pour faire bouger le site et pénétrer dans un autre espace temporel. Je regardais Hong Kong liquide, Hong Kong sur l'eau, Hong Kong devenue eau, à travers les barreaux d'une prison dont je ne pouvais m'évader qu'en choisissant un moment privilégié. J'attendais un signe et cette attente détruisait mon présent sans ériger mon futur, faisait trembler mon édifice sur sa base, me déstabilisait. J'allais de la douleur à l'ennui, cette maladie du temps. Je guettais. Quelle voix m'avertirait que le temps de l'acte était venu ? La véritable absence, je le savais, c'est quand on ne sait pas qui est absent. La bonne solitude, pour moi, consistait à vivre seul comme si nous étions deux, mais j'étais seul à jamais, du moins le croyais-je, sans nul espoir de célébrer une union. Je ne me trouvais là pour personne et non plus pour moi-même. Je consultais le ciel où nul passage ne s'inscrivait et les images-nuages berçaient ma déception. Je tentais de déchiffrer les signaux des navires à d'autres destinés. Mes espérances trahies, allais-je finir par ne plus espérer qu'en mon désespoir ? N'étais-je pas un puzzle passant sa vie à tenter de rassembler ses fragments sans savoir qu'il est lui-même fragment d'un autre puzzle ?

Je comptais aussi sur une forme plus ordinaire du message : en guettant la préposée à la distribution du courrier, une jeune Chinoise zélée et rieuse. Ayant quitté « les affaires », je ne recevais plus guère de lettres. La demoiselle m'adressait un signe de dénégation joyeux : rien pour moi. Cette absence lui semblait heureuse : cachant ma déception, je lui rendais sourire pour sourire. Puis, perçant à jour mon inquiétude, elle dut imaginer que j'attendais la seule missive importante à ses yeux : une lettre d'amour, mais nulle épistolière ne pensait à moi. Il arriva que je fusse comblé par un prospectus. Et vint le matin où elle brandit une enveloppe oblongue où courait une écriture difficilement modelée. Pour un peu, elle aurait applaudi, la jeune fille, à mon plaisir. Je fis semblant d'être heureux, de vouloir me retirer en hâte pour découvrir des lignes passionnées. En fait, cette communication écrite marquait la fin d'une époque. Il ne s'agissait nullement d'une chose importante, d'une réponse à mon attente d'un signe secret, mais le message, si banal, matériel qu'il fût, correspondait à cette destination de m'extraire de ma torpeur. Selon toutes les règles requises, la propriétaire de mon studio, de mon balcon sur la mer, m'informait de sa décision : la location cesserait le mois suivant, la cause en étant le mariage de son fils. Mon congé ! Allais-je partir à la recherche d'un autre gîte ? Non. Le signe était net, direct, impératif. Sonnait l'heure du départ. Je ne pouvais envisager de vivre à Hong Kong ailleurs que sur mon balcon. Je ne me connaissais pas d'autre attache. Où j'aurais dû être atterré, je me sentis soulagé. Au bout du long tunnel, un point de lumière apparaissait, grandissait, envahissait la bouche d'ombre et j'étais aspiré par la clarté. Comme si un estomac me régurgitait, j'avançais vers ce grand jour, ô Jonas ! Ma vie, ma vie, allais-je enfin te vivre ? L'espérance ouverte, une passion me jetterait-elle en ton âme profonde ? Dans cet âge mûr, allais-je enfin naître ? L'impérieuse voix me dit : « Choisis ton chemin, même s'il doit te perdre, mais qu'il soit *ton* chemin ! »

Pour revenir à mon plus modeste bagage, je m'allégeai de mes biens, parfois à regret, mais finissant toujours, d'un habile scalpel, par couper ces cordons ombilicaux. Les brocanteurs firent de bonnes affaires. Qui lirait mes livres ? Qui écouterait mes disques ? Qui dormirait sur mes coussins ? Par fidélité, je gardai les instruments de la navigation, cette boussole que j'appelais Henriette, ce sextant, et aussi ce journal de bord tout jauni, bien qu'il fût improbable que je conduisisse un jour un autre esquif que mon corps. Avec les gens de la firme japonaise, je n'entretenais plus de relations. Mes amours s'étaient évanouies d'être sans amour. Les quelques personnages de ma fréquentation m'avaient oublié dès lors que je ne représentais plus rien. Nul n'agiterait un mouchoir. Je revois la masse noire percée de hublots cerclés de métal d'un paquebot italien. Du bastingage, les passagers faisaient glisser des serpentins lumineux que les gens du quai tentaient d'attraper comme pour retenir le navire. Je gravis la passerelle. Durant une heure, je regardai Hong Kong, je lus, je bus la ville. Il me sembla que l'image mobile se fixait. Aériennes jonques, immobiles sampans, ailes de papillons, caboteurs, transbordeurs, ferries, montagnes protectrices ou redoutables, forêts de buildings, rade, bras de mer, villages sur l'eau, beauté et laideur, je vous unis d'un long regard. Vie et mort s'enchevêtrèrent, passé et présent, gueux et banquiers, palaces et bouges se mêlèrent dans l'unité de la cité. De Hong Kong, je m'extrayais. Son histoire se poursuivrait sans moi. Je tournais la page et c'était comme si je brûlais tout le livre. Adieu, ma jeunesse! La sirène du navire réclama son passage. D'autres lui répondirent. L'aube frissonnait. Je quittais plus de vingt années mortes de ma vie.

★

Dans cette Asie où, selon une mélodie, « dort la fantaisie comme une impératrice » et dont je garde collé à mes semelles l'humus fait de mort et de vie mêlées, je fis de nombreuses escales, certaines si longues que je dus attendre un nouveau bateau pour poursuivre ma route maritime. Vais-je narrer ce voyage qui me fit aborder à tant de rives, me dirigea vers l'intérieur des terres? Mes émotions esthétiques devant les temples, les palais, les tombeaux, devant les traces durables des civilisations, monuments, pierres taillées et images peintes, furent sans doute celles de tous les voyageurs ayant reçu quelque teinture de savoir. Ce fut et ce ne fut pas une belle randonnée. Ce vers pourrait tout dire: «Il visita le monde et l'admira.» Je ressentis le grandiose et le dérisoire. J'emplis mes yeux de tous les paysages et de tous les êtres. Je ne fus ni chasseur ni voleur d'images. Lorsque j'entendais cliqueter les appareils photographiques, lorsque je voyais l'air satisfait du preneur de sites déléguant ses pouvoirs de vision à une mécanique subtile, je restais étonné. Je reconnaissais les merveilles: elles étaient bien là, telles que sur les pages d'album, je les admirais, en suivais les détails, les plaçais en bon ordre dans ma mémoire.

Voyageur, je sentais parfois monter en moi un sanglot poignant qui mourait avant de s'exprimer. Mes souvenirs tentaient de me rejoindre en parlant un langage dont je ne possédais pas la clef. J'étais chercheur d'or creusant interminablement et finissant par oublier le but de sa prospection. Je devais tout inventer, ajouter aux paysages traversés mes paysages d'idées, faire naître mes atolls intérieurs pour que la mer y contînt. L'exercice suprême du voyage était la traversée de la nuit, l'accoutumance nocturne au lieu où le soleil ne se lèverait que par le contrepoids du vouloir. L'immobilité de la contemplation se mêlait au goût de la découverte. Le parcours interminable devenait la métamorphose de l'homme en l'homme, affirmait le désir d'édifier une cité humaine où la maison transparente de l'être serait accueillante et fraternelle. J'appelais l'émerveillement, le frère de la joie. Des monstres me guettaient.

Je quittais la ruine chantante du temps et voilà qu'au détour d'une ruelle le spectacle de la chair vivante, profanable, destructible, m'assaillait, me poursuivait, et le souvenir en serait plus intense, plus vivace que celui des hautes œuvres ancestrales. Par quelque malédiction, mes pas me dirigeaient partout où se trouvait la misère et je me convainquis que la misère était partout. Je ressentis la honte de mes impuissantes pensées, de mes apitoiements inutiles, de mes charités sans portée, la honte de tout ramener finalement à ma condition, à moi, cet occupant dont je ne pouvais m'extraire, la honte de ma honte. Que faisaient mes tortures morales quand partout s'opérait la torture physique? Car les miséreux étaient bien les victimes d'un carnage au ralenti. L'indifférent me parut pire que le bourreau. Ô vous qui luttez contre les cancers, les lèpres et les pestes, vous le savez que le pire ennemi de l'homme n'est pas le microbe, ni le fauve, ni le rapace, mais l'homme avide. Qui façonna ces monstres en honnêtes gens déguisés? ces mercenaires sans armes aux quiétudes de boutiquiers? ces hôtes des palais de marbre qui ignorent les parias rampant dans leurs fossés? Partout, je vois des mains tendues et des regards tendus comme des mains. J'entends des toux atroces, interminables. Le sang vomi, le bétel craché s'unissent sur le pavé. Des mouches se posent sur les plaies et la lassitude ne les chasse pas. Après une nuit froide, au matin, passent comme éboueurs les ramasseurs de cadavres. Des yeux se détournent. Des visages se ferment. Des pensées obturent les portes. Tous repoussent leur part du fardeau. Et l'opulence glisse sur ses roues silencieuses.

Je pensais à un vagabond d'antan, un marquis japonais rescapé des flammes. Je croyais que tant de jours de la plus haute horreur avaient réuni toute l'horreur du monde, et la bombe qui ne s'appelait pas pikadon, la bombe-misère ne cessait d'éclater et, dans un lent supplice, étalait des monceaux de morts. Et moi, que faisais-je? Le poids me paraissait trop lourd pour mes épaules. Si déjà, dans mon inconscient se formaient des projets, je l'ignorais. Les pieds attachés à des terres continentales, naissait le regret des îles. Je voyais un amer planté sur le rivage, une casemate abritant les soldats morts d'une déjà vieille guerre, une poule sur une plage, ou bien, d'une île à l'autre et toutes se mêlant, une vaste demeure patricienne entre un parc aux mille plantes et un jardin zen aux cent rochers où coulaient d'immobiles rivières de sable, une pierre plate sous laquelle reposait mon seul ami, et, plus haut, un modeste port où des pêcheurs japonais écoutaient le shamisen d'une jeune fille. Telles des unions anachroniques dues au caprice de la mémoire, en une seule île s'unissaient mes îles, en un seul souvenir mes souvenirs. Et pour que ne surgît pas le plus terrible, hors nature, le visage de l'autre, du Double, je me tendais tel un arc vers l'inconnu de l'avenir.

Promis aux palaces parce que, sans doute, indigne d'autres lieux, fondu dans l'anonymat touristique, mes yeux voyaient, ma mémoire s'emplissait. Il n'était pas que les grands édifices en fête couronnés de guirlandes d'ampoules, les hauts minarets, les cités palatiales, les forts, les tombeaux, les sculptures de bronze et de pierre pour me parler des héritages: sur les trottoirs maculés, dans les caniveaux boueux, la misère, des géniteurs aux nouveau-nés, courait au long des lignées maudites et répandait ses miasmes. Sur un horizon de mort s'ouvrait la vie, le berceau et la tombe devenaient synonymes; au seuil des accouchements déjà la dame à la faux réclamait son dû. Je me demandais si par quelque caprice parfois, ou par hasard, ou par industrie, un être échappait à sa destinée et je l'imaginais alors, naturalisé nanti, oubliant sa patrie d'origine. De l'océan Pacifique à l'océan Indien, du golfe du Bengale à la mer d'Oman changeaient les visages mais je retrouvais les mêmes regards perdus, les mêmes spectacles de lamentation, les fresques de malédiction. Les lépreux que je vis à Cholon vivant près des enterrés dans la pagode ruinée d'un cimetière, je les retrouvai à Calcutta et en tous lieux de bannissement. Ô visages détruits, membres rongés, savais-je que vous pourriez être mon voisinage? Les quêteurs de piastres ou de roupies, la main tendue, employaient les mêmes mots, désignaient les mêmes plaies ou les mêmes amputations, présentaient le même squelette vêtu de peau brune. Regards implorants, ongles acharnés sur les démangeaisons, hardes, haillons et sacs, voici l'homme, celui que nous devions aimer parce que c'est écrit. D'un séjour de six semaines à Calcutta, qu'ai-je retenu? L'immense pont où défilent chaque jour un million d'êtres, le banian géant, forêt à lui tout seul, d'un parc botanique, le palais de marbre où s'entasse le kitsch européen, le club à l'anglaise, les affiches hurlantes du cinéma mélodramatique, les étalages d'aromates colorés, les colliers de roses sur la statue de Gandhi, certes, mais aussi le spectacle que ne mentionnent pas les guides touristiques: des enfants jouant au football avec le cadavre d'un petit chien mort, des familles se traînant dans la boue noire, la poussière de charbon, la fumée noire des braseros, les eaux fangeuses, les flaques où les barbiers publics trempent leur blaireau, où les cureurs d'oreilles nettoient leurs instruments, et, soudain, cette rencontre qui me visiterait dans mes cauchemars, qui ressurgirait chaque fois que je verrais un quadrupède.

J'errais parmi la foule quand une main saisit mon bras gauche, là où pâlit une vieille cicatrice. Je crus qu'il s'agissait d'un enfant demandant l'aumône. Me retournant, je vis tout d'abord un visage ovale et lisse, de grands yeux noirs cernés de bleu, des lèvres brunes d'un ravissant dessin dont la noblesse et la beauté évoquaient une Vierge de tableau espagnol, puis, par le plus abominable des contrastes, je découvris ce que l'on doit bien appeler un corps. Oh! ce corps... non pas celui d'une femme, mais la représentation la plus déchirante extraite d'un bestiaire fabuleux. Ce n'était ni Anubis ni Hécate à la tête de chien, mais une chienne à tête de jeune fille ou une jeune fille à corps de chien. Ce corps déformé d'enfant-loup, ce corps torturé par quelles mains? façonné par quels démons? issu de quel enfer? ce corps marchait, bête errante, parmi les passants, allait l'amble tel un ours, se tordait, s'arrêtait en équilibre sur trois pattes, la quatrième offrant une longue et fine main humaine se tendant pour la mendicité tandis que l'admirable tête, tournée de côté, s'éclairait d'un sourire éblouissant en remerciement d'une roupie. Pour la première fois, j'eus honte de ma verticalité. Je trouvai la force de lui sourire, de lui apporter mon aide sans montrer mon apitoiement. Éloigné, je fus en proie à un tremblement de tout mon corps si intact. Qu'est l'univers s'il existe cela? Qu'est la plus haute idée de l'homme, ses élévations, ses traces durables, sa marche vers le progrès s'il reste possible qu'on mutile ainsi des enfants pour qu'ils deviennent objets de rapport? Quelle descente vers la misère ténébreuse crée des fabriques d'infirmes? J'aurais voulu être chien. La chienne à tête humaine m'avait souri, m'avait regardé comme une femme regarde un homme, avait rangé l'argent dans ses hardes pour recommencer sa quête. Je ne m'étais plus tout à fait senti un être humain.

Pour moi, la grande cité de Bombay, ce ne sont pas les tours du silence où les vautours nettoient les cadavres plus proprement que les vers, les mariages du passé et du présent du lingam de Shiva au lingam atomique, la porte d'Inde, les galeries, les musées ou le dos vert de l'île d'Éléphanta, mais la rue des Grilles si chère aux touristes en mal de sensations, rue où s'assemblent les fantasmes du peuple le plus pudibond de la terre, réceptacle obscène, maisons closes à fenêtres grillagées, cages infernales, lieux de la misère et de la prostitution sa fille, où tout un peuple lamentable se traîne, une cour des miracles au ras du pavé, où tourne la démence, où se farde la laideur, où se déchirent le cœur et le corps. Un compagnon de rencontre, ébloui par l'étrange beauté des extrêmes, voyait là, avec un ravissement d'esthète, l'illustration sulfureuse de Dante (c'était aussi cela). Je ne surpris que la déchéance, l'abaissement, le condensé des maladies de l'homme. Fillettes et vieillardes derrière des barreaux comme dans un parc zoologique offraient la chair fraîche et la chair décrépite à l'homme avili à la recherche d'un plaisir fugitif au fond de la déchéance humaine. Et moi, l'étranger, ignoble de cette ignominie, je mesurais mon impuissance, je me savais brusquement plus bas que tous ces êtres car, peut-être, dans les souterrains secrets de ces égouts au grand jour existait-il, par-delà les complicités, les proxénétismes et les esclavages, une parcelle d'amour par moi ignorée.

Visiteur des grottes et des caves, l'art dont j'admirais l'exploit ne parvint pas à entièrement me séduire. Jusqu'à la population des statues idolâtres qui me fit horreur. Parce que j'avais croisé dans la vie la fille au corps de chienne,

Ganesh à tête d'éléphant, Garuda à tête d'aigle, Shiva à quatre bras ou Shiva tricéphale, Ravana aux dix têtes et aux vingt bras ou Narasimha l'homme-lion, tous ces êtres de légende mi-humains mi-animaux dont en d'autres circonstances j'eusse apprécié le contenu de merveilleux, suscitèrent en moi un rejet. Victime du surnaturel qui m'avait dédoublé, je le rejetais de tout mon être, avec absurdité et injustice. Comme me parut belle la Vierge à l'enfant de papier mâché en dépit de sa laideur sulpicienne que je vis à Goa dans une église!

La nuit, sans aucun rapport direct avec tout ce qui m'avait blessé, je fus visité par un cauchemar. Je ne dormais pas. Une veilleuse diffusait une douce lumière. Étant éveillé et lucide, il s'agissait bien d'une vision, d'un regard différé. Mes propres hantises montèrent à la surface pour me rejoindre. Extraits de tableaux différents et réunis en un seul par l'ingéniosité d'une sorte de collage animé, triple spectacle sur un écran trinitaire, celui d'un mur nu, tantôt simultanés, tantôt se succédant par éclairs, je les vis ces êtres du lointain projetés par mon regard devenu caméra. Au centre, couché au pied d'un arbre, ses mains sanglantes posées sur son ventre ouvert, se trouvait un soldat verdâtre à la tête de cire qui dormait, un sourire égaré sur ses lèvres. Pour l'éveiller, je le voulais appeler sans parvenir à retrouver son prénom. Tous les sons se mouraient dans ma bouche car je ne possédais pas le sésame ou l'abracadabra destinés à l'éveil de ce soldat allemand dont je ne savais plus s'il était Hermann, Wolfgang ou Ludwig, alors que j'étais dans la forêt silencieuse le seul dépositaire de son murmure. Prémonition d'un oubli futur? Ma mémoire me refusait de nommer ce Günther de mon très vieux crime. Sur l'écran de gauche, d'une automobile retournée jaillissaient des flammes parmi une épaisse fumée noire. Le torse nu d'une femme apparaissait, seule partie libre d'un corps prisonnier du monstre métallique. Son visage, masque de douleur, de sang, de boue, de larmes, semblait décomposé. Entre deux hurlements surhumains, elle appelait en criant que, brûlée vive, elle vivait encore, et moi, retenu par un rideau invisible, les membres serrés par des liens, je me tendais vers elle, ma mère, sans pouvoir la secourir. L'écran de droite s'immobilisait sur un homme pendu à une poutre, un corbeau sur l'épaule, et je savais qu'il s'agissait de mon père. Lorsque tout disparut, je vis ma tante lyonnaise qui priait agenouillée devant un de ses autels, portant non pas le Christ, mais une tête d'éléphant.

Sur le chemin de l'Europe, pourquoi retardais-je ainsi l'heure de m'y retrouver? Tel un compagnon artisan du tour du monde, destiné à ne point accomplir son chef-d'œuvre, de ville en ville, je regardais. Certes, l'antithèse existait face aux monstruosités quotidiennes, des visages de sages, des regards profonds qui me faisaient barbare blanc, des saris éblouissants, des somptuosités artistiques, des paysages à nul autre pareils, de la magie du subcontinent, de la splendeur et de la grâce, mais tous ces spectacles se fondaient dans un brouillard d'où réapparaissaient les cancers et les lèpres. Quelles musiques, quelles danses, quelles hautes voix spirituelles les chasseraient? Quelle folie amenait les êtres faméliques à adorer la graisse immonde de tel gourou? Étranger, je l'étais moins par mon visage occidental que par mon incompréhension de tout ce que je découvrais. Mon maître ne me manqua jamais à ce point, mon maître, parole et acte, lumière et entendement, comment aurait-il vu cela? Propos ou silence, précepte ou pain, qu'aurait-il donné?

Après tant de délabrements et d'horreurs de la vie m'apparut la purification de la mort. Sur les degrés noircis par le feu d'un quai sur le Gange, là où prient les dévots et dont les étrangers se détournent, où s'unissent les parfums de l'encens et du bois de santal à l'âcre odeur de la chair brûlée, je vis la procession des familles autour du bûcher. Près des stèles rappelant le sacrifice ancien des veuves, sur des lits de bambous, enveloppés de blanc ou de rouge, attendaient les corps dont l'âme s'échapperait avec la fumée de la crémation. Comme il me parut pur, ce cadavre de Bénarès dans son linceul! Il fut baigné, ce corps, dans le fleuve, une gorgée d'eau coula dans sa bouche. Oint de parfums, et si clair dans son enveloppe humide qui épousait sa forme, des hors-caste le placèrent parmi le bois avant qu'un jeune homme brandît une torche. Je vis le bras noueux du cadavre se détendre et dépasser des flammes, ce bras devenu bois, ce corps brûlé tel un outil ne pouvant plus servir à l'ouvrier. Je regardai instinctivement vers le ciel pour y chercher la trace immatérielle de l'être. Le bûcher avait forme de barque. Le mort naviguait dans l'espace du feu partant des quatre points du monde tel un soleil se levant quatre fois. Les participants ne montraient nulle tristesse. Ils brûlaient le vieil homme. La nuit apaiserait ses cendres qui glisseraient dans le fleuve sacré. Il renaîtrait. Déjà, il était l'Unique et je rêvais à sa jeune splendeur. Plus loin, sous les stations sacrées, des êtres, le corps à demi immergé, du limon dans la bouche, attendaient leur fin. Je m'éloignai parmi les monuments pathétiques.

Visages de l'Inde, visions de l'Asie, d'ici, d'ailleurs et de partout, rêveries glacées, cauchemars dans l'éveil, mariages du souvenir et du pressentiment, est-ce vous qui, bien plus tard, me détermineraient à devenir le peu que je suis? Par vous, ma voie se traçait-elle? Ou bien, ne la devais-je qu'à ces jeux du hasard nommés religieusement providence ? Jeune fille au visage d'ange et au corps de chienne, vagabonds de ma route, peuples décimés, carbonisés du Gange, hôtes des mouroirs, combien de fois vous ai-je unis à mes images anciennes des deux continents, aux hôtes occidentaux et à ces foules asiatiques innombrables marchant dans les rues des villes et sur les longs chemins de campagne, allant de la naissance à la mort sous le poids d'écrasants fardeaux, soumis à d'accablants soleils et s'affalant dans la poussière sous les lunes berceuses ! Entre le ciel innocent et la terre coupable, les hommes de peu, les hommes de rien, faim au ventre, dieux dans la tête, défaits, maudits, intouchables, vont leur vie et se reproduisent dans la cité énorme. Rugissements, sanglots, hontes, colères, que pouvez-vous ? Partout des cris s'allument sur la terre que la mort décime. Ô cette impuissance à recréer le monde tel que la Création l'a voulu, cette complicité des êtres de pouvoir et des êtres de nonchalance dans un appareil immonde ! Partout le chemin de flammes, la famine et les bûchers du jour. Cahier noir de mon encre, que ne t'enflammes-tu ? Plume de métal, mon sang ne te conviendrait-il pas mieux ? L'écrasante main dessine des paysages de suie. Flamboie la terreur, le temps l'éteint, le vent de l'Histoire la rallume, les clameurs brandissent leurs lances, les échos leurs poignards, et vont sous l'abominable pluie les décapités de l'espérance. Même toi qui tends la main, qui offres nourriture d'un jour, qui fermes les yeux des morts, tu ne peux rien contre la forteresse impure. Énergie, où te trouves-tu ? Orient, chaque aube, qui ramasse tes cadavres ? Chaque soir, Orient, qui protège tes vivants ? Et, spectateur impur, passe le voyageur, le regard blessé et ne partageant pas la blessure.

Onze

Quoi qu'il m'en coûte, j'irai jusqu'au bout de mon dérisoire parcours. Je poursuivrai cette marche des mots qui m'effraient telles des armes mortelles de n'avoir pas guéri le malade, alimenté l'affamé, cicatrisé les plaies, arrêté les armées du Mal. Se peut-il que l'atroce mouche bleue soit le dernier amour fécondant la chair ? Enivré d'une boisson trop forte pour moi, d'un breuvage bouleversant, philtre ou poison, je voulais hâter le retour tout en le refusant. Fasciné, je ne m'arrachais pas aux spectacles qui me blessaient. L'idée folle me venait que ma présence les suscitait, que sans elle ils n'auraient pas été. Sans mastiquer la lie, je ne pouvais pas connaître le breuvage. Lorsque je fus décidé à m'arracher, j'eus la sensation d'une démission et d'une fuite. A partir de Bombay, mes étapes furent par mer Karachi et Dubay, par terre Beyrouth en ruine, Ankara, Istanbul déchirées où, au seuil occidental, je pris le courrier d'Air France pour Paris. C'est là que je résiderais plutôt qu'à Lyon, ville de trop de souvenirs. Un regard sur mon passé m'eût peut-être donné un essor, or je craignais qu'il ne me réduisît à l'immobilité.

Ainsi, après tant et tant d'années, ma jeunesse passée, je retrouvai la France et, tel un pays perdu, ma langue maternelle. Je renouai avec de vieux rejets, avec d'anciennes amours. Combien je fus surpris! J'entendais de très antiques phrases, j'écoutais ma propre parole avec ravissement comme si j'assistais de l'extérieur à un spectacle dont jadis j'avais été l'acteur et dont je reprenais le rôle. Journaux, affiches, inscriptions de toutes sortes, jamais je n'avais été si gourmand de mots. Je me promis des festins de lecture, de théâtre, de musique, de cinéma. Prospecteur, d'immenses champs de découverte s'ouvraient devant moi. Je connus quelque enthousiasme. Parallèlement, mon pays me parut minuscule, sans espace, sans horizon. L'apparition de nouveaux buildings que les Parisiens croyaient élevés ne modifia pas cette impression. Tout s'amenuisant, les places, les rues, les immeubles, les automobiles et cette étroite Seine, rivière plus que fleuve, je craignis qu'il en fût ainsi des hommes. Dans les gazettes de Hong Kong, la place réservée à la France était à ce point réduite que, par comparaison, les énormes titres des quotidiens de mon pays sur des événements locaux et sans aucune portée me firent sourire, d'autant que si le journal du soir les étalait complaisamment, la nouvelle, le lendemain matin, ne se réduisait qu'à quelques lignes, ce qui me donna à penser que la vue de mes compatriotes baissait avec le jour. Plusieurs semaines seraient nécessaires à ma réadaptation (mais, adapté, l'avais-je jamais été?) ou, tout au moins, pour apprendre à lire ma terre natale. Tel un étranger suivant des cours de civilisation française, je m'ouvris à toutes les informations.

Je choisis un hôtel anonyme et confortable dans le quartier de l'Opéra. Pour repousser les visions et les monstres, durant plusieurs semaines, je pratiquai l'exercice de la futilité. J'en fus bientôt las. J'eus cependant quelque plaisir à en garder le masque. Le monde n'était-il pas partagé entre les gens qui souffrent et ceux qui font semblant de s'amuser? Mes relations furent celles que je supposais jadis à Tokujiro lors du voyage qui marqua notre éloignement puis notre rupture, personnes dont j'ignore tout sinon leur agréable et élégante façade, leur pratique de l'art de la conversation, et cet autre art si français de s'intéresser à toutes choses en affirmant des points de vue originaux. Le spectacle récent, l'ouvrage qu'il faut avoir lu, la phrase du politicien, le dernier écho ridicule faisaient l'objet de débats charmants, pétillants et légers comme la mousse du champagne, la recherche des signes zodiacaux des convives bouchant les trous et faisant échec à un silence redouté parce que réputé accusateur d'un manque. Les scintillements de l'esprit, boutades et bons mots, les semaisons à tout vent, en me convainquant de ma lourdeur, me ravissaient d'être admis à leurs feux d'artifice. Je fus un bon mime, une parfaite oreille, ce qui me valut d'être accepté, ayant à la fois assez de présence et assez de retrait pour faire croire à ma profondeur. Ces relations nécessitaient de la distance. Leur métamorphose en amitié les eût détruites. Je m'aperçus bientôt que la distribution de leurs préoccupations entre tant d'objets les rendait inattentifs à aucun d'eux. Leur apparente attention à tout, leur tiraillement incessant entre plusieurs sollicitations, leur dispersion les amenaient à l'omission de tout ce qui revêtait quelque importance. Oisifs, ils se voulaient sans paresse, mais ils ne suivaient que leur penchant au plaisir immédiat, ne regardant au-delà de leur vie quotidienne que pour mépriser toute recherche d'un autre horizon. Ces actifs toujours en fuite sans savoir ce qui les poursuivait confondaient énergie et turbulence, participation et étourdissement. Dès qu'il s'agissait du savoir, ils feignaient d'inaugurer des fils d'équilibriste que d'autres avaient tendus. S'ils ne comprenaient pas une idée, ils tendaient à la trouver admirable. L'essentiel étant d'être à la mode, leur difficulté consistait à distinguer le démodé à la mode du démodé irrémédiablement démodé, ce en quoi ils réussissaient fort bien. Leur arc possédait plusieurs cordes mais aucune flèche. Les plus revenus de tout restaient ceux qui n'étaient allés nulle part. Ces esprits se montraient distingués comme peut l'être une salutation. Ne sachant que faire, ils faisaient ce qui se fait en le colorant d'un fard. Ils ignoraient qu'on ne voit bien le monde qu'en s'en retirant. Je ne fus nullement dupe mais je me soumis à ces illusions.

Tandis que, pour échapper à eux-mêmes, ils inventaient sans cesse de nouvelles formes de divertissement, j'employais le meilleur de mon temps à de longues déambulations dans les rues comme dans les couloirs d'une géante caverne d'Ali Baba où les vitrines étincelantes proposaient à la plupart la convoitise, à mon regard l'évasion. Ou bien, je visitais des librairies modestes où je découvrais la matière de mes meilleures lectures, des jeunes revues ou des plaquettes, des publications dont nul ne parlait en France et dont l'étranger lointain seul m'avait apporté des échos. Mes compatriotes, je les voulais bien admettre futiles, je les refusais oublieux du meilleur d'eux-mêmes. Par un système de communication absurde, par le désir de plaire sans d'ailleurs y parvenir, en pays de richesse intellectuelle et spirituelle, régnait la médiocrité tapageuse. L'esprit mourait d'inanition parmi des trésors invisibles à des yeux ayant désappris de voir, de partir à la découverte d'autre chose que de ce qu'on leur montrait. Il m'arriva de ne pas reconnaître ma langue: les apports qui auraient pu l'enrichir, à la suite de déformations et de dégradations s'éloignant de la langue mère, créaient d'absurdes bredouillements, une bouillie indigne des chats. Parmi les hommes, ceux de ma génération m'étaient plus étrangers encore que mes cadets: certains feignaient d'accepter de nouveaux modes d'existence en y participant sans joie; d'autres, croyant les détruire, les refusaient sans rien proposer de mieux que leur courtisanerie aux périodes révolues et leurs ressassements moroses. Entre deux mondes, deux civilisations, je recherchais mon rythme, passant du bruyant et rapide au feutré et lent sans que rien ne me satisfît. Ainsi, je surgissais de l'autre extrémité du monde comme de l'autre bout du temps, homme dormant éveillé d'une longue torpeur sans connaître le goût d'un baiser. Durant mon sommeil de cent ans, que s'était-il passé? Où je croyais aborder aux rives d'avenir, je trouvais de l'usagé, du rafistolé, un retour de modes à peine modifiées, des déguisements et des simulacres, rien qui ressemblât à l'incessante création qui affirme la vie.

Pour échapper à des relations devenues déplaisantes, lassé du jeu que je m'étais donné, agacé par ma déplorable expérimentation, je décidai de m'éloigner du centre de la capitale. Je choisis au sud de Paris, près d'une de ses portes, dans l'endroit le plus bruyant et le plus anonyme que je pusse trouver, un hôtel de briques rouges décemment modeste. Il portait le nom de deux provinces arbitrairement réunies et se prolongeait d'un restaurant destiné aux chauffeurs de taxi offrant une nourriture bourgeoise et des vins de qualité. Je m'installai là avec un bagage enrichi de la garde-robe nécessaire à des mondanités délaissées et, trésors durables, mes vieux compagnons de navigation, boussole et sextant. Une fenêtre donnait sur une avenue, une autre sur le boulevard extérieur. Accoudé à l'une ou l'autre croisée, j'assistais à la journée de la ville, de son éveil à son coucher, je regardais les longues files de poids lourds et d'automobiles, la traversée ordonnée des passants pressés, les souples et habiles détours des motocyclettes. Quand le passage d'un convoi faisait vibrer les vitres, je tressaillais, pensais aux secousses telluriques de jadis, mais ce n'étaient là que sages tremblements. Comment me mêler à cet univers de mouvement, m'y situer tel un véhicule entre deux autres? Être de ceux-là qui vont à leurs affaires, me fondre parmi eux, en étais-je encore capable? Nullement à court d'idées, fermentaient de vagues projets dont j'attendais la maturité. Dans cette espérance, tout me distrayait, un incident de la circulation, le départ d'un taxi qui, au contraire de ceux de tant de villes, n'était pas jaune et ne portait pas de lignes de damiers, ou bien la coulée verte d'un long autobus, le passage musical d'une ambulance. Je découvrais ce qui représentait pour moi, après mes lustres orientaux, si gris qu'ils furent, de l'exotisme et du pittoresque. Ce plaisir durerait-il? Allais-je, tel un misanthrope, m'ennuyer sans les autres après m'être ennuyé avec eux? L'heure agréable était celle des repas en compagnie des chauffeurs de taxi. Dans leur chaleur, je me voulus convaincre que la ville n'avait pas cessé d'être la cité, c'est-à-dire une association fraternelle dont la ville est la résidence et non le synonyme. Ici, j'oubliais quelques sottises pour entendre des terroirs, pour surprendre les restes de quelque politesse rustique. J'étais si las de ces dîners parisiens où je regardais le décor de table et le cresson du gigot comme des frères en infortune, de ces pauvretés d'esprit qu'on croyait se faire pardonner en les mettant entre guillemets. Malheureusement, une part de la conversation, la plus oiseuse, était réservée aux spectacles télévisés. Paradoxalement, je me trouvais alors dans un monde uniformisé et vieillot. Si la télévision avait été inventée à la Renaissance et le livre aujourd'hui, ne parlerait-on pas de l'usure de la première et de la modernité du second ? Et pourtant, j'étais au plus près de la vie réelle, mais combien je préférais entendre parler du métier et de ses difficultés, de l'automobile, leur compagne de travail qu'ils finissaient par chérir, ou du sport qui dévoilait des âmes fraîches et enfantines.

Je lisais avec avidité les journaux dont les piles s'entassaient au bas du placard de ma chambre. Je tentais de surprendre les projets de la politique française afférents à l'état malade de l'univers. J'en tirais des conclusions pessimistes. La plupart des maîtres d'œuvre croyaient que les faits s'enchaînent rationnellement alors qu'ils se déchaînent par l'irrationnel, ce qui rendait vain le « gouverner, c'est prévoir ». Tel croyait édifier de grands projets en accumulant de petites ambitions. Le recours habituel à l'argumentation du futur me parut du passé travesti. Les modérés reculaient pour ne jamais sauter et les autres partis sautillaient sur place. Les esprits réputés libres avaient des opinions très arrêtées qui ne correspondaient à aucune conviction profonde mais laissaient croire à leur sagesse. Que voyais-je ? Des ruisselets qui voulaient se faire passer pour fleuves et, par opposition, je pensais à mon maître, lui, cet océan de pensée qui se voulait ruisselet. Si l'on n'hésitait pas à s'inventer des difficultés, elles restaient imaginaires, faisaient oublier les réelles, et permettaient à des tranche-montagnes de se donner les gants de les vaincre. La civilisation et ses modes engendraient une petite monnaie de faux penseurs soucieux de donner une image de nouveauté par des replâtrages. S'ils gardaient le sens de la générosité, ils s'empressaient d'inscrire leur état sur une pancarte, la plupart briguant des honneurs en affectant de les mépriser. Alibis, faux-semblants, comme vous restiez décelables ! Ordinaires, nul n'en était dupe, mais on les acceptait comme faisant partie d'un jeu. Les ennemis des philosophies héritées du siècle précédent qui se perpétuaient en trahissant leur message initial ne trouvaient rien d'autre à leur opposer que leur rejet. Quant à leurs fidèles, ils avaient troqué le bâton du pèlerin pour celui de l'aveugle. En fait, sur un lieu privilégié du géant globe terrestre, la petitesse avait trouvé son gîte.

Pour me rassurer, je fis l'inventaire des beautés. Elles étaient aussi innombrables que cachées. Si les plus apparentes montraient un nez de Cléopâtre refait par la chirurgie esthétique, les autres vivaient à l'intérieur d'êtres en attente et courant le risque de voir le temps les décevoir. Dans la rue, parfois je surprenais quelque gracieux spectacle, enfant, robe ou sourire, et cela embellissait ma journée. Sur les visages déserts quelle fleur devenait un regard attentif! Pourquoi les êtres se fermaient-ils ainsi? S'ils ignoraient, en pays de victuailles, les espaces de l'inanition, que ne chantaient-ils? Victimes, coupables, indifférents? Je ne trouvais pas de halos lumineux, d'ondes de sympathie. La parole portait-elle en puissance l'agression? Avant qu'elle fusât, la méfiance apportait ses ravages. Ou bien l'on n'écoutait que pour contredire. Errant parmi les masques, ma peau nue me parut obscène. Tout l'ouvert en moi choquait-il? Mon innocence dissimulait-elle une culpabilité secrète? L'Asie s'était-elle posée sur mes traits et suscitais-je des xénophobies? Je laissai pousser une barbe bientôt épaisse où je surpris de longues coulées argentées. Dans cette ville étrangère, je fus non pas l'enfant prodigue retrouvant les siens, mais quelque triste Gaspard Hauser. Je me voulais sans sarcasmes, je les sentis grandir en moi. M'habitèrent de sourdes polémiques. Comme elle me manquait, la parole apaisante d'Alexandre J. Bisao! Aux hommes, je reprochais non leurs passions mais leur absence, la légèreté de leurs pensées, leur futilité sans charme, leur soumission au programme du quotidien, l'engourdissement du désir, le sommeil éveillé, leur jeu par procuration, leur vie à crédit, leur manière de se jeter avides sur tout ce qui se consomme. Ils déléguaient à des puissances abstraites ce pour quoi ils étaient conçus. Ils oubliaient la vocation et le don. Ils écrasaient jusqu'à leurs potentialités. Et, au plus haut de la société, que trouvais-je? La tricherie des grands solennels, les plaidoiries d'avocats ingorant leurs causes, les élites robotisées entonnant des clairons fourbus, des hymnes en mélasse, des clichés cent fois répétés, pétrole dans les veines, chiffres dans la tête, Clio prostituée, Némésis en délire, Orphée dans son sel, la faim mangeant son inanition par mégarde, le mensonge engloutissant le serment, les solives humanistes dévorées par les termites. Je voyais les maîtres prendre la pose du grand chasseur de safari organisé, leur pied glorieux sur leur propre cadavre. Sans indulgence, ma colère ne pouvant s'exprimer, elle montait en moi par vagues successives jusqu'à m'étouffer. Je nommais les impurs, les prêtres de la fatalité mauvaise, les marchands de faux espoirs, les réducteurs de têtes. Des mots sacrés comme liberté, culture, fraternité devenus arguments électoraux perdaient toute signification. Je décriais les fausses monnaies du romantisme, les abstractions lyriques, les lieux communs mal brassés incapables de faire lever la pâte du pain partagé. Jusqu'aux économistes qui, prenant l'abondance pour but, confondaient la croissance avec le développement et niaient ainsi ce dernier. Leur discipline, plutôt que d'être libératrice, par l'excitation publicitaire d'absurdes convoitises produisait des individus conditionnés, insatisfaits, aux cerveaux réduits et aux ventres énormes. Cette société, à l'image de l'agressive nature, ne trouvant pas de substituts à sa violence, hiérarchisée selon un ordre matériel, contraignante, prétextant une incessante distribution des biens, jouait en fait sur l'inégalité naturelle pour transformer une tare biologique en futur social. Et soudain, j'avais la vision de montagnes de déchets, de fleuves de défécations, d'océans d'ordures, de cimetières plus grands que les cités. Non, ce n'était pas cela, ma planète! Démunis, désenchantés, porteurs de révolutions éteintes, que ne voulait-on pas vous faire croire! Vous imaginiez choisir ce qui vous était imposé, l'air et la chanson, le mage et la lessive. Vous croyiez votre démarche libre et vous marchiez au pas. Ce n'était pas l'ennui qui naîtrait de votre uniformité, mais le crime. Du globe terrestre, je ne voyais plus seulement les grands épanchements sanguins. Sous d'étranges cicatrices, des plaies séchées, des pustules, des herpès, des pétéchies faussements guéries, se pressaient de malsains microbes, kapos, chefs de gang, maîtres de torture, geôliers, assassins et rôdeurs. Devant cet univers lamentable grandissait le spectre de l'Idée, la sainte Idée inversée, meurtrière, composée des reliefs et des boues du nouveau monde. Déjà, j'augurais le champignon dévastateur, j'en entendais la déflagration des millions de fois plus forte que celle des dix mille soleils d'une ancienne bombe dans la fission des atomes de la honte et du mépris. Et passaient les despotes en lin blanc, les cuisiniers des doctrines douteuses, les financiers de l'avarice, les semeurs d'erreurs dont défilait le cortège derrière l'enterrement de l'idéal.

Ciel! qui m'autorisait à me faire critique, moi qui sur le chemin allant de rien à rien n'avais jamais rien fait, dont le navire chavira au port? D'amour, étais-je à ce point déserté pour ne plus chérir la tempête? La peau du temps se mit à frémir, le souffle du ciel me rejeta vers ma propre vie. Pourquoi mon paysage natal me décevait-il? Parce que je ne trouvais rien à lui prendre et, plus encore, rien à lui donner. Mon instrument ne s'accordait plus à sa musique. Parce qu'il ignorait le chant, ma voix se faussait. N'étais-je pas écrasé de trop de solitude, harassé d'avoir été trop longtemps trop loin? Les voyages dans le temps créent d'innombrables vertiges et je m'interdisais de chanceler. Exil, partout l'exil inscrit dans l'espace et sur le visage lisse du jour. Ici nostalgie d'hier, là nostalgie anticipatrice, ailleurs nostalgie de l'être, partout nostalgie du connu, de l'inconnu et du refusé. Mon anonymat me fut cher, mon impuissance me dévasta. Je limitai à une seule perspective les niveaux simultanés de mon existence. Je me fis aveugle et sourd parmi les autres infirmes.

De ma croisée, je voyais resplendir la rade de Hong Kong ou l'océan au large d'Okinawa. Coulait le Gange, vieux sage posté face à l'éternel. Quand ma vision se troublait, le fleuve sacré faisait place à ce tronçon de boulevard extérieur. Où coulait le flot rédempteur roulaient alors des véhicules, s'empressaient des passants. Une réalité nouvelle succédait à l'ancienne sans la quitter tout à fait, telles deux images superposées dans un film. Je feuilletais le spectacle à la manière d'un livre où seraient réunis les textes les plus variés. Cinéaste, je mêlais les bobines. Dans cette rêverie contemplative m'égarant, ne distinguant plus l'imaginaire, le souvenir et le présent, je me souvins d'avoir lu un mot pour moi surprenant, à moins que ce ne fût un visiteur du sommeil. Pour le retrouver, je fis de vains efforts mentaux. S'il vint au bord de la mémoire, il s'en fut aussitôt pour me narguer, et ce mot, je sus plus tard qu'il m'était si proche que je n'avais pu l'imaginer que lointain. Capricieuse mémoire qui m'appelait à me souvenir en me refusant son objet. Je le savais né d'un état affectif, trop immédiat pour que je m'en souvinsse, mes archives intérieures l'ayant incomplètement enregistré. Le sachant à la fois proche et se référant au lointain, je dispersai mes fouilles, me perdis dans des labyrinthes et cognai à des portes fermées. La réponse me fut donnée alors que je ne la cherchais plus. Sur l'océan ou sur un boulevard, était-ce le destin d'un moyen de transport de s'en parer? A mon poste de veilleur, le mot, le nom m'apparut en lettres géantes, tracées pour donner une idée de poids et de relief, cyclopéen comme le titre d'un film biblique, et cette masse, pour mieux attirer mon attention, tremblait sur les deux bâches d'un convoi routier. Je lus bien *EGO*, ces trois lettres qui jadis avaient été inscrites sur le flanc d'une barque de pêche, mais ici *E.G.O.* présenté comme un sigle avec un point après chaque lettre. Dans cet univers où le sigle compose le vocabulaire d'une seconde langue, cela ne put me surprendre. Une fois de plus, comme je l'ai fait au début de ce récit, je m'amusai à inventer des compositions de trois mots, me réjouissant des plus singulières, mais la plus absurde restait mon nom: Emmanuel Gaspard Oth, ce compagnon de ma vie. Deux fois par semaine, à heure fixe, passait ce convoi. Fidèle à mon poste, je le voyais défiler. J'entendais sa respiration, son halètement, le bruit de lutte de ses freins. Je guettais son retour. Ne l'eussé-je pas fait que le tremblement des vitres m'eût averti. Je connus ainsi avec une machine roulante d'étranges relations. Que transportait-elle? Où se rendait-elle? Le mercredi et le vendredi, je me disais: «C'est le jour d'*E.G.O.*!» et j'espérais son passage. Les autres jours, je me sentais abandonné.

Je ne vivais nullement cloîtré dans ma chambre. Je fréquentais les théâtres, retrouvais des classiques plus nouveaux que maintes œuvres de l'avant-guerre dont on n'osait réviser la réputation, découvrais les avant-gardes qui, dans leur pessimisme, jetaient des graines de lucidité, donc d'espoir. Comme j'admirais ces nouveaux metteurs en scène soucieux d'extraire du temps des œuvres essentielles et de les offrir neuves à nos yeux, représentées pour la première fois! Violentes allégories, projection des inquiétudes, miroirs de l'absurdité, participations au mystère, explosions de l'art scénique, par vous, le monde du dehors, démasqué, apparaissait dans sa réalité entière. Je hantais les concerts, mais fuyais la salle après l'exécution pour éviter les applaudissements interminables des gens qui apportaient une ovation à leur propre bon goût et semblaient écraser la musique entre leurs mains. L'opéra m'attirait dans la mesure où les modulations de la voix effaçaient le sens de livrets toujours plats et je rêvais d'une renaissance de cet art où l'on réunirait des mots sans autre signification que leur harmonie. Du cinéma, je ne choisissais guère les films, entrant dans une salle obscure comme dans une église ou une grotte et lisant l'écran devenu une muraille magique s'entrouvrant sur des paysages. Plus que les scénarios, j'appréciais les images, le rythme, la voix, et restais dans l'attente d'une révélation inconnue de l'auteur. Je m'adonnais à la lecture selon le bonheur des trouvailles. A des romans exsangues ou trop sanguins, je préférais les textes de nécessité et de signification. Je l'ai dit : des œuvres d'inconnus me ravissaient. Ignorées, sans doute le resteraient-elles parce que ne se souciant pas des fanfares. En toutes choses, je devais me montrer bien injuste, mais ne réunissais-je pas en moi le Huron et le Persan?

Revenu d'anciennes nuits fantastiques, la lumière me plaisait. Aisément, je me pouvais convaincre de n'avoir jamais quitté la France tant ce qui s'y était passé sans moi me paraissait de peu d'importance. Avais-je dormi durant le spectacle? Qu'importait puisque, me réveillant au cours d'un acte, j'en saisissais le sens ou le non-sens! Durant ce temps de Paris, du quartier de l'Opéra à cette orée des banlieues, le cerveau léger, la démarche libre, jeune d'allure, je me donnais le plaisir d'être banal dans la banalité, gris dans la grisaille, rien dans le rien. Allais-je me contenter de jouir de mes sens et de mes sensations, de ruminer de végétatives pensées, de vivre sans avenir en prenant mon passé pour alibi? Se poursuivaient mes rêveries autour d'un mot pris au hasard et qui devenait une demeure sans cesse visitée et revisitée. Et revenait, telle une ponctuation, mon observation des chenilles absurdes de la circulation. Les poids lourds *E.G.O.* du mercredi et du vendredi déménageaient-ils les inutilités de mon esprit sans parvenir à les épuiser? Le passage de mon nom sur ces bâches devait satisfaire mon égotisme. Ainsi, me contentant de cette lecture, il s'écoula plusieurs semaines avant que me vînt l'idée d'en savoir davantage. Quelle mystérieuse entreprise cachait cette synonymie avec mon surnom? Je rejoignis le boulevard Victor (j'ajoutais mentalement « Hugo » à ce qui me paraissait un prénom plutôt que le nom d'un lointain maréchal d'Empire) et, à la faveur d'un arrêt provoqué par un embouteillage, entre deux soupirs des freins, je lus sous le sigle son explication: « Entreprise Générale d'Outillage », ce qui me déçut et une adresse à Nancy. Ayant percé à jour le mystère, ou le croyant, je me désintéressai aussitôt de ce qui avait retenu mon attention.

Si entamé que fût mon pécule, il me permettrait de subsister plusieurs mois sans soucis matériels. Pour affirmer ma liberté, je choisis de vivre dans un autre quartier pour voir la ville par toutes les fenêtres possibles. M'accueillit une chambre meublée sous les toits à la naissance du boulevard Saint-Germain, près du Jardin des plantes où dépérissent de malheureux animaux avec qui je pris l'habitude d'échanger des regards. N'ayant vue que sur d'autres toits, je regardais en moi-même. Lorsque je m'en lassais, je sortais pour me mêler à l'eau du fleuve: la foule, pour voir, entendre, me distraire, flâner dans un quartier où vont gens de tous lieux du monde. Parmi tant de visiteurs non pas étrangers mais venus d'autres nations, je me sentais dans ma patrie réelle. Je m'inscrivis à l'université pour tenter de reprendre des cours jadis interrompus, préparant un diplôme avec la ferme intention de ne passer aucun concours. Cet enseignement me lassa bientôt, le souvenir du marquis Alexandre J. Bisao en étant responsable. Toujours sa lointaine voix effaçait celle du professeur dont le didactisme fuyait dans les brumes pour laisser place à une rêverie plus agréable et féconde. Il s'agissait d'histoire de l'art et de survol comparatif entre les traces des grandes civilisations permettant des étalages de culture, des données attrayantes et de suivre les métamorphoses des formes et des couleurs, l'apparition des transcendances. Pourquoi craignais-je que trop de savoir modifiât mon regard à ce point qu'il ne serait plus le mien? Je me voulus désencombrer et sans doute fut-ce là un attentat d'iconoclaste.

Mon inscription s'accompagna d'une circonstance qui devait décider de mon sort. J'obtins, si l'expression n'est pas trop ambiguë, « des nouvelles de moi » ou plutôt de l'autre forme de ma personne. Cela n'alla pas sans ironie. Je vais parler de la lettre de Blois. Oh! une missive fort banale et administrative, la réponse à une demande adressée aux services de l'état civil de ma ville natale. En deux lignes, que n'appris-je pas! En 1962, Emmanuel Gaspard Oth avait épousé une «demoiselle de», je veux dire: un nom à particule et il avait divorcé onze ans plus tard. Ainsi la trace du Double réapparaissait. Cette découverte de l'autre destin me laissa perplexe sans m'abattre. J'en souris. Marié, divorcé... mots pour moi sans grande signification, vous sembliez vous appliquer à ma personne. Dans mon (notre) pays, l'autre avait pris toute la place, il s'était réinséré. Plus tard, j'apprendrais qu'il était l'heureux père d'une jeune fille prénommée Isabelle — je ne veux pas anticiper. Curieuse situation que la mienne: en surnombre, j'échappais aux recensements, j'en constituais l'erreur. Que faisais-je dans ce pays où socialement je n'existais plus sinon dans un autre corps? Il avait été de trop dans l'îlet; je me trouvais en surplus en France. Je ne ressentis aucune amertume et même cette situation me plut. Je me sentis fantôme, je me voulus invisible, je me considérai tel un voleur d'identité, pas même en marge, mais hors de la marge, dans une zone inconnue, peut-être appelée néant. Mon nom? Personne. Retour de l'Odyssée. Sous quelle toison me cacherais-je pour échapper au Cyclope? Signe particulier: existe en double exemplaire. Profession: copie ou duplicatum. La coulée du temps avait-elle dissipé la tragédie? A l'ironie du sort, mon humour était prêt à répondre. La vie pouvait continuer ainsi pour l'un et pour l'autre, mais que dirait saint Pierre au seuil du Paradis ou son homologue à la porte de l'Enfer, n'en attendant qu'un et en trouvant deux? (Cela sous réserve que notre destination fût la même. Mais qu'au moins l'on nous place dans des cercles différents!) N'inventais-je pas ma fable à défaut de m'inventer moi-même? «Le roi rêve qu'il est roi, me répétais-je, et dans cette erreur il vit...» Sans haine désormais, que me faisait mon absurdité personnelle dans l'absurdité générale?

Cependant, parce que spectateur, ma faim du spectacle fut dévoratrice. Insatiable, gloutonne devint ma curiosité. Connaître la suite, je le voulais. La voix qui me conseillait: «Ne te retourne pas!», je ne sus l'entendre. Perséphone se moquait-elle de moi? Une Eurydice inconnue n'attendait-elle pas sa renaissance? Le dieu impatient et curieux fut le plus fort. Avant de m'effacer, je voulus voir une seule fois mon Double, contempler un autre destin. Dans un annuaire, cherchant le nom d'Oth, je trouvai deux sigles *O.T.H.*, celui d'une entreprise de bâtiment, celui d'une agence de voyages. Je visitai à Paris deux établissements portant le sigle *E.G.O.* sans trouver aucun autre rapport avec mon cas. Une petite sonnette me détourna d'abandonner ma recherche. Assis à la terrasse d'une brasserie, un verre s'écrasant sur le sol me rappela la vibration des vitres de mon ancienne chambre. Ce fut le signe, l'appel. Le lourd convoi *E.G.O.*, Nancy... La direction à prendre m'était montrée. Point de hasard dans tout cela. Une raison supérieure peut-être? Je me sentis comme le lecteur d'un roman policier dont les dernières pages, celles où se dénoue l'intrigue, ont été arrachées. Qu'en était-il de cet autre jadis haï? Qu'en était-il de moi ayant suivi un chemin différent? Je me persuadai que seule une légitime curiosité me guidait, que ma prospection avait pour but de me distraire. Or, je le sais aujourd'hui, un élan naturel m'enlevait. Voulais-je revoir ma vie possible du fond de quelque outre-tombe? Connaître un autre emploi de mon temps? Tout en sachant obscurément que je suivais une flèche directrice, j'affichais un certain détachement. Si je le croisais, l'autre, le double que l'on appelait Emmanuel, il ne me reconnaîtrait pas, effacé derrière mon ombre, enfoui dans ma barbe, ma tête sous une casquette rabattue, mes yeux derrière des lunettes à verres fumés, non pas déguisé, mais gommé, dessaisi de mes particularités, anonyme. Fiévreux d'attente, je le fus sans vouloir l'admettre, et non plus que, contre toute réflexion, toute persuasion intime, toute sagesse, j'éprouvais le désir de revoir celui qui me touchait de si près, né peut-être de moi-même ou de mes amours opiacées, enfanté par mon corps (ou moi par le sien), si proche, si analogue qu'il m'était arrivé de douter de sa réalité, me croyant l'objet d'une hallucination, si réel qu'en sa présence je ne pouvais respirer et vivre. Et je le voulais rechercher ! À peine avais-je pris ma décision que je savais : à Nancy, je trouverais la réponse à ma recherche et, parce que c'était écrit, j'en connaîtrais la nature. Avant même de mener mon enquête dans cette ville inconnue de moi, je portais la certitude de ne pas me tromper, ce qui augmentait mon impatience.

Choisissant le bon jour, un mercredi, chargé d'un sac de voyage, je me rendis au fleuve Victor, là où se jette la rivière Lecourbe pour embarquer sur un navire. Car je voyais partout des images marines, de l'eau porteuse de mémoire. Je me postai près de feux de croisement bien réels. Je connaissais l'heure de passage du convoi *E.G.O.* J'eus la chance que le feu rouge l'arrêtât. Suicidaire, je me précipitai au cœur de la circulation, me hissant sur le marchepied jusqu'au poste du conducteur pour lui parler. Pour qu'il me prît avec lui jusqu'à Nancy, je lui proposai de l'argent. Il refusa : il ne lui était pas permis de recevoir un auto-stoppeur. Je fus persuasif, lui disant que c'était important pour moi, que j'allais lui expliquer... Suscitant sa curiosité, je fus habile. Il m'invita à monter près de lui, ce que je fis le plus rapidement possible dans un concert irrité d'avertisseurs. A bord, je le remerciai. Il haussa les épaules, fit un signe de tête sans signification précise et dit : « Ne soyez pas trop pressé...» et j'affirmai que je ne l'étais nullement. J'inventai une fable: j'avais toujours rêvé — une de mes fantaisies — de me rendre à Nancy dans un poids lourd. Il fit: «Quelle idée!» puis nous restâmes longtemps silencieux. Le maître du bord, courtaud et râblé, aux cheveux roux et drus sur une tête ronde, le nez écrasé, n'était guère à l'échelle de son véhicule. Son visage marqué de rides précoces portait de l'énergie et ses yeux bleu acier une dureté fascinante. Son bras gauche était tatoué bleu et mauve, le dessin représentant un aigle. La cabine, vaste et confortable, figurait un château de navire dominant l'océan. Les phares puissants perçaient une nuit humide. Nous roulions assez vite. J'offris à mon hôte une cigarette qu'il accepta. Plus tard, notre conversation ne franchit pas les limites d'une courtoise banalité et pourtant j'y pris plaisir. L'arrivée de l'automne, les feuillages dorés, la météorologie, le coût de la vie, le prix de l'essence, la chute du franc, l'équipe de football de Nancy, le syndicalisme, la condition du routier, mon compagnon avait sur tout des idées personnelles ou qui devaient l'être. Je m'aperçus que je n'avais pas grand-chose à dire, sinon approuver. Cela me troubla. Je vis à quel point j'étais éloigné des choses. A mon tour, je lui parlai de la situation internationale: ne suffisait-il pas de poser l'index sur la carte mondiale au hasard pour avoir toutes les malchances de découvrir un conflit, révolutions d'Amérique latine, guerre civile d'Irlande, racismes d'Afrique australe, guérillas d'Éthiopie, combats du Moyen-Orient, étouffement du syndicalisme polonais, occupation de l'Afghanistan, menaces partout, marasmes économiques, naufragés des mers chaudes, situations dramatiques et inextricables, sans-patrie, affamés, victimes de génocides. Je compris que, malgré son intérêt feint, cela ne l'intéressait guère. Fataliste, il observa: « Que voulez-vous ! Le monde est fait comme ça... » Il ajouta : « Ce n'est ni vous ni moi qui y changerons quelque chose. » Je repris : « Qui alors ? » et sa réponse fut : « Alors, personne. » Et il revint à des problèmes locaux de peu de portée.

Pour dîner, nous nous arrêtâmes à Châlons-sur-Marne. Il fut mon invité. Une timbale d'escargots au champagne, du boudin aux pommes de reinette arrosé d'un vin de Mareuil forçant la sympathie, j'en vins aux questions retenues depuis mon départ. L'*E.G.O.*, en quoi cela consistait-il ? Il me répondit : outillage spécialisé, mécanique de précision, pièces détachées pour tours. Affaire importante. Aucune suppression d'emploi. Renommée internationale. Et moi, faussement indifférent : « Qui dirige ? » Cette industrie se rattachait à une multinationale avec majorité de capital français. Il y travaillait depuis sept ans. Auparavant, il était à la Légion étrangère. Je repris : « Et la direction ? » Il s'agissait d'une société conduite par un directoire. Nous nous entretînmes de son salaire, de ses horaires et d'un jardin qui requérait tout le temps de ses loisirs. Et moi, « dans quoi » étais-je ? Je lui confiai que je revenais d'un long voyage, que je vivais une période intermédiaire dans l'attente de prendre une décision. Il hocha la tête et affirma sagement que les choses ne venaient jamais toutes seules. Inlassable, je questionnai de nouveau : « Comment s'appelle votre président-directeur général ? » La réponse fusa comme une balle de fusil : « Oth, bien sûr ! » et je compris que ce personnage était très connu. Je fis : « Oth ? — Oui, Oth, O.t.h., Emmanuel Gaspard Oth, Entreprise Générale d'Outillage, *E.G.O.*, les mêmes initiales, pas mal trouvé, hein ? » Le souffle court, je poursuivis : « C'est un homme de quel âge ? » Il l'ignorait, mais pour me satisfaire, il dit : « Un peu plus vieux que vous ! »

Feignant de plaisanter, je jetai : « Un type dans mon genre, quoi ? » et j'entendis : « Ah ! ça, pas du tout... » avec le petit rire qui suit les bonnes plaisanteries. Ce fut là notre dernier échange verbal. Mon cœur battait trop vite. Quand il s'apaisa, je ressentis un malaise physique. Sans doute fort pâle, les dents serrées, je retins ma nausée jusqu'au bout du voyage. Dans la nuit la plus noire, je descendis dans la banlieue nancéienne. Je fis des signes d'adieu. Lorsque le poids lourd s'ébranla, je vomis dans un caniveau. Je dus m'appuyer contre un arbre. Plus tard, je marchai péniblement dans l'obscurité vers le centre de la ville.

★

Dissimulé derrière le pare-soleil d'une automobile de location aux vitres bleutées, très basse, avant le lever du jour, j'attendais, comme une commère de village derrière sa fenêtre, un policier ou un espion, je guettais en oubliant que ce rôle ne me plaisait guère. La curiosité, plus forte que la gêne, réclamait son aliment. Au flanc d'une colline dominant la ville de Nancy, sur le bas-côté d'une étroite route, garé en oblique entre deux platanes pour préserver mon champ de vision, la grande villa m'apparaissait à une vingtaine de mètres devant moi sur la gauche.

Depuis une semaine, je vivais dans cette ville dont j'ignorais auparavant qu'elle recelât tant de merveilles. Pour mieux la saisir dans son ensemble, j'avais déjà gravi cette petite colline. La perspective me montrait la place Stanislas, l'arc de triomphe, la place de la Carrière dans l'enceinte du palais du Gouvernement. A gauche, le palais ducal, l'église Saint-Epvre, à droite la promenade de la Pépinière, au fond la porte de la Craffe ; les toits rouges ou bruns, les dentelles de pierre, les bouquets d'arbres composaient un paysage apte à me réconcilier avec l'idée de ville. Sous mes yeux, je voyais des siècles unis, du Moyen Âge à aujourd'hui, vieille ville et ville neuve faisant bon ménage. Durant mes premiers jours, j'avais tout découvert, palais, églises, musées, hôtels, œuvres d'art, des célèbres grilles de Jean Lamour aux fontaines de Guibal, des splendeurs de Pérugin, Ribera, Poussin, Philippe de Champaigne ou Delacroix aux créations décoratives de Gallé, Hoentschel, Prouvé, Vallin, Dumas, Majorelle, de la verrerie Daum, m'émerveillant de ce retour aux sources de la nature traduisant en art l'insecte ou l'oiseau, l'arbre ou la plante. A l'imitation de l'Autre, j'aurais pu vivre en un tel lieu que je quitterais avec une nostalgie d'autant plus vive qu'il représenterait à divers points de vue une image du paradis perdu sitôt que trouvé.

Il m'avait été facile de découvrir la résidence dont j'espérais l'éveil depuis le premier frisson de l'aube, une maison de maître du XIXe siècle qu'on avait tenté maladroitement et inutilement de moderniser par l'application d'un crépi brossé et par l'ouverture de larges baies fort inconvenantes. Vaste, solide et bien plantée, cette demeure à son origine avait dû connaître la discrétion. Ces innovations et des abus d'ornements faussement renaissants sur les plus hautes fenêtres et sur le toit semé d'un trop grand nombre de cheminées apportaient une fâcheuse impression de faux goût. Un perron dominait l'escalier de pierre. Là où devait se trouver une ravissante marquise, on avait placé une verrière envahissante. Toute la beauté venait du parc ombragé d'immenses tilleuls et où foisonnaient des massifs bien entretenus. L'orgueil de la maison était un saule pleureur au tronc énorme dont la pluie de feuillage formait une vaste nef abritant des meubles de jardin en bois laqué. La nature travaillée atténuait la rigidité d'une habitation qui aurait pu être celle du maître de forges d'un ancien roman bourgeois. Couchée sur le sol, dans l'allée centrale, se trouvait une bicyclette de femme au cadre rouge et aux pneus épais tel un jouet abandonné. Plus bas s'étendaient des serres, sur le côté se dressait un garage à trois boxes que dissimulait en partie une vigne vierge. Le portail en fer forgé, de construction récente mais offrant quelques formes anciennes, était grand ouvert. Tout paraissait calme, tranquille, convenu. Il devait faire bon vivre là où s'érigeait une représentation de ce que je ne devais jamais connaître, une autre manière d'être, de se situer dans la société, l'écho de l'idéal d'un Christophe Plantin ou de la bonne chanson verlainienne. L'image de la tante Poirier me visita : ce lieu lui ressemblait.

L'éveil se manifesta par l'apparition d'une jeune servante en tablier blanc. Elle ouvrit la porte vitrée donnant sur le perron, bâilla bruyamment, se gratta les flancs et s'étira sans grâce : sa manière de saluer le jour. Un domestique en gilet rayé écarta le rideau vénitien d'une baie. Je sentis un parfum de café. Les racines des platanes avaient soulevé et fait éclater le trottoir. Au-dessus de la voiture, les branches mêlées formaient une voûte d'où filtrait un éclairage vert. J'entendis le tournoiement d'un jet d'eau, le ronronnement d'une tondeuse à gazon. Par un froid vif, je dus attendre encore. Les coudes au corps, deux garçons en survêtement couraient pour le plaisir comme jadis Tokujiro et moi. Recroquevillé, je cachais mes mains dans mon blouson. Des brumes descendaient lentement sur la ville. L'éclairage municipal s'éteignit. Des bruits de vaisselle venaient de la villa. Plus tard, le valet métamorphosé en chauffeur ouvrit le battant d'un des boxes. J'entendis le chant d'un moteur. Une Mercedes noire glissa sur le gravier pour atteindre le bas du perron. Le conducteur sortit pour redresser la bicyclette rouge. Je me sentis haletant, fiévreux, mal à l'aise. J'attendais *sa* présence, je la ressentais physiquement, je retrouvais un état oublié depuis les mauvais jours de l'îlet. Instinctivement, je m'enfonçai dans mon siège, me tapis tel un lièvre acculé au fond d'un gîte. Devant la réalisation d'une de mes possibilités d'être, j'éprouvais une angoisse soudaine. Je fus tenté de mettre le moteur en marche et de m'éloigner, de disparaître, de quitter cette ville. Il était trop tard. Le trait parti, j'attendais la blessure. Enfin, *il* apparut, l'Autre, le Double, pour tous Emmanuel Gaspard Oth, l'industriel, le notable, lui et pourtant un autre qui n'était plus moi, un corps étranger, un visage nouveau. Le temps avait corrigé une erreur de la nature où jamais deux objets parfaitement identiques n'ont été créés. Quels mimétismes l'avaient ainsi façonné ? Comment le décrire ? Même grimé, je n'aurais pu lui ressembler, il n'aurait pu se faire passer pour moi. Seul restait le Nom. Je vis un homme voûté au crâne chauve et portant par compensation une épaisse moustache grise. Des lunettes rondes à monture d'écaille lui donnaient l'apparence d'un oiseau de nuit. Le corps avait gardé en partie sa sveltesse à l'exception d'un ventre arrondi posé telle une loupe sur le tronc d'un arbre. Un complet croisé sombre à fine rayure bleue, arrondi aux épaules, le moulait. La servante lui tendit son imperméable qu'il enfila maladroitement, puis un chapeau de feutre et des gants de peau. Pour se vêtir, il plaça entre ses cuisses une serviette noire. Sa démarche paraissait précautionneuse comme si des chaussures trop étroites le blessaient. Il descendit les marches et échangea quelques mots avec le chauffeur qui retira sa casquette pour lui ouvrir la porte de la voiture. Alors qu'il s'apprêtait à s'installer sur son siège, au premier étage glissa un panneau vitré. Une jeune fille apparut montrant un visage ovale, une chevelure blonde, ébouriffée et se frottant les yeux. Elle l'appela non pas «père», mais «Ego», ce qui me fit tressaillir. Il jeta sa serviette dans l'auto. J'entendis: «Tu es rentrée bien tard hier soir...» et la réponse fut: «Tu crois? Je ne regarde jamais l'heure.» D'une voix ensommeillée, elle ajouta: «Je déjeune chez maman.» Et il fit: «Ah?» puis «Veux-tu la saluer pour moi?», enfin, d'une voix tendre: «Dînons au moins ensemble, ma petite fille...» Elle lui offrit un rapide baiser du bout des doigts et il la regarda avec adoration. La voiture noire démarra, passa lentement devant la mienne et je photographiai le profil de ce visage qui avait été mon visage. Je me regardai dans le rétroviseur. Je me vis et je vis en même temps l'Autre. Ces images ne se ressemblaient plus, ne reflétaient rien de commun. Toute analogie avait disparu. La coulée des jours nous avait sculptés différents. Un sentiment de pitié m'habita sans que je pusse distinguer s'il s'adressait à lui ou à moi. Tenant parole, il avait réussi, il était arrivé, il le portait sur toute sa personne. Je me dis: «Voilà ce que j'aurais pu être!» en m'avouant le plaisir de ne pas l'avoir été et en me demandant ce que j'étais réellement.

Tout à mes pensées, je restai sur place, ne voyant pas s'écouler les minutes. Celui que je retrouvais était donc devenu cet homme d'action, d'apparence calme, chargé de responsabilités et de possessions. Et c'était lui comme moi qui avait parcouru les années de ma jeunesse, connu la guerre, l'errance, la navigation, l'îlet, toutes mes années secrètes, moi en lui, lui en moi, l'un et l'autre ayant étreint le corps de Hayano jadis idolâtré et qui nage aujourd'hui dans les eaux dormantes de mon Léthé personnel. Je revécus les jours où, trouvant la plus parfaite identité, je craignis de me perdre, où m'habita la violence, fille de la peur. N'avais-je pas combattu plus contre l'analogie que contre son objet? Ne risquais-je pas de me retrouver tel qu'au temps où la passive envie se transformait en haine active? Ayant vaincu mes sentiments barbares, aujourd'hui rien ne me décidait à l'indifférence. Pour me délivrer d'un souci dissimulé, l'envie me prit de le rejoindre, de l'aborder pour lui dire: «Vous souvenez-vous de moi? Nous ne nous aimions guère. La vie a modifié nos corps, a lavé nos âmes. Un jour, vous avez disparu. Je vais disparaître à mon tour. Nous disparaîtrons, puisque tel est le destin, tous les deux. Pourquoi ne pas nous séparer avec un serrement de mains, un sourire jeté en suprême défi au surnaturel et au mystère?» Ce ne furent là que velléités. En lui comme en moi, je craignais de réveiller les démons endormis. Une voix secrète me dicta que, nuages noirs se rejoignant dans le ciel, l'éclair qui se produirait pourrait nous détruire. Je porterais le secret, mon absence de rejet m'aiderait à supporter le fardeau. Il me sembla qu'en se recomposant tellement lointain de ma personne il avait détruit quelque chose de moi en moi. De cet Emmanuel Gaspard Oth, il avait fait «quelqu'un», il était devenu «quelqu'un». Qui sait si sa demeure ne s'ornerait pas plus tard d'une plaque commémorative portant son nom, mon nom? Un enfant demanderait à son père: «C'était qui, Oth?» et l'homme lui répondrait: «Tu sais bien, les usines...» Nul ne saurait que ce nom avait aussi désigné un vagabond, un homme sans résolution, perdu, oublié. Cela me plaisait et me déplaisait tour à tour. Qui avait jamais pu rencontrer une des formes possibles de sa destinée? Tandis que je le découvrais dans son opulente réussite, je pouvais me dire «rien», socialement inexistant. Se serait-il trouvé à ma place à Hong Kong qu'il fût devenu un puissant seigneur d'industrie alors que je n'étais resté qu'un rêveur, un contemplateur d'océan. Me référant à ce que je voyais de lui, oubliant son être intérieur, je l'envisageais prisonnier du monde social alors que je me sentais libre et sans attaches, tel un très jeune homme qui voit s'ouvrir la vie, un très jeune homme héritier des travaux des siècles, des inventions des hommes et qui n'en distingue pas les beautés tant elles lui paraissent naturelles, — hélas! un très jeune homme aussi qui lit les effroyables titres des journaux et qui ne découvre que crimes, guerres, génocides, un très jeune homme contemporain de l'abjection et de l'injustice, un très jeune homme déjà conditionné et paralysé dont on a par avance brisé les actions et les révoltes et qui regarde ses mains inutiles — un très jeune et très vieil homme. Rendrais-je visite à l'honorable et puissant M. Oth dans son bureau directorial pour lui montrer une face désespérée de lui-même? Non, je ne troublerais pas sa quiétude, je n'ajouterais pas à ses soucis de chef d'entreprise. Se souvenait-il? Mon fantôme traversait-il encore ses nuits sans sommeil? Soumis à de pressantes réalités, qu'avait-il à faire d'un vieux tourbillon? Que pensait-il de lui-même, de son passé, de son actualité, de son devenir? Ses angoisses se comparaient-elles à celles que je faisais taire? A force de m'intéresser à lui, longtemps après avoir rejoint l'envie par les chemins de l'égoïsme, naissait une étrange sympathie, la sensation de pouvoir aider cet homme qui représentait la puissance. Non, je ne devais pas troubler ses ondes. Je quitterais Nancy, je m'éloignerais de la France, j'irais loin, fort loin.

Les beautés de la ville conspiraient à me retenir. Je retrouvais là un parfum que je n'avais connu qu'en Extrême-Orient. L'architecture, l'art, la couleur des pierres y étaient-ils pour quelque chose? Après cette rencontre, je ne pourrais plus vivre à Paris, la capitale si bien faite pour me cacher. Combien me plaisait la Lorraine! Grâce à l'automobile, je visitai ses départements. J'appréciai le paysage, son absence de frontières naturelles, son aspect ouvert, ses ondulations, ses pentes, ses plateaux, ses fleuves et ses vallées. Des pays de grès aux régions des étangs et des lacs, des Vosges cristallines aux villages des Côtes, mon regard s'enivrait. Les taches noires des industries sidérurgiques ou carbochimiques ne parvenaient pas à me faire oublier cultures et pâtures, forêts de pins et d'épicéas, hautes terrasses et miroirs d'eau. Et parce que les villes me proposaient la profusion artistique, je les voyais nées des hommes de cette terre, la nature s'y unissait et cette totalité me ravissait. Je prolongeai donc mon séjour, me retrouvant chaque soir à Nancy près des grilles de la place Stanislas. Il m'arriva de me trouver dans la même salle de restaurant que mon Double. Commandais-je un plat que je me demandais s'il l'appréciait aussi de ses identiques papilles. Buvais-je le vin gris de Toul que j'appréciais de voir la même bouteille devant lui. Il traitait des hommes d'affaires étrangers, s'exprimant dans un anglais parfait. Il me regarda à deux reprises sans me voir. Je me sentis rougir. Aucune prescience ne l'avertissait de ma présence alors que j'étais attaché à lui par un fil invisible. Il savait écouter, diriger la conversation avec brio et persuasion, conseiller ses hôtes, parfaitement se conduire. Le chef de cuisine vint le voir, lui donna du « Monsieur Oth » avec respect et considération. Les clients des autres tables le regardaient à la dérobée. Il régnait. Je l'écoutais parler, rire, et je ne reconnus pas ma voix devenue basse et enrouée. Je le vis allumer un cigare avec componction et déguster de la mirabelle en connaisseur. Parfois sur ses traits passait mon lointain souvenir, mais son expression même avait changé. J'avais changé aussi, dans une direction opposée à la sienne. Étais-je délivré? Je le crus et je sus qu'il fallait oublier ce miracle dont j'ignorais s'il était de Dieu ou de Satan, de mon maître ou de l'opium. Oublier. Perdre la mémoire. Il avait regardé vers le lendemain tandis que je me complaisais au miroir du passé. Toute marche m'était immobile. J'ignorais tout de tout. J'avais collectionné les heures perdues et rien ne les unissait. Qui me jetterait une bouée? J'ignorais encore ce que la rupture avec Nancy, avec l'Autre m'apporterait de dérisoire. Ce qui survint, j'éprouve quelque peine à le relater: ne me suis-je pas déjà trop mis à nu dans ces pages? J'avais perdu tout désir de destruction, d'effacement. Je prenais même de l'intérêt à le voir exister. Il vivrait, je vivrais, chacun restant la face cachée de l'autre. Le Temps serait mon sbire. Le secret redoutable parfois plisserait l'un et l'autre front, imprimerait les mêmes rides. Il m'imaginerait dans mon îlet du Pacifique et je serais plus loin encore, à des siècles de distance, à des années-lumière sur une planète inconnue de lui. Lui, moi... s'il avait été moi et moi lui, cela appartenait à d'autres lustres; nos eaux à jamais séparées, nul ne pourrait creuser un canal pour les unir. Et lorsque seront consommés les siècles et les siècles, après tant de faux Messies et de calamités sur la terre, lorsque le soleil se couvrira de cendres, la lune perdra sa clarté, les étoiles tomberont du ciel comme des clous rouillés, les puissances célestes seront ébranlées, lorsque les nations se présenteront au tribunal du Créateur sur son trône de nuées, comment nous reconnaîtra-t-il et qui sera de lui ou de moi accueilli du côté des bons ou jeté parmi les méchants? Dans une rêverie, nous marchions nus tous les deux dans le décor d'une fresque de Luca Signorelli avec d'un côté le paradis d'un îlet vert sur l'océan bleu, de l'autre l'enfer d'une ville où explosait interminablement la bombe d'Hiroshima.

Mon habitude de méditer, de remettre au jour ce qu'il y a de plus souterrain me fit apparaître une évidence: je connaissais les usines, les entrepôts, les bureaux, la demeure d'Emmanuel Gaspard Oth et, le réduisant aux clichés de la réussite sociale, je croyais savoir tout de lui. Or, tout cela l'Emmanuel Gaspard Oth que j'étais ne l'enviait pas, voyait là un fardeau, des chaînes niant sa liberté, des panneaux indicateurs lui dictant impérativement son itinéraire. Et pourtant, secrètement, je le jalousais non comme autrefois avec une propension à le détruire, mais d'une manière plus mystérieuse, sans trop savoir de quoi. D'être stable? Je n'aimais pas la stabilité. De régner? J'ai toujours détesté le pouvoir, cette usurpation. De porter la quiétude? Mon inquiétude était devenue mon ressort. D'être un homme d'action? Je n'y croyais plus guère. D'être heureux? J'ignorais ses pensées intimes. D'avoir de nombreuses relations? Je me sentais prêt à faire commerce avec le monde entier. Dans sa réussite même, je distinguais le rejet de tout ce qu'il n'avait pu connaître, une défaite plus visible que la mienne puisque je gardais l'excuse de n'avoir rien tenté et de rester sans désir. Pourquoi commis-je alors cette erreur d'envisager un homme de l'extérieur, selon sa seule apparence matérielle? Ne cachais-je pas le refus de mon échec? Quel mauvais jugement! Je me dis: « Si toute ta vie a été une bataille perdue, que cette bataille soit ta récompense! » Il s'écoula plusieurs jours avant que la lumière se fît. Cette révélation, je l'éprouvai douloureusement, me sentis abandonné et l'âme désertée. Oui, ce qu'il gardait en propre m'apparut lui apportant une auréole, tournait autour de lui comme une girandole, nourrissait sa vie, lui offrait sa jouvence. Ces dons, je ne les recevrais jamais. La voix me disait: « Trop tard! » Je ne retournai pas devant sa propriété. Dans la clarté du petit matin, l'image s'en était imprimée dans mon cerveau. La photographie s'anima. Je le revis sur son perron, descendant son escalier, puis près de son automobile de maître. Il entendait un appel, levait la tête et la voyait, elle, la jeune fille, sa fille qui lui parlait d'une voix boudeuse et endormie... Je découvris avec une intense surprise ce que je lui enviais. Je ne serais jamais père, je le savais. Mon arbre resterait sans fruits. La vision de Hayano se mêla à celle d'Isabelle. A travers mes fugitives aventures, j'étais resté fidèle à la jeune Japonaise, éperdument fidèle comme à un éden perdu, un continent enseveli. Je l'avais recherchée auprès des dames de Hong Kong, auprès d'une passante de Paris que je n'ai pas mentionnée, n'ayant rien de particulier à en dire. J'étais l'homme d'un unique amour, le voyageur d'un unique port. Mon imperméabilité à l'amour était née d'un amour déchiré. Et celle qui avait observé qu'aimant les femmes je n'aimais pas en elles la Femme n'avait-elle pas deviné qu'au sentiment amoureux, aux pulsions érotiques se mêlait un sentiment étrange de désir de paternité enfoncé dans mon inconscient? Encore une fois, à mon insu, lorsque j'avais vu Isabelle, la fille de l'Autre, je l'avais reconnue. Son visage était le mien et non celui de son père. Elle représentait un rêve perdu, la seule possibilité d'être qui avait échappé à mes investigations. Pourquoi en éprouvais-je si douloureusement l'arrachement? Pourquoi l'appelais-je déjà ma fille?

Ma démence était-elle comparable à celle des voleuses d'enfants? En ayant conscience, je la voulus vaincre. Rien ne m'arracha à cette idée de considérer Isabelle comme ma propre fille et non plus comme la sienne. Voix du sang, fibres paternelles, le miracle risquait de redevenir malédiction. Par un retournement, l'Autre, brusquement, sortait vainqueur du combat. J'étais Tobie terrassé par l'Ange, Abel détruit par Caïn. Au moment où je me croyais le maître du jeu, je subissais le dernier coup. Pour repousser la renaissante haine, j'eus assez de force, mais je me sentis vaincu, perdu, percé de traits, détruit. Tout ce qui m'agita alors fit renaître ma fièvre. Je courus le risque d'être rejeté dans les spasmes de la maladie nerveuse qui m'avait jadis tant fait souffrir. Sans présence secourable et sans opium, plusieurs soirs de suite je recourus à l'alcool, mais plus encore, parce que je ne pouvais compter que sur elle, à ma volonté. Ce fut une fausse alerte, mais, durant une semaine, combien douloureux fut le combat ! Mon absurdité m'apparut. Je me nourrissais d'idées élémentaires, d'évidences. Ainsi, la fécondation de cette femme inconnue s'était opérée par la semence de l'autre et non par la mienne. Penché sur un berceau, il avait surpris le premier babil, suivi les premiers pas d'un bébé, assisté à sa métamorphose en fillette, en adolescente, en jeune fille. Vraisemblablement, lors du divorce, elle l'avait choisi plutôt que sa mère. L'aurais-je conçue que, la retrouvant, je n'aurais pu me croire responsable de la naissance de chacune de ses aubes. Éloigné, je l'aurais laissée sans amour. Oui, absurdité. Je chassai de délirantes, de folles pensées, mais non point une attirance, le désir de la voir vivre, de la revoir une seule fois tout en restant dans l'ombre. Ce furent là à la fois ma hantise et la condition de ma guérison. De sa présence, j'avais faim. La regarder quelques instants et retourner à ma solitude, en garder l'image, tel fut mon but. M'étant fait cette promesse que je crus raisonnable, je retrouvai le calme à ce prix.

★

La corde brisée et toujours résonnante, l'appel de l'être, Hayano, Alexandre J. Bisao, Tokujiro, ainsi nagerais-je toujours dans mes eaux mortes et glacées à la recherche d'une main chaude. J'attendais mon enfant et prolongeais mon attente pour que la rencontre fût délice, le plus beau moment d'une fête étant la veille de cette fête. Pour un temps s'apaisa l'interrogation essentielle, celle que depuis ma jeunesse je voulais oublier et qui ressurgissait à chaque moment d'intense émotion: quel vertige métaphysique ou quelle erreur divine avait produit cet effet sans cause? Cette duplication de mon être, je ne pouvais supposer qu'elle fût pensée ou voulue. Comme il n'existait à ma connaissance pas d'autre exemple, à qui aurais-je pu m'en ouvrir? Parfois, au hasard de mes lectures, je pensais que tel théologien ou tel biologiste m'écouterait, mais non! il me tiendrait pour un de ces mégalomanes que produit en abondance notre époque ou pour quelque amateur de fable établissant sur une invention mythique tout un système de pensée sans aucune raison d'être. Et si j'étais l'unique preuve par l'absurde, l'exception nécessaire à la règle? Et si... Quelle obscurité que la mienne, me disais-je, et, réfléchissant, je me demandais si elle était de nature à épaissir un peu plus le mystère de l'homme. Mon Double, l'homme d'action et de volonté avait choisi la meilleure solution au problème: celle d'oublier qu'il existait et de se jeter à corps perdu dans l'existence ordinaire. Mes interrogations se turent dès lors que je fus tendu vers un but: durant des instants que mon souvenir prolongerait, emplir mon regard de cette jeune fille, de son être. Je laisserais au hasard le soin de provoquer la rencontre souhaitée. J'aurais pu suivre Isabelle à partir de sa demeure, or jouer une fois encore au limier me répugnait. Si le dieu des chemins m'était favorable, je la croiserais, je reconnaîtrais mon visage d'hier dans son visage présent, encore hâlé par les flammes de l'été, ses yeux d'un bleu intense, ce menton volontaire (lui seul en moi témoigne d'une volonté inexistante) et ce nez semblable au mien qu'elle ne devait pas trop aimer, sa chevelure coiffée en coup de vent, à moins que le sommeil n'eût été la cause de son désordre. Au cours de longues promenades dans Nancy, de parcours cent fois refaits, je guettais sa silhouette, je cherchais aussi une bicyclette rouge. La ville ne pouvait me refuser cette faveur.

Ma recherche se fit sans hâte. Après avoir erré dans les rues, fréquenté les lieux de prédilection des jeunes, leurs cafés où une présence adulte étonnait, les bars, un ou deux clubs de nuit, le stade et les courts de tennis, les quartiers universitaires, les bibliothèques, au moment même où, découragé, j'envisageais d'entreprendre avec regret une filature, curieusement, ce fut comme si elle répondait à mon appel et venait à moi, présente à un rendez-vous que je n'avais pas fixé, sans me connaître me recherchant. Un soir que je rentrais à mon hôtel de la place Stanislas, je vis la bicyclette rouge amarrée à un poteau. Le seul endroit que je ne visitais jamais était tout simplement le grand bar de ma résidence provisoire, lui préférant l'ouvert des cafés à terrasse d'où l'on pouvoir voir défiler les passants. Dès mon entrée, je sentis sa présence. A droite, face au comptoir, elle était en compagnie de ses amis, deux filles et deux garçons, vêtus en négligé de luxe, très « jeunesse dorée » de la ville. A d'autres tables se trouvaient des touristes en contemplation devant des verres de liquides colorés semés d'une paille. Discrètement, je me glissai au fond près d'un piano où un interprète offrait une musique d'ambiance. Sans être remarqué, je pus enfin la voir. Elle m'apparut telle que je l'avais aperçue derrière la baie et, plus encore, telle que je l'imaginais avec, cependant, l'absence d'un caractère de mélancolie que je lui avais prêté parce qu'il était le mien. Je parcourus ses longues jambes et la découvris très grande. Ainsi je considérais celle qui aurait pu être ma fille tel un père étonné que son enfant devenue femme, par un mystère attendu et cependant déconcertant, lui échappât. Je ne voyais pas une adolescente mais une femme manifestant une parfaite sûreté de soi, et même d'une autorité dans chacun de ses gestes. Elle dominait le groupe, en représentait visiblement le pivot, droite sur son fauteuil comme sur un trône, affectant l'amusement, l'attention, l'amabilité et, semblait-il, prête à distribuer l'éloge ou le blâme. Vêtue d'un kilt fort court sur des bas de laine blanche, d'un sweater à col roulé sur le devant duquel glissait un collier de perles, chaussée de bottes fauves, elle avait ce qu'on appelle « du chic ». Ses cheveux blonds tirés en arrière dégageaient un front haut, bombé, des oreilles où dansaient des pendentifs de jade. Sa bouche, à la lèvre supérieure épaisse, peinte de vermillon, me parut grande, son nez moins long que je ne l'aurais cru. Ses yeux « faits » étaient agrandis et bleutés plus encore par le maquillage et ses cils si longs que j'eus le soupçon qu'ils fussent artificiels. Élancée, le cou haut et lisse, je la trouvais, plus que belle, élégante, racée. Tout ce qui, dans mon extrême jeunesse, m'intimidait chez mes contemporaines, elle le représentait. Dans un concert curieux, je sentis monter en moi des flots de tendresse. Peut-être ne différait-elle pas de tant d'autres femmes, mais j'étais si attaché à découvrir ses particularités que je la composais originale. Je regardais ses amis et ses amies, grands aussi et beaux, comme s'ils s'étaient choisis, et peut-être était-ce le cas, pour une certaine identité physique. Pourquoi une nouvelle génération me paraissait-elle d'une autre race? Je l'imaginais riche d'un savoir et d'une expérience que je n'avais pu acquérir.

Habituée du lieu, elle appela le barman par son prénom. Mû par un ressort, il s'empressa de renouveler son verre. Trop éloigné pour bien l'entendre, je ne pouvais changer de table sans être remarqué. Sa voix me parut haut placée et son intonation précieuse. Je n'avais pas touché à mon verre. Fasciné, je ne voyais que celle à qui, sans attache véritable, j'étais attaché. Sur cette situation étrange, j'oubliais de m'interroger. Je ne le ferais qu'elle hors de ma vue. Toujours ce qui me fut le plus familier provoqua mon aboulie sociale, m'amena, par un système d'empêchements et de maladresses, à faire le contraire de ce que je voulais. Aussi, me méfiant de moi-même, je n'entreprendrais rien qui pût nous rapprocher et permît un dialogue par avance deviné sans objet. Je me contenterais quelques jours encore de la contempler comme à Hong Kong je contemplais la rade et l'océan ou dans l'îlet le jardin de la méditation. Sans être son père, mon sang coulait dans ses veines, et c'était là, inattendu, le rebondissement de l'indicible prodige. Plus tard, lorsqu'un chasseur demanda «Mademoiselle Isabelle Oth» au téléphone, elle se leva sans impatience, ce qui me permit d'admirer la souplesse de sa démarche et de ressentir une bien absurde fierté. A son retour, une de ses amies lui demanda : «Encore Marc?» (Marc? peut-être un amoureux éconduit?) et elle répondit: «Non, mon père» et ajouta avec un mouvement comique de la tête: «Encore un qui ne peut pas se passer de moi!» Elle enfila un long gilet de peau et quitta le bar sur un geste désinvolte. Je me contraignis à ne pas la suivre jusqu'à sa bicyclette. Je savais désormais où la retrouvcr.

Le lendemain, après avoir vécu une journée d'attente, je fus au bar bien avant son arrivée. Cette fois, je m'étais installé à une table proche de l'endroit où la jeune bande s'était réunie. J'avais même posé une revue sur un des fauteuils pour que nul étranger ne s'avisât de s'asseoir où je l'attendais. Ils arrivèrent tous en même temps et s'installèrent autour d'Isabelle Oth, cette fois en costume de jean et chaussée de baskets. Un garçon indiqua qu'il était « claqué » et les autres se dirent dans le même état. Je me surpris à jeter un regard inquiet vers « elle ». Celle que les autres appelèrent Charlotte dit qu'elle se rendrait à Paris le lendemain et cela suscita des commentaires malicieux, pour moi ésotériques. Elle répondit : « Oh ! la barbe. » Un garçon à lunettes, sentencieux, affirma que c'était là son problème. La conversation porta sur des sujets sans importance ou afférents à la psychologie de chacun d'eux. Des rires nerveux ponctuaient hors de propos les dialogues. Ils signifiaient le plaisir d'être ensemble. Seule Isabelle affectait un sourire distant. Elle pensait à autre chose. Tout ce qui n'était pas elle me parut vain et ennuyeux. Là où j'aurais pu voir de la niaiserie, je trouvais tout ce qui avait été absent de ma vie : une forme de tranquillité, d'absence de soucis, de mépris du reste du monde comme si nul autre qu'eux détenait la moindre poignée de vérité ou présentait quelque intérêt. Bientôt, seul l'élément féminin prit l'initiative de la parole, les garçons affichant une sorte de lassitude blasée et silencieuse. Je sus que l'une d'elles s'était lavé les cheveux et que l'autre avait pris rendez-vous chez le coiffeur. Elles procédèrent à une revue de leurs relations, les dépeignant de manière critique ou les défendant sans trop d'enthousiasme et passant à autre chose dans la plus décousue des conversations. Isabelle se taisant, le garçon à lunettes lui demanda : « Tu ne dis rien ? » et elle répondit : « Ces gens-là ne m'intéressent pas. » Dans l'étroitesse de leur univers, comme ils se montraient à l'aise ! Moi, je retenais mon trouble, craignant qu'il ne se répandît. Plus que jamais, je me savais autre, étranger, ailleurs. Régulièrement, je faisais renouveler ma consommation. Je parcourais mes journaux d'un œil distrait, aucun titre ne retenant mon attention. Dès que j'entendais la voix d'Isabelle, je tressaillais et m'efforçais de ne pas regarder dans sa direction. Ce jeu se renouvela durant plusieurs jours, avec l'entracte des fins de semaine où ils disparaissaient. Lorsqu'ils partaient, je regagnais ma chambre, je m'allongeais sur mon lit, je revivais la scène, je revoyais « ma » fille. J'oubliais souvent de dîner.

En fin d'après-midi, je fus toujours fidèle au rendez-vous que nul, sinon moi-même, ne m'avait donné. Il y eut des soirées mortes : celles de son absence. Tel un abandonné, ressentant une impression de trahison, je marchais alors dans la ville, promenant un espoir de la croiser. Aucun père ne se serait montré à ce point inquiet de son enfant. Au bar, même si je savais qu'elle ne viendrait pas, je restais, buvant un peu trop d'alcool. J'écoutais parler ses amis. J'attendais le moment où j'entendrais son nom. Cela se produisit dans des circonstances fâcheuses. A son propos, j'entendis les termes les plus scandaleux. Un homme déplaisant, peut-être ce Marc dont il avait été question, s'installa parmi les autres qui visiblement ne le souhaitaient pas. Il toisa chacun et chacune en sifflotant entre ses dents et tint un langage méprisant, les accusant de former la cour de Messaline et de se tenir à ses ordres. J'entendis des digressions sur la nymphomanie avant de me rendre compte que les sarcasmes s'adressaient à Isabelle. Ses auditeurs se taisaient, feignaient de ne pas l'entendre. Mes poings se crispèrent. Je sentis se préparer l'explosion de mon émotivité. J'allais me trahir en me jetant sur le goujat pour le châtier. Ce qui m'en détourna : le garçon à lunettes, celui que pourtant je n'appréciais guère, enjoignit à l'insulteur de se retirer ou de sortir avec lui pour une explication. Les jeunes filles alors se levèrent. Chacune prit l'importun par un bras, avec une force et une résolution de sportives aguerries et le conduisirent vers la sortie.

En dépit de mon effacement, mon retour quotidien à la même table et à la même heure ne pouvait passer inaperçu. Des regards curieux se posaient sur moi. Qui était cet étranger barbu penché inlassablement sur des quotidiens ? Ne vivant que de regarder vivre, puisant mon énergie par les yeux dans le spectacle, je perdais mon temps (mais qu'en aurais-je fait ?), je remettais à plus tard le soin de me diriger, je restais, je prolongeais mon séjour. A l'égard du père d'Isabelle, de celui que les jeunes appelaient le P.-D.G., j'avais perdu toute curiosité. Avais-je tout compris, saisi, analysé en un éclair ? Me paraissait-il inintéressant ? Je n'envisageais plus que la jeune tribu parce qu'elle en était la reine. En d'autres lieux, d'autres groupes amicaux m'auraient sans doute offert le même horizon humain et les mêmes conversations, les mêmes rires et les mêmes tics de langage. Mais je voulais être là, sur ce point fixe, pour saisir un instant essentiel de sa journée. Pourquoi étais-je épris à ce point de sa présence ? Voyageais-je dans le temps et l'imaginaire pour me rencontrer à son âge et sur la planète de l'autre sexe ? Oubliant ma réserve, idolâtre, je la contemplais avec tant d'intensité et de ferveur qu'elle perçut mes ondes chaleureuses. Je voulus déserter le bar, je ne pus m'y résoudre. Visiblement courtisée, et autant par les garçons que par les filles, je compris que sa distance assurait son règne. Sa présence portait une part d'absence. Son sourire flottait au-dessus d'un nuage, sa bouche se crispait, ses mains paraissaient bouger sans son ordre. Un soir, elle se tourna à plusieurs reprises vers moi. Craignant de lire dans le bleu de ses yeux un reproche, de l'ironie ou du mépris, je chaussai trop rapidement mes lunettes noires. Comment aurait-elle pu imaginer que, la regardant, je voyais mon enfant, l'enfant que je n'aurais jamais et qui existait cependant?

L'éclairage discret du bar se montrait propice à une rêverie absurde, toute en images floues où, parmi banquettes, fauteuils, tables, piano, comptoir perdant leurs formes, s'élevait Isabelle, même si je regardais ailleurs. Je buvais trop, je m'anéantissais dans une béatitude molle, jouant avec le clou doré d'un capitonnage, le tournant et le retournant comme si je réglais un poste de télévision. Pour varier, je me fis amateur de mots croisés, commençant par vouloir percer l'énigme et finissant par emplir les cases de n'importe quelles lettres. Avec le barman habitué à moi, nous échangions des propos anodins sur la qualité comparée des whiskies et des bourbons ou sur les intempéries. Interlocuteur sérieux, je me rendais à ses opinions sur l'équipe de football ou quelque fait d'actualité. Le pianiste m'adressait des signes, me montrait parfois qu'il jouait pour moi et me dédiait ses accords. Songeant au long parcours de ma vie, à cette escale, j'en mesurais la vanité. N'eût-il pas mieux valu que je fusse à l'image d'un de ces garçons sains et sportifs de son entourage? J'attendais «ma fille» comme l'aurait fait un de ses admirateurs et si j'admirais ses longues jambes, son corps moulé dans la seconde peau d'un cuir souple, le jaillissement de sa chevelure dont elle mordait le bout d'une mèche avec un rire nerveux bien particulier, son visage adoré, son long cou, l'éclairage de ses yeux, ne pouvaient m'assaillir et se masquer des pensées qui eussent été incestueuses. Sans trouver une parenté exacte, fille, belle-fille ou nièce, je me baignais dans une pureté nouvelle. L'absurdité de la situation augmentait la fierté que j'avais d'elle, admirant sa beauté et son élégance, la voulant intelligente puisque rien de sot ne sortait jamais de sa bouche. D'elle, je me voulais responsable et cette étrangeté me paraissait moins étrange que la situation ayant fait naître ce sentiment. Son père l'envisageait-il comme moi? Réprimait-il les mêmes élans chaleureux? Que m'importait! Et si je troublais l'eau de sa quiétude en me présentant à sa fille, en me disant l'oncle inconnu revenu des Amériques, le mauvais héros d'un secret familial, celui déchu et que l'on tait parce qu'il a commis des méfaits ou purgé une peine dans un bagne? Par de mystérieuses communications, elle comprit que je ne venais que pour elle. Comme elle ne manquait plus aux rendez-vous imaginaires que je lui donnais, j'en vins à penser qu'elle ne venait plus que pour moi. Elle buvait toujours le même cocktail de jus de fruits dont les nuances se mêlaient selon les mouvements de la paille courbe unissant le liquide à sa bouche. Elle mettait à l'aspirer une attention méticuleuse, ne voyant rien d'autre que la surface du liquide. Lorsqu'elle reposait son verre, son regard jetait dans ma direction un bref éclair bleuté, ses sourcils se soulevaient en signe d'interrogation, car, désormais, je ne me détournais plus. Lorsqu'elle pénétrait dans le bar, son joyeux bonsoir ne s'adressait plus seulement à ses amis et au barman, mais à moi aussi et je répondais d'un léger mouvement de tête.

Lorsque son père, jadis, avait pénétré par effraction dans ma vie (ou lorsque je m'étais introduit dans la sienne, la même, la nôtre), mon esprit avait résisté à la foudre. Lorsqu'il avait quitté l'îlet, je croyais rompues les amarres, je le savais perdu dans l'immensité parmi des milliards d'êtres humains, effacé de mon existence, cauchemar que l'éveil a détruit. Et cependant, au cours des années, sans qu'il fût entièrement présent à ma pensée, dans l'inconscient, une part de moi ne se sentait pas libérée. Encore qu'il n'existât pas de signes télépathiques entre nous comme entre les deux tronçons d'un ver, je me demandais si, secrètement, le cours de ma vie, mes décisions ou leur absence, ne portaient pas sa marque lointaine, si, à mon insu, le coup de tonnerre de son apparition ne m'avait pas condamné à rester figé sur place ou à me mouvoir dans la lenteur, à exister sans existence, aboulique, velléitaire, à ne plus alimenter que mes songeries contemplatives et non à apporter de l'énergie au moteur de mes actions. Aujourd'hui, cet autre à ce point différent de moi n'existait plus. Il était rangé dans son rôle social comme dans un vieux placard que nul n'ouvrirait plus. Isabelle Oth restait mon seul lien, ma seule attache, si ténue fût-elle, mais dangereuse par un pouvoir inconnu. Quoi qu'il m'en coûtât, je le devais détruire, ce qui me paraissait d'une si extrême facilité que je ne m'y résolvais pas. Ainsi, je remettais toujours au lendemain ma fuite sans savoir ce que j'attendais, un signe ou un étonnement, un trait de caractère qui aurait dissipé mon affection pour elle. Cette certitude s'affirmait : le voyage de Nancy terminé, je recommencerais mon parcours avec plus de résolution, je vivrais non plus en passé mais en avenir, de longues époques s'étendraient devant moi, comme si le temps inversant sa course m'avait ramené à mon point de départ.

Alors que j'envisageais plus sérieusement de prendre le train pour Paris, l'événement surgit dont, une fois de plus, je ne fus pas lc maître. Je me souviens d'une interminable pluie, d'un déluge glacé, paralysant. Les jeunes gens, ouvrant leur parapluie ou tendant un imperméable au-dessus de leur tête, avaient déserté le bar à regret. Installé côté clients sur un haut tabouret, le barman lisait un roman d'espionnage. Ne restaient que deux attardés : Isabelle Oth et, à deux mètres d'elle, Emmanuel Gaspard du même nom et condamné à le garder secret. Vêtue du tweed d'un costume de garçon, elle me faisait face, presque allongée sur son fauteuil, les jambes tendues en avant, la tête droite comme pour mieux surveiller le repos de son corps. Elle fixait la pointe de ses bottes. Elle ne remuait la tête que pour faire ondoyer sa chevelure dont les vagues, dès qu'elle ne bougeait plus, s'immobilisaient en retrouvant leur première ordonnance. Je n'osais regarder de son côté. Par volonté, je lisais vraiment mon journal, je le parcourais phrase à phrase, mot à mot. Lire, je le pouvais interminablement, revenant à la première phrase de l'article, parcourant et recommençant puisque le sens général m'échappait. De cette lecture, je me sentis prisonnier : si je la quittais un seul instant je me trouverais désarmé, fragile. Le silence aussi me protégeait, j'en ressentais physiquement l'épaisseur. Dehors, au bout du couloir et du hall de l'hôtel, la pluie fermait la prison. Elle se leva. Je ne voulus pas m'en apercevoir ou, plutôt, lui montrer que je m'en apercevais. Elle s'assit à ma table, face à moi, légèrement en oblique, les jambes croisées, un poing sous le menton dans l'attitude du penseur. Elle m'observait avec une sorte d'indulgence moqueuse. Mon sens de la comédie est toujours resté faible. Je tentai de la regarder avec juste ce qu'il fallait d'étonnement mêlé à l'indifférence. A son regard, je sus que je n'y parvins pas. Elle commença gentiment : « Bon... », laissa s'écouler un bref laps de temps et ajouta : « ... soir ! » selon un jeu qui lui était familier. Je repris le même mot en imitant malgré moi sa diction. Sur un ton détaché, je lui demandai si elle craignait la pluie. Elle précisa en chantonnant : « Au contraire, je l'adore ! » Je repliai soigneusement mon journal. Au moment où j'allais le glisser dans ma poche, elle s'en empara et le posa sur la table. J'entendis : « Cela ne vous étonne pas que je sois à votre table ? » Sans me laisser le temps de répondre, elle ajouta : « Les hommes de votre âge manquent totalement de simplicité. » Ne goûtant guère cette appréciation et cette intrusion, je me refermai. Je n'avais pas le goût d'entrer dans une forme de dialogue contraire à ma nature. Elle réclama sa boisson préférée et les jus de fruits rougeâtres et orangés en se mêlant donnèrent au liquide une teinte indéfinissable comme si des pinceaux d'aquarelle y avaient trempé. Je commandai à mon tour un Jack Daniels. Nous bûmes ensemble. Elle posa son verre la première et dit : « Résultat : je suis là. C'est évident, je suis là. Vous le souhaitiez ? » Le ton était à ce point impertinent que je décidai d'entrer dans le jeu et de ne plus lui laisser le soin de le mener. Je pris le ton mondain de mes anciens amis parisiens et dis d'une voix affermie : « Je suis ravi que vous me teniez compagnie. » Elle leva son verre pour un salut ironique. Je repris : « Je doute cependant que vous y preniez plaisir, car je n'ai rien d'intéressant à dire. » Elle émit un petit sifflement pour montrer qu'elle appréciait mon éveil. J'ajoutai : « Je me présente : Alexandre... » Pour un peu, j'aurais ajouté « J. Bisao ». En écho, j'entendis : « Et moi, Isabelle, mais vous le savez sans doute. » Elle ouvrit son sac, chercha un nécessaire et se peignit le contour des lèvres avec un pinceau. Je sortis mes lunettes non pour les mettre mais pour les essuyer soigneusement. Elle dit: «J'aime bien votre cravate.» Or, je n'en portais pas et elle précisa que c'était pour cela qu'elle l'aimait. Que n'avais-je ce don du badinage! Notre conversation était artificielle et nous le savions, mais nous cherchions vainement une entrée qui se refusait. Elle répéta: «Alexandre, Alexandre, je ne connais pas d'Alexandre. Vous êtes mon premier Alexandre.» Comme si je lui appartenais! L'ombre de son père passa entre nous. Elle rit et jeta: «Vous, vous avez une manière de vous y prendre...», à quoi je répondis: «Et vous de vous méprendre!» Je crois que nous nous sommes regardés comme des coqs en colère. Aucun des deux ne parvenant à faire ciller l'autre, elle leva son pouce et dit: «Pouce! On arrête?» et je fis oui de la tête. Le sourire s'installait. Nous échangeâmes alors des propos qui nous rapprochèrent. Je voulais m'affirmer en tant que son aîné. Tantôt, dans sa voix, je retrouvais des intonations de son père jadis, tantôt je reconnaissais les miennes. En fait, je crois que nous avons parlé du bar, établi l'historique de ce qui était sans histoire: la première fois qu'elle m'avait vu, ses amis, son habitude de venir ici. Comme si elle craignait l'indiscrétion du barman, sa voix s'était feutrée. Instinctivement, je fis comme elle et nous nous rapprochâmes pour mieux nous entendre. «Ce qui est le plus étonnant, dit-elle, c'est que mes amis trouvent que nous nous ressemblons, oui, vous et moi. Qu'en pensez-vous? Il y a peut-être quelque chose: le nez, le front, le menton?» Je me dis flatté et elle rit comme ses amis, sans raison, entre deux phrases, et je ris aussi, je me sentis bien, comme si je faisais partie des siens. Je préférais sa parole à son silence: dès qu'elle se taisait, ses yeux me scrutaient, ses mains se tendaient comme si elle voulait me retenir. Je la voulais persuader que je ne cherchais qu'une amitié passagère. Comment lui expliquer que j'aurais aimé être son père sans qu'elle y distinguât quelque rouerie, quelque système d'approche? Mes récentes incursions dans les domaines cinématographique et théâtral m'inspirèrent et mes commentaires furent accueillis avec intérêt bien qu'elle n'exprimât pas sa propre opinion. Elle préféra m'entretenir des jeunes maîtres de la nouvelle philosophie. Ne les ayant pas lus, je n'eus qu'à écouter. J'appris qu'elle étudiait plusieurs langues dans l'espoir de devenir interprète auprès des organisations internationales. Sur mes occupations, elle m'interrogea et je lui dis la vérité: délégué d'une entreprise japonaise à Hong Kong, après la rupture de mon contrat j'avais rejoint mon pays natal trop mal connu de moi et je le visitais. Ainsi, Nancy m'avait immédiatement séduit et j'avais prolongé mon séjour. Ce que je ferais après? Je ne le savais pas. Elle profita d'une interruption de la conversation pour me dire que je lui étais sympathique et je lui répondis poliment que sa compagnie m'était agréable. Elle me pria de parler encore car ce qu'elle avait à me confier de sa vie restait d'une simplicité extrême. Je lui affirmai qu'ayant toujours voyagé, il y avait quelque chose de métèque en moi. Cela lui plut et elle découvrit que j'avais des traits d'Asiatique. Elle en arriva à me parler de son père en me le décrivant comme un personnage très occupé, ce qui avait éloigné sa mère de lui, mais il était un homme merveilleux, un créateur, un patron de progrès, un lutteur. Elle ne le quitterait jamais, même lorsqu'elle se marierait «le plus tard possible». Elle dit: «Si vous le connaissiez...» et je répondis qu'à travers sa description enthousiaste, je le connaissais déjà, d'autant qu'elle me parla d'une enfance difficile qu'avait suivie son expatriation en pays lointain, mais dont il ne parlait jamais «comme s'il avait quelque chose à cacher». Elle rit et me dit que moi, en dépit de mon air mystérieux, je n'avais rien d'un aventurier. Je songeais à me dégager d'elle, à tenter une sortie, et je restais, je ne savais comment fuir. Partagé entre l'émerveillement et le doute, je profitais de sa présence et je tentais de cacher une adoration, la même que j'avais surprise chez son père. Brusquement, elle annonça: «J'aimerais marcher sous la pluie avec vous. Chiche?» Je répondis: «Chiche!» Je la suivis sous une pluie devenue sans ennui dont nous partageâmes la douche, marchant au hasard, son bras sous le mien, les cheveux dégoulinants, les vêtements trempés. Elle n'avait jamais rencontré quelqu'un qui, comme elle, aimât la pluie.

Bien qu'ils fussent présents à mon souvenir, je ne veux point mentionner tous les mots échangés, parler de nos arrêts sous les porches, de notre joie enfantine à sauter dans les flaques, de cette insouciance jusque-là inconnue de moi. Un petit café désert accueillit nos éternuements. Le vin chaud à la cannelle me parut délicieux. Elle remarqua que nous étions fous et cela nous fit rire. Elle me proposa de dîner à la maison avec son père. Elle ignorait que le diable était dans ses paroles. Je préférais rester en sa seule compagnie. Nous pourrions nous sécher et dîner ensemble avant de nous séparer puisque je partais le lendemain matin. Ce serait un agréable souvenir. J'entendais déjà dans mon cœur parler le départ, s'exprimer la séparation. Du moins aurais-je eu quelques instants de bonheur. Ce qu'elle avait gardé d'enfantin se communiquait en moi. Je devenais frère plus que père. Bonheur et malheur se mêlaient déjà. Je m'étais malgré moi englué dans un piège, elle aussi, et chacun croyait que l'autre le lui avait tendu. Je ne cessais de m'éclairer à son visage. Je croyais la connaître de toujours. Oh! lui dire mon nom.

De retour à l'hôtel, elle me demanda de prendre un bain chaud dans ma chambre. Je lui tendis la clef. Elle haussa les épaules, me prit par la main et m'entraîna vers l'ascenseur: «De quoi avez-vous peur?» Je lui ouvris la porte de la salle de bain. Elle me jeta une serviette, s'enferma et j'entendis l'eau couler. Je m'essuyai, me frictionnai et changeai de vêtements. A travers la porte, je lui dis que je descendais, qu'elle me rejoindrait au bar. Elle me conseilla de l'attendre dans la chambre. Elle serait bientôt prête. Je m'assis près des rideaux dans l'unique fauteuil. J'attendis longtemps. Lorsqu'elle sortit, elle éteignit la lumière. Je vis dans la demi-obscurité qu'elle était revêtue du peignoir blanc. Elle le laissa glisser à ses pieds et vint se blottir contre moi. Je ne sais plus comment, après l'avoir repoussée, je finis par l'accueillir, comment ses lèvres avides rejoignirent les miennes, comment l'étrange et douloureux inceste fut consommé. Nuit de miel et de lait, douloureuse et exquise, le tabou devenu totem, les époques de solitude s'annulant, nuit où j'aurais voulu ma mort, et la rage d'aimer, brûlure et froid, brasiers et ruisseaux, évanouissement et renaissance, enfouissement et résurrection. Les nuages léchaient l'océan, le vent caressait la prairie, le soleil se mêlait aux bourgeons. Je rejoignais les grands fonds sous-marins ou je volais si haut que je pouvais atteindre l'inconnu auquel j'avais tant de fois aspiré et je planais dans les hautes régions de l'absolu. Née de moi, je naissais d'elle. Alors même que je me croyais enfermé dans une prison hors les murs, je pénétrais au cœur de la cité, j'échangeais ma longue et vieille vie contre une existence toute neuve. Nul être n'aurait pu m'apporter un tel don de plénitude. Durant une nuit ou un siècle, je l'aimai de toutes les amours. Elle m'accompagna dans cette course. Je n'avais pour désir que de la serrer longuement contre moi, de la bercer comme mon enfant. Elle suscita en moi d'autres accueils et d'autres offrandes. Je me sentis lapé comme un liquide, érigé tel un roc, coulant telle une lave, son ambre devenant ma respiration, sa chevelure ma demeure. Étendu, mes jambes entre les siennes, mon ventre contre son ventre, ses cuisses serrant mes reins, ses ongles enfoncés dans mon dos, nos bouches s'aspirèrent, nous ne fûmes qu'un seul être, je me fondis en elle pour qu'elle se fondît en moi. Parfois, elle se dégageait pour m'offrir sa gorge ou sa toison, se retournait pour une autre épousaille ou me couvrait de son long corps. De courses en syncopes, de flux en reflux, de l'indolence au triomphe, à perte de souffle, de vie, nous n'existions plus que par nos sensations, percevant le tiède, l'humide, le velouté en tous lieux du corps ouverts au plaisir. La pensée s'était tue. Me donnant, je donnais religieusement mon âme ajoutant son immatérialité à la furieuse passion. Muette fut notre messe. Seuls parlaient les sexes, les mains, les bouches, la peau. Mon amoureuse dont j'avais oublié qu'elle représentait une idée de ma fille, je lui dispensais des nuits, des années, des ères de douceur et de caresses oubliées. La tendresse se métamorphosait en fureur, l'amour en combat, de sorte que je vécus un embrasement constant, un interminable orgasme du cœur et des sens. Jusqu'au petit matin, il en fut ainsi, et toutes les autres amours, même celui de Hayano, furent diluées dans un lointain souvenir, enterrées dans la mémoire. Ne retiendrais-je d'Isabelle que soupirs, halètements, caresses, excitations rauques, battements lourds? Serait-elle pour moi à jamais l'image de la folie, de la béatitude érotique? Soldat d'une guerre, sorcier d'un sabbat, victime et bourreau, tendre et monstrueux, maître et esclave, toutes les marées de cette nuit lavèrent la plage jonchée de mes années mortes.

Inceste, je ne sais. De mon vocabulaire, je bannis tout mot de prohibition. Dans une situation hors du commun, elle sut être et n'être pas ma descendance. Je n'eus et je n'ai aucun sentiment de répulsion. Penser à cette union reste ma seule jouissance. Adam n'aima-t-il pas Ève née de sa propre chair? Leurs enfants, comme les descendants de Noé, ne s'épousèrent-ils pas? Cette loi soulevant la réprobation universelle, fondée par la tradition, en transfigurant et sublimant ce qui est dit contre nature, je ne l'avais pas violée, j'en avais prouvé l'inanité. Car, je le sais maintenant: dès le premier soir où je l'avais vue, croyant adorer mon enfant, j'avais découvert la femme en elle, et c'est la femme et non la fille de l'Autre, en quelque sorte la mienne, que j'avais voulu conquérir. Puni de mort, je n'aurais rien regretté.

★

Du corps, je le sus, ce serait ma dernière allégresse. Un je-ne-sais-quoi de maudit ne parviendrait pas à m'en distraire. Isabelle irait d'homme en homme, d'acte en acte, oubliant le mien pour tenter de donner un sens à son intime comédie. Pour ne jamais plus en descendre, je m'étais élevé au-dessus de ma tragédie. Je veux oublier ce matin où il pleuvait encore, ce matin où elle me délaissa comme on quitte un amant de passage, oublier des mots blessants de gratitude qui réduisaient pour elle une éternité à un moment, et cette idée qu'elle me suggéra de ne jamais plus nous revoir, de telles hauteurs ne pouvant être dépassées. Cette aurore bruineuse était un crépuscule du soir.

Tout acte se réduisait-il à la banalité? Des années de vertige sans la récompense du gouffre et de la chute. Jamais le grandiose ne s'était trouvé aussi proche du dérisoire, le sublime du misérable, le durable du quotidien. Que faire pour élever l'événement à la légende, une nuit d'amour à un mythe sacré, pour rester digne d'avoir été touché par l'aile du surnaturel? Allais-je déifier l'enfant-femme pour m'élever au-dessus de mes boues? Et si je n'avais que fait l'amour avec moi-même? Que la beauté dépasse la souillure! Que le haut langage tonifie les sons inarticulés de la volupté! Que la beauté surgisse de l'éclair! Toute pluie serait désormais la parure et l'écrin des intimes orages. J'avais aimé un corps avec autant de force que j'avais maudit celui qui l'avait engendré. De l'amour rédempteur devaient surgir l'oubli et le pardon. Il n'existait plus désormais d'autre moi. Seules subsistaient la solitude et la menace.

Nancy, ce fut un automate qui te quitta. Il disait adieu au passé, au funeste miracle auquel il croirait en faisant semblant de ne pas y avoir cru. Sa vie, il ne la laisserait plus couler. Il la retiendrait dans ses paumes pour la boire: la mort tarirait assez tôt la source. Vivre ne serait plus rêver la vie. Il ne se vengerait de personne. Il ne se délivrerait plus de lui à travers un autre. Il ne déléguerait plus ses pouvoirs. Pour s'éclairer, il serait sa propre lampe. Tant de fois mort en une seule nuit, un matin verrait sa renaissance. Ses ailes refermées sur lui-même, le phénix dans son brasier parfumé, consumé de sa propre chaleur, serait régénéré dans une cité solaire. L'oiseau de cinabre se levant avec l'aurore adorerait la nuit pour célébrer le jour. Sa double nature, céleste et terrienne, exprimerait l'irréfragable volonté de durer. La menace désormais avait émigré. Elle ne se trouvait plus au-dedans de moi, mais au-dehors, non plus la mienne, mais celle de tous.

De Paris, je retrouvai le lac noir. Mon sens de l'audition s'était-il multiplié? Le vacarme de la circulation, le concert des avertisseurs, l'incessante migration composèrent une atroce symphonie et je dus me boucher les oreilles. L'air que je respirais ne me paraissait plus composé d'oxygène, d'azote et d'autres gaz, mais de bruit, de déflagrations successives, de paroles condensées et explosives. La pierre, le béton, le macadam créaient de dangereuses fantasmagories. Des assassins sur les balcons et les toits se préparaient à faire dévaler de lourdes charges. L'arbre même ne me paraissait plus secourable. Dans les yeux des passants, je surprenais des lueurs de meurtre. Sous leur peau, je lisais le squelette. J'allais parmi des êtres ayant renoncé à eux-mêmes et déjà disséqués. Je me sentis voué à tous les esclavages. Devais-je cesser de m'interroger, de méditer, de penser? Les idéologies nocives, les mots d'ordre, les garde-à-vous annonçaient ou prolongeaient les conflits. Jamais tant d'hommes n'avaient été prisonniers pour crime de dépassement et d'espérance. Sur la chaussée, je voyais passer des charrettes de condamnés qu'on menait à l'échafaud et des guillotines coulaient d'épais fleuves de sang noir. Solitaire, je ne pouvais plus être isolé.

Je vécus cloîtré dans ma chambre. Par-delà mon irrésolution et mon doute, je cherchais l'issue. D'un dé à jouer devenu l'hôte, en quel vieux cornet de cuir m'agiterait-on? Je consultais ma boussole pour me persuader qu'elle au moins n'avait pas perdu le sens de l'orientation. Homme en surnombre, de mon identité je connaissais l'aléatoire. Je ne croyais pas plus à la réalité qu'à la fable. Les enfers menaçaient d'inaccessibles paradis. Le mystère, ne l'avais-je pas haï au lieu de le vénérer comme l'arrivée de l'adorable? Et si j'avais été gratifié d'une faveur et non insulté d'un opprobre? Ou bien, pour me punir de ne point chérir ma propre énigme, une autre m'avait été proposée. Avais-je jamais entendu celui que j'osais appeler mon maître? Sa parole, telle une vapeur, avait-elle fui dans les airs? N'était-ce pas lui, le Grand Énigmatique, et l'Énigme la seule déesse à vénérer? Plus qu'irrésolu, je me trouvais irrésolvable comme tous ceux dont j'entendais, dans ma mansarde, la lointaine rumeur de vie.

La vie? Elle réclamait sa nourriture. Je descendais alors mes étages pour me rendre au marché et acheter mes denrées. Aussitôt le bruit m'assaillait. Les appels des marchands de plein vent prenaient d'autres significations que je ne parvenais pas à traduire. Les étals sanglants des bouchers et des tripiers me rappelaient des guerres. Je ne comprenais plus rien aux paroles et aux actes des hommes. Je ne savais plus déchiffrer leur langue. Jusqu'aux livres que je n'entendais plus. Jusqu'à la pensée qui me refusait tout jugement. Un matin, revenant chez moi, je m'aperçus que j'avais acheté, en plus du pain et des fruits, du savon et une éponge. Ma nourriture prise, je me mis à lessiver le plafond, les murs et le sol. Lorsque mes six parois furent propres, je me lavai soigneusement. J'ignorais que le destin me fournissait des armes. J'aurais voulu ainsi nettoyer toute la ville, tout l'univers. J'aurais voulu laver les mots pour retrouver leur pureté originelle et remonter jusqu'aux sources de l'énigme en découvrant un à un les déplacements successifs de la vérité.

Bientôt, je le sus: la ville se refusait à moi. Je ne lui appartenais pas plus qu'elle ne m'appartenait. Toute à ses matérialités, elle m'arrachait à l'extase. Ses Sorbonnes ne m'offraient que plates certitudes, ses musées un monde mort, ses spectacles soit la sottise soit la vanité d'autres interrogations. Dans sa contrainte, elle refusait de me séduire. Mes clefs ne s'accordaient pas à ses serrures. Elle bourdonnait, bruissait, crissait, hurlait quand j'attendais son silence. A sa dégradante dépendance, à sa coercition, seule la violence aurait pu répondre. A jamais, je m'en étais démuni. Allais-je ainsi, tel un retraité, voir passer mes jours en déléguant ma vie aux autres et en assistant navré à ses pauvres mimiques? Sans croire, je hantai une église proche pour trouver silence et retrait quand elle devint le lieu d'une lutte entre la tradition religieuse et une autre tradition. Que m'importait qu'on dît les messes en latin ou en français si je ne saisissais plus l'une et l'autre langue? Je revins à mon intime paroisse où aucun dieu n'était honorable.

Ce qui me sauva fut ce que craignent le plus les hommes : le dénuement. J'appris l'épuisement de mon pécule. Une alerte matérielle fut le signal de ma renaissance. J'interrogeai mon possible avenir et il me répondit que je quitterais mon pays et sa capitale. Comme on consulte une voyante ou un grimoire où vos jours seraient inscrits, je parcourus les « petites annonces classées » d'un quotidien. Mon doigt glissant de ligne en ligne, je fus à la recherche d'un secret autant que d'un emploi. Dans cette grisaille de petits caractères, parmi les mots abrégés, le laconisme, le mystère provoqué par l'économie, je cherchai le paragraphe où se mirait mon avenir. En pensée, je devins le destinataire de tel ou tel emploi, je fus ceci, cela et encore autre chose. Aux aguets d'un appel, d'un signe, d'un message pour moi seul, j'attendais que m'attirât un continent inconnu, un grand large, une autre terre, une crique, un port. J'en espérais l'accueil et le souffle, je lui offrirais ma tête et mes bras, toute mon énergie retenue depuis des années. Il existe des hasards, que l'on dit miraculeux et je les crois proches de la providence. Un matin, alors que dans la salle d'un café-tabac je lisais sans espérer, sur le mur de la page imprimée, tels les éléments d'un graffiti, quatre lignes scintillèrent, clignotèrent, me parlèrent. Je sus que je serais accueilli comme je les accueillais. Pourtant, je gardais la certitude que, cette fois, je décidais de mon sort. De la velléité à l'acte, en passant par la volonté et la résolution, je franchis aisément, allégrement, tous les obstacles. Une musique neuve m'habita. J'avais trouvé le chemin. Il se situait au-delà de tous mes doutes. Il me conduirait où je suis désormais. Ego le conquérant...

Douze

Dans cette case très retirée du monde où, assis sur ma couchette, une planche sur les cuisses, je trace des lignes noires sur les pages blanches d'un cahier, l'idée me vient qu'un homme lisant par-dessus mon épaule serait en droit de me tenir pour un conteur se mirant dans son encre. A défaut de rencontrer ses traits dans cette eau crépusculaire, il partirait à la recherche d'imaginaire, pêcherait, poissons nocturnes, des fantasmes, des égarements, des images aptes à le satisfaire, s'inventerait un double pour tenter l'irrationnel, rechercherait l'absurde pour mieux s'en détacher, se ferait le servant d'un fantastique (pour lequel je n'ai en vérité aucun goût), trouverait quelque idée originale, le Vampire, l'Homme invisible ou celui qui a perdu son ombre, que sais-je encore! Or, je n'exprime rien que de très vrai, de profondément ressenti. Je parcours le déroulement de mon existence en respectant du mieux que je peux sa chronologie. Du moi, j'ai brisé la clôture. Le «je» que j'emploie aujourd'hui est celui que j'ai cessé de vénérer, d'écouter ou de plaindre. Si loin du monde et si proche de quelques êtres, j'écris comme demain je laverai à grande eau mousseuse des planchers, à grande eau amoureuse des corps, avec patience, vérité et sérénité.

De combien d'êtres humains, dans ses lignes essentielles ou dans ses retraits souterrains, mon existence de surface ou de tréfonds n'est-elle pas le reflet ! A peine entré dans l'âge d'homme, l'Histoire, cette ogresse qui se repaît d'enfants destinés à la guerre, m'a condamné à détruire un inconnu, un envahisseur, un homme conçu à la même image que moi et portant un autre uniforme, parlant une autre langue. Je me suis senti porteur de sa culpabilité en même temps que de la mienne et de celle de tous. J'ai pris la vague comme d'autres ont pris la vie. J'ai erré, j'ai parfois gagné, souvent perdu, l'heure m'a été favorable ou funeste. Je reçus le plus grand coup de tonnerre que l'être animé peut supporter. Ce dédoublement, ce mystère, cet autre qui n'était ni symbole, ni projection, ni ange gardien, ni conscience, représentait-il mon pardon ou ma rédemption, ma punition, mon supplice ? N'étions-nous pas les cobayes de quelque laboratoire céleste ? Il fut à la fois ma rupture et mon lien. La haine d'une part de moi, aucun amour ne l'a compensée. Le temps autres nous a composés. En sa fille, ai-je fait un pas vers lui, une tentative d'aimer ? Je ne m'interroge plus guère. Pourquoi n'ai-je pas commencé ma vie comme je la termine ? J'eus la pensée du suicide ; je le remis sans cesse au lendemain par indécision ou par peur. L'idée de meurtre me hanta ; le destin en décida autrement parce que, peut-être, j'avais épuisé en une fois ma part de crime. J'irai jusqu'au bout de ma peine qui est aussi la pointe extrême de ma joie, le vieux cap caressé par les vagues. Cette infime parcelle du feu éternel qui brûle en moi, je ne l'ai que trop trahie. Enfin, le réel est ma demeure et je l'habite comme il m'habite, maison de quiétude, de liesse et de raison. Je suis le destinataire du parfait silence, celui qui chuchote pour moi seul de tant de présences et reste le silence pourtant, celui de la paix arrimeuse de rumeurs venues de fort loin, de très reculé dans le temps, chants et mélopées qui relient la durée, qui marient, quand la musique m'ouvre les bras, le ciel passé au ciel futur. Seul le silence unit. Le bruit divise. Je cherche l'unité, je suis son quêteur, son glaneur, son mendiant.

Loin le temps où je restais sans guide pour me conduire où je devais être ! J'ai appris que, pour me rejoindre, je dois faire la moitié du chemin, aider la destinée à accomplir son œuvre, et je précise : la destinée ardente et non celle qui survient quoi que ce soit, et ne dirige que le mort vivant. Jadis esclave de ne pas savoir me commander à moi-même, aujourd'hui délivré, je suis de ceux qui élèvent des hymnes. L'homme fugace n'a-t-il pas cette supériorité sur les dieux de subir la loi de la durée et de recevoir sa destination ? « Quoi que je fasse... » Qui murmurait cela ? Tout n'était-il pas fixé ? Le piège prêt à fonctionner, quoi que je fisse ? être soumis à l'usure, mais aussi doué des pouvoirs de l'esprit. Mes dilemmes : faire ou ne pas faire, et, choisissant de faire, faire ceci ou cela. Si j'ignore ma direction et mon but, je ruse, j'invente, je vis. Ma solitude est le secret énergétique où je puise mes forces pour rejoindre les autres, petits condamnés à vivre aux lèvres douces. Je brave la fatalité. La solitude n'est pas un bien public, elle s'acquiert, elle se gagne. M'éloignant des cités, elle m'approche des êtres et des choses.

Je ne suis plus en ruine. Je n'ai plus pour fonction de m'attendre. Et si j'espère en l'absence, elle devient présence aussitôt. Je ne sais si j'ai déserté le mal ou si le mal m'a déserté, je respire. De mon cœur, j'ai fait fondre la glace sans savoir si mon eau serait pure encore : je ne désire plus m'y mirer. Ballotté entre le hasard et la décision, j'ai choisi ma sente. Que d'années, que d'épreuves avant de découvrir ma vérité, avant de me métamorphoser en ce que je suis! J'ai chassé la fatalité. Qu'importe si elle m'attend devant ma porte! Coupable, je fus par moi condamné à l'exil sans exil (n'étais-je pas partout étranger?) et je ne fus pas vraiment victime. J'ai reçu du Ciel plus de présents que je ne peux en répandre.

Dès mon départ de l'étouffant Paris, dans l'avion au-dessus des nuages, je sus que ma sensibilité longtemps resserrée en elle-même se libérerait, s'échapperait, telle une âme d'une bouche mourante, prendrait son essor pour rejoindre les autres sans me quitter tout à fait. Se préparait l'audience la plus large où je trouverais l'alliance, non la retraite mais l'ouverture par laquelle s'engouffrerait le monde dès que j'y pénétrerais. Ma nuit de Nancy (je l'ignorais encore, me croyant ce misérable soumis à sa seule sensualité, l'être sans résistance devant l'attrait du corps à plaisir), ma nuit deviendrait toutes mes nuits, je n'envisagerais plus la beauté sans qu'elle fût présente, l'absolu sans qu'elle en participât, haute flamme fugitive et régénératrice détruisant les lettres mortes et les heures sans vie de mon passé. Par-delà les images sensuelles, les souvenirs érotiques, il en resterait la sensation d'avoir été à ce point imprégné d'amour, absorbé, extrait de moi, que mon esprit en reçut le don de voir sans les yeux, d'entendre sans l'entendement, de parler sans ma voix, d'atteindre à la science parfaite en la transcendant, de me vaincre pour me retrouver nu, riche d'avoir tout donné de moi. Ayant atteint le sommet de la montagne d'amour, je n'aurais plus d'autre œuvre que d'aimer. De tout vivant, je suis l'amant. J'ai trouvé la demeure et le temple, l'asile et la patrie.

Je suis l'hôte d'un village de cases construites de glaise et de paille autour d'un hôpital de brousse en territoire togolais. Le climat est le plus agréable qu'on puisse trouver en Afrique noire, les paysages d'une beauté monotone et silencieuse. Les forêts d'antan, les savanes incendiées ont été remplacées par des cultures, mais il subsiste des arbres protégés et vénérés que mon ami Victor, dit «le Dormeur» (dont je parlerai), m'a appris à connaître et à nommer: teks, baobabs, palmiers, fromagers, acajous, et aussi calcédrats, lingués, nérés, rôniers, iroquos, car si je l'initie à la lecture des livres, il m'enseigne celle de la nature. Je me rendis il y a quatre ans sur cette bande de terre due aux caprices de la colonisation et qui est devenue une nation pour être le secrétaire-comptable d'un exportateur de potasse, emploi que je tins durant une année à Lomé, la capitale, avant qu'une randonnée vers l'intérieur ne me fît découvrir mon véritable port d'attache, celui que, inconsciemment, j'avais cherché ma vie durant. Officiellement, je suis l'infirmier d'un médecin africain, ou plutôt une sorte d'homme de peine ou d'homme à tout faire à qui il est permis de prendre des initiatives. Mes mains sont devenues dociles à mes projets, habiles à mes constructions, mon corps est vêtu de soleil. Tôt le matin et jusqu'aux heures les plus chaudes, selon les ordres du praticien, j'applique les remèdes, distribue les soins et j'y ajoute ce qui ne figure dans aucun codex: ma confiance et mon sourire; je les sais contagieux. Artisan, si je ne siffle pas toujours en reprenant le métier, il existe une voix, ô voix de cristal et de source, d'écume et d'arc-en-ciel, qui chante près de moi, venue de je ne sais où, émise par je ne sais qui, peut-être cet inconnu qui m'habite et que je sais mon ami.

Je ne suis pas un homme en blanc, tout au plus un homme en gris, couleur de muraille, que ne voient que ses proches. Ma fonction, ma morale et ma philosophie: je lave. Je lave les corps, les linges et les planchers. Je lave des enfants, des infirmes, des vieillards. Je ne hurle plus au scandale, je ne crie plus ma révolte, je ne lutte plus contre l'injustice, je lave. Comme jadis, dans le baraquement planté parmi l'enfer d'Hiroshima, mon maître revenu à la vie, je lave. J'aide à naître, à vivre, à mourir. L'ennui universel, moteur de tant d'actes nocifs, je ne le connais pas. Pessimisme, optimisme, vieux mots, vous aussi je vous ai lavés et jetés aux ordures, je crois. Je ne voulais plus vos masques de tragédie et de comédie, vos airs de marionnettes. Je lave l'insulte et la défaite. Je me sens fellah. Je lave. Les laveurs sont de grands solitaires. A ma pensée je n'interdis pas les envols, mais je donne priorité à mes travaux. Homme, que suis-je? Ma liberté ou une image prisonnière du monde? De lui m'extraire, c'est me détruire et me nier, c'est détruire et nier le monde. Je ne vis pas sans mémoire et sans espérance. Malade de la terre ou convalescent du ciel, je me guéris d'accepter et d'être accepté. Mon travail est mon gain de temps, ma patience et mon apaisement. Ma fortune se trouve à la banque des rêves, mon feu réside en moi, mon pays est le lieu où je me trouve. Chaque jour, je recueille l'or du soleil, aucun homme n'est plus riche que moi.

Mon village a un caractère bien particulier. Il est situé à proximité d'une route où passent des touristes qui n'arrêtent jamais leur véhicule. Il figure sur les cartes. Un panonceau l'annonce : *Léproserie*. Ce mot éloigne alors qu'il devrait rapprocher. Pour moi, il ne correspond pas à une exactitude. Je connais tous ses habitants. Lépreux, le sont-ils? Parfois, leurs mains vides de doigts, leurs pieds amputés, telle ou telle atteinte des visages et des corps m'en persuadent, et cependant je ne les envisage pas comme les membres d'une tribu maudite. Ils appartiennent au monde et peut-être est-ce le reste du monde qui porte la pire des lèpres. Ils n'ont pas péché contre le soleil comme le croyaient les Perses ; seule la nature a péché contre eux. Lors des grandes épidémies de peste, jadis en Europe, les premières victimes furent les lépreux, et s'il n'en resta guère sur notre sol, c'est qu'un mal pire encore que le leur les avait décimés. La médecine a d'autres ennemis ici que cette lèpre dont il est possible d'arrêter le cours en stabilisant le bacille de Hansen. Le médecin soigne. Nous l'aidons. La maladie a plusieurs formes et nécessite tout autant de pratiques, lavements, émulsions, injections. Je connais l'univers des tumeurs, des tuméfactions, des éruptions, des ulcères, des altérations, des atrophies, des mutilations. Il arrive que plusieurs maux s'associent. Aux médications s'ajoutent les petits soins. Je panse. Je nettoie les suppurations, les gales, les furoncles, les parasitoses. Je soigne des affections plus bénignes mais que le grand mal peut aggraver. Je lave. Je me lave de leurs maux. Je n'ai plus de crainte. Aucune plaie ne me rebute. J'en arrive à croire que c'est là un état naturel à l'homme et que je suis épargné par miracle. Rien de ce qui est humain ou arrive à l'homme ne me dégoûte.

Je compte plus d'amis qu'aucun être n'en peut espérer. J'appartiens à la famille. Ma case est un des feux de la tribu. Chaque matin, ils sont là, ils attendent. Ils sont les patients du docteur qui a étudié en Europe, un peu les miens, ils se sont habitués à moi à ce point qu'ils me voient et ne me voient pas, je suis chose naturelle, des leurs comme un meuble, la peau blanche par quelque dérision. Si de leur mal je n'ai pas subi l'atteinte visible, une autre lèpre fut jadis en mon âme et je me suis fait anticorps, allié bienfaisant. A la manière africaine, parce que mes cheveux se raréfient et blanchissent, tous m'appellent « Papa » et je ne me connais plus d'autre nom. Ils sont mes enseignants, mes missionnaires, ils m'ont tout appris, et surtout, en ce lieu que les étrangers croient d'enfer, à sourire, à rire, eux qui sans mains joue de la musique. Le printemps ne cesse jamais. C'est un beau village, un vrai village avec ses naissances, ses amours, ses mariages et ses morts. Ces êtres qui ont besoin de secours savent mieux que quiconque apporter de l'aide, d'autres diront de l'amitié : il s'agit du même mot. Sont-ils, comme aux époques médiévales, relégués, abandonnés, objets de terreur, maudits, proscrits, bannis, hors le monde ? La peur disparaît peu à peu, l'idée de malédiction agonise, nous n'y pensons jamais. Je peux donner le baiser au lépreux sans me croire un héros ou un saint : le mal reste peu contagieux et seul ce qu'il porte d'inconnu aux yeux de qui ne le connaît pas le rend redoutable. Les pieds déformés, amputés, monstrueux, les mains si souvent atteintes, pauvres mains faites pour le travail, la caresse ou la prière et qu'ils ne peuvent plus joindre, les visages détruits, et tout ce cortège de chancres, de paralysies, de nodosités, de névrites, de maux chroniques qu'il faut soigner ne m'effraient plus, nous luttons ensemble. Ô moignons ! le mal s'arrête, le mal recule, il reste ces bras, hampes sans oriflammes qui se lèvent plus volontiers pour saluer les hommes que pour accuser le Ciel. Oubliés du monde, ils ne l'oublient pas. Sans mains, eux seuls savent ce que sont des mains. Sans pieds, ils honorent la marche. La matinée écoulée, le temps des soins passé, notre vie commune est celle de tous les habitants de quelque village que ce soit, et même celle d'un village rêvé où tous les feux ne feraient qu'un feu, où la communauté est à ce point resserrée, tribale, que l'être même devient le village.

De cette narration, il pourrait naître quelque méprise que je veux dissiper. Je suis un employé, rien d'autre. Je reçois plus que je ne donne. Je ne suis nullement cet apprenti en sainteté qu'un cliché pourrait faire naître. Je suis payé pour faire ce que je fais. Je gagne ma vie et non quelque paradis illusoire. Non, je ne suis pas cet élu dont aurait besoin l'univers (qui s'empresserait de le détruire), je conduis ma tâche, mes travaux du mieux que je peux, travailleur appliqué, et ni mieux ni moins bien que ne le ferait un autre. Infirmier, les malades sont mon recours et mon secours. Je ne serais rien sans eux, ils pourraient être sans moi. Je prête la main à ceux qui n'en ont plus : voilà mon état, mon corps de métier et je n'en aurais pas souhaité d'autre aux heures de mon existence. Ma nature fut longue, si longue à se révéler, ma profession d'homme apprise sur le terrain, mon artisanat de peine, parfois ma religion quand le corps souffrant est l'objet de mes soins comme d'une prière active. Dans ces moments où le travail est au-dessus des forces de l'ouvrier, je pense à l'inconnu d'Hiroshima, mon maître, le grand blessé d'une guerre de l'Histoire, et je reprends courage. Quand j'interroge mon cœur, Alexandre J. Bisao me répond. Je ne fais pas mon devoir, mais mon « boulot ». Agir est ma fonction, faire, ma délivrance, aider, mon plaisir. Je ne voue pas un culte aux bons sentiments car ils ne sont que de parole, je tente par l'action d'être sentiment tout entier. La joie est mon moteur, les soins, mes révolutions. Homme de confiance, je veux l'être doublement : pour le médecin qui m'emploie, pour celle que je répands. Ceux qui parfois nous visitent me tiennent sans doute pour quelque rebut de l'Occident, quelque infirme de la société, quelque malfaiteur en fuite, mais ceux qui me connaissent me savent fidèle aux travaux, obéissant aux ordres. Mes journées se distribuent en de nombreuses occupations et toutes sont mes loisirs. Le soir venu, je lis, j'écris, puis je me glisse sous la moustiquaire : les insectes et les cauchemars n'y pénètrent pas. Je m'endors dans la quiétude, je m'éveille dans le calme. Le sommeil, mon plus grand bien, n'appartient qu'à moi. Il m'arrive de l'offrir à qui ne peut dormir.

Que ne suis-je médecin ! Je ne le serai jamais. Il est trop tard. Je ne fais qu'étudier, apprendre à prodiguer des soins secondaires. Je suis presque un masseur, presque un infirmier, presque... ce que je voudrais être : un homme pour qui il n'existe pas de frontières dès lors que la planète réclame les pèlerins du salut. J'ai appris qu'une nouvelle pensée est en gésine, que demain philosophie et médecine s'uniront en une seule discipline. De la piqûre à la ligature, de la prise de sang au pansement, de la toilette du corps vivant à la parole féconde, celle qui aide l'homme souffrant, tout éloigne cette impression d'inutilité, de futilité ressentie tout au long de mon existence. Je ne donne pas, je reçois, et ces dons m'extraient de moi, me gratifient à chaque aube d'une nouvelle naissance. Au soleil levant, je remercie le Ciel d'avoir reçu la vie. Et je me dis à moi-même : « Tu peux compter sur moi ! » Je voudrais que chaque homme le dise à tous les hommes et que le « Je » qui a tant et tant coulé sous ma plume devienne le « Nous » de la Nouvelle Alliance. Ego a cessé d'être pour donner naissance non point à un double, mais à un autre, semblable à tous les autres.

Le village a ses artisans, ses éleveurs, ses cultivateurs, son maître d'école et son prêtre. La terre nous donne le mil et le sorgho, les ignames et les fruits. Nous avons du bois, de la paille et de la glaise pour construire. Les feuilles de tek nous offrent des tapis doux à nos pieds nus. L'hôpital a peu de ressources ; les hommes en inventent. Parfois, nous recevons de l'aide. L'ordre de Malte nous protège. Nous sommes sans abondance et sans misère. Nous connaissons le prix de chaque chose, non en données monétaires, mais en valeur réelle. L'objet utile, l'outil, la nourriture, le médicament, ce sont nos diamants à nous. La fête existe. Elle est quotidienne. Parfois, lorsque nous vient de l'inconnu un nouvel enthousiasme, nous songeons à le proclamer. Nos musiciens se réunissent. La population les entoure. Personne ne voudrait manquer ces instants. Nos musiciens utilisent toutes sortes de tambours : ceux qui chantent, ceux qui rythment, ceux qui parlent, ceux qui se réjouissent et ceux de la mélancolie. Les clochettes et les sonnettes éveillent la danse, diffusent la nouvelle, appellent la protection du fétiche. La musique devient prière. À travers elle, j'entends d'autres sons, je vois d'autres lieux : un shamisen sur un promontoire face à l'océan, un piano nocturne dans cette demeure sur l'îlet qui ne quitte jamais ma pensée. Et cependant, dans la fête présente, hier s'efface, demain est un autre jour, rien ne m'est plus doux que l'instant.

Parmi tant d'hommes, de femmes, d'enfants, il est un être dont je suis l'ami, plus que l'ami : le frère ou le père. Il se prénomme Victor et je l'appelle « le Dormeur », non point parce qu'il est paresseux, ce qui s'accorderait mal à sa nature active, mais pour la simple raison qu'il commande à son sommeil et peut quitter la surface des choses à n'importe quel moment, selon sa fantaisie et, de même, s'éveiller sur l'ordre qu'il s'est donné. Je l'ai connu adolescent, il devient un homme, il s'est attaché à moi comme je me suis lié à lui. Rien ne semble devoir nous séparer. Nous voir l'un sans l'autre serait une curiosité. Atteint aux pieds, la chirurgie réparatrice a fait merveille, l'amputant à peine. Nous avons économisé durant deux ans, puis des chaussures spéciales ont pu être acquises. Son mal ne se distingue que par un boitillement. Lors des fêtes, il danse plus que tout autre et j'en éprouve du plaisir. Il possède ce don de la perception qui vous met tout de suite en état de recevoir l'intelligence de son entourage. Nous aimons parler, plaisanter, mais nous nous comprenons aussi sans paroles. Ses mains sont fées. La matière leur obéit. Ensemble, nous édifions des baraques et des hangars qui deviennent des abris, des foyers, des ateliers, des demeures. Nous traçons des allées, nous plantons des fleurs. Nous scions le bois, nous rabotons, nous ponçons, nous assemblons, nous clouons, l'air résonne du bruit de nos travaux, les paumes de nos mains sont dures. De ses ancêtres, le Dormeur détient des recettes dont il m'a fait partager le secret. Il apporte aux malades des soins parallèles, pilant des feuilles d'aloès pour en appliquer la pâte sur les eczémas, faisant bouillir des feuilles de manguier dont la décoction soigne les coliques, cicatrisant les petites plaies avec des feuilles de piment, les ulcères par le suc des boutons de bananier. Cette science venue de loin dans le temps, il en est le serviteur. Le médecin feint de ne rien voir. Une autre des qualités de Victor est le rire : le vent de mousson qui enlève ma casquette pour m'enseigner la politesse, le détour que je fais pour éviter un jars siffleur et agressif, la fiente d'oiseau qui prend mes cheveux pour but, ma sudation excessive quand l'harmattan me dessèche, ma manière de saluer les rafraîchissants alizés, tout provoque son allégresse et il ne se moque jamais sinon de lui-même. J'aime ce rire haut perché et franc partant comme s'il devait durer toujours, se déversant d'un bout à l'autre de la journée, joyeux exorcisme, musique du cœur. Il ne naît pas toujours de ce qui semble le provoquer, il vient du plus éloigné, part de profonds souterrains pour rejoindre le soleil haut. Il court, ce rire, se glisse près de moi, m'entraîne à sa suite et nous chevauchons ensemble, la joie me prenant en croupe. Le rire: ce lépreux blanchi n'a pas d'autre clochette. Le mal, avant que la médecine ne l'arrête, est venu à bout des chairs, il n'a pas détruit le rire. Celui que nous connaissons ne grince pas, il éclate tel un fruit mûr, il éclabousse le destin. D'un rien il naît et ne sait pas mourir. Grâce à lui, aux heures les plus pénibles, nous ne sentons pas le fardeau d'Atlas sur nos épaules. De lui, je fus le bon écolier, je suis le parfait serviteur. Nos bouches l'enfantent comme nos yeux la lumière.

« Tu écris, toi! » a constaté Victor le Dormeur et il a tracé des lettres imaginaires dans le vide au-dessus de sa tête. Il a demandé: « A qui tu écris? » Décontenancé, je n'ai su que répondre. J'ai levé les yeux comme si les signes esquissés par lui contenaient la réponse. Pourquoi ces lignes? Ai-je le désir de laisser une trace ou celui de voir clair en moi, de demander à l'écriture la signification du cours des journées, des rencontres ou du miracle? La narration peut-elle m'apporter une révélation ou tout au moins une lueur dans la pénombre? Au temps, désiré-je arracher quelques miettes? « Alors, a repris mon ami, tu écris et tu ne sais pas à qui? » Je convins que je me livrais à un exercice absurde, et il partit de son rire qui provoqua le mien. Rire, beau rire, rire sain et saint qui naît de rien et exprime tout, comme tu mérites ma vénération! Lorsque je fus seul, je me demandai de nouveau pourquoi j'écrivais puisque je n'écrivais à personne, et une voix me dicta que je traçais des lignes pour donner une réponse à cet acte. Aussi, le lendemain, par riposte, je posai la question au Dormeur: « Et toi, pourquoi ris-tu? » et il me répondit, étonné: « Mais... pour rire! » Ainsi je me résolus à penser que j'écrivais pour écrire.

Le dimanche, mon ami et moi, nous marchons sur la route où nous saluons les femmes porteuses de jarres ou de fagots, de nourrissons ou de légumes, nous parlons aux lavandières réunies autour d'un marigot. Des enfants nous accompagnent. Au grand carrefour, des marchandes proposent des condiments et des légumes colorés ou très blancs, du mil, du manioc, de l'arachide ou du riz, des régimes de bananes et des ananas. Sur des nattes, destinés aux touristes, on trouve des calebasses décorées, des colliers d'escargots, des copies de bronzes du Bénin, les statuettes Evé du culte des jumeaux dont je m'éloigne. Nous nous asseyons toujours au même endroit, sur la souche d'un arbre terrassé par un orage. Nous regardons filer les automobiles, les camionnettes, les taxis de brousse. Nous écoutons les palabres du contrôle de la gendarmerie. Il arrive que la voiture du président passe, escortée de motocyclettes, et nous disons : « C'est le président ! » Il m'arrive aussi de partir seul, chevauchant une bicyclette et de rouler sans hâte en direction du plateau des Danyi pour aller jusqu'au monastère bénédictin de Dzobegan. J'en aime la vaste chapelle moderne en bois coiffée d'un toit conique. Dans son ombre, je trouve la lumière. Je reconnais tous les arts dans l'art du pays où je vis, je le vois universel. J'aime m'y arrêter. Je me tiens debout sous le soleil et je laisse couler le temps comme je le faisais au jardin zen. Ces lieux ne se ressemblent pas mais ils accueillent la même spiritualité, le même silence. L'un me rappelle l'autre et je me sens bien.

Un signe m'y fut adressé. En plein midi, une vision m'apparut. Dominant la nef, je vis le torse nu du marquis Alexandre J. Bisao, cette poitrine striée du souvenir de ses brûlures dont un rayon de soleil n'effaçait pas les lignes sombres. Les yeux éblouis, je restai à le regarder, à me montrer à lui, à attendre sa parole. Son oreille manquait et il ne portait pas de coquille noire. Il avait rejoint la nudité originelle. Sur ses mains, au bout de ses bras écartés, sur ses pieds unis fulguraient des clous. Je fis quelques pas dans sa direction. Je regardai le crucifix de Jésus. Était-il mort, lui aussi, à Hiroshima ? De cette illusion, de ce rapprochement, je me sentis marqué sans douleur, non pas chrétiennement, mais par un rappel à la mémoire de l'extrême Asie dans cette Afrique, ma nouvelle patrie.

Les pères horticulteurs, hommes solides, m'offrent des confitures et des sirops. Ils me permettent de me promener parmi les rangs de caramboliers, bananiers, caféiers, cacaoyers, avocatiers, manguiers, papayers ainsi que dans un éden où je rencontre des étudiants en techniques agricoles modernes. Appartenant à la race des prédateurs, l'homme, je m'efforce de ne pas écraser l'insecte, de protéger le nid, de détruire en moi le menaçant. Dans le végétal, comme dans l'animal et le minéral, mes sens distinguent en les percevant une manifestation du Grand Ignoré, je le vénère dans ses œuvres en côtoyant ses biens. Ici la nature a oublié d'être pauvresse. Loin de l'aridité des déserts en marche, elle est une paysanne en robe de campagne. Nourricière, elle donne ses biens et montre sa santé. Le soleil ne la poignarde pas, il la caresse. C'est là mon pèlerinage et ma promenade favorite. Chaque fois, j'y fais de nouvelles découvertes. J'en reviens toujours chargé de quelques plants. Au retour, sur la longue route, les monstrueux baobabs aux branches torturées, désespérées, pathétiques, plus animaux que végétaux, dans leur nudité, tels des géants figés sur place dans un mouvement antédiluvien, m'effraient. Les fromagers aux fruits duveteux, les cocotiers sous lesquels paissent des moutons me rassurent. Sur la route je rencontre de longues files de marcheurs que je salue. On ne s'y ennuie jamais. A la nuit, je raconte ma journée au Dormeur. Il m'écoute, réclame sans cesse de nouveaux détails, il rit, il invente quelque fable. Il connaît l'art subtil de la périphrase et de la litote. Appréciant le charme de ses détours, j'observe : « Toi, pour aller d'Akata à Lomé, tu passes par Dapaong ! » Il rit encore et je pense : « Pour aller de moi à moi, quels détours n'ai-je pas faits ! »

Parfois, dans le cours de nos travaux de construction ou de jardinage, nous nous hâtons. Puis, nous nous arrêtons brusquement. Nous nous demandons pour quelle raison nous sommes si pressés. Alors, pour rendre au temps ce que nous lui avons volé, nous faisons la sieste. Je sais maintenant ce que l'idée de durée signifie. Naguère quand j'en cherchais l'impossible définition chez les philosophes, ils me disaient le Temps attribut divin, ordre de succession des existences, forme de la sensibilité, négation de l'être, que sais-je encore ! Je ne trouvais que désaccords. Aujourd'hui, je le connais bien. Il m'accompagne comme je l'accompagne. Je sais le mesurer en ne le mesurant pas. Je l'envisage par les actes de ma volonté, de mon activité. Les périodes inféconde (comme mes années de Hong Kong ou de Paris) ne signifient que du temps mort, du non-temps. Ici je le vois, je le palpe, il m'est sensible. Quand par mes soins se cicatrise une plaie, j'ai renversé l'irréversible. Plus rien ne m'effraie. Ce qui vient du corps malade me paraît naturel. Simplement, je lave, je mets tout mon art dans cet acte, je suis devenu une sorte d'artiste. Victor le Dormeur m'accompagne dans mes gestes. Il me tend le coton, l'alcool, le pansement. Nous nous forgeons de menus souvenirs, la plupart fondés sur un presque rien, un rien qui nous unit, je ne connais liens plus solides.

Ainsi, je croyais me punir en me condamnant à l'exil perpétuel et je suis récompensé : ma nostalgie-ogresse m'a quitté, j'ai trouvé mon terreau, mes racines. Loin des capitales, jamais je ne fus si présent au monde. Je ne suis qu'en étant ma planète, ma seule issue. Du trésor de la sagesse orientale, je n'ai reçu que la parcelle d'une parcelle, que le reflet d'une étincelle et elle a mis le feu à tout l'édifice. Clair d'être obscur, et si nu, mes amis sont mes vêtements. Je ne connaîtrai plus les typhons, les grands vents de folie, les orages d'âme, mais les harmattans et les alizés me parleront encore. Je suis content de quelques choses au monde, ce qui m'évite d'être content de tout, c'est-à-dire de rien. Je n'ai pas changé l'univers mais l'univers m'a changé. Je ne cultive que plantes contagieuses : l'étonnement, l'enthousiasme, l'amitié, par exemple. Je ne nie plus, je construis. Comme ils sont loin les vertiges suicidaires ! Je ne désire plus, je veux. Je ne souhaite plus, j'agis. Et ma fragile écorce, de jour en jour, de nuit en nuit, se solidifie.

A tant vivre ici, et sans plus le désir de connaître autre chose, tel un enfant qui s'invente une représentation de l'espace, il m'arrive d'imaginer tous les territoires à l'image du nôtre. Au bout de la sente de terre rouge, par-delà les bouquets d'arbres, ces cases où règne une température constante sont vivantes et favorables. L'hôpital figure l'église et le château. Existe-t-il encore des villes ? Je me crois un des survivants du drame dont je sais bien qu'il n'a pas eu lieu. Avons-nous reconstruit la terre décimée selon le rêve des créateurs de phalanstères ? Associés en tous travaux, loin des oppressions salariales, les autres citoyens de la terre sont-ils semblables à nous ? De l'énigme, sommes-nous guéris ? Nous a-t-on libérés du cancer nucléaire ? Je me prends à haïr toute fascination. Loin des paradis artificiels, je crois aménager l'inferno devenu accessible. Jadis, si je me débarrassais, ou le tentais, des comportements acquis par l'intelligence pour revenir à l'instinct donné à ma naissance, je retrouvais le bon et le mauvais sauvage, ces mythes, réunis en un seul être et se déléguant sans cesse leurs pouvoirs. J'ai écrasé ces clichés, j'ai dépassé ces ombres. Si je ne cesserai jamais de demander le pourquoi, il m'arrive de m'en tenir, ayant mieux à faire, au laconique « parce que ». Quels péchés lavons-nous ? Quelles fautes ont été punies ? Et qui a su métamorphoser la punition en récompense ? Je regarde sur des magazines les photographies de splendides créatures, mannequins ou actrices, qui me faisaient rêver. Elles correspondent pour moi à l'esthétique d'une très ancienne race. Dans ma rêverie, je tente de les trouver laides, d'inventer une conception nouvelle de la beauté qui unirait la lèpre et le soleil. Car imaginer ne m'est plus supplice. Je tiens pour vénérable tout présent de la nature, miel ou venin. L'extase de ma nouvelle paix ne porte plus la fascination de la guerre. Monde idéal ? Utopie permise par l'épouvantable lèpre ? Si nous nous y égarons, au moins que ce soit ensemble ! Pèlerins, nous marchons dans l'obscurité, mais nous marchons !

Je n'ai rien oublié. A certains moments de solitude, je me persuade que je ne suis pas réel. Est-ce là une de mes distractions ? Pour faire face au mystère, mon esprit vagabonde. Je ne vis pas ici, mais dans l'est de la France où je conduis une importante industrie. Mes journées sont lassantes. Je n'ai pour détente que le golf hebdomadaire. Je suis un notable fatigué. La situation économique internationale, défavorable, oblige à d'incessantes innovations, à des conversions difficiles, à des licenciements de personnel. Les finances ne permettent pas les investissements nécessaires, à moins de puiser sur les fonds de sécurité. La concurrence nous agresse. Une alliance suffit pour modifier toutes les cartes. Les membres du directoire m'obligent à une attention de tous les instants. Je ne suis plus le maître dans l'entreprise que j'ai créée. Les jeunes loups attendent ma chute. Lors des réunions, je les ai surpris à parler à voix basse pour me laisser croire que je suis atteint de surdité. Impitoyable, je le suis autant qu'eux, mais dans la solitude. Trop de repas d'affaires, de voyages harassants, d'affrontements sociaux, de réunions syndicales, et l'on me presse d'entrer dans la vie politique. Sortirai-je jamais de cette course? « Ceux qui vivent, ce sont ceux qui luttent! » J'ai emprunté cette phrase à un poète, je ne sais plus lequel, Victor Hugo peut-être? Je la répète à ceux qui se découragent, à moi en premier. Mon mariage a éclaté sans heurts. La bonne éducation arrange bien les choses. L'argent aussi. Ma fille est restée avec moi parce qu'elle ne voulait pas changer de chambre. Un jour, elle s'envolera, convolera, et je resterai seul. Tous les dimanches, je vais à la messe. Je crois en Dieu parce qu'Il s'est révélé à moi au cours d'une épreuve ancienne et parce qu'Il m'a permis d'en triompher. Jamais je n'en ai parlé à quiconque, même en confession. Que penserait-on de moi? Parfois je pense à cette division de mon être en deux personnes. Qu'est devenu l'Autre? Je ne pouvais me conduire avec lui que comme je l'ai fait, avec mépris et dureté. Je n'ai pas aimé ce rêvasseur, cet esprit sans envergure. A croire que j'ai pris, ou que Dieu m'a donné, tout ce qui est action et conquête pour lui abandonner la mollesse et le laisser-aller de l'intellectuel. Qu'est-il devenu? Le vieux bonze mort, l'aurait-il remplacé? Étrange de penser que j'existe en un autre lieu. A moins qu'il ne se soit suicidé. A certains moments de solitude, je me persuade que je ne suis pas réel. Je ne vis pas ici, à Nancy, mais sur une île du Pacifique...

J'en suis là dans ma case à rêver l'Autre, puis à le rêver encore me rêvant quand je m'aperçois à quel point la vision que j'en ai manque de vérité, le réduit au lieu commun comme j'imagine qu'il m'y réduit aussi. Mais voilà que Victor le Dormeur s'éveillant m'invite à pétrir la glaise et la paille ou à piocher la terre dure pour établir une fondation. « Tu rêvais, toi, me dira-t-il, tu rêvais sans dormir, et moi je dormais sans rêver... » Voilà qui me rassure. Je suis bien présent, ma sueur et ma fatigue vont me le confirmer. Une autre fois, je penserai à Tokujiro devenu ministre. Me croit-il mort, lui aussi ? Un ministre, un industriel, que de hautes relations ! La plus haute que j'eus les domine toutes : celui qu'en pensée, avec dévotion et respect, je nomme et nommerai toujours : mon maître. Le beau mot : mon maître. Celui qui a dirigé ma vie et reste présent dans tous mes actes, son beau visage imprimé sur ma rétine, ses paroles enfermées dans mes oreilles, son exemple dans un recoin secret de ma pensée et de mon âme, sa mélancolie, sa douleur, son martyre, ses luttes aussi. Par lui, jamais, jamais plus je ne serai seul au monde.

★

Lorsque, au-dessus de la brousse, un ciel d'incendie se couvre de nuages noirs, j'entends la rumeur universelle. Que le soleil se lève ou se couche, j'imagine tous les spectacles de beauté et d'horreur qu'il se prépare à éclairer. Je tends les mains pour recevoir la pluie ou je lève le visage vers les rayons chauds de l'azur. Jour de soleil jaune, de vent bistre ou d'ondée argentée, qu'importe ! Rien n'en détournera la lumière, rien n'en abrégera le cours. Avec un peu de chance, j'irai jusqu'à son extrême bord en pensant aux tragédies d'un autre versant. Je me sens présent, je me sais dans cet ailleurs qui est devenu mon ici. En même temps, je hante tous les lieux de ma planète. Parfois le grand vent m'arrache à des pensées douces et m'emporte. Je parcours l'immensité, je vois, je vois non pas comme ces voyants qui ne lisent que l'invisible, je contemple ce qui est le plus caché : le visible. Je sais tout de l'état du monde. Jamais repu de fureurs et de crimes, le siècle scolopendre rampe à la rencontre d'un autre siècle que personne ne rêve d'or, que la plupart imaginent de néant. Augurant de sa propre fin, la civilisation chérit sa caricature et vieillit. Le porteur de bonne parole se fait messager des mauvaises nouvelles. Les avocats de l'abjection ont de plus en plus de talent. Ni aurore ni crépuscule du soir, l'univers ! Ni couronne de fleurs d'oranger ni longs voiles de deuil, et les hommes ne retrouvent pas leurs jeunes muscles pour bondir par-dessus les gouffres qu'ils creusent si bien, se mirant tels des Narcisses insensés dans le miroir sans tain de leurs obsessions. Les lendemains nous trompent, les étoiles nous mentent, nos ombres ne nous guident plus vers la lumière. Nos instincts de meurtre ne sont-ils pas assouvis par les nervis à qui nous les déléguons ? Tant d'hécatombes ! Les fanfares de la haine des peuples ne vont-elles pas se taire ? Leurs cuivres sanglants ne vont-ils pas s'éteindre ? La bombe a ouvert les portes de l'enfer. Les diables sont venus parmi nous. Aveugles et sourds, nous le sommes pour ignorer leur présence quand s'étendent leurs ravages. Nos chaînes sont invisibles, mais lourdes, si lourdes ! Les sorciers stupides multiplient de vaines incantations. La Raison stérilise Demain. Ils ont cru inventer le soleil, les dix mille soleils domestiqués. Ils ont découvert le souffle froid de la mort permanente, du meurtre à plusieurs vitesses. Les villes-prothèses ont remplacé la cité humaine. Des prisons de chiffres nous contraignent — petits condamnés à vivre morts aux lèvres douces. Nous sommes des équations sans inconnues. La tragédie, castrée de la beauté, se réduit à la basse torture. Hommes-crocodiles, hommes-tigres, hommes-moutons se mêlent, s'entre-dévorent. De la nature, nous n'avons retenu que les détournements de sens. « Invente-toi dans le temps qui détale ! » disait la Voix, et les sourds n'entendaient pas les râles, les aveugles ne voyaient pas le sang. Et pourtant, comme nous avions du rire en nous, vieux déliquescents de l'espérance volage devenus maîtres de dérision, dégradants bouffons, prétentieux pitres, déchireurs des pages du livre utopique et secourable. Défilent de longs et pâles cortèges. Je vois les présences mornes, les soumis, les paralytiques de la pensée ; et ceux, les grands incendiaires qui boutent le feu pour l'éteindre et qui ne l'éteignent pas ; et ceux, les hypocrites qui se repentent des crimes qu'ils vont commettre ; et ceux, les pires, qui ne voient pas les prisonniers dans les geôles, les blessés au bord des routes. Que sont-ils sinon les malades de la société qui ne prévient pas plus les maux qu'elle ne les guérit ? Je vois l'univers comme la grande salle de l'infirmerie, mais où sont les médecins, les remèdes ? Personne ne soigne, personne ne panse, personne ne lave, et croissent, se multiplient les flores microbiennes. L'avenir en deuil, les échos guerriers, la rumeur des morts, ce que je vois, ce que j'entends dans mes moments lucides, ce crime dont je suis le responsable et la victime. Alors, amant du jour soumis à la noirceur des temps, je demande à l'éclair de prolonger son énergie dans mes bras. Je lave des espaces de chair, de terre et de bois. Au cœur du pessimisme, c'est là ma confiance. Simple infirmier, j'aspire à la naissance du

Grand Infirmier de l'Univers qui guérira les maux en détruisant leurs causes. Dans mon retrait, ce que j'ai gardé d'insensé me fait attendre le souffle ancestral, l'ultime espérance — comme le malade condamné, voyant fuir ses dernières heures, espère encore le miracle d'une médication qui le sauvera de l'ultime râle. Larmes, ô larmes, pures larmes, vous seules n'êtes pas polluées. Terre de prière, terre spirituelle, toi seule es l'espérance du lendemain.

Dans la nuit d'Afrique, levant les yeux, je vois les étoiles, je devine de lointaines galaxies, tant de soleils sur les foules du siècle ! La multitude s'anime et je me sens au cœur du cratère, dans le vaste volcan des laves unanimes. En moi, je célèbre une ère future, universelle, cherchant toujours la source dans la source et mariant toutes les eaux pour qu'il en naisse, inconnu, inespéré, l'avenir. Spectacle, ô spectacle ! Je le vois dans la ruine où la pierre chantante illumine l'obscur quand la chair souffrante, la chair trahie devient un hymne de splendeur. Et toi, ma vie, familière, tu me parles : « Si nous ne pouvons guérir le monde, du moins lui apporterons-nous tous nos soins... » Coudre les plaies du siècle, aurons-nous assez de fil ? L'infirme a choisi de devenir infirmier, le malade d'être a choisi de guérir les êtres, le sceptique s'est épris d'une mystérieuse foi où l'objet de la prière est celui qui prie. A l'incroyance, je ne puis me résoudre, même si je reste hors de toutes les Églises : ne s'est-On pas manifesté à moi ? Même si je suis porté à croire à une machination du Diable, je sais que nul ne croit plus à Dieu, aux dieux ou aux hommes divinisés que celui qui croit au Démon. Je bénis la douleur morale de m'avoir ramené à moi-même et le long sommeil de mon existence de n'avoir pas été éternel. Les enfers me cernent comme ils cernent tous les hommes, mais il reste toujours en nous un recoin où ils ne pénètrent pas. Et si ma foi nouvelle, imprécise, ne trouve pas son objet de dévotion, ma ferveur son culte, que la foi et la ferveur soient mes idoles! Comment, ayant rencontré l'incroyable, pourrais-je ne pas croire? Comme il est naturel aux créatures, souvent mes yeux se lèvent vers le ciel et je pense que tout vient peut-être de la terre, de ses puits profonds insondables et que sont là les soleils qu'il faut extraire. Ah! que l'esprit s'ouvre à la croyance! que la grande sécheresse finisse! que les eaux porteuses d'innocence nous inondent! qu'un typhon chasse les miasmes, lave les consciences! que les porteurs de glaives se brûlent à leurs armes! que la main offerte soit le seul or monnayable! que le siècle d'uranium et de crachat laisse place à la joie verte! Car, je le sais, de ce ventre immonde, il jaillira. Il viendra, l'homme complet, l'homme double, l'homme universel unissant toutes les races, le fleuve enrichi par tant de ruisseaux, en pleine connaissance de lui-même, de sa planète, l'homme unique et multiplié mariant le jour et la nuit, l'homme issu d'une génération neuve apportant sa plus haute surprise par-delà toutes les preuves néfastes, l'homme effaçant les frontières et bannissant le nom d'étranger, celui qui agrandira et fertilisera la verte patrie.

Scribe accroupi, vieux scribe écrivant son message, il me semble que mon geste d'écrire est de ceux qui désarment, qu'aux frontières du jour, à l'inconnu, je dédie un signe que je ne connais pas mais qui vivra demain. Homme, que suis-je? J'espère un langage, un langage m'espère et je le sens dans ma bouche, je le vois qui tremble au bout de ma plume. Tous les vieux mots confondent leur misère, mais s'ils meurent je serai l'enfant de leur mort. Je tente de mettre au monde un peu plus que je n'ai reçu. J'attends un chant venu de plus loin que ma main, j'entends déjà la nuit dans le frémissement des branches, et je voudrais, avant l'arrivée du matin, livrer aux hommes un mot plus pur en moi que l'oiseau dans la houle. Ô nuit, nuit africaine, que ma parole en toi se reflète! Le ciel, du gris funèbre au flamboiement de l'aube, me narre mes voyages. Toute ma vie, n'ai-je pas sauté d'île en île comme un enfant à la marelle pour me retrouver en des pays nouveaux où chaque plante a son dieu qui l'habite? Un très vieux crime a marqué mon chemin. J'ai connu le remords, la folie et l'opium. De celui dont je commence à peine à me sentir le disciple, j'ai reçu l'éclair. Par lui, j'ai respiré l'odeur des charniers, l'aile noire de la décomposition m'a frôlé, les incendies m'ont brûlé l'âme. Entre ses deux morts, j'ai vécu la passion d'Hiroshima. Je me suis contemplé dans le lac d'un autre moi, j'ai éprouvé la haine, j'ai imaginé le crime, j'ai continué de vivre. Amours évanouies, amitiés disparues, et vous que je revois, les décimés, les obscurs, dans toute plaie, dans tout orage, je vous dédie mes jours. Je serre ma planète tel ce ballon crevé dont je sais qu'il peut rouler encore jusqu'au bord du précipice et se perdre à jamais. Car je t'aime, toi le monde, avec tes supplices et tes clartés, tes trahisons et tes aurores, je t'aime, toi le monde, même si je ne suis pas plus content de toi que de moi. Je rêve de peuples purs et nus, les cheveux au vent, le corps à la course, l'esprit à la conquête, de lieux lavés où la Vérité est le seul objet de l'étude et du culte. Un jardin zen à perte de vue s'étend, je vois des ruisseaux de sable amoureusement ratissés, des îles flottant parmi des nuages, des pierres où s'asseoir et mourir, des rochers défiant la course, je les médite et je suis leur méditation. Toujours, je vois le corps de cire de mon maître, les barreaux de sa poitrine libre, l'oreille intacte et l'oreille détruite. Je voudrais souder deux siècles, dire de l'un l'histoire sombre pour que l'autre, espace spirituel, lui soit contraire. Quelle étincelle, ô vous mes frères utopistes, enflammera d'amour l'homme futur? Enfants des brumes, j'entends vos vagissements. Petits condamnés à mort aux lèvres douces, je vous adjure d'épuiser la vie, de donner sa couleur à l'aurore.

Et je répète sans cesse ma leçon de ténèbre en attendant la splendeur lumineuse. Bientôt l'aube. La nuit africaine offre une musique à nulle autre pareille. Elle bruit de toutes les voix, elle chante la durée, elle offre à l'esprit son espace habitable. La clarté du matin va jaillir d'un coup, haute flamme. Le Dormeur et moi reprendrons l'humble tâche. Il reste de grands lavages à faire : de sang, de larmes, de souillures. Adieu mes cahiers, adieu mes pages écrites, adieu les gouttes d'encre noire! Jamais, plus jamais je n'écrirai, la boucle se referme, l'odyssée se termine. Je troquerai la plume pour l'éponge, la peau sera mon papier, les soins mon écriture. La chancelante vie tracera ses phrases où les mots sont minutes et les lettres secondes égrenées par la grande horloge cosmique. Ô millénaires, gouttes de sable, je serai encore, je serai en attendant que l'instant, cette infime parcelle d'éternité, se désintègre en me désintégrant.

DU MÊME AUTEUR

Aux Éditions Albin Michel

Romans :

LES ANNÉES SECRÈTES DE LA VIE D'UN HOMME.
LES ALLUMETTES SUÉDOISES.
TROIS SUCETTES À LA MENTHE.
LES NOISETTES SAUVAGES.
LES FILLETTES CHANTANTES.
DAVID ET OLIVIER.
LES ENFANTS DE L'ÉTÉ.
ALAIN ET LE NÈGRE.
LE MARCHAND DE SABLE.
LE GOÛT DE LA CENDRE.
BOULEVARD.
CANARD AU SANG.
LA SAINTE FARCE.
LA MORT DU FIGUIER.
DESSIN SUR UN TROTTOIR.
LE CHINOIS D'AFRIQUE.

Poésie :

LES FÊTES SOLAIRES.
DÉDICACE D'UN NAVIRE.
LES POISONS DÉLECTABLES.
LES CHÂTEAUX DE MILLIONS D'ANNÉES.
ICARE ET AUTRES POÈMES.
L'OISEAU DE DEMAIN.

Essais :

HISTOIRE DE LA POÉSIE FRANÇAISE

1. La Poésie du Moyen Age.
2. La Poésie du XVIe siècle.
3. La Poésie du XVIIe siècle.
4. La Poésie du XVIIIe siècle.
5. La Poésie du XIXe siècle.
   * Les Romantismes.
   ** Naissance de la poésie moderne.
6. La Poésie du XXe siècle.
   * Tradition et évolution.
   ** Révolutions et conquêtes.
   *** Épanouissements *(en préparation)*.

L'ÉTAT PRINCIER.
DICTIONNAIRE DE LA MORT.
LE LIVRE DE LA DÉRAISON SOURIANTE *(en préparation)*.

Composition réalisée par COMPOFAC - PARIS

IMPRIMÉ EN FRANCE PAR BRODARD ET TAUPIN
58, rue Jean Bleuzen - Vanves - Usine de La Flèche.
LIBRAIRIE GÉNÉRALE FRANÇAISE - 14, rue de l'Ancienne-Comédie - Paris.
ISBN : 2 - 253 - 03853 - 9

Biblio/Essais

Titres parus

Jacques ATTALI
Histoires du temps
Où l'on apprend que les techniques de comptage du temps n'ont jamais été autonomes par rapport à l'histoire, aux cultures et aux sociétés.

Jacques ATTALI
Les Trois Mondes
Après avoir vécu dans le monde de la régulation, *puis dans celui de la* production, *nous sommes entrés dans un troisième, celui de l'*organisation. *Une interprétation originale de la crise économique actuelle.*

Jacques ATTALI
Bruits
Déchiffrer l'ordre social à partir de l'ordre des sons. Une étude historique de la musique pour réfléchir sur les structures du pouvoir.

Georges BALANDIER
Anthropo-logiques
Comprendre la modernité. Saisir les mutations en cours. Des réponses claires aux grands problèmes de notre temps. Édition revue, corrigée et augmentée d'une introduction inédite sur les principes d'une anthropologie du présent.

Jean BAUDRILLARD
Les Stratégies fatales
Un livre à lire comme un recueil d'histoires. La société d'aujourd'hui ou le théâtre des ombres. La séduction, l'amour, le simulacre... Tout n'est qu'apparences !

CAHIER DE L'HERNE
Samuel Beckett
Découverte de Beckett. L'œuvre dans tous ses états : théâtre, romans, poésie, lus et relus par E.-M. Cinan, Julia Kristéva, Ludovic Janvier...

CAHIER DE L'HERNE
Mircea Éliade
Le travail monumental d'un chercheur hors du commun. Penseur du sacré, historien des religions, romancier talentueux : tout Éliade par les meilleurs spécialistes.

Cornélius CASTORIADIS
Devant la guerre
Cornélius Castoriadis comptabilise les forces des deux super-puissances et délivre son diagnostic. Un ouvrage clef pour y voir clair dans les nouveaux enjeux de la politique internationale et les idéologies contemporaines.

Catherine CLÉMENT
Vie et légendes de Jacques Lacan
Loin des rumeurs et des passions inutiles, une philosophe déchiffre une œuvre réputée difficile. Et tout devient limpide, simple, passionnant.

Catherine CLÉMENT
Claude Lévi-Strauss ou la structure et le malheur
Traversée de l'œuvre du plus grand anthropologue contemporain. Des structures élémentaires de la parenté *à* La potière jalouse *: Lévi-Strauss passé au peigne fin de l'analyse.*
Nouvelle édition revue, corrigée et augmentée.

Régis DEBRAY
Le Scribe
A quoi servent les intellectuels ? Et qui servent-ils ? Quelles sont leurs armes ? Quels sont leurs rêves ?

Jean-Toussaint DESANTI
Un destin philosophique, ou les pièges de la croyance
Une exploration systématique des principaux chemins de la philosophie moderne et des chausse-trappes que l'on peut y rencontrer.

Laurent DISPOT
La machine à terreur
Terreur d'hier, terrorisme d'aujourd'hui. Des maîtres du Comité de salut public révolutionnaire aux partisans d'Action directe et aux membres de la « bande à Baader », pas de différence notable.

Lucien FEBVRE
Au cœur religieux du XVIe siècle
L'espace intellectuel du XVIe siècle visité dans ses moindres recoins : la Réforme, Luther, Érasme, Dolet, Calvin...

Élisabeth de FONTENAY
Diderot ou le matérialisme enchanté
Un Diderot méconnu, penseur des questions brûlantes qui tournentent notre temps : la liberté, la féminité, la lutte contre les pouvoirs, le désir, la découverte de toutes les différences...

René GIRARD
Des choses cachées depuis la fondation du monde
Analyse approfondie des mécanismes sanguinaires qui règlent la vie des sociétés, commentaire magistral de l'antidote à la violence : la parole biblique.

René GIRARD
Critique dans un souterrain
Où l'on voit fonctionner le triangle infernal du désir (je veux ce que toi tu veux) dans les grandes œuvres littéraires.

René GIRARD
Le Bouc émissaire
Schéma fatal du mécanisme de la victime émissaire : quand les sociétés entrent en crise et qu'elles ne peuvent récupérer leur unité qu'au prix d'un sacrifice sanglant. De l'Inquisition aux camps nazis et au Goulag soviétique.

André GLUCKSMANN
Le Discours de la guerre, *suivi d'*Europe 2004
A partir de la grande tradition de la réflexion stratégique (Machiavel, Clausewitz, Hegel, Lénine, Mao), une œuvre capitale qui déchiffre l'impensé de la politique internationale d'aujourd'hui.

André GLUCKSMANN
La Force du vertige
Repenser le pacifisme à la lumière de l'arme atomique. Quand on parle la langue de la force, il faut répondre avec les mêmes mots. A partir de là, tout devient simple.

Roland JACCARD *(sous la direction de)*
Histoire de la psychanalyse (I et II)
Une histoire érudite et claire qui relate la genèse des découvertes freudiennes et leur cheminement à travers la planète.

Stephen JAY GOULD
Le pouce du Panda
L'Évolution des espèces et de l'homme racontée aux enfants. Une fresque présentée à travers une foule d'anecdotes, par l'un des grands paléontologistes américains.

Angèle KREMER-MARIETTI
Michel Foucault, Archéologie et Généalogie
Une pensée majeure de notre temps expliquée d'une façon vivante et claire. De la question du pouvoir à celle de la morale abordée dans ses derniers écrits par Michel Foucault.
Nouvelle édition revue, corrigée et augmentée.

Claude LEFORT
L'Invention démocratique
Non, le totalitarisme n'est pas un mal irrémédiable. Et à qui sait attendre, des voix jaillies des profondeurs de l'oppression racontent le roman de sa disparition.

Emmanuel LÉVINAS
Éthique et Infini
Le regard d'Emmanuel Lévinas sur son propre ouvrage philosophique. Un livre de sagesse.

Emmanuel LÉVINAS
Difficile Liberté
C'est une dénonciation vigoureuse de la violence masquée qui hante notre conscience occidentale et travaille sournoisement notre raison comme notre histoire. Contre l'écrasement, un seul recours : la morale.

Bernard-Henri LÉVY
Les Indes rouges, *précédé d'une* Préface inédite
Travail d'analyse politique exceptionnel sur l'un des premiers échecs historiques du marxisme.

Bernard-Henri LÉVY
La Barbarie à visage humain
Un traité de philosophie politique à l'usage des nouvelles générations. Livre brûlot qui pourfend les idéologies contemporaines.

Anne MARTIN-FUGIER
La Place des bonnes
La domesticité au XIXe siècle. A travers l'examen de cette couche sociale, une jeune historienne propose une surprenante radiographie de la société bourgeoise.

Edgar MORIN
La Métamorphose de Plozevet, Commune en France
Le classique de la sociologie française. Où est cerné avec une exceptionnelle acuité l'irruption de la modernité dans une commune en France.

Edgar MORIN
L'Esprit du temps
Lecture raisonnée du temps présent, un repérage des valeurs, des mythes et des rêves du monde développé à l'entrée de la décennie 60.

Ernest RENAN
Marc Aurèle et la fin du monde antique
Dans ce texte lumineux, tout le projet du philosophe se manifeste. Son rapport étrange et fascinant avec la religion. Un document sur la Rome antique, qui est aussi un livre novateur.

Marthe ROBERT
En haine du roman
A la lumière de la psychanalyse, Marthe Robert réexamine le phénomène Flaubert et fait surgir un personnage nouveau. Une sorte de Janus, partagé entre deux êtres, à partir duquel on doit expliquer désormais tout le processus de sa création littéraire.

Marthe ROBERT
La Vérité littéraire
Le mot, l'usage des mots : deux problèmes au cœur de La Vérité littéraire. *Ceux qui ont en charge le langage sont mis à la question : de l'écrivain au journaliste, en passant par le traducteur.*

Marthe ROBERT
Livre de lectures
Une réflexion neuve sur la crise de la littérature, qui est aussi une véritable leçon de lecture.

Michel SERRES
Esthétiques sur Carpaccio
Les registres de la connaissance mis en peinture. Une réflexion sur le langage, mais aussi sur l'amour, la guerre, la mort, la science.

Alexandre ZINOVIEV
Le Communisme comme réalité
L'auteur décrit avec une terrible minutie la logique qui mène à l'instauration du régime totalitaire, et ensuite l'incroyable fonctionnement des sociétés qu'il engendre.

30/6171/0